CAPTAIN'S LOGBUCH

Von Mark A. Altman & Edward Gross

HEEL

IMPRESSUM

HEEL-Verlag GmbH
Hauptstr. 354
53639 Königswinter
Tel. (0 22 23) 2 30 26
Fax (0 22 23) 2 30 28

Zuerst in Großbritannien veröffentlicht von:
BOXTREE LTD
Broadwall House
21 Broadwall, London SE1 9PL, England

Deutsche Ausgabe:

Titelfotos:
Patrick Stewart (Foto © Crosby/Shooting Star)
William Shatner (Foto © Gene Trindl/Shooting Star)
Avery Brooks (Foto © Berliner/Gamma Liaison).

Einige Fotos: © Foto Fantasies

Verantwortlich für den Inhalt:
Edward Gross und Mark A. Altman

Übersetzung und Bearbeitung:
Bernd Beissel, Claudia Kern und Beate Moll, Bonn

Satz (Fremddatenübernahme):
Fotosatz Hoffmann, Hennef

Printed in Germany

ISBN 3-89365-376-7

INHALTSVERZEICHNIS

EINLEITUNG

Captain's Logs ist eine vollständige Chronik der Reisen des Raumschiffs Enterprise, und mehr als alle anderen Bücher, an denen wir gemeinsam gearbeitet haben, wurde dieses ebenso für uns selbst wie auch für unsere vielen Leser geschrieben. Wir hoffen, daβ sie ihre zerlesenen Ausgaben noch jahrelang in den Regalen stehen haben werden.

Es hat tatsächlich noch nie so ein Buch wie Captain's Logs gegeben; eine solche Zusammenstellung wurde noch nie versucht.

Die Bücher haben den Star-Trek-Mythos in seinen verschiedenen Teilen behandelt: Trek '66 (oder Trek Classic, wie die Serie liebevoll genannt wird), die sogenannten Lost Years, die Zeichentrickserie, die Filme und natürlich The Next Generation.

Wir hatten allerdings den Eindruck, daβ Star Trek ein einheitliches Universum darstellt, das sich kontinuierlich von der Originalserie bis zur neuesten Inkarnation Deep Space Nine weiterentwickelt hat. Wir fragten uns, warum niemand je alle Missionen der Enterprise zurückverfolgt hat. Nun, dies war ein Buch, das wir unbedingt lesen wollten, und weil es noch niemand geschrieben hatte, warfen wir das Wissen vieler Jahre zusammen und schrieben es selbst. Wir haben weder die Comics noch die Romane in diesem Buch bedacht, behandeln allerdings die Zeichentrickserie, obwohl Trek-Experten seit langem diskutieren, ob sie einen relevanten Teil des Kanons darstellt. Wir haben uns entschlossen, unseren Lesern selbst die Entscheidung zu überlassen, werden aber die kurzlebige Zeichentrickserie nicht sehr detailliert behandeln. Trotzdem bringen wir den kompletten Stab und eine Zusammenfassung der einzelnen Episoden.

Wir haben in mehr als zehn Jahren zahlreiche Interviews geführt und Forschungen über das Star-Trek-Phänomen betrieben, die wir hier zusammengestellt haben. Ed Gross hat mehrere Bücher über die Originalserie, die verlorenen Jahre und TNG geschrieben und arbeitet des öfteren für das Starlog-Magazin. Mark Altman hat ebenfalls sehr viel über TNG und die Filme veröffentlicht, unter anderem schreibt er die hochgelobten Jahresrückblicke für Cinefantastique. USA Today nannte ihn den gröβten Trek-Experten der 90er.

Beide Autoren haben genug davon, daβ ihr Material gekürzt oder geklaut in anderen Werken auftaucht. In diesem Buch werden Erfinder und Besetzung Star Treks in ihren eigenen Worten sprechen, die direkt von den getippten Transkripten der Autoren übernommen wurden. Inhaltsangaben sind ein Teil des Buches, aber das hauptsächliche Anliegen der Autoren ist es, die Anekdoten und Geschichten, die hinter den Kulissen der Serien- und Filmklassiker stattfanden, wiederzugeben.

Zusammen haben die Autoren den endgültigen Star-Trek-Führer geschrieben, der bei den Missionen beginnt, die Kirk und Co. drei Jahre für NBC flogen und Star Trek bis zu den neuesten Abenteuern von Sisko und der Crew der Deep Space Nine Station folgt. Wir hoffen, Sie haben beim Lesen des Buchs soviel Freude wie wir beim Schreiben. Viel Spaβ!

Mark A. Altman
Edward Gross

1. KAPITEL

Die Reise beginnt

Vor fast dreißig Jahren fand die Premiere von Star Trek auf NBC statt, und noch heute fasziniert uns diese Serie. Viele Next-Generation-Anhänger, die die Originalserie zu Unrecht als ›hokey‹ und irrelevant deklassiert haben, übersehen wohl, daß die Serie zu einem Teil unserer Kultur und unserer Mythologie geworden ist, und daß es ohne sie keine Next Generation geben würde.

Kirk, Spock und McCoy sind den meisten Amerikanern ebenso bekannt wie Washington, Jefferson und Benjamin Franklin. Das bemannte amerikanische Raumfahrtprogramm gerät langsam in Vergessenheit, und Schulkinder wissen heute nicht einmal mehr die Namen der drei Astronauten, die zuerst den Mond betraten, aber diese drei erfundenen Pioniere des Weltraums werden weiterhin nicht nur von Star-Trek-Fans sondern auch von ganz normalen Zuschauern bewundert. Star-Trek-Quizfragen tauchen überall auf, ob in Trivial Pursuit oder Jeopardy, und William Shatners ausladende Gestik und stakkatoartige Wiedergabe intergalaktischer Gesetze sind häufiger parodiert worden als die meisten amerikanischen Präsidenten.

Tatsächlich taucht Star Trek fast überall auf. Das erste Space Shuttle wurde nach der Enterprise benannt, William Shatner parodierte seinen heldenhaften Hornblower-Charakter in »Airplane II: The Sequel« (dt.: »Die unglaubliche Reise in einem verrückten Raumschiff«) und in »Saturday Night Live«, und Sentenzen wie »Beam me up, Scotty!« und »Energie« sind auf zahlreichen T-Shirts aufgetaucht und sind auch zu einem Teil der Drogenszene geworden, wo sie mit Crack oder Kokain in Verbindung gebracht werden. Sagt einfach: »Er ist tot, Jim.«

Seit die fünfjährige Mission der Originalserie so plötzlich von NBC abgesetzt wurde, hat sich Star Trek in den folgenden Jahrzehnten wie der sprichwörtliche Phönix aus der Asche erhoben. Man könnte mit Samuel Clemens sagen, daß die Berichte über ihren Tod stark übertrieben waren. Die hingebungsvolle Arbeit der Fans baut auf den gefeierten ersten 79 Episoden auf und hat viele Produkte hervorgebracht, angefangen von selbstgeschneiderten Uniformen bis hin zu homoerotischer Literatur, die eine Liebesbeziehung zwischen Captain Kirk und seinem vulkanischen ersten Offizier Mr. Spock propagiert.

Obwohl Star Trek langsam aus dem Äther verschwindet und von seinem Nachfahren Next Generation in den Lokalsendern abgelöst wird, erfreut sich die Serie immer noch sehr großer Beliebtheit. Zwar wirken die Kulissen und Spezialeffekte primitiv, aber die Geschichten sind heute noch so relevant und die Charaktere ebenso interessant wie 1966.

Trotz des wesentlich größeren Budgets, über das The Next Generation, Deep Space Nine und die Kinofilme verfügen, läuft die Originalserie immer noch sehr erfolgreich. Das liegt an der Leidenschaft, mit der Star Trek von seinen Autoren, Produzenten und Schauspielern produziert wurde. Es ist erstaunlich, daß die Nachfolger der ersten Serie deren dreijährige Tradition fortgesetzt und auf verschiedene Charaktere und Ideen aufgebaut haben, so z.B. »Space Seed« (Khan in Star Trek II), »The Doomsday Machine« (Will Decker in »Star Trek – The Motion Picture« ist der Sohn von Commodore Matt Decker), »Journey to Babel« (Sarek kehrt in der TNG-Episode »Sarek« als gealterter Diplomat zurück), »The Naked Time« (die TNG-Epsiode »The Naked Now« ist ein Remake) und »Amok Time« (Star Trek III bezieht sich auf den siebenjährigen Brunftzyklus der Vulkanier). Andere Medien haben die Missionen auch weitergeführt, so z.B. die bei Pocket Books in Romanform erschienen Fortsetzungen zu »All Our Yesterdays« und »City on the Edge of Forever« und die bei DC Comics veröffentlichten Fortsetzungen zu »Mirror, Mirror« und »The Savage Curtain«/ »Errand of Mercy«.

Diejenigen, die darüber streiten, ob die Originalserie, TNG oder Deep Space Nine besser ist, vergessen die Hauptsache. Alle drei Serien sind ein Triumph für die Science Fiction im Fernsehen. Sie beweisen, daß intelligente, zum Nachdenken anregende, von den Figuren motivierte, spekulative Fiktion auf den Bildschirm gebracht werden kann, ohne sich auf den niedrigsten gemeinsamen Nenner herabzudenken.

Wenige, vielleicht sogar keine Science-Fiction-Serie hat diesen Grad der Popularität bei Kritikern wie Publikum erreicht. Wenn man an diese Fünf-Jahres-Mission zurückdenkt, wird man leicht verstehen, warum wir diese drei Jahre als Trek Classics bezeichnen.

Trotz des unglaublichen Erfolgs von Star Trek hat es die Science Fiction immer noch nicht geschafft, sich einen Platz bei den Fernsehsendern zu sichern, abgesehen von Ausnahmen wie »Beauty and the Beast« (dt.: »Die Schöne und das Biest«) und »Quantum Leap«. Die Dinge scheinen sich allerdings langsam zu ändern. Vor kurzem begann ein SF-Kanal seine Sendungen im Kabelfernsehen, zwei Science-Fiction-Serien laufen sehr erfolgreich (»Highlander« und »Time Trax«) und weitere Serien sind gerade gestartet (wie Steven Spielbergs »SeaQuest«) oder noch in der Planung (William Shatners »TrekWars«) und natürlich The Next Generation und Deep Space Nine.

Es gibt verschiedene Gründe, weshalb SF-Fernsehen so oft fehlgeschlagen ist. Zum einen verstanden die Senderverwaltungen häufig die grundlegende Essenz einer Genre-Serie nicht, zum anderen dachten sie, daß eine solche Serie weit über dem Niveau ihres Publikums sei.

»Zu zerebral, und das ist ein direktes Zitat«, erklärt der erfahrene Produzent Robert Justman, als er über den ersten – und abgelehnten – Star-Trek-Pilotfilm »The Cage« spricht. Ein solcher Satz ist bezeichnend für die

1. Kapitel

Rod Serlings »Twilight Zone« war ein früher Vorläufer von Star Trek: Die wirkliche Welt wurde auch hier allegorisch kommentiert.

Ablehnung, welche die Sender dem Genre damals wie auch heute entgegenbringen. »NBC's Begründung für die Ablehnung war, daß die Serie zu intellektuell sei. Sie wollten etwas, daß mehr in Richtung Action/Abenteuer ging.«

Das ist nicht sonderlich überraschend, wenn man die Zeit bedenkt: die frühen sechziger Jahre. Bis zu diesem Zeitpunkt waren fast nur Science-Fiction-Serien wie »Captain Video«, »Sky King« und »Rocky Jones« gelaufen, reine Unterhaltungsserien ohne einen intellektuellen Anspruch. Dies waren sogenannte ›sichere‹ Serien, und genau so etwas bevorzugten die Sender. Natürlich gab es irgendwo da draußen innovativere Autoren und Produzenten, die die Möglichkeiten des Mediums Fernsehen erkannten. Auf der Verwaltungsebene glaubte man jedoch, daß man die Kreativität dieser seltenen Individuen unterdrücken könnte. Sie hatten größtenteils recht, aber zwischen all der Mittelmäßigkeit in diesem Genre erhoben sich plötzlich Visionäre wie Rod Serling, Leslie Stevens, Joseph Stefano und Gene Roddenberry.

Rod Serling war ein sehr anerkannter Autor im Goldenen Zeitalter des Fernsehens, doch seine Verärgerung über die Zensur der Sender, die ihm verboten, bestimmte Ideen und Thematiken zu behandeln, wuchs ständig. Um diesen Schwierigkeiten auszuweichen, erdachte er »The Twilight Zone«, eine Anthologieserie mit überraschenden Wendungen. Indem er seine Geschichten in ein Horror-, Science-Fiction- oder Fantasy-Szenario einbettete, konnte er dem Fernsehen neue Möglichkeiten eröffnen, was vor ihm niemandem gelungen war.

In der Einleitung zu »The Twilight Zone Companion« schreibt Autor Marc Scott Zicree: »Als die Twilight Zone 1959 herauskam, war sie wie eine Blume, die in einer endlosen, von Polizeiserien, Western und Situationskomödien erfüllten Fernsehwüste erblühte. The Twilight Zone bot seinen treuen Zuschauern mehr als nur billige Lacher oder Unterricht in Vorstadt- oder Grenzergerechtigkeit. In ihren besten Momenten erfüllte die Serie das Versprechen, das sie im Vorspann gab, und eröffnete dem Zuschauer den Blick auf die verschiedensten Realitäten, ob möglich oder nicht. Zu einer Zeit, als der Rest des Fernsehens den Zuschauern die nie ausgesprochene aber doch immer erkennbare Botschaft einhämmerte, daß sich die Realitäten und Erwartungen im Leben in eng begrenzten Bahnen bewegten, zeigte ›The Twilight Zone‹ ein Universum voller Möglichkeiten und Optionen.«

Eine andere Serie, die ihre Zuschauer vor eine psychologische Herausforderung stellen wollte, nannte sich »The Outer Limits« und wurde von Leslie Stevens und Joseph Stefano produziert.

»Ich wollte Drama und Gothic Horror mit einer Art Science-Fiction-Element verbinden, weil ich eigentlich kein Science-Fiction-Fan war. Nur wenig Science Fiction, die ich bis dahin gesehen oder gelesen hatte, gefiel mir. In gewisser Weise erschuf ich eine neue Form. Sehen Sie sich meine Science Fiction im Vergleich zu der anderer Autoren in der Serie an, und Sie werden den Unterschied sehen.

Es waren im wesentlichen Gothic-Horror-Geschichten, und sie sind weit unheimlicher als die anderen. Nach Psycho erwartete man so etwas von mir. Aber ich hatte bestimmte moralische Grundsätze – wenn man das Universum beschädigt, muß man es bis zum Ende der Folge auch wieder zusammengesetzt haben. Wir wurden recht früh am Abend gezeigt, und viele Kinder sahen zu. Ich wollte junge Menschen nicht unnötig ängstigen, also rückten wir die Welt am Ende immer wieder durch die Kontrollstimme zurecht.«

Er erklärt, daß Verhandlungen mit den Sendern wie die mit »einem zweiköpfigen Monster sind. Einerseits wollen sie hohe Einschaltquoten, andererseits wollen sie die Herzen und Gedanken ihres Publikums schützen. Also sagt ihnen die eine Hälfte des Senders ›Schneiden Sie das raus‹, und die andere Hälfte sagt ›Mehr davon‹. Heute ist das, glaube ich, nicht mehr so ein großes Problem, weil man sich jetzt auf eine Uhrzeit geeinigt hat, wo Sex und Gewalt im Fernsehen gezeigt werden dürfen. Wir hatten sehr wenig Sex in ›The Outer Limits‹ und sehr wenig richtige Gewalt. Wir erschreckten die Leute zwar, aber wir zeigten nicht, wie acht Menschen erschossen werden. Sollte »The Outer Limits« wieder als Serie produziert werden, würde ich auch nichts daran ändern. Ich will keine Polizeiserie machen.«

Robert Justman, der als Regieassistent für diese Serie und auch für »The Adventures of Superman« gearbeitet hat, fügt hinzu: »Bei The Outer Limits wollten die Sender nicht unbedingt eine intelligente Science-Fiction-Serie. Sie wollten eine Serie, die Geld brachte. Ihre Theorie war, daß man das erreicht, indem man in jeder Folge ein Monster hat. Wenn Sie ein intelligenter Mensch sind und Monster mögen, klappt das wunderbar. Wenn Sie allerdings ein intelligenter Mensch sind und keine Monster mögen, wird das schon schwieriger.

Wir stießen auf die gleiche Haltung, als wir mit Star Trek anfingen. Der Sender schlug vor, die erste Staffel mit ›Man Trap‹ zu starten. Wir hatten den Eindruck, das wir wesentlich bessere Folgen gedreht hatten. Wir verloren die Schlacht, sie gewannen, und ›Man Trap‹ lief zuerst.«

Der erfahrene Science-Fiction-Autor Jerry Sohl, der unter anderem für »The Twilight Zone«, »Alfred Hitchcock Presents« und »Star Trek« geschrieben hat, sagt über »The Outer Limits«: »Es gefiel mir nicht, daß man das Monster

1. KAPITEL

der Woche immer direkt zu Beginn sah. Ich dachte, sie hätten einige Folgen drehen sollen, in denen man nie erfährt, wer das Monster ist oder in denen es erst am Ende gezeigt wird. In einem Krimi zeigt man ja auch nicht direkt am Anfang den Mörder. Man muß herausfinden, wer es ist, und das ist das halbe Vergnügen. Meine Geschichte hieß ›The Yellow Sand‹ und erschien 1956 in Imaginative Tales. In dieser Geschichte wurden mehrere Raumschiffe zum Mars geschickt, die nie wieder zurückkamen. Man erhielt zwar anfangs Nachrichten vom Mars, aber auch die hörten schließlich auf. In meiner Geschichte landen sie und nach und nach verschwinden die Leute, und es gibt dort nur Sand. Wo sind sie geblieben? Es ist recht offensichtlich. Man läuft über den Sand, ein Hai taucht auf und man wird gefressen. In der Folge sieht man, wie das Raumschiff landet und direkt anschließend sieht man diese monströsen Haie. Das ist einfach dumm. Man hätte diese Leute zuerst zu den anderen Raumschiffen gehen lassen sollen, so wie sie das in ›Alien‹ gemacht haben. So erzeugt man Spannung!«

»Ich wollte Dramatik, Gothic Horror und ein gewisses Science-fiction-Element«, sagt Joseph Stefano über »The Outer Limits«.

Stefano hat darauf keine Entschuldigung. »Um ehrlich zu sein, hatte ich ziemlich freie Hand bei der Serie. Ich habe sie so produziert, wie ich sie wollte. Es gab einige Male, wo das ›ABC Standards and Practices Department‹ mich bat, etwas herauszuschneiden. Einmal sagten sie, daß sie eine Epsiode verstört hätte. Dagegen konnten wir nichts tun. Die Folge wirkte einfach verstörend.«

Im Gegensatz zu anderen Serien dieses Genres, erwies sich »The Outer Limits« von Anfang an als großer Erfolg. ABC bewies allerdings bald, daß sie nicht verstanden, was genau sie eigentlich in Händen hielten. Sie verlegten die Serie auf den Samstagabend, wo sie parallel zur sehr erfolgreichen Jackie Gleason Show lief, die noch bis 1970 laufen sollte. »The Outer Limits« taten das nicht. Ein weiterer Nagel zum Sarg des SF-Fernsehens, durch den es für die nächste SF-Serie natürlich noch schwerer wurde.

»Ich verließ die Serie nach der ersten Staffel wegen der zeitlichen Änderung«, gibt Stefano zu. »Ich sagte zu ABC: ›Wenn ihr die Serie so verlegt, ist sie gestorben. Ich werde nicht zwanzig Stunden pro Tag mit dem Schreiben und Produzieren einer Serie zubringen, die ohnehin durch eine völlig sinnlose Programmänderung zugrunde gehen wird.‹ Die Serie, die an unserer Programmstelle lief, war ›Voyage to the Bottom of the Sea‹. Sie lief vier Jahre lang. Hätten sie ›The Outer Limits‹ da gelassen, wo sie war, hätte sie noch vier bis fünf Jahre laufen können. Ich war so sehr dagegen, daß ich es ablehnte, an einer Serie zu arbeiten, die vor die Hunde gehen würde... und natürlich ist genau das passiert. Sie zeigten noch eine halbe Staffel und setzten sie dann ab.«

(Interessanterweise wiederholte sich die Geschichte nur wenige Jahre später, als Gene Roddenberry sich weigerte, Star Treks dritte und schließlich auch letzte Staffel zu produzieren, nachdem die Serie verlegt worden war. Aber wir greifen vor.) Ein verärgerter Jerry Sohl wollte etwas gegen die Abwesenheit richtiger Science-fiction im Fernsehen unternehmen.

»Theodore Sturgeon, Richard Matheson, George Clayton Jones und ich setzten uns zusammen. Wir nannten unsere Gruppe The Green Hand«, berichtet er, »und wir wollten wirklich verantwortliche Science-fiction ins Fernsehen bringen. Wir waren sicher, daß das Medium auch besseres Material verkraften könne. Wir wollten die Kontrolle über unsere Drehbücher und über die Qualität der Sendungen haben. Wir wollten den Serien neues Leben einhauchen und das Medium auf das Niveau ziehen, auf dem sich die literarische SF zu dem Zeitpunkt befand. Wir dachten, daß zumindest die Hälfte der Hauptsendezeit der Science-fiction gewidmet werden sollte.«

Ihr erster Versuch, diesen Traum in die Realität umzusetzen, war sehr erfolgreich. Herbert F. Solow, der während der Produktionszeit von Star Trek Chef der Fernsehproduktionen bei Paramount war, glaubte an sie. Er arbeitete damals noch bei MGM, wo er der Gruppe ein Büro und eigene Parkplätze zur Verfügung stellte.

Sohl lächelt. »Wir hatten alle Privilegien; wir durften in der Kantine der Chefetage essen, hatten einen Kühlschrank im Büro und unsere eigene

1. KAPITEL

Gene Roddenberry, hier auf dem Set von »Genesis II«, begriff Star Trek als einzige Möglichkeit, seine persönliche Weltsicht ins Fernsehen zu bringen.

Sekretärin. Wir vertraten die Meinung, daß die Science-fiction erwachsen geworden war und trafen uns dann auch sehr schnell mit den Managern von CBS, NBC und ABC. Sie alle schienen sehr beeindruckt. Wir merkten jedoch schon bald, daß dies nicht mit unserer Erfahrung, unserem unglaublichen Talent oder unserem Erscheinen als ärgerliche junge Männer, die bereits die Axt schärften, zusammenhing. Sie hatten einfach noch nie vier Science-fiction-Autoren auf einem Haufen gesehen, vor allem nicht vier Autoren, die sich auch noch einig waren.«

Bei diesen Treffen stellte »The Green Hand« eine ganze Reihe von Ideen für Fernsehserien vor. Richard Matheson präsentierte z.B. »Hunter«, eine Serie über einen Polizisten, der durch einen Unfall übersinnlciche Fähigkeiten entwickelt und diese bei der Lösung seiner Fälle einsetzt, und Theodore Sturgeon konzipierte »E.T.«, die Geschichte eines Außerirdischen, der auf der Erde gefangen ist und Schwierigkeiten mit seiner Anpassung hat.

»Verliebt er sich?«, ist Sohls rhetorische Frage. »Welche Art Superkräfte hat er? Wie gehen die Leute mit ihm um, wenn sie herausfinden, daß er ein Außerirdischer ist? Wir hatten wahnsinnig viele Konzepte, aber die Sender lehnten beide Ideen ab, weil sie glaubten, daß der durchschnittliche Zuschauer Dinge wie übersinnliche Wahrnehmung und Außerirdische nicht verstehen würde.«

Als nächstes boten sie ein Konzept namens »Gestalt Team« an, eine Serie über drei Astronauten in der Zukunft, deren spezielle Talente zusammengebracht und vermischt worden sind und die als Friedenstifter auf den Randwelten agieren. Dort würden sie gegen Außerirdische kämpfen und gegen menschliches Strandgut angehen, die dort auf kriminelle Weise zu überleben versuchen.

»Der Sender war völlig begeistert«, erzählt Sohl lachend, »wirklich hingerissen. Aber das bedeutet nicht, daß sie den Vertrag für einen zweistündigen Pilotfilm unterschrieben hätten oder uns einen Programmplatz für die Herbststaffeln freigehalten hätten. Sie waren begeistert. Und damit hatte sich die Sache auch schon.«

Auf »Gestalt Team« folgte »A Touch of Strange«, die eine Twilight-Zone-artige Anthologie reiner Fantasy-Geschichten geworden wäre – und eine Serie über einen Androiden.

»Er war ein männlicher Android, der aus der geheimen Militärbasis, wo er hergestellt worden war, flüchtete und jetzt von Regierungs- und Polizeikräften gejagt wurde«, erklärt Sohl. »Er war ständig auf der Flucht. Er wollte nicht in die Fabrik zurück, in der er ›geboren‹ worden war. Während er durch das Land reist, lernt er viel über sich selbst und lernt Emotionen – vor allem die Liebe – kennen. Da er Menschen nicht verletzen kann, befindet er sich in einer sehr schwierigen Situation, denn die Menschen haben Angst vor dem, was sie nicht verstehen und wollen es töten. Wir hatten tausend Geschichten im Kopf, aber die Sender weigerten sich. Sie befürchteten, das Publikum wollte keinen Eine-Million-Dollar-Mann. Schließlich haben sie uns keine einzige Serie abgekauft. Das war schade für die Sender, schade für ›The Green Hand‹ und sehr schade für das Publikum. Das Büro wurde aufgelöst und wir vier gingen unserer Wege. Aber die wirkliche Ironie ist, daß alle unserer Serien auf die eine oder andere Art doch noch ins Fernsehen kamen.«

Am deutlichsten fällt dies bei der Androiden-Serie auf, die abgesehen von den Parallelen zum Sechs-Millionen-Dollar-Mann, eine eindeutige Verwandtschaft mit »The Questor Tapes« aufweist, einem TV-Pilotfilm, der von einem Mann namens Gene Roddenberry mitgeschrieben und produziert wurde.

1963 hatte Gene Roddenberry, ein ehemaliger Polizist und Pilot, sein schriftstellerisches Können bereits in Serien wie »Dr. Kildare«, »Naked City«, »Mr. District Attorney« und »Highway Patrol« unter Beweis gestellt. In diesem Jahr wurde ihm die Drehbuchleitung für »Have Gun, Will Travel«

übertragen, und er begann nach Möglichkeiten für eine eigene Serienproduktion zu suchen, indem er einige Pilotkonzepte verfaßte, unter anderem »333 Montgomery« (mit DeForest Kelley), eine Abenteuergeschichte aus dem Zweiten Weltkrieg namens »APO-923« und ein Remake des Kelley-Pilotfilms »Defiance Country«. Obwohl keiner dieser Filme jemals zur Serie

1. KAPITEL

wurde, verstärkten sie doch Roddenberrys Wunsch, Produzent zu werden.

»Diese Pilotfilme wurden von anderen Leuten produziert«, erklärt Roddenberry, »und keiner von ihnen verkaufte sich. Ich fand heraus, daß es nicht reicht, eine Idee zu entwickeln und die Geschichte zu schreiben. Die Geschichte ist erst fertig, wenn sie auf Zelluloid gebannt ist. Um diese Geschichte zu erzählen, benötigt man Ton, Musik, Besetzung, Kostüme, Dekorationen und all die Dinge, für die ein Produzent verantwortlich ist. Ich begriff, daß ein Film die Gefühle, die man beim Schreiben des Drehbuchs hatte, nur korrekt reflektieren kann, wenn man diesen Film auch selbst produziert. Aus diesem Grund werden aus Fernsehautoren häufig Produzenten.«

»Für das Fernsehen zu produzieren ist so ähnlich wie Geschichtenerzählen«, sagt er weiter, »die Schauspieler auswählen, die richtigen Kostüme, die richtige Atmosphäre, die richtige Geschwindigkeit, das ist beim Geschichtenerzählen ebenso wichtig wie Charakterbeschreibungen in Romanen. In TV-Produktionen spielt der Regisseur zwar eine wichtige Rolle, aber er ist kein konstanter Bestandteil der Serie. Er kommt eine Woche vor Drehbeginn, um sich vorzubereiten, dreht eine Woche lang die Folge und arbeitet dann an der nächsten Serie. Im Gegensatz zum Produzenten ist er weder am Anfang einer Serie dabei, noch steht er nach dem Dreh mit 10 000 Meter Film da, die zu irgendeiner Einheit zusammengeschnitten und bearbeitet werden müssen. All diese Teile zu nehmen und daraus eine funktionierende Einheit zu machen, darin besteht die große kreative Herausforderung und das große Vergnügen.«

1988 erklärte er: »Wenn man für ein Fernsehpublikum schreibt, macht man das gleiche wie die großen Bildhauer und Maler und Komponisten. Man sagt der Welt: Hey, so sehe ich die Dinge. Das sind meine Kommentare. So sehe ich die Welt. Und das betreibt man mit einem sehr großen Egoismus, wie es alle Künstler tun sollten. Jeder Autor sollte selbstsüchtig sein und sagen: ›So sehe ich das‹, und leise sollte er hinzufügen: ›Hau ab! Wenn du deins willst, mach's doch selber.«

Mit dieser Haltung begab sich Roddenberry 1963 zu seinem ersten Produktionsauftrag – »The Lieutenant« mit Gary Lockwood in der Hauptrolle, der später auch als Gaststar in Star Treks zweitem Pilotfilm »Where No Man Has Gone Before« auftreten würde. In dieser Serie spielte Lockwood Lt. William Rice, und die Serie konzentrierte sich hauptsächlich auf das Leben eines neu ernannten Offiziers des Marineinfanteriekorps in Friedenszeiten.

»The Lieutenant« hielt nur 29 Folgen durch, ist aber aus verschiedenen Gründen interessant. Zum einen entstanden Kontakte zwischen Roddenberry und zahlreichen Leuten, die später für Star Trek arbeiten würden, unter anderem Leonard Nimoy, Nichelle Nichols, Regisseur Marc Daniels, Lockwood, Walter Koenig und Regisseur Robert Butler. Außerdem entwickelte Roddenberry während der Produktion der Serie das endgültige Konzept für Star Trek.

Roddenberrys Interesse für Science-fiction läßt sich bis in seine Kindheit zurückverfolgen.

»Ich war elf Jahre alt«, erinnert er sich, »und da war ein Junge in meiner Klasse, den das Leben nicht sehr gut behandelt hatte. Er hinkte, er keuchte, es war einiges nicht mit ihm in Ordnung, aber er war ein charmanter, wunderbarer und intelligenter Mensch. Da er keinen Sport treiben konnte und bei vielen Dingen, die andere taten, nicht mitmachen konnte, hatte er sich eine eigene Science-fiction- und Fantasy-Welt geschaffen. Er hatte die alten Amazing- und Astounding-Magazine aus den großen alten Tagen gesammelt und führte mich in die Science-fiction ein. Ich begann Science-fiction zu lesen und fand dann heraus, daß in unserer Nachbarschaft ein ehemaliger Sträfling lebte, der im Gefängnis auf die Science-fiction gekommen war. Durch ihn lernte ich John Carter und diese wunderbaren Burroughs-Geschichten kennen. Mit zwölf oder dreizehn war ich bereits tief in das Science-fiction-Feld eingedrungen.«

Was allerdings nicht bedeutet, daß er sich als Autor hauptsächlich durch Science-fiction ausdrücken wollte.

»Ich glaube, man hätte mich schon als Science-fiction-Fan bezeichnen können, aber das war bestimmt nicht das einzige, was ich gelesen habe«, erzählt Roddenberry, dessen erstes Drehbuch in diesem Genre »The Secret Defense of 117« mit Ricardo Montalban war. »Ich denke, daß Autoren im Bezug auf Bücher Allesfresser sind. Ich kenne wenige Autoren, die ich respektiere und die nur Science-fiction lesen. Isaac Asimov liest zum Beispiel sehr weitgefächert: Geschichte, Wirtschaft, Soziologie, eigentlich alles. Als ich mich entschied Autor zu werden, wollte ich ein Autor werden, nicht nur ein Science-fiction-Autor.«

Wie schon Rod Serling vor ihm, entdeckte auch Roddenberry die Science-fiction (in diesem Fall mit Star Trek als Kommunikationsmedium) als eine Möglichkeit, die etwas »größeren« Themen des Lebens zu behandeln und dabei eine jahrhundertealte Tradition der Literatur fortzuführen.

»Ich hatte ungefähr zwölf Jahre lang als unabhängiger Autor gearbeitet und stieß immer öfter auf die kommerzielle Zensur im Fernsehen, die damals noch sehr strikt war. Man konnte über nichts reden, was man für wichtig hielt, und ich entschloß mich, das Fernsehen zu verlassen, sollte ich keine Möglichkeit finden, über die Themen zu schreiben, die mich interessierten. Ein Autor ist ein Künstler, dessen Arbeit darin besteht, seinen Geist anderen Dingen zu öffnen. Mir fiel ein, daß Jonathan Swift Gullivers Reisen als Satire auf seine eigene Zeit geschrieben hatte. Um dies tun zu können, verlegte er die Geschichte nach Lilliput und schrieb über deren verrückte Premierminister und betrügerische Könige. Das war eine wunderbare Sache. Kinder konnten die Geschichte als Märchen lesen, als Abenteuer und als sie älter wurden, begriffen sie, über was er wirklich geschrieben hatte. Ich dachte, daß ich vielleicht über Sex, Politik, Religion und Vietnam schreiben könnte, wenn ich die Situationen, in denen es um diese Themen geht, auf einem anderen Planeten geschehen ließe, so daß sie nicht uns, sondern die kleinen grünen Leute betreffen. Und das hat wirklich funktioniert.

Es ging komplett über die Köpfe der Zensoren hinweg, aber jeder Vierzehnjährige im Publikum wußte genau,

1. KAPITEL

worüber wir redeten. Ich hatte zwar Science-fiction gesehen, aber ich war kein Science-fiction-Autor, obwohl ich einiges geschrieben hatte. Ich sagte damals: ›Zuviel in der Science-fiction beschäftigt sich mit Technik und nicht mit Menschen. Für Dramatik benötigt man Menschen. Sollte ich jemals die Chance bekommen, Science-fiction zu schreiben, werde ich wissenschaftlich so korrekt wie möglich sein, aber die Geschichten wie die alten ›Playhouse-90‹-Sachen schreiben. Und es funktionierte. Ich wollte durch Star Trek meine Ideen einschmuggeln, was anderes ist die Serie nie gewesen. Die Leute verstehen meistens nicht, daß man selbst in unserer Fernsehwüste so etwas tun kann. Dort geht es sogar am besten, weil man sehr schnell sehr viele Leute erreicht. Es gelingt nicht, wenn die Folgen wie Hallmark Hall of Fame aussehen, oder wenn man eine große Serie, die tiefgängig und bedeutend ist, auch so bewirbt. Die wirkliche Macht hat man, wenn man eine Serie wie Star Trek macht, die von den meisten für ein nichtssagendes kleines Action-Abenteuer gehalten, aber von einem sehr großen Publikum gesehen wird. Dort muß man seine Ideen einschmuggeln.«

Roddenberrys ursprüngliche Star-Trek-Idee ging von einem Raumschiff der Federation of Planets aus, dessen Mission es ist – entschuldigen Sie bitte das Klischee – »fremde Welten zu erforschen, neues Leben und neue Zivilisationen zu suchen und dorthin zu gehen, wo noch nie ein Mensch zuvor gewesen ist.«

Interessant ist, daß viele Leute glauben, dieses Konzept sei stark von dem klassischen Science-fiction-Film »Forbidden Planet« beeinflußt worden.

»Ganz bestimmt nicht«, verneinte Roddenberry die Frage des Reporters James Burns in den Siebzigern. »Ich dachte nur einmal an ›Forbidden Planet‹, während ich Star Trek plante, und das war, als ich mir sagte, in diesem Film wären einige Fehler aufgetaucht, die ich vermeiden müßte. Ich denke da besonders an einen sehr offensichtlichen Fehler, der mich sehr überrascht hat, als ich den Film, den ich sonst sehr mag, das erste Mal sah. Da war dieses Schiff, das in der Lage ist, durch den interstellaren Raum zu reisen, und der Schiffskoch schrubbt Töpfe und Pfannen immer noch mit der Hand. Das paßt doch wirklich nicht zusammen. Sie hätten zumindest irgendeine Art Mikrowelle haben müssen. Aber nein, ich kann mich wirklich nicht daran erinnern, daß ich zu dieser Zeit etwas gesehen hätte, wo ich dachte: Das mußt du übernehmen. Andererseits hat man natürlich dieses wunderbare Ding namens Gehirn, das sein ganzes Leben damit verbringt, Informationen zu speichern. Irgendwann holt man diese Information heraus und sagt: ›Das ist Heinlein in dem und dem‹. Oder, was vermutlich häufiger passiert, das Gehirn stellt sich etwas aus vier oder fünf Teilen zusammen, das man für eine bestimmte Produktion benötigt. Die meisten guten Autoren borgen sich nicht absichtlich Ideen aus. Hacker machen so etwas. Auf der anderen Seite passiert es den guten Autoren auch, daß sie Geschichten geschrieben haben und Leute ihnen sagen: ›Äh, das ist ein Teil von dem aus dem, ein bißchen von diesem und jenem‹, aber so schreibt man nicht absichtlich.

Ein Wagenzug zu den Sternen

1991 feierte die Welt 25 Jahre Star Trek, aber 1965 war das Basiskonzept völlig anders, als alles, was man bisher im Fernsehen gesehen hatte. Wie schon erwähnt feilte Roddenberry seine Gedanken über die Serie während der Produktion von »The Lieutenant« aus. Seine Sekretärin zu dieser Zeit war Dorothy (D.C.) Fontana, die gerne als professionelle Autorin arbeiten wollte und eine entscheidende Rolle im Star-Trek-Mythos spielen sollte. Als Roddenberrys rechte Hand war sie die erste, die das Originalkonzept sah.

»Im Frühjahr 1964 bat er mich, es zu lesen«, berichtet sie. »Das war das allererste Star-Trek-Konzept, die Serienpräsentation. Ich las es und sagte: ›Ich habe nur eine einzige Frage: Wer spielt Mr. Spock?‹ Er schob ein Foto von Leonard Nimoy über den Tisch. Ich kannte Leonard natürlich, weil er in meinem ersten verkauften Drehbuch ›The Tall Man‹ eine Rolle gehabt hatte.

Das Konzept bot zahlreiche Möglichkeiten und war sehr aufregend. Man kann natürlich niemals sagen, ob sich etwas verkauft, ob jemand daran glauben wird, aber ich glaubte in jedem Fall daran. Der Captain hieß damals noch Robert April, daraus wurde dann später Christopher Pike, und der Name des Schiffes war Yorktown. Mr. Spock war ziemlich genau der Spock aus ›The Cage‹, und der Schiffsarzt hieß Dr. Boyce. Die anderen Charaktere waren noch nicht so festgelegt. Niemand machte so etwas im Fernsehen.«

Roddenberrys ursprüngliche Serienpräsentation, datiert vom 11. März 1964, beschreibt Star Trek als »eine einstündige dramatische Fernsehserie; Action-Abenteuer-Science-fiction; das erste solche Konzept mit starken zentralen Hauptcharakteren sowie weiteren durchgehenden Figuren...; während ein dem Zuschauer bekannter Zentralschauplatz und durchgängige Figuren beibehalten werden, erforscht die Serie eine anthologieartige Reihe aufregender menschlicher Erfahrungen.«

Des weiteren beschrieb er das Basiskonzept der Serie als Anlehnung an die unglaublich populäre Serie »Wagon Train«, mit regelmäßigen Charakteren, die zu entfernten Welten fliegen und dort Situationen vorfinden, die unseren eigenen nicht unähnlich sind. Dort angekommen würden sie durch die Umstände zu Aktionen gezwungenn, die zu Action, Dramatik und Abenteuer führen würden. Sie würden mit einem »Kreuzer« namens U.S.S. Yorktown reisen, einem Schiff, das eine »klar definierte und weitführende Entdeckungs-, Wissenschafts- und Sicherheitsmission durchführt, die für unser Konzept sehr hilfreich ist.«

Der Zeitrahmen liegt irgendwann in der Zukunft, was 1995, 2095 oder irgendein anderes Datum bedeuten könnnte.

»Mit anderen Worten«, schrieb Roddenberry, »das Datum liegt so dicht an unserer Zeit, daß die Hauptcharaktere klar als Leute wie wir zu erkennen sind, aber weit genug in der Zukunft, um Reisen durch die Galaxis als gegeben darstellen zu können (womit wir

1. Kapitel

uns glücklicherweise langweilige wissenschaftliche Erklärungen in unseren Geschichten sparen können).«

Der Schlüssel zur Serie, fügte er hinzu, läge in dem Konzept, daß die Yorktown auf zahlreiche Parallelwelten trifft, oder anders gesagt, auf Planeten, die sowohl was Atmosphäre wie auch Lebensformen betrifft, die Bedingungen auf der Erde widerspiegeln. Wie Roddenberry sagte: »Durch das ›Parallelwelten‹-Konzept wird die Produktion vereinfacht, da wir aktions- und abenteuerorientierte Science Fiction innerhalb eines realistischen Budgets unter Nutzung der verfügbaren ›Erdkulissen‹ und Besetzungen mit Außenaufnahmen etc. inszenieren können. Ebenso wichtig (wenn nicht noch wichtiger) ist, daß bei dem ›Parallelwelten‹-Konzept selbst die phantasievollsten Geschichten mit erkennbaren und bekannten Besetzungen, Kulissen und Kostümen ausgestattet werden, wodurch sie für das allgemeine Publikum verständlich bleiben.«

Kaum jemand zweifelt daran, daß Roddenberry bei dem Versuch, seine Idee für Star Trek zu verkaufen, oftmals so frustriert war, daß er seinen Kopf gegen die Wand schlagen wollte. Er hat schon häufig über seinen langen Kampf mit den Studios gesprochen und darüber, wie schwer es war, irgend jemanden davon zu überzeugen, daß diese Serie funktionieren könnte. Ursprünglich hatte MGM, das Studio, das hinter »The Lieutenant« stand, Interesse an dem Projekt bekundet, sich dann aber zurückgezogen. Schließlich fand er jemanden, der ihm zuhörte: Oscar Katz von Desilu (der Firma, die von Desi Arnaz und Lucille Ball gegründet wurde).

Zu der Zeit, als sich Roddenberry und Desilu über die kreativen Aspekte einig wurden, leitete Lucille Ball das Studio, nachdem sie die Anteile ihres Ex-Ehemanns Desi Arnaz aufgekauft hatte. Oscar Katz, ein ehemaliger CBS-Manager kam als Vizepräsident zu Desilu, wo er die Aufgabe hatte, neue Projekte für das Studio zu entwickeln.

»Das Studio machte auf zweierlei Weise Geld«, erklärt Katz. »Zum einen durch Serien, die ihnen gehörten, so wie ›I Love Lucy‹ und ›The Untouchables‹, zum anderen als Mietstudio. Zum Beispiel drehten Bing Crosby Productions all ihr Zeug dort, ebenso wie Danny Thomas und Sheldon Leonard. Desilu gehörten drei Filmgelände, und vermutlich machten sie schon durch die Immobilien Geld, die ständig im Wert stiegen, während sie darauf saßen.

»Die Anzahl der Serien, die sie besaßen, sank«, fährt er fort. »Desi hatte damals sieben oder acht Serien laufen, die Desilu gehörten. Aber dann sank die Zahl, und schließlich hatten sie nur noch Lucys Serie und 14 oder 25 Mietsachen.«

Um diese Situation zu ändern, unterschrieb Desilu einen Vertrag mit dem Talentagenten Ted Ashley, der sie in Verkaufsangelegenheiten repräsentieren sollte. Ashley wiederum brachte Oscar Katz ein, der – obwohl anfangs recht zögerlich – als Studiomanager eingestellt wurde.

»Ich begann meine Arbeit, die Entwicklung von Programmen für Desilu im April '64«, erläutert Katz. »Das war ziemlich spät, um mit der Entwicklung von Pilotfilmen für den Herbst anzufangen, also hatte ich eine ziemlich harte Zeit. Ich glaube, ich hatte im ersten Jahr drei oder vier Pilotfilme, was heißt, daß ich ursprünglich 15 oder 20 Projekte in verschiedenen Stadien entwickelt hatte, aus denen die vier ausgewählt wurden. Diese mußten an einen Sender verkauft werden, um sie finanzieren zu können. Ich glaube, wir haben alle vier verkauft, aber es war schwer, kreative Leute zu bekommen. Desilu hatte zum Beispiel die Reputation, sehr hohe Allgemeinkosten zu haben. Im zweiten Jahr machte ich fünf Pilotfilme, von denen sich drei verkauften. Das ist ein ganz guter Durchschnitt.«

Einer der Pilotfilme erwies sich schließlich doch als unverkauft, aber die anderen beiden gingen in Produktion. Der erste war eine Serie namens »Mission: Impossible« (dt.: »Unmöglicher Auftrag: Kobra, übernehmen Sie«), und der andere war diese kleine Science-fiction-Geschichte, »Star Trek«.

Katz sagt: »Wenn ich die drei Leute nennen sollte, die am meisten dazu beigesteuert haben, daß ›Star Trek‹ real wurde, würde ich Gene Roddenberry, mich selbst und einen für Ashley arbeitenden Agenten namens Augman

Bevor er die Enterprise kommandierte, porträtierte Jeffrey Archer Jesus Christus in »King of Kings«.

Schwimmer, der heute als Anwalt arbeitet, nennen. Ich hatte Probleme, kreative Leute anzuwerben und ihre Projekte zu bekommen. Schwimmer sagte: ›Laß uns ein paar Leute besorgen, für die längeren und die kürzeren Formate. Mit denen machen wir generelle Verträge. Wir sagen ihnen nicht, daß uns einige Sachen gefallen und andere nicht. Wir gehen einfach auf sie zu und sagen ihnen, daß wir sie gerne bei Desilu haben würden und dafür sorgen könnten, daß sie sich dort zuhause fühlen. Wir wollen nicht wissen, was sie vorhaben. Wir machen einfach einen Vertrag über drei Angebote, die später entschieden werden‹. Er schlug Roddenberry für die längeren Formate vor. Roddenberry und ich waren uns bereits begegnet. Wir trafen die gleichen Vereinbarungen mit zwei Leuten, die auf Komödien spezialisiert waren.

»Star Trek« war das erste Projekt, bei dem Katz und Roddenberry zusammenarbeiten wollten. Dies führte zu einem Treffen mit CBS.

Während dieses Treffens, wie Stephen E. Whitfield in »The Making of Star Trek« dokumentiert, »redete Gene fast zwei Stunden lang. Er beschrieb seine Ideen für die Serie, erklärte, wie man eine Science-Fiction-Serie innerhalb des Budgets drehen und wie man

1. KAPITEL

ein Massenpublikum dafür gewinnen könnte...

Sie interessierten sich vor allem für seine Ideen über Raumschiffdesign, die Geschichten, die man erzählen könnte, wie man die Kosten drückt und andere technische Aspekte, die Gene entwikkelt hatte. Nach diesen zwei Stunden, und nachdem er von fast allen im Raum ausgefragt worden war, dachte er, er hätte das Projekt verkauft. Dann sagten sie: ›Vielen Dank. Wir haben ein eigenes Projekt, das wir vorziehen, aber wir freuen uns, daß sie vorbeigekommen sind‹«.

Im gleichen Buch sagt Roddenberry: »Ich dachte nur ›Ihr Arschlöcher, warum sagt ihr mir das nicht nach den ersten zehn Minuten? Wenn ihr technische Beratung braucht, dann stellt mich an und bezahlt mich dafür.‹ Das ist so, als würde man einen Arzt rufen, der einen zwei Stunden untersucht und dem man dann sagt: ›Danke, daß Sie mir gesagt haben, was nicht in Ordnung ist. Ich gehe jetzt zu einem anderen Arzt und lasse mich behandeln‹«.

Oscar Katz sagt dazu: »Wir saßen in einem Eßzimmer mit sechs oder sieben Managern, von denen uns einer lange darüber befragte, was wir in dieser Serie machen würden. Wir beantworteten seine Fragen, und dann stellt sich heraus, daß er nur so interessiert gewesen war, weil sie gerade eine eigene Science-fiction-Serie planten.«

Diese Serie war »Lost in Space«, die CBS in der '65er Staffel herausbrachte. Zwischenzeitlich drängten Roddenberry und Katz weiter nach vorne und überzeugten schließlich NBC, das Risiko auf sich zu nehmen und den Pilotfilm zu finanzieren. In dem Verkaufsgespräch mit NBC, erklärt Katz, erläuterte man den Sendermanagern, daß vier Arten von Geschichten das Star-Trek-Konzept ausmachen würden.

»›Sie müssen daran denken, daß das Raumschiff fünf Stockwerke hat‹«, erinnert sich Katz an seine Erklärung. »›Dort gibt es 500 Leute. Es stellt sich heraus, daß eins der Mädchen in der Besatzung, eine Marineschreiberin, sich nur beworben hat, weil sie zuhause in Boston Probleme mit ihrem Freund oder mit ihren Eltern hat. Sie läuft vor ihnen davon und hat ein emotionales Beziehungsproblem. Unsere beiden

Leonhard Nimoy in seinem ersten Science-fiction-Film, »Zombies of the Stratosphere«.

Hauptakteure, die wir noch nicht beschreiben können, wirken wie ein Katalysator und helfen ihr, dieses Problem zu erkennen und zu lösen. Man sieht sie nie wieder, weil sie nur ein Teil der Besatzung ist.‹ Dann sagte ich: ›Was Sie hier haben ist wie ›Wagon Train.‹ ›Wagon Train‹ hatte zwei Hauptakteure, der Wagentreck reiste durch den Westen – obwohl sie nie dort ankamen, wo sie hin wollten –, und ein Gaststar, der im Wagen Nummer 23 ist, hat ein emotionales Problem, bei dem die beiden Hauptakteure ihm helfen.

Die zweite Art Geschichte, und Sie müssen daran denken, daß dieses Schiff fünf Jahre lang unterwegs ist, beschäftigt sich damit, daß sie von der Erde die Nachricht erhalten, daß es auf einem Planeten, auf dem Menschen Bergbau betreiben, zu Betrügereien kommt. Sie fliegen zu diesem Planeten und führen praktisch eine Polizeiaktion durch. In dieser Beziehung ist das wie ›Gunsmoke‹ (dt.: ›Rauchende Colts‹). Drittens passiert es, daß sie zu einem Planeten kommen, der ziemlich genau wie die Erde ist, gleiche Atmosphäre etc. und die Leute deshalb genauso wie wir aussehen und sich auch ähnlich entwickelt haben, nur daß ihr Chicago, ihr Al Capone in der Zukunft liegt, oder daß ihr Bürgerkrieg gerade ausbricht. Sie sind entweder weiter oder weniger entwickelt als wir. Es sind also Leute, die wie wir aussehen und Ereignisse durchmachen, die wir entweder schon durchgemacht haben oder noch durchmachen werden. Die vierte Art Geschichte ist die, wo sie zu einem Planeten kommen, wo die atmosphärischen Bedingungen anders als auf der Erde sind. Alles ist anders. Die Leute sehen nicht aus wie wir und benehmen sich nicht wie wir. Sie sind erschreckend aussehende Tiere oder so etwas.«

»Also sagte ich: ›Dies sind die vier Arten von Geschichten. Wir haben ›Gunsmoke‹, ›Wagon Train‹ und zwei Sachen auf fremden Planeten. Was hätten Sie gerne?‹ Nun, sie entschieden sich für die vierte Geschichte. Der Grund dafür war, daß dies am schwierigsten zu machen war. Mit der Reputation, die Desilu hatte, wollten sie es so schwierig wie möglich für uns machen, damit wir uns beweisen konnten. Ich versuchte ihnen das auszureden, weil ich wußte, daß es teuer würde. Außerdem war ich der Meinung, daß diese Geschichte die Serie nicht richtig repräsentieren würde. Aber sie ließen sich das nicht ausreden. So wurde der erste Pilotfilm ›The Cage‹ ins Leben gerufen.«

Die Idee zu »The Cage« wurde als Drehbuch ausgearbeitet, wobei sich auch zwei Namen änderten. Aus Captain Robert April wurde Christopher Pike und aus der Yorktown die Enterprise. Am Ende erhielt Roddenberry ein Drehbuch, indem das United Space Ship Enterprise in Beantwortung eines Notrufs auf dem Planeten Talos IV ankommt. Pike wird von den telepathischen Talosianern gefangengenommen. Sie wollen, daß er mit einer menschlichen Frau namens Vina Kinder zeugt, damit sie ihre fast leblose Welt neu bevölkern können. Zur Erreichung dieses Ziels setzen sie ihre Fähigkeiten ein und werfen Pike von einer Phantasievorstellung in die nächste, um so sein Realitätsempfinden zu täuschen und ein falsches Gefühl der Sicherheit entstehen zu lassen. Nummer Eins, Mister Spock und andere Besatzungsmitglieder arbeiten zusammen, um Pike zu befreien, und gemeinsam gelingt es ihnen, den talosianischen Plan zu vereiteln.

Jeffrey Hunter, der kurz vorher Jesus Christus in »King of the Kings« (dt.

1. KAPITEL

»König der Könige«) gespielt hatte und auch neben John Wayne in »The Searchers« (dt.: »Die Spur des Falken«) zu sehen war, wurde als Captain Pike besetzt, obwohl auch andere Schauspieler infrage gekommen waren.

»Ich erinnere mich, daß wir Lloyd Bridges in Betracht gezogen hatten«, erzählt Roddenberry, »nur, als ich ihn darauf ansprach, sagte er: ›Gene, ich mag dich, ich habe mit dir einige Male zusammmengearbeitet, aber Science Fiction habe ich auch schon gesehen, und ich nähere mich dem Zeug nicht auf 100 Meilen…‹ Ich verstand, wie er das meinte, denn damals bestand Science Fiction normalerweise aus dem Monster der Woche, dem Tintenschleim, der Tokio verschlang, und so etwas. Ich versuchte ihn davon zu überzeugen, daß ich es anders machen würde, aber zu diesem Zeitpunkt war ich mir nicht sicher, ob ich das wirklich könnte.«

Majel Barrett, die später Roddenberry heiraten und Schwester Christine Chapel in der nachfolgenden Fernsehserie spielen würde, wurde als Nummer Eins besetzt, John Hoyt als Dr. Boyce. Eine der wichtigsten Rollen war Mr. Spock. Nachdem Martin Landau (Mission: Impossible/dt.: »Unmöglicher Auftrag: Kobra, übernehmen Sie«) und Michael Dunn (The Wild, Wild West/dt.: »Verrückter wilder Westen«) erwogen worden waren, entschied sich Roddenberry für Leonard Nimoy, der unter anderem »Zombies of the Stratosphere« und zwei Episoden von »The Outer Limits« gedreht hatte.

Roddenberry erinnert sich an seine Zusammenarbeit mit Leonard Nimoy in einer Episode von »The Lieutenant« und sagt: »Er spielte einen Hollywood-Produzenten in einer Folge, der eine kaugummikauende, witzelnde Sekretärin hatte, die später meine Frau wurde. Damals sah ich ihn an und dachte, daß ich ihn, sollte ich diese Science-fiction-Sache jemals drehen, wegen seines slawischen Gesichts und seiner hohen Wangenknochen einsetzen würde. Und so besetzte ich ihn einfach durch einen Anruf, in dem ich ihn bat, vorbeizukommen.«

Leonard Nimoy erinnerte sich an anderer Stelle auch an dieses Erlebnis: »Ich hörte 1964 das erste Mal von Star Trek. Gene Roddenberry produzierte eine Fernsehserie namens ›The Lieutenant‹, und ich spielte einen Hollywood-Produzenten, der einen Film über das Marine Corps machen wollte. Als dieser Job vorbei war, rief Gene meinen Agenten an, der rief mich an und sie baten mich um ein Treffen. Ich besuchte Gene in den damaligen Desilu Studios, und er erzählte mir, daß er gerade einen Pilotfilm für eine Science-fiction-Serie namens Star Trek vorbereitete und mich gerne als einen außerirdischen Charakter besetzen würde. Während unserer Unterhaltung führte mich Gene durch das Studio und zeigte mir die geplanten Kulissen, die entworfene Garderobe, die Requisiten und so weiter. Langsam begriff ich, daß er versuchte, mich zu dieser Serie zu überreden, was ungewöhnlich für einen Schauspieler war. Also dachte ich mir, daß ich einfach nur meinen Mund halten müsse und so dort eventuell einen guten Job bekommen könnte.«

»Gene sagte mir, daß er wenigstens einen Außerirdischen in einer wichtigen Position auf seinem Raumschiff haben wollte«, fügt Nimoy hinzu. »Er hätte gerne mehrere gehabt, aber damals war es für das Fernsehen einfach zu teuer, aus menschlichen Schauspielern andere Lebensformen zu machen. Spitze Ohren, Hautfärbung, einige Veränderungen an den Augenbrauen und die Frisur war alles, was Gene für finanzierbar hielt. Aber er glaubte, daß seine Mr.-Spock-Idee, wenn sie vernünftig ausgearbeitet und vernünftig gespielt würde, den Eindruck vermitteln könnte, daß wir uns wirklich im 23. Jahrhundert befinden und daß interplanetare Reisen eine Tatsache sind.

Unser Schiff wäre dann nicht das United States Ship Enterprsie, sondern das United Space Ship Enterprise, das von einer Föderation verschiedener Planeten ausgesandt wurde, und die Besatzung wäre ebenfalls interplanetarisch. Mit Spock hätten wir einen Charakter, der uns ständig daran erinnern würde.«

»Der erste Star-Trek-Pilotfilm wurde 1965 in den Desilu Studios in Hollywood gedreht. Er war der teuerste Pilotfilm, der bis dahin je produziert worden war… Dieser erste Pilotfilm hat einige großartige Produktionswerte und einige wundervolle Ideen, aber NBC entschied, er sei zu abgehoben und würde sich nicht verkaufen.«

Bei »The Cage« führte Robert Butler Regie, der auch mit Roddenberry an »The Lieutenant« gearbeitet hatte und heute als »König der Pilotfilme« gilt, nachdem er bei den Anfangsepisoden von Serien wie »Batman«, »Moonlighting« (dt.: »Das Model und der Schnüffler«), »Remington Steele«, »Hill Street Blues« (dt.: »Polizeirevier Hill Street«), »Midnight Caller« und zahlreichen anderen Regie geführt hat.

»Gene hatte das Drehbuch für ›The Cage‹ fertig und bat mich, es zu lesen, was ich auch tat«, berichtet Butler. »Ich hielt es damals für eine tolle Geschichte, aber auch für etwas unklar, weil es ein solches Lehrstück war. ›The Cage‹ zeigte so viele solide, gute und faszinierende Science-fiction-Elemente, Beispiele und Ereignisse, daß es ein wenig unklar wirkte. Die Geschichte war ein wenig abgehoben, und ich fragte mich, ob die Leute dem folgen könnten. Ich sah allerdings auch, daß sich Gene zu diesem Zeitpunkt so darin verrannt hatte, daß er alle Einwände überhörte«.

Butler erzählt außerdem, daß eine seiner Ideen darin bestand, den Namen der Serie von »Trek« zu »Track« zu ändern, weil er fand, daß Trek zu »öde« klänge.

»Das ist heute eine so alte Geschichte. daß es sich sehr merkwürdig anhört«, sagt der Regisseur, »aber damals, ohne zu wissen, daß die Serie ein Riesenerfolg werden würde, hörte sich Star Trek für mich langweilig an, während Star Track eine viel bessere Perspektive bot. Gene war allerdings damals nicht in der Stimmung, sich solche Vorschläge oder meine Ansicht über die Unklarheit der Geschichte anzuhören.

»Schließlich«, erläutert er weiter, »nachdem wir den Pilotfilm so gedreht hatten, wie wir es für richtig hielten, hörte ich, daß NBC gesagt hätte: ›Wir glauben daran. Wir denken, daß wir hier eine Serie haben, aber wir verstehen sie nicht. Macht es nochmal.‹ Offensichtlich hatte der Sender auf seine Weise den gleichen Eindruck wie ich.«

1. KAPITEL

»Es wurden viele gute Ideen diskutiert«, betont Butler. »Unter all dem spürte ich sehr ehrenhafte und gut gemeinte Ideen. Allerdings erinnere ich mich auch daran, daß alles etwas steif war. Eine Straßenserie ist sehr locker, was Sprache und Charaktere angeht, aber in einer Science-Fiction-Serie, oder in jeder Serie, in der man eine neue Realität schafft, muß man sich dieser neuen Realität unterordnen und sie in Ehren halten. Man erfindet eine Reihe von Umständen, die in gewisser Weise streng wirken. Immerhin sind sie das Gleiche wie die Armee, und in jeder Art militärischem Dienst gibt es Vorschriften, wie man sich verhalten soll. So etwas mag ich eigentlich nicht, weil es einen einengt. Dieses Verhalten gehörte aber zu dem Gebiet, in dem wir arbeiteten, und es war weder gut noch schlecht. Allerdings arbeite ich lieber mit lockeren Verhaltensregeln.«

NBC lehnte »The Cage« ab, weil er zu abgehoben für das Fernsehpublikum war. Überraschenderweise stimmte Roddenberry ihnen bis zu einem gewissen Punkt zu.

1986, auf einer 20 Jahre Star Trek Convention beschrieb Roddenberry, was damals mit »The Cage« passiert war und berichtete auch von den Gründen, aus denen der Sender den Pilotfilm ablehnte.

»Die Gründe waren folgende: zu abgehoben, zu wenig Action und Abenteuer«, sagte er. »›The Cage‹ endete nicht mit einer Verfolgungsjagd und einem rechten Aufwärtshaken, wie richtig männliche Filme enden sollten. Damals gab es noch keine weiblichen Hauptrollen – Frauen waren einfach nur Kulissenverzierung. Deshalb störte sie auch eine andere Sache, nämlich, daß wir Majel als zweithöchsten Offizier auf dem Schiff hatten. Die Damen im Publikum werden jetzt sicher gerne sagen ›Natürlich waren es die Männer‹, aber in den Testberichten sagten die Frauen im Publikum: ›Für wen hält die sich eigentlich?‹. Sie haßten sie. Es ist schwer zu glauben, daß wir uns in 20 Jahren von einer völlig sexistischen Gesellschaft zu dem entwickelt haben, was wir heute sind – alle intelligenten Leute akzeptieren die Gleichheit der Geschlechter. Wir haben Fortschritte gemacht.«

»Außerdem hatten wir etwas, was sie ein ›kindisches Konzept‹ nannten – einen Außerirdischen mit spitzen Ohren von einem anderen Planeten«, fügt er hinzu. »Damals redete niemand über Lebensformen auf anderen Welten. Die meisten vernünftigen Leute nahmen an, daß dies hier der Ort sei, wo Leben aufgetreten sei und nirgendwo anders. Es wäre völlig in Ordnung gewesen, wenn dieser Außerirdische mit den spitzen Ohren, diese ›blödsinnige Kreatur‹, die größte Kanone aller Zeiten gehabt hätte, oder die Stärke von hundert Männnern, das wäre aufregend gewesen. Aber der einzige Unterschied zu den anderen bestand in seiner fremden Auffassung von Emotionen und Logik. Und das brachte die Fernsehmanager nicht dazu, aufzuspringen und ›Yippee!‹ zu rufen.

Zu dieser Zeit hielt man die Raumfahrt für Schwachsinn. Drei Monate nachdem man uns abgesetzt hatte, landete der erste Mensch auf dem Mond, und diese Ansicht änderte sich völlig. Die ›lächerliche‹ Gedankenkontrolle auf dem talosianischen Planeten ärgerte eine ganze Menge Leute, die natürlich übersahen, daß die größte Bedrohung, der wir uns heute gegenübersehen, die Gedankenkontrolle ist – so wie sie vor nicht langer Zeit von Hitler ausgeübt wurde und heute von verschiedenen fanatischen Religionen überall auf der Welt und selbst in unserem eigenen Land ausgeübt wird.

Gedankenkontrolle ist ein für das Fernsehen gefährliches Thema, weil die Yuppies vielleicht eines Tages aufwachen werden, darüber diskutieren und plötzlich feststellen, daß das Fernsehen der größte Machtfaktor in der Gedankenkontrolle sein könnte, und dann werden sie sich das Fernsehen ganz genau ansehen. Die meisten Manager würden diese Möglichkeit gerne ausschließen.«

»Wenn ich zurückdenke«, fügte er an anderer Stelle hinzu, »glaubten sie vermutlich, ich hätte mein Wort gebrochen. Ich hatte versprochen, ihnen eine Serie zu liefern, die wie ein ›Wagon Train‹ zu den Sternen war... Action/Abenteuer im Science-Fiction-Stil. Statt dessen bekamen sie mit ›The Cage‹ eine sehr schöne Geschichte und, nach Meinung vieler Leute, den besten Science-Fiction-Film, der bis dahin gedreht worden war. Aber er war kein Action-Abenteuer. Er war nicht das, was ich versprochen hatte. Das Problem mit dem ersten Pilotfilm läßt sich leicht bis zu mir zurückverfolgen. Ich war zu dicht daran und verlor die Perspektive. Ich hatte gewußt, daß ich Star Trek nur mit einer Action/Abenteuer-Handlung erzählen konnte. Aber ich vergaß meinen Plan und versuchte, etwas Stolzes zu schaffen«.

Oscar Katz erklärt: »Ich fragte NBC: ›Warum lehnt ihr das ab?‹, und sie sagten mir: ›Wir können die Serie so nicht verkaufen. Sie ist zu ungewöhnlich.‹ Ich sagte: ›Aber ihr habt diese Geschichte ausgesucht. Ich habe euch vier Möglichkeiten gegeben.‹ Er sagte: ›Ich weiß, und genau deshalb gebe ich euch den Auftrag, für die nächste Staffel einen zweiten Pilotfilm zu produzieren.‹«

Wo noch nie ein Mensch ...

Obwohl NBC einem zweiten Pilotfilm zustimmte, hatten sie doch einige »Vorschläge« zu machen. Unter anderem sollte Mr. Spock entfernt werden, weil, wie Oscar Katz sagt, »sie glaubten, daß Spocks Ohren erschreckend wirken würden«.

»Sie lehnten einen Großteil der Besetzung ab und verlangten von uns, auch auf Spock zu verzichten«, stimmt Roddenberry dem zu. »Eigentlich verlangten sie sogar sehr bestimmt, Spock herauszunehmen. Das ist einer dieser Fälle, wo man nachts nach Hause kommt, mit dem Kopf gegen die Wand schlägt und sich fragt: ›Warum bin ich der einzige auf der Welt, der daran glaubt?‹

Aber ich sagte ihnen, daß ich keinen zweiten Pilotfilm ohne Spock drehen würde, weil ich ihn aus verschiedenen Gründen für sehr wichtig hielt. Wir konnten meiner Meinung nach keine Weltraumserie drehen, in der nicht wenigstens eine Person anwesend ist, die einen ständig daran erinnert, daß man im Weltraum und in einer Welt der Zukunft ist. NBC stimmte schließlich zu, einen zweiten Pilotfilm mit

1. KAPITEL

Spock zu drehen, sagte aber: ›Na ja, halten Sie ihn irgendwie im Hintergrund.‹«

Das ist besonders ironisch, wenn man bedenkt, daß Spock zu einem der populärsten Charaktere der Serie werden sollte. Tatsächlich berührte der ständig tobende Kampf zwischen Logik und Emotion im Inneren des Halbvulkaniers/Halbmenschen eine Generation, die nach Richtlinien suchte.

Nimoy fügt hinzu: »Der Sender beseitigte einen Charakter komplett, nämlich die Rolle von Nummer Eins... Sie sagten Gene auch, er solle den Typen mit den spitzen Ohren verschwinden lassen, weil sich das Publikum nicht mit einem außerirdischen Charakter identifizieren würde. Gene kämpfte dagegen an, mußte aber schließlich einen Kompromiß eingehen. Er wußte, daß das Konzept einen außerirdischen Charakter dringend brauchte, selbst wenn er sich dafür dem Sexismus der sechziger Jahre beugen mußte. Ein neuer Pilotfilm wurde geschrieben, in dem Mr. Spock Nummer Eins' Platz einnahm und außerdem noch die computerartigen Gedächtnisqualitäten dieser Frau bekam. So wurde die vulkanische Gefühllosigkeit und Logik geboren«.

Über die Geburt des zweiten Pilotfilms sagt Stephen Kandel, der später die populären Harry-Mudd-Folgen für die Fernsehserie schreiben sollte, daß NBC zwei verschiedene Pläne hatte: es aufzugeben und es zu vergessen. »Nach einigen Streitereien und Diskussionen bekam Gene endlich das Geld, um diese zusätzlichen Pilotdrehbücher zu schreiben. ›The Cage‹ hatte gezeigt, wie die Serie werden könnte, und davor fürchtete sich der Sender. Sie dachten, die Zuschauer würden das nicht verstehen.«

Während die Arbeit an den drei Pilotdrehbüchern lief, erfuhr Roddenberry, daß zwei der Hauptpersonen aus »The Cage« nicht mehr dabei sein wollten: der Regisseur Robert Butler und der Schauspieler Jeffrey Hunter.

Butler sagt: »Ich sagte Gene, daß ich schon einmal dabei gewesen sei und mich nicht wiederholen wollte. Ein anderer Grund war, daß Science Fiction, vom Standpunkt eines Regisseurs gesehen, sehr anstrengend ist, weil

William Shatner, bevor er Captain James T. Kirk war. Hier zu sehen in »The Defenders«.

man sich den Chefsessel mit all den Leuten von der Graphik- und Spezialeffektabteilung etc. teilen muß, von denen die Tricks kommen. Man führt mit einem Kommittee Regie, und das machte mich sehr ungeduldig. Ich arbeite gerne an Pilotfilmen, weil man an dem Konzept beteiligt ist und weniger Vorgaben bekommt, so daß man letztendlich stärker Regie führt. Je mehr Kontrolle und Freiheit ich bei meiner Regieführung habe, desto mehr Spaß habe ich dabei. Wir haben bei (›The Cage‹) gebetet und unser Bestes gegeben. Das Phänomen, was daraus entstand, war größer als ich erwartet hatte. Nicht, daß wir es damals wirklich wahrgenommen haben; darum ging es nicht. Man rollt einfach die Hemdsärmel hoch und überlegt sich, was zum Teufel man eigentlich zu machen versucht. Dann springt man einfach hinein und sieht nie mehr zurück.«

Über Jeffrey Hunters Abwesenheit sagt Roddenberry: »Ich hielt sehr viel von ihm, und aus ihm wäre ein großer Captain geworden, aber seine Familie, oder seine Frau, überzeugte ihn, daß Science Fiction eigentlich unter seiner Würde sei.«

Oscar Katz fügt hinzu: »Wenn man mit einem Schauspieler einen Vertrag über einen Pilotfilm abschließt, kann man ihn nicht für immer daran binden. Man kann ihn für ungefähr sechs Monate halten, aber man hat nicht das Recht, mit ihm einen zweiten Pilotfilm im nächsten Jahr zu drehen, also konnten wir Jeffrey Hunter nicht halten. Entweder ihm oder seiner Frau gefiel ›The Cage‹ nicht, und er wollte keinen zweiten Pilotfilm drehen. Ich hatte die Kulisse – ich glaube, dieser Planet aus ›The Cage‹ war die größte Kulisse, die je in Hollywood gebaut wurde –, wir hatten das Innere des Raumschiffs, die Miniaturen vom Äußeren des Schiffs etc. Wir hatten alles und mußten nur noch ein neues Drehbuch schreiben. Aber wir hatten keinen Hauptdarsteller. Die Geschäftsabteilung verhandelte mit Jeffrey Hunter, und wir alle dachten, es ginge um die übliche Schauspieler-gegen-Sender-Situation. Man behauptet, man will etwas aus dem und dem Grund nicht drehen, aber eigentlich will man damit nur den Preis in die Höhe treiben. Wir erhöhten den Preis mehrmals, aber er lehnte immer noch ab. Eines Tages fragte ich, was nun eigentlich mit Jeffrey Hunter sei, und man sagte mir, er würde die Rolle um keinen Preis spielen. Schließlich sagte ich: ›Bestellt Jeffrey Hunter, er soll verschwinden. Sagt ihm, wir drehen den Pilotfilm ohne ihn‹. William Shatner kam also nur zu uns, weil Hunter nicht wollte.«

Den Kommandositz würde also der in Kanada geborene Schauspieler William Shatner übernehmen, der in seiner Karriere bereits in zahlreichen anerkannten Rollen auf der Bühne, im Film und im Fernsehen zu sehen gewesen war.

»Mir wurde die Rolle auf etwas ungewöhnliche Weise angeboten«, berichtete Shatner der englischen Presse in den 70er Jahren. »Sie hatten einen Pilotfilm mit dem inzwischen verstorbenen Schauspieler Jeffrey Hunter gedreht, und NBC gefiel der Pilotfilm zwar nicht, aber sie mochten die Idee. Sie sagten, man solle die Besetzung und die Geschichte ändern, ihnen aber auch einen zweiten Pilotfilm liefern, für den sie dann eine gewisse Summe bezahlen würden. Also zeigten sie mir den ersten Pilotfilm und sagten: ›Würden Sie die Rolle gerne spielen? Hier sind einige der Handlungsstränge, die wir durchziehen wollen; Sie können also sehen, welche Art Produktion wir uns vorstellen. Würden Sie das gerne spielen?‹ Ich dachte, das wäre für mich als Schauspieler eine ganz interessante Herausforderung, weil ich immer schon von Science Fiction fasziniert gewesen war. Mir gefiel die Produktion, und ich mochte die Leute, die daran beteiligt waren, also entschloß ich mich, es zu machen. Aber es waren schon recht merkwürdige Umstände, mit einem fertigen Pilotfilm.

Ich sprach dann sehr lange mit Gene Roddenberry über die Ziele, die wir erreichen wollten. Eins davon war die Verbindung zwischen ernsthafter Dramatik und Science Fiction. Seine Reputation und seine Fähigkeiten, die ich aus erster Hand kannte, waren derart, daß ich nicht glaubte, er wolle ›Lost In Space‹ drehen. Und ich war als Schauspieler mit den speziellen oder besonderen Fähigkeiten, die ich habe, einfach zu teuer, um mich in irgendetwas zu setzen, das auch ein anderer hätte machen können. Deshalb war ich sehr zuversichtlich, daß Star Trek diese ernsthafte Seite größtenteils durchziehen würde, und das taten sie.«

Bob Justman, der als Regieassistent in »The Cage« angefangen hatte und jetzt als Associate Producer an »Where No Man Has Gone Before« arbeitete, erklärt: »Gene war sehr froh, daß er Bill Shatner bekommen hatte, von dem man allgemein sehr viel hielt. Ich hatte mit Bill in ›The Outer Limits‹ gearbeitet, und er hatte einen guten Ruf in der Fernseh- und Unterhaltungsbranche schon lange vor dem zweiten Star-Trek-Pilotfilm. Er war jemand, den man beachten mußte, und wir wußten, daß er als Schauspieler anerkannter war als Jeffrey Hunter und uns mehr Tiefe geben würde. Der Sender hatte den Eindruck, daß Hunter etwas hölzern wirkte. Er war ein netter Mensch, jeder mochte ihn, aber er konnte nicht die ganze Gefühlsskala ablaufen, so wie Bill Shatner das konnte. Shatner hatte eine klassische Ausbildung. Er hatte große technische Fähigkeiten, mit denen er zahlreiche Sachen ausführen konnte, und er verlieh dem Captain eine fantastische Persönlichkeit. Er verkörperte Genes Idee vom fehlerhaften Helden, oder dem Helden, der sich für fehlerhaft hält. Captain Horatio Hornblower. Auf dem basierte er.«

Regisseur James Goldstone während der Proben zu »Where No Man Has Gone Before«, dem zweiten Pilotfilm der Serie.

Leonard Nimoy sagt enthusiastisch: »Durch Bills breiter angelegten Schauspielstil bekam die Beziehung zwischen dem Captain und Spock eine ganz neue Chemie, ganz anders als im ersten Pilotfilm.«

Und diese Beziehung zwischen den beiden Charakteren und Schauspielern – trotz der Egoprobleme, die später auftraten – sprühte wahrhaft Funken. David Gerrold, der berühmte Science-Fiction-Autor, Star-Trek-Experte und Autor der Episode »The Trouble With Tribbles« bemerkt: »Alle Filme und alle Episoden werden zusammengehalten, weil Shatner sie zusammenhält. Spock ist nur gut, wenn er gegen jemanden spielen kann. Die Szenen, in denen Spock nicht gegen Shatner spielen kann, sind uninteressant. Wenn man Spock mit seiner Mutter oder seinem Vater zusammen sieht, wirkt das sehr schwerfällig. Wenn aber Spock mit Kirk arbeitet, hat das eine gewisse Magie, es funktioniert sehr gut, aber die Leute loben dafür immer nur Nimoy, nicht Shatner.«

Es ist überraschend, daß Nimoy selbst dieser Beobachtung zustimmt. »In der Serie hatten wir einen Fehlschlag – ich erlebte das als Fehlschlag – in der Folge ›The Galileo Seven‹. Der Spock-Charakter war so erfolgreich, daß jemand vorschlug, wir sollten eine Episode drehen, in der Spock das Kommando über ein Schiff hat. Wir hatten diese Shuttlemission, die Spock leitete. Ich hatte Schwierigkeiten damit. Ich vermißte Kirk, gegen den ich spielen konnte, den ich kommentieren konnte. Die Kirk-Darstellung von Bill Shatner war so energiereich und kräftig, daß Spock einfach nur mitschwamm, Bemerkungen machte, Ratschläge anbot und seine Sicht der Dinge zeigte. Aber sich plötzlich in der Position der antreibenden Kraft, der Hauptperson zu befinden, war sehr schwer für mich. Ich hielt es für einen Fehlschlag.«

Während Shatner angeworben wurde, beendete man die drei von NBC geforderten Drehbücher. Roddenberry schrieb »The Omega Glory«, in der es um eine Krise auf einem erdähnlichen Planeten geht, von der Föderationssiedler betroffen sind; Stephen Kandel schrieb »Mudd's Women«, die, wie er es formuliert, von der Frage ausging: »›Was wäre, wenn wir einen

1. KAPITEL

Charakter hätten, der kein Außerirdischer ist und nicht hochtechnisiert und mit dem sich das Publikum leicht identifizieren kann?‹ Wir bekamen einen lärmenden Verkäufer und Hochstapler«; und Samuel A. Peeples schrieb »Where No Man Has Gone Before«, in dem die Verwandlung des Besatzungsmitglieds Gary Mitchell in ein gottähnliches Wesen erzählt wird.

»Ich erinnere mich vage, daß es einige Probleme mit ›The Cage‹ gegeben hatte«, berichtet James Goldstone, der sich verpflichtet hatte, im zweiten Star-Trek-Pilotfilm Regie zu führen. »Eins davon war, daß es so viel Geld gekostet hatte, ein anderes, daß es so lange gedauert hatte, ihn zu drehen. NBC war skeptisch, ob sich eine wöchentliche Serie sozusagen herstellen ließe. Eine der Vorgaben war, daß der zweite Pilotfilm in, soweit ich mich erinnere, acht Tagen gedreht werden sollte, was ihnen beweisen sollte, daß eine wöchentliche Serie in sechs oder sieben Tagen gedreht werden könnte. Wir brauchten einen Tag mehr, weil wir den Prototyp machten. Die andere Vorgabe, so würde ich jedenfalls schätzen, weil es um Fernsehen ging, war, daß NBC unbedingt etwas ›Kommerzielles‹ wollte, um es gegen die ganzen Polizei- und Actionserien einzusetzen. Ich denke, die Dinge haben sich da nicht verändert. Sie wollen immer etwas, daß Zuschauer bringt und sie auch halten kann.«

Über den Entschluß, im zweiten Pilotfilm mehr Tempo als im ersten zu haben, sagt er: »Ich weiß wirklich nicht mehr, wessen Idee das war, ob sie von mir, Gene oder dem Sender kam. Es gibt auch einen Unterschied zwischen einer zweistündigen Folge in einem unentwickelten, konzeptionellen Format und etwas, das Teil einer wöchentlichen Serie werden soll. Unser Konzept sah nicht vor, einen Pilotfilm zu drehen, sondern ein Beispiel von dem zu geben, was wir auf wöchentlicher Basis machen wollten.«

Er war von Anfang an begeistert über die Arbeit an dieser Serie.

»Gene's ganzes Konzept«, erläutert Goldstone, »beruhte auf der klassischen Form des Geschichtenerzählens, mit der schon im elisabethanischen Theater, im 19. Jahrhundert und in den klassischen Romanen Geschichten erzählt worden waren. Im Western hat man bestimmte Konventionen, und wenn man eine heutige Handlung in eine Westernkulisse verlegt, werden die Leute diese Konventionen akzeptieren. Wir erschufen Konventionen, die vom Zuschauer akzeptiert wurden, und deshalb konnte man dramatische Geschichten erzählen, die von den Leuten angenommen wurden, weil sie nicht in den Straßen spielten, in denen sie lebten, sondern ein wenig in die Zukunft projiziert wurden. Auf der gleichen Ebene waren auch unsere Charaktere und deren Konflikte, obwohl es sich um Weltraumfiktionen handelte, in Wirklichkeit menschliche Konflikte. Nun, ich weiß nicht, ob sich das auf alle Folgen anwenden läßt, eigentlich weiß ich nicht, ob es sich auf irgendeine Folge außer der einen, die ich gemacht habe, anwenden läßt, weil ich nichts über die anderen Folgen weiß. Es wäre ein Wunder gewesen, wenn sie sie untechnisch hätten halten können.

NBC, Gene, vielleicht auch einige Desilu-Manager und ich lasen die drei Drehbücher, sprachen lange über sie und entschieden uns für ›Where No Man Has Gone Before‹, und dann machten wir uns daran, das Ganze aufzupolieren und auf konzeptioneller wie auch physischer Ebene umzuschreiben, damit wir es in acht Tagen schaffen konnten. Dieses Drehbuch schien uns das Potential zu haben, unsere Charaktere auf menschlicher Ebene einzuführen. Der einzige Gimmick ist die Mutation, der silberne Überzug auf Gary Mitchells Augen, und das funktioniert, weil es einfach ist, im Gegensatz zum Wachsen von Hörnern oder sowas. Wir hatten ein menschliches Science-Fiction-Konzept, vielleicht abgehoben, aber in jedem Fall emotional.«

Samuel Peeples, der mehr für das Episodenfernsehen geschrieben hat, als man aufzählen kann, stand schon vor Star Trek und »Where No Man Has Gone Before« in gewisser Verbindung zu Roddenberry.

»Gene Roddenberry und ich lernten uns beim Schreiben für ›Have Gun, Will Travel‹ kennen«, erinnert sich Peeples. »Er versuchte, eine Science-Fiction-Serie auf die Beine zu stellen, und er wußte, daß ich eine der größten Science-Fiction-Sammlungen der Welt besaß. Er betrieb Nachforschungen für seine Serie und fragte mich, ob er sich einige meiner Magazine ansehen könnte, um Ideen für die Enterprise zu bekommen. Gene sah sich alle Umschlagbilder an, und so wurde eigentlich die Enterprise geboren.

»Am Anfang«, fährt er fort, »existierte Mr. Spock, so wie wir ihn kennen, nicht. Er war ein rotschwänziger Teufel, der nichts aß. Er absorbierte Energie durch eine rote Platte in seinem Magen. So wurde er im ursprünglichen Konzept beschrieben. Ich stritt mich mit Gene darüber, daß er ein vermenschlichter Charakter sein sollte, weil ich unbedingt klare Science Fiction machen wollte, keine Fantasy. Der erste Pilotfilm, den er für NBC machte, ›The Cage‹, war mehr Fantasy als Science Fiction. NBC war offenbar nicht ganz glücklich damit, also sagten sie ihm, daß sie einen zweiten Pilotfilm in Auftrag geben würden und eine Geschichte haben wollten. Gene bat mich, sie zu schreiben, und ich tat es, unter anderem weil ich dachte, das sei eine größere Herausforderung als einfach nur den Mund aufzumachen und das Konzept eines anderen zu kritisieren. Wenn einem nämlich dann jemand sagt ›Okay, laß uns mal sehen, wie du das machen willst‹, muß man beweisen, daß man weiß, wovon man redet.«

In Peeples Drehbuch findet die Enterprise eine angekohlte metallische »Black Box« (wie sie heute in Flugzeugen verwendet wird) von einem seit langem verschollenen Raumschiff. Captain James R. Kirk (der mittlere Buchstabe änderte sich in T. zu Beginn der Serie) läßt das Gerät an Bord beamen. In der Zwischenzeit werden starke Bande zwischen dem Captain, Lieutenant Gary Mitchell und dem Ersten Offizier Mr. Spock etabliert. Die Enterprise bewegt sich auf eine Energiebarriere am Rande der Galaxis zu und versucht sie zu durchbrechen. Daraufhin wird das Schiff fast zerstört und Mitchells natürliche ASW-Fähigkeiten werden verändert. Diese Kräfte wachsen bis zu dem Punkt, an dem er zu einem gottähnlichen Wesen wird, das alles um sich herum kontrollieren kann.

Spock hört sich den Inhalt der Black Box an und erfährt, daß der Captain

1. KAPITEL

des Schiffs verzweifelt nach Informationen über ASW suchte und kurze Zeit später die Selbstzerstörung seines Scifes anordnete. Kirk sieht sich nun einer Entscheidung gegenüber: Er muß Mitchell töten, bevor die Enterprise durch dessen ständig ansteigenden Kräfte vernichtet wird.

»Uns interessierte, wie ein gewöhnlicher Mensch .durch Macht korrumpiert wird«, sagt Peeples, »das war unsere eigentliche Vorgabe, und wir mußten einige bekannte wissenschaftliche Prinzipien ausdehnen. Zu dieser Zeit war der Strahlungsgürtel, der die Erde umgibt, entdeckt worden, und unsere Prämisse war, daß Galaxien vielleicht auch durch eine ähnliche Barriere voneinander getrennt sind.«

»Gene und ich versuchten, dieses Raumkadettenklischee zu umgehen«, führt er aus. »Es war uns beiden sehr wichtig, eine Serie für Erwachsene zu machen. Eine Sache, wie spätere Episoden zeigten, wurde zu einem Problem, das niemals hätte existieren dürfen: die Weltraummonster. Wir sprachen uns beide gegen diese Idee aus, weil wir das Ganze so realistisch wie möglich halten wollten. Wenn eine Person physische Unterschiede zu den anderen aufweist, dann müssen diese erklärt werden. Durch eine bestimmte Atmosphäre hat diese Person vielleicht größere Lungen. Sollte sie von einem Planeten mit einer sehr hellen Sonne kommen, dann hätte sie andere Augen. Wir versuchten die Realität auf einen unbekannten Hintergrund zu projizieren. Mit anderen Worten, wir wollten die Realität vor dem Hintergrund dieser speziellen Umwelt, der wir begegneten, darstellen.«

Die Produktion zu »Where No Man Has Gone Before« begann kurze Zeit später. Zu Shatner, Nimoy und Gary Lockwood stießen Paul Fix als Dr. Mark Piper, George Takei als der Physiker Sulu, James Doohan als Chefingeneur Montgomery Scott, Lloyd Haynes als Kommunikationsoffizier Alden und Andrea Dromm als Yeoman (dt. Marineschreiber) Smith. »Gaststar« war Sally Kellerman als Dr. Elizabeth Dehner.

Wie Fans der Serie bemerken werden, nahm die letztendliche Star-Trek-Besetzung langsam Gestalt an.

Doohan kam zu Star Trek durch James Goldstone, mit dem er schon früher zusammengearbeitet hatte.

»Er wollte nur verschiedene Akzente hören«, erzählte der Schauspieler in »The Star Trek Interview Book«, »und die bekam er auch zu hören. Er rief meinen Agenten an und sagte: ›Ich will Jimmy hier unten sehen‹, und als ich in den Kulissen ankam, fragte er: ›Nun, welchen Akzent sollen wir heute nehmen?‹ Das machte Spaß... Ich zeigte ihnen eine ganze Reihe von Akzenten, sie gaben mir die Drehbuchseiten, ich machte die Akzente, und sie fragten mich, welcher mir am besten gefiele. Ich sagte ihnen, mir gefiele der schottische, weil die Schotten traditionell berühmt für ihre technischen Kenntnisse sind. Sie sagten: ›Nun, der gefiel uns eigentlich auch‹. Dann kam ich direkt damit raus und nannte ihn Montgomery Scott nach meinem Großvater mütterlicherseits.«

George Takei, der sich mit dem Übersetzen japanischer Monsterfilme wie »Rodan« einen Namen gemacht hatte und Gastrollen in »Playhouse 90«, »Hawaiian Eye« und »77 Sunset Strip« gehabt hatte, war sehr interessiert daran, in Star Trek aufzutreten, obwohl er vermutete, die Serie könnte eventuell ein wenig zu anders sein.

»Da der Pilotfilm so völlig anders als alles war, was wir bis jetzt im Fernsehen gesehen hatten, selbst innerhalb der Science Fiction«, erzählt er, »fragte ich mich, ob es sich überhaupt verkaufen würde. Als professionelle Schauspieler machten wir uns alle Gedanken über die Verkaufsaussichten von ›Where No Man Has Gone Before‹. Wir hofften es inständig, also war es eine angenehme Überraschung, als NBC ›Star Trek‹ tatsächlich kaufte.«

NBC sah sich den Pilotfilm im Frühling des Jahres 1966 an und gab Roddenberry grünes Licht für die Serie, sehr zur Freude aller Beteiligten, die stolz auf das waren, was sie geleistet hatten.

»Ich freute mich sehr darüber«, begeistert sich James Goldstone. »Vom Standpunkt eines Regisseurs — oder dieses Regisseurs — aus, gibt es verschiedene Ziele und verschiedene Probleme, die man in jedem Film überwinden muß, ob es sich dabei nun um einen 20-Millionen-Dollar-Kinofilm oder um eine Fernsehserie handelt. Ein Regisseur mißt seinen Erfolg an zwei Dingen. Offensichtlich, wie jeder andere auch, mißt man ihn daran, ob es ein kommerzieller und Kritikerfolg ist, aber man mißt ihn auch daran, wie man die Hindernisse überwunden hat. Die Hindernisse waren die Zeit und das Budget, aber auch das eigentliche Konzept. Ich war sehr stolz auf die Arbeit, die wir leisten konnten. Wenn ich ›wir‹ sage, will ich damit nicht großzügig klingen. Es war wirklich ein Gemeinschaftsprodukt, wie bei allen Pilotfilmen. ›Wir‹ heißt vor allem Gene, dann Bobby Justman und die Hauptdarsteller, die später die Hauptstars wurden. Alles wurde bis ins Detail geplant, und Bobby und ich wußten, daß wir uns zu einer bestimmten Stunde von einer Kulisse in die nächste oder von einer Szene in die nächste bewegen mußte, wenn wir keine Schwierigkeiten bekommen wollten.«

Bei einem Convention-Auftritt drückte sich Roddenberry folgendermaßen aus: »Der zweite Pilotfilm schien ein großangelegtes Konzept zu haben: Menschen werden zu Göttern. Aber es waren nette, sichere Götter von der Art, die ›Zack, du bist bestraft‹ sagen. So etwas wie die Typen die man Sonntags morgens im Fernsehen sieht... Der größte Faktor für den Verkauf des zweiten Pilotfilms war, daß er mit einem wahnsinnigen Faustkampf und dem schmerzhaften Tod des Bösen endete. Dann, als die Ausstrahlung von Star Trek begann, schmuggelten wir einige unserer eigenen Ideen ein, Ideen, die von Euch heute gefeiert werden. Star-Trek-Fans sind Leute, die bereit für das 23. Jahrhundert sind. Und bei Gott, ich wünschte, unsere politischen Führer würden langsam zu ihnen aufholen.«

Woanders drückte er seine Zufriedenheit darüber aus, daß er die Gelegenheit bekam, einen zweiten Pilotfilm zu drehen. »Science-Fiction-Handlungen sind schwer zu machen«, sagte er. »Sehen Sie, wenn man einen Pilotfilm für eine Polizeiserie dreht, sagen wir, über ein Raubdezernat im Zentrum der Stadt, können die Sender davon ausgehen, daß man 95 % von allem richtig macht — und das ist leicht, weil man weiß, was Polizisten tragen, wie man ein Taxi ruft, ein Telefon bedient oder wie eine 38er funktioniert. Wenn man SF macht, hat man sehr viel Glück, wenn 75 % eines Pilotfilms glaubwürdig sind, weil man in der Weltraum-Science-Fiction alles neu erschafft. Es war sehr hilfreich, einen Pilotfilm drehen zu können, zurückzutreten, sich ihn anzusehen und dann einen zweiten zu machen. Der zweite Pilotfilm war in vieler Hinsicht besser, weil wir die Chance gehabt hatten, uns die Kostümarbeit anzusehen, wie die Geräte funktionierten und all das.«

Oscar Katz verließ Desilu kurz nachdem Star Trek als Serie gestartet worden war, aber er glaubt zu wissen, warum die Serie seit fast drei Jahrzehnten auf die eine oder andere Weise immer noch läuft.

»Ich glaube, daß der Erfolg von Star Trek in der Aufmerksamkeit lag, die sie Details zukommen ließen«, meint Katz. »Bis zu diesem Zeitpunkt waren alle Science-Fiction-Filme im Fernsehen Irwin-Allen-artige Serien gewesen, während Gene's Konzept Science Fiction im wahrsten Sinne des Wortes war. Es beschäftigte sich damit, wie die Dinge vielleicht in der Zukunft sein könnten, nicht nur in der Größe des Konzepts und des Schiffs und den Problemen, denen sie sich gegenübersahen, sondern auch in den kleinsten Details. Und Gene bestand auf Details. Zum Beispiel: Wissen Sie, warum niemand auf dem Schiff salutiert? Weil Gene sich entschied – nachdem er sich von Angehörigen des Militärs in Washington hatte beraten lassen –, daß auf einem Schiff mit mehreren hundert Leuten, die sich auf engem Raum befinden, man einfach nicht salutieren würde. Nehmen Sie die Szene in der Krankenstation mit den Instrumenten an der Wand. Man steckt ein Thermometer in den Hintern von irgend jemandem, und man liest die Temperatur an der Wand ab. Gene traf sich mit der NASA, um herauszufinden, wie so etwas aussehen würde. Das gleiche gilt auch für die Uniformen. Ich glaube, daß Star Trek durch seine ›Wahrhaftigkeit‹ entstand, seine Science-Fiction-artige Wahrhaftigkeit, die sich nicht nur in den großen Sachen, über die sie sprachen, ausdrückte, sondern auch in den kleinsten Details. Die Fans waren dafür sehr dankbar, und deshalb drehten sie durch. Ich halte Star Trek für den wertvollsten Besitz, der in der Geschichte des Fernsehens entwickelt wurde. Es gibt vier Serien, sechs Filme und unglaubliches Merchandising. Es ist unbegreiflich.« Und für Star Trek war das erst der Anfang.

Der Weltraum ... Unendliche Weiten

Die Öffentlichkeit bekam Star Trek das erste Mal auf der »Cleveland, Ohio, Tricon« am Labor-Day-Wochenende des Jahres 1966 zu sehen. Dort zeigte 20th Century Fox ihre neueste Spezialeffekt-Ausschweifung, »Fantastic Voyage«. Irwin Allen, der Mann, der hinter solchen Serien wie »Lost In Space« und »Voyage To The Bottom Of The Sea« stand, präsentierte die Pilotepisode zu seinem neuesten Versuch »The Time Tunnel«; und Gene Roddenberry zeigte »Where No Man Has Gone Before« und fügte später auf vielfachen Wunsch »The Cage« hinzu.

Roddenberry erinnert sich: »Ich war nervös auf Tricon, besonders als ich das Publikum bei den anderen Filmen beobachtete, die vorher gezeigt wurden, und es buhen, trampeln und über Sachen lachen hörte. Ich ging hinaus und dachte: ›Jetzt zeigen sie meinen‹. Da war dieser recht laute Gentleman, der von anderen Leuten umrundet wurde und über etwas diskutierte, während meine Serie anfing. Ich war ohnehin schon nervös, also drehte ich mich zu ihm um und sagte: ›Verdammt nochmal, können Sie nicht ruhig sein? Sie zeigen gerade meine Serie‹. Und Isaac Asimov sagte: ›Sie haben selbstverständlich recht. Wir werden leiser sein‹.

Und jemand sagte: ›Sie sind tot. Sie haben gerade Isaac Asimov beleidigt.‹ Nun, es stellte sich heraus, daß ich das nicht hatte, und über die Jahre hinweg wurden wir sehr gute Freunde. Er verstand es.

Dann beobachtete ich, wie sie diese Serie aufnahmen. Ich sagte zu mir: ›Ja, dies sind Leute, die, wenn wir das und das versuchen und diesen Weg einschlagen, das auch anerkennen werden‹. Dort begriff ich, daß wir in gewisser Weise Fans haben würden – und natürlich, was daraus geworden ist, ist Wahnsinn.«

Unter den Zuschauern war auch der Autor Jerry Sohl, der erklärt: »Da saßen ungefähr dreitausend Leute und sahen sich eine neue Irwin-Allen-Serie an, und in dem Moment, als sie seinen Namen sahen, begannen sie zu buhen. Sie buhten seinen Namen aus. Dann, als Gene Roddenberry Star Trek zeigte, waren sie begeistert. Ich war sehr überrascht. Als Gene Roddenberry und ich abschließend auf dem Podium saßen und Fragen beantworteten, wurde ich als Chefautor von Star Trek vorgestellt. Das war ich nicht. Ich machte das nur mit, weil es mir als guter Schachzug erschien. Und das war es. Es machte Spaß.«

Obwohl er nicht der Chefautor war, war Sohl doch einer der ersten Leute, die Roddenberry wegen Drehbüchern für die neue Serie kontaktiert hatte.

»Gene Roddenberry wußte, daß ich Science-Fiction-Autor war, vermutlich, weil Leute ihm das gesagt hatten«, sagt Sohl. »Also rief er mich eines Tages an und fragte, ob ich zum Studio kommen würde. Ich traf ihn dort, das war 1965, und er sagte: ›Ich habe diese Idee für eine Science-Fiction-Fernsehserie, von der ich glaube, daß der Sender sie kaufen wird, und ich wollte mit ihnen über mögliche Stories reden. Wären Sie verfügbar? Ich treffe mich mit anderen Science-Fiction-Autoren wie A.E. Van Voght, Ray Bradbury, Frederick Brown‹. Er traf sich mit ihnen auch dort und holte aus ihnen bei einem Mittagessen sämtliche Ideen heraus. Wir taten, was wir konnten, machten Vorschläge, was man angehen könnte. Wir hofften, es würde nicht wie Truman Bradleys ›Science Fiction Theatre‹ werden. Wir wollten mehr als das. Er sagte uns, es würde eine gute Sache werden, aber keiner glaubte das. Ich sprach nachher mit einigen Autoren, und die sagten: ›Was hat er denn schon gemacht? Gene Roddenberry hat nur ›The Lieutenant‹ gedreht, und er war Polizist. Was zur Hölle weiß der schon über Science Fiction? Das wird ein Haufen Mist werden.‹ So einigten wir uns alle darauf, daß es eben ein

1. KAPITEL

Haufen Mist werden würde, aber wir würden trotzdem alle dafür arbeiten. Aber schließlich verlief alles doch ganz anders, und wir freundeten uns doch noch sehr mit ihm an.«

Während die Drehbücher geschrieben wurden, verlegte Roddenberry seine Aufmerksamkeit auf die Besetzung. William Shatner, Leonard Nimoy, James Doohan und George Takei (Sulu war vom Physiker zum Steuermann befördert worden) würden bleiben, während Paul Fix als Schiffsarzt gehen mußte und Lloyd Hanes seine Kommunikationskonsole verließ. Auf diesen Positionen befanden sich jetzt DeForest Kelley als Dr. Leonard »Bones« (dt.: »Pille«) McCoy und Nichelle Nichols als Lieutenant Uhura. Das war eines der ersten Male, daß eine schwarze Schauspielerin regelmäßig in einer Fernsehserie auftrat.

Kelley hatte sich als hochqualifizierter Schauspieler etabliert, der normalerweise den Bösen in einer ganzen Reihe von Fernsehwestern spielte.

»Roddenberry zog mich aus der Westernkategorie«, erinnerte sich Kelley in den 70ern. »Ich machte 1960 einen Pilotfilm für ihn namens ›333 Montgomery‹, in dem ich einen berühmten Strafverteidiger in San Francisco namens Jake Early spielte. Diese Serie lag vor ›The Defenders‹ und war von Natur aus kontrovers und ihrer Zeit voraus. Roddenberry schrieb und produzierte sie, und ich spielte die Hauptrolle. Leider verkaufte sie sich nicht, aber das war der erste Abschied vom Western für mich, und dann später machte Gene natürlich Star Trek.«

»The Lieutenant« hatte für Nichelle Nichols eine ihrer ersten dramatischen Rollen geboten, und sie war begeistert, daß Roddenberry sie wegen Star Trek kontaktiert hatte. Sie liebte den Charakter, der für sie vorgesehen war, Uhura.

»Ich versuchte, Uhura mit all den Qualitäten auszustatten, die ich bewunderte und von mir selbst verlangte«, sagte sie dem »Official Star Trek Fan Club Magazine«. »Dann versuchte ich die Person zu entwickeln, der man so eine Verantwortung anvertrauen würde. Sie ist der Chef der gesamten Kommunikation auf diesem Schiff, also drückt sie nicht einfach nur auf Knöpfe. Diese Knöpfe reden mit Leuten unten in den Eingeweiden des Schiffs. Um so eine Verantwortung angeboten zu bekommen, muß sie eine Stärke und eine Würde und eine Autorität so ähnlich wie Spock haben.«

Es wurde schon bald klar, daß von allen Charakteren Kirk, Spock und McCoy die wichtigsten sein würden. Roddenberry erklärte, das sei absichtlich gewesen.

»Die drei Stars im Vorspann, waren die, von denen man viel sehen würde«, sagte er. »Außerdem war Science Fiction damals nicht gerade ›in‹, und wir wollten eine Menge Sachen machen, die vom Zuschauer eventuell nicht verstanden werden würden, und ich hatte keinen Bewußtseinsstrom. In Romanen setzt man den Bewußtseinsstrom ein, um in den Kopf des Charakters zu gehen und zu lesen, was er denkt. Das hat man im Fernsehen nicht. Also dachte ich, wenn ich den perfekten Menschen nehme und ihn in drei Personen teile, dann hätte ich den verwaltenden, mutigen Teil als Captain, den logischen Teil als Wissenschaftsoffizier und den humanistischen Teil als Arzt. Wenn dann irgendwas passiert, könnte der Captain sagen: ›Ich weiß nicht, Leute. Wir müssen es tun.‹, und Spock würde sagen: ›Es wäre allerdings logischer, wenn...‹, und der Doktor würde sagen: ›Ja, aber es geht um die Menschlichkeit.‹, und sie könnten darüber reden, ohne daß man den Bewußtseinsstrom benötigt, und es funktionierte!«

Ein Großteil des Erfolgs beruht auf den Fähigkeiten und der Chemie zwischen Shatner, Nimoy und Kelly, denen es gelang, eine Beziehung aufzubauen, die über das geschriebene Wort auf den gedruckten Seiten hinausging.

»Sie fügten alle etwas zu ihren Charakteren hinzu«, zeigt Robert Justman auf. »Zum Beispiel, als Nimoy etwas zu seinem Charakter hinzufügte, sahen wir gewisse Züge in seiner Darstellung, von denen Gene dachte, man könne sie ausnützen und erweitern. Das taten wir auch. Wenn man Filme macht, lernt man, mit dem Film umzugehen und nicht unbedingt mit dem, was man ursprünglich geplant hatte. Film hat ein eigenes Leben, und wenn man versucht, ihn in die Richtung zu biegen, die man ursprünglich im Sinn hatte und was sich nicht so entwickelt hat, so wird das Resultat unbeholfen wirken. Man muß lernen, die Vorteile zu nutzen, die sich einem bieten, und ihm eventuell eine neue Gestalt zu geben. Das ist ein interessantes Problem. Man muß schon am Anfang ein gutes Konzept für einen Charakter haben, damit der Schauspieler etwas hat, mit dem er arbeiten kann. Gene hat in der Vergangenheit und auch in der neuen Serie einige sehr interessante Charaktere entwickelt. Brent Spiner's Charakter (in »The Next Generation«), Data, ist eigentlich Pinocchio, aber er lernt immer mehr dazu. Er ist jemand, der menschlich sein will, nicht hölzern. Er möchte wie jeder andere sein, besser als das, wofür er sich hält, wobei er nicht weiß, daß er so, wie er ist, schon ziemlich gut ist. Wir wollen uns alle verbessern, deshalb können wir uns mit diesem Charakter identifizieren.«

Als die Besetzung vollständig war, wandte Roddenberry seine Aufmerksamkeit wieder den Drehbüchern der Serie zu. Er wußte, daß dies eine der ersten intelligenten Science-Fiction-Fernsehserien werden würde, mit realistischen Charakteren und einer Weiterführung der heutigen Technik. Anders gesagt: Jeder Aspekt der Enterprise würde auf Geräten basieren, die in der Gegenwart entwickelt wurden. Die diagnostischen Betten in der Krankenstation, zum Beispiel, so weit entwickelt, wie sie erscheinen mögen, wurden von einem amerikanischen Armeeangehörigen genau studiert, der dann Roddenberry sagte, sie hätten etwas sehr Ähnliches im Entwicklungsstadium. Selbst das Waffensystem, das als Phaser bekannt wurde, war ein Schritt weiter als Laserstrahlen.

»Uns wurde bewußt, daß Laser eventuell schon recht üblich sein könnten, wenn wir auf Sendung gingen«, sagte er, »oder es zumindest in den nächsten Jahren werden würden. Wir wollten das Risiko vermeiden, plötzlich altmodisch zu sein, also nannten wir sie statt dessen Phaser. Der Grund für den Namen Phaser ist das Phasenprinzip in der Physik, durch das Energie verstärkt wird. Es war logisch und hörte sich gut an, also benutzten wir es. Wir wollten nicht, daß Leute uns drei Jahre

1. Kapitel

später sagten: ›Also wirklich, Laser können sowas doch gar nicht.‹«

Die Drehbücher für Star Trek benötigten eine spezielle Qualität. Der ursprüngliche Plan sah vor, die besten Science-Fiction- und Fernsehautoren für die Drehbücher zu verpflichten. Um diese thematische Einheit zu gewährleisten, engagierte Roddenberry John D.F. Black als Associate Producer und Drehbuchredakteur.

»Meiner Meinung nach versuchte Star Trek immer bestimmte Dinge zu nehmen, zu denen der Zuschauer eine Beziehung hat, weil sie in seinem eigenen Leben real sind, und sie zu versetzen«, erklärt Black. »Was passiert, wenn jemand dein Haus niederbrennt? Das ist das gleiche, als wenn ein Monster in deinem Haus auftaucht. Also benutzten sie das Monster. Die Parallele war klar.«

Während Black redet, bekommt man den Eindruck, daß er ein sehr integrer Mann ist, dem seine Arbeit und die Welt um ihn herum sehr viel bedeutet. Diese Integrität brachte er in die erste Star-Trek-Fernsehserie mit ein.

»Ich kam ungefähr zwei Monate vor Drehbeginn dazu«, sagt Black. »Ich weiß nicht mehr genau, welche Autoren gerade da waren, aber ich kam mit einem sehr großen Respekt vor Autoren dorthin. Ich bestand darauf, wie es jeder glaubwürdige Autor tun würde, jungen Autoren, die eine tolle Geschichte hatten, eine Chance zu geben. Ich sprach aber auch mit Theodore Sturgeon, Ray Bradbury, George Clayton Johnson, Jerry Sohl – literarischen Schwergewichten. Es war furchteinflößend, mit so etwas konfrontiert zu werden.«

Black erläutert, daß sich die Star-Trek-Büros bei Desilu Studios direkt unter denen von »Mission: Impossible« befanden, die sich damals auch gerade auf die Produktion vorbereiteten.

»Am Ende des Tages«, lacht er, »kamen wir alle zusammen und redeten. Wir wurden alle fast verrückt. Wie zum Teufel macht man eine Science-Fiction-Serie? Wie zur Hölle macht man ›Mission: Impossible‹? Wir warfen uns die Storyprobleme des Tages gegenseitig zu, so daß man nachher nicht mehr wußte, wer was wann gesagt hatte. Es war völlig verrückt. Es war auch sehr viel Arbeit, mehr Arbeit, als ich jemals in so kurzer Zeit gehabt hatte. Wir arbeiteten 12 bis 18 Stunden am Tag. Ich erinnere mich an viele Nächte, in denen ich gegen Mitternacht durch die Kulissen wanderte und versuchte, die logistischen Probleme unserer Geschichten zu lösen.

Das Fernsehen war so beschaffen, daß es verdammt viel gab, was man nicht machen konnte, aber es gab auch verdammt viel, was man machen konnte, was aber keiner beachtete. Deshalb bot eine Serie wie Star Trek ungeheure Vorteile. Ich kenne keinen Autor, der nicht für die Serie arbeiten wollte. Wir suchten nach den besten Science-Fiction-Gehirnen, die wir kriegen konnten. Aber unser Dilemma war, daß wir jede Pflanze, die wir zeigen wollten, herstellen mußten. Jede Waffe und jedes Werkzeug mußte erfunden werden. Wie zur Hölle sieht eine Pflanze auf Rigel 9 aus? Diliziumkristalle waren ein Stück Felsen, das eins meiner Kinder nach Hause gebracht hatte. Der Felsen schimmerte wundervoll, so wie ein Kristall, und ich mochte seinen Anblick so sehr, daß ich ihn mit ins Büro nahm. Jemand fragte mich, was das wäre, und ich antwortete: ›Das ist ein Diliziumkristall‹. Ich hatte keine Ahnung, was zum Teufel es war, aber daraus wurde die Energieversorgung der Enterprise. Wir schufen alles. Eine Idee zu haben, ist eine Sache, sie auf Film zu bringen, eine ganz andere. Die Kosten spielen in jeder Serie eine Rolle.«

»Ich kannte mich in der Science Fiction nicht so gut aus«, gesteht Black ein. »Ich hatte eine ganze Menge gelesen, aber Science Fiction ist so, als würde man Tennis ohne Netz spielen. Man konnte machen, was man wollte, und wenn Sie sich eine Sache ansehen, die ich geschrieben habe, ›The Naked Time‹, dann wird Ihnen auffallen, daß ich einfach nur Trunkenheit ohne Lallen und Taumeln dargestellt habe.«

Blacks Vergnügen wurde durch die realistischen Qualitäten der Charaktere gesteigert, die es wesentlich angenehmer machten, für die Serie zu schreiben.

»Es gab ein so natürliches Gleichgewicht zwischen William Shatner und Leonard Nimoy«, bemerkt Black. »Man konnte einfach nicht feststellen, ob sie miteinander auskamen oder nicht, weil sie hinter der Kamera gut miteinander umgingen, aber vor der Kamera diese völlige Unterschiedlichkeit hatten, die man schreiben konnte. Man hatte diesen Vorteil in jeder Szene zwischen Shatner und Nimoy, in der Shatner eine Seite darstellen konnte und recht hatte, und Nimoy die rein logische Seite der Situation darlegte und ebenfalls recht hatte. Die Szene trug den Konflikt, der alles mögliche auslösen konnte. Ich will mich nicht wie der Professor einer Drehbuchklasse anhören, der über Drehbuchstrukturen spricht, aber das ist die Realität. Wir wissen, daß der Konflikt der Grundbaustein jeder Szene ist, und je mehr Konflikte zwischen den Charakteren entstehen, um so besser ist es. Und das war hier mit eingebaut.

Mit Uhura ließ sich etwas schwerer umgehen. Nichelle war unglaublich attraktiv, eine gute Schauspielerin, und darauf beschränkt ›Ich rufe sie, Captain‹ zu sagen. Wir konnten das ein wenig öffnen, aber nicht viel. George Takei, der zum Steuermann wurde, hat diese wundervoll tiefe Stimme, das ist nur sehr wenigen Leuten bewußt, obwohl sie sie immer und immer wieder gehört haben. Diese Stimme verlieh seiner Position Stärke. Wenn der Captain irgendwas zu Sulu sagte, und er antwortete ›Ja, Sir‹, wußte der Zuschauer, daß er sein bestes geben würde und das es ausreichen würde. Scotty... er mußte unheimlich oft das gleiche machen, weil die Maschinen mehrmals ausfallen mußten. Jimmy hat diese Charakterisierung, mit der er am ersten Tag anfing, nie verloren. Der Dialekt blieb, ebenso wie die Größe des Lächelns, die er erlaubte. Er war ein sehr fähiger Schauspieler. Wenn wir uns jetzt unserem Freund Bones, DeForest Kelley, zuwenden, er war der erfahrenste Schauspieler, den man sich wünschen konnte. Er hatte sich vom Jugendlichen zum Charakterjugendlichen, zum jungen Hauptdarsteller und dann zum Hauptdarsteller entwickelt, und dann fand er sich, mit einem riesigen Hintergrund und unglaublich viel Übung in Star Trek wieder. Er hatte seinen Charakter in der Hand, obwohl

1. KAPITEL

er sich in den ersten fünf oder sechs Episoden ganz leicht veränderte und etwas ernsthafter wurde. Der Konflikt zwischen ihm und Spock sprühte Funken... Sogar die Statisten, die mit ihren kleinen Kanonen rein und raus rannten, hatten ihre eigenen Charaktere. Ich denke, das war für die Zuschauer sehr wichtig. Es löste gefühlsmäßige Reaktionen aus.

Die Serie bedeutete vielen Leuten eine ganze Menge. Billy Shatner hatte gerade ›Alexander The Great‹ gemacht. Er war gut, aber es war kein Treffer. Am Abend des ersten Drehtags verließ ich das Büro. Billy lehnte an meinem Wagen und hatte diesen völlig unschuldigen Blick aufgesetzt. Ich sagte: ›Wie geht's, Bill?‹, und er sagte: ›Gut‹. Ich wußte, das irgend etwas vorging. Und dann sah er mich nur an und sagte: ›Es ist nur so verdammt wichtig für uns‹, und ich sagte: ›Ja, wir landen einen Treffer‹. Das sagt man zu jedem, wenn es in der Schwebe hängt und man nicht weiß, was als nächstes passieren wird, besonders zu Schauspielern, die verletzlich sind. Und er sagte: ›Das hoffe ich‹, und ging. Ich hatte den Eindruck, daß wir alles taten, was wir konnten und unser Bestes gaben.«

»Wir hatten sehr viel Teamgeist«, stimmt Dorothy Fontana zu. »Gene hatte ein sehr gutes Team zusammengestellt. Die Schauspieler, die Crew und die anderen Mitarbeiter teilten alle das Gefühl, an einer guten Serie zu arbeiten. Ich kann mich nicht daran erinnern, bei irgendeiner anderen Serie jemals soviel Teamgeist erfahren zu haben, obwohl ich auch gute Arbeitsverhältnisse zu anderen Crews hatte. Aber diese komplette Einheit, die von ganz oben bis zum unwichtigsten Mitarbeiter reichte, gab es nur dort.«

Joseph Pevney, der als Regisseur eine enorm wichtige Rolle in der Geschichte Star Treks spielen sollte, war ebenso begeistert über die Serie. Er hatte seine Karriere mit Kinofilmen begonnen, bis ihn jemand davon überzeugte, es beim Fernsehen zu probieren, wo das »richtig große Geld« zu verdienen war. Er machte zuerst eine Episode für »Wagon Train«, arbeitete dann an anderen Serien und kam dann zu Star Trek. In der ersten Staffel drehte er einige Episoden und wechselte sich in der zweiten Staffel mit Marc Daniels ab.

»Ich traf Roddenberry«, erzählt er, »und, wow, was für ein Genie. Wir aßen zusammen zu Mittag und er erzählte mir von seinem persönlichen Hintergrund. Ein sehr interessanter Mensch. Ich halte ihn wirklich fast für ein Genie. Einige der Sachen, die er in Star Trek machte, sind einfach unglaublich. Die NASA kam ab und zu ins Studio, um uns zu fragen, woher wir von dieser medizinischen Sache gewußt hätten. Sie arbeiteten an Prinzipien, die er sich bereits ausgedacht hatte. Wir fuhren zur NASA und sahen uns die Entwicklung der X-Modelle an. Wir hingen viel mit der NASA und den ganzen Sci-Fi-Fans, die die meiste Ahnung hatten, herum.

Ich bin selber ziemlich technikbegeistert«, fügt er hinzu. »Ich interessiere mich für Funk und Computer, aber was mich besonders interessierte, war die kreative Umsetzung der Geschichten. Die Geschichten waren solide, sehr gut gemacht und voller Phantasie. Alles war möglich. Es gab keine Fantasy in Star Trek, es war alles sehr realistisch. Die Leute, die Situationen, sogar die Folge mit den Tribbles war realistisch. Das war Hi-fi-Wissenschaft, die sehr realistisch, mit sozialem Bewußtsein und gutem antifaschistischen, demokratischen Hintergrund behandelt wurde. Das war mir alles sehr angenehm.

Ich mochte die Charaktere sehr. Gene versuchte die ganze Zeit, ihnen einen universellen Aspekt zu geben, weil das in der Theorie über die Zukunft, wenn wir andere Welten besuchen, enthalten ist. Es wird dort draußen sehr ungewöhnliche Dinge geben. Einige werden nicht ganz menschlich sein, aber das ist in Ordnung. Er war sehr überzeugend, was das anging. Also wollte er unterschiedliche Nationalitäten in der Serie haben. Er hatte einen Asiaten, eine Schwarze, und schließlich einen Russen... In den 60ern kochte doch alles über. Die Bürgerrechte lagen im Chaos. Gene sagte: ›Laßt uns einen Russen nehmen‹. Wow, das war völlig schockierend.«

Der inzwischen verstorbene Marc Daniels, der durch seine Regiearbeit in den ersten »I love Lucy«-Folgen, mit dem Einsatz von drei Kameras und der Vorführung vor Studiopublikum, zu einem der Pioniere der Situationskomödie geworden war, stimmte dieser Einschätzung der Charaktere zu. »Man konnte schon direkt am Anfang sehen, daß diese Charaktere sehr gut gezeichnet waren. Es gab ein paar Fehlversuche mit den Randcharakteren, aber die wichtigsten – Kirk, Spock und McCoy – waren hervorragend. Es gab soviele Charaktere, daß es schwer war, jedem zu geben, was er benötigte. Es gab sehr schöne Gegensätze zwischen ihnen, weil man, wenn man zwei zusammenbrachte, immer etwas anderes bekam.«

Obwohl die kreative Atmosphäre hinter den Kulissen sehr positiv war, wurde die Arbeit durch solche Hindernisse wie das wöchentliche Budget und die Anweisungen von NBC erschwert.

Robert Justman sagt: »NBC wollte möglichst viele Planetenfolgen haben. Das war für uns natürlich sehr schwierig. Sie wollten, wie jeder andere auch, mehr Ware für ihr Geld. Je mehr Action man in eine Folge reinpacken konnte, desto glücklicher waren sie. Sie mußten gute Einschaltquoten erzielen. In gewisser Weise mußten wir das auch, aber uns ging es mehr um den Inhalt unserer Folgen. Den Sender interessierte der Inhalt auch, aber es ging ihnen um den Inhalt, der ihrer Meinung nach, die meisten Zuschauer anziehen würde.

Aber wir machten unsere Serie nun einmal, wie wir unsere Serie machten. Das war alles, was wir tun konnten. Man konnte sich über nichts anderes mehr Gedanken machen. Es war eine neue Serie, und das machte die Programmabteilung des Senders natürlich nervös, weil sie nicht wußten, was wir zeigen und was wir nicht zeigen durften und mit welchen Themen wir uns beschäftigen durften. Zum Glück war die Serie von Natur aus allegorisch, so daß der Inhalt dem Sender schon einmal entging. Sie nahmen den Inhalt so hin, wie er sich darstellte. In einer Allegorie geht es oft nicht darum, was gezeigt wird, sondern darum, was nicht gezeigt wird. Wenn man eine Serie für einen Sender macht, muß man sich nicht nur mit der Programmabteilung und der Entwicklung beschäftigen,

1. Kapitel

sondern auch mit dem, was im Fall von NBC Broadcast Standards Department hieß, den Zensoren. Die Programmabteilung akzeptierte manchmal eine Geschichte, die Broadcasting Standards für anstößig hielt. Es war sehr schwierig, drei Bosse glücklich zu machen, von denen zwei im Sender saßen und der dritte wir selbst waren.«

Während er sich an diese frühen Tage erinnert, weist Justman darauf hin, daß er nicht beschreiben kann, wie eine Star-Trek-Folge eigentlich auf den Bildschirm gebracht wurde.

»Dafür haben wir wohl nicht genug Zeit«, lächelt er. »Stellen Sie sich einfach die denkbar schwierigste Sache vor und verdoppeln sie das. Die Tragzeit ist sehr, sehr schwierig. Wir mußten so viele Bosse zufriedenstellen, das kann ich gar nicht genau darlegen. Fügen Sie dann noch die Zeitfrage hinzu; wir hatten nie genug Zeit, um die Folgen vernünftig zu schreiben, geschweige denn, vernünftig zu produzieren. Die Welt des Serienfernsehens ist sehr geheimnisvoll. Es ist eine geheimnisvolle Kunst. Man kann eigentlich nichts wirklich wahrhaftig machen. Man kann nur sein Bestes geben. Man hat nur eine begrenzte Zeit zur Verfügung, man muß ja auch ein paar Stunden pro Nacht schlafen. Innerhalb dieser Begrenzungen gibt man alles was man hat. Das ist alles. Es ist nicht leicht. Die Belohnung, die man vielleicht ab und zu bekommt, ist, daß Leute von einer Serie, die man herausgebracht hat, berührt werden, daß sie vielleicht ihr Leben ändert... Wir hatten alle das Gefühl, daß wir zusammen etwas machten, was anders war. Nicht nur anders, sondern der Mühe wert. Das war unser Eindruck.«

Star Trek lief das erste Mal am 8. September 1966 und, wie Justman sagt, es wurde schnell klar, daß sie tatsächlich anders war und der Mühe wert, obwohl die Reaktionen der Kritiker nicht ganz so positiv waren – ebenso wie die Einschaltquoten.

In den ersten Wochen, in denen Star Trek ausgestrahlt wurde, bekamen die Zuschauer Folgen zu sehen, die mit nichts zu vergleichen waren, was bis dahin gezeigt worden war. In »The Man Trap« kämpften Kirk und seine Leute gegen einen »Salzvampir«, der aus menschlichem Blut den Anteil natürlicher Salze entfernte; »Charlie X« war ein jugendlicher Außerirdischer mit telekinetischen Fähigkeiten, der die Naturgesetze für seine unreifen Bedürfnisse außer Kraft setzen konnte; »The Enemy Within« teilte Kirk in zwei Teile, was zu einem Kampf zwischen der guten und der bösen Seite in der Seele eines Menschen führte; »Balance of Terror« war ein U-Boot-Kriegsdrama im Weltraum, das sich zwischen der Enterprise und einem Kriegsschiff ihrer Feinde, den Romulanern, abspielte; »The Menagerie«, eine zweiteilige Episode, verband auf geniale Weise »The Cage« mit einer Geschichte über Mr. Spocks angebliche Meuterei, mit der er die Enterprise zwingen will, nach Talos IV, einem von der Föderation verbotenen Planeten zu fliegen und so weiter. Die Charaktere waren extrem realistisch, die Geschichten plausibel, worum auch immer es in dem Konflikt ging. Science Fiction im Fernsehen war endlich erwachsen geworden.

»Es war gut, daß Gene Roddenberry in den meisten Folgen ein wenig Moral lehrte. Das brachte die Kinder auf den richtigen Weg«, meint der Autor Jerry Sohl. »Vor allem aber machte dies die Serie unterhaltsam. Ich denke nicht, daß diese Botschaften besonders versüßt wurden, denn einige der Episoden brachten doch ein paar ziemlich geistreiche Anspielungen. Insgesamt halte ich die Serie für das Beste, was man damals als Science Fiction im Fernsehen geboten bekam. Allein die Idee, sich dorthin zu wagen, wo noch nie ein Mensch gewesen ist, war sehr gut.«

Hinter den Kulissen allerdings, was das Schreiben der Drehbücher anging, lief es nach einer Weile nicht mehr so gut – vor allem nicht für John Black. Er tat was er konnte, um gute Science-Fiction-Autoren für die Serie zu gewinnen, aber diese wurden nicht mit dem Respekt behandelt, den er für angebracht hielt.

Roddenberry sagte: »So erscheint es vielleicht, aber das ist nicht wahr. Ich wollte nicht nur Science-Fiction-Autoren, weil viele von denen, die ich bekommen konnte, sich mehr für Raumschiffe und Wissenschaft als für Menschen interessierten. Mehr als die Hälfte unserer Autoren bestand aus guten normalen Autoren, weil ich wollte, daß diese Serie von Menschen handelt und nicht von Objekten. Wenn man an die Serie denkt, erinnert man sich an die Charaktere. Während des ersten Jahres überarbeitete ich alles, selbst die Sachen meiner besten Freunde, weil ich diese Idee hatte, die noch niemand vor mir ausprobiert hatte, und ich wollte, daß es gelingt. Als wir genug Folgen gedreht hatten, konnten die Autoren überschauen, was wir machen wollten, aber ich mußte die Leute erst so aufbauen, daß sie schrieben, was ich wollte. Ich verlor eine Menge Freunde, Autorenfreunde, weil ein Autor nicht gerne überarbeitet wird. Die ganze Sache war aber bereits in meinem Kopf, und ich konnte nicht einfach sagen: ›Schreib Mr. Spock so wie den und den‹, weil es noch nie jemanden wie ihn gegeben hatte. Also überarbeitete ich sie und verlor Freunde.«

Robert Justman stimmt Roddenberry zu: »Als wir die erste Serie drehten, kamen bekannte Science-Fiction-Autoren mit allen möglichen tollen Konzepten und Prämissen zu uns. Wenn man eine tolle Ausgangssituation für ein Drehbuch hat, heißt das noch lange nicht, daß man auch eine gute Dramatik hat. Dieses Problem hatten wir mit einigen Leuten, die großartige Konzepte hatten, aber keine Dramatik. Sie schrieben nichts, was man hätte filmen können. Die Charaktere mußten sich nicht unbedingt logisch verhalten. Wenn man einen Charakter erschafft, dann muß er glaubwürdig sein und glaubwürdig handeln. Wenn ein Charakter nicht glaubwürdig handelt, verliert man sein Publikum. Was im Roman klappt, muß nicht unbedingt auch im Fernsehen funktionieren.«

»Ich bin vermutlich nicht objektiv«, sagt er. »Ich halte Gene Roddenberry für ein Genie. Er ist ein selbständiger Geist. Nicht nur wegen Star Trek. Ich kenne ihn bereits seit vielen Jahren, und er hat einige großartige Sachen gesagt und getan. Er kam aus sehr bescheidenen Verhältnissen, aber er bildete sich selbst und fand heraus, daß sein Geist fruchtbarer Boden war. Er hat einen unglaublichen Geist. Man schlägt eben Wellen, wenn man ins Wasser springt.

1. KAPITEL

Wenn man eine Serie beginnt, eine Prämisse und eine Methodik hat und diese Serie ein eigenes Leben und eine eigene Logik entwickelt, dann müssen sich die Drehbücher diesem Konzept anpassen. Man kann nicht erwarten, daß ein Autor, der nicht von Anfang an dabei gewesen ist, eine Folge schreiben kann, die so realistisch ist, wie man sich das als Erschaffer der Serie vorstellt. Deshalb müssen die Folgen überarbeitet werden. Es geht nicht nur um den Inhalt, sondern auch um die Technik und das Format. Ich habe Star Trek gemacht und eine ganze Reihe anderer Serien, und ich habe nie eine Serie produziert, in der die Bücher der Autoren nicht überarbeitet werden mußten, damit sie so dicht wie möglich an das Konzept der Serie kommen. Ich habe nur sehr selten eine Folge gedreht, die nicht überarbeitet worden war. Im allgemeinen waren das Drehbücher, die vom Erfinder der Serie stammten. Es ist sein oder ihr Konzept, und wenn der Erfinder ein guter Autor ist, muß man nicht viel korrigieren. Ein paar Kleinigkeiten vielleicht, aber das ist unwichtig.«

Im Laufe der Jahre haben sich viele sehr respektierte Autorennamen auf der Liste der Beschwerdeführer eingefunden, unter anderem George Clayton Johnson, David Gerrold, Dorothy Fontana, Alan Dean Foster, Harold Livingston und Harlan Ellison.

»Angeschlagenes Ego«, sagt Justman einfach. »Ich kann ihnen das nicht übel nehmen. Niemand will überarbeitet werden, weil man sehr viele Gedanken und Gefühle in das steckt, was man schreibt. Man glaubt, das es richtig sei, weil man es sonst nicht so geschrieben hätte. Harry Truman sagte immer: ›Wenn man die Hitze nicht ertragen kann, soll man sich nicht in die Küche wagen‹. Es bringt nichts, wenn man unbedingt in einem bestimmten Gebiet arbeiten will, aber nicht bereit ist, sich den Regeln zu beugen, die dort herrschen.

Es mag Sie vielleicht überraschen, aber niemand überarbeitet etwas gerne, weil das harte Arbeit bedeutet. Es ist viel besser, wenn man ein Buch bekommt, mit dem man direkt arbeiten kann, aber so geht es nun einmal nicht immer.

Ich weiß, daß Dorothy Fontana gute Dramatik aufbauen kann. Ebenso David Gerrold. Sowas lernt man nach einer Weile. Aber Leute haben eben Meinungen, und diese Meinungen weichen manchmal voneinander ab, und der Typ, der die Macht hat, gewinnt. Wenn Dorothy eine Serie erfunden hätte, hätte sie ähnlich gehandelt wie Gene. Ebenso David. Man weiß, wie die eigene Serie aussehen soll und man bemüht sich, daß sie auch genauso aussieht, weil man eben dafür da ist.«

John Black teilt seine Ansicht vom Standpunkt des Star-Trek-Storyredakteurs mit, der direkt mit den Autoren umgehen mußte.

»Gene ging davon aus, daß er die Serie entwickelt hatte«, sagt Black, »also gehörte sie ihm. G.R.'s Haltung sah so aus, daß er die Serie kontrollierte, und so ging er auch die Bücher an. Ich sollte Topautoren gewinnen, und ich wußte, daß sie nicht wollen, daß jemand an ihrem Material herumfummelt. Sie wollen ihr eigenes Konzept haben. Sie nehmen das wenige Geld, daß ihnen das Fernsehen bietet – und damals war das weniger als wenig – nur, wenn sie ihr eigenes Material ohne Einmischung überarbeiten können. Wir können ihnen unseren Rat anbieten, aber wir können nicht den Rotstift auf ihrem Papier ansetzen. Gene sagte, das sei in Ordnung, der Boss des Studios sagte das auch, und so faßte ich das Geschäft auch auf.«

»Das ist nun die Realität, fährt er fort. »Wenn die Geschichten Donnerstag oder Freitag eintrafen, las ich sie, machte meine Notizen, ließ Kopien anfertigen, und G.R. nahm sie über das Wochenende mit nach Hause. Montags kam er dann nicht mit Notizen zurück, sondern mit einer Überarbeitung. Er überarbeitete alles. Gott allein weiß wieviel. Soweit ich das beurteilen kann, wurden die Bücher dadurch nicht besser. Manchmal kam er dichter an das Konzept der Serie heran, die sich noch entwickelte, während ich da war. Aber G.R. war nie ein so guter Autor wie Harlan Ellison, Jerry Sohl oder Teddy Sturgeon. Das ist er einfach nicht. Ich meine das nicht böse. Nur sehr wenige Leute erreichen diesen Standard, aber Gene konnte einfach nicht seine Finger von den Büchern lassen. Gott allein weiß, was er aus ›Sein oder Nichtsein, das ist hier die Frage‹ gemacht hätte, aber eins ist absolut sicher: Es wäre garantiert nicht als ›Sein oder Nichtsein, das ist hier die Frage‹ in der Folge erschienen. Aber es war seine Serie. Am Anfang war es nur schwierig, aber dann wurde es unmöglich. Niemand wußte, was am nächsten Morgen passieren würde.

Als ich ›The Naked Time‹ machte, gab ich die erste Fassung ab und machte eine Kopie für G.R. Ich dachte: ›Hier bin ich. Ich arbeite für die Serie, und wenn irgend jemand außer G.R. diese Serie kennt, dann bin ich das. Und G.R. brachte ein überarbeitetes Buch zurück. Die Frage, die mir vorschwebte und die ich Gene auch stellte, war, was ich hier eigentlich tat, wenn ich die Serie nicht kannte? Und ich fragte ihn, was für ein Problem er damit gehabt hätte. Er sagte es mir, und ich antwortete: ›Okay, ich überarbeite es‹. Und ich überarbeitete es nach meinem Original, und er überarbeitete auch meine zweite Fassung. Niemand sah jemals seine eigenen Folgen...

Wissen Sie, man arbeitet an einer Zeile... Ich gebe Ihnen ein Beispiel. Das stammt zwar nicht aus ›The Naked Time‹, aber es erläutert ganz gut, von welchen Änderungen ich spreche. Ich benötige vielleicht ein Klischee, das an dieser Stelle perfekt wäre, aber ich möchte das Klischee umgehen. Als Autor frage ich mich: ›Wie kann ich das so formulieren, daß das Klischee deutlich wird, ohne das es als Klischee dort steht. Die hypothetische Zeile, die ich schreiben würde, sähe so aus: ›Es ist ein geschenkter Gaul. Laß‹ sein Maul in Ruhe‹. Nun, das ist geschickt formuliert. G.R. würde das in ›Einem geschenkten Gaul schaut man nicht ins Maul‹ ändern. Es hätte wesentlich mehr Kunst in Star Trek gegeben, wenn G.R. seine Finger von den Büchern gelassen hätte.

Nachdem Gene ein Buch überarbeitet hatte, bekam ich es zurück, versuchte ihn zufrieden zu stellen und es gleichzeitig so dicht an dem zu halten, was der Autor gewollt hatte. Der Autor kam dann herein, wir hatten eine Konferenz, wir diskutierten Veränderungen,

1. KAPITEL

der Autor ging, und im allgemeinen bekam ich ihn dazu, es zu überarbeiten... wenn dazu Zeit war. Das Problem bei Star Trek war, daß ein Autor bestimmte Sachen innerhalb eines Raumschiffs für möglich hielt, die sich dann als unmöglich herausstellten. Also mußten viele Sachen geändert werden. Sie waren geringfügig aber notwendig. Den Autoren, denke ich, gebührt das Lob für alles, das gut war – während ich da war zumindest. Jeder Fehler, den man im Material finden kann, läßt sich entweder auf mich oder auf G.R. zurückführen. Die Sachen, die wir bekamen, waren insgesamt brillant. Ich kann mich nicht daran erinnern, jemals einen Autoren gefragt zu haben, warum etwas bestimmtes passiert und er es mir nicht erklären konnte. Es gab immer einen Grund. Star Trek war eine Erfahrung, über die ich sehr froh bin. Das klingt wie eine richtige Liebesgeschichte.«

Black verließ Star Trek nach den ersten dreizehn Episoden, weil er sich nicht mehr länger kompromittieren lassen wollte. »Es war mir immer sehr wichtig, mein Wort zu halten«, sagt er. Wenn ich jemandem versprach, daß er sein Material selbst überarbeiten dürfe, daß niemand es anrühren würde, und dann bekam ich Fassungen zurück, in denen bereits herumgeschmiert worden war, dann konnten wir alle nicht sehr glücklich dabei werden. Ich war da, weil ich mit diesen Autoren sprechen konnte. Diese Autoren respektierten mich, und ich respektierte sie. Es ging um Integrität, und ich konnte es einfach nicht mit ansehen, wie qualitativ gute Arbeit zu Dialogen wurde, denen jeglicher Scharfsinn fehlte. G.R. benutzte das Wort ›schnell‹ mindestens einmal pro Seite, wie in ›Wir müssen dorthin ... schnell‹. Ich sah zu, wie gute Arbeiten versaut wurden, und das hielt ich nicht aus. Ich konfrontierte einen Manager im Studio damit und sagte ihm: ›Ich kann nicht weitermachen, wenn ich mein Wort nicht halten kann.‹, und er sagte: ›Es ist G.R.'s Serie.‹ Also fragte ich ihn, ob er meine Kündigung entgegennehmen würde, oder ob er mich lieber feuern würde. Er sagte, das sei ihm gleich. Es gab keine Alternative, also verließ ich die Serie.

Bitte verstehen Sie aber auch, daß es eine Erfahrung war, die ich gegen nichts in der Welt eintauschen würde. Ich habe niemals unter einem solchen Druck gestanden wie in dieser Serie. Was die Autoren mir abverlangten, war einfach wundervoll. Mann, Ted Sturgeon gegenüber zu sitzen und über eine Geschichte zu reden, die ihm so unheimlich wichtig war, und das langsam nachzuvollziehen und zu verstehen... Das war eine Situation, in der man ausrufen wollte: ›Mein Gott, das ist phantastisch!‹. Das konnte einem manchmal Angst machen, manchmal war es emotional verletzend, manchmal einfach toll, aber man mußte einfach dabei sein. Man mußte die ganze Zeit anwesend sein, oder man verpaßte es. Besonders bei Star Trek wußte man nie, was wichtig war. Die Phantasie war grenzenlos. Es wurde eine unglaubliche Energie freigesetzt. Wenn ich zurücksehe, denke ich, daß ich das gerne noch einmal machen würde. Ich bin mir nicht sicher, aber allein aus der Erinnerung würde ich es.«

Während all das passierte, arbeiteten Roddenberry und Justman 16 bis 20 Stunden am Tag, um die Qualität der Serie zu erhalten.

»Gene war völlig erschöpft, ebenso wie ich«, sagt Justman. »Wir hätten die erste Staffel beinahe nicht durchgehalten, weil wir so überarbeitet waren. Wir waren mit unserer Weisheit am Ende. Ich war so erschöpft während der ersten Staffel, daß ich eines Abends einfach zu Hause zusammenbrach. Meine Frau rief Gene an und sagte: ›Das war's. Ich bringe ihn von hier weg‹. Versuchen Sie einmal sechs Monate lang sieben Tage die Woche mit nur drei bis vier Stunden Schlaf pro Nacht unter unglaublichem Druck zu arbeiten. Irgendwann gibt etwas nach. Mir passierte es in dieser Nacht, und Gene war der nächste. Wir waren beide völlig fertig. Ich glaube, deshalb kam Gene Coon zur Serie. Gene Roddenberry konnte das alleine einfach nicht bewältigen. Er war großartig, Gene Roddenberry schrieb wundervolle Szenen, aber das hatte seinen Preis.«

Als Gene L. Coon dem Star-Trek-Stab als Line Producer beitrat, wurde aus Roddenberry der Ausführende Produzent.

»Ich hatte keine andere Wahl«, sagte Roddenberry. »Die einzige Möglichkeit, um Leute wie Gene L. Coon für die Serie als Produzent zu gewinnen – und ich brauchte einen Produzenten, eine helfende Hand – war, daß ich selbst zum Ausführenden Produzenten, eigentlich zum Überwachenden Produzenten wurde. Heute wäre das anders. Niemand hätte etwas dagegen, wenn eine sehr komplexe Serie zwei, drei oder sogar vier Line Producer und einen Überwachenden Produzenten darüber hätte. Damals war sowas undenkbar, aber ich mußte einfach mehr Leute haben, egal wie. Ich arbeitete 12 bis 14 Stunden am Tag, und ich konnte das nicht länger. Jeder in unserem Stab war in diesen drei Jahren wenigstens einmal wegen völliger Erschöpfung im Krankenhaus. Wir machten jede Woche einen halben Science-Fiction-Film. Stellen Sie sich die Belastung vor. Science-Fiction-Filme dreht man normalerweise in 20 Wochen. Wir drehten jede Woche einen!«

Gene Coon wird allgemein als große Hilfe für Star Trek bezeichnet, da er einen Instinkt dafür hatte, welche Geschichten in der Serie funktionieren würden. Unter seiner sicheren kreativen Leitung entstanden Folgen wie »Arena«, die auf der gleichnamigen Geschichte von Frederick Brown beruht und in der Captain Kirk gegen einen echsenhaften Gorn antreten mußte. Die Folge endete damit, daß die Besatzung der Enterprise von einer außerirdischen Rasse verschont wurde, weil Kirk die bereits weiterentwickelte Eigenschaft der Gnade gezeigt hatte. Weiterhin entstand »A Taste of Armageddon«, eine kraftvolle Vietnam-Analogie, in der zwei Planeten einen blutfreien Krieg durch Kriegscomputer führten, wobei Leute, die in bestimmten Gebieten lebten, freiweillig in Desintegrationskammern gingen; »Space Seed«, die Ricardo Montalban als eugenischen Supermann Khan Noonian Singh einführte und dem Publikum einen Vorgeschmack auf die Zukunft der Erde gab; »The Devil in the Dark«, eine Episode, in der sich herausstellte, daß ein Wesen namens Horta, das Starfleet-Bergarbeiter tötete, in Wirklichkeit eine Mutter war, die

1. KAPITEL

ihren Nachwuchs schützen wollte; und »Errand of Mercy«, in der die Klingonen eingeführt wurden.

»Er drückte vielen Folgen seinen Stempel auf«, sagt Bob Justman über Coon, der Anfang der siebziger Jahre verstarb, »aber er entwarf nicht das Konzept. Es war Genes Konzept, und es wurde nie verändert. Gene Coon überarbeitete die Episoden, während er dabei war. Er schrieb einige Originale, und er war ein Workaholic. Er schöpfte seine Möglichkeiten voll aus. Aber das Konzept der Serie war zu Beginn der ersten Staffel erarbeitet worden. Es war immer Genes Konzept. Er gab der Serie die Form, die er wollte. Dann gab Gene Coon sein Bestes – und das war eine ganze Menge –, damit die Serie an dieses Konzept heranreichte. Er hatte etwas mit der Besetzung zu tun, aber nichts mit dem Schnitt oder der Musik. Das machte ich alles, ebenso wie die Requisiten, die Kulissen und den ganzen anderen Müll.

»Ehrlich gesagt«, fährt er fort, »Gene wäre gestorben, wenn er Gene Coon oder jemanden wie ihn nicht gehabt hätte. Gene Coon war eine brillante Entdeckung, man hätte niemand Besseren finden können. Das Problem war, daß wir ihn überforderten, und deshalb ging er in der Mitte der zweiten Staffel.«

Gene L. Coon hat Star Trek vielleicht für kommende Generationen definiert. Sein Anteil an der Serie war immerhin so wichtig, daß er von William Shatner bei der Einweihung des Gene-Roddenberry-Gebäudes auf dem Paramount Gelände mehrere Monate vor Roddenberrys Tod erwähnt wurde.

»Meiner Meinung nach«, bietet Shatner an, »hat Gene Coon Star Trek mehr Leben eingehaucht als jede andere Person. Gene Roddenberrys Instinkt bei der Erschaffung der Serie war unvergleichlich. Darüber kann man nicht diskutieren. Er setzte sie zusammen, heuerte die Leute an, entwarf das Konzept und brachte alles in Gang. Aber nach 13 Folgen übernahmen andere Leute. Gene Coon war ein Jahr dabei und bestimmte den Ton der Serie. Gene Roddenberry hielt sich mehr im Hintergrund, als andere Leute übernahmen.«

Für den Produzenten Harve Bennett, der die Star-Trek-Kinofilme seit fast zehn Jahren leitet, war Coon eine Inspiration. »Gene Roddenberry war der Douglas MacArthur dieses Feldzugs, der George Patton«, sagt Bennett. »Und Leute wie Gene Coon waren die Omar Bradleys.«

Der erfahrene Autor und Produzent Glen A. Larson, der unter anderem für »Quincy«, »Knightrider« und »Battlestar Galactica« gedreht hat, arbeitete zusammen mit Coon für »It Takes A Thief«. Während ihrer Zusammenarbeit wurde Coon für Larson zum Mentor.

»Ich saß ihm bildlich gesprochen zu Füßen und hörte zu, während er über das Geschäft sprach«, erinnert sich Larson. »Durch Gene lernte ich erst das Fernsehen kennen. Ich denke, daß Gene Coon das Herz und die Seele der Serie war. Ich glaube nicht, daß sich die Serie in diese bestimmte Richtung entwickelt hätte oder so berühmt geworden wäre, wenn es Coon nicht gegeben hätte. So wie ich es beurteilen kann, war Gene Coon Star Trek. Als er wegging, degenerierte die Serie schnell zum Monster der Woche, was bei der Fernseh-Science-Fiction immer eine Gefahr war. Im allgemeinen hat man einfach nicht die Leute, die intellektuell in der Lage sind, wichtige Themen zu ergründen ohne sie so obskur zu machen, daß man sein Publikum verliert. Gene hatte ein gutes Dramatikverständnis und außerdem gute Konzepte.«

Gene L. Coon wurde in Beatrice, Nebraska, geboren und in den öffentlichen Schulen von Nebraska und Kalifornien ausgebildet. Nach der High School ging er auf das Glenndale College. 1942 verpflichtete er sich beim United States Marine Corps, wo er vier Jahre verbrachte. Von da an schrieb er Drehbücher für eine ganze Reihe von Serien, unter anderem »Wagon Train«, »Bonanza«, »Have Gun, Will Travel«, »Rawhide« (dt. »Tausend Meilen Staub«), »Alcoa Premier«, »Riverboat«, »Suspense«, »General Electric Theatre«, »Mr. Lucky«, »Peter Gunn«, »The Rebel« und »Maverick«. Zu Beginn der sechziger Jahre wechselte Coon zu Universal Pictures, wo er »McHale's Navy« und »The Munsters« mitentwickelte. »The Munsters« war ursprünglich als Satire auf »The Donna Reed Show« geplant worden. Zwischen 1964 und ›67 schrieb Coon mehrere Drehbücher und zwei Romane »Meanwhile, Back At The Front« und »The Short End Of The Stick«. Aber seine wirkliche Bestimmung fand er in Star Trek.

Wenn man die Chronologie von Star Trek genau untersucht, bemerkt man, daß viele der denkwürdigen Aspekte dieser Serie während Coons Herrschaft eingeführt wurden.

»Wenn man sich die Episoden ansieht, für die Roddenberry am Anfang verantwortlich war«, bemerkt David Gerrold, »also ungefähr die ersten zehn Folgen, findet man sehr wenig dieser noblen Beweggründe. Man probierte noch aus, wovon die Serie eigentlich handeln sollte, aber trotzdem gab es einige tolle Folgen. Weil niemand wußte, was Star Trek war, erfand man es konstant neu. Man sah Sachen wie ›Charlie X‹, ›The Enemy Within‹, außerdem klauten sie auch einiges. ›The Galileo Seven‹ war ›Flight Of The Phoenix‹ (dt. »Der Flug des Phoenix«), ›Balance of Terror‹ war ›The Enemy Below‹ – sie wußten einfach noch nicht, was sie alles mit der Serie machen konnten. Als Gene L. Coon in der zweiten Hälfte der ersten Staffel an Bord kam, führte er Dinge wie die Hauptdirektive ein und andere Sachen, die man später als die noblen Aspekte der Serie charakterisierte. Gene L. Coon führte viel von dem ein, was man heute Roddenberry zuschreibt.«

Gerrold fährt fort: »Als Gene L. Coon zu uns kam, wußte man schon, was man mit der Serie machen konnte, und er konzentrierte sich auf diese Teilgebiete. Die Episoden, die er machte, waren selbstsicherer, aber sie waren nicht mehr so abenteuerlustig. Die Charaktere waren bereits festgelegter, also baute Coon Beziehungen zwischen ihnen auf. Als Gene L. Coon übernahm, setzte er die Charaktere auf feste Plätze. Daraus wurden Kirk, Spock und McCoy. Vorher war das alles viel vager gewesen, weil Roddenberry nicht wußte, um wen oder was sich die Serie drehte. Als Coon übernahm, entschied er, daß sie von Kirk, Spock und McCoy handeln sollte. Alle anderen Charaktere waren untergeordnet. Dieses Format wurde sehr erfolgreich.«

1. KAPITEL

Coons Drehbücher enthielten kaum getarnte soziale Kommentare, die zum Markenzeichen der Serie wurden und allgemein Roddenberry zugeschrieben werden.

»Wir unterhielten uns nie über solche Sachen«, sagt Dorothy Fontana. »Gene Coon schrieb so etwas einfach. Das beeinflußte die anderen Autoren, die zu der Serie kamen, in der Struktur ihrer Geschichten. Man konnte diesen Übergang sehr gut nachverfolgen. Außerdem wurde mehr Humor in die Serie eingebracht, vor allem die Spock/McCoy-Beziehung wurde wesentlich komischer. Sie entwickelte sich zu etwas, was später eine richtige Freundschaft wurde. Es war eine Freundschaft, die sich durch kleine Beleidigungen und Witze ausdrückte, aber dabei immer Spaß machte. Die Verbalschlachten eben. Es machte Spaß, diese Unterhaltungen zu schreiben. Ich denke, daß Gene Coon uns dorthin geführt hat.«

David Gerrold bemerkt: »Roddenberry nahm die Serie immer zu ernst. Jeder mußte predigen. Ich glaube, Roddenberry wollte eigentlich Prediger werden, hat es aber irgendwie nicht geschafft. In Gene L. Coons Büchern gingen die Leute ganz anders miteinander um und predigten nicht, obwohl es üblich war, am Ende eine kleine Predigt zu haben, wo der Captain – die Vaterfigur – alles erklärte. Gene L. Coons Charaktere scherzten miteinander. Ich glaube, deshalb liebten die Fans die Serie so sehr. Obwohl unsere Leute sich in einem Abenteuer befanden, hatten sie doch immer noch Zeit genug, sich gegenseitig anzuschnauzen und so ihre Zuneigung zu zeigen. Ich glaube nicht, daß es jemals zur Debatte stand, wie sehr Spock und McCoy sich mögen, und wir machten das durch die gegenseitigen Beleidigungen klar. Vieles davon kam von Gene L. Coon.«

Während Coon Roddenberry als Produzenten der Serie »ersetzte«, wurde die Rolle des Storyredakteurs John D.F. Black von einem jungen Autor namens Steven Carabatsos übernommen, der sich für einen der wenigen Star-Trek-Mitarbeiter hält, die keine Erklärung für den anhaltenden Erfolg der Serie haben.

»Ich habe nicht die geringste Ahnung, warum die Serie so läuft«, lacht er. »Im nachhinein, denke ich, will jeder, der über die Serie spricht, jedem Augenblick der Arbeit große Bedeutung verleihen. Die Wahrheit ist allerdings, daß, als sie zum ersten Mal lief, für mich, und ich denke auch für viele andere Leute, nur eine weitere Fernsehserie war, 79 Folgen Arbeit für uns alle. Natürlich hatten wir schon das Gefühl, daß es etwas Besonderes war, wegen der vielen berühmten Science-Fiction-Autoren, aber Sie müssen auch begreifen, daß keiner von uns wußte, was wir da hatten. Niemand wußte das. Selbst als die Serie anlief, leuchtete der Himmel nicht auf.«

Carabatsos, selbst kein Science-Fiction-Fan, wurde von seinem Agenten gefragt, ob er Interesse hätte an einem Treffen mit den beiden Genes über die Möglichkeit, als Drehbuchberater zu arbeiten. Das Treffen verlief sehr gut, und Carabatsos betrat das 23. Jahrhundert.

»Die Serie lief noch nicht«, sagt er. »Als ich dazu kam, waren sechs Episoden abgedreht. Ich bin sicher, daß es heute noch hektischer zugeht, weil die Risiken höher sind, aber zu dem Zeitpunkt, im Anfangsjahr der Serie, versuchten alle etwas Neues, alle hofften auf einen Erfolg und versuchten herauszufinden, welche Art Serie das eigentlich werden sollte. Roddenberry wollte aus etwas so neuem wie Star Trek eine richtige Science-Fiction-Serie machen, nicht den Schwachsinn, den man vorher als Science Fiction gedreht hatte.

Gene Roddenberry arbeitete sehr hart. Ich muß den Mann sehr loben, er riß sich den Hintern auf. Aber er hatte die Verantwortung des Ausführenden Produzenten übernommen. Der Line Producer war Gene L. Coon, der dafür sorgte, daß die Bücher das richtige Format für die Dreharbeiten hatten und die Serie rein physisch produzierte. Bei ihm meldete ich mich, wenn ich zur Arbeit kam.

Damals wurden die meisten Episoden von selbständigen Autoren geschrieben, während man heute ja größtenteils mit Hausautoren arbeitet, die einen Vertrag für drei bei sechs Episoden oder noch mehr haben. Bei einigen der Bücher konnte man die Unstimmigkeiten schnell ausbügeln und sie zu den Dreharbeiten weitergeben, während andere weitgehend überschrieben werden mußten. Das machten dann Gene Coon und ich. Das war eine sehr aufregende Zeit für mich, weil ich eigentlich noch ein Kind war und dies eine große Chance für mich war. Ich erinnere mich auch, daß ich sehr beeindruckt davon war, daß Roddenberry viele erfahrene Science-Fiction-Autoren angeheuert hatte. Sie alle nahmen ihre Aufträge mit sehr großem Enthusiasmus an und waren aufgeregt, weil sie endlich die Möglichkeit hatten, ihre eigenen Geschichten, so wie sie sie wollten, zu machen. Mein Problem war, daß ich nicht den gleichen Hintergrund hatte. Ich hatte den Eindruck, daß mir die Übung fühlte.«

Er blieb für ungefähr 15 Wochen bei der Serie und suchte sich dann ein anderes Betätigungsfeld. Noch heute ist er allerdings überrascht, daß die Leute so beeindruckt sind, wenn sie erfahren, daß er für Star Trek gearbeitet hat.

»Das war in den frühen Tagen der einstündigen dramatischen Fernsehserien«, erzählt er, »und jeder war glücklich, eine Serie zu haben, die mehr als ein Jahr durchhielt... wie sich herausstellte, viel länger als ein Jahr.«

Als Carabatsos ging, übernahm Dorothy Fontana den Posten des Drehbuchberaters und blieb dort bis zum Ende der zweiten Staffel. Sie hatte sich gegenüber Roddenberry und den anderen bewiesen und war ein willkommener Neuzugang für den Stab.

»Ich hatte mich die ganze Zeit mit den Drehbüchern beschäftigt«, erklärt Fontana, »und hatte mir eine eigene Meinung gebildet. Ich schrieb sie nur nie auf, obwohl ich im geheimen mit Gene und Gene Coon über die Folgen, die sie drehten, sprach. Ich kam mit der Serie zum ersten Mal als Autor in Kontakt, also hatte ich auch meine eigene Buchkonferenz mit ihnen. Ich hatte den Eindruck, ich könne diesen Job [Drehbuchberaterin] auch machen. Gene dachte ebenso, und ich bekam ihn.«

Trotz der ständigen Wechsel im kreativen Team konnte Star Trek seinen qualitativ hohen Standard halten. Leider wurde aber noch eine andere Schlacht geschlagen: Sobald Star Trek auf Sendung ging, wurde es klar, daß die Serie den Kampf um die Einschaltquoten verlor. NBC überlegte, die Serie in der Mitte der ersten Staffel abzusetzen. Es ist erstaunlich, aber nachdem sich dies herumgesprochen hatte, leitete der Science-Fiction-Autor Harlan Ellison eine Briefkampagne ein, um die Serie im Programm zu halten.

Sein Versuch war erfolgreich und wurde so zahlreich beantwortet, daß klar wurde, daß es da draußen ein Publikum gab, das Star Trek jede Woche sah und begierig auf weitere Abenteuer des Raumschiffs Enterprise wartete. Die Serie stand nicht nur die erste Staffel durch, sondern wurde auf eine zweite Staffel ausgedehnt.

Star Trek hatte einen abgelehnten Pilotfilm, den Widerstand des Senders und eine Beinahe-Absetzung überlebt. Leider war das nur die erste Runde des interstellaren Boxkampfes, der sich über die nächsten zwei Jahre hinziehen sollte.

William Shatner und Pat Breslin in der Episode »Nick of Time« der Serie »Twilight Zone«.

Episodenführer zur ersten Staffel

»The Man Trap«

»Charlie X«

»Where No Man Has Gone Before«

»The Naked Time«

»The Enemy Within«

»Mudd's Women«

»What Are Little Girls Made Of?«

»Miri«

»Dagger of the Mind«

»The Corbomite Maneuver«

»The Menagerie« (Pts 1 and 2)

»The Conscience of the King«

»Balance of Terror«

»Shore Leave«

»The Galileo Seven«

»The Squire of Gothos«

»Arena«

»Tomorrow is Yesterday«

»Court Martial«

»The Return of the Archons«

»Space Seed«

»A Taste of Armageddon«

»This Side of Paradise«

»The Devil in the Dark«

»Errand of Mercy«

»The Alternative Factor«

»City on the Edge of Forever«

»Operation Annihilate«

2. KAPITEL

Bevor er der praktische Arzt Dr. Leonard »Pille« McCoy wurde, hatte DeForest Kelly bereits eine Karriere als Westernbösewicht hinter sich.

EPISODE 1

The Man Trap

»Das Letzte seiner Art«

Erstausstrahlung: 8.9.1966
Drehbuch: George Clayton Johnson
Regie: Marc Daniels

Gaststars:

Jeanny Bal (Nancy Carter)
Francine Pyne (Salzgestalt)
Alfred Ryder (Professor Carter)
Michael Zaslow (Darnell)

Die Enterprise ist mit der Mission betraut, den Planeten M-113 aufzusuchen, um den einzigen beiden Bewohnern des Planeten, den Ärzten Robert und Nany Carter, medizinisches Gerät zu bringen. Letztere hatte einmal eine Romanze mit Dr. McCoy, oder besser gesagt: Dr. McCoy hatte einmal eine Beziehung zu einer Nancy Carter. Diese hier jedoch entpuppt sich als ein Salz-»Vampir«, der seine Gestalt wandeln kann, und seine Opfer verführt, indem er als jemand erscheint, den das Opfer kennt. Dann greift er sie an und raubt ihren Körpern den natürlichen Salzgehalt. Diese Kreatur gelangt an Bord der Enterprise und muß vernichtet werden. Abgesehen davon ist es das letzte Wesen seiner Art.

Autor George Clayton Johnson erklärt, daß sein ursprünglicher Titel für die Folge »The Man Trap« »Damsel with a Dulcimer« lautete. Der Titel wurde jedoch von Gene Roddenberry geändert, genauso wie Teile des Inhalts der Folge, die der Autor wichtig für den Handlungsverlauf hielt. »Ich gebe Ihnen mal ein Beispiel dafür«, erinnert sich Johnson. »Die erste Szene von ›The Man Trap‹ – so wie sie ursprünglich geplant war – war, daß Leonard McCoy und Captain Kirk den Transporterraum an Bord der Enterprise betreten, um von dort aus auf den Planeten gebeamt zu werden, wo die Handlung dann beginnt. Wir sehen das Standard-Titelbild, die Enterprise fliegt vorbei, die Titelmelodie ist zu hören, und wir wissen, welche Serie wir eingeschaltet haben. Das Bild geht wieder zurück zu Beginn des ersten Aktes: Wir nähern uns also dem Transporterraum, gehen Korridore entlang, man unterhält sich und kommt schließlich im Transporterraum an. Nun mußte ich den Charakter des Dr. McCoy noch vertiefen, denn sein bisheriger war sehr undefiniert. Ich hatte vorher nur eine Folge gesehen, und als Drehbuchautor erwartete man von mir, daß ich alle losen Bruchstücke aufgreife, die dann zusammengesetzt wieder dieses große, kolossale Gebilde formen, daß wir heute als Star Trek kennen. Aber damals hatten wir nur ein paar solcher Bruchstücke. Ein, zwei oder drei Stücke hatten bereits ihren Platz gefunden, und ich hatte bisher nur eine Folge gesehen. Auf dieser Grundlage erwartete man von mir, daß ich mir meine Version von Star Trek ausdenke. So ließ ich Captain Kirk ungefähr folgendes zu Leonard McCoy sagen: ›Was ist los, Pille?‹ Und Pille antwortete: ›Sieh mal, ich mag diese ganze Idee mit dem Transporter nicht. Mir ist es ganz gleich, wie dicht jeder Transporterstrahl ist. Es gibt trotzdem Streuung, und ich mag die Vorstellung nicht, daß Atome von mir über das ganze verdammte Universum verteilt werden. Bei diesem Gedanken bekomme ich eine Gänsehaut.‹ Darauf antwortet Captain Kirk: ›Unsinn‹, und man blendet die Oberfläche des Planeten ein, dessen Beschaffenheit man erkennen kann. Statt dessen wurde jedoch eine neue Szene geschrieben, die die andere ersetzt. McCoy und Kirk gehen in den Transporterraum und reden über Blumen, die McCoy seiner früheren Freundin mitnehmen will, da er weiß, daß sie sich auf dem Planeten aufhält. Nun, die Sache mit den Blumen ist für mich – subjektiv gesehen – in gewisser Weise zu lasch, während ich die Sache mit den Transporterstrahlen gut fand, und sie auch vielversprechendes Material für spätere Folgen bot. Eines Tages könnte es ja eine Story über eine Fehlfunktion des Transporters geben. Es läßt einen erkennen, daß es innerhalb des Universums Grenzen gibt. Aber es wurde herausgenommen, so daß wir später, wenn wir die erste Story über eine Transporterfehlfunktion haben, nicht darauf vorbereitet sind. Selbst wenn wir regelmäßige Zuschauer sind, kommt es für uns aus heiterem Himmel. Nun hatte ich das Gefühl, daß das unser gesamtes Konzept zerstörte. Diese kleine Mini-Story, die da in ein paar Zeilen Dialog eingebettet ist, und die erste Szene ausmacht, ist gehobenere Dramaturgie als, ›Oh, ich sehe, du willst Blumen mitnehmen, damit die Mädchen auf dich fliegen. Ist das dein Problem?‹

›Es ist nichts weiter als ein kleines Geschenk für eine alte Freundin.‹

»Die Idee des Gestaltenwandlers«, sagt er, »habe ich von Gene bekommen. Ich ging daraufhin nach Hause und arbeitete 30 Tage hart und kam mit einem Skript zurück, mit dem ich sehr unzufrieden war, und ich war froh, es endlich dem Drehbuchredakteur zu geben. Ich erzählte ihm von meinen Problemen, und er fragte mich dann, woran ich arbeite. Ich erzählte es ihm, und an einem bestimmten Punkt meinte er: ›Oh, das Problem ist, daß Sie dieses Wesen nicht schnell genug an Bord der Enterprise bekommen. Die Gefahr liegt darin, was passiert, wenn es erst einmal an Bord der Enterprise ist.‹ In dem Augenblick, wo er das sagte, konnte ich sehen, wo mein bisheriger Denkfehler lag: in der anfänglichen Konzeption des Storyaufbaus und in ihrer Form, die plötzlich in meiner Vorstellung wie ein Kartenhaus zusammenfiel. Ich ging wieder nach Hause, und innerhalb weniger Tage schrieb ich sie mit Blacks Segen komplett neu, legte sie ihm wieder vor, und siehe da, er mochte sie auf Anhieb.«

John D.F. Black erinnert sich an George Clayton Johnsons Erfahrungen und meint: »George Johnson ist der beste Seifenoper-Autor, der jemals für Melodramen im Abendprogramm geschrieben hat... Oh Gott, schreiben Sie das bitte nicht so, als ob ich jetzt etwas Negatives sage, weil es nicht stimmt. Es ist ein einmaliger Weg, und es ist vielleicht Georges natürliche Art so zu schreiben. Es ist sehr real, aber gleichzeitig auch stellenweise ein wenig theatralischer als das, was (Richard) Matheson oder ich schreiben würden. Es ist nur ein Hauch mehr... Ich nenne es Seifenoper aus Gewohnheit. George arbeitete härter, gewissenhafter und mit mehr Hingebung an einer Story als irgend jemand sonst, weil George der einzige von allen Autoren war, die an der Serie geschrieben haben, und der wirklich wollte, daß die Serie ein Hit wird. Er wollte wirklichen SF für die Zuschauer vor der Mattscheibe. Er hatte sich vollkommen dem Medium Fernsehen und der Serie verschrieben, und es gab nichts, was er nicht dafür getan hätte. Wenn wir ihn gebeten hätten, sich nachts auf das Filmgelände zu schleichen, um Kulissen zu bauen, hätte er das getan.«

Kurz vor seinem Tod sagte Regisseur Marc Daniels: »Von dem Moment an, wo die Serie begann, war es sehr heikel, wie man mit diesen Monstern umgehen sollte. Wollte man nur billigen Nervenkitzel oder sollte man sich den Wesen auf intelligentere Art und Weise nähern? Wir einigten uns schließlich darauf, die Zuschauer in sehr realistischer Art mit einzubeziehen. Dazu mußte man alles so behandeln, als sei es real.«

EPISODE 2

Charlie X

»Der Fall Charlie«

Erstausstrahlung: ____________ **15. 9. 1966**
Drehbuch: ___ **Dorothy Fontana, nach einer** ____________ **Idee von Gene Roddenberry**
Regie: ______________ **Lawrence Dobkin**

Gaststars:

Robert Walker jr. (Charlie)
Abraham Sofaer (Thalasianer)
Patricia McNulty (Tina Lawton)
Charles J. Stewart (Captain Remart)
Dallas Mitchell (Tom Nellis)

Kurz nachdem der Captain des Förderationsschiffes Antares den Jugendlichen Charlie Evans an Bord der Enterprise abgesetzt hat, wird die Antares auf mysteriöse Weise zerstört. Nachdem sich auch noch andere unerklärliche Vorfälle ereignen, beschuldigt man Charlie. Dieser hatte erklärt, unglaubliche telekinetische Fähigkeiten zu besitzen, mit denen er Materie verändern und auch Menschen zum »weggehen« bringen, daß heißt verschwinden lassen kann. Charlie, dessen Handlungen von seiner Unreife regiert werden, wird eine noch gefährlichere Bedrohnung, als er sich in Yeoman Janice Rand verliebt, und ihn nichts davon abhält, sie zu bewegen, seine Gefühle zu erwidern.

Die Folge beinhaltet eine sensationelle Szene, als Charlie Janice auf den Leib rückt, die Kamera sich ausblendet und das Bild schwarz wird. Man erhält den Eindruck, daß er sie sexuell nötigt, obwohl das vollkommen der eigenen Phantasie überlassen bleibt.

»›Charlie X‹ war eine Geschichte, die bereits in der ursprünglichen Vorlage der Serie vorhanden war«, erklärt Dorothy Fontana, »und ich sagte Gene, daß, wenn niemand es machen wollte, ich das Drehbuch gerne schreiben würde. Das genau trat ein. Ich war in Europa, als es gedreht wurde, aber ich mochte das Ergebnis, und ich glaube, Robert Walker jr. war eine besonders gute Besetzung für Charlie.«

Vor einigen Jahren erinnerte sich Walter an seine Arbeit an der Folge, besonders daran, daß William Shatner sehr, sehr hilfreich war. »Ich war gerade fünf Jahre Schauspieler, und er war immer so etwas wie ein Idol für mich gewesen. Ich war immer schon der Meinung, daß er ein wunderbarer Schauspieler ist. Ich habe ihn bereits in vielen verschiedenen Programmen gesehen, Jahre bevor ich »Charlie X« drehte. Aber er war sehr hilfsbereit und sehr nett. Das gleiche gilt für Leonard Nimoy. Sie haben sich Zeit genommen und waren sehr geduldig mit diesem neuen, widerspenstigen angehenden Schauspieler. Das war eine interessante, schwierige Zeit in meinem Leben«, fügt er hinzu. »Ich fühlte mich beinahe wie Charlie X. Ich war 26, als ich die Folge machte. Ich war ein Spätentwickler, und es war – wie gesagt – eine sehr schwierige Zeit. Ich hatte nicht viel Selbstvertrauen, weder als Schauspieler, noch als eigene Person. Ich fühlte mich unbeholfen, nutzlos und verloren. Ich sah mich wirklich vor unlösbare Probleme gestellt. Es war eine Zeit, in der ich sehr leicht verletzbar war, aber gleichzeitig auch eine sehr aufregende Zeit. Wissen Sie, zu dieser Zeit war ich Charlie X sehr ähnlich. Wir hatten eine Menge gemeinsam.«

Im Buch »The Star Trek Interview Book« erinnert sich Regisseur Lawrence Dobkin: »Wahrscheinlich die beste Erinnerung, die ich an Star Trek habe, sind die vielen jungen Schauspieler, die noch nicht die Zustimmung der Masse gefunden hatten. Sie hatten keinerlei Unterstützung bei dem Versuch, die Menschlichkeit in eine andere Zeitzone zu bringen, die heutigen menschlichen Beziehungen in einer anderen Zeit darzustellen, und die Einfachheiten, Sachverhalte und menschliche Kommunikation weiterlaufen zu lassen. Mein Gott, was war das für ein talentierter Haufen. Wow! Es war ein sehr fruchtbarer Zeitabschnitt in so vielerlei Hinsicht, fruchtbar für uns alle. Es war eine glücklich Zeit, und die Leute ließen es darauf ankommen, einige gingen ein großes Risiko ein... Ich hatte bereits mit SF in der einen oder anderen Weise Erfahrung gemacht, aber es ist sehr schwierig, sich für etwas so Fremdartiges zu begeistern, das so weit vom Normalen entfernt liegt. Es ist für das Publikum schwierig, selbst mit einer so menschlichen Figur wie Captain Nemo aus Jules Vernes SF-Romanen zurecht zu kommen... Aber hier schaffte Roddenberrys Vorstoß sehr echte Menschen und sehr verwickelte Beziehungen.«

EPISODE 3

Where no man has gone before

»Spitze des Eisbergs«

Erstausstrahlung: ______ **22.9.1966**
Drehbuch: ______ **Samuel A. Peeples**
Regie: ______ **James Goldstone**

Gaststars:

Gary Lockwood (Gary Mitchell)
Sally Kellerman (Elizabeth Dehner)
Paul Carr (Kelso)
Paul Fix (Dr. Piper)
Andrea Dromm (Yeoman Smith)
Lloyd Haynes (Alden)

Als die Enterprise versucht, eine Energiebarriere am Rand der Galaxie zu durchbrechen, wird Crewmitglied Gary Mitchell, ein guter Freund von Kirk, in ein gottähnliches Wesen verwandelt. Dieses muß getötet werden, bevor es seine Kräfte auf das Universum loslassen kann.

Gary Lockwood, der Gary Mitchell, und später in Stanley Kubricks 2001 den Astronauten Frank Poole spielt, erinnert sich an die Arbeit zu Star Treks zweitem Pilotfilm.

»Um ehrlich zu sein«, lächelt er, »ich fand das alles ein wenig seltsam, und ich dachte, es ist irgendwie peinlich. Ich hoffte, es würde gut werden, denn alle waren so begeistert. Die Arbeit war hart. Ich konnte die anderen Schauspieler nicht sehen. Ich habe meinen Text gelernt, aber wegen der Kontaktlinsen, die meine Augen verändern sollten, konnte ich niemanden erkennen. An den ersten Tagen war das noch nicht so, aber danach waren die Augen geschwollen und entzündet, und die Linsen nur für zwei, drei Minuten zu tragen, war fürchterlich. Die Proben liefen dann ohne die Dinger. Eine andere Sache war, daß Leute mich immer schon für ich-bezogen gehalten haben, und als ich diese Rolle spielte, lachten viele, und meinten ›Endlich hat er sein Plätzchen gefunden‹. Das war ein Scherz bei meinen Freunden.

Es war schwierig, diese Figur zu füllen, denn es gab kein Vorbild. Also konstruiert man sich ein Bild vor seinem Geistigen Auge und bemüht sich, es umzusetzen. Alles, was ich versucht habe, war, die Bewegungen zurückzunehmen und nicht zu dramatisch zu sein. Spiel‹ die Rolle ruhig und realistisch, und die Leute denken später nicht, du bist aufdringlich. Es gab eine natürliche Bewegung hin zu dieser Figur. Um das zu machen, muß man sie vorher durchdenken. Lassen Sie mich etwas über diejenigen amerikanischen Schauspieler sagen, die ich nicht mag, und die mich nicht mögen: Man muß auf eine Rolle zunächst ein gewisses Maß an Intelligenz verwenden, dann kann man mit den Emotionen kommen, nachdem man eine kopfmäßige Entscheidung getroffen hat. Zuviele von den jungen Leuten, mit denen ich arbeite, versuchen, sich den Text bequem zu machen. Arbeitet man in Europa, erlebt man, daß die Schauspieler dort versuchen, sich an den Text anzupassen. Hier, in Amerika, versuchen sie, den Text an sich anzupassen. Es ist eine andere Herangehensweise. Bei Gary Mitchell wollte ich mich der Figur annähern, und nicht die Figur auf mich zuschneiden. Ich bin n i c h t Gary Mitchell.

Ich glaube, ›Where No Man Has Gone Before‹ hat funktioniert, denn es hat geholfen, die Serie zu verkaufen. Sie dürfen nicht vergessen, daß der Star-Trek-Pilotfilm in jener Zeit mit sehr, sehr wenig Geld gemacht wurde. Es gab einen gewaltigen Kampf zwischen Roddenberry und der Fernsehstation um den zweiten Pilotfilm, und so stand er unter starkem Druck. Sie hatten die Idee mit zwei Figuren, die Fähigkeiten zur außersinnlichen Wahrnehmung entwickelten, das gefiel mir. Da es unmöglich war, viele Spezialeffekte einzubauen, kompensierte man das einfach, indem interessante Figuren geschaffen wurden. Das half, die Serie an den Mann zu bringen. Es war eine gute kreative Entscheidung von Roddenberry.«

Regisseur James Goldstone weist darauf hin, daß er ganz bestimmt zu der kreativen Entwicklung der Folge beigetragen hat, wie aus den Anmerkungen in einem seiner Drehbücher zu »Where No Man Has Gone Before« hervorgeht.

Er schreibt: »Ein wichtiger Aspekt, der sich durch das ganze Skript zieht, betrifft die Figur Mitchell und seinen Wandel zum Gott. Die Funktion ist eine dramaturgische. Es geht darum, einen Subtext zu schaffen. Mein Vorschlag ist, daß von dem Moment an, wo Gary zum ersten Mal erkennt, was mit ihm vorgeht... wenn er beginnt nachzugeben, es sogar zu genießen, er sich von der menschlichen Ebene auf die eines Gottes bewegt, und zwar nach sämtlichen Kriterien, die wir in unserer christlich-jüdischen Kultur auf solche Gottheiten anwenden. Im besonderen meine ich, er sollte seherische Fähigkeiten bekommen, wie Moses oder sogar Cotton Mather. Ich schlage vor, daß dies in seinem eigenen Körper abläuft, mit seiner eigenen Art, Hände, Arme und Augen zu bewegen, egal ob sie normal oder silbern sind. Ich denke, er sollte nicht soweit stilisiert werden, daß er mehr ein Symbol wird, als ein Mensch. Man kann das erreichen, indem man ihn auf einer eher frechen, lockeren Sprachebene beginnen läßt, und wir es zunächst nicht merken, wenn diese formeller, bedeutungsgeladener, selbstdarstellerischer und zum Schluß einfach göttlich wird.«

Sally Kellerman als Dr. Elizabeth Dehner in »Where No Man Has Gone Before«

2. KAPITEL

Trotz solcher Beiträge betont Goldstone, daß er nicht an die Theorie des Autorenfilms glaubt. »Der Regisseur ist derjenige, der die Sache letztlich umsetzt. Aber wenn er nicht in der Vorbereitung mit dem Schreiber, dem Produzenten, den Technikern zusammenarbeitet, fehlt ihm der Boden unter den Füßen, und dem Film genauso. Besonders Fernsehen ist jetzt ein Produzentenmedium geworden, und die Leute würden mich wohl eher nicht engagieren, denn ich nerve – ich will die Dinge machen, die ein Regisseur, so wie ich das verstehe, zu machen hat.«

EPISODE 4

The Naked Time

»Implosion der Spirale«

Erstausstrahlung: 29.9.1966
Drehbuch: John D.F. Black
Regie: Marc Daniels

Gaststars:

Bruce Hyde (Riley)
Stewart Moss (Tormolen)
John Bellah (Dr. Harrison)

Während man versucht, eine Gruppe Wissenschaftler von dem zum Untergang verdammten Planeten Psi 2000 abzuholen, wird ein Bodentrupp der Enterprise von einer Krankheit befallen, die er mit an Bord des Raumschiffs schleppt, und die sich schnell ausbreitet. Die Folge ist, daß die Crew keinerlei Hemmungen mehr hat – ungefähr wie bei Alkoholgenuß –, und sie beginnen, ihre Phantasien auszuleben oder auch ihren dunkelsten Dämonen zu begegnen. Leutnant Riley, der sich selbst zum Captain ernennt, macht sich an den Maschinen der Enterprise zu schaffen, und die Enterprise droht zerstört zu werden, als sie der Atmosphäre des Planeten immer näher kommt. Dr. McCoy versucht unterdessen verzweifelt, ein Gegenmittel für die Krankheit zu finden, bevor es zu spät ist.

Nach John D.F. Blacks Meinung ist »The Naked Time« das perfekte Beispiel dafür, wie grenzenlos der Spielraum für Star Trek war. »Es gab keinerlei Einschränkung«, schwärmt er. Wir konnten Schurken haben, die man sehen oder auch nicht sehen konnte, wie in meiner Folge ›The Naked Time‹. Wir konnten jeden Charakter eine völlige Kehrtwende machen lassen, weil irgendwo eine Differenz im Sauerstoffgehalt herrschte. Wir sind da mitten hineingesprungen, ohne daß es auch nur ein einziges Theaterelement gab, das wir auslassen mußten. Wir hätten Ödipus oder irgend etwas anderes machen können, obwohl uns die Zensoren vermutlich nicht erlaubt hätten, die Ödipus-Story zu machen. Sie hätten uns auch zu diesem Zeitpunkt nie erlaubt, eine dieser offensichtlich sehr freizügigen Storys zu verfilmen; abgesehen von ›Mudd's Women‹, die eigentlich lang und breit von Prostitution handelt, worüber man täglich in der Zeitung liest. Wir haben das weder befürwortet, noch abgelehnt. Was wir sagen wollten war, daß es Prostitution hier gibt, und daß es sie auch im Weltraum gibt. Die Zensoren haben das durchgehen lassen. Wir hatten sogar große Unterstützung der Zensoren der NBC. Wir hatten zwar ein paar Meinungsverschiedenheiten, aber im großen und ganzen sind sie mit der Serie einverstanden gewesen, und so etwas passiert nicht häufig.« Regisseur Marc Daniels fügt hinzu: »Das war die Folge, auf die ich wenig vorbereitet war, obwohl ich glaube, daß das Ergebnis in Ordnung war. Die Charaktere hatten ihren Platz innerhalb der Folge gefunden, und wir begannen mit der Arbeit an Dingen wie Kirks Verstand oder Spocks Fähigkeiten. In einer der frühen Folgen wurde Spock einmal verletzt, und sein Blut war grün. Ich glaube, daß Gene dachte, daß diese Idee zu weit geht, aber sie behielten sie in späteren Folgen bei. Die Idee mit dem grünen Blut stammt von mir; denn wenn Spock eine gelbe Gesichtsfarbe hat, mußte er zwangsläufig grünes Blut haben. Wie auch immer, in ›The Naked Time‹ geriet George Takei ein bißchen außer Kontrolle. Wir wechselten harte Worte, und er übertrieb es ein wenig. Wir mußten ihn ›abschalten‹, so daß er nicht noch aus Versehen jemanden verletzen würde.« George Takei erinnert sich an die Dreharbeiten. »Als ich erfuhr, daß ich in ›The Naked Time‹ fechten sollte, ergriff mich Panik. Ich wußte nicht, wie man mit einem Degen umgeht. Ich nahm erst drei Wochen vor Drehbeginn Fechtunterricht.« Interessant ist, daß diese Folge als Sprungbrett für die zweite Folge »Star Trek: TNG ›The Naked Now‹« diente. Leider war diese Folge nicht so fesselnd, da das Skript sich mehr mit ausgelassenen sexuellen Spielereien der Crew beschäftigt, als mit der Darstellung der einzelnen Charaktere.

EPISODE 5

The Enemy Within

»Kirk : 2 = ?«

Erstausstrahlung: 6.10.1966
Drehbuch: Richard Matheson
Regie: Leo Penn

Gaststars:

Jim Goodwin (John Farrell)
Edward Madden und Garland Thompson (Technicians)

Eine Transporterfehlfunktion spaltet Kirk in zwei Wesen, eines das reine Böse, das andere gut. Was folgt, ist ein Kampf zwischen beiden, und wie jeder Kampf um Überlegenheit, ist es ein Kampf auf Kosten der jeweils anderen Seite, obwohl es offensichtlich wird, daß jeder Teil den anderen braucht. Spock und Chefingenieur Scotty versuchen einen Weg zu finden, die beiden Kirks wieder zu vereinen. Währenddessen sitzt ein Landungstrupp bei Minustemperaturen auf dem Planeten Alpha 177 fest. Die Enterprise kann diese Leute nicht zurück an Bord beamen, denn es besteht die Befürchtung, ihnen könnte dasselbe zustoßen wie Kirk.

»Dick Matheson und ich kannten uns, zwar nicht gut, aber wir waren uns schon lange, bevor ich zu Star Trek kam, dann und wann begegnet«, sagt John D.F. Black. »In seinem Fall war das, was ich mit dem Skript zu tun hatte, minimal, denn er wollte seine eigene Auseinandersetzung mit G.R., und er war dazu fähig. Er war Profi. Ich weiß, daß einmal ein Gespräch mit G.R. stattfand, bei dem ich nicht dabei war, und dann hatten wir ein Gespräch in G.R.'s Büro über die endgültige Fassung, und da war ich dann dabei.

Matheson verstand, was diese Serie war. Er dachte nicht, es sei versteckte Comedy, er dachte nicht, sie wäre ›der letzte Mann auf dem Mond‹. Er wußte, was wir machten. Er fühlte sich sofort ein, wie er es zuvor bei ›Twilight Zone‹ gemacht hatte, und so war es schwierig für G.R., irgendwelche grundsätzlichen Einwände bezüglich des Aufbaus der Story zu machen. Er mäkelte ein wenig darüber, wohin sie sich hier oder dort bewegte, aber im großen und ganzen war es eine der einfacheren.«

Im ›Starlog Magazine‹ gestand Regisseur Leo Penn: »Diese Folge war eine Herausforderung. Wir mußten ein Double engagieren, und besonders die Szenen, in denen die beiden Kirks sich berührten, waren hart. Wir konnten nur über die Schulter des Doubles drehen, die beiden austauschen, und so weiter. Das dauerte, aber es hat sich gelohnt.«

Im selben Interview mit Pat Jankiewicz bemerkt Penn: »In einigen Teilen der indianischen Kultur herrscht die Vorstellung, daß das Böse mehr Kraft hat als das Gute. Die Indianer glauben, wenn sie einen bösen Menschen erwischen und ihm die Schlangen aus den Haaren kämmen, ist er geläutert und kann seine Kraft für Gutes nutzen. Man interessiert sich immer für den Kampf zwischen Gut und Böse... In jedem Menschen existiert beides, und man hofft, das Gute kann geweckt werden. Es gibt Führungspersönlichkeiten, die das Beste aus den Menschen herausholen, und Captain Kirk ist sicherlich eine solche Persönlichkeit.«

EPISODE 6.

Mudd's Women

»Die Frauen des Mister Mudd«

Erstausstrahlung: 13.10.1966
Drehbuch: Stephen Kandel, nach einer Idee von Gene Roddenberry
Regie: Harvey Hart

Gaststars:

Roger C. Carmel (Harry Mudd)
Karen Steele (Eve)
Susan Denberg (Magda)
Maggie Three (Ruth)
Gene Dynarski (Ben Childress)
Jim Goodwin (Farrell)
Jon Kowal (Gossett)
Seamon Glass (Benton)

Die Enterprise beamt den interstellaren Schwindler Harry Mudd und drei unglaublich schöne Frauen, die er als »Fracht« dabei hat, an Bord.

Kirk bedauert es bald, daß er ihn von seinem Schiff geholt hat, da er dabei die Enterprise beschädigt. Die einzige Möglichkeit des Raumschiffs, seine Reise fortzusetzen, ist es, zu einer Mine zu gelangen, um dort die Vorräte an Diliziumkristallen wieder aufzufüllen.

Harry gelingt es als erstem, Kontakt zu den Minenarbeitern herzustellen, und er manipuliert sie mit Hilfe seiner Frauen. Er hofft so, seine Freiheit von jeglichen Autoritäten zu erlangen. Nach einiger Zeit stellt sich heraus, daß die Schönheit der Frauen nur Schein ist, und sie in Wahrheit häßlich sind.

»Gene hatte den Einfall, eine ›persönlichkeitserweiternde Verführungsdroge‹ zu verwenden«, sagt Drehbuchautor Stephen Kandel über die Idee, die dem Skript ursprünglich zugrunde lag, »und ich habe die Idee der Figur des Harry Mudd mit eingebracht. Wir haben einen Nachmittag darüber geredet, und aus unserer Unterhaltung entwickelte sich die Idee zu der Story, und schließlich habe ich sie natürlich geschrieben.

Gene ist sie mit großer, penibler und besessener Sorgfalt durchgegangen, und dann habe ich das Drehbuch geschrieben.

Ich fand, Harry war eine großartige Figur mit sehr menschlichen Zügen – im Rahmen einer Weltraumzivilisation«, schwärmt er. »Das macht es amüsant. Es ist aber auch schwer zu realisieren, weil es da einen verbissenen Kirk gibt, der einem zweieinhalb Meter großen Reptil gegenübertreten würde und sich ihm gegenüber verhalten würde wie jeder andere Astronaut. Dann träfe das Reptil auf Harry Mudd, dessen erster Gedanke es wäre, wegzulaufen und sich zu verstecken, und dessen zweiter Gedanke es wäre, ihm ein Schuppenpflegemittel zu verkaufen.«

John D.F. Black sagt: »Das größte Problem, das wir mit ›Mudd's Women‹ hatten, war nicht das Drehbuch, sondern, wie wir die von uns entworfenen Kostüme an den Zensoren vorbeibekamen. Es war ein sehr offensichtlich sexuell ausgerichtetes Stück.«

EPISODE 7

What are little Girls made of?

»Der alte Traum«

Erstausstrahlung: 20.10.1966
Drehbuch: Robert Bloch
Regie: James Goldstone

Gaststars:

Michael Strong (Dr. Korby)
Sherry Jackson (Andrea)
Ted Cassidy (Ruk)
Harry Basch (Brown)
Vince Deadrick (Matthews)
Budd Albright (Rayburn)

Krankenschwester Christine Chapel soll ihren Verlobten Dr. Roger Korby wiedersehen, der auf dem Planeten Exo III ist. Als sie und Kirk auf die Oberfläche des Planeten gebeamt werden, stellen sie fest, daß Korby eine uralte Technologie entdeckt hat, mit deren Hilfe er Androiden konstruieren kann, die exakte Doppelgänger von Menschen sind. Er benutzt diese Technik, um eine Kopie von Kirk herzustellen, um mittels der Enterprise seine Androidenrasse in der ganzen Galaxie zu verbreiten.

»Robert Bloch ist einer der ganz Großen«, meint John D.F. Black. »Er ist unter den SF-Autoren ein Schreiber von gewaltigem Format. Ich schätze ihn, und als er kam, war die Story eigentlich schon fertig. Der Vertrag war schon abgeschlossen, als ich zu der Serie hinzustieß. Es war eine Story, bei der ich wissen wollte, was zum Teufel

2. KAPITEL

Der verstorbene Ted Cassidy, unvergeßlich als Lurch in der Addams Family, spielt in »What are little girls made of?« die Figur des Ruk.

er in der Bearbeitung zum Fernsehstück machen würde. Ich hätte mich da nicht herangewagt. G.R. tat es. Ich weiß nicht, was schief lief. Ich glaube, es war eine der Geschichten, wo der Text das eine war, und die Umsetzung durch Schauspieler und Regisseur das andere. Aber das Skript funktionierte im großen und ganzen so, wie ich es mir gedacht hatte. Ich weiß, es gab eine ziemlich lange Zeit zwischen der ersten und der zweiten Fassung, aber ich kann mich nicht erinnern, ob das an den Schwierigkeiten der Geschichte lag, oder ob Bloch einen Hänger hatte und von den Kommentaren über sein Skript genervt war. Ich glaube, daß bei dem Bloch-Text auch das Geld eine Rolle spielte, aber ich bin mir nicht sicher.«

Regisseur James Goldstone ist in seinen Erinnerungen direkter: »Es gab Probleme«, sagt er kurz und bündig. »Ich bekam einen panischen Anruf von Bobby Justman, der sagte, daß alles, was sie an Plänen für die Folge hatten, sich zu gewaltigen Schwierigkeiten ausgewachsen hätte. Ob ich ihnen helfen könne? Ich war zufällig die Woche frei, und las, hauptsächlich aus Zuneigung zu Gene und anderen Leuten, die damit beschäftigt waren, das Skript. Es war anders als alles, was ich vorher gemacht hatte, und es war völlig anders als der Pilotfilm. Meine Erinnerung ist, daß ich überhaupt nicht mit Leib und Seele dabei war, auch war die Story nicht so, wie wir es uns eigentlich vorgestellt hatten. Ich machte es, um Gene und den anderen einen Gefallen zu tun, nicht weil es etwas war, das ich selber drehen wollte.«

EPISODE 8

Miri

»Miri, ein Kleinling«

Erstausstrahlung: 27.10.1966
Drehbuch: Adrian Spies
Regie: Vincent McEveety

Gaststars:

Kim Darby (Miri)
Michael J. Pollard (Jahn)
Jim Goodwin (Farrell)

Nachdem die Enterprise einen erdähnlichen Planeten entdeckt hat, trifft ein Bodentrupp, bestehend aus Kirk, Spock, McCoy und Rand, auf eine Gruppe 300 Jahre alter Kinder. Sie erfahren, daß eine Krankheit die Jugend verlängert, aber wenn die Kinder die Pubertät erreichen – unabhängig davon wie lange dies dauert –, löst sie Wahnsinn aus und man stirbt schließlich daran.

Der Bodentrupp steckt sich an und bleibt dort gefangen, wenn McCoy kein Gegenmittel finden kann. In der Zwischenzeit verliebt sich eine junge Frau namens Miri in Kirk und ist sehr eifersüchtig auf die Zuneigung des Captain zu Rand.

»Ich hatte keine Ahnung, daß Star Trek eine so große Sache wird. Ich schrieb ›Miri‹ so gut wie ich konnte, und es wurde ein gutes Skript«, gibt Drehbuchautor Adrian Spies zu. »Ich hatte bereits große Preise, einschließlich dem Edgar (Dem ›Mystery Writers of America Award‹) gewonnen, und bin für den Emmy vorgeschlagen worden. Ich dachte nicht, daß ich hier in diese Kategorie passen würde. Star Trek hörte sich nicht gerade so an, als wäre es mein Fall. Bis heute sagen mir Leute: ›Oh, mein Gott, Du hast »Miri« geschrieben!‹, und ich ärgere mich darüber. Damals sagte Gene zu den Drehbuchautoren, daß das ›eine richtige Anthologie ist. Dies ist Eure Chance, zu schreiben, was Ihr wollt.‹ Ich hatte keine Ahnung, wovon er redete. Aber wir waren zwei Profis und arbeiteten die Story aus. Er hatte gute Ideen und Vorschläge. Rückblickend betrachtet war es eine gute Erfahrung. Ich hatte damals nur noch nicht viel Umgang mit SF gehabt. Ich hatte das Gefühl, mit ›Miri‹ die Idee zu einem

»Miri«-Star Kim Darby und William Shatner, in der 1972 gedrehten ABC-Fernsehproduktion »The People« wieder gemeinsam vor der Kamera.

2. KAPITEL

Film zu entwickeln«, fügt er hinzu, »und als ich zu Gene ging, bot ich ihm die Idee mit der Gruppe von Kindern an diesem Ort an, wo sie permanent jung sind, aber eigentlich wiederum doch sehr alt.

Wenn er Ihnen erzählen würde, daß es seine Idee gewesen ist, würde ich nicht widersprechen, aber das ist nicht das, woran ich mich erinnere. Ich erinnere mich, daß er gesagt hat: ›Sie müssen für diese Kinder eine eigene Sprache entwickeln.‹ Ich sagte ihm: ›Wovon zum Teufel reden Sie?‹ Er erwiderte, daß die Jugendlichen anders reden würden. Während dieses Gespräches erfand er das Wort ›Grups‹ für Erwachsene. Ich mochte es sofort. Das ist ein Beispiel für einen geistreichen Produzenten bei der Arbeit.«

»Die Idee von ›Miri‹ war vollkommen faszinierend und fesselnd, und sie hörte sich von Anfang an gut an«, sagt John D.F. Black mit einem Grinsen. »Die Spannungen, die eingebaut wurden, hatten eine natürliche Kraft vom Konzept her. Das war so, seit dem ersten Entwurf, und Adrian behielt es die ganze Zeit so bei. Es war angenehm mit ihm zu arbeiten, weil er damals ein Vollprofi mit Erfahrung war. Man konnte ihm in 30 Sekunden etwas erklären, wofür man bei anderen vielleicht 10 Minuten brauchte, und er verstand es sofort und wußte auch genau, was man meinte. Wir hatten Glück, ihn dabeizuhaben.«

Regisseur Vincent McEveety hatte seinen großen Durchbruch mit den »Unbestechlichen« und wechselte dann zu Gene Roddenberrys »The Lieutenant«, bevor er bei sechs Star-Trek-Folgen Regie führte. »›Miri‹ war eine großartige Liebesgeschichte mit wunderbaren schauspielerischen Leistungen«, und er fügt hinzu, »es ist eindeutig meine Lieblingsfolge. Ich glaube, wenn wir als sogenannte ›Kreative‹ in diesem Geschäft als Autor, Produzent und Regisseur eine Verpflichtung haben, so ist es die, die Leute gut zu unterhalten. Mit ›unterhalten‹ meine ich, das Publikum zu bewegen. Wenn man jemanden bewegen, verändern kann, ihn dazu bringt, etwas mit anderen Augen zu sehen als zuvor, und er in sich geht, und schließlich begeistert weggeht, dann erst glaube ich, daß wir das erreicht haben, was wir beabsichtigten. Wenn wir nur ein paar Witze und eine bunte Mischung von Szenen gesendet hätten, so wäre daß vielleicht ausreichend für eine Sendung am Samstagmorgen, aber nicht für eine Serie von dem Kaliber Star Treks. Ich glaube, ›Miri‹ paßt da wunderbar hinein.«

EPISODE 9

Dagger of the Mind

»Der Zentral-Nervensystem-manipulator«

Erstausstrahlung: ________ **11.3.1966**
Drehbuch: ________ **Shimon Wincelberg**
Regie: ________ **Vincent McEveety**

Gaststars:

James Gregory (Dr. Tristan Adams)
Morgan Woodward (Dr. Van Gelder)
Marianna Hill (Dr. Helen Noel)
Suzanne Wilson (Lethe)

Während die Enterprise die Strafkolonie Tantalus 5 mit Vorräten versorgt, stößt Kirk zufällig auf den Wahnsinn des Dr. Tristan Adams, der einen revolutionären Zentral-Nervensystemmanipulator benutzt, um seine Patienten zu kontrollieren und zu manipulieren. Aus Angst vor Entdeckung wendet er dieses Gerät auf Kirk an.

John D.F. Black lächelt verlegen, als er sich an die Arbeit mit Autor Shimon Wincelberg erinnert. »Wenn ich Bemerkungen in eine Drehbuchvorlage schreibe, dann mache ich das zunächst nicht für den Autor. Meine Notizen drücken aus, was ich denke, z.B. ›Was ist das für ein Mist?‹ oder so etwas. Nun ja, ich schrieb sehr bissige Kommentare in Shimons Geschichte: ›Das sieht nicht so aus, als hätte er es geschrieben, sondern als hätte er es aus seinem Koffer hervorgezerrt... ein uraltes Ding, das es wirklich nicht verdient, ans Tageslicht zu kommen‹ und so weiter. In den Anmerkungen, die ich im Kopf hatte, und aus denen ich freundliche Bemerkungen und vernünftige Kritik formulieren würde, habe ich nicht so zugeschlagen. Dann, als ich nicht im Büro war, kam Shimon zur Besprechung seiner Story. G.R. schickte Dorothy Fontana an meinen Schreibtisch, um meine Notizen zu holen. Sie hat sie kopiert und Shimon gegeben, und der kam dann später nochmal zu mir, um sich für meine Ehrlichkeit und Offenheit zu bedanken. Er sagte, daß ich recht hätte, und ging nach Hause, um die Geschichte neu zu schreiben.

So jemand ist nicht nur ein Gentleman, sondern ein Mensch, der ehrlich und mit Leib und Seele Schriftsteller ist. Ich fand, der Titel war sehr clever, und die Konzeption war absolut sauber. Wenn man es sich ansieht, es ist wirklich ein intelligentes Konzept, und ich war noch nicht einmal sicher, ob es für Star Trek funktionieren würde. Aber es wurde auf dem Weg vom ersten Entwurf über den zweiten zur Filmversion noch etwas ›kommerzieller‹.

EPISODE 10

The Corbomite Maneuver

»Pokerspiel«

Erstausstrahlung: ________ **10.11.1966**
Drehbuch: ________ **Jerry Sohl**
Regie: ________ **Joseph Sargent**

Gaststars:

Anthony Hall (Dave Bailey)
Clint Howard (Balok)

Die Enterprise zerstört eine gefährliche fremde Sonde, während sie eine bisher unbekannte Region des Weltraums erforscht. Wenig später wird sie vom Traktorstrahl des Raumschiffs Fesarius erfaßt, das der Enterprise droht, sie zu vernichten. Alle Fluchtversuche schlagen fehl, und Kirk entwickelt einen raffinierten Plan, um seinen Gegner auszutricksen. Noch genialer ist der Schluß der Folge, wenn die wahre Identität des Captains der Fesarius enthüllt wird.

Autor Jerry Sohl erklärt: »Ich dachte mir, nehmen wir an, wir treffen auf einen Würfel im Weltraum. Ein Würfel ist so verflucht begrenzt, so quadra-

2. KAPITEL

tisch, vollkommen unnatürlich und so unasteroid, daß man von vornherein weiß, daß er eine intelligente Lebensform repräsentiert, es sei denn natürlich, es handelt sich um eine Art Salzwürfel oder etwas in der Art. Wie auch immer, ein solches Ding im Weltraum, daß sich ganz von alleine fortbewegt, ist schon etwas Seltsames. Ich dachte sofort: ›Was macht der da?‹ Dann wiederum dachte ich: ›Es ist so etwas wie ein elektrisches Warnsystem, das sich an einer Grenze befindet, und Kirk und seine Mannen sind so arrogant, daß sie es einfach zerstören.‹ Das wiederum war der Auslöser dafür, daß das Schiff erscheint und sagt, ›Okay, Jungs, ihr habt euch zu weit vorgewagt, und das ist für euch große Scheiße.‹ In diese Richtung gingen meine Überlegungen.«

»Man beginnt mit einem halben Dutzend Ideen«, fügt er hinzu, »und das war eine von ihnen, und sie mochten sie. Ich hatte am Anfang etwas total anderes im Kopf, aber indem wir darüber redeten, wurde klar, was sie wollten. Ich wollte, daß Kirk sich auf einer Mission befindet, wo er von einem Mitglied der Föderation beobachtet wird, der einen Bericht über ihn schreibt. Von Zeit zu Zeit gibt es ja Flugbeobachter, die neben einem Piloten oder Copiloten sitzen und einen Bericht über sie verfassen. Warum sollte es so etwas nicht auf einem Raumschiff geben. Aber Tatsache ist, daß sie zu Recht dachten, daß das die Story überladen würde. Wenn ich im nachhinein darüber nachdenke, wäre es doch vielleicht etwas zu viel für eine Stunde gewesen. Ich glaube, das Endergebnis ist sehr gut geworden, mit ausreichender Handlung und Action.

Wie zum Teufel werden sie da wohl wieder herauskommen? Und dann wurde am Ende dieser Bursche hinzugefügt, was dem Schluß von so vielen meiner Geschichten ähnelte, wo ein kleiner Junge hinter der ganzen Sache steckt. Das juckte Gene, und Robert Justman war hingerissen von der ganzen Geschichte. Es klappte alles wunderbar, und ich war hochzufrieden damit.

Es war vermutlich die beste Star-Trek-Folge, die ich überhaupt gemacht habe.«

John D.F. Black meint dazu: »Bemerkenswert an ›The Carbomite Maneuver‹ ist, daß es eine so einfache Handlung hatte. Wenn man sich den Aufbau unter dem Gesichtspunkt von SF ansieht, und ich erinnere mich an drei oder vier andere Stories, die wir zur Verfügung hatten, würde das das genaue Gegenteil sein; das war natürlich viel komplizierter, und es lohnte sich anzuschauen. Hier erforderte es die Situation, aufzupassen, daß die Story nicht simpler umgesetzt wurde, als sie in Wirklichkeit war. Fernsehen und jegliche Art von Unterhaltung ist Magie. Wir arbeiten alle in der Traumfabrik. Nun, hier war es wie Magie aus nächster Nähe, und das machte Jerry. Es war, als ob er fünf Karten in der Hand hatte, sich die Hände reibt und nur noch vier oder drei Karten in den Händen hält, und man steht nicht mehr als einen halben Meter davon entfernt und weiß nicht, was er mit den Karten gemacht hat.«

Regisseur Joseph Sargent, dessen anderer Ausflug in die Welt des SF der 1970 gedrehte Kultfilm »Colossus: The Forbin Project« (dt.: »Colossus«) war, erinnert sich: »Sie wählten mich für den Serienstart aus (obwohl es als 10. Folge gesendet wurde). Es war angenehm, bei der Konzipierung der Charaktere dabei zu sein. Sie hatten zum Beispiel einen Asiaten, einen Schotten und jemanden von einem anderen Planeten. Ich schlug vor, daß sie einen farbigen Kommunikationsoffizier nehmen sollten. Gene gefiel die Idee sofort, da es ein interessantes Gleichgewicht versprach.« Trotzdem hatte Sargent eine andere Vostellung vom logisch denkenden »Fremdling« Spock. »Leonard Nimoy war unglücklich darüber, daß er in seiner Rolle so wenig Gefühle zeigen durfte«, lächelt Sargent. »Er sagte, ›Wie kann ich einen Charakter ohne Emotionen spielen? Ich weiß nicht, wie ich das machen soll. Ich werde die ganze Serie lang auf einer Ebene agieren.‹ Ich stimmte ihm zu, und wir arbeiteten wie wild daran, ihm einen etwas gefühlsbetonteren Aktionsrahmen zu geben, aber Gene sagte: ›Kommt nicht in Frage, die Tiefe seines Charakters soll zeigen, daß er eben kein Erdling ist. Als Vulkanier steht er intellektuell über Emotionen.‹ Leonard war nahe dran, aus der Serie auszusteigen, weil er nicht wußte, wie er das spielen sollte. Es ist schon komisch genug, daß ich ihn, nachdem ich Star Trek IV gesehen hatte, anrief, und wir über die Ironie des Lebens sprachen. Wenn er ausgestiegen wäre, würde er heute nicht annähernd so berühmt sein. Er ist nicht nur zu einer Symbolfigur geworden, sondern auch ein äußerst teuerer Regisseur.«

Abgesehen davon, daß er nur bei einer Star-Trek-Folge Regie führte, ist Sargents Meinung über Star Trek, und was die Serie versuchte zu bewirken, sehr kurz und bündig: »Ich bin kein SF-Fan, weil es nach einer Weile eintönig wird«, erklärt er. »Aber Star Trek war voller Phantasie und so gehaltvoll. Jede Folge trug zu dieser unverwechselbaren Dimension bei. Es ist SF, die etwas aussagen will – um es mit den Worten von Ray Bradbury auszudrükken, der, wie ich glaube, Gene Roddenberry sowohl was die Stories angeht wie auch was die Unterhaltung betrifft, beeinflußt hat. Daher hat sich Star Trek so lange gehalten. Nicht bloß, weil die Charaktere prima und ansprechend sind, und weil jemand jemanden von irgendwo her heraufbeamt, sondern sie beamen etwas hinauf, was ein bißchen wichtiger ist als nur Action und Abenteuer.«

EPISODE 11

The Menagerie

»Talos IV – Tabu, Teil I/II«

Erstausstrahlung: 17.11. u. 24.11.1966
Drehbuch: Gene Roddenberry
Regie: Marc Daniels

Gaststars:

Jeffrey Hunter (Captain Pike)
Susan Oliver (Vina)
Malachi Throne (Jose Mendez)
Julie Parrish (Miss Piper)
Hagan Beggs (Lt. Hanson)
Peter Duryea (Tyler)
Meg Wylie (Die Wächterin)
John Hoyt (Dr. Boyce)
Majel Barrett (Nummer Eins)

2. KAPITEL

Als der verkrüppelte und gelähmte Christpher Pike an Bord gebeamt wird, ordert Spock das Schiff nach Talos IV, einer Welt, deren Besuch von der Föderation eigentlich verboten ist. Als Folge wird der Vulkanier wegen Meuterei vor ein Kriegsgericht gestellt. Während des Prozesses laufen auf dem Schirm der Enterprise Ausschnitte aus »The Cage«, die die Verbindung von Pike zu den Talosianern erklären. Es ist Spocks Hoffnung, daß Pike bei den mit illusionistischen Fähigkeiten begabten Fremden glücklicher wird.

Diese zweiteilige Episode beinhaltet einen der genialsten Tricks, mit dem je älteres Material genutzt worden ist.

Problemlos wird die Aufmerksamkeit der Zuschauer gehalten, während Sequenzen aus dem abgelehnten Star-Trek-Pilotfilm gezeigt werden. Die Idee hatte Gene Roddenberry, und es war ein brillanter Schachzug von ihm. »›The Menagerie‹ stellte uns vor technische Schwierigkeiten‹, beschreibt Marc Daniels. »Ich mußte um das, was schon da war, herumarbeiten. Das Drehbuch brachte es, sicher, und es war interessant, diese Folge zu drehen. Das meiste fand hier in diesem Raum statt, wo ich die Rückblenden studierte.

Jeffrey Hunter stand nicht zur Verfügung, und wir umschifften dieses Problem, in dem wir einen anderen Schauspieler, Sean Kenney, engagierten, und ihn mit starkem Make-up in einen Rollstuhl setzten. Das war ein cleverer Weg aus der Klemme. Es war ein ziemlicher Aufwand an Vorbereitung und Arbeit nötig, um das richtig zu machen, aber wir waren mit dem Ergebnis alle zufrieden.«

Robert Butler, der einige Jahre zuvor »The Cage« gedreht hatte, erzählt, er hätte ein anderes Aussehen der Enterprise und ihrer Besatzung bevorzugt, als das, was die Zuschauer dann später zu sehen bekamen. »Ich erinnere mich, daß ich Gene und seine Leute beinahe anflehte, keine fabrikneue Show in einer sauberen Welt, mit neuen Kostümen, einem neuen Raumschiff zu machen. Ich bat ihn um ein abgenutztes Schiff, das seit zwanzig Jahren im Weltraum war, und dessen Captain seit sieben Jahren an Bord war und so weiter, aber das traf alles auf taube Ohren. Es hätte mir viel besser gefallen.

Es ist noch gar nicht so lange her, da hatte ich eine heftige Diskussion mit Harve Bennett über den zweiten Film. Der erste war sehr teuer und lief über die Filmabteilung der Paramount. Dann wurde Harve für die folgenden Filme engagiert, und die sollten auf sparsamerem Wege über die Fernsehabteilung gedreht werden. Obwohl Harve mir den Job nicht anbot, sprachen wir darüber, was wäre wenn. Ich kenne ihn schon seit Ewigkeiten, und so war es leicht für mich zu sagen, ›Harve, laß uns beide Zeit sparen, und engagier' mich nicht, wenn Du die Sache fabrikneu haben willst, denn ich will sie dreckig.‹ Ich wollte abgenutzte Uniformen etc. Und er erwiderte: ›Gut, es ist wichtig, daß wir darüber reden, denn meiner Ansicht nach erwarten die Fans das, was sie schon kennen, und das heißt eine saubere »Show«‹, und ich sagte: ›Nun ja, das klingt nicht so, als wäre ich euer Mann.‹ So einigten wir uns, das Dessert zu bestellen, und den Rest zu vergessen. Aber meine Idee gefällt mir immer noch, und das sie funktioniert, zeigt Star Wars. Es ist echter und bringt mehr Menschlichkeit in das potentiell sterile Material. Wie dem auch sei, ich bin froh, daß ich in diesem Punkt recht hatte und die anderen unrecht, aber das hat mit dem Erfolg der Serie nichts zu tun.«

EPISODE 12

The Conscience of the King

»Kodos, der Henker«

Erstausstrahlung: 8.12.1966
Drehbuch: Barry Trivers
Regie: Gerd Oswald

Gaststars:

Arnold Moss (Anton Karidian)
Barbara Anderson (Leonore)
Bruce Hyde (Kevin Riley)
Eddie Paskey (Lt. Leslie)

Arnold Moss (Anton Karidian in »Conscience of the King«) als Außeriridischer in »The 27th Day«.

Eine fahrende Shakespeare-Truppe, die von Anton Karidian geleitet wird, wird von der Enterprise zu ihrem nächsten Spielort gebracht. Zuvor war Kirk von Dr. Thomas Leighton darüber informiert worden, daß Karidian eigentlich Kodos der Henker ist, der frühere Gouverneur von Tarsus IV. Er war für den Tod vieler seiner Untertanen verantwortlich, als die Bevölkerung dort von einer Hungersnot bedroht schien. Als diese Morde gerade begangen waren (unter den Toten befanden sich sowohl Angehörige von Kirk wie auch Leighton), kam das Versorgungsschiff der Föderation an. Ungefähr gleichzeitig mit ›Kodos‹ Verschwinden beginnt Karidians Karriere. Der Captain hatte zugestimmt, die Schauspieler zu ihrem Spielort zu bringen, mit dem Hintergedanken, daß Karidian und Kodos rein zufällig ein und dieselbe Person sein könnten. Die Schlinge um dessen Kopf wird immer enger, als auf der Enterprise eine Reihe von Todesfällen auftreten.

Im »Starlog Magazine« erklärt Gaststar Arnold Moss der Journalistin Diane Butler: »Sie sagten mir, daß ›Conscience of the King‹ eine der drei besten Star-Trek-Folgen sei, die sie jemals gemacht haben. Der Charakter

2. Kapitel

hieß entweder Anton Karidian oder Kodos, je nachdem. Man wußte nie genau, wen man nun vor sich hatte. Entweder war er ein Mann von einem anderen Planeten, der 8000 Menschen umgebracht hat, oder er war ein Schauspieler – ein Shakespeare-Schauspieler, der von Planet zu Planet tingelte, um die Leute zu unterhalten... Meine Folge war sehr gut geschrieben, und auch von der Regie her sehr gut. Zudem war es glaubwürdig, und bei einer Sache wie Star Trek, bei der das ganze Gebilde unglaublich ist, muß man etwas haben, das glaubwürdig ist. Alles bei der Folge war ziemlich glaubwürdig.«

Episode 13

Balance of Terror

»Spock unter Verdacht«

Erstausstrahlung: ______ **13.12.1966**
Drehbuch: ______ **Paul Schneider**
Regie: ______ **Vincent McEveety**

Gaststars:

Mark Lenard (Romulanischer Kommandant)
Paul Comi (Andrew Stiles)
Lawrence Montaigne (Decius)
John Warburton (Centurion)
Stephen Mines (Robert Tomlinson)
Barbara Baldwin (Angela Martine)
Gary Walberg (Hanson)

In einem interstellaren Katz-und-Maus-Spiel trifft die Enterprise auf das Flaggschiff ihrer unsichtbaren Feinde, den Romulanern. Das Schiff verfügt über eine Tarnvorrichtung. In dieser Folge herrscht eine Atmosphäre wie in einem U-Boot-Kriegsfilm, als die beiden Kommandanten versuchen, sich gegenseitig zu überlisten.

»Balance of Terror« stellt uns endlich einen Gegner der Föderation vor, und direkt einen langjährigen. Es wird erklärt, daß seit der letzten militärischen Auseinandersetzung 75 Jahre vergangen sind, und das keiner von beiden je den anderen zu Gesicht bekommen hat. Man weiß, daß die Romulaner eine Nebenlinie der Vulkanier sind, was für spannende Momente sorgt, als Lt. Andrew Stiles, der in der letzten Schlacht zwischen der Föderation und den Romulanern Angehörige verloren hat, seine Vorurteile gegen Spock richtet, und ihn beschuldigt, ein Spion zu sein.

Autor Paul Schneider gesteht, daß die Roumlaner seine Idee waren. »Es ging darum, einen ernstzunehmenden romanischen Gegenspieler zu Kirk zu schaffen. Ich entwickelte das Konzept der Romulaner, die die römische Gesellschaftsordnung, weitergedacht bis in das Zeitalter des Raumflugs, darstellten. Es war ziemlich gut, und es hält sich auch erstaunlich gut.«

»Ich hatte die Vorstellung von einem Krieg im Weltraum, diesem Kampf um die Neutrale Zone«, fährt er fort, »und ich saß zusammen mit Gene, und wir füllten diese Idee aus. Gene gab ein Raster vor, und ich ergänzte meinen Teil, und es wurde zu einer Geschichte. Ich habe vergessen, wie oft ich sie umgeschrieben habe, aber sicher ein paar Mal, bevor sie gedreht wurde.«

Regisseur Vincent McEveety erinnert sich: »Es waren heroische Figuren, die sich da aneinander maßen, und die Story handelte davon, wie weit Leute für ihre Ehre gehen. Die Geschichte war eine Fanatsy-Moralität, aber absolut packend. Ich fand die schauspielerische Leistung von Mark Lenard brillant, genauso wie die von Bill Shatner. Es war eine Zwei-Mann-Show, die wirklich stark war. Ich hatte übrigens ›The Enemy Below‹ gesehen, aber ich habe die Parallelen nicht bemerkt, bis mich jemand darauf aufmerksam machte. Offensichtlich ist es dieselbe Geschichte.«

»Ich erinnere mich, daß die Folge eine harte Nuß war«, sagt John D.F. Black, »aber ich weiß nicht mehr warum, oder wie wir da vorgegangen sind. Ich kann nur vermuten warum: Wir hatten es mit den Romulanern zu tun, und mit Spocks Beziehung zu ihnen, und das war etwas, was sehr vorsichtig gehandhabt werden mußte. Wie immer, wenn Spock auf Fremde traf. Es war wichtig, die Figur Spock nicht zu zerstören, und ihn mit irgend etwas gleichzusetzen, das Salz aus anderen Leuten saugt. Wir hatten ihn Spock bleiben zu lassen. Das hat sich dann eingespielt, und wenn ich später Folgen sah, mit denen ich nichts zu tun hatte, merkte ich, daß Leonard zu der Zeit als ich ging, schon genaue Vorstellungen von dem hatte, was er wollte, und er lag richtig. Er machte Spock zu seiner Figur, und so überlebte er. Ich glaube nicht, daß er je eine Zeile gesagt hat, die nicht zu der Figur paßte. Am Anfang war das, weil wir vorsichtig waren, und danach war es Leonard selbst, der seine Figur schützte. Wenn sie sich die Parodien ansehen, die Comics schaffen es nie, einen Narren aus ihm zu machen. Sie können sich der Klischees der anderen Figuren bedienen, aber Spock kriegen sie nicht. Den hatte Leonard, und die Figur hielt sich irgendwie von Drehbuch zu Drehbuch.«

Episode 14

Shore Leave

»Landurlaub«

Erstausstrahlung: ______ **29.12.1966**
Drehbuch: ______ **Theodore Sturgeon**
Regie: ______ **Robert Sparr**

Gaststars:

Emily Banks (Tonia)
Oliver McGowan (Caretaker)
Perry Lopez (Rodriguez)
Bruce Mars (Finnegan)
James Gruzaf (Don Juan)
Shirley Bonne (Ruth)
Sebastian Tom (Samurai)

Captain Kirk gewährt der Crew Landgang auf einem idyllischen erdähnlichen Planeten, und es wird der unglaublichste Urlaub, den alle bisher hatten. Diejenigen Leute der Enterprise, die dort zuerst ankommen, entdecken verblüfft, daß ihre ureigenen Träume wahr werden; sie begegnen Leuten aus ihrer Vergangenheit, und leben ihre Phantasien aus. Die Dinge wenden sich jedoch zum Schlechten, als diese Erscheinungen tödlich werden.

2. KAPITEL

Autor Theodore Sturgeon schwärmt: »Gene glaubte ›Am Anfang war das Wort.‹ Ein Grund dafür, daß Star Trek funktionierte, war, daß es eine autorenorientierte Serie war. Ich hielt mich überall auf dem Filmgelände auf. Wann auch immer ich Lust hatte, konnte ich mich dort frei bewegen. Ich studierte die Schauspieler. Ich schrieb die Dialoge von Kirk genauso wie Bill sprach. Leonard sprach Leonards eigene Sprache. Hinter meinem Tun lag nämlich eine teuflische Absicht... Meine Dialoge wurden nämlich selten geändert.«

Zu Kirks Charakter fügt er hinzu: »Ich sah keine große Orginalität in der Konzeption von Kirks Rolle. Ich meine nicht, daß wir genau dasselbe schonmal hatten, aber so eine Art von Hauptdarsteller hatten wir schon einmal. Doch dann machte er das Beste daraus. Er war genau die richtige Besetzung. Er war verdammt gut. Und dann legte er sich so richtig ins Zeug. Da waren zum Beispiel Kirks emotionale Qualitäten, sein Humor, seine Freundschaft zu Spock und ihr gegenseitiger Beschützerinstinkt. All' das kam aus Bills Charakter.«

EPISODE 15

The Galileo Seven

»Notlandung auf Galileo 7«

Erstausstrahlung: 5.1.1967
Drehbuch: Oliver Crawford und S. Bar David
Regie: Robert Gist

Gaststars:

Don Marshall (Boma)
Peter Marko (Gaetano)
Rees Vaughn (Latimer)
Grant Woods (Kelowitz)
Phyllis Douglas (Mears)
John Crawford (Hochkommissar Ferris)

Auf dem Weg zu Makus III, wohin sie medizinisches Gerät liefern soll, stoppt die Enterprise, um eine Quasarformation zu untersuchen. Kirk versucht, die Einwände des galaktischen Hochkommissars Ferris zu entkräften, indem er darauf hinweist, daß solche Untersuchungen genauso Teil der Mission der Enterprise sind, wie die Lieferung von medizinischem Gerät. Außerdem sei die Unterbrechung nur kurz. Die Katastrophe passiert allerdings, als das Forschungsteam unter der Leitung von Spock mit dem Shuttle Galileo auf Taurus II notlanden muß. Der Quasar blockiert die Sensoren der Enterprise, so daß es unmöglich ist, das Shuttle oder die Überlebenden zu orten. Spock nutzt unterdessen auf dem Planeten seinen rein logischen Verstand, um mit der feindlichen Umgebung fertig zu werden, was ihn als kaltblütiges Monster erscheinen läßt. Mit McCoys Unterstützung ist er letztendlich gezwungen, ein sehr menschliches Risiko einzugehen, um zu ermöglichen, daß die Überlebenden von der Enterprise gefunden werden können.

Autor Oliver Crawford erklärt: »Ich habe die Story und das Drehbuch für diese Folge entworfen, und dann, wie so oft, holten sie jemand anderes dazu. Sie dachten vermutlich, mir seien die Ideen ausgegangen, und ich wäre so weit gekommen, wie es mir möglich war. Also engagierten sie Shimon Wincelberg (auch bekannt als S. Bar David) für die Feinarbeit, genau wie ich es bei anderen Folgen und Serien gemacht habe. Ich bin als Autor meistens so vorgegangen, daß ich alte Filme gesehen habe, und mir sagte, ›Hoppla, das wäre eine gute Star-Trek-Folge, oder ein guter Western, oder ein guter Krimi.‹ Die Grundlage für ›Galileo Seven‹ war eigentlich ein Film aus dem Jahre 1939, ›Five Came Back‹. Dort ging es um einen Flugzeugabsturz in den Anden, und die Überlebenden hatten es mit Kopfjägern auf dem Nachbarhügel zu tun. Ich erinnerte mich daran, weil die Sache ausgesprochen spannend war.«

EPISODE 16

The Squire of Gothos

»Tödliche Spiele auf Gothos«

Erstausstrahlung: 12.1.1967
Drehbuch: Paul Schneider
Regie: Don McDougall

Gaststars:

William Campbell (Trelene)
Richard Carlyle (Jaeger)
Michael Barrier (De Salle)
Venita Wolf (Ross)

Die Enterprise wird von einem unbekannten Wesen namens Trelene aufgebracht, das mit zahlreichen Kräften ausgestattet ist, die es ihm ermöglichen, seine Umgebung zu manipulieren. Weil es nicht mehr allein sein möchte, wählt es Kirk und seine Besatzung aus, bei ihm auf seinem Planeten zu bleiben, um es zu unterhalten. Es verhält sich wie ein ungezogenes Kind (und es stellt sich heraus, daß es genau das ist). Trelene wird rasend vor Wut, als Kirk seine Pläne stört, und es stellt die Menschen auf die Probe.

Trelene und »The Squire of Gothos« kommt ungefähr 20 Jahre später wieder zu neuen Ehren als Premieren-Folge von »Star Trek: TNG ›Encounter at Farpoint‹«, in der die neue Enterprise auf den allmächtigen (und Trelene sehr ähnlichen) Q trifft, der Captain Picard dazu veranlaßt, sich für Verbrechen gegen die Menschlichkeit zu rechtfertigen.

Paul Schneider sagte: »›The Squires of Gothos‹ kam mit weniger Textänderung als ›Balance of Terror‹ durch. Es lief alles sehr glatt. Ich erinnere mich, daß ich begeistert war, daß sie für diese Folge ein eigenes Set bauten; ein komplett rundes Set, was zu damaliger Zeit ganz neu war. Wenn Sie sich die Folge ansehen, werden Sie feststellen, daß die Kamera die ganze Zeit rund fährt. Meine Inspiration war eine Anti-Kriegsbotschaft«, fährt Schneider fort. »Das wilde Kind, das gerne mit Soldaten spielt, besteht darauf, die Menschheit in weitere Kriegshandlungen zu verwickeln. Das größte Problem war, einen passenden Höhepunkt zu finden. Wie läßt man so eine Folge enden? Daher benutzten wir den Höhepunkt von ›The Most Dangerous Game.‹«

Die Erinnerung, die Gaststar William Campbell am meisten an dieser Folge beeindruckt hat, war, Produzent Gene L. Coon zu treffen. »Gene Coon und ich wurden gute Freunde«, sagt er. »Ich fand, daß er ein prima Kerl war. Er war

2. KAPITEL

verdammt fair. Ich erinnere mich, daß es viel Trara gab, als ich die Perücke für ›Squire‹ bekam und ich meine Rolle um diese spezielle Perücke herum aufbaute. Eines Tages sollten wir diese Szene drehen, und die Perücke war falsch: Ich sah aus wie Shirley Temple, und wir übten das eine ganze Zeit lang. Stellen Sie sich vor, Sie geben einem Fernsehskript nicht genügend Beachtung. Wenn Sie eine Serie machen, machen Sie nach einer Weile alles mechanisch. Sie möchten den Drehtag beenden, und nach Hause gehen. Als ich die Produktion aufhielt, in dem ich mich weigerte, diese Perücke zu tragen, wurde Bill Shatner sauer. Er sagte: ›Welchen verdammten Unterschied macht das? Wem wird das schon auffallen.‹ Ich erwiderte ihm: ›Mir fällt es aber auf, verstehst Du das nicht?‹ Als nächstes wurde der Regisseur gerufen, der aber nicht in diese Diskussion verwickelt werden wollte, obwohl ich das Gefühl hatte, daß er auf meiner Seite war. Wir fragten schließlich Gene Coon, und Gene brauchte keine zwei Sekunden, um uns zu sagen, ›Campbell hat recht. Hol' eine andere Perücke. Dreht die Sequenz neu.‹ Das taten wir, und es hielt uns nicht auf. So war er eben. Er war sehr einfühlend, was die Qualität der Serie betraf, und wie sie gemacht wurde.«

EPISODE 17

Arena

»Ganz neue Dimension«

Erstausstrahlung: ____________ **19.1.1967**
Drehbuch: ______ **Gene L. Coon nach einer** ______________ **Idee von Fredric Brown**
Regie: _________________ **Joseph Pevney**

Gaststars:

Carole Shelney (The Metron)
Jerry Ayers (O'Herlihy)
Grant Woods (Kelowitz)
Tom Troupe (Lt. Harold)
James Farley (Lang)
Sean Kenney (DePaul)

Eine Föderationsbasis wird zerstört, und die Enterprise verfolgt die Angreifer. Dabei geraten beide in einen unerforschten Teil des Weltraums. Kirk und der Kommandant des anderen Schiffes, der reptilienartige Gorn, landen auf einem Planeten, wo sie gezwungen sind, ihre gegenseitigen Aggressionen in einem Kampf auf Leben und Tod auszutragen, bei dem das Schiff des Verlierers mit allem an Bord zerstört werden wird. Es folgt eine brutale Auseinandersetzung, in der Kirks Menschlichkeit letztlich ihn selbst und die Enterprise rettet.

»Eine harte Sache für den Schauspieler im Gorn-Kostüm«, meint Regisseur Joseph Pevney. »Es wurde von jemandem entworfen, der mittlerweile verstorben ist, und es war sehr heiß da drin. Der Mann, den ich dafür nahm, hieß Gary Cooms. Er war Stuntman, und das war genau richtig. Ich überredete Roddenberry, einen Stuntman zu engagieren, denn dieses Kostüm war ein schwerer Gummianzug. Ein Schauspieler hätte darin im Nullkommanichts schlappgemacht, und ich hätte nicht genügend Material zusammen bekommen, ohne einen Ventilator in den Anzug zu bauen. Ich dachte, wir suchen uns besser jemanden, der es gewöhnt ist, sich mit sowas rumzuschlagen, jemanden, der das eine Weile aushält, so daß wir länger drehen können, sonst müssen wir ständig unterbrechen, um irgendwen den Anzug aus- und wieder anziehen zu lassen.

Man hatte noch nicht erkannt, wie gut die Stunt-Leute sind. Heute beginnt man, das zu registrieren, denn das ganze Fernsehen besteht nur aus Stunts.«

Dem Vorspann zufolge basierte das Drehbuch von »Arena« auf einer Story von Frederic Brown. »Was passierte«, erinnert sich Dorothy Fontana, »war, daß Gene Coon die Story wirklich geschrieben hat. Als sie dann von den Rechercheleuten gelesen wurde, sagten die: ›Oh, das klingt genau wie die Story von Fredric Brown.‹ Gene meinte: ›Stimmt, ihr habt recht. Ich muß die wohl gelesen haben, ohne mich daran zu erinnern.‹ Also gab er das Copyright sofort an Fredric Brown, und der wurde vernünftig bezahlt.

Die Art und Weise, wie sich die Beziehung zwischen Gorn und Kirk entwickelte, das hatte einige gute Elemente. Es hätte bloß ein brutaler Kampf sein können, aber es wurde mehr als nur das.«

EPISODE 18

Tomorrow is Yesterday

»Morgen ist gestern«

Erstausstrahlung. ____________ **26.1.1967**
Drehbuch: _______________ **D.C. Fontana**
Regie: _______________ **Michael O'Herlihy**

Gaststars:

Roger Perry (Captain Cristopher)
Ed Peck (Colonel Fellini)
Hal Lynch (Polizist)
Richard Merrifield (Techniker Webb)
John Winston (Transporterchef Kyle)

Nachdem die Enterprise auf ein schwarzes Loch (hier bezeichnet als Schwarzer Stern) stößt, wird sie in das 20. Jahrhundert und in die Erdumlaufbahn zurückgeschleudert. Hier wird sie vom Air Force Captain Christopher fotografiert, der in seinem Jet vorbeifliegt, als das Raumschiff für einen Augenblick in die Atmosphäre eintritt. Kirk läßt das Flugzeug vom Traktorstrahl der Enterprise erfassen, aber es erweist sich als zu instabil und bricht auseinander. Christopher wird noch rechtzeitg an Bord geholt, und er ist der erste Mensch, der etwas aus der Zukunft sieht. Kirks Dilemma besteht darin, Christopher auf die Erde zurückzubringen, ohne den Ablauf der Weltgeschichte zu gefährden bzw. zu verändern.

»›Tomorrow is Yesterday‹ wurde durch ›The Naked Time‹ von seinem ursprünglich geplanten Platz verdrängt. Diese Folge endet, indem die Enterprise von einem Stern, der auseinanderbricht, herumgewirbelt wird«, sagt Dorothy Fontana. »Ursprünglich war das als Zweiteiler geplant, aber John D.F. Black machte einen Film und konnte sich nicht mehr um das Skript des zweiten Teils kümmern. Ich sagte, daß ich die Idee entwickeln wollte, in der die Enterprise wieder zurück in den Weltraum geschleudert würde. Am Ende von ›The Naked Time‹ machten sie einen Zeitsprung, und ich griff die Idee wieder auf und variierte sie. Ich legte es so an, daß alles, was Kirk machte, selbst wenn es das Richtige war, ihn immer wieder in Schwierigkeiten brachte. Wenn er erst einmal Halt in dieser fremden und anderen Zeit gewonnen hat, beginnt er wieder sein Bestes zu geben. Das menschlich Interessante daran ist der Pilot, der in den Weltraum vordringen wollte, und es nicht schaffte. Aber die Ironie der Geschichte liegt darin, daß sein noch ungeborener Sohn später einen für die Entwicklung des Weltraumprogramms äußerst wichtigen Weltraumflug macht. Ich dachte, daß all' das eine lustige und interessante, menschliche, Show ausmachen würde. Die Idee einer Fortsetzung wurde fallengelassen. Wir gestalteten einen neuen Anfang, so daß die Folge ohne eine Verbindung zu ›The Naked Time‹ gesendet werden konnte.«

Regisseur Michael O'Herlihy, der lange Zeit für die Walt Disney Company gearbeitet hatte, bemerkt dazu: »Mir gefiel das Skript. Was ich bei Star Trek mochte, war, daß Gene Roddenberry in den Bereich des Möglichen bei SF vordrang, aber er schoß nie übers Ziel hinaus. Nehmen wir zum Beispiel die Folge, die ich machte. Ich bin kein SF-Fan, aber selbst ich konnte eine Beziehung dazu herstellen, und verstand die Folge. Ich war nicht an irgendwelchen komischen Viechern interessiert, denen auf einmal Ohren wuchsen. Aber ich konnte etwas mit übersinnlichen Kräften und Zeitsprüngen anfangen. Die Arbeit mochte ich sehr«, und abgesehen von seinem jetzigen Feingefühl, findet er es nicht schwierig, sich mit der Vision der Zukunft in Star Trek zu befassen. »Ich kann nur als Regisseur und Geschichtenerzähler darüber sprechen«, erklärt er. »Sie müssen eine Geschichte erzählen, und Sie müssen das so glaubwürdig wie möglich tun, daß es sich anhört, als ob das, was sie erzählen, tatsächlich geschehen ist. Sie können nicht einfach sagen, ›Das passiert nur, weil wir SF machen.‹ Es war immer mein Anliegen, bei jeder Show mein Bestes zu geben. Wenn man erst einmal anfängt, die Wahrheit von Realität und Nicht-Realität zu beschneiden, liegt man falsch. Dann wird man zum Prediger, anstatt Regisseur zu sein. Von diesem Standpunkt aus gesehen, habe ich immer versucht, mein Bestes zu geben. Bei Star Trek kann man seine Ungläubigkeit an den Nagel hängen, und einfach eine Geschichte erzählen, so als ob Leute zu dieser Zeit und in dieser Galaxie diese komischen Klamotten tragen, obwohl man sie nicht als komische Klamotten ansehen darf.

Man muß einfach davon ausgehen, daß die Menschen so leben. Es ist genauso, wie wenn man ins 12. Jahrhundert zurückgeht. Wir wissen, daß das so und so passiert ist, und daher können wir die Story so bringen. In bezug auf die Zukunft wissen wir nicht, ob etwas so passieren würde oder auch passieren kann, aber ich glaube sowieso nicht, daß sich die Menschen groß ändern werden.«

Wenn er sich das Phänomen Star Trek anschaut, kommt O'Herlihy schnell zu dem Schluß, daß er sich keine eigene Theorie über die Popularität der Serie ausgedacht hat. »Ich weiß sehr gut, daß wir rückblickend alle sagen können, daß wir etwas zum Erfolg der Serie beigetragen haben«, und er fügt hinzu, »aber es war nur ein pures Zufallprodukt, das in Mode kam.«

Die Idee einer Zeitreise wie in »The Naked Time« und »Tomorrow is Yesterday« wurde im großen Stil auch im 1986 gedrehten Spielfilm »Zurück in in die Gegenwart – Star Trek IV« verwendet.

EPISODE 19

Court Martial

»Kirk unter Anklage«

Erstausstrahlung: 2.2.1967
Drehbuch: Don M. Mankiewicz und Stephen Carabatsos
Regie: Mark Daniels

Gaststars:

Percy Rodriguez (Commodore Stone)
Joan Marshall (Areel Shaw)
Elisha Cook jr. (Samuel Cogley)
Richard Webb (Finney)
Alice Rawlings (Jamie Finney)
Hagan Beggs (Hanson)
Winston DeLugo (Timothy)

Durch eine Computerfehlfunktion wird Kirk in den Tod von Crewmitglied Ben Finney verwickelt und wegen Fahrlässigkeit angeklagt. Spock und Anwalt Samuel Cogley müssen Kirks Unschuld beweisen und die Wahrheit über Finney herausfinden.

»Ich fand diese Folge nicht sehr gut«, sagt Marc Daniels.

»Deswegen nicht, weil der Schauspieler, der den Anwalt spielte, Elisha Cook jr., mit seinem Text nicht zurecht kam. Wenn man sechs Tage Zeit hat, und so schnell wie möglich sein will, kann man nicht ständig anhalten und zurückgehen, das macht alle völlig verrückt. Du hast diese Gerichtssaalszene, und du drehst mit ihm jede Zeile einzeln, da er zwei hintereinander nicht behalten kann. Nach dem Schneiden merkt man das nicht mehr, weil man jemand anderes dazwischenschneiden kann. Cook ist ein guter Schauspieler, aber da war er daneben... sehen Sie, an solche Dinge erinnere ich mich.«

2. KAPITEL

EPISODE 20

The Return of the Archons

»Landru + Ewigkeit«

Erstausstrahlung: 9.2.1967
Drehbuch: Boris Sobelman nach einer Idee von Gene Roddenberry
Regie: Joseph Pevney

Gaststars:

Harry Townes (Reger)
Torin Thatcher (Marplon)
Charles McCauley (Landru)
Christopher Heid (Lindstrom)
Brioni Farrell (Tula)
Sid Haig (Oberster Gesetzgeber)
Jon Lormer (Tamar)
Morgan Farley (Hacom)
Ralph Maurer (Bilar)
Eddie Paskey (Leslie)
David L. Ross (Guard)

Während die Besatzung der Archon untersucht wird, die sich auf Beta III aufhielt, erfährt die Enterprise, daß die Menschen dort von einem Computer namens Landru kontrolliert werden. Dieser nimmt sich ihres Geistes an, und macht sich ihn zu eigen. Kirk selbst will diese Maschine zerstören, um so den Menschen die Freiheit wiederzugeben.

EPISODE 21

Space Seed

»Der schlafende Tiger«

Erstausstrahlung: 16.2.1967
Drehbuch: Gene L. Coon und Carey Wilbur
Regie: Marc Daniels

Gaststars:

Richard Montalban (Khan)
Madlyn Rhue (Marla McGivers)
Blasidell Makee (Spinelli)
Mark Tobin (Joaqin)

Die Enterprise trifft auf ein treibendes »Schläfer-Schiff« mit dem Namen Botony Bay. An Bord des Schiffes befinden sich ungefähr 70 Männer und Frauen, alle im Dauerschlaf. Wie sich herausstellt, sind diese Leute, unter der Leitung von Khan Noonian Singh, das Ergebnis einer genetischen Versuchsreihe, die in den 1990er Jahren auf der Erde durchgeführt wurde. Sie sind eine Art Superrasse mit der 10fachen Stärke und Intelligenz eines durchschnittlichen Menschen. Mit ihrem Versuch, die Erde zu erobern, hatten sie den Dritten Weltkrieg ausgelöst. Es gelang ihnen, in der Botony Bay zu fliehen, und jetzt, im 23. Jahrhundert, werden sie wiederbelebt. Khan ergreift die Gunst der Stunde und benutzt die Historikerin Marla McGivers, um beinahe die Kontrolle über die Enterprise zu übernehmen. Kirk und seine Leute schaffen es gerade noch, dies abzuwenden. Sie setzen Khan und sein Gefolge auf der unwirtlichen Welt Ceti Alpha V aus. Das würde Khan, McGivers und den anderen wenigstens die Chance geben, einen Planeten zu erschließen, anstatt den Rest ihres Lebens in einer Strafkolonie der Föderation zu verschwenden.

Erstaunlicherweise hätte es Khan Noonian Singh vielleicht niemals ohne die Figur des Captain Video gegeben. »Zum Teufel«, lacht Autor Carey Wilbur, »der Plot von ›Space Seed‹ stammt aus einer alten Captain-Video-Folge, die ich vor ungefähr 30 Jahren gemacht habe. Wir haben damals einige fantastische Sachen gebracht, wie zum Beispiel die populäre Idee, daß Leute wärend eines Weltraumfluges im Dauerschlaf liegen.«

Ricardo Montalban, der Inbegriff des Khan, hier zu sehen in der Fersehversion von »Im Zeichen des Zorro«.

Allan Ashermans »Star Trek Compendium« bemerkt: »Carey Wilbur begann seinen Entwurf zu ›Space Seed‹ damit, daß er erklärte, wie wenig ein Mensch aus der Zeit der Renaissance in die heutige Welt passen würde.« »Das klingt mir ein wenig zu großartig«, lächelt Wilbur. »Ich hatte bloß eine Abenteuergeschichte im Kopf, obwohl das andere Element auch hineinspielte. Ich hatte diese Idee, die ich aus einer alten Captain-Video-Folge holte, weil ich dachte, es sei Zeit, sie mal wieder zu bringen. Es war eine verrückte Geschichte, in der wir Menschen zu Tieren machten, und unsere Bösewichtin war aus den Tagen der griechischen Mythologie in die Zukunft verschlagen worden. In ›Space Seed‹ haben wir die mythologischen Mächte durch genetisch veränderte Menschen ersetzt. Um ehrlich zu sein, ich weiß nicht mehr viel über Khan. Er war ein Krimineller, der auf ein ›Schläfer-Schiff‹ abgeschoben war, und versuchte, die Enterprise zu übernehmen, nachdem er mehr oder weniger zufällig wiederbelebt wurde.«

Als Honorarautor war Wilbur gefragt worden, das Skript für die Serie zu schreiben, aus dem später »Space Seed« wurde. Es wurde von Gene Coon überarbeitet, und Wilbur hatte nachher keinen weiteren Kontakt mehr zu Star Trek.

»Es hat mich nicht gestört, daß Gene meinen Text überarbeitet hat«, betont er. »Er war ein sehr guter Schreiber, und kannte Star Trek sicher besser, als die meisten anderen. Ich bin sicher, daß er die Vorlage überarbeitete, um sie mit der Serie stimmig zu machen, aber ich habe das Ergebnis nie gesehen.

Ich habe sowieso nur drei oder vier von den Sachen gesehen, die ich geschrieben habe. Die einzige Ausnahme war ›Lost in Space‹, für die habe ich viele Drehbücher geschrieben. Wir machten Märchen, und die habe ich immer gesehen. Ich habe sogar die Folgen von anderen Autoren gesehen, nur weil die Serie soviel Spaß machte.

2. KAPITEL

Die Leute wollen daran glauben, daß es ein großartiges Weltraumzeitalter geben wird. Sie wollen glauben, daß da draußen noch etwas ist. Star Trek gibt der Menschheit eine Zukunft, und weiß Gott, wir brauchen diese Hoffnung auf die Zukunft.«

Regisseur Marc Daniels meint: »Es gibt nicht viel, an das ich mich bei dieser Folge erinnere, außer, daß wir diese Kapseln hatten, in denen die Leute im Dauerschlaf lagen. Ricardo Montalban war ein sehr fähiger Schauspieler, und die Folge führte, wie bekannt ist, später zu ›Star Trek II: Der Zorn des Khan‹. Ein Problem in ›Space Seed‹ war, die außerordentliche Kraft von Khan optisch darzustellen – wenn er einen Finger ausstreckt und jemanden auf den Kopf stellt. Das war schwierig, aber dank der Stunt-Leute und dem cleveren Schnitt hat es geklappt.«

Ricardo Montalban, der zuvor in Gene Roddenberrys »The Secret Defense of 117« gespielt hatte, erinnert sich: »Ich fand die Figur des Khan wunderbar. Sie war gut geschrieben, ihr lag ein interessantes Konzept zugrunde, und ich war erfreut, daß man mir die Rolle anbot. Ich bekomme noch immer Fanpost deswegen. Nicht bloß aus Amerika, sondern auch aus anderen Ländern. Jedesmal, wenn ich erzähle, daß ich mal bei Star Trek dabei war, erinnern sich die Leute an Khan.«

EPISODE 22

A Taste of Armageddon

»Krieg der Computer«

Erstausstrahlung: ____________ **23. 2. 1967**
Drehbuch: __________ **Robert Hammer und Gene L. Coon**
Regie: ______________ **Joseph Pevney**

Gaststars:

Gene Lyons (Botschafter Fox)
David Opatoshu (Anan 879)
Robert Sampson (Sar 627)
Barbara Babcock (Mea 349)
Miko Mayama (Tamura)

Botschafter Robert Fox befindet sich an Bord der Enterprise, um mit dem Planeten Eminiar VII einen Friedensvertrag auszuhandeln, obwohl klar ist, daß dieser Planet kaum Interesse an einem solchen Abkommen hat. Kirk selbst betont: »Es ist deren Planet, Herr Botschafter«, aber Fox zwingt das Raumschiff zur Weiterreise. Es dauert eine Weile, bis sie begreifen, daß sie sich in einem interplanetaren Krieg zwischen Eminiar und Venedikar wiederfinden, der von Computern ausgefochten wird. Computer machen ein Gebiet für eine theoretische Bombardierung aus, und die Leute, die in diesen Gebieten leben, marschieren freiwillig in Vernichtungskammern, damit ihre jeweilige Gesellschaft weiterlebt. Die Enterprise wird unbewußt zur Zielscheibe, und Eminiars Anführer, Anan 7, erwartet von Kirk, daß seine Crew in die Vernichtungskammern geht, damit der Frieden gewahrt wird. Kirk hingegen hat seine eigenen Ideen, und macht sich daran, sie zu verwirklichen.

Vielleicht ist ein Grund, daß »A Taste of Armageddon« so durchschlagend war, daß es eine perfekte Allegorie auf die Soldaten in Vietnam zu jener Zeit zu sein schien, und die Zahl der im Kampf Gefallenen, die in den allabendlichen Nachrichtensendungen offenbart wurde. Als diese Zahlen anstiegen, schien es, als ob auch sie in eine Art »Vernichtungskammer« wanderten.

Dorothy Fontana erinnert sich: »Die ursprüngliche Geschichte stammt von Robert Hammer. Gene machte eine Neufassung davon. Ich glaube, einige der Dinge, die er hinzufügte, hatten eine Menge mit Kirks Charakter zu tun. So weit ich mich erinnern kann, schrieb Gene Coon die Rede am Schluß, in der der Mensch einen Ruf als Killer hat, aber man steht jeden Morgen auf und sagt, ›Ich werde heute nicht töten.‹ Es erscheint mir, als ob Gene Coon diese Rede nicht ohne Grund hinzugefügt hat. Es war eine von diesen Situationen, in denen wir anfingen, Kirk weitaus härter zu zeigen, als wir es bisher getan hatten. »Die Schlußrede von Bill«, sinnt Joseph Pevney, »die Forderung nach Frieden und daß man Menschenleben nicht von einem Computer abhängig macht, wurde einige Male neu geschrieben, bis wir sie so hatten, wie wir sie wollten. Gene Coon schrieb das Skript um, und es war sehr ausdrucksstark.«

EPISODE 23

This Side of Paradise

»Falsche Paradiese«

Erstausstrahlung: ____________ **2. 3. 1967**
Drehbuch: ______ **D.C. Fontana nach einer Idee von Nathan Butler und D.C. Fontana**
Regie: ______________ **Ralph Senensky**

Gaststars:

Jill Ireland (Leila)
Frank Overton (Sandroval)
Grant Woods (Kelowitz)
Dick Scotter (Maler)

Die Enterprise forscht nach einer Gruppe von Kolonisten auf Omicron Ceti III, die für tot gehalten werden, weil sie im Laufe der letzten drei Jahre einer Überdosis von Berthold-Strahlung ausgesetzt waren. Jedoch findet man die Kolonisten in perfekter Gesundheit und friedvoller Glückseligkeit vor. Beides wird Sporen auf diesem Planeten zugeschrieben, die negative Gefühle abbauen und für einen idyllischen Geisteszustand sorgen. Kirks Probleme beginnen, als die Wirkung dieser Sporen sich auf dem Schiff ausbreitet, und jeder auf dem Planeten bleiben will. Selbst Spock wird infiziert, legt seine polierte Logik ab, und gesteht seine Liebe zu der Kolonistin Leila Kalomi, mit der er eine Affäre hatte. Kirk muß seinen Ersten Offizier aus diesem Zustand reißen, bevor das Schiff in der Atmosphäre von Omicron Ceti III verglüht.

Das Skript für »This Side of Paradise« wurde von Jerry Sohl begonnen, aber von Dorothy Fontana derart überarbeitet, daß Sohl sich entschloß, sein Pseudonym zu verwenden.

»Ich habe eine ganze Schublade voll Ideen«, sagt Sohl über die Entstehungsgeschichte der Story, »und ich hatte die Idee, daß Sporen, wie Sie wissen, leblos sind, bis sie mit Wasser oder irgend etwas anderem zusam-

2. KAPITEL

Als Leila erlaubt die verstorbene Jill Ireland den Zuschauern einen kurzen Blick in die Vergangenheit von Mr. Spock, in »This Side of Paradise«.

menkommen, dann erst werden sie aktiv. Wie Hefe. Also dachte ich, das diese Dinger von jemandem aufgenommen werden könnten, und als Folge könnte sich das ganze Wesen dieser Person in einen netten, friedlichen und liebevollen Menschen verwandeln. Anders gesagt, es ist eine psychedelische Sache. Davon gab es zu der Zeit eine Menge. Das Gedankenmodell war: Was würde passieren, wenn alle an Bord der Enterprise LSD nehmen würden? Sie gehen runter auf den Planeten, nehmen alle diese Sporen in sich auf, und werden zu anderen Menschen. Das war die zugrundeliegende Idee, und ich fand sie interessant.

Es war das einzige Mal, daß Spock ein liebevoller, fürsorglicher Mensch sein durfte. Das war meine Idee. Klappte einfach gut, fand ich. Ich habe die Pointe vergessen, ich glaube, man mußte die Leute wütend machen. Die Freisetzung von Adrenalin im Körper tötete die Sporen ab.«

Dorothy Fontana fügt hinzu: »Das war die Bearbeitung, die mir letztlich meinen Job als Drehbuchredakteurin bei Star Trek brachte. Ursprünglich war Sulu als der Verliebte geplant, und die Sporen befanden sich in einer Höhle, so daß sie eigentlich keine Gefahr darstellten, solange man nicht dort hineinging. Meine Vorstellung, die ich Gene darlegte, war, daß die Story besser würde, wenn die Sporen überall sind, und man ihnen nicht entkommen kann, und das Spock der Verliebte ist. Alle wunderten sich ›Spock?‹, und ich sagte: ›Glaubt es mir‹. Und das tat Gene. Es machte Spaß, diese Folge zu schreiben, weil es soviel gab, das man sich unter anderen Vorgaben nicht trauen würde hineinzunehmen, weil es nicht funktionieren würde. Aber unter diesen Umständen ging es. Außerdem waren die Schauspieler wunderbar. Leonard ist immer gut, aber Jill Ireland war brillant. Bill war ebenfalls gut.

Wir haben Bill immer, zumindest damals, als einen Mann dargestellt, dessen Liebe seinem Schiff gehört. Er war ein Vollblutoffizier, jemand, der mit seinem Schiff auf die Meere wollte, in diesem Fall waren es Sternenmeere. Das Schiff war seine wahre Liebe.«

Als er über seine Arbeit an der Serie nachdenkt, meint Regisseur Ralph Senensky: »Ich weiß nicht mal genau, wie es dazu kam. Es gibt eine Agentur, die einen bucht, und ich muß frei gewesen sein. Plötzlich rief mein Agent an und fragte: ›Willst Du Star Trek machen?‹ Sie schickten mir ein Skript von ›The Devil in the Dark‹, und ich war ziemlich begeistert. Ich war kein SF-Fan, also ging ich los, kaufte eine Menge Arthur Clark und las soviel wie möglich. Ich nahm das Skript mit nach Iowa, wo ich meine Familie besuchte, und während ich dort war, kam ein weiteres Skript mit der Post, und eine Nachricht, daß sie umgestellt hätten, ich würde jetzt ›This Side of Paradise‹ machen. Ich war irgendwie enttäuscht, weil mir ›Devil in the Dark‹ besser gefallen hatte. Aber ›This Side of Paradise‹ war eine gute Folge, und sie hat sich einen eigenen Namen gemacht.

Ich wußte das damals nicht, aber vermutlich war es deshalb so, weil sie schwerpunktmäßig auf Spock ausgerichtet war. Er machte Sachen in der Folge, die er sonst nie tat, wie zum Beispiel an einem Baum zu hängen. Als freischaffender Fernsehregisseur springt man von Serie zu Serie, und das war einer der Sprünge. Während man herumspringt, findet man kleine Nischen, Orte, an denen man sich wohlfühlt. Star Trek war so ein Ort.«

EPISODE 24

The Devil in the Dark

»Horta rettet ihre Kinder«

Erstausstrahlung: ____ **9.3.1967**
Drehbuch: ____ **Gene L. Coon**
Regie: ____ **Joseph Pevney**

Gaststars:

Ken Lynch (Vandenberg)
Barry Russo (Giotto)
Brad Weston (Appel)
Biff Elliot (Schmitter)
Janos Prohaska (Horta)

Als Minenarbeiter auf Janus VI von einem Wesen getötet werden, das durch solides Gestein gehen kann, nimmt Chefingenieur Vandenberg Kontakt zur Enterprise auf, und bittet sie um Unterstützung, um der Bedrohung ein Ende zu machen. Das Raumschiff kommt herbei, und Kirk und Spock leiten einen Bodentrupp, der die Situation untersuchen soll. Was sie entdekken ist, daß das sogenannte Wesen eigentlich ein intelligentes Wesen ist, das man als Horta kennt, und daß es nur getötet hat, um seine Jungen zu beschützen, die von einer Silikonschale umgeben sind, die die Minenarbeiter für wertloses Gestein hielten.

In »The Making of Star Trek« erklärt Gene Roddenberry: »Was seit vielen Jahren bei SF im Fernsehen und in Filmen falsch ist, ist, daß man, wann auch immer ein Monster auftauchte, sagte, ›Ah, ha! Laßt uns ein großes Monster nehmen, das alles angreift und tötet.‹ Niemand hat bisher gefragt ›Warum?‹. In jeder anderen Story erwartet man vom Autor, daß er es erklärt, wenn etwas angreift (ein Bär, ein Mensch, was auch immer), ›Darum ist das so und so..., das hat dazu geführt, daß..., und das ist, was es will...‹ Ein klassisches Beispiel dafür, es richtig zu machen, war eine unserer populärsten

2. KAPITEL

Folgen, die von Gene Coon geschrieben wurde, und ›The Devil in the Dark‹ hieß. Die ›Horta‹ war eine Kreatur, die unter der Erde lebte, und die die Gruppe von Minenarbeitern angreift. Am Ende finden sie zu ihrer Überraschung heraus, daß es angriff, weil es ein Muttertier war. Es beschützte nur seine Eier; dabei dachten die Minenarbeiter, sie würden nur seltsam aussehende Gesteinsformationen zerstören. Vor diesem Hintergrund versteht man auch die Horta. Es ist nicht nur ein Monster – es hat eine Persönlichkeit. Und die Zuschauer können sich selber in die Lage der Horta versetzen... sich mit ihr identifizieren... mit ihr fühlen! Davon handelt das ganze Drama. Und es ist auch wichtig... Wenn man lernen kann, Mitgefühl für eine Horta zu haben, kann man auch lernen, Menschen mit anderer Hautfarbe und Auffassung zu verstehen, und mit ihnen zu fühlen.«

»Von meinem Gesichtpunkt aus, war das wichtigste Problem, die Horta zu fotografieren«, sagt Joseph Pevney. »Wir mußten Glitzerzeug draufmachen, so eine Art Glanz, damit sie sich von den Wänden abhob, weil alles die gleiche Farbe hatte. Dann übertrieben wir ihre Art der Fortbewegung, damit wir sicher gehen konnten, daß man sie sieht. Es war eine harte Folge, weil William Shatners Vater während der Dreharbeiten starb. Sie standen sich sehr nahe, aber er schaffte es... Er war sehr mitgenommen, und Leonard kümmerte sich um ihn. Sie waren die ganze Zeit zusammen und Leonard schaffte es, ihm Trost zu spenden.«

David Gerrold bemerkt: »Ich möchte klarstellen, daß ›Devil in the Dark‹ die beste Folge war, die Gene L. Coon jemals geschrieben hat, weil sie wirklich zum Kern dessen vordringt, was Star Trek ist. Man hat diese Bedrohung, aber wenn man erst einmal versteht, wer diese Kreatur ist, und warum sie so handelt, ist es überhaupt keine richtige Bedrohung mehr. Am Ende lernen wir mehr über angemessenes Verhalten für uns selber, woraus Mitgefühl, Toleranz und Verständnis erwächst. Für mich war Gene L. Coon in vielerlei Hinsicht das Herz und die Seele von Star Trek. Er war der Kerl, der seine Ärmel aufkrempeln mußte, damit alles lief. Er war der Kerl, der ein Skript überarbeitete, wenn dies notwendig war, und dabei immer versuchte, so nah wie möglich am ursprünglichen Konzept zu bleiben. Von all den Leuten, die damals dort arbeiteten, hatte er eigentlich den klarsten Story-Verstand, sowohl vom Story-Aufbau wie auch von den Dialogen her. Ich denke, das zeigt sich in den Drehbüchern, die er gemacht hat. Um ›Devil in the Dark‹ zu schreiben, brauchte er nur eine Wochenende.«

John Colicos, der Klingone Kor in »Errand of Mercy«, als Baltar in »Kampfstern Galactica«.

Coons Freund Lester Colodny lacht: »Er schrieb nicht nur das Drehbuch an einem Wochenende, vielmehr las er an diesem Wochenende noch zwei Bücher, bereitete ein Abendessen für 14 Leute zu, mähte den ganzen vorderen Rasen, half mir bei 30 Seiten meines Buches, überarbeitete 4 andere Stücke für das Studio, besuchte zwei Freunde... er war einfach unglaublich.«

Dorothy Fontana erinnert sich, wie sich die Idee zu dem Skript entwikkelte: »Der Kostümbildner, der eine Menge Kreaturen für uns gemacht hat, kam ins Studio und sagte, ›Ich muß Euch dieses neue Monster zeigen,‹ und es war so ein pummeliges, orangefarbenes, unförmiges Ding, das über den Boden kriechte. Er legte ein Gummi-Huhn vor dieses Ding. Dann stieg er in das Kostüm und krabbelte auf Händen und Füßen über dieses Huhn und ließ es verschwinden. Nachdem er darüber gelaufen war, kamen hinten einige Knochen heraus. Gene sagte, ›Wir müssen einen Weg finden, das zu verwenden‹, und er kam mit der Horta-Geschichte an. Natürlich ist es eine wunderbare Story, die von einer anderen Art von Liebe handelt. Es war eine großartige Geschichte.«

EPISODE 25

Errand of Mercy

»Kampf um Organia«

Erstausstrahlung: ____ **23. 3. 1967**
Drehbuch: ____ **Gene L. Coon**
Regie: ____ **John Newland**

Gaststars:

John Abbott (Ayleborne)
John Colicos (Kor)
Peter Brocco (Claymare)
Victor Lundin (Lingon)
David Hillary Huge (Trefayne)

Die Spannungen zwischen der Föderation und einem ihrer Erzfeinde, den Klingonen, verstärken sich, und Kirk wird beauftragt, die Allianz mit den Bewohnern des strategisch wichtigen Planeten Organia zu sichern. Gerade als Kirk und Spock herunterbeamen, tauchen die Klingonen auf, deren militärischer Führer, Kor, den Planeten als die neueste Besitzung des klingo-

2. KAPITEL

nischen Imperiums annektiert. Kirk ist frustriert über die absolute Selbstzufriedenheit der Organier, und seine Frustration steigert sich zur Wut, als er erfährt, daß der Konflikt zwischen den Klingonen und der Föderation sich verschärft hat. Ein intergalaktischer Krieg droht jeden Moment ausbrechen. Die Organier jedoch stellen sich als Wesen heraus, die keineswegs menschenähnlich sind, und sie haben die Macht, den beiden Kontrahenten ein Kriegführen unmöglich zu machen... für immer (obwohl das später bei den Star-Trek-Filmen wieder vergessen wurde).

Ein Highlight von »Errand of Mercy« ist die Szene, in der die Organier den Kampf zwischen der Föderation und den Klingonen unterbinden, und Kirk protestiert. »Sie haben kein Recht, sich hier einzumischen«, bellt er, »wir haben das Recht...« »...einen Krieg zu führen, Captain?« unterbricht ein Organier.

Wie David Gerrold in seinem Buch »The World of Star Trek« bemerkt, erkennt Kirk in diesem Moment, daß sein Auftrag lautete, einen Krieg zu verhindern.

»Gene hatte sich die Klingonen ausgedacht, obwohl uns der Name nicht gefiel«, erläutert Dorothy Fontana. »Wir sagten: ›Gene, kannst Du sie nicht anders nennen? Wir hassen diesen Namen.‹ Aber uns ist auch nichts Besseres eingefallen, also ließen wir es dabei. Danach entwickelten sich die Klingonen zu den Standardbösewichten, denn ihre Maske war einfacher als die der Romulaner. Wir haben die Klingonen ziemlich oft gebracht. Sie entwickelten sich zu prächtigen Gegenspielern, denn als wir sie einmal eingeführt hatten, mußten wir nach Wegen suchen, sie weiter auszugestalten.«

John Colicos berichtet dem »Starlog Magazine« über seine Rolle als Kor, nachdem Chefmaskenbildner Fred Philips ihn fragte: »Wie willst Du denn aussehen?«

»Für mich zeigte die Story ein zukünftiges Rußland und ein zukünftiges Amerika, die sich über diesen friedlichen Planeten in die Haare bekommen, also sagte ich, ›Laß' uns in der Geschichte zurückgehen, und an Dschingis Khan denken, denn Kor ist ein militärischer Führer, auf dem Weg, mit seinen Horden das Universum zu überrennen.‹ Meine Haare waren gerade sehr kurz und nach vorn gekämmt, und ich meinte, ›Färb' mir die Haare schwarz, und mach' eine Welle hinein – gib mir einen leicht asiatischen, tartarischen Touch. Laß' uns eine bräunlich-grüne Schminke nehmen, so daß ich wie nicht ganz von dieser Welt aussehe.‹ Nach zwei Stunden hatten wir dieses hier, und das war es dann.«

EPISODE 26

The Alternative Factor

»Auf Messers Schneide«

Erstausstrahlung: ____________ **30.3.1967**
Drehbuch: ____________ **Don Ingalls**
Regie: ____________ **Gerd Oswald**

Gaststars:

Robert Brown (Lazarus)
Janet MacLachlen (Charlene Masters)
Richard Derr (Barstow)
Eddie Paskey (Lt. Leslie)

»The Alternative Factor«, als 20. Folge gedreht, aber erst als 26. gesendet, war sicherlich eine der verworrensten, am wenigsten ansprechenden Folgen von Star Trek. Die Enterprise trifft auf zwei Ausgaben eines Menschen namens Lazarus. Die eine völlig vernünftig, die andere ein durchgedrehter Irrer aus einem Paralleluniversum. Letzterer plant einen Riß in die zwei Dimensionen zu machen, was beide zu einer Art Armageddon verdammen würde. Es bleibt an Kirk und dem rationalen Lazarus hängen, die Situation zu retten, bevor es zu spät ist.

»Ich hatte mir ein Paralleluniversum vorgestellt, wo positive und negative Kräfte herrschen«, erzählt Autor Don Ingalls Lee Goldberg, »und man muß beide Teile auseinanderhalten, sonst gibt es eine totale Zerstörung. Man hat die helle Seite, die positive Welt, die wir kennen, und die negative, wo jeder ein Bösewicht ist. Meine Idee war es, daß eine Person aus der negativen Welt versucht, in die positive zu gelangen. Und wenn er Erfolg hat, wird er alles zerstören.

EPISODE 27

City on the Edge of Forever

»Griff in die Geschichte«

Drehbuch: ____________ **Harlan Ellison**
Regie: ____________ **Joseph Pevney**

Gaststars:

Joan Collins (Edith Keeler)
John Harmon (Rodent)
Bartell LaRue (Stimme des Wächters)

Die Enterprise ist gerade dabei, Zeitturbulenzen in der Umgebung eines bestimmten Planeten zu untersuchen, als McCoy sich versehentlich eine Überdosis Cordrazin spritzt. Als Folge wird er zum paranoiden Wahnsinnigen und beamt sich auf den Planeten, um jeglichen Versuchen, ihn ruhigzustellen, zu entkommen.

Kirk und Spock leiten einen Bodentrupp auf der Verfolgung von McCoy und finden ein uraltes Steingebilde, das sich als »Wächter der Ewigkeit« zu erkennen gibt, ein Zeittor in die Vergangenheit. Als sich die Chance bietet, springt McCoy hindurch und verursacht in der Vergangenheit etwas, das den Lauf der Geschichte ändert – die Enterprise ist nicht mehr im Orbit. Um das wieder rückgängig zu machen, folgen Kirk und Spock ihm auf die Erde der dreißiger Jahre dieses Jahrhunderts, wo sie den Schnittpunkt der Zeitläufe finden: die Sozialarbeiterin Edith Keeler.

Wir erfahren, daß Keeler eigentlich bei einem Verkehrsunfall ums Leben kam, aber McCoys Eingreifen ändert das, und somit den gesamten Verlauf der Geschichte: Keeler leitet in der Parallelgeschichte eine pazifistische Bewegung, die Amerikas Eintritt in den 2. Weltkrieg verzögert, und so Nazi-Deutschland die Chance gibt, die Welt zu beherrschen. Kirks Entscheidung ist einfach: Er muß dafür sorgen, daß Edith Keeler stirbt, so wie es vorgesehen war. Womit er jedoch nicht rechnet, ist, daß er sich in sie verliebt.

2. KAPITEL

»City on the Edge of Forever« wird im allgemeinen als die beste Star-Trek-Folge angesehen, die je gedreht worden ist.

Gleichzeitig scheint sie eine der umstrittensten zu sein, weil Gene Roddenberry angeblich das Drehbuch von Harlan Ellison umgeschrieben hat, und der darüber gar nicht glücklich war.

»Wie kann ich sowas machen, ohne ein Widerling zu sein?«, fragte Ellison einen Journalisten rhetorisch. »Gene Roddenberry und ich haben uns darüber zerstritten, was mit meiner Folge geschehen sollte. Ich war überzeugt, daß die Überarbeitungen, die ich machen sollte, und die ich mehrfach gemacht habe, und die die anderen Schreiber nach mir gemacht haben, die Geschichte kastriert haben. Ich dachte damals, daß Gene mich belogen hat, und ich arbeite mit niemandem, der mich belügt. Das Leben ist zu kurz dafür. Gene und ich haben mehrere Jahre deswegen nicht miteinander geredet, aber das war nur wegen künstlerischen Differenzen. Gene war immer ein netter, anständiger Kerl, doch ich glaube, er bekam damals gewaltigen Druck von seinem Sender, als das Budget gekürzt wurde. Ich denke, er wollte es diesen Leuten recht machen, deswegen machte er Sachen mit meiner Folge, die ich nicht gut fand, und die er mir versprochen hatte, nicht zu tun. Später haben wir dann das Kriegsbeil begraben, und er hat einiges für mich getan, deswegen will ich heute nicht schlecht über ihn reden, denn das alles ist viele Jahre her.«

»Man kann die Sache von zwei Seiten betrachten«, fährt er fort. »Zunächst – es war meine Originalversion des Drehbuchs, die nicht verfilmt wurde, die den Writer's Guild Award gewann. Der Writer's Guild Award ist die ehrlichste Auszeichnung in der Branche, nicht wie die Oscars, die sind Mickey Maus, reine Preise für Beliebtheit. Der Writer's Guild Award wird auf der Basis des Textes vergeben. Und das Originaldrehbuch hat diesen Preis gewonnen.

Dasjenige, das den Hugo gewonnen hat, war die Filmversion, und ich wäre natürlich gerne so eingebildet, zu sagen, daß das ursprüngliche Skript dermaßen gut war, daß die ganze Herumschnipselei es nicht völlig kaputt machen konnte. Im Vergleich zu den anderen Star-Trek-Folgen, von denen ich nicht übermäßig begeistert war, war es tatsächlich eine ziemlich gute Folge. Aber da ich die Folge selber gemacht habe, selbst geschrieben habe, und da ich weiß, wie gut das Skript mal war, kann ich nur sagen, daß die Zuschauer lediglich einen Bruchteil von dem sehen, was ursprünglich drinsteckte.«

Anläßlich einer Veranstaltung 1988 im Museum of Broadcasting wurde Gene Roddenberry gefragt, ob bei »Star Trek: TNG« Autoren wie Harlan Ellison beteiligt sein würden.

»Mit den meisten von denen würde ich nicht mal im selben Zimmer sein wollen«, antwortete der. »Ich habe ihnen allen eine Chance gegeben. Harlan bekam seine Chance in der ersten Staffel, und er schrieb ein Drehbuch für ein Budget von geschätzt 350.000 $, und das zu einer Zeit, als uns 186.000 $ zur Verfügung standen. Als ich ihm sagte, er solle das Budget kürzen, schickte er mir das Skript zurück mit der Bemerkung, ich solle Spezialeffekte verwenden. Er reichte es dann bei der Writer's Guild ein, die ihm den Preis zuerkannte – bloß, viele Leute würden Preise kriegen, wenn sie Drehbücher schrieben, die die zur Verfügung stehenden Mittel um das dreifache überstiegen. Ich überarbeitete das Skript für Harlan, und es gewann den Nebula Award, und er sprang auf die Bühne und heimste dafür auch die Lorbeeren ein.«

Seit über zwei Jahrzehnten glauben die Fans, daß Roddenberry diese Bearbeitung von Ellisons Skript gemacht hat, aber Glen Larson widerspricht dem und behauptet, es sei vielmehr Gene L. Coon gewesen, der dafür verantwortlich war. Zu dieser überraschenden Einsicht gelangte Larson wärend der Writer's Guild Award Zeremonie, bei der das Skript nominiert war.

»In dieser Nacht«, überlegt Larson, »merkte ich, daß irgend etwas Gene (Coon) beschäftigte, und ich fragte ihn, was los sei. Er antwortete: ›Es gibt heute nacht zwei Drehbücher, die für den Preis nominiert sind, und beide habe ich geschrieben.‹ Eines war von Harlan Ellison, ›The City on the Edge

Joan Collins, Kirks Schwarm in »City on the Edge of Forever«. Ein Foto aus den Tagen bevor sie das Biest aus dem Denver-Clan spielte.

of Forever‹, und Gene meinte: ›Wenn Harlan gewinnt, bringt mich das um.‹

Harlan war einfach ein absoluter Dickkopf. In dieser Nacht hat Gene mir eine Geschichte über Harlan erzählt: Harlan hatte ein Drehbuch geschrieben. Darin stand, ›5000 Menschen umringten ihn auf der Straße.‹ Gene sagte: ›Harlan, warum schreibst Du sowas in ein Drehbuch, von dem Du weißt, daß es fürs Fernsehen ist? Du weißt, wir können keine 5000 Statisten haben.‹ Also ging Harlan nach Hause machte die Überarbeitung und schrieb ›4000 Statisten‹, das war seine Überarbeitung. Und Gene mußte sich hinsetzen, und das Ganze so schreiben, daß es fürs Fernsehen machbar war. Er behielt natürlich das Konzept bei, aber er mußte es so schreiben, das es bühnentauglich war.«

»Aber Gene machte das ohne viel Brimborium«, fährt Larson fort. »Sein Name tauchte auf Ellisons Skript nicht auf. Das wäre heute undenkbar, aber damals war es nicht so selten, daß jemand sich die Arbeit machte und nicht direkt nach Copyright schrie, oder sich darum stritt. Eine Menge Leute setzen heute ihre Namen unter irgend etwas, und warten dann, ob sich jemand beschwert.

Coon hatte großen Respekt für die Autoren, und deswegen würde er

2. KAPITEL

ihnen, auch dann nicht, wenn er viel Arbeit in eine Sache gesteckt hat, das Copyright wegnehmen, das übrigens auch mit Geld zu tun hat. Trotzdem, wenn ein Kerl aufsteht und einen Preis für die Arbeit entgegennimmt, die man selber gemacht hat, dann ist das schmerzhafter als das Geld. Die bloße Tatsache, daß jemand anderes Anerkennung bekam für seine Gedanken, Worte, das, was ihm so wichtig war, war beinah zuviel für Gene. Er erzählte mir davon, er machte keine öffentliche Geschichte daraus, aber es tat ihm sehr weh. Harlan war derjenige, der aufstand und sich verbeugte.«

Was das Verhalten von Roddenberry in diesem Zusammenhang angeht, erzählt Larson: »Gene (Coon) war dabei. Gene sorgte, daß die Show lief. Gene war derjenige welcher, und später, als Star Trek an Bedeutung gewann, war ich immer erstaunt über das, was ich von Roddenberry hörte, denn es gibt Leute, die können sich etwas ausdenken, aber es jede Woche, jede Folge, ans Laufen zu kriegen, das können sie nicht. Ich vermute, Roddenberry war so jemand. Ich kenne mich da nicht so genau aus, aber ich sage Ihnen das aus berufenem Munde, denn Gene Coon und ich haben damals jeden Tag zusammengesessen und geredet.«

Regisseur Joseph Pevney gehört zu den Leuten, die mit Ellisons Sicht seines Drehbuches nicht übereinstimmen. »Es war das Ende der ersten Staffel«, sagt er, »und Harlan war sehr glücklich, sein Skript bei Star Trek unterzubringen. Er kaum aufs Set und bedankte sich bei mir. Aber es war wichtig, daß Gene die Vorlage umgeschrieben hat, denn Harlan hat kein Gefühl für Schauspielerei. Er hat ein Gefühl für Realität, das in den Details der 30er Jahre sehr gut zum Ausdruck kommt. Es war eine gut ausgedachte und gut geschriebene Geschichte. Aber was die dramaturgischen Elemente angeht, so war das Originaldrehbuch völlig daneben.«

»Es war ein Film«, fährt er fort, »und ich habe es als solchen behandelt, wie ich es immer mit Fernsehen mache. Es war eine sehr ehrliche Folge, und der Doktor war das erste Mal wirklich gut. Ich finde ihn irgendwie langweilig, aber da kam er auf großartige Weise zum Leben. Die Arbeit mit den Schauspielern war angenehm. Sie hatten das Potential der Geschichte erkannt.«

Es wird berichtet, daß Captain Kirks letzte Zeile, ›Laßt uns verdammt nochmal machen, daß wir hier rauskommen!‹, vermutlich das erste Mal ist, daß der Ausdruck ›verdammt nochmal‹ im US-Fernsehen verwendet worden ist.

»Das war ein Problem«, bemerkt Pevney. »Bill sagte es, und der Sender hatte Einwände. Roddenberry traf sich mit den Leuten, und meinte ›Es gibt keinen Ausdruck mit der selben Konnotation wie »verdammt noch mal« in diesem speziellen Augenblick.‹ Bill setzte sich natürlich auch dafür ein. Wir wollten es alle, denn es klang einfach genial. Ich glaube, am Ende hat der Sender gesagt, ›Ach, verdammt nochmal, wer guckt sich diese Serie schon an. Lassen wir es drin.‹«

Obwohl »City on the Edge of Forever« am Schluß der Staffel lief, hatte die Entstehungsgeschichte schon an deren Anfang begonnen. John D.F. Black hat lebhafte Erinnerungen an die Zusammenarbeit mit Harlan Ellison: »Harlan machte immer tausend Dinge gleichzeitig«, grinst Black, »er schrieb gerade ein Buch, er hatte diese Geschichte, die er noch unterbringen mußte, oder was auch immer. Jetzt wußte er aber nichts über die Produktion. Er wußte die Hälfte von dem, was ich wußte, und ich wußte gar nichts. Wir kannten den Unterschied zwischen einer Ausblendung und einer Überblendung, und sowas. Aber bei der Produktion... kann man eine 12 Meter hohe Pyramide auf der Bühne bauen? Wir wußten nicht, bis zu welcher Höhe man bauen konnte. Das war Technik und außerhalb unseres Wissens.«

»Einmal«, erzählt er und wird von seinen Erinnerungen eingeholt, »mußte Harlan ein Skript abliefern, abliefern, abliefern... und er war krank, oder dies oder das. Die Geschichte war einfach nicht fertig. Wir lügen alle mal. Nach einer Weile ging es nur noch um ›Zum Teufel, Harlan, wann bekommen wir den Text?‹ Und Harlan erwiderte: ›Vielleicht wäre es einfach besser, wenn ich auf dem Gelände ein Büro hätte.‹ Was zu diesem Zeitpunkt goldrichtig schien, denn wir wollten diese Geschichte. Und ich schätzte Harlan, auch wenn ich nicht weiß, was Gene über ihn dachte. Also tauchte Harlan auf, unter anderem mit seiner Schreibmaschine, einem Plattenspieler und einem Dutzend Rolling-Stones-Platten. Wir setzten ihn in ein Büro ganz am Ende des Gangs. Zunächst war Harlan da, und ließ seine Musik auf voller Lautstärke laufen, während die Leute vom Casting versuchten, Proben zu machen und baten, ›Mach' das leiser, Harlan‹. Oder ich konnte in meinem Büro die Leute am Telefon nicht mehr verstehen und sagte ihm, er solle die Musik leiser drehen. Nach einer Weile, ich glaube, es war am zweiten oder dritten Tag, ging ich zu ihm, denn die Stones spielten wirklich sehr laut. Ich klopfte an die Türe, niemand antwortete, also ich ging hinein. Und Harlan war nicht da. Nur der Plattenspieler lief. Ich mußte dann 'rüber zum Set, was drei, vier Mal am Tag nötig war, und da saß er, quatschte mit Leonard und Bill, und ließ sich photographieren. Ich sagte: ›Harlan, Du solltest doch eigentlich schreiben. Was suchst Du hier?‹. Und er sagte: ›Ich wollte mit der Truppe zu Mittag essen.‹ ›Harlan, es ist halb vier, die Truppe hat ihr Mittagessen um zwei.‹ 'Nun ja, ich wollte sehen, was sie so machen.‹ Ich sagte: ›Harlan, bitte geh' in Dein Büro und schreib' das Drehbuch fertig.‹ Also kam Harlan mit mir zurück, ging in sein Zimmer, und die Musik fing wieder an – ich hatte das Ding vorher abgestellt. Ich dachte mir, ich sollte die Tür zu meinem Büro offen lassen, so daß ich sehen konnte, wenn er über den Gang kam. Mitte des nächsten Tages ging ich zu ihm, um zu sehen, wie es lief. Die Musik lief, und er war schon wieder nicht da. Er war aus dem Fenster gestiegen, und Bobby Justman war mittlerweile so weit, daß er Fenster und Türen zunageln wollte. Wie dem auch sei, Harlan hatte die Geschichte irgendwann fertig. Ich las sie, machte meine Anmerkungen, gab sie Gene, und der machte seine Anmerkungen. Harlan hat sein Büro nicht weiter benutzt, er war nach Hause gegangen, um entweder das Drehbuch fertig zu machen, oder irgend etwas anderes, das vorher fertig werden mußte, und

2. KAPITEL

die Geschichte war in der Schublade geblieben, bis er wieder Zeit hatte. Ich erinnere mich an Besprechungen der Geschichte, und die waren sehr interessant. Ich fand das Konzept etwas kitschig. Ich dachte, daß er es besser gekonnt hätte.

Ich erinnere mich an den Streit ums Geld, der damit verbunden war, und was umgeschrieben werden mußte. Szenen mußten herausgenommen werden, da es unmöglich war, sie zu drehen, und all' so etwas. Er hatte eine Vorlage geschrieben, in der die gesammte Star-Trek-Besatzung in einem Karussel war, das aus einem Berghang ragte. Justman sagte: ›Meine Güte, dieser Effekt würde uns eine halbe Million Dollar nur für den Versuch kosten. Es gibt keine Garantie, daß es auch funktioniert. Wo zu Teufel, kann man ein Karussel herkriegen, das aus einem Berg herauskommt?‹. Harlan erklärte uns, wie man das alles aus Pappmaché bauen könnte, und er war sauer auf Bobby, weil der das nicht finanzieren konnte.«

EPISODE 28

Operation Annihilate

»Spock außer Kontrolle«

Erstausstrahlung: ____________ **13.4.1967**
Drehbuch: ________ **Stephen W. Carabatsos**
Regie: ______________ **Herschel Daugherty**

Gaststars:

Dave Armstrong (Kartan)
Craig Hundley (Peter Kirk)
Joan Swift (Aurelan)
Maurishka Taliferro (Yeoman Zara Jamal)

Als Reaktion auf einen Bericht über den Ausbruch von Massenwahnsinn, kommt die Enterprise nach Deneva. Kirk ist erschüttert, da er erfährt, daß sein Bruder George durch diese Krankheit getötet worden ist. Weitere Untersuchungen führen zu amöbenartigen Wesen von der Größe ausgewachsener Nagetiere, die sich mit dem Nervensystem ihres Wirtes vereinigen. Unsere Helden müßen einen Weg finden, Deneva von der Plage zu befreien, und die Antwort liegt in der Empfindlichkeit dieser Kreaturen gegenüber starkem Licht. McCoy beginnt zu experimentieren, und Spock stellt sich als Versuchskaninchen zur Verfügung. Aber die Tests gehen schief, und der Vulkanier erblindet. Pille ist verzweifelt, als er später entdeckt, daß diese Wesen durch ultraviolette Strahlung vernichtet werden können, so daß Spock völlig umsonst geblendet wurde. Überflüssig zu erwähnen, daß Spocks Blindheit vorübergehend ist, da er durch ein zusätzliches Augenlid, daß die Vulkanier als Schutz vor ihrer Heimatsonne besitzen, geschützt war.

»›Operation Annihilate‹ war ursprünglich eigentlich nicht meine Idee«, gesteht Steven Carabatsos. »Jemand brachte mich auf die Idee, ich glaube, es war Roddenberry. Er wollte eine Folge mit Kirks Bruder drehen. Familienbande. Darüber hinaus weiß ich nicht mehr, was er vorschlug. Wir suchten einfach nach Spannung, lebendigen Figuren und eigenständigen Schauplätzen. Jeder Planet gab uns die Möglichkeit, eine völlig neue Welt, eine völlig neue Gesellschaftsordnung zu schaffen. Das war eine der Sachen, die wir beim Herangehen an jede Folge ansprechen mußten. Es ist mir bekannt, daß alles überarbeitet wurde, aber das ist normal beim Fernsehen.«

2. Kapitel

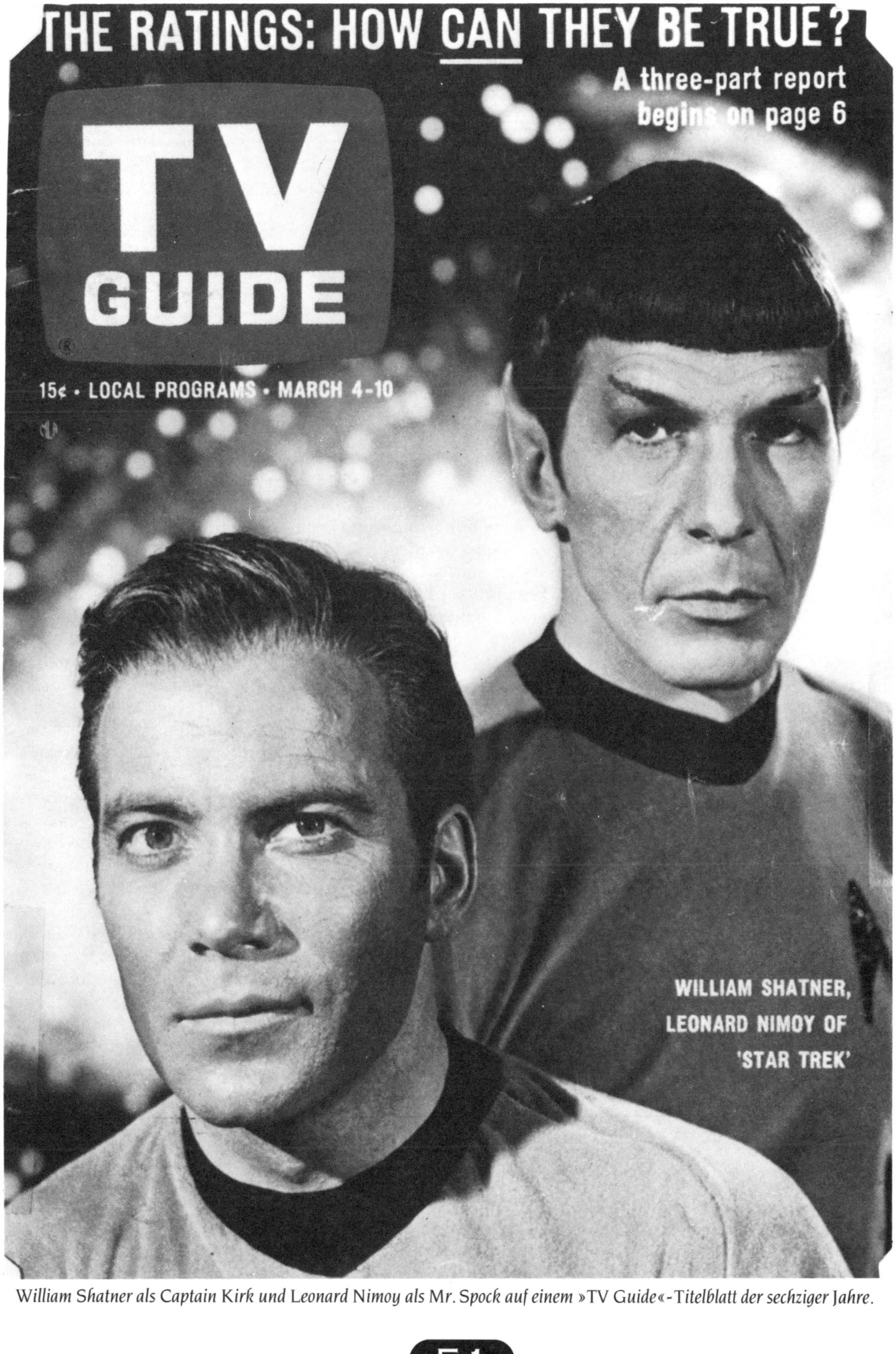

William Shatner als Captain Kirk und Leonard Nimoy als Mr. Spock auf einem »TV Guide«-Titelblatt der sechziger Jahre.

3. KAPITEL

Star Trek in die zweite Staffel

Die zweite Staffel brachte der Serie einige Veränderungen, eine davon war Walter Koenig als Pavel Chekov, russischer Navigator. Diese Figur machte aus der Brücke der Enterprise wahre Vereinte Nationen im Weltraum. »Die Russen waren schuld«, berichtete Gene Roddenberry. »Sie schrieben in die Jugendausgabe der ›Prawda‹, ›Die bösen Amerikaner schon wieder! Da machen sie eine Weltraumserie und vergessen diejenigen, die zuerst oben waren‹. Und ich sagte, ›Meine Güte, die haben recht‹. Walter Koenig und ich hatten schon früher bei einer Serie gearbeitet, er ist gut, also holte ich ihn. Und dann habe ich den Russen geschrieben ›Tut mir leid, was wir gemacht haben, jetzt machen wir es anders‹. Ich habe nie eine Antwort bekommen. Aber nicht, weil sie die Bösen sind – die Air Force gab mal bekannt, es sei ihnen gelungen, etwas zu entwickeln, das sie ›Phaser‹ nennen wollten. Ich schrieb ihnen: ›Ich hoffe, Sie verwenden es mit der selben Achtung vor dem Leben, wie wir es getan haben‹. Darauf habe ich auch keine Antwort erhalten.«

Sowohl Regisseur Joseph Pevney als auch Walter Koenig selber haben den Einstieg des Schauspielers etwas anders in Erinnerung.

»Als Roddenberry sagte, er wolle einen Russen in der Serie haben«, erinnert sich Pevney, »sagte ich, ›Ich hatte da gerade einen Jungen in einer Show für Universal, der hieß Walter Koenig, von dem habe ich, glaube ich, ein paar Brocken Russisch gehört. Warum holen wir ihn nicht her und lassen ihn vorsprechen?‹ Gene sah ihn, und er fand ihm auf der Stelle gut. Er sieht Russisch aus, sein Gesicht hat slawische Züge. Er schien der Richtige zu sein, und er war kein typischer Klischee-Russe.«

Koenig ergänzt im »Star Trek Interview Book«: »Nun ja, Fakt ist, daß sie jemanden suchten, der den jugendlichen Zuschauern gefallen würde. Sie dachten da an jemanden wie Davey Jones aus ›The Monkees‹ – ursprünglich sollte es eine englische Figur sein. Wie auch immer, in Anerkennung des russischen Beitrags zum Raumflug entschloß man sich, es so zu machen, wie es jetzt ist. All das Zeug von wegen Prawda – Sie wissen, die Beschwerden – alles Quatsch. Das war bloß Publicity. Aber es war eine sehr praxisnahe Entscheidung, sie wollten jemanden, der den 14- bis 18jährigen gefallen würde, und sie machten einen Russen aus ihm.«

»Andererseits«, meint Koenig heute, »hatte ich keinerlei Vorstellung, wie wichtig diese Rolle für meine Karriere war. Man hatte mir gesagt, die Figur könnte wieder auftauchen, aber dafür gab es keine Garantie. Und dann war eine Sache, die glücklicherweise passierte, daß George Takei ›The Green Berets‹ drehte und sich so für die zweite Staffel verspätete. Sie holten mich hauptsächlich zurück, um diesen Posten mit einer gewissen Kontinuität zu besetzen, denn zu diesem Zeitpunkt hatten wir noch kein Publikumsecho. Ich glaube, ich hatte Glück, daß George nicht greifbar war.«

Zu der Zeit als Star Trek in die zweite Staffel ging, gab es sowohl im kreativen Bereich, als auch hinter den Kulissen einigen Wandel. Was das Drehbuch anging, war man langsam dazu übergegangen, Kirk, Spock, und etwas weniger McCoy, in den Mittelpunkt des Geschehens zu stellen, während Sulu, Scotty, Uhura, und jetzt auch Chekov, in den Hintergrund und zu Dialogen verdammt waren wie z.B. ›Grußfrequenzen offen, Captain‹, ›Die Maschinen halten nicht mehr aus, Captain‹, ›Warp 3, Captain‹ oder ›Aye, aye, Captain‹.

1990 erzählte Nichelle Nichols dem »Starlog Magazine«: »Ursprünglich waren sowohl die Serie als auch die Filme für ein Ensemble konzipiert, und die einzelnen Schauspieler sollten gleichberechtigt sein. Aber irgendwann entschied man, Bill und Leonard Nimoy von uns zu trennen. Diese Situation gefällt mir gar nicht. Es stört mich nicht, das Bill und Leonard die Stars sind, aber angesichts der Tatsache, daß man durch eine Star-Trek-Rolle als Schauspieler in der Branche völlig festgelegt ist, finde ich, hätte man zumindest unsere Figuren nicht so unbedeutend werden lassen dürfen.«

Die anderen Schauspieler (James Doohan, Walter Koenig, George Takei) haben sich im Laufe der Jahre ähnlich geäußert. Das wird immer dann besonders hervorgehoben, wenn ein neuer Star-Trek-Film ansteht, und die Presse über ihre Bemühungen um mehr Handlung für ihre Figuren berichtet.

Regisseur Joseph Pevney fühlte diesen Wandel im Laufe des zweiten Jahres sehr deutlich, und er gefiel ihm überhaupt nicht.

»Am Anfang war das Wort, und das Wort hieß Zusammenarbeit«, sagt er nachdrücklich. »Aber dann fingen sie an, die Fanpost zu lesen. Es war das erste Jahr, und sie saßen auf heißen Kohlen. Jedesmal, wenn das Telefon läutete, zitterte man, ›Sind wir abgesetzt? Sind wir abgesetzt?‹. Am Anfang waren alle nett«, fährt er fort. »Die Zusammenarbeit war gut und spannend, und dann ließ Gene Roddenberry die Dinge aus dem Ruder laufen.

Ich muß dafür den Produzenten verantwortlich machen, denn als Regisseur ist man ein Geliebter, eine Vaterfigur, und man liebt seine Leute, muß sie vorsichtig behandeln, um sie nicht zu beleidigen oder zu verletzen. Aber die Aufgabe des Produzenten ist es, ein strenger Vater zu sein, der Fehlverhalten und schlechtes Benehmen bestraft. Gene konnte diese Rolle nie spielen.

Gene Coon konnte es ein wenig, aber die Schauspieler achteten nicht so sehr auf ihn, denn Roddenberry war der oberste Boss. Also taten sie so, als hörten sie auf Coon, und dann kam Roddenberry runter und fand alles toll, was er sah.

3. KAPITEL

Gleich nach dem Wiederbeginn der Dreharbeiten ging es los: Die Schauspieler wollten mehr Anteil an der Gestaltung des Drehbuchs haben, deswegen wollten sie einen Tisch für Textproben auf der Bühne haben. Die treibende Kraft dabei war, glaube ich, Bill Shatner. Leonard konnte seine Vorschläge auf die ruhige Art machen, in dem er zu Coon oder Roddenberry ins Büro ging, dafür waren sie sehr empfänglich. Aber plötzlich begann sich die ganze Geschichte vom Produzenten und vom Regisseur zu den Schauspielern zu verlagern. So, als sei er selbst der Produzent, stellte Bill Tisch und Stühle auf, und er war es auch, der mit dem Requisiteur sprach, wenn das Ding zur Seite geräumt werden mußte. Nun ja, wenn Sie in fünf oder sechs Tagen, oder wie auch immer sonst die Termine damals waren, eine Folge abdrehen, ist einfach keine Zeit für ständige Proben, Textproben mit Stiften in der Hand, um Änderungen zu machen, denn wenn man einmal anfängt, zu ändern, müssen diese Änderungen vom Produzenten abgesegnet werden.«

Robert Justman ergänzt: »Bill war tatsächlich der Anstifter dieses Tisches. Er wollte die Möglichkeit haben, zu proben, und ich erwiderte, ›Ok, ich sag' Dir was, zwischen den einzelnen Szenen bauen wir einen Tisch auf, trommeln alle zusammen, und sprechen die nächste Szene durch.‹ Das war es, was Bill wollte, und wir ermöglichten es. Es war nützlich, es half wirklich eine ganze Menge.«

»Es kostete Zeit«, meint im Gegensatz dazu Pevney. »Es stört das Wichtigste überhaupt: die disziplinarische Oberaufsicht des Regisseurs auf dem Set. Die ist eine sehr komplizierte und empfindliche Sache, von der sich die Fenrsehindustrie völlig verabschiedet hat. Der Regisseur bei einer Fernsehproduktion ist heute eine Niemand. Er hat rein gar keine Bedeutung mehr. Er ist ein Laufbursche, und das ist einer der Gründe, warum ich nicht mehr arbeite. Ich bin absolut wütend, was diesen Mist angeht. Ich stamme aus einer strengen Schule, für die das Drehbuch alles ist.

Nichts anderes zählt! Wie ist die Story? Und das ist meine Funktion: Ich muß die Story so erzählen, wie sie der Autor gemeint hat. Das ist meine Definition von ›Regisseur‹. Sobald da reingepfuscht wird, verliert er jegliche Autorität. Und jedesmal, wenn ich ›Schnitt‹ gerufen hatte, rannten diese Typen unter Bills Kommando zum Tisch und fummelten an der nächsten Szene herum.«

Robert Justman erwidert: »Ich glaube nicht, daß Leonard oder Bill jemals etwas anderes im Sinn hatten, als die Serie besser zu machen. Besonders Leonard nicht. Er wollte sie ständig verbessern, wollte seine Figur glaubwürdiger machen, er wollte die einfachen Lösungen nicht. Das Problem ist natürlich, daß die Schauspieler das Skript erst ein paar Tage vor Drehbeginn bekommen, und dann ist es ein bißchen spät, Änderungen einzubauen.

Wir haben versucht, ihnen so weit wie möglich entgegen zu kommen, auch wenn es uns das Leben zur Hölle gemacht hat. Es war einfach keine Zeit.«

Darauf angesprochen, daß Pevney glaubt, die Regisseure hätten die Kontrolle über die Serie verloren, überlegt Justman einen Moment: »Ich habe in der zweiten Staffel eine Regelung eingeführt, mit der dieses Gefühl zusammenhängen könnte«, gibt er zu. »Wir wechselten die Regisseure ab, nicht so, wie in der ersten Staffel, wo wir willkürlich vorgingen. Hauptsächlich waren es Marc Daniels und Joe Pevney, die wir sich abwechseln ließen, denn sie kannten die Serie, und die Ergebnisse waren im allgemeinen sehr, sehr gut. Und so meinte ich, unter dem Rentabilitätsgesichtspunkt, daß wir auf diese Weise aus den zur Verfügung stehenden finanziellen und zeitlichen Mitteln so viele Folgen wie möglich zustande bekommen würden. Diese beiden Männer waren sehr, sehr gut, aber gleichzeitig lernten wir etwas – lernte ich etwas – nämlich, daß allzu große Vertrautheit Verachtung erzeugt. Ich sollte das nicht sagen. Aber die Sache läuft Gefahr, zu lax zu werden, wenn es immer nur derselbe Regisseur ist, und man verliert ein wenig von der Spannung. Sie sollten wissen, Joe war auf dem Set außerordentlich beliebt. Die Leute mochten ihn wirklich. Er war sehr angenehm und motiviert. Marc hingegen war ein ganz anderer Typ. Marc machte aus meiner Sicht die besseren Folgen, aber er war die schwierigere Persönlichkeit. Er war sehr beschlagen in allen Formen des Theaters und der Comedy. Seine Erfahrung war gewaltig, da er sowohl ein erfolgreicher Filmregisseur, als auch Theater- und Fernsehregisseur war. Er war als Regisseur ein Allrounder, aber er verlagte auch mehr, als die meisten anderen. Er führte ein strengeres Set.«

Pevney bemerkte Probleme besonders dann, wenn er und Marc Daniels zu Arbeiten an anderen Produktionen abwesend waren, und Leute wie Ralph Senensky oder Vincent McEveety für einzelne Folgen einsprangen.

»Während Marc und ich woanders arbeiteten, holte man neue Regisseure, und diese neuen Regisseure hatten Ideen«, erklärt er, »aber die Schauspieler steckten schon fest in Verhaltensmustern, die neue Einfälle nicht zuließen, wenn sie glaubten, die würden zu ihrer Figur nicht passen. Dann fingen die Probleme wirklich an. Bill machte einige Dinge nicht, weil Kirk das nicht machen würde. Leonard dachte auch so, sehr stark sogar, denn er steckte derart in seiner Rolle, daß er genau wußte, wie Spock sich in einer bestimmten Situation verhalten würde.«

»Es war in gewisser Hinsicht richtig«, gesteht Pevney zu, »daß sich die Schauspieler auf diese Weise geschützt haben. Aber es war falsch, sich so gegen neue Ideen zu verschließen. Es gab gute und schlechte Gründe. Aber dann, als wir zurückkamen, fanden wir die Schauspieler mit einer völlig veränderten Einstellung vor. Der Schauspieler war jetzt Co-Produzent, Co-Regisseur, und Co-Autor. Nun, meine Einstellung gegenüber so etwas ist sehr eindeutig: Das kommt überhaupt nicht in die Tüte. Der Regisseur ist der Regisseur. Du möchtest Regisseur sein? Alles Gute, tschüß, gehe hin, und sei Regisseur. Aber wenn ich der Regisseur bin, dann bin ich der Regisseur, und Du bist der Schauspieler. Du bringst das Beste, was Du hast, und ich treffe die Entscheidungen.«

Zu einem gewissen Grade stimmt Vincent McEveety Pevneys Beobach-

3. KAPITEL

tungen zu: »Ich denke, das trifft für viele Serien zu«, sagt er, »sehen Sie, wie festgefahren ›Gunsmoke‹ (dt.: »Rauchende Colts«) war. Nehmen Sie zum Beispiel Jim Arness. Wie weit konnte er von der Grundkonzeption seiner Figur abweichen? Bei jedem Ausreißer pfiffen sie ihn zurück. Der Standardspruch bei Star Trek war: ›Spock würde dieses nicht tun, Kirk würde jenes nicht tun.‹ Plötzlich sind sie komplette Figuren, wo sie zwei Jahre zuvor noch gar nichts waren, und keiner wußte, wie sie sich in einer bestimmten Situation verhalten würden. Das meine ich nicht unbedingt kritisch, aber wie Joe Pevney auch sagt, es beschneidet doch die Möglichkeiten sehr, das ist alles.

Ich habe an zu vielen Serien mitgearbeitet, bei denen die Schauspieler ein ähnliches, wenn nicht noch lautstärkeres Verhalten an den Tag gelegt haben, und diese Serien waren alle ausgesprochen erfolgreich.«

»Sie nennen es ›die Figur schützen‹«, führt McEveety aus. »Die Figur kommt zuerst, vor der Story, den Variationen, vor allem anderen, denn – so ihre Vorstellung – das ist der Schlüssel zum Erfolg einer Serie, und ich glaube, sie haben recht. Man muß für die Figur schreiben. Manchmal sind die Autoren sehr lasch, und schreiben einfach irgendein Skript. Aber diesen Schauspielern liegt sehr viel daran, ihre Rolle nicht zu schwächen. Das wäre okay in der Schauspielschule, aber hier kastriert es ihre Figur. Wenn bei Star Trek in den späteren Jahren irgend etwas fehlte, mehr noch als die Weiterentwicklung der Figuren, dann waren es gute Drehbücher. Ich glaube, es wurde mehr und mehr die Klischeeschreibe, wenn Sie so wollen. Eine Story wird ausgebrütet, dann gehen sie ihn, und stopfen die Schauspieler hinein.

Man holt Autoren, die mit der Serie nicht vertraut sind, die sagen dann ›Wäre es nicht spaßig, wenn Spock mal dieses oder jenes machen würde?‹ Dann geht man auf die Bühne und findet heraus, daß Spock ›dieses oder jenes‹ nun mal leider gerade nicht machen würde, also ist es leider auch nicht ›spaßig‹. Sowas ist Schreiben ohne richtigen Durchblick.«

Regisseur Ralph Senensky bleibt angesichts der ganzen Situation philosophisch. »Fernsehserien drehen ist wie auf fahrende Züge zu springen«, meint er. »Was man als Regisseur machen muß, ist zuerst einmal draufspringen, ohne sich die Kochen zu brechen. Wenn man dann drauf ist, muß man aufs Dach steigen und nach vorne rennen, in die Lokomotive klettern und den Führerstand übernehmen. Es ist so, daß man sich erstmal damit vertraut zu machen hat, wer die Leute sind, bevor man irgend etwas Eigenes in die Sache einbringen kann. Nicht im Hinblick darauf, was man aus ihnen machen will, sondern was und wer sie wirklich – vorher schon – sind. Das muß man machen, und dann kann man anfangen, nach Fehlern zu suchen, nach Dingen, die man tun kann, kann Freiräume nutzen und ausbauen. Deswegen ist man in gewisser Weise auf die Mithilfe der Schauspieler angewiesen. Man fragt: ›Würde Deine Figur sowas machen?‹«

»Ich habe das einfach akzeptiert«, fährt er fort. »Ein wesentlicher Bereich, wo Schauspieler diese Schiene fuhren, war nicht so sehr die Schauspielerei selbst, sondern das Skript. Vielleicht fanden sie, ihre Figur hatte nicht genügend Platz bekommen, oder das Drehbuch war vom Thema abgewichen. Manchmal kriegen Schauspieler in ihrer ersten Staffel eine Rolle, über die sie sich riesig freuen. Aber in der zweiten Staffel haben sie mehr Ahnung vom Schreiben, Regieführen, Produzieren, egal was, als alle anderen. Eine solche Position kann man auch ausnutzen. Es ist eine Gratwanderung, das gebe ich selbstverständlich zu. Ein Schauspieler kann nützlich sein – im Laufe der Jahre habe ich selbst oft die Hilfe eines Schauspielers in Anspruch genommen, um ein Skript geändert zu bekommen, wenn wir das beide wollten. Ich schickte den Schauspieler zum Produzenten vor, denn der Produzent wird eher nachgeben, wenn der zu ihm kommt, als wenn ein neuer Regisseur hereinspaziert und sagt: ›Mir paßt Dein Skript nicht!‹

Ich erinnere mich an die Folge ›Is There in Truth No Beauty?‹ aus dem dritten Jahr. Es war der erste Drehtag, und die Schauspieler weigerten sich schlicht und ergreifend, zu drehen. Gene Roddenberry, der mit der dritten Staffel nicht so viel zu tun hatte, kam extra her, sie hatten eine Unterredung, und wir verloren einen halben Tag. Wir saßen buchstäblich herum und schwätzten, und dann verschwand ich, um mit den Gaststars zu drehen. Ich drehte mit ihnen nachmittags eine Szene, während Gene die andere Sequenz überarbeitete, um die Wogen zu glätten. So ist das nicht nur bei Star Trek, das ist ein ständiger Kampf. Das bedeutet nicht, daß ich nachsichtiger bin als Joe oder Marc, aber ich habe das so oft erlebt, daß die Leute nicht meinen sollen, so etwas gäbe es nur bei Star Trek.«

Star-Kämpfe ...?

Gerüchte über Konflikte zwischen den Stars einer Fernsehserie gibt es wahrscheinlich schon seit die Serien selbst existieren. Wie bei den meisten Gerüchten hat man die eine Seite, die andere Seite und die Wahrheit. Mochten sich Jack Klugman und Tony Randall wirklich bei ›The Odd Couple‹ (dt.: »Männerwirtschaft«)? Ja, kein Zweifel, man sehe nur den jüngsten Schwung Eagle-Snack-Werbespots mit den beiden als Beweis, daß ihre Freundschaft seit zwei Jahrzehnten hält. Hatten Penny Marshall und Cindy Williams Probleme auf dem Set von ›Laverne & Shirley‹? Zieht man in Betracht, daß die letzte Staffel Laverne (Marshall) ohne Shirley brachte, kann man davon ausgehen.

Und wie ist das bei William Shatner und Leonard Nimoy von Star Trek? Von den ersten Folgen bis hin zur Produktion der Filme gab es immer wieder Berichte über Spannungen in ihrer Beziehung, zum großen Teil ausgelöst durch die stürmischen Entwicklungen, in denen sie sich wiederfanden, und, so sagen einige Leute, durch die Ausbrüche ihrer jeweiligen Egos. Zu einem gewissen Grad ist das verständlich. Wenn man Millionen von Fans hat, die einen über den Status eines normalen Menschen hinaus zur Kultfigur erheben, muß das Folgen haben. Trotzdem haben beide Schauspieler im Laufe

3. Kapitel

der Jahre immer wieder betont, daß es niemals wirklichen Streit gab.

»Ich mag Leonard wirklich«, erklärte Shatner in den 1970ern. »Er bedeutet mir sehr viel. Er ist ein wunderbarer Mensch. Er steht mit seiner ganzen Person hinter dem, was er sagt. Sagt er etwas, meint er es auch. Man kann ihn beim Wort nehmen. Er hat einen verschmitzten Humor, und ist auf seine besondere Art sehr liebevoll. Und was die Reibereien zwischen uns angeht, so meine ich, daß sich auch zwei Kinder ein und derselben Familie über irgend etwas streiten können. Sie lieben sich, aber sie streiten.

Jeder, der Familie hat, und das haben wir alle, wird wissen, was ich meine. Man kann mit streitsüchtigem Ton sagen ›Nein, ich finde nicht, daß das richtig ist‹, und man ist auch wütend in diesem Moment, aber im nächsten Augenblick hat man alles wieder vergessen, weil man den anderen gern hat.«

In »The World of Star Trek« sagt Nimoy: »Bill und ich hängen mit Leib und Seele an unserer Arbeit, und wir haben beide starke Persönlichkeiten... und starke Empfindungen über das, was wir richtig und falsch finden. Ja, deswegen gab es tatsächlich Zeiten, in denen wir unterschiedlicher Meinung darüber waren, ob und wie etwas gemacht werden sollte. Aber wir sind sehr gute Freunde, wir stehen uns sehr nahe.«

Der Autor von »World of Star Trek« und »Trouble With Tribbles«, David Gerrold, berichtet: »Während der ersten Staffel brachte ›Saturday Review‹ einen Artikel über Trek, in dem stand, Spock sei viel interessanter als Kirk, und er sollte eigentlich Captain sein. Nun ja, für Tage hat sich absolut niemand in die Nähe von Shatner gewagt. Er war stinksauer. Man muß das mal aus seiner Sicht sehen: Er war als Star der Serie engagiert worden, es hieß ›Starring William Shatner with DeForest Kelley and Leonard Nimoy‹. Plötzlich schreiben alle diese Autoren großartiges Material für Spock, und Spock, der ursprünglich als Nebenfigur geplant war, wird genauso bedeutend wie Kirk. Die Serie, die als Serie über Kirk angefangen hatte, ist plötzlich eine Serie über Kirk und Spock.

Das klassische Trio: Dr. Leonard »Pille« McCoy, Captain James T. Kirk und Mr. Spock.

Bill fühlt sich dadurch definitiv zurückgesetzt. Auf der anderen Seite, Leonard ist ein gewiefter Geschäftsmann, und ein sehr guter Schauspieler – er hatte erkannt, daß diese Sache mit Spock die Möglichkeit zu mehr als nur einem ›außerdem wirkten mit‹ bot, und da klemmte er sich dahinter.«

Der SF-Autor Norman Spinrad schrieb für die zweite Staffel die Folge »The Doomsday Machine«. In dieser Folge trifft die Enterprise auf ein Gerät mit der Fähigkeit, ganze Sternensysteme auszulöschen. Ein Gastrolle spielt Commodore Decker (William Windom), Kommandant eines Schiffes, das vor kurzem von dieser Waffe zerstört wurde. Spinrad war überrascht von einigen Dingen, die er auf dem Set erlebte.

»Ich hatte eine lange, unveröffentlichte Novelle, deren Handlung ausschließlich auf einem Raumschiff ablief, und die in gewisser Weise eine Variation von Moby Dick war. Daraus wurde ›The Doomsday Machine‹. Mir wurde gesagt, ich sollte eine gute Rolle für Robert Ryan einbauen, und ich dachte mir, ihn diese Kapitän-Ahab-Figur spielen zu lassen. Und dann bekamen sie Ryan nicht, nahmen William Windom, also wurden Änderungen fällig. Ich mußte die Figur etwas weicher zeichnen, und ich glaube, das hat der Story einiges genommen.«

»In der ursprünglichen Version war Commodore Decker wesentlich stärker«, fährt er fort. »Sie finden ihn nicht vornüber gekippt im Wrack seines Schiffes, sondern sie finden ihn, wie er auf den Schirm starrt und sehr schlechte Laune hat. Es gab auch die Auffassung, daß eine Gastrolle mit einer solchen Präsenz Captain Kirk dominieren könnte. Deswegen mußte die Figur reduziert, und ihr Text zusammengestrichen werden. Außerdem gingen Teile des Textes von Spock an Kirk.

Es stimmt, er [Shatner] zählte die Zeilen. Ich war auf dem Set, als diese Folge gedreht wurde. Marc Daniels hatte die Regie, und er bekam die Sache nicht ans Laufen. Der Grund lag in einer Dialogsequenz, die ursprünglich als Kirk-Spock-Kirk angelegt gewesen war, aber die Zwischenzeile von Spock war herausgekürzt worden – daher gab es auch keine Reaktionszeile für die zweite Kirk-Zeile. Ich nahm Marc zur Seite und sagte: ›Laß Spock irgend etwas knurren‹, und erklärte ihm, daß da eine Zeile fehlte. Solche Dinge kamen vor. Sie zu bemerken, hing davon ab, wie weit man in der Produktion drinsteckte. Aber es konnten nicht viele Leute die ganze Zeit auf dem Set sein. Der Punkt ist, daß sie ihren Hauptfiguren Vorrang einräumen mußten.«

Spinrad war von der Serie selbst beeindruckt, und konnte die Schwierigkeiten zwischen den Schauspielern zum Teil verstehen. »Ich dachte, es war ein Geniestreich, was Roddenberry da tat«, sinniert er. »Die Fernsehserien alter Prägung waren mausetot, aber er fand eine Form, in der er jede Woche eine in sich geschlossene Folge bringen konnte. Alles, was man hatte, waren diese Leute in einem Raumschiff, die zu jedem Planeten hin konnten, der ihnen in den Sinn kam. Es war ein geniales Konzept, denn es war völlig offen, sie konnten praktisch machen, was sie wollten. Was die Figuren angeht – Spock war wirklich interessant und gut. Der Rest war ziemlich ›typenhaft‹, die Figuren hatten keine besonders starken oder besonders seltsame Eigenschaften.

Das war immer Bill Shatners Problem gewesen: Die Figur, die er

3. KAPITEL

spielte, war einfach nicht so interessant wie die von Nimoy. Er spielte die Hauptfigur – angeblich die wichtigste Rolle –, aber er konnte nicht die interessanteste Figur sein. Das lag nicht an ihm als Schauspieler, denn ich kenne ihn als sehr guten Schauspieler aus der Zeit vor Star Trek, er hatte einfach nicht die Rolle dafür, auch wenn in seinem Vertrag stand, er hätte. Das führte zu all dem Text-Klau und zu diesem verrückten Zeug in allen möglichen Drehbüchern, wo der Captain ausflippt, weil jemand ihm sein Schiff wegnehmen will. Auf eine seltsame Art hat das der Figur Kirk mehr Tiefe gegeben. Es gab Kirk etwas, das ein Stückchen Shatner war. Eine andere Sache, die man in Betracht ziehen sollte, ist, daß wenn eine Truppe solange zusammen ist, die Schauspieler ein Teil ihrer Figur geworden sein müssen; auch das gibt der Figur mehr Tiefe... vorausgesetzt, die Leute wissen, was sie tun.«

Joseph Pevney denkt über die Vermutung, es gäbe diesen Streit, nach, und er nickt zustimmend. »Wenn Gerüchte über Rivalitäten existieren«, beginnt er, »treffen sie wahrscheinlich zu. Leonard und Bill sind beides gute Schauspieler. Sie arbeiten gerne zusammen. Solange das Skript beide Figuren gleichwertig behandelt, gibt es keine Probleme. Wenn einer für den anderen nur den Dummy, den Hintergrund, abgibt, dann fängt die Rivalität an.

Das lehnen sie ab, aus verständlichen Gründen. Manchmal ist es von der Story her nicht möglich, beide ein Frage beantworten zu lassen, aber ein guter Autor löst das Problem in Sekunden, das einzige, was er braucht, ist eine dritte Figur, die den Hintergrund abgibt, dann kann er beide Helden Helden sein lassen. Es ist nicht allzu schwierig. Roddenberry war sich dessen immer bewußt, aber er verlor durch Bill und Leonard die Kontrolle über die Serie, dessen bin ich mir sicher.

Ich verließ die Serie lange, bevor sie auslief, denn mir machte die Arbeit mit den beiden keinen Spaß mehr. Der ganze Charakter der Serie hatte sich für mich verändert. Die Qualität der Drehbücher ging zurück, ich vermute, hauptsächlich, weil die Leute Angst hatten, daß, was immer sie auch einreichten, alles von Bill und Leonard in Stücke gerissen würde. Auch die obere Etage verlor das Vertrauen in das Material, und wenn das geschieht, richtet das großes Unheil an. Wenn ich mit dem Skript für ›Trouble With Tribbles‹ während der dritten Staffel aufgetaucht wäre, hätten sie mich vom Set gelacht. Sie hätten gesagt: ›So einen Mist kannst Du nicht bringen!‹, und das wäre es dann gewesen. Der Held der Folge war ein kleines wolliges Fellwesen, und sowas wollten sie nicht. Sie wollten immer selber die Helden sein, und das ist das Kennzeichen eines verwöhnten Schauspielers. Das sind Leute, die lesen ihre Post und haben mit Teamarbeit nichts mehr am Hut.

Als wir mit der Serie begannen, war ›Teamarbeit‹ das Schlüsselwort.

Keiner war wichtiger als der andere. Der Captain war der Captain des Schiffs, aber der Schauspieler war genauso wichtig wie alle anderen. Als Gene Coon die Serie verließ, verlor sie eine Menge ihrer Ordnung. Von der Zeit, als ich ›Arena‹ gemacht habe, bis zu meiner letzten Folge, gab es gewaltige Veränderungen. Wenn man sich beide Folgen ansieht, erkennt man die Unterschiede in der Qualität, die Veränderungen, die einem einen Eindruck der Anmaßung von Kirk und Spock verschaffen. Außerdem bemerkt man eine Art gegenseitige Herausforderung bei den beiden, die in der Realität und bei den Proben in Ordnung ist, aber nicht auf dem Bildschirm zu sehen sein sollte. Leonard sagte dann: ›Ich bin der Zweite Offizier, wann kann ich eine Folge machen, bei der ich das Schiff kommandiere?‹ Nun, solche Folgen kamen, und nach einer Weile war es Bill, der sagte: ›Moment mal, ich bin der Captain!‹ Solche Probleme kommen, würde ich sagen, vom Schauspieler zum Produzenten, denn, wenn sie mit ihren Folgen durch waren, krochen Bill und hauptsächlich Leonard Gene in den Hintern, machten Vorschläge, wie die Serie weitergehen sollte, manche davon brauchbar, manche fürchterlich. Alle, wie ich finde, sehr egoistisch vorgebracht. Ich war allerdings nicht dabei, ich habe das nur von Gene Coon gehört, der immer seltener ins Studio kam.

Die ganze Atmosphäre, das Gefühl der Zusammenarbeit, die Grundidee von Star Trek fiel auseinander.«

Die Zeiten ändern sich

Unabhängig davon, welche Konflikte hinter den Kulissen brodelten, brachte Star Treks zweite Staffel einige der besten Folgen der Serie überhaupt. »Metamorphosis« war eine ganz andere Liebesgeschichte, zwischen einem Energiewesen und dem Menschen, den es ein Jahrhundert zuvor gerettet hatte; »Who Mourns For Adonis« stellte Kirk und die Seinen gegen den griechischen Gott Apoll, und schaffte es, dies auf glaubwürdige Weise zu tun; »Amok Time« leuchtete den vulkanischen Paarungszyklus aus; »Mirror, Mirror« war ein faszinierender Blick auf die dunkle Seite des Universums: Kirk, McCoy, Scotty und Uhura werden in eine parallele Dimension transportiert, in der die Föderation den Platz einnimmt, den das klingonische Imperium in ›unserem‹ Universum innehat, und die Crewmitglieder werden nach Mordanschlägen befördert; »The Deadly Years«, wo Kirk, Spock, McCoy und Scotty Opfer beschleunigten Alterns werden; »Trouble With Tribbles«, die erste Komödie von Star Trek, über Fellwesen, die sich wie verrückt vermehren, und so alle an Bord der Enterprise und der Weltraumstation K-7 gefährden; »Journey to Babel«, eine Folge, in der die Enterprise sich mit Vertretern verschiedenster Rassen auf dem Weg zu einer Friedenskonferenz befindet, und wir zum ersten Mal Spocks Eltern, Sarek und Amanda, begegnen; »The Ultimate Computer« zeigt die Enterprise als Spielball des M-5 in einem Kriegsspiel, das fürchterliche Realität wird; und »Assignment: Earth«, ein Pilotfilm für eine Serie, die nie gedreht wurde: Die Enterprise reist zurück in der Zeit auf die Erde der 1960er. Dort trifft die Besatzung einen Mann aus der Zukunft, dessen Aufgabe es ist, den Menschen dabei zu helfen, sich vor der nuklearen Katastrophe zu retten. Das alles waren Beispiele für Star Trek in Höchstform.

3. Kapitel

Drehbuchredakteurin Dorothy Fontana überlegt: »In der ersten und zweiten Staffel gingen wir hauptsächlich deshalb von Erfolg zu Erfolg, weil wir hinsichtlich der Figuren und ihrer Schauspieler unsere Richtung gefunden hatten. Nach der sechsten Folge sahen wir die Schauspieler als ihre Figuren, und schrieben für ihre jeweiligen Stärken. Die Geschichten wurden einfach immer besser, obwohl es immer ein, zwei Ausfälle gibt. Insgesamt gesehen glaube ich, war unsere Trefferquote in den ersten zwei Staffeln ausgesprochen hoch.«

Obwohl die Auswahl der Stories ein großer Erfolg war, gab es gleichzeitig ein beunruhigendes Gefühl von Wiederholung bei der Verwendung der ›Parallelwelttheorie‹. Die erste Staffel hatte drei Mal ein erdähnliches Szenario verwendet: eine fremde Welt in »Miri«, und bei »Tomorrow is Yesterday« und »City on the Edge of Forever« jeweils die Erde in der Vergangenheit. In der zweiten Staffel gab es mit »Bread and Circuses« eine moderne Variante des alten Rom, mit »A Piece of the Action« eine lockere Version des Chicago der 20er Jahre, und »Patterns of Force« zeigte eine Welt, die von einem Nazi-Regime beherrscht wurde. »The Omega Glory« war eine Frontier-Geschichte, in der ein Föderationsoffizier eine fremde Gesellschaft ›infizierte‹, was zur Entwicklung einer Verfassung ähnlich der amerikanischen führte; bei »A Private Little War«, ebenfalls einer Frontier-Geschichte, haben wir es mit einer Analogie zu Vietnam zu tun – die Föderation und die Klingonen bewaffnen jeweils die andere Seite einer fremden Welt, um ein Gleichgewicht der Kräfte aufrecht zu erhalten. Außerem gab es das oben erwähnte »Assignment: Earth«.

Auch wenn einige dieser Folgen recht gut waren, schien sich doch der Eindruck aufzudrängen, daß Star Trek ein wenig stumpf wurde.

»Hat man einmal das Geheimnis gefunden, ist dieser Kitzel fort«, meint Robert Justman. »Das, was mich im Fernsehgeschäft motiviert hat, war die Herausforderung einer neuen Show, zu versuchen, ob ich es schaffen kann. Wenn ich dann einmal wußte, daß ich es konnte, wollte ich etwas Neues probieren. Ja, es stimmt, die ursprüngliche Magie, die erste Spannung, die verschwindet wohl, wenn man ihr Geheimnis kennt. Aber da blieb immer noch die Kameradschaft.«

»Wir hatten in der zweiten Staffel ein weiteres Problem, das sich während der dritten dann extrem verschärfte«, fügt er hinzu. »In der zweiten Staffel kürzte man uns das Budget pro Folge deutlich, obwohl sich die Zahl der Mitwirkenden erhöht hatte, und wir schon dadurch mehr Kosten hatten. Das wirkte sich auf die Art der Folgen aus, die wir drehen konnten. Das wurde bei der dritten Staffel noch schlimmer, als sie uns noch mehr strichen, trotz noch mehr Mitwirkender.«

Das bestätigt auch Regisseur Ralph Senensky: »Es gab kein Geld. Wenn Sie unsere Kulissen gesehen hätten, hätten sie sich gewundert. Eine stellte das Innere des Schiffes dar, und so groß war die Bühne sowieso nicht. Auf einer anderen Bühne bauten wir alles, was wir sonst noch brauchten. Zum Beispiel hatten wir dort in ›Metamorphosis‹ das Shuttle der Enterprise, die Gallileo. Wir sollten ein Raumschiff zeigen, und den Eindruck eines riesigen Planeten vermitteln. Ich weiß nicht, ob Sie sich an die Totalen erinnern, die wir damals machten. Das schaffte unser Kameramann Jerry Finnerman. Wir hatten buchstäblich das Raumschiff am einen Ende der Bühne, und die Kamera – soweit es irgendwie ging – am anderen. Jerry drehte mit einem 9mm-Objektiv, um diese Weite reinzubringen. Wenn Sie das heute sehen, ich denke, es ist großartig. Aber man konnte das 9mm-Objektiv nicht für Personenaufnahmen benutzen, denn es verzerrt. Das ist ein Beispiel für Beschränkungen, die wir aufgrund der finanziellen Situation hatten. Anstatt sich darüber aufzuregen, versuchten wir, sie mit Phantasie zu überwinden.«

Für Senensky änderte sich die Atmosphäre, als Paramount Pictures Desilu übernahm. »Desilu war wie eine Familie«, lächelt er. »Herb Solow, der damalige Leiter des Studios, kam immer herunter, und redete mit einem. Er war nicht wie die anderen Studiobosse, die sich nie mit dir unterhalten. Herb riß sich ein Bein aus, um zu helfen. Können Sie sich so ein Studio vorstellen?

Diese Übernahme durch die Paramount hatte eine Menge mit dem Ende der Serie zu tun. Gene Coon erzählte mir, daß für jede Folge eigentlich sechs Drehtage eingeplant waren, obwohl sie auf einen Durchschnitt von sechseinhalb oder sieben kamen. Es ist erstaunlich, wenn man die Qualität betrachtet, die dabei herauskam. Als Paramount kaufte, machte sich so ein Firmendenken breit. Ich glaube, deswegen gönne ich auch Paramount nicht den Erfolg mit Star Trek, denn, wenn alles so abgelaufen wäre, wie sie es wollten, hätten sie Star Trek kaputtgemacht. Star Trek überlebte trotz Paramount, und jetzt haben sie diese Goldgrube. Bei ihnen hatten wir sechs Drehtage. Punkt. Sie erlaubten keinerlei Überziehungen. Die Mannschaft tauchte um halb sieben auf, ab acht wurde gedreht, bis 19 Uhr, 19 Uhr 30. Wir reden von einem Sechs-Tage-Plan, und allerspätestens Mitternacht am sechsten Tag war endgültig Schluß, Feierabend. Was die tatsächlichen Stunden angeht, hatten wir sogar nur ungefähr fünfeinhalb Tage. Das war ein gewaltiger Schnitt. Der andere Terminplan war schon nicht bequem gewesen, aber bei dem neuen dachte man, man würde nur noch Mist drehen, denn man hatte keine Zeit.«

Wie schon erwähnt, entschloß sich Gene Coon mitten in der zweiten Staffel, Star Trek zu verlassen, weil er schlicht und ergreifend am Ende war. Über Monate hinweg zwölf bis sechzehn Stunden pro Tag waren zu viel gewesen, und er ging.

Glen Larson glaubt aufgrund von Gesprächen mit Coon, daß der die Nase von Star Trek voll hatte, und einfach nicht länger an der Serie arbeiten wollte.

»Gene hatte zwei Drehbücher vor sich auf dem Schreibtisch, die er umschreiben sollte«, berichtet Larson. »Plötzlich legte er den Bleistift hin und sagte schließlich: ›Das war's!‹. Er stand auf und ging. Es war eine sehr erschöpfende Erfahrung gewesen.«

Ein Teil des Problems war, laut William Campbell, der in »Squire of Gothos« aus der ersten Staffel Trelen spielte, daß hochklassige Autoren nicht

3. KAPITEL

mehr für die Serie schreiben wollten. Campbell meint: »Es wurde immer schwieriger, sich etwas Neues einfallen zu lassen. Vergessen Sie nicht, man arbeitete mit Autoren ›von außerhalb‹, und es wurde immer schwerer, sie zu bekommen. Wir sprechen zudem über eine Zeit, in der die großen Autoren generell nichts mehr machten. Vorher, als das Fernsehen seine ersten Erfolge verzeichnete, schrieben einige von denen für die Serien.«

Coon ging und landete letztlich bei Universal Pictures und »It Takes a Thief«, obwohl er unter dem Pseudonym Lee Cronin immer noch weiter für Star Trek schrieb. Larson zufolge, geschah das nicht aus freien Stücken.

»Zuerst wollte Gene Roddenberry ihn nicht gehen lassen, denn er hatte einen Vertrag«, meint Larson. »Da ließen sie ihn nur raus, wenn er weiter für Star Trek schreiben würde, und das tat er – unter einem Pseudonym. Also saß er da und tippte vor sich hin, während wir eigentlich an ›It Takes a Thief‹ arbeiten sollten, aber das war prima, denn so konnte ich selber mehr machen.«

Als Ersatz für Coon engagierte Roddenberry John Meredyth Lucas, Autor, Regisseur und Produzent.

»Ich war auf dem Gelände und drehte ›Mannix‹«, erinnert sich Lucas, »und ich schrieb ein Skript für Gene Coon. Gene wollte sich zurückziehen, und er schlug vor, daß ich für ihn einspringen sollte, denn ich hatte ›Ben Casey‹ produziert. Er fragte, ob wir uns mal zusammensetzen könnten. Ich ging zu ihm, und wir unterhielten uns eine Weile, und das war's. Zu der Zeit kümmerte sich Bob Justman um die Produktion. Als ich dazu kam, ging ich ebenfalls in die Produktion und führte außerdem Regie. Gene [Coon] meinte: ›Als sie mich engagierten, wußten sie, daß ich schreibe, und mehr nicht. So habe ich nicht produziert‹. Zu der Zeit, als ich zu Star Trek kam, gab es ein sehr kompliziertes System von Notizen für alle möglichen Leute. Jeder, der damit zu tun hatte, verschickte irgendwelche langen Nachrichten, fast so, wie die alte Hollywood-Technik.

Das habe ich ziemlich bald abgeschafft, denn es hat verdammt viel Zeit gekostet. Ich erinnere mich auch, daß es große Spannungen mit den Schauspielern gab. Nicht gerade Krieg, aber doch heftig. Gene nahm mich mit vor Ort, um mich als neuen Produzenten vorzustellen. Als sie eine Einstellung im Kasten hatten, gingen wir zu der Truppe, und als wir ankamen, ging Shatner fort. Er wollte mit Gene nicht sprechen, obwohl ich keine Ahnung habe, worum es ging.

Es gab eine Menge aufgestauter Spannungen zwischen Shatner, Nimoy und Gene. Sowas gibt es bei jeder Serie, aber bei Star Trek war es sehr auffällig, als ich dazustieß. Ich würde nicht sagen, daß ich sie gelöst habe, aber ich habe sie einfach ignoriert, machte weiter und war viel auf dem Set. Ich bin eher praktisch veranlagt, es war einfach ein anderer Ansatz. Was immer diese Spannungen versucht hat, weiß ich nicht genau. Schauspieler haben die Angewohnheit, daß sie sich sitzengelassen fühlen, wenn man nicht ständig bei ihnen ist und ihnen auf die Schulter klopft oder sich wenigstens ihren Ärger anhört. Mit der Zeit haben wir uns alle gut verstanden. Das heißt nicht, daß es keine Beschwerden gab, aber wir haben einen Weg gefunden, sie auszudiskutieren.«

William Campbell sieht die Sache so: »Ich weiß nichts über die Beziehung dieser beiden, aber eins kann ich Ihnen sagen. Wenn Schauspieler in einer Serie eine gewisse Stellung erlangt haben, passiert es ihnen nach kurzer Zeit – sie können nichts dafür –, daß sie wichtig werden. Und sie erkennen, daß sie den Produzenten in gewisser Weise herumkommandieren können. Sie haben alle was zu sagen. Ich erinnere mich an keine Situation, in der Gene Coon einem der beiden vorschrieb, wie er sich zu verhalten habe, er ließ auch nicht den Regisseur heraushängen, aber er hielt vielleicht den Fuß auf einigen Dingen drauf, die sie gerne geändert haben wollten. Oder es gab Bereiche, in denen sie gerne eine andere Entwicklung gesehen hätten, und Gene Coon widersprach ihnen, was ihnen nicht paßte. Aber ich habe ihn nie ein böses Wort gegen irgendwen sagen hören.«

Jackie Fernandez, die Gene Coon kurz nach seinem Einstieg bei Star Trek heiratete, meint: »Gene hatte es grundsätzlich nicht mit Schauspielern. Sie waren ihm einfach zu verwöhnt und zu egozentrisch. Er war das nicht. Er kam auch mit Robert Wagner nicht aus, als er zu ›It Takes a Thief‹ wechselte. Ich würde die ganzen Geschichten über Schauspieler, mit denen er nicht klar kam, nicht so wichtig nehmen, denn er hatte mit Schauspielern generell nicht viel am Hut.«

Als John Meredyth Lucas die Zügel bei den Drehbüchern in die Hand nahm, war er entschlossen, bei Star Trek das wiederzubeleben, was er als das ursprüngliche Konzept ansah.

»Wenn es etwas gab, das ich als Produzent zu Star Trek zurückbrachte, weil es ein wenig verlorengegangen war, dann war es Roddenberrys Ausgangspunkt für diese Serie: Horatio Hornblower. Das war es, was ich immer wieder versuchte unterzubringen. Die permanenten Kämpfe – Frontierkämpfe –, Kirk wieder als Captain Hornblower. Vieles davon war in der ganzen Fantasy untergegangen. Fantasy ist okay, aber im Verlauf der Staffel gab es immer weniger von diesen Hornblower-Elementen, die mich z.B. in ›The Ultimate Computer‹ sehr ansprachen.

Ein Problem im kreativen Bereich hatten wir, weil wir Folgen drehen wollten, die ein bestimmtes Konzept hatten. Das ist ein übles Wort, wenn man mit den Leuten von der Fernsehstation spricht. Für die ist ›Konzept‹ etwas, das man mit einem Wort sagen kann. Der Sender wollte eher grüne Monster, die jede Woche das Schiff verschlingen, und wir wollten eher Folgen machen mit einem Konzept, das etwas aussagt, anders ist. Aber weiß Gott, wir haben unseren Anteil an grünen Monstern, die das Schiff verschlingen, abgeliefert.«

Mitten in all diese Veränderungen, und während die Serie weiterhin ihr eigentliches Publikum – die Jugend Amerikas – ansprach, platzte eine Ankündigung der NBC: Star Trek würde nach dieser Staffel abgesetzt werden.

Glücklicherweise erhielt eine zweite Briefaktion die Serie am Leben.

Gerade so eben noch.

Episodenführer zur zweiten Staffel

»Amok Time«

»Who Mourns For Adonais?«

»The Changeling«

»Mirror, Mirror«

»The Apple«

»The Doomsday Machine«

»Catspaw«

»I, Mudd«

»Metamorphosis«

»Journey to Babel«

»Friday's Child«

»Te Deadly Years«

»Obsession«

»Wolf in the Fold«

»The Trouble With Tribbles«

»The Gamesters of Triskellion«

»A Piece of the Action«

»The Immunity Syndrome«

»A Private Little War«

»Return to Tomorrow«

»Patterns of Force«

»By Any Other Name«

»The Omega Glory«

»The Ultimate Computer«

»Bread and Circuses«

»Assignment Earth«

4. KAPITEL

EPISODE 29

Amok Time

»Weltraumfieber«

Erstausstrahlung: 15.09.1967
Drehbuch: Theodore Sturgeon
Regie: Joseph Pevney

Gaststars:

Arlene Martel (T'Pring)
Celia Lovsky (T'Pau)
Lawrence Montaigne (Stonn)
Byron Morrow (Komack)

Spock beginnt, die Kontrolle über sich zu verlieren, als Pon Farr ihn erfaßt, der vulkanische Paarungszyklus. Dieser wiederholt sich alle sieben Jahre, und der betroffene Vulkanier muß zurück auf seine Heimatwelt, um sich zu paaren oder bei dem Versuch zu sterben. Da die Enterprise mitten in einer Mission steckt, kann Kirk, der glaubt, Spock brauche lediglich Landurlaub, Vulkan für mehrere Tage nicht aufsuchen. Spock, in seinem Wahn, widerruft die Befehle des Captains und berechnet einen Kurs nach Hause. Langsam beginnt Kirk zu begreifen, was geschieht, und mißachtet die Befehle des Flottenkommandos, um nach Vulkan zu fliegen. Dort wird Spock endgültig vom Wahn erfaßt, und durch Manipulationen seiner mutmaßlichen Partnerin stehen er und Kirk sich in einem Kampf auf Leben und Tod gegenüber. [Anmerkung des Übersetzers: In Deutschland lief diese Folge stark gekürzt und mit verändertem Plot: Die Handlung, ansonsten ähnlich, läuft nahezu ausschließlich in Spocks Wahnträumen ab.]

Drehbuchredakteurin Dorothy Fontana erinnert sich an eine Besprechung bezüglich der Details der vulkanischen Paarung. »Ich weiß nicht mehr, ob es Gene Roddenberry, Gene Coon, oder Ted war, der sich diesen siebenjährigen Paarungszyklus ausgedacht hatte, aber so wie wir ihn eingeführt haben, machen sich viele Leute einfach nicht die Mühe, ihn zu verstehen«, sagt Fontana. »Vulkanier paaren sich normalerweise immer, wenn sie Lust haben. Aber alle sieben Jahre gibt es dieses Ritual, die Zeremonie, der biologische

Leonard Nimoy und Arlene Martel, die in »Amok Time« zusammen spielten, hier gemeinsam auf einer Star Trek Convention.

Zwang – sie müssen. Zu jeder anderen Zeit ist es so, wie beim menschlichen Gefühlshaushalt, wenn man verliebt ist. Wenn man will, weiß man es – wenn der sexuelle Drang da ist, tut man es. Viele Leute haben die Geschichte mit den sieben Jahren zu wörtlich genommen, weil sie nicht vernünftig nachgedacht haben: wir sagten nicht nur alle sieben Jahre. Ich meine, nur alle sieben Jahre wäre ein bißchen blöd, und es würde auch nicht die vielen verschiedenen Altersstufen bei den Vulkaniern erklären, die nicht bloß alle sieben Jahre auseinander liegen.« Der verstorbene Autor Theodore Sturgeon hat einmal gesagt: »Wissen Sie, die Schauspieler waren derart mit ihren Figuren verschmolzen, daß sie sich ihren eigenen Text gemacht haben. In ›Amok Time‹ zum Beispiel, in der letzten Szene, als der Doktor so zufrieden war, weil er plötzlich diesen Ausbruch von Menschlichkeit bei Spock sah, ein strahlendes Lächeln, und Spock sagte ›Jim!‹, als er Kirk lebendig sah, und geglaubt hatte, er sei tot. Spock leugnete dann immer noch, zu irgendwelchen menschlichen Gefühlen fähig zu sein, und Dr. McCoy sagte: ›Erzähl‹ das Deiner Großmutter!‹ – das war nicht von mir, das war De. De hat das selber da hinein gebracht. Sie machten das alle von Zeit zu Zeit. Bill machte das besonders gerne. Und wenn es paßte, ließen sie es drin, denn es war eine von den Sachen, die die Serie gut machte.« Regisseur Pevney fügt hinzu, »›Amok Time‹ war gut. Ich holte die Schauspielerin, die T'Pau spielte. Der Kampf war ausgesprochen gut, der beste, den wir je drehten. Was ihn so spannend machte, war, daß er zwischen Kirk und Spock ablief. Während dieser Folge haben Leonard Nimeoy und ich uns den Gruß der Vulkanier zusammen ausgedacht, ›Live long and prosper‹. Er sprach schließlich darüber in einem Interview, und er nannte meinen Namen nicht. Er sprach vom Regisseur, aber nicht von mir. Nun ja, Leonard ist jetzt selbst ein Top-Regisseur, und ich hoffe, er verändert sich als Mensch nicht. Er war ein netter jüdischer Junge mit einer guten Sprachbegabung. Ich hoffe bloß, daß er nicht allen Quatsch glaubt, weil es so leicht ist, ihn zu glauben. Es ist egal, wer man ist, man kann immer drauf ›reinfallen.« Bei anderer Gelegenheit erinnert sich Leonard Nimoy: »Wir kamen auf dem Planeten an, und die drei Hauptfiguren – Captain Kirk, Spock, und Dr. McCoy – wurden von einer Prozession aus der Stadt begrüßt. Als die Prozession mit der Herrscherin des Planeten, von Trägern in einer Sänfte getragen, herankam, stellten wir fest, daß die vulkanische Gesellschaft ein Matriarchat war. Die Herrscherin hieß T'Pau, die Figur wurde von Cecilia Lovsky gespielt, einer wunderbaren Schauspielerin. Dem Drehbuch nach sollte sie von den Trägern abgesetzt werden, und ich sollte mich ihr nähern, und dann sollten wir einige Höflichkeiten austauschen. Ich dachte mir, ›Das ist die Möglichkeit, einen speziellen vulkanischen Gruß einzuführen, eine Art Signal, das sie untereinander austauschen‹. Und ich meinte zum Regisseur: ›Menschen schütteln sich die Hände, wenn sie sich begegnen, und Militärs salutieren‹. Er fragte mich, was ich mir vorstellte. Ich bin in einer orthodoxen jüdischen Familie aufgewachsen, und an den hohen

4. Kapitel

Feiertagen ging ich mit meinen Eltern in die Synagoge. Ich saß neben meinem Vater und meinem Bruder. An einem bestimmten Punkt in der Zeremonie spenden die Kohanim, die Priester des Hebräischen Volkes, der Gemeinde einen Segen, den wir alle aus dem Alten und dem Neuen Testament kennen: ›Möge der Herr Euch segnen und beschützen‹, und so weiter. Wenn diese Stelle in der Zeremonie erreicht ist, wendet die Gemeinde den Priestern den Rücken zu, und sieht sie nicht an. Ich weiß nicht genau, warum das so ist, aber die Kinder bekommen beigebracht, die Kohanim während dieses Segens nicht anzusehen. Natürlich habe ich, ein neugieriges acht- oder neunjähriges Kind, geguckt. Was ich sah, war...« Nimoy zeigt die Geste. »...die Männer hielten die Hände beim Segnen der Gemeinde in dieser Position... ich war fasziniert. Ich dachte, ›Das mußt du auch lernen‹, und ich habe lange und hart geübt, um es zu können.«

Episode 30

Who Mourns For Adonais?

»Der Tempel des Apoll«

Erstausstrahlung: 22.09.1967
Drehbuch: Gilbert Ralston und Gene L. Coon
Regie: Marc Daniels

Gaststars:

Michael Forest (Apollo)
Leslie Parrish (Caroly Palamas)
John Winston (Kyle)

Die Enterprise gerät wörtlich zu nehmend in die Hand des giechischen Gottes Apollo, der entschieden hat, daß die Zeit für die Menschen gekommen ist, ihn wieder anzubeten. Kirk braucht sowohl die gesamte Energie des Raumschiffes, als auch Crewmitglied Carolyn Palamas, die sich in Apollo verliebt hat, um die gewaltigen Kräfte des Gottes zu bekämpfen, und die Freiheit von Schiff und Besatzung wiederzuerlangen. Apollo erkennt schließlich, daß die Menschheit nicht gezwungen werden kann, irgend etwas anzubeten, und er steigt auf zu einer spirituellen Ebene, wo auch die anderen Götter sich befinden, die lange schon verstanden haben, das ihre Zeit vorbei ist.

Es gibt einen erstaunlichen Moment in dieser Folge, als Carolyn Palamas die Liebe des Apollo zurückweist (trotz ihrem Wunsch, das Gegenteil zu tun) und ein Sturm, von Apollo geschickt, über sie herfällt. Wenn man sich diese Szene ansieht, kommt man um den Eindruck nicht herum, daß er sie vergewaltigt. Tatsächlich ist sie in einer früheren Fassung des Drehbuches von Apollo schwanger. Zu diesem Drehbuch bemerkt Dorothy Fontana: »Ich glaube, Gene Coon hat hauptsächlich die Beziehungen der Figuren ausgebaut. Der Gott wollte die Frau nicht nur zu seiner Gemahlin machen, sondern auch zur Vordersten seiner Anbeter. Und dann diese antagonistische Beziehung zwischen Kirk und Apollo, Kirk ging nicht auf die Knie, um einen Gott anzubeten. Keine Chance. Auch das war eine Frage der Figurenentwicklung.« »Unbescheiden ausgedrückt«, beginnt Autor Gilbert Ralston, »ich bin ein Experte auf dem Gebiet der griechischen Geschichte, und ich fing an, mich für einige Figuren aus meinen Büchern zu interessieren. Die Figur des Apollo zu verwenden, kam mir einfach als gute Idee vor, und Gene Coon gefiel sie auch sehr. Ich mochte Star Trek wegen Gene und einigen anderen Leuten, die ursprünglich daran arbeiteten. Ihr Konzept war ausgefeilt und sehr anspruchsvoll, und es machte Spaß, dafür zu schreiben, denn sie forderten literarische Qualität, was das Drehbuch anging. Solche Serien waren immer eine Wohltat. Es war eine Serie mit Menschen, ohne Überbetonung von Stunts oder Spezialeffekten. Es ging um Menschen, und daß einer davon komische Ohren hatte, machte da keinen Unterschied. Sie hatten keine Angst, das was sie taten mit Gefühlen zu versehen, und in seiner eigenen Art, denke ich, hatte es eine Realität, die sehr wichtig war. Ich glaube, Star Trek wird uns als Quasi-Klassiker noch lange erhalten bleiben.«

Carolyn Palamas, die in einer frühen Drehbuchfassung von »Who Mourns for Adonis« von Apoll ein Kind erwartet, wurde von Julie Parrish gespielt, hier in ›The Wild Wild West‹.

Episode 31

The Changeling

»Ich heiße Nomad«

Erstausstrahlung: 29.09.1967
Drehbuch: John Meredyth Lucas
Regie: Marc Daniels

Gaststars:

Blaisdell Makee (Singh)
Arnold Lessing (Lt. Carlisle)
Vic Perrin (Die Stimme von Nomad)

Eine Bevölkerung von über vier Milliarden wird im Maluranischen Sternensystem ausgelöscht. Die Ursache ist eine Kombination aus Sonde und Computer, die mehr Energie als die Enterprise oder die gesammte Sternenflotte hat, und sich ›Nomad‹ nennt. Nomad kommt an Bord der Enterprise. Fälschlicherweise nimmt er an, daß es sich bei Captain Kirk um seinen Schöpfer Jackson Roykirk handelt, weswegen er Kirks Befehlen gehorcht. Durch eine vulkanische Gedankenverschmelzung erfährt Spock, daß es sich bei Nomad eigentlich um eine Raumsonde von der Erde

4. KAPITEL

handelt, die bereits vor Jahrhunderten verlorenging. Durch eine Kollision mit einem Maschinenplaneten wurde die Sonde beschädigt, und bei der Selbstreparatur vermischten sich der Auftrag des Maschinenplaneten »Finde intelligentes Leben« und derjenige der Sonde »Finde Bodenproben und sterilisiere sie« auf tödliche Weise. Kirk muß die Maschine durch einen Trick dazu bringen, sich selbst zu zerstören.

Autor und Produzent John Meredyth Lucas sagt: »Ich war immer schon fasziniert von der Idee der Maschine als Gott. Das war der eigentliche Auslöser. Auch wenn ›The Changeling‹ ein Kommentar zur Technikanbetung ist, wollte ich nicht irgendeine bestimmte Position vertreten. Es war einfach eine faszinierende Vorstellung, daß eine Maschine – in einem sehr realen Sinn – lebendig werden konnte. In der Geschichte geschieht das zufällig, aber es wurde ein sehr reales, urteilsfähiges Wesen daraus, und eine Bedrohung.« Es wird hervorgehoben, daß »Star Trek: Der Film« dieser Folge sehr ähnelte.

»Es ist wohl ein wenig schwierig«, meint Lucas, »einen ganzen Film auf diesem Plot aufzubauen. Weiß Gott, die Effekte und alles andere, was man damals machte, waren für die Zeit sehr, sehr gut, heute scheinen sie eher primitiv. Aber den Plot habe ich natürlich erkannt.«

»›The Changeling‹ erforderte ein großes Maß an Einfallsreichtum«, erinnert sich Marc Daniels. »Wir mußten drei Nomads haben, einen an einem Seil, damit er in einem Raum schweben konnte, einen auf einem Wagen, um ihn durch die Korridore und auf die Brücke zu bewegen, und einen, der auf dem Boden stand. Man konnte ihn einfach nicht an einem Seil durch eine Türe bewegen, deswegen das System mit dem Wagen. Wenn wir ihn in seiner ganzen Autorität zeigen wollten, haben wir ihn an ein Seil gehangen.«

EPISODE 32

Mirror, Mirror

»Ein Parallel-Universum«

Erstausstrahlung: 06.10.1967
Drehbuch: Jerome Bixby
Regie: Marc Daniels

Gaststars:

Barbara Luna (Marlena)
Vic Perrin (Tharn)

Während eines Ionensturms verschlägt es Kirk, McCoy, Scotty und Uhura in eine parallele Dimension, auf eine andere – grausame – Enterprise. In diesem Universum wird die Föderation genauso gefürchtet, wie die Klingonen, und die Beförderung der Crewmitglieder erfolgt nach Morden. Spock (mit Bart!) ist auch hier Erster Offizier, aber seine Logik ist verbunden mit schokkierender Rücksichtslosigkeit. Kirk und die anderen bemühen sich, nicht aufzufallen, bis sie einen Weg gefunden haben, wieder zurückzukommen, dabei entgehen sie nur knapp der Entdeckung. Gleichzeitig versucht Kirk, Spock davon zu überzeugen, daß es logisch wäre, die bestehende Ordnung zu ändern, denn die Föderation würde von den Rebellen besiegt werden, und er, Spock, könne diese Revolution anführen. Scotty entwickelt letztlich einen Plan, bei dem eine Wiederholung der physikalischen Bedingungen des Ionensturms sie zurück in ihr Universum bringen soll. Aber wenn sie diese Chance verpassen, sitzen Kirk und die Seinen für immer in der Falle.

Der altgediente SF-Autor Jerome Bixby, der schon Drehbücher für Rod Sterlings »The Twilight Zone« und den 20th-Century-Fox-Film »Fantastic Voyage« geschrieben hat, war ein echter Glücksgriff für Star Trek. »Mirror, Mirror« enstand, »weil ich eine Geschichte über ein Paralleluniversum schreiben wollte. Ich hatte schon eine Geschichte dieser Art, ›One Way Street‹, geschrieben, und ich glaubte, das würde sich bei Star Trek gut machen. Das Universum, das ich beschrieb, war ein grausames, und die Enterprise ein Piratenschiff, in das man einen Landungstrupp versetzen konnte. Ich reichte einen Entwurf ein, er gefiel ihnen, und ich schrieb das Drehbuch.« »Das war eine gute Folge«, kommentiert Marc Daniels. »Ich bin mir nicht sicher, ob es bei ›Mirror, Mirror‹ war, aber ich erinnere mich an eine große Kampfszene, nach der für einige Zeit einige leblose Körper am Boden herumlagen. Nach einer Weile hörte man einiges kräftiges Schnarchen von diesen Leuten, die eigentlich ohnmächtig sein sollten. Ich erinnere mich außerdem daran, daß Nichelle Nichols außer sich war, weil ich eine Stuntfrau für sie in dem Kampf engagierte. Sie sagte, ›Ich will das selber machen, die Frau sieht überhaupt nicht aus wie ich.‹ Ich meinte: ›Du mußt völlig verrückt sein. Das ist ein komplizierter Stunt, Du kannst Dich ernsthaft verletzen, wenn Du nicht genau weißt, wie das läuft. Wir können uns nicht erlauben, daß Du ausfällst.«

EPISODE 33

The Apple

»Die Stunde der Erkenntnis«

Erstausstrahlung: 13.10.1967
Drehbuch: Max Ehrlich und Gene L. Coon, nach einer Idee von Max Ehrlich
Regie: Joseph Pevney

Gaststars:

Keith Andes (Akuta)
Celeste Yarnall (Martha Landon)
Jay Jones (Mallory)
Shari Nims (Sayana)
David Soul (Makora)

Captain Kirk hat's wieder mit einem Computer. Die Enterprise fliegt zu einem Planeten, der von Vaal, einem uralten Computer, beherrscht wird. Er kontrolliert sowohl die Naturgesetze, als auch die Bewohner. Es ist eine idyllische Welt, aber die Bewohner sind wie Kinder. Sie haben keine Sorgen, mit nichts etwas zu tun, und erlauben Vaal, sich um alles zu kümmern. Im Gegenzug bringen sie ›ihm‹ Gaben zur Besänftigung dar. Kirk und die Besatzung der Enterprise

4. KAPITEL

muß ihnen zeigen, daß dies falsch ist, und daß sie ein Recht darauf haben, ihr Leben selber zu regeln.

Der Schauspieler und Freund von Gene Coon, William Campbell, betont: »Gene erkannte einige der Schwächen von Star Trek. Er sah die Kult-Atmosphäre und dachte, daß kein Amerikaner die Konzeption von der Enterprise als ›Polizist des Weltalls‹ gutheißen würde. Es war ein bißchen zu sehr L. Ron Hubbard [Anm. d. Übersetzers: Hubbard, verstorbener Gründer der Sekte Scientology Church, ehemals SF-Autor]. Da ist ein Führer, der allmächtig ist, hier ist ein Raumschiff, eine Stadt, die herumfliegt, und alle diejenigen vermöbelt, die aus der Reihe tanzen. Keiner sagt Kirk, was er zu tun hat, denn er ist der Boss. Man setzt sich nicht zusammen und sagt: ›Wir beraten jetzt, ob Du das so machen kannst.‹ Er war sich der Unmöglichkeit bewußt, meinte aber, ›Wir können den jungen Menschen – denn das sind diejenigen, die in der Zukunft die Entscheidungen treffen – zeigen, daß Recht Recht sein sollte, denn heute weiß man nicht mehr, wer im Recht ist.«

EPISODE 34

The Doomsday Machine

»Planetenkiller«

Erstausstrahlung: 20.10.1967
Drehbuch: Norman Spinrad
Regie: Marc Daniels

Gaststars:

William Windom (Commodore Decker)
Elizabeth Rogers (Lt. Palmer)
John Copage (Elliot)
Richard Compton (Washburn)
John Winston (Sgt. Kyle)
Tim Burns (Russ)

Nachdem mehrere Sternensysteme zerstört worden sind, beginnt die Enterprise mit einer Untersuchung und findet die Überbleibsel der U.S.S. Constellation mit Commodore Matt Decker, ihrem Kommandanten, als einzigem Menschen an Bord. Er berichtet in einer entsetzlichen Geschichte, wie ein Tunnel sich im Weltraum auftat, der Energiewellen ausstieß, die ganze Planeten zerschmetterten. Er beamte seine Crew auf einen nahen Planeten, in der Hoffnung, sie sei dort sicher, aber genau dieser Planet war das nächste Ziel des Angreifers. Kirk und Spock kommen zu dem Schluß, daß es sich bei diesem Phänomen um eine »Doomsday Machine« handeln muß, eine perfekte Waffe, die von einer längst ausgestorbenen Rasse gebaut worden ist, und die seit Jahrhunderten schon Planeten zerstört. Jetzt besteht die Hoffnung, daß die Enterprise, und was immer von der Constellation gerettet werden kann, den Gegner besiegen kann, bevor der seinen Weg fortsetzt.

»The Doomsday Machine« war das erste Fernsehdrehbuch des bekannten SF-Autors Norman Spinrad. »Ich habe die beiden Star-Trek-Pilotfilme auf Conventions gesehen und Gene Roddenberry ein paar Mal getroffen. Außerdem habe ich eine Kritik von ›2001‹ im ›Cinema‹ geschrieben, in der ich Star Trek lobend erwähnt habe«, erinnert sich Spinrad. »Gene forderte mich auf mitzumachen. Dann sagte er: ›Was wir machen, ist ziemlich kostspielig. Wir überziehen praktisch regelmäßig unser Budget. Kannst Du irgend etwas machen, was nur auf dem Schiff spielt?‹ Ich hatte eine lange, unveröffentlichte Novelle, die ausschließlich auf einem Schiff spielte, eine Art Variation von ›Moby Dick‹. Daraus wurde ›The Doomsday Machine‹.« »Ich habe mir neulich diese Folge das erste Mal nach langer Zeit wieder angesehen«, führt er aus, »und sie gefiel mir besser, als damals, besonders, wenn ich sie mit dem Mist vergleiche, der seit dem im Fernsehen gezeigt wurde. Ich war damals nicht so begeistert, denn was ich eigentlich im Kopf hatte, war die ursprüngliche Version, und ich dachte, man hätte das alles viel besser machen können. Und diese fürchterliche Doomsday Machine! Ursprünglich hatte mir Gene Roddenberry gesagt, ich solle das Ding selber entwerfen. Dieser Entwurf wurde dann vereinfacht, denn die Möglichkeiten der Umsetzung waren begrenzt. In meinem Entwurf ist es weder eine Maschine noch ein Lebewesen, sondern eine Kombination von beidem.«

Der Charakterdarsteller William Windom spielt den Kommandanten Matt Decker des zerstörten Raumschiffes in »The Doomsday Machine«.

EPISODE 35

Catspaw

»Das Spukschloß im Weltall«

Erstausstrahlung: 27.10.1967
Drehbuch: Robert Bloch und Dorothy Fontana
Regie: Joseph Pevney

Gaststars:

Antoinette Bowers (Sylvia)
Theo Marcus (Korob)
Michael Barrier (DeSalle)
Jimmy Jones (Jackson)

Star Trek macht auf Halloween! [Anmerkung des Übersetzers: Halloween, Nacht vor Allerheiligen, wo heute in Amerika besonders Kinder und Jugendliche in gespenstischen Kostümen durch die Straßen wandern, Partys feiern, und Leute erschrecken] Kirk, Spock und McCoy

4. KAPITEL

beamen auf Pyris VII und verfolgen Sulu und Scotty, die in Zombies verwandelt worden sind. Gleichzeitig bekämpfen sie fremde Wesen, die darauf aus sind, das Universum zu erobern, und dies nach klassischer Halloween-Methode machen, bis hin zu Hexen und schwarzen Katzen.

Robert Bloch erzählte dem »Starlog Magazine«: »Sie wollten eine Halloween-Geschichte. Ich wollte etwas, das Gestaltenwandlung beinhaltete. Also dachte ich mir, daß ich anstelle der üblichen Jekyll-und-Hyde-Verwandlungen eine Frau einbauen würde, die sich wie ein Chamäleon verändern konnte. Der Rest fügte sich dann einfach zusammen. Ich habe einige Probleme mit dem, was daraus geworden ist. Es lag nicht an ihnen, das Geld war einfach nicht da. ›Catspaw‹ schrie förmlich nach optischen Effekten bei der Bearbeitung. Ein Katzengesicht in Nahaufnahme ist nicht gerade ein Ersatz für eine gigantische Katze. Einen Schauspieler ein paar Korridore entlangrennen zu lassen, ist nicht gerade dasselbe, als wäre die Figur in einem riesigen Labyrinth gefangen. Ansonsten ist ›Catspaw‹ eigentlich so gedreht worden, wie ich es geschrieben habe.« Regisseur Joseph Pevney winkt ab: »Das war keine gute Folge. Die Schauspieler sind mir dabei auf die Nerven gegangen.«

EPISODE 36

I, Mudd

»Der dressierte Herrscher«

Erstaustrahlung: 3.11.1967
Drehbuch: Stephen Kandel
Regie: Marc Daniels

Gaststars:

Roger C. Carmel (Harry Mudd)
Richard Tatro (Norman)
Mike Howden (St. Rowe)
Michael Zaslow (Ensign Jordan)
Kay Elliot (Die Serie ›Stella‹)
Rhae und Alyce Andrece (die Serie ›Alice‹)
Tom und Ted LeGarde (d. Serie ›Herman‹)

Die Enterprise wird durch einen Androiden des Harry Mudd gezwungen, zu einem unkartographierten Planeten zu fliegen. Harry, so scheint es, ist von den Androiden dieser Welt, auf der er zufällig notlanden mußte, zum Herrscher erkoren worden. Verzweifelt auf der Suche nach menschlicher Gesellschaft, hat er die Enterprise hierher gebracht. Dummerweise haben die Androiden andere Vorstellungen. Sie sind entschlossen, die Menschheit vor der Selbstvernichtung zu bewahren, und um das zu erreichen, wollen sie ihre eigene Rasse als eine Art intergalaktischen Wachhund im Universum verteilen. Captain James T. Kirk – mit der Lizenz, Roboter zu töten – wieder bei der Arbeit.

Der intergalaktische Schwindler Harry Mudd wurde von Roger C. Carmel in den Folgen »Mudd's Women« und »I, Mudd« gespielt.

Marc Daniels bemerkt: »Unser größtes Problem hatte wahrscheinlich ausschließlich mit all den Zwillingen zu tun. Es erforderte eine Menge Trickfotografie, und es war wichtig, daß wir ganz genau arbeiteten, denn sonst hätte das Ganze nicht funktioniert.«

»Roger C. Carmel war wunderbar als Harry Mudd«, meint Autor Stephen Kandel begeistert. »Er hat sich die Figur völlig zueigen gemacht, und sie physisch ausgebaut.« Gene Coon hatte »I, Mudd« an David Gerrold weitergegeben, der eine unberücksichtigte Überarbeitung der Story lieferte. »Gene Coon«, sagt Gerrold, »konnte eine machbare Geschichte erkennen, und sich vorstellen, wie man sie für das Fernsehen umsetzen konnte. Er beauftragte mich mit einer Überarbeitung von »I, Mudd«. Er meinte: ›Wir müssen am Ende des ersten Aktes schneller auf den Planeten kommen, und Kandel bringt uns erst am Ende des zweiten Aktes dahin.‹ Ich las den Entwurf von Kandel, und er war gut. Mir kam das machbar vor. Aber ich verstand, als Coon sagte: ›Vom Aufbau her wollen wir das so‹. Ich wußte genau, was er meinte. Zum einen hat er geprüft, ob ich eine Überarbeitung bringen würde, dessen bin ich mir sicher, aber außerdem, und das war wichtiger, brachte er mir etwas über den Aufbau von Geschichten bei. Wenn man sich zu einem Planeten mit einem interessanten Problem begibt, muß man da schnell hin. Er sagte: ›Wie kann man zwei Akte zu einem zusammenkürzen, und wie kann man den freien Akt füllen?‹ Er gab mir einige Anweisungen, machte Vorschläge, und ließ mich dann nach Hause. Ich machte das am Wochenende, und dann sagte er: ›Das ist es. Du hast es.‹ Ich hatte diese Idee eingebaut mit den 500 Robotermädchen, und er meinte: ›Das ist gut, das machen wir.‹ Mein Eindruck ist, daß Genes Fähigkeiten darin lagen, zuzuhören, und er wußte, was ein gutes Fernsehdrehbuch ausmachte. Er hatte ein gutes Gefühl für Dialoge und Aufbau, er war einfach ein guter Produzent.«

»Ich fand, Harry Mudd war eine gute Figur«, sagte der mittlerweile verstorbene Roger C. Carmel dem »Official Star Trek Fan Club Magazine«, »aber als dann die Folge sich derart in die Herzen der Zuschauer spielte, dachte ich, daß auch die Figur, die ich spielte, überdauern würde. Die Geschichte war sehr gut geschrieben, aber bei Drehbeginn hätte ich mir nie vorstellen können, daß sich so etwas daraus entwickeln würde. Ich glaube, niemand von uns hatte sich das vorstellen können.«

4. KAPITEL

EPISODE 37

Metamorphosis

»Metamorphose«

Erstausstrahlung: 10.11.1967
Drehbuch: Gene L. Coon
Regie: Ralph Senensky

Gaststars:

Glenn Corbett (Zephram Cochrane)
Elinor Donahue (Nancy Hedford)

Kirk, Spock, McCoy und die Föderationskommissarin Nancy Hedford sind mit der Galileo auf dem Weg zur Enterprise, als sie von einer Energiewolke eingefangen und nach Gamma Canaris N entführt werden. Dort treffen sie auf Zephram Cochrane, einen berühmten Wissenschaftler, der vor über hundert Jahren verschwand. Cochrane, so stellt sich heraus, hat der Energiewolke – ein intelligentes Wesen, das er als ›der Freund‹ bezeichnet – gesagt, er sei einsam, er sehne sich nach Gesellschaft. Anstatt ihn zu befreien, schaffte der ›Freund‹ die Galileo herbei. Letztlich entwickelt die Geschichte sich zu einer komischen Love-Story zwischen Cochrane, dem ›Freund‹, und Nancy Hedford. Die Folge wurde eine der rührendsten überhaupt.

»Wir hatten unsere Probleme mit dem ›Freund‹«, erzählt Regisseur Ralph Senensky. »Wir wußten nicht, wie das Ding aussehen sollte, und die anderen wußten es auch nicht. Aber wir sollten den technischen Aufwand gering halten und ohne Schlitten auskommen. Will sagen, in der Szene, wo man den ›Freund‹ und Cochrane von weitem sieht, und dann seine Perspektive auf die zuschauenden Kirk und Spock, und dann, als der ›Freund‹ ihn umschließt... wenn ich da nur mit einer Weitwinkeleinstellung gearbeitet hätte, hätte man letztlich den optischen Effekt des ›Freundes‹, wie immer er auch aussah, über den Schirm wandern lassen müssen, und das wäre sehr teuer geworden. Ich habe dann ausgearbeitet, wo die Kamera zu sein hatte. Dann packten sie den optischen Effekt in die Mitte der Einstellung, und die Kamera trug ihn dann, wohin sie ihn haben wollten.« »Das war eine sehr feinfühlige und rührende Love-Story«, schwärmt Dorothy Fontana. »Die Idee, daß ein Mann eine Beziehung zu diesem fremden Wesen eingehen konnte, und die junge Frau, die dieses Wesen in ihren Körper läßt... Es war wirklich eine nette Geschichte, eine sehr gefühlvolle. Coon hat das mit großem Geschick gemacht.«

EPISODE 38

Journey to Babel

»Reise nach Babel«

Erstausstrahlung: 17.11.1967
Drehbuch: D.C. Fontana
Regie: Joseph Pevney

Gaststars:

Jane Wyatt (Amanda)
Mark Lenard (Sarek)
William O'Connell (Thelve)
Reggie Nalder (Sharas)
John Wheeler (Gav)
James X. Mitchell (Josephs)

Auf der Enterprise fliegen viele verschiedene Rassen zum Planeten Babel, wo ein wichtiger Friedensvertrag unterzeichnet werden soll. Mord und Intrigen entwickeln sich, und wir erhaschen einen kurzen Blick auf die Beziehung zwischen Spock und seinen Eltern, Sarek und Amanda.

»›Journey to Babel‹ entstand, weil in vorherigen Folgen Spocks Eltern verschiedentlich kurz erwähnt worden sind«, erläutert Dorothy Fontana. »Ich meinte zu Gene: ›Wir haben über sie geredet, laß' sie uns auch zeigen.‹ Er sagte mir, ich solle mich daransetzen, und da schrieb ich ›Journey to Babel‹. John D.F. Black hatte Spocks Mutter in ›The Naked Time‹ ohne weitere Einzelheiten erwähnt, und ich habe das gleiche mit beiden Eltern, ohne Namen zu nennen, in ›This Side of Paradise‹ gemacht. Also dachte ich mir jetzt zwei Figuren aus, dabei legte ich besonders auf den Bruch in Spocks Beziehung zu seinem Vater Wert, und Amanda in der Mitte zwischen den beiden. Sie war eine menschliche Frau, mit einem vulkanischen Ehemann und einem Halbblut als Sohn. Das mußte Spannungen zwischen den Figuren mit sich bringen, es waren wunderbare Rollen.« Interessanterweise konnte in dieser Folge mehr Geld in Make-up und Kostüme gesteckt werden, da praktisch die ganze Handlung auf dem Raumschiff abläuft. »Es gab immer solche Mischkalkulationen«, sagt Fontana.« »Wenn man ›vor Ort‹ drehte, mußte man bei der Maske sparen. Wenn man auf dem Schiff drehte, konnte man wiederum damit mehr machen. Ich habe Folgen nur für das Schiff, damit wir bei anderer Gelegenheit Geld für komplexere Planetensets hatten.« Joseph Pevney erklärt dazu: »Das war in einigen Bereichen eine gute Folge. Ich glaube, den größten Anteil daran hatte der Visagist. Er hat fantastische Arbeit geleistet, mit all diesen fremden Wesen an Bord der Enterprise. Erinnern Sie sich an Star Wars? Die ganze Sequenz in der Bar sieht genauso aus, als käme sie direkt aus ›Journey to Babel‹.«

EPISODE 39

Friday's Child

»Im Namen des jungen Tiru«

Erstausstrahlung: 1.12.1967
Drehbuch: D. C. Fontana
Regie: Joseph Pevney

Gaststars:

Tige Andrews (Kras)
Michael Dante (Maab)
Julie Newmar (Eleen)
Cal Bolder (Keel)
Kirk Raymone (Duur)
Ben Gage (Teer Akaar)
Robert Bralver (Grant)

Sowohl die Föderation als auch die Klingonen wollen die Bevölkerung von Capella IV als Bündnispartner gewinnen. Dies ist für Kirk keine leichte Aufgabe, besonders weil

4. KAPITEL

der klingonische Kommandant Kras ihm in den Rücken fällt und versucht, die Capellaner bei jeder Gelegenheit zu manipulieren. Mit von der Partie ist auch Eleen, die schwangere Frau des früheren Herrschers. Sie wird zur Schachfigur in den Verhandlungen, als sie ihr Kind bekommt.

»Eigentlich im Grunde ein Abenteuer«, meint Dorothy Fontana, »aber ich fand die Geschichte, daß eine Frau und ihr Baby die wichtigsten Schachfiguren waren, interessant. Was passierte, war, daß sie lernte, daß sie eben nicht länger nur Spielfiguren waren, sie und ihr Kind, und daß sie die Kraft hatte, selber eigene Entscheidungen zu treffen. Auf eine Art war es eine Emanzipationsgeschichte, obwohl ich es nicht so geplant habe. Ich hatte nur eine Entwicklungsgeschichte vorgehabt, jemanden, der zu sich selbst findet.«

»Das war das erste Mal, daß ich die Möglichkeit hatte, eine Kostümrolle zu spielen«, erinnert sich Tige Andrews, der Schauspieler von Kras, »und diese Rolle gefiel mir sehr gut. Ich erinnere mich besonders daran, daß ich mehr als sonst das Gefühl hatte, ›jemand anderes‹ zu sein. Es hat Spaß gemacht.«

Julie Newmar, hier herausgeputzt als Catwoman, spielt Eleen in »Friday's Child«.

EPISODE 40

The Deadly Years

»Wie schnell die Zeit vergeht«

Erstausstrahlung: 8.12.1967
Drehbuch: David P. Harmon
Regie: Joseph Pevney

Gaststars:

Charles Drake (Commodore Stocker)
Sarah Marshall (Janet Wallace)
Beverly Washburn (Arlene Galway)
Felix Locker (Johnson)
Carolyn Nelson (Atkins)
Laura Wood (Mrs. Johnson)

Während sie sich auf Gamma Hydra IV befinden, werden Kirk, Spock, McCoy, und Scotty von einer Krankheit befallen, die vorzeitiges Altern auslöst. Chekov, der ebenfalls auf dem Planeten ist, aber kurzzeitig von den anderen getrennt war, wurde nicht infiziert. Nachdem der Landungstrupp wieder an Bord der Enterprise gebeamt ist, beschleunigt sich der Alterungsprozeß noch mehr und wird lebensgefährlich. McCoy bemüht sich verzweifelt, einen Weg zur Heilung zu finden, wobei er Chekov als Versuchskaninchen benutzt. Kirks Gedächtnis beginnt nachzulassen, und Commodore Stocker, als Gast an Bord, erkennt, daß er das Kommando übernehmen muß. Er befiehlt der Enterprise, Kurs auf Starbase 10 zu nehmen, mitten hinein in die Neutrale Zone. Das ist für die Romulaner genau die Provokation, die sie brauchen, um einen Angriff zu starten.

Autor David P. Harmon erklärt: »Was mich dazu veranlaßt hat, diese Geschichte zu schreiben, war ein Vergleich zwischen dem amerikanischen Jugendwahn und dem orientalischen Respekt vor dem Alter. Die Idee von Jugend und Schönheit ist so flach, einfach weil sie nicht lange dauern kann. Wie wichtig ist sie, wenn überhaupt, wenn man das Leben eines Menschen insgesamt betrachtet? Aber wir machen sie wichtig.« Für Joseph Pevney war »The Deadly Years« eine Folge, die sich durch Konflikte hinter den Kulissen auszeichnete. »Ich bin während der Dreharbeiten mit DeForest Kelley aneinandergeraten, als er dachte, er wäre so gut gewesen. Wir hatten da eine ganz schöne Szene auf der Bühne, nachdem die Maske saß, denn er meinte, ›Bill kann das so nicht machen, ich sollte das machen‹. Er spielte diesen alten Mann, und er war sehr gut, und Bill, denke ich, kopierte teilweise das, was Kelley tat, um diesen ›alten‹ Eindruck zu geben, denn Bill war als alter Mann nicht gerade gut. DeForest war gut in dieser Rolle. Das große Problem war natürlich wie immer die Zeit. Es war einfach bescheuert. Es war nur ein Gag bei der Folge, und wer zum Teufel schert sich darum, ob die Perücke nicht die genau richtigen Falten wirft? Niemand wird es bemerken. Gut, wenn man einen Film dreht, kann man sich an sowas einen Tag ransetzen. Im Fernsehen kann man das nicht. Aber die Schauspieler interessierten sich nicht mehr für den Drehplan. Ich habe noch bei keiner Serie die Termine überschritten, doch ich habe gehört, das die Folgen bei Star Trek zu lange gedreht worden sind, und nach einiger Zeit wurde die Serie zu teuer.«

EPISODE 41

Obsession

»Tödliche Wolken«

Erstausstrahlung: 15.12.1967
Drehbuch: Art Wallace
Regie: Ralph Senensky

Gaststars:

Stephen Brooks (Garrovick)
Jerry Ayres (Rizzo)

Als Kirk die Gelegenheit bekommt, ein gasförmiges Wesen zu bekämpfen, das sich von menschlichen Blutzellen ernährt, ist er wie besessen, weil er diesem Wesen bereits früher als junger Leutnant gegenübergestanden hat. Die Hälfte der Crew der USS Farragut starb während des damaligen Kampfes, und seit dem macht sich Kirk den Vorwurf, zu lange gezögert zu haben, als er das Wesen mit dem Phaser beschoß.

4. KAPITEL

»Gene Roddenberry und ich aßen eines Abends gemeinsam«, berichtet Autor Art Wallace, »und dabei kam mir die Idee, daß es gut wäre, eine Version der Moby-Dick-Geschichte für Star Trek zu schreiben. Das wurde ›Obsession‹, ich habe lediglich den Wal durch eine Wolke ersetzt.«

EPISODE 42

Wolf in the Fold

»Der Wolf im Schafspelz«

Erstausstrahlung: 22.12.1967
Drehbuch: Robert Bloch
Regie: Joseph Pevney

Gaststars:

John Fiedler (Hengist)
Charles Macauley (Janis)
Peter Seurat (Sybo)
Joseph Bernard (Tark)
Charles Dierkop (Morla)
Judy McConnell (Tankris)
Virginia Ladridge (Karen Tracy)
Judy Sherven (Krankenschwester)
Tania Lemani (Kara)

Kirk, McCoy, und Scotty haben nach einem Unfall, bei dem sich Scotty am Kopf verletzt hat, Landurlaub auf Argelius 2. Gerade sind sie angekommen, da schlägt ein Serienmörder erneut zu, und alle Indizien weisen auf den Chefingenieur. Es folgt eine Detektivgeschichte, in der die Besatzung der Enterprise herausfindet, daß sich auf Argelius 2 eine bösartige fremde Macht ausbreitet, die bereits früher auf der Erde in Form von Jack the Ripper in Erscheinung getreten war.

Das Star-Trek-Produktionsteam hatte Robert Bloch vorgeschlagen, eine Jack-the-Ripper-Geschichte zu schreiben. »Sie wollten, daß ich Jack the Ripper in die Zukunft versetze«, hat Bloch einmal erzählt. »›Also gut‹, sagte ich, ›warum stecken wir ihn nicht in einen Computer oder sowas, anstatt ihn mit einem Messer auf dem Schiff herumschleichen zu lassen.‹ Das Skript mußte an manchen Stellen geändert werden, weil ich von Computern keine Ahnung hatte. Habe ich übrigens immer noch nicht.«

John Fiedler spielte Jack the Ripper in Robert Bloch's »Wolf in the Fold«.

EPISODE 43

The Trouble with Tribbles

»Kennen Sie Tribbles?«

Erstausstrahlung: 29.12.1967
Drehbuch: David Gerrold
Regie: Joseph Pevney

Gaststars:

William Schallert (Nilz Barris)
William Campbell (Koloth)
Stanley Adams (Cyrano Jones)
Whit Bissell (Lurry)
Michael Pataki (Korax)
Charlie Brill (Arne Davin)
Ed Reiners (Fitzpatrick)
Guy Raymond (Händler)
Paul Bradley (Freier Bürger)
David Ross (Wache)

Ein Notsingnal holt die Enterprise zur Weltraumstation K-7. Dort ist der Stellvertretende Staatssekretär für Landwirtschaftsfragen Nilz Barris in Panik verfallen, da sich Klingonen in seinem Quadranten befinden, und er das Getreide in seinen Lagerräumen beschützt haben will, denn es ist die einzige Sorte, die auf Shermans Planeten wachsen kann. Kirk ist überhaupt nicht amüsiert, er glaubt, Barris habe die Notfrequenz mißbraucht. Er macht sich kaum die Mühe, zwei Wachen bei den Lagerräumen zu postieren. Die Dinge geraten allerdings außer Kontrolle, als Uhura vom fliegenden Händler Cyrano Jones einen pelzigen Tribbel geschenkt bekommt, und sich dieses Wesen wie verrückt vermehrt. In kürzester Zeit sind sie überall auf der Station und der Enterprise. Man füge zu dieser Mischung eine klingonische Verschwörung, und erhält eine wahre Achterbahn von Star-Trek-Folge.

»The Trouble With Tribbles« war wichtig, denn diese Folge zeigte, daß in der Serie auch Komödien gemacht werden konnten, ohne daß die Figuren ihren Charakter verlieren mußten. Die Folge beeinflußte mehr als jede andere die Entscheidung, mit dem lokkeren, humorvollen Ton von »Zurück in die Gegenwart – Star Trek IV« weiterzumachen. Autoren und Produzenten kamen immer wieder auf »The Trouble With Tribbles« zurück, wenn es darum ging, die Figuren in humoristischen Szenen einzusetzen. Und wie fühlt sich David Gerrold dabei, einer von Star Treks erfolgreichsten Folgen geschrieben zu haben? »Ich muß da ehrlich sein«, sagt er, »ich fühle mich großartig. Ich erinnere mich daran, daß ich es als Ehre ansah, und als eine verantwortungsvolle Aufgabe, und ich setzte mich hin und wollte die beste Star-Trek-Folge überhaupt schreiben.«
»Von Anfang bis Ende eine erfreuliche Folge«, schwärmt Joseph Pevney. »Es hat mir großen Spaß gemacht, ich ging in die Stadt und suchte nach Tribbels. Es war der erste Beitrag des Autors David Gerrold, und was für ein Beitrag ist es zu dieser Serie gewesen. Mein größter Beitrag bestand darin, die Folge produziert zu bekommen, denn es gab einige Leute, die das nicht wollten, weil sie dachten, das sei Komödie, und wir sollten keine Komödie, keine so offensichtliche Komödie, machen. Ich wollte es auf jeden Fall als solche behandeln, denn so war es gemeint. Es war eine wunderbare, warmherzige Folge mit vielen begei-

4. Kapitel

sterten Zuschauern, und der Sender war glücklich darüber. Die Grundannahmen waren aber auch teuflisch lustig.«

Episode 44

The Gamesters of Triskelion

»Meister der Sklaven«

Erstausstrahlung: 6. 1. 1968
Drehbuch: Margaret Armen
Regie: Gene Nelson

Gaststars:

John Ruskin (Galt)
Angelique Pettyjohn (Shana)
Steve Sandor (Lars)
James Ross (Tamoon)
Victoria George (Jana)
Mickey Horton (Kloog)

Kirk, Chekov und Uhura werden von den Wesen von Triskelion entführt, und gezwungen, in den Gladiatorenkämpfen mitzumachen, die sich diese Wesen zu ihrem eigenen Amüsement ausgedacht haben. Kirk dreht den Spieß um, in dem er ihnen eine Wette anbietet, die entweder für wesentlich mehr »Mitkämpfer« sorgt, oder aber die Gefangenen freibekommt. Einmal darf man raten, wer gewinnt ...

»Die Grundidee von ›Gamesters‹ hatte ich schon im Kopf, bevor es Star Trek überhaupt gab«, erzählt Autorin Margaret Armen. »Ich dachte mir, ich könnte sie einmal als Kurzgeschichte schreiben, oder eine Geschichte über einen Planeten, auf dem Menschen als Kampftiere benutzt werden. Als dann Star Trek gesendet wurde, dachte ich, 'Als Fernsehshow würde ich diese Geschichte sehr gerne machen.‹ Star Trek war der perfekte Rahmen für die Idee, und so ging ich mit einer noch sehr wenig ausgearbeiteten Version zu Gene, denn ich hatte noch nie vorher für die Serie geschrieben. Aber Gene hat die Möglichkeiten in der Story sehr schnell erkannt und hat sie mit mir durchgesprochen, bis es in Star Trek paßte.« »Ich war mit dem Ergebnis zufrieden«, fährt Armen fort. »Einige der Kampfszenen zum Schluß gefielen mir nicht allzusehr, aber sie waren wirkungsvoll. Ich weiß nicht, ob meine Vorschläge für die Kampfszenen besser gewirkt hätten, ich fand sie nur origineller, aber man kann das nicht wissen, denn der Autor ist nie auf dem Set dabei. Es mag einen Grund gegeben haben, warum sie das alte Netz aus den römischen Spielen verwendet haben.«

Episode 45

Piece of the Action

»Epigonen«

Erstausstrahlung: 12. 1. 1968
Drehbuch: David P. Harmon
Regie: James Komack

Gaststars:

Anthony Caruso (Oxmyx)
Vic Tayback (Krako)
Lee Delano (Kalo)
John Harmon (Tepo)
Steve Arnold (Zabo)
Sheldon Collins (Junge)
Dyanne Thorne, Sharyn Hillyer (Mädchen)

Ein Jahrhundert, nachdem die Besatzung der USS Horizon Iotia besuchte, kommt die Enterprise dorthin, um den Stand der »Verseuchung« zu untersuchen. Was sie dort vorfinden, ist eine Gesellschaft, die vollständig auf dem Bandenwesen des Chicago der 20er Jahre basiert. Nach anfänglichen Versuchen, sich den Bewohnern – Bandenchefs, etc. – auf intellektuellem Niveau zu nähern, erkennt Kirk, daß er sich genauso verhalten muß, um etwas zu erreichen, und es dauert nicht lange, bis er und Spock sich wie Gangster benehmen.

»A Piece Of The Action« war offensichtlich von »The Trouble with Tribbles« beeinflußt worden, und während die Ergebnisse ziemlich komisch sind, ist diese Folge doch etwas wechselhaft. Autor David P. Harmon glaubt, daß die besten Star-Trek-Folgen, und natürlich jedes Drama, ein, wie er es nennt, »Quentchen Wahrheit« beinhalten. »Solange man das hat, kann man es ganz einfach in eine SF-Kulisse verfrachten«, erklärt er. »Gene Roddenberry und Gene Coon wollten keinen Brei aus den 1920ern und 1930ern aufwärmen. Sie wollten ein Quentchen Wahrheit, und davon ausgehend kann man die Story erweitern. Sie wußten genau, wonach sie suchten, und obwohl es harte Arbeit war, machte es einem nichts aus, das Skript immer wieder neuzuschreiben, bis es endlich stimmte.« »Ich las einen Artikel im New Yorker«, sagt Harmon über den Ursprung der Folge, »nicht über Star Trek, aber über eine Idee. Ich griff das für eine mögliche Show auf. Die Story hatte das, wonach sie suchten, diese Ehrlichkeit. Ich denke, daß unsere westliche Zivilisation auf einer jüdisch-christlichen Ethik beruht, und so war auch das, was ich in ›A Piece of the Action‹ machte: Angenommen ein Raumschiff stürzt ab, und die Menschen auf dem Planeten bergen ein Buch mit dem Titel ›Das Leben des Al Capone‹, das sie wie ihre Bibel behandeln, und von dem geleitet sie ihre Gesellschaft aufbauen.« Obwohl im Vorspann unerwähnt, überarbeitete Gene L. Coon dieses Drehbuch. Dorothy Fontana erklärt: »Ich glaube, eine der wichtigsten Sachen, die Gene hinzufügte, war, daß Kirk und Spock tatsächlich in Gangsterklamotten schlüpfen, und Kirks Versuch ein Auto zu fahren.

Episode 46

The Immunity Syndrome

»Das Loch im Weltraum«

Erstausstrahlung: 19. 1. 1968
Drehbuch: Robert Sabaroff
Regie: Joseph Pevney

Gaststars:

Keine

Eine gigantische einzellige, amöbenartige Kreatur hat sowohl das Gamma 7A Sternensystem zerstört, wie auch die USS Intrepid, ein Raumschiff mit vulkanischer

4. KAPITEL

Besatzung. Der Computer der Enterprise stellt fest, daß die Zelle sich fortpflanzen will, und ein Plan wird entwickelt, bei dem das Raumschiff selbst als eine Art »Anti-Körper« fungiert, der die Zelle infiziert, bevor eine Fortpflanzung stattfindet.

Interessanterweise gibt es in dieser Folge eine Szene, die sich fast wortwörtlich in George Lucas' »Krieg der Sterne« wiederholt. Als die Intrepid zerstört wird, wirft Spock seinen Kopf nach hinten, da er die Schmerzen all dieser verlorenen Seelen spürt. In »Krieg der Sterne« reagiert Obi Wan Kenobi ähnlich, wenn ein Planet von Darth Vaders Death Star zerstört wird.

EPISODE 47

A Pivate Little War

»Der erste Krieg«

Erstausstrahlung: 2.2.1968
Drehbuch: Gene Roddenberry
Story: Judd Crucis
Regie: Marc Daniels

Gaststars:

Nancy Kovak (Nona)
Michael Witney (Tyree)
Booker Marshak (Mbenga)
Arthur Bernard (Apella)
Joe Romeo (Krell)

Um es mit einfachen Worten auszudrükken: Diese Analogie auf den Vietnam-Krieg handelt vom Gleichgewicht der Mächte auf einem FrontierPlaneten. Als die Klingonen sich in die natürliche Entwicklung der Bewohner einmischen, ist der eine Teil höher entwickelt als der andere. Kirk sieht keine andere Möglichkeit, als der anderen Seite auf die Sprünge zu helfen, so daß sie ein gleiches Niveau erreichen. »Ein Gleichgewicht der Mächte,« wie Kirk sagt, »der älteste, schmutzigste Trick im Lehrbuch, aber der einzige, der beide Seiten erhält.«

»Ich mag die SF-Aspekte von Star Trek«, sagt Marc Daniels, »aber ich mag auch die Tatsache, daß es in den ersten beiden Staffeln einen ernsthaften dramatischen Appell und soziale Ansichten gibt, und sie waren nicht effekthascherisch im Sinne einer Weltraum-Seifenoper. ›A Private Little War‹ ist ein Beispiel dafür. Ich erinnere mich, daß in dieser Folge auch Kostümprobleme aufkamen. Die Leute auf diesem Planeten sollten eigentlich prähistorische Kleider tragen, und wir fanden heraus, daß solche Kostüme ein Vermögen kosten würden. Bill Theis, der immer schon ein Meister in der Lösung solcher Probleme war, kaufte eine Reihe billiger Schaffelljacken, trennte die Ärmel hinaus, und drehte die Innenseite nach Außen. Wir versuchen immer, Sachen so umzuarbeiten, wegen des beschränkten Budgets.« Autor Don Ingalls, der unter dem Psydonym Judd Crisis schreibt, schrieb die ersten Entwürfe für das Drehbuch. Gegenüber dem »Starlog Magazine« erklärte er: »Meins beschrieb eher ein Abenteuer in einem Vakuum; Genes (Roddenberry) war eher ein politisches Statement. Seine Story neigte dazu, dem Vietnam-Krieg zu ähneln.« Walter Koenig eröffnet: »Das war die Folge, die meiner Meinung nach von einer liberalen politischen Position abschweift. Ich hatte große Bedenken. Ich dachte, wenn wir versuchen, dieses Gleichgewicht der Mächte aufrechtzuerhalten, würden wir die Aufrüstung rechtfertigen. Bis zu einem gewissen Grad war es wie der Kalte Krieg.«

EPISODE 48

Return to Tomorrow

»Geist sucht Körper«

Erstausstrahlung: 9.2.1968
Drehbuch: John Kingsbridge
Regie: Ralph Senensky

Gaststars:

Diana Muldaur (Ann Mulhall)

Drei Außerirdische, die seit Jahrhunderten ohne Körper waren – sie lebten in einem puren geistigen Zustand – bitten Kirk, Spock und McCoy, ihnen ihre Körper zu »leihen«, so daß das Trio Androiden bauen kann, die ihren Geist beherbergen. Nach einigem Widerwillen stimmen sie zu. Das Wesen, das in Spock schlüpft, beschließt, daß es eigentlich viel lieber aus Fleisch und Blut bestehen möchte, und läßt sich durch nichts davon abbringen, seinen Gastkörper zu verlassen, auch wenn dies zu Lasten seiner beiden Gefährten oder der Crew der Enterprise geht.

Gaststar Diana Muldaur, wird, wie viele Star-Trek-Fans wissen, später in der zweiten Staffel »Star Trek: TNG« Dr. Kate Pulaski spielen. »Es ist schon merkwürdig, aber wenn es um ›Obsession‹, ›Bread and Circuses‹ und ›Return to Tomorrow‹ geht«, sagt Ralph Senensky, »die alle nach diesem verrückten schnellen Zeitplan gedreht wurden, ist es so, als ob ich sie im Schnelldurchlauf gedreht hätte, und hauptsächlich erinnere ich mich daran, daß ich sie fertig haben wollte; abgedreht um Mitternacht nach sechs Tagen. Der Druck war da, und es war nicht immer einfach, zu proben, und dem Schauspieler die Möglichkeit zu einer guten Darstellung zu geben.«

EPISODE 49

Patterns of Force«

»Kirks Traum«

Erstausstrahlung: 16.2.1968
Diese Folge wurde im deutschen Fernsehen nie gesendet, obwohl sie bereits unter dem Titel »Kirks Traum« synchronisiert war. (Anm. d. Übers.)
Drehbuch: John Meredyth Lucas
Regie: Vincent McEveety

Gaststars:

David Brian (John Gill)
Skip Homier (Melakon)
Richard Evans (Isak)
Valora Norand (Daras)
William Wintersole (Abrom)
Patrick Hogan (Eneg)
Bart LaRue (Nachrichtensprecher)
Ralph Maurer (SS-Leutnant)

4. Kapitel

Wieder eine parallele Erdzeit, als die Enterprise nach Ekos kommt, einem Planeten, der von Nazis beherrscht wird. Die Nazis werden vom Föderationshistoriker John Gill angeführt, der glaubt, daß die Effizienz des Hitler-Regimes, wenn man es gewissenhaft ausführt, theoretisch gegeben ist. Unglücklicherweise wiederholt sich die Geschichte, und in diesen Alptraum hineingestoßen, finden sich Kirk und Spock wieder.

»Die totalitäre Gesellschaft, besonders die Nazis, haben mich immer schon fasziniert«, erklärt John Meredyth Lucas. »Wie konnte es dazu kommen? Ich kenne die Geschichte, aber wie konnte das in den Köpfen der Menschen zustande kommen? Ich begann unter der Prämisse, daß ich versuchen würde, das zu erklären. Die Erklärung ist, daß es ein funktionierendes System war, weil man beschloß, daß es funktionieren sollte. Ich habe eine Story mit der ich spiele; eine Story – eine wahre Story –, die in China spielt, und von der Bekämpfung einer Krankheit in einem Gebiet handelt, und amerikanische Ärzte, die das Gebiet aufsuchen, können keine Krankheit feststellen. Es ist wunderbar, aber wenn man eine ganze Nation voll und ganz im Rücken hat, und man bekommt dieses und jenes vorgegeben, was man in einer demokratischen Gesellschaft nicht machen kann, kann man ein solches Ziel erreichen. Ich versuchte mir zu erklären, wie so etwas passieren kann, und die Voraussetzung dafür war eben eine effiziente Gesellschaft. Aber ich wollte erforschen, woher so etwas kommt, und wie eine ganze Nation davon infiziert werden konnte. Es ist immer noch schwer zu begreifen. Glücklicherweise gab es wenig Probleme, ein solches Material zu verarbeiten. Gene neigte nicht dazu, auf dieser Grundlage zu zensieren. Er würde den Rücken decken, wenn irgend etwas größere Diskussionen hervorrufen würde. Er war eine sehr abenteuerlustiger Kerl, so gab es keine Einwände wie ›Mein Gott, worüber schreiben Sie?‹« »Das ist von allen Folgen, die ich gedreht habe, diejenige, von der ich am meisten vergessen habe«, kontert Regisseur Vincent McEveety. »Ich habe sie so verdrängt, daß ich mich an nichts erinnern kann, außer, wo ich sie gedreht habe. Wie Sie wissen, bekommt man solche Folgen in einer Serie, aber man kann nicht einfach sagen, ›Sorry, aber die Folge will ich nicht machen.‹ Sie sagen dann: ›Ist hart Junge, aber es ist Deine Folge.‹ Die Story erschien mir furchtbar gezwungen und daneben.«

Episode 50

By Any Other Name

»Stein + Staub«

Erstausstrahlung: 23. 2. 1968
Drehbuch: D.C. Fontana und Jerome Bixby
Story: Jerome Bixby
Regie: Marc Daniels

Gaststars:

Warren Stevens (Rojan)
Barbara Bouchet (Kelinda)
Stewart Moss (Hanar)
Robert Fortier (Tomar)
Carol Byrd (Lt. Shea)
Leslie Dalton (Drea)
Julie Cobb (Thompson)

Kelvaner nehmen menschliche Gestalt an und übernehmen die Kontrolle über die Enterprise, in dem sie die Mehrheit der Crew in Tetraeder Blocks verwandeln. Ihr Ziel ist es, ihrem Volk mitzuteilen, daß das Föderationsterritorium reif für Kolonisation ist. Kirk, Spock, McCoy und Scotty entwickeln den Plan, die neugewonnenen menschlichen Emotionen der Kelvaner gegen sie zu verwenden.

»Ich machte den Fehler, und achtete nicht auf das Format, daß das Merkblatt vorgab: ›Das ist, was wir wollen, das wollen wir nicht haben, vermeide dies und jenes, das sind die Vorgaben, die beachtet werden müssen‹«, gibt Jerome Bixby zu. »›Neue Autoren neigen dazu, besonders, wenn sie Stories über den Weltraum schreiben, von den Ausmaßen überwältigt zu werden, lauft nicht in diese Falle.‹ Nun, Ich fiel da Hals über Kopf hinein. Ich schrieb eine Story, in der die Enterprise in den Andromeda-Nebel entführt wird. Bestenfalls – mit Höchstgeschwindigkeit – eine 300 Jahre lange Reise, so daß Kirk und die anderen ihrem Tod entgegensehen, wenn sie es erfahren hätten. Sie sind vollkommen gefangen in dieser großen unendlichen Weite. Wesen von Andromeda wollen unsere Galaxie übernehmen, weil radioaktive Strahlung einen Level erreicht hat, der Leben dort unmöglich macht. Und ich verlief mich in einem, ich glaube, 60 Seiten langen Essay, wie einsam es doch sei, in diesem Boot zu sitzen. Mir wurde gesagt, daß es sehr gut war, aber nicht zu Star Trek paßt. Und so war ich kilometerweit vom Kurs abgekommen, bevor ich die geänderten Seiten sah. Ich arbeitete nicht mit Dorothy zusammen; sie änderte mein Skript. Hauptsächlich brachte sie den Humor und die Konflikte in die Folge.« Dorothy Fontana meint dazu: »Ich erinnere mich noch nicht einmal daran, was mein Beitrag zu dieser Folge war, aber es reichte wohl aus, daß ich im Vorspann auch als Drehbuchautorin auftauchte. Ich glaube mich daran zu erinnern, daß es ein Versuch war, die Charaktere sich mehr entfalten zu lassen – die Star-Trek-Charaktere. Das ursprüngliche Konzept war gut, aber es gab nicht genug Entfaltungsmöglichkeiten für unsere Leute. Die einzige Sache, die ich definitiv hineinschrieb, war Scottys Wett-Trinken. Es ist eine meiner Lieblingsszenen, die ich geschrieben habe.«

Episode 51

The Omega Glory

»Das Jahr des Roten Vogels«

Erstausstrahlung: 1. 8. 1968
Drehbuch: Gene Roddenberry
Regie: Vincent McEveety

Gaststars:

Morgan Woodward (Captain Tracey)
Roy Jensen (Cloud William)
Irene Kelley (Sirah)
David L. Ross (Galloway)
Eddie Paskey (Leslie),
Ed McReady (Carter), **Lloyd Kino** (Wu)
Morgan Farley (Schüler)

4. Kapitel

Noch ein anderer abtrünniger Captain der Föderation, diesmal Ronald Tracey, beeinträchtigt eine Frontier-Gesellschaft und verändert ihre Entwicklung. Als die Enterprise ankommt, entdecken Kirk, Spock und McCoy, daß Tracey auf der Seite der Kohms steht, und sie moderne Technologie gegen die Yangs verwenden. Unsere Helden müssen die Angelegenheit wieder in Ordnung bringen, wobei Kirk gewissermaßen eine parallele Version der amerikanischen Verfassung benutzt, um beide Seiten davon zu überzeugen, daß sie sich zu einer Einheit vereinigen müssen.

»Ich weiß, daß war eine völlig abgedrehte Folge«, lacht Vincent McEveety, »aber ich glaube, Bill brachte das extrem gut. Mit weniger geübten Leuten, und ich spreche hier von schauspielerischem Können, hätte es furchtbar werden können. Er gestaltete es außerordentlich mitreißend. Ich konnte mich in den Charakter hineinfühlen, und, aus der Sicht eines Zuschauers, erkannte ich die Wichtigkeit dieses Dokuments für mich als amerikanischen Staatsbürger. Ich sah, womit man in einem ziemlich primitiven Staat konfrontiert wird. Ich glaube, es war eine äußerst durchschlagende Stellungnahme.« Morgan Woodward (Captain Tracey) erzählte dem »Offiziellen Star Trek Fan Club Magazin«: »In ›Omega Glory‹ ging es einfach darum, daß ein guter Mensch zum schlechten wird, vielleicht aufgrund eines durch sein Ego herbeigeführten Wahnsinns. Captain Tracey wurde nicht zum Raumschiff-Captain, weil er ein Trottel oder ein böser Junge war. Er war nur ein guter Mensch, der sich zum Bösen hin verändert. So versuchte ich ihn zu spielen.«

Episode 52.

The Ultimate Computer

»Der Computer M-5«

Erstausstrahlung: ______ **8.3.1968**
Drehbuch: ______ **D.C. Fontana**
Story: ______ **Lawrence N. Wolfe**
Regie: ______ **John Meredyth Lucas**

Gaststars:

William Marshall (Daystrom)
Barney Russo (Wesley)
Sean Morgan (Harper)

Dr. Richard Daystrom erhält die Erlaubnis der Föderation, seinen Geistescomputer, den M-5, auf der Enterprise zu installieren, um zu beweisen, daß ein Raumschiff von einer Maschine effizienter geführt werden kann als von Menschen. Eine Zeitlang laufen die Dinge perfekt, und Kirk fängt an, sich nutzlos zu fühlen, aber schließlich beginnt M5, dessen Gedächtnisfunktionen auf denen Daystroms basieren, ohne Logik zu agieren, in dem er grundlos ein anderes Raumschiff zerstört. Kirk ergreift die Gelegenheit und redet wieder einmal eine Maschine zu Tode.

Dorothy Fontana erläutert: »Lawrence Wolfe war der andere Autor, der mit dem Drehbuch beschäftigt war. Unglücklicherweise war das ein Skript, das nicht laufen wollte, oder der Autor wollte nicht die Änderungen machen, die wir wollten, und es waren erhebliche Änderungen. Soweit ich mich erinnere, und es kann sein, daß ich hier falsch liege, lag es daran, daß die Star-Trek-Charaktere nicht tief genug in die Geschichte mit M-5 und Dr. Daystrom verwickelt waren. Star Trek handelt nicht von Technologen, sondern von Charakteren. Und wie diese Maschine auf sie wirkt, oder wie die Charaktere auf die Maschine reagieren, das ist die Story. Der Autor wollte einfach nicht die Änderungen machen. Er legte uns immer wieder dasselbe Skript vor, bis Gene mich schließlich mit der Neufassung beauftragte, und ich machte daraus das Beste, was ich machen konnte.«

Episode 53

Bread and Circuses

»Brot + Spiele«

Erstausstrahlung: ______ **15.3.1968**
Drehbuch: ______ **Gene Roddenberry und** ______ **Gene L. Coon**
Story: ______ **John Kneubuhl**
Regie: ______ **Ralph Senensky**

Gaststars:

William Smithers (Merik), **Logan Ramsey** (Claudius Marcus), **Ian Wolfe** (Septimus)
Rhodes Reason (Flavius Maximus)
Lois Jewell (Drusilla), **Bart LaRue** (Ansager)
Jack Perkins (Meister der Spiele)

William Marshall, Dr. Daystroom in »The Ultimate Computer«, erscheint hier als Blacula im gleichnamigen Film.

4. KAPITEL

Auf dem Planeten 892 VI entdeckt die Enterprise eine Gesellschaft, die der der Erde sehr ähnelt. Dort gibt es Ähnlichkeiten zum antiken Rom: Gladiatorenkämpfe werden als Sport für die Zuschauer ausgestrahlt. Captain Merik, so lernen Kirk und seine Jungs, geriet vor einiger Zeit in den Sog politischer Machenschaften, die das »Spiel« umgeben. Möglicherweise ließ er seine Crew Mann für Mann hinunterbeamen, damit auch sie an den Kämpfen teilnehmen konnten. Gemixt wird das Ganze mit dem Kampf der »Sonnen«-Anbeter, wie sie von allen genannt werden, die sich aber letztlich als Diener des »Sohn« Gottes, Jesus Christus, herausstellen.

»Sicherlich verfolgten wir mit den Anbetern des Sohnes eine nette Philosophie«, sagte Dorothy Fontana, »und die Anzeichen, daß es sich um den Sohn Gottes handele, daß Jesus oder dieses Konzept auf anderen Planeten auftaucht. Ich denke, daß war eine nette Anspielung. Es wurden bereits andere Stories mit derselben Idee als Haupthandlung geschrieben, aber es einfach ans Ende anzuhängen, erscheint mir ziemlich gut.«

Regisseur Ralph Senensky bemerkt: »Gene Roddenberry ist ein sehr kreativer Mensch. Als wir ›Bread and Circuses‹ machten, erinnere ich mich an ein Treffen mit Gene, und er schrieb gerade an etwas. Ich kam am nächsten Morgen um 6 Uhr zurück, um das neue Material abzuholen, weil es Dinge im Skript gab, die so nicht funktionierten. Sowohl Gene Roddenberry wie auch Gene L. Coon schrieben an dieser Show, als wir drehten. Ich erinnere mich nicht mehr, was das Problem war, außer, daß wir eine moderne römische Arena mit Fernsehen hatten. Ich erinnere mich, daß ich Bedenken bei der ganzen ›sun-son‹-Sache (deutsch: Sonne-Sohn-Sache; das Wortspiel läßt sich nicht ins Deutsche übertragen; d. Übers.) hatte, über die sie von Beginn an redeten, daß sie vielleicht nicht so mysteriös ist, wenn wir zum Ende kommen. Wir wollten mit den Wörtern nicht direkt einen Fingerzeig geben, daß wir eine Christus-Story machen. Das erforderte einige Arbeit, weil es eigentlich nicht im Skript war. Wir verknoteten lose Enden, da ursprünglich, wenn sie über die Sonne man sofort weiß, daß sie über den Sohn Gottes redeten.

EPISODE 54

Assignment Earth

»Ein Planet, genannt Erde«

Erstausstrahlung: 29.3.1968
Drehbuch: Art Wallace
Story: Gene Roddenberry und Art Wallace
Regie: Marc Daniels

Gaststars:

Robert Lansing (Gary Seven)
Terri Garr (Roberta Lincoln)
Jim Keefer (Cromwell)
Morgan Jones (Nesvig)
Lincoln Demyan (Rawlings)

In diesem Pilotfilm für eine andere Serie macht die Enterprise einige Erduntersuchungen im 20. Jahrhundert, als sie auf Gary Seven treffen, einen Mann, der von Außerirdischen gefangen und darin ausgebildet wurde, die Menschheit davor zu retten sich selbst zu zerstören. Sieben Teams und die Sekretärin Roberta Lincoln versuchen seine Aufgabe auszuführen. Kirks Dilemma besteht darin, daß er sich nicht sicher ist, welche Absichten Seven tatsächlich hat: Wird er der Menschheit helfen oder wird er sie zerstören?

»Assignment Earth« war ein Pilotfilm für eine beabsichtigte Serie, deren Hauptrolle Robert Lansing gespielt hätte.

»›Assignment Earth‹ ist in gewisser Hinsicht sehr interessant«, bemerkt Autor Art Wallace, »weil ich zu Paramount ging und ihnen die Idee zu der Serie präsentierte. Sie sagten mir, daß Gene Roddenberry mit einer ähnlichen Idee zu ihnen gekommen war. Darauf habe ich mich mit Gene getroffen, und wir legten unsere Ideen zusammen, in denen es um einen Mann von Morgen geht, der auf die heutige Erde aufpaßt. Man beabsichtigte, das als Pilotfilm zu machen, obwohl daraus nie eine Serie gemacht wurde. Es war eine sehr gute Pilotfolge, und es ist eine Schande, weil ich der Ansicht bin, wenn sie daraus eine Serie gemacht hätten, nur mit Gary Seven, wäre es wohl eine sehr erfolgreiche Show geworden. Ich glaube, Gene und ich müssen uns die Lorbeeren für diese Folge teilen.« Gaststar Robert Lansing erzählte dem »Starlog Magazine«: »Was Gene getan hat, war, zu Zukunftsforschern und Wissenschaftlern zu gehen und sie zu fragen, was fortgeschrittene Kulturen im Weltraum möglicherweise mit primitiveren Kulturen wie unserer machen würden. Einer der Zukunftsforscher meinte, daß sie möglicherweise Kinder kidnappen würden, sie aufziehen, erziehen und aufklären, und sie dann als Erwachsene wieder zurückschicken, damit sie ihre Welt auf friedvolle Wege leiten. Das war die Idee, die hinter Gary Seven steckte.«

»Es war interessant, diese Folge zwischen der regulären Crew und Robert Lansing zu balancieren«, sagte Marc Daniels. »Aber es war auch schwierig, weil wir zurück in die Gegenwart gingen, und es ist immer gefährlich, Star-Trek-Charaktere in die Gegenwart zu verlegen. Plötzlich ist man in einer merklich anderen Situation. Es wird viel schwerer, der Realität der Show standzuhalten.«

5. KAPITEL

Reiseunterbrechung

»Wie Sie wissen, boten wir ihnen einen guten Kampf«, berichtete Roddenberry dem versammelten Publikum in Berkeley 1968 in Bezug auf die Briefkampagne, mit der Star Trek gerettet werden sollte. »NBC war fest davon überzeugt, daß ich hinter jedem Brief stand und die Leute dafür bezahlte. Und dann gab es eine Gruppe vom MIT, die das Gebäude belagerte, und eine Gruppe in New York und... gesegnet seien MIT, Cal Tech, sie alle. Sie [der Sender] hatten einige Jungmanager vor dem Gebäude plaziert, die die Leute ausfragten: ›Hat Gene Roddenberry Euch geschickt?‹

Schließlich riefen sie mich an. Sie sagten: ›Wir wissen, daß Sie dahinter stecken.‹ Und ich sagte: ›Das ist sehr schmeichelhaft. Wenn ich von diesem Schreibtisch aus landesweite Demonstrationen auslösen könnte, wäre ich nicht in der Science Fiction sondern in der Politik.‹ So wie ich die Politik im Moment beurteile, könnten sie ein paar gute Science-Fiction-Fans gebrauchen.«

»Wie dem auch sei«, fährt er fort, »sie alle wissen, daß wir den Kampf gewannen. Ich sagte ihnen damals, daß, wenn sie uns wie versprochen wochentags zu einer vernünftigen Zeit – 19.30 oder 20.00 Uhr – ausstrahlen würden, ich eine weitere Staffel Star Trek produzieren würde. Und zwar persönlich produzieren, wie ich es am Anfang getan hatte. Das war mein Versuch, die Macht, die ich hatte, auszuspielen. Wenn man gegen einen Sender kämpft, muß man jedes bißchen Macht ausnutzen. Das sind riesige, Multimillionen-Dollar-Firmen, die sich nicht unbedingt für die Qualität ihrer Produkte interessieren. Die Realität, die Sie auch verstehen müssen, sieht so aus, daß eine Serie davon abhängt, wieviel Zahnpasta oder Deodorant sich mit dieser Serie verkaufen läßt. Deswegen wird eine Serie gekauft und deswegen läuft sie.

»Na ja, ungefähr zehn Tage oder zwei Wochen später bekam ich während des Frühstücks einen Anruf, und der Sendermanager sagte: ›Hallo, Gene Baby...‹. Da wußte ich, daß ich in Schwierigkeiten war. Er sagte weiter: ›Eine Gruppe von Statistik-Experten hat dein Publikum untersucht, die Jugendlichen und die jugendlich orientierten Leute, und wir wollen euch nicht wochentags zu einer frühen Zeit ausstrahlen. Wir haben für Dich den besten Zeitpunkt für Jugendliche ausgewählt. Alle unsere Untersuchungen bestätigen, daß diese Zeit einfach toll für die Jugendlichen ist, und zwar ist das Freitags 22.00 Uhr.‹ Ich sagte: ›Das ist vermutlich der Grund, weshalb ihr diese tolle Kinderserie »The Bell Telephone Hour« letztes Jahr dort ausgestrahlt habt.‹«

»Nun, ich möchte, daß Sie verstehen, welchem Druck ich damit ausgesetzt wurde. Die einzige Waffe, die ich noch hatte, war meine ursprüngliche Drohung, daß ich die Serie nicht persönlich produzieren würde, wenn sie uns nicht die versprochene Zeit am Wochentag geben würden. Für eine Weile drohte ich sogar damit, die Serie mitzunehmen, weil ich keine andere Alternative mehr sah. Mir gehören keine General-Motors-Aktien oder so etwas – ich konnte nur mit dem drohen, was ich als Line Producer der Serie geben konnte. Ich drängte mich nicht danach, ein weiteres Jahr 14 Stunden am Tag sechs Tage die Woche zu arbeiten, aber Star Trek war mein Kind, und ich war bereit, das zu riskieren, wenn man mir keine vernünftige Sendezeit gab. Wir einigten uns auf diese Strategie. Wir hätten den Sender auch beinahe überzeugt, aber am Ende lehnten sie doch ab. Danach hatte ich keine Wahl mehr. Ich konnte nicht mehr sagen: ›In Ordnung, ich produziere sie trotzdem‹, weil dann jede Drohung oder jedes Versprechen, das ich bei zukünftigen Projekten machen würde, völlig ohne Bedeutung wäre. Wenn man einmal nachgibt, ist man ein Feigling.

Also hatte ich keine andere Wahl, als von meinem Posten zurückzutreten und Ausführender Produzent der Serie zu werden. Ich habe einen Produzenten gefunden, Fred Freiberger, der unter anderem ›Slattery's People‹ und ›Ben Casey‹ produziert hat, einen hervorragenden Ruf hat und seit seiner Kindheit Science-Fiction-Fan ist. Unser regulärer Stab, Bob Justman und die Regisseure, die Kameramänner, Kostümdesigner Bill Theiss und Ausstatter Matt Jeffries wird natürlich weiterhin dabei sein. Sie werden von jetzt an Star Trek produzieren, während meine Funktion eher kritischer und beratender Natur sein wird. Ich werde mich darauf beschränken, die Drehbücher zu lesen, sie und die Dreharbeiten zu kommentieren. Ich hoffe auf eine gute Staffel, die davon abhängen wird, ob wir am Wochenende Glück haben, und welche Serien vor uns laufen. Mit ihrer Hilfe werden wir unser Publikum halten können und noch viele erfolgreiche Jahre erleben.

Ich denke, ich schuldete den Fans, die soviel für die Serie getan hatten, die Geschichte, die sich zwischen unserer gewonnenen Kampagne und dem Telefonanruf, der mit ›Gene Baby‹ anfing, hinter den Kulissen abspielte.«

Trotz seines Versuchs, eine vernünftige Erklärung für seinen Rücktritt zu liefern, hatten viele Fans das Gefühl, daß er den Leuten, die dafür gearbeitet hatten, die Serie am Leben zu erhalten, einen Schlag ins Gesicht verpaßt hatte. In gewisser Weise war das so, als ob ihre Anstrengungen umsonst gewesen waren.

Der Schauspieler George Takei bemerkte: »Gene wußte, daß NBC, selbst wenn er bei der Serie bleiben würde, Star Trek nach diesem Jahr absetzen wollte. Auf der anderen Seite hätte es für Roddenberry vielleicht eine Sache der persönlichen Integrität sein sollen. Star Trek war Genes Erfindung, und auch die dritte Staffel würde mit ihm identifiziert werden, ob ihm das gefiel oder nicht. Sollte sich die Qualität der Serie verschlechtern, würde das auch auf Roddenberry zurückfallen. Letztendlich stünde auch Genes Ruf auf dem Spiel. Gene Roddenberry ist auch nur ein Mensch, und ich kann seine Haltung verstehen. Gleichzeitig allerdings, wenn ich ein wenig zurücktrete und Distanz dazu gewinne, hätte ich mir doch gewünscht, daß Gene die ganze Situation überblickt hätte. Dann hätte er begriffen, wie sich Star Treks dritte Staffel auf seinen professionellen Ruf und seine künstlerische Integrität auswirken würde.«

In den folgenden Jahren fügte Roddenberry der Begründung, die er damals in Berkeley gab, noch einiges hinzu: »Ich glaube, meine Entscheidung war damals nicht sehr rational. Ich war zu diesem Zeitpunkt sehr erschöpft; vielleicht suchte ich einfach nur nach einer Entschuldigung, um diesen Kampf zu beenden, den ich nicht nur seit zwei sondern seit vier Jahren mit dem Sender ausgefochten hatte... Die Erschöpfung brach wohl endgültig durch... Wenn ich es nochmal machen müßte, würde ich die dritte Staffel vermutlich produzieren. Das soll jetzt nicht so aussehen, als wollte ich den Leuten, die sie produziert haben, noch nachträglich eins auswischen. Wenn man einen Produzenten engagiert, muß man ihn die Serie natürlich so produzieren lassen, wie er es möchte. Seine Einstellung war etwas anders als unsere es in den ersten beiden Staffeln gewesen war, also sah die Serie auch anders aus... Solange der eigentliche Erfinder bei einer Serie bleibt, hat man eine gewisse Einheitlichkeit. Wenn andere Leute einbezogen werden, und es geht nicht darum, ob sie schlechter sind oder nicht so gute Autoren, verliert man einfach die Einheitlichkeit, die durch eine treibende Kraft entsteht.«

Einige Leute glauben, daß Star Trek absackte, weil Gene L. Coon nicht mehr da war.

»Ich werde jetzt etwas Blasphemisches sagen«, bemerkte ein Autor, der seinen Namen nicht nennen möchte. »Die wahre Seele Star Treks war nicht Gene Roddenberry. Das war Gene Coon. Jeder, der jemals an der Serie gearbeitet hat, weiß das. Ich gebe Ihnen ein Beispiel: Gene Coon ging während der zweiten Staffel. Die Leute haben immer behauptet, daß die Serie in der Mitte der zweiten Staffel schlechter wurde, weil sie das Budget gesenkt hatten, um sie weiter ausstrahlen zu können. Das war natürlich ein Faktor. Der wesentliche Faktor war allerdings, daß der Mann mit dem schriftstellerischen Talent nicht mehr da war.«

»Ich sage es, und ich werde Ihnen auch nicht drohen, wenn Sie mich zitieren«, fügt David Gerrold hinzu. »Gene L. Coon kam zu Anfang der ersten Staffel und fügte alles zusammen, und er blieb bis zur Mitte der zweiten Staffel. Wenn Sie sich die Episoden chronologisch ansehen, werden Sie bemerken, daß die besten entstanden, während Gene Coon am Steuer war. Gene Coon erweckte diese Serie zum Leben. In den ersten dreizehn Folgen, mit Roddenberry, wird noch sehr viel herumprobiert, wovon die Serie überhaupt handelt, obwohl sie einige tolle Folgen drehten.

Die Serie verlor ihre Kreativität erst richtig in der dritten Staffel. Es ging nur noch darum, daß Kirk, Spock und McCoy ein Abenteuer erlebten und alles gut ausging. Die Folgen waren wissenschaftlich und fiktional schlecht. Es war reinster Fernsehschwachsinn. Es gab nichts Schlimmeres, als wenn man in den sechziger Jahren auf das Fernsehen zeigte und sagte: ›Das Fernsehen macht kein Drama, es macht nur Fernsehen. Das ist automatisierte Tagträumerei. Das Gehirn kann darin nichts finden.‹«

Niemand kann leugnen, daß Star Trek kreative Probleme bekam, als die dritte Staffel näherrückte. John Meredyth Lucas wechselte zu »The Fugitive« (dt.: »Auf der Flucht«), als sich herumsprach, daß Star Trek abgesetzt werden sollte und bevor die Briefkampagne erfolgreich war; Regisseur Joseph Pevney ging ebenfalls und Dorothy Fontana, die schon dabei gewesen war, bevor es überhaupt Star Trek gab, wollte auch weg. »Ich hatte den Eindruck, daß man mich zu sehr mit Star Trek assoziierte«, erklärt sie. »Ich wollte beweisen, daß ich auch für andere Serien schreiben kann. Nachdem ich die Serie verlassen hatte, schrieb ich dann auch einige Western, Gegenwartsdramen, etc. Ich mußte den anderen Produzenten beweisen, daß ich mehr als nur Star Trek schreiben konnte.«

Erschwerend kam hinzu, daß das Budget der Serie wieder gekürzt wurde, so wie auch schon zu Beginn der zweiten Staffel, wobei sich die Besetzungslöhne erhöhten.

»In der dritten Staffel wurden wir auf das Niveau einer Radioserie reduziert«, erinnert sich Robert Justman. »Wir konnten keine Außenaufnahmen mehr drehen, weil wir es uns nicht mehr leisten konnten. Wir mußten Folgen drehen, die bezahlbar waren. Das war sehr schwierig und beeinflußte auch das Konzept. Wir konnten verschiedene Konzepte nicht mehr durchführen. Uns fehlte das Geld. Ich weiß die genauen Zahlen nicht mehr, aber damals, während der ersten Staffel, kostete uns jede Folge $ 193.500. Das war damals viel Geld. Die zweite Staffel hatte $187.500. Die dritte Staffel war $178.500. Das war ein unglaublicher Abstieg. Das Studio war in einer schwierigen finanziellen Situation, und bei jeder Folge, die gedreht wurde, verloren sie mehr Geld. Sie glaubten damals nicht an einen Erfolg im Lokalfernsehen, besonders, weil jeder wußte, daß die dritte Staffel die letzte werden würde. Sie nahmen uns fast alles weg, um ihre Verluste zu reduzieren.«

»Es ist eigentlich sehr einfach«, fährt er fort. »Wenn man auf einen Sendetermin verlegt wird, wo das Publikum nicht zuhause ist, weiß man, was die Stunde geschlagen hat.

Bedenken Sie, daß man uns schon nach der zweiten Staffel absetzen wollte. Als wir die dritte Staffel drehten, liefen wir nicht mehr donnerstags um 20.00 Uhr. Auch nicht freitags 20.00 Uhr. Wir liefen freitags 22.00 Uhr. Unser Publikum bestand aus Schülern und College-Leuten und jungen Ehepaaren. Die sind Freitag abends nicht zu Hause. Sie gehen aus, und die älteren Leute sahen uns nicht zu. Damit hatten wir unser Publikum verloren.«

5. KAPITEL

Das waren die nicht unbedingt erfreulichen Umstände, die Fred Freiberger begegneten, als er die Zügel des Star-Trek-Produzenten in die Hand nahm.

Freiberger tritt ein

Fred Freiberger hat an zahlreichen Projekten mitgewirkt. Er war der Co-Autor von »The Beast From 20,000 Fathoms« und »The Beginning Of The End«. Außerdem produzierte er Folgen von »The Wild, Wild West« (dt.: »Verrückter wilder Westen«), »Ben Casey«, »Space: 1999« (dt.: »Mondbasis Alpha Eins«) und natürlich Star Trek.

»Ich kannte Star Trek nur vom ersten Pilotfilm her«, sagt Freiberger. »Ich traf mich damals mit Gene Roddenberry und sprach mit ihm darüber, die Serie zu produzieren, aber ich machte dann erst einmal Urlaub in Europa. Mir wurde der Job zwar nicht angeboten, aber ich war einer der Kandidaten, und ich erwähnte Gene gegenüber, daß der Pilotfilm großartig gewesen sei, und daß ich, sollte der Job nach meiner Rückkehr noch immer zu haben sein, sehr daran interessiert wäre. Der Pilotfilm war reine Science Fiction und sehr beeindruckend. Als ich zurückkam, hatte er Gene Coon engagiert, und ich wandte mich anderen Serien zu. Dann, zu Beginn der dritten Staffel, wurde ich von meinem Agenten in Genes Büro geführt. Er wollte, daß ich die Serie produziere. Gene Coon hatte die erste Staffel gemacht, John Meredyth Lucas die zweite, und ich nahm an, daß er jedes Jahr den Produzenten wechseln wollte.«

Star Trek hatte sich natürlich zwischen »The Cage« und der dritten Staffel sehr verändert, und man fragt sich, ob ein neu eintreffender Produzent die Serie nicht für eine angsteinflößende Herausforderung halten mußte.

»Das hatte nichts mit Angst zu tun«, erwidert Freiberger. »Es ging darum, daß ich zu einer Serie kam, die erfolgreich produziert worden war und an der viele Leute beteiligt waren, die der Serie gegenüber sehr loyal waren. Selbst wenn man zu ›Family Affair‹ kommt, kann das angsteinföẞend sein. Man dringt in eine Situation ein, in der sich alle untereinander kennen und schon seit einiger Zeit zusammen sind. Ich bemühte mich darum, die Einschaltquoten zu verbessern, weil die Serie nur einen Anteil von 20 oder 24 hatte. Heute wäre das ein Erfolg. Damals wackelte eine Serie schon bei einem Anteil von 30. Die Loyalität der Fans bewahrte die Serie vor der Absetzung, die NBC angedroht hatte. Sie strahlten sie weiter aus, und es war beeindruckend, daß sich NBC der Kampagne beugte. Aber die Einschaltquoten veränderten sich in den drei Jahren nnicht, egal, was passierte. Die Serie behielt die gleichen Fans. Wir hofften, die Einschaltquoten zu verbessern und machten andere Geschichten. Aber die Einschaltquoten veränderten sich nicht ... nie.«

»Die Verringerung des Budgets traf uns sehr«, fügt er hinzu. »Dann wurden die Löhne der Schauspieler erhöht, und wir mußten uns sehr einschränken. Mindestens vier der Folgen mußten komplett auf der Enterprise spielen. Wir mußten uns sehr einschränken, aber das ist keine Entschuldigung für schlechte oder nicht vernünftig ausgeführte Geschichten. Das ist eine Frage der Beurteilung, und man muß seinen Instinkten folgen. So funktioniert Fernsehen. Ich glaube, wir machten einige gute Folgen und einige, die nicht so gut waren. Über einige Folgen ist man glücklich, über andere enttäuscht und über manche beschämt. So ist das nun einmal, aber wenn man ein Profi ist, akzeptiert man diese Dinge, man begreift, daß man nicht mehr tun kann, als dafür zu sorgen, daß jeder sein Bestes gibt.«

Leider waren viele der kreativen Leute, die an der dritten Staffel beteiligt waren, enttäuscht über die neue Richtung, die die Serie einschlug. Marc Daniels – der eine so bedeutende Rolle in der Entwicklung der Serie gespielt hatte – führte bei »Spock's Brain« Regie und beschloß, daß eine Folge unter dem neuen Regime genug war.

»Fred Freiberger und ich waren uns nicht über die Rolle einig, die der Regisseur spielt«, sagte Daniels. »Es gibt viele Autoren/Produzenten, die den Regisseur nicht als Partner betrachten. Sie halten ihn sozusagen für einen Angestellten. Das gilt besonders für das Serienfernsehen. Sie wollen, daß man nur seine Arbeit macht, die Szenen abdreht und den Rest vergißt. Diese Haltung gefiel mir nicht besonders.«

Margaret Armen, die für Gene Roddenberry und Fred Freiberger geschrieben hatte, erklärt: »Ich glaube, sie suchten nach zwei verschiedenen Arten von Geschichten. Fred wollte Actionfolgen. Deshalb gefiel ihm ›The Paradise Syndrome‹ nicht. Er meinte, da sei nicht genug brutale und erschreckende Action drin. Er begriff nicht, daß die Spannung aus den Charakteren, ihren Beziehungen, etc. entstehen würde. Es gab einige Actionszenen, aber keine Monster oder so etwas. Fred suchte also in der Hauptsache nach Action, während Gene nach subtileren Geschichten suchte, die Star Trek ausmachen. Action, aber mit Leuten, die die Geschichte tragen.«

Der Autor David Gerrold, der bereits verschiedene Ringkämpfe mit Freiberger in der Presse ausgetragen hat, meint dazu: »Ich verstehe Fred Freibergers Probleme heute viel besser als vor 24 Jahren. Es ist seltsam, aber ich respektiere den Mann, obwohl er das wahrscheinlich nicht begreift. Er hat eine Fähigkeit, die nicht viele Leute besitzen: Er kann eine Folge innerhalb des Budgets pünktlich abdrehen. Er macht seine Arbeit. Es gibt Leute, die unter diesem Druck zusammenbrechen ... Als Produzent trifft er sicherlich die richtigen Entscheidungen. Vom Standpunkt des Autors her halte ich seine Humorlosigkeit für seine größte Schwäche. Er ist nicht bereit, der Serie, an der er arbeitet, etwas Spaß zu gönnen.«

Ein großer Schlag war – nach ungefähr zwei Dritteln der Staffel – die Kündigung von Robert Justman, der seit der Produktion von »The Cage« für Star Trek gearbeitet hatte.

»Ich hatte das Gefühl in einem Gefängnis zu sein, aus dem ich heraus mußte«, ereifert er sich. »Ich wollte das einfach nicht mehr mitmachen, weil ich so unglücklich darüber war, was mit der Serie passierte. Wir konnten nicht

5. Kapitel

mehr die Art Serie machen, die wir machen wollten, weil wir es uns nicht leisten konnten, und ich hatte das Gefühl, daß die Serie auch inhaltlich auf dem absteigenden Ast war. Ich bat schließlich um meine Kündigung und ging. Ich hinterließ eine sehr schlechte Stimmung bei Paramount. Sie bettelten mich an zu bleiben, und ich sagte: ›In Ordnung, ich gehe nicht. Nehmt mich nur aus der Serie, ich nehme keinen anderen Job an und komme im Frühjahr wieder zurück, um für Euch zu arbeiten‹. Das wollten sie nicht, worauf ich sagte: ›Ich gehe. Ich will hier nicht mehr bleiben‹. Ich wechselte zu MGM.

Ich hatte den Eindruck, daß die Serie nicht mehr so war, wie sie sein sollte. Außerdem war ich auch enttäuscht darüber, daß man mich zum Co-Produzenten und nicht zum Produzenten gemacht hatte. Ich weiß, daß das für Leute, die nicht in dieser Branche arbeiten, nichts bedeutet, aber ich hatte eigentlich die Serie seit ihrem Anfang produziert, obwohl ich den Posten des Mitproduzenten hatte. Als die dritte Staffel begann, kam Freddy als Produzent hinzu, und ich sollte die Serie nicht produzieren, sondern sein Co-Produzent sein. Das Studio hatte wie alle Studios den Eindruck – und das kann ich ihnen nicht übelnehmen –, daß ein Autor die Arbeit an den Drehbüchern und Geschichten übernehmen sollte. Auf der anderen Seite hatte ich den Eindruck, daß ich die Serie produzieren könnte, wenn ich jemanden hätte, der das Schreiben übernimmt.

Letztendlich geht es natürlich ums Ego. Ich war viel, viel jünger und ehrgeiziger. Ich nehme es dem Studio nicht übel, aber ich war damals nicht froh darüber und mir gefielen die Drehbücher nicht. Sie waren nicht aufregend, oder nicht aufregend genug. Und wenn sie gute Konzepte hatten, wurden sie verwässert und waren nicht mehr so magisch, wie sie hätten sein können.«

Er war überrascht, daß die Atmosphäre hinter den Kulissen recht positiv blieb.

»Soweit ich es beurteilen kann, war die Atmosphäre unverändert«, erinnert sich Justman. »Ich kam mit allen gut zurecht, wie immer. Ich kam mit Freddy Freiberger gut zurecht, wie immer. Er war ein netter Mann. Ich glaube, er tat, was er tat, so gut wie möglich. Wir haben uns nie richtig gestritten. Ich kann mich nicht daran erinnern, mich während der drei Staffeln mit irgend jemandem gestritten zu haben. Ich hatte manchmal eine andere Meinung als Gene Roddenberry, und ich kämpfte gegen ihn, wenn ich glaubte, wir sollten etwas tun oder nicht tun, aber am Ende, wenn Gene ja sagte, war das eben ja. Wenn er nein sagte, hieß das nein. Egal, ob ich das für richtig oder falsch hielt, wenn er es so machen wollte, machte ich es. Es war immerhin seine Serie. Es war einfach nicht mehr das gleiche, nachdem Gene in der dritten Staffel die Kontrolle abgegeben hatte.«

Freiberger glaubt, daß die Moral bei Star Trek gut war, bis auf die letzten Folgen, als man das Ende absehen konnte. »Als sie uns das Budget strichen, wußten wir, daß dies kein gutes Zeichen war. Während der letzten Folgen sank die Moral, aber vorher war mir nichts aufgefallen. Abgesehen davon, macht man als Profi seine Arbeit bis zur letzten Minute so gut, wie es geht. Drei Jahre sind nicht schlecht für eine Serie – egal welche –, vor allem, wenn die Einschaltquoten so niedrig sind.

Unser Problem war, daß wir die Zuschauerbasis vergrößern mußten. Wir wollten eine Science-Fiction-Serie drehen, aber genug zusätzliche Zuschauer gewinnen, um die Serie auf Sendung zu halten. Ich entschloß mich, eine breite Palette von Geschichten zu erzählen, aber ich versuchte auch, sie dramatischer zu machen und die Handlungsstränge innerhalb eines Science-Fiction-Rahmens konventioneller zu halten.«

Obwohl es stimmt, daß die dritte Staffel, was Produktion und Drehbuchqualität anging, sehr hinter den ersten beiden zurückstand, wurden doch einige sehr effektive Folgen produziert. »Spectre of the Gun« war ein surrealistischer, von Gene L. Coon geschriebener Western; »The Tholian Web« handelte von Captain Kirks plötzlichem Verschwinden und gab uns einige wunderbare Charaktermomente zwischen McCoy und Spock; »The Day of the Dove« ließ die Besatzung der Enterprise im bewaffneten Kampf gegen Klingonen antreten; »Plato's Stepchildren« zeigte uns den ersten Fernsehkuß zwischen den Rassen und untersuchte den Mißbrauch der Macht; »Let That Be Your Last Battlefield« zeigte, wenn auch schwerfällig, die Unsinnigkeit von Vorurteilen auf; und »All Our Yesterdays« war ein Zeitreise-Abenteuer, daß die Spock-McCoy-Beziehung weiter entwickelte und Spock in einer Art und Weise handeln ließ, wie wir es noch nie gesehen hatten.

Und so wurde Star Trek am Ende ihrer dritten Staffel von NBC, ohne Hoffnung auf eine Fortsetzung, abgesetzt. Es mag vielleicht ein Klischee sein, aber rund siebenundzwanzig Jahre später ist uns klargeworden, daß das Ende nicht mehr als ein Anfang war.

Episodenführer zur dritten Staffel

- »Spock's Brain«
- »The Enterprise Incident«
- »The Paradise Syndrome«
- »And the Children Shall Lead«
- »Is There in Truth No Beauty«
- »Spectre of the Gun«
- »Day of the Dove«
- »For the World is Hollow, and I Have Touched the Sky«
- »The Tholian Web«
- »Plato's Stepchildren«
- »Wink of an Eye«
- »The Empath«
- »Elaan of Troyius«
- »Whom Gods Destroy«
- »Let That Be Your Last Battlefield«
- »The Mark of Gideon«
- »That Which Survives«
- »The Lights of Zetar«
- »Requiem for Methuselah«
- »The Way to Eden«
- »The Cloud Minders«
- »The Savage Curtain«
- »All Our Yesterdays«
- »Turnabout Intruder«

6. KAPITEL

EPISODE 55

Spock's Brain

»Spocks Gehirn«

Erstausstrahlung: 20. 9. 68
Buch: Lee Cronin
Regie: Marc Daniels

Gaststars:

Marj Dusay (Kara)
Sheila Leighton (Luma)
James Daris (Steinzeitmensch)

Die Eymorg stehlen Spocks Gehirn, um es als Energiequelle für ihren Planeten zu verwenden. Die Enterprise muß das Gehirn zurückbekommen, bevor Spocks Körper stirbt. Je weniger man über diese Folge sagt, desto besser. Überraschend ist nur, daß Gene Coon unter dem Namen Lee Cronin für das Drehbuch verantwortlich ist.

»In der ursprünglichen Fassung des Drehbuchs«, erinnert sich Marc Daniels, »kam Spock nicht mit, sondern blieb auf der Enterprise. Ich hielt das für langweilig, also wollte ich ihn mitnehmen. Die Frage war, ob er wie ein Zombie wirken würde. Zum Glück war Leonard in der Lage, das zu vermeiden.«

Produzent Fred Freiberger sagt: »Wahnsinniges Konzept, aber wie erzeugt man dort Dramatik? Wir hatten dabei ziemliche Probleme.«

»Ich vermute«, überlegt David Gerrold, »daß ›Spock's Brain‹ Gene L. Coons Art war, Gene Roddenberry die Zunge rauszustrecken. Wenn nicht gegen Roddenberry, dann aber bestimmt dagegen, daß sich die Serie so ernst nahm. Ich vermute, sie waren in ziemlicher Panik, weil sie nicht genug Drehbücher hatten. Die ganze Geschichte von Star Trek ist Krisenmanagement. Ich glaube, jemand rief Gene L. Coon an und sagte: ›Wir brauchen dringend ein Drehbuch. Kannst Du uns eins schreiben?‹ Und er schrieb es unter einem Pseudonym. Ich glaube nicht, daß er diese Folge ernst gemeint hat. Diese Folge kann man einfach nicht ernst nehmen. Man muß sie als Scherz auffassen. Was ist die dümmste Science-Fiction-Idee, die man nehmen kann? Was wäre, wenn jemand Spocks Gehirn stehlen würde? Gene L. Coons Sinn für Humor hätte ihm diesen Schwachsinn in jedem Fall erlaubt. Er hatte einen unglaublichen Sinn für Humor, und ich denke, er wollte Star Trek ärgern, weil sie sich so ernst nahmen. Vielleicht war das seine Art, das zu zeigen.«

EPISODE 56

The Enterprise Incident«

»Die unsichtbare Falle«

Erstausstrahlung: 27. 9. 68
Buch: D.C. Fontana
Regie: John Meredyth Lucas

Gaststars:

Joanne Linville (Commander)
Jac Donner (Tal)

Star Trek trifft auf »Mission: Impossible« (dt.: »Unmöglicher Auftrag: Kobra übernehmen Sie«). Die Enterprise übernimmt eine Geheimmission mit dem Ziel, in die romulanische Neutrale Zone einzudringen und die Tarnvorrichtung eines Schiffes zu stehlen. Währenddessen kommt es zu einer romantischen Beziehung zwischen Spock und der romulanischen Kommandantin, und Kirk erhält die Gelegenheit, spitze Ohren zu tragen, da er sich durch einen chirurgischen Eingriff als Romulaner tarnen soll.

»Es gab Fehler in der Folge, gegen die ich protestiert habe. In David Gerrolds ›The World Of Star Trek‹ wird das durch ein Memo, in dem ich damals meine Proteste ausgeführt habe, gut wiedergegeben«, schildert Dorothy Fontana. »Insgesamt war es keine schlechte Folge, aber ich habe einiges daran auszusetzen, und es gab vieles, was nicht richtig behandelt wurde. Sie basiert auf dem Pueblo-Zwischenfall, das heißt, ein Schiff wird bei einem Spionageakt entdeckt und muß seine Anwesenheit begründen. Kirks Zurechnungsfähigkeit wird dabei in Frage gestellt. Sie müssen natürlich heil aus der Sache herauskommen, wenn möglich, mit den Informationen, die sie haben wollten. Das geschah natürlich nicht mit der Pueblo, aber dieser Zwischenfall brachte mich auf die Idee.

Aber, seien wir ehrlich: die Liebesszene zwischen Spock und der Romulanerin paßte einfach nicht hinein. Jede echte Romulanerin hätte Spock sofort verdächtigt, weil sie verwandte Rassen sind. Das war falsch. Kirks Haltung war falsch. Die Tarnvorrichtung sollte ein sehr kleines Gerät sein, nicht größer als eine Armbanduhr, und es sollte leicht zu verstecken sein. Hier läuft Kirk mit diesem Ding herum, das wie eine Lampe aussieht. Klar zu sehen. Das ist ebenso dumm wie unlogisch. Vom visuellen Standpunkt war es dumm, vom Konzept her sehr schlecht. Es gab eine Menge Kleinigkeiten, die verändert wurden, aber meinen größten Einwand habe ich gegen die Szene zwischen Spock und der Frau, weil sie einfach unglaubwürdig ist. Ich kann nicht glauben, daß die Romulanerin Spock nicht sofort verdächtigt hat. Sie weiß genug über Vulcan und die Vulkanier, um zu bemerken, daß etwas faul ist.«

EPISODE 57

The Paradise Syndrome«

»Der Obelisk«

Erstausstrahlung: 4. 10. 68
Buch: Margaret Armen
Regie: Jud Taylor

Gaststars:

Sabrina Scharf (Miramanee)
Rudy Lolari (Salish)
Richard Hale (Goro)

Ein Planet wird von einem Asteroiden bedroht, worauf ein Außenteam nach unten beamt und versucht, die Bevölkerung zu evakuieren. Durch einen Unfall verliert Kirk sein Gedächtnis, und er wird schließlich von einem indianischen Stamm gefunden, der ihn als Gott betrachtet. Kirk, der sich jetzt Kirok nennt, nimmt eine Stammesangehörige namens Miramanee zur

6. KAPITEL

Frau, die später dem Mob zum Opfer fällt, als klar wird, daß Kirk in Wirklichkeit menschlich ist und keine Gottheit. Diese Episode ist durch ein besonders tragisches Ende gekennzeichnet, in dem Miramanee und Kirks ungeborenes Kind getötet werden.

»Mein Eindruck war«, sagt die Autorin Margaret Armen, »daß diese Leute, die lange und schwierige Jahre auf einem Raumschiff verbracht haben, nach einer Weile eine Sehnsucht nach ihrer Heimatwelt und nach der Einfachheit einer erdartigen Natur entwikkeln. Also überlegte ich, was wohl passieren würde, wenn sie sich einen Landurlaub auf einem erdartigen Planeten wünschen würden und ihnen plötzlich und unerwartet ein Planet begegnen würde, auf dem eine primitive und idyllische Zivilisation existiert. So in etwa wie der Garten Eden mit primitiven und freundlichen Eingeborenen, und so weiter. Von diesem Punkt an schrieb ich die Geschichte, so wie sie dann später zu sehen war. Es soll eigentlich ein unbewohnter Planet sein, aber als sie darauf beamen, finden sie diese primitive, indianische Zivilisation, und Kirk, der zu diesem Zeitpunkt völlig erschöpft und ermüdet ist... wir mußten einige dieser Szenen aus Zeitgründen schneiden..., wird von diesen idyllischen Umständen sehr angezogen.

»Wir hatten einfach nicht genug Zeit, um alles zu zeigen«, fährt Margaret Armen fort. »Einer der Gründe, warum Kirk allein bei dem Obelisken ist, besteht darin, daß er sich von der Gruppe entfernt hatte, um die Fauna und Flora zu genießen. Mir gefiel ›The Paradise Syndrome‹, aber es war schade, daß wir Kirks Sehnsucht nach einem Paradies nicht hineinnehmen konnten. Aber Freddy wollte mehr Action und weniger Aufbau der Action. Einige der Actionszenen, die er allerdings wollte... ich hätte die Actionszenen vorgezogen, die ich vorgeschlagen hatte, und ich hätte das alles nicht so aufgebauscht. Die Action war ein Teil der Geschichte, ebenso wie Gefahr und Spannung. Ich hatte mehr Charaktersequenzen in die Situationen eingebaut.«

»Um ehrlich zu sein, ich war mit der Folge nicht sehr glücklich«, stimmt Fred Freiberger zu. »Sie war nicht so gut, wie ich erwartet hatte. Ich hatte den Eindruck, daß ein bestimmtes Element fehlte. Das war eine der Folgen, von denen ich enttäuscht war. Gut dabei war, daß wir Außenaufnahmen drehen konnten, was in der dritten Staffel wirklich sehr selten war. Das ist vermutlich einer der Gründe, weswegen ich die Folge machen wollte. Ich wollte einfach weg von diesen leeren Planetenkulissen.«

EPISODE 58

And the Children Shall Lead

»Kurs auf Markus 12«

Erstausstrahlung: ____ **11.10.68**
Buch: ____ **Edward J. Lasko**
Regie: ____ **Marvin Chomsky**

Gaststars:

Melvin Belli (Gorgon)
James Wellman (Professor Starnes)
Craig Hundley (Tommy)
Pamela Ferdin (Mary)
Mark Robert Brown (Don)
Brian Tochi (Ray)
Caesar Belli (Steve)

Die Enterprise nimmt eine Gruppe Verwaister auf Triacus auf. Kurze Zeit später wird deutlich, daß sie von »Gorgon, dem freundlichen Engel«, der in Wirklichkeit etwas wesentlich Bösartigeres ist, manipuliert werden. Kirk und seine Mannschaft müssen die Kinder dazu bringen, ihn zu sehen, wie er wirklich ist.

»Um die Einschaltquoten zu erhöhen«, erklärt Fred Freiberger, »versuchten wir manchmal ungewöhnliche Sachen. In diesem Fall war unsere Besetzung ungewöhnlich. Wir engagierten den Anwalt Melvin Belli. Die Folge hätte besser sein können. Ich hielt die Idee für gut, aber sie war nicht so stark, wie sie hätte sein können. Außerdem glaube ich nicht, daß sie die Einschaltquoten erhöhte.«

Melvin Belli erzählte Eric Niderost von »Starlog«: »Ich hatte wahnsinnig viel Spaß, und die Professionalität von William Shatner, Leonard Nimoy und den anderen beeindruckte mich. Sie waren sehr professionell... und hatten viel Spaß dabei. Für mich war meine ›schmilzende‹ Todesszene der größte Spaß. Obwohl sie schon lange vorher Abdrücke von meinem Gesicht gemacht hatten, kostete uns das Make-up, das für die Szene benötigt wurde, fast den ganzen Morgen. Sie drehten eine Weile, machten Pause und brachten mich zurück zum Make-up, um mich noch abstoßender wirken zu lassen. Sie bearbeiteten meine Nase mit Wachs und ließen meine Wangen von einer Sequenz zur nächsten immer weiter absacken. Dann ging es wieder zurück in die Kulissen, um noch mehr zu drehen.«

Walter Koenig gibt zu, daß er über Bellis Besetzung nicht sehr glücklich war. »Freiberger hatte den Ruf, jemand zu sein, der eine in Schwierigkeiten geratene Serie übernimmt und sie endgültig kaputtfährt. Ich weiß nicht, ob das wahr ist, aber er hatte diesen Ruf. Ich denke, daß man für Star Trek jemanden braucht, der sich in der Science Fiction auskennt. Den größten Fehltritt, den Freiberger meiner Meinung nach beging, war die Besetzung von Melvin Belli in ›And the Children Shall Lead‹. Ich war sehr wütend darüber, weil Melvin offensichtlich ein Freund von ihm war. Es macht einen Unterschied, ob man Freunde anstellt, die Schauspieler sind, oder Freunde, die keine Schauspieler sind. Das verwässerte nicht nur den Eindruck der Folge, wenn es je einen gegeben hat, vor allem nahm es aber einem Schauspieler die Arbeit weg. Ich war sehr verärgert darüber. Es war unfair.«

EPISODE 59

Is There in Truth No Beauty?

»Die fremde Materie«

Erstausstrahlung: ____ **18.10.68**
Buch: ____ **Jean Lisette Aroeste**
Regie: ____ **Ralph Senensky**

6. KAPITEL

Diana Muldaur, die später als Dr. Pulaski in »The Next Generation«, wirkte bereits in zwei klassischen Star-Trek-Folgen mit.

Gaststars:

Diana Muldaur (Miranda)

David Frankham (Marvick)

Die Medusen sind Energiewesen, deren Anblick so fürchterlich sein soll, daß sie damit Menschen in den Wahnsinn treiben können. Einer von ihnen wird für eine Reise von Dr. Miranda Jones auf die Enterprise gebracht. Zwischen Wahnsinn und Mordversuchen erfahren wir, daß die Dinge nicht so liegen, wie wir sie anfangs verstanden hatten.

»Wir machten viele moralische Folgen, und das hier war für mich ein tolles Beispiel«, begeistert sich Fred Freiberger. »Das Basiskonzept war, daß etwas, das von außen angeblich häßlich und furchtbar ist, in Wirklichkeit wunderschön ist. Hoffentlich bringt sie den Zuschauer dazu, toleranter zu sein.«

Regisseur Ralph Senensky sagt: »Ich fand die Folge problematisch, weil ich den Eindruck hatte, sie wollten daraus einen Monsterfilm machen. All die Einstellungen, in denen zwischen der Schachtel und den Lichteffekten hin und her geschnitten wird... sie versuchten auf künstliche Weise eine Bedrohung aufzubauen. Ich empfand diese Schnitte als Beleidigung für das Publikum; es war der Versuch, ihm zu sagen: Jetzt müßt ihr nervös werden. Das beschnitt die Phantasie. Das Publikum ist intelligenter. Diese Folge als Monsterfilm und nicht als subtiles Bild zu behandeln, war einfach ein Zeichen einer anderen Mentalität.«

EPISODE 60

Spectre of the Gun

»Wildwest im Weltraum«

Erstausstrahlung: ____________ **25.10.68**
Buch: ____________ **Lee Cronin**
Regie: ____________ **Vincent McEveety**

Gaststars:

Ron Soble (Wyatt Earp)

Rex Holman (Morgan Earp)

Bonnie Beecher (Sylvia)

Charles Maxwell (Virgil Earp)

Sam Gilman (Doc Holiday)

Bill Zuckert (Sheriff Behan)

Ed McReady (Barbier)

Abraham Sofaer (melkotianische Stimme)

James Doohan (Stimme der melkotianischen Boje)

Als die Enterprise die Warnung der Melkotianer mißachtet, nicht in deren Raumsektor vorzudringen, finden sich Kirk, Spock, McCoy und Chekov auf einer Welt wieder, die ein surrealistisches Spiegelbild des Wilden Westens darstellt. Sie sollen bei der berühmten Schießerei am O.K.Corral teilnehmen. Sie stellen die Claytons dar, und sollte die Geschichte sich wie geplant entwickeln, werden sie von den Earps getötet werden.

»Als Gene Coon das Originaldrehbuch schrieb, war eine richtige Westernstadt vorgesehen«, erklärt Fred Freiberger. »Bobby Justman und ich wollten ihm ein wenig auf die Sprünge helfen, und deshalb erschufen wir diese surrealistische Stadt, um dem Ganzen eine außerirdische Atmosphäre zu verschaffen. Vincent McEveety war ein wahnsinnig kreativer Regisseur. Er machte tolle Sachen mit dieser Folge. Ich halte die Episode für sehr gut. Ich war zufrieden damit, vor allem, wenn man bedenkt, daß dies meine erste Star-Trek-Folge war, obwohl sie später in der Staffel ausgestrahlt wurde.«

Walter Koenig erinnert sich: »Eines Tages, während der zweiten Staffel, bat ich Gene Roddenberry um ein Treffen zwischen den Staffeln. Damals sah es noch so aus, als ob wir Montags um 20.00 Uhr ausgestrahlt würden. Ich fragte ihn, wie sich mein Charakter durch seine Poularität entwickeln würde. Ich traf ihn in seinem Haus, und er zeigte mir einige Memos, die er geschrieben hatte und einige von Schlosser und Werner, den Leuten von NBC. Alle Memos waren sehr positiv, sie wollten Chekov stärker einbinden, weil er gut ankam. Er sollte öfter mit auf Planeten kommen, mehr Kontakt zu Frauen haben. Das sah sehr vielversprechend aus. ›Spectre of the Gun‹ war die erste Folge, die mit diesem Aspekt für die dritte Staffel geschrieben worden war, und dort wurde klar, wie meine Mitwirkung werden sollte. Kurz darauf wurden wir verlegt, alle schlugen die Hände über dem Kopf zusammen und gaben die Serie auf. Sie holten Freiberger, der – so wie ich das sehe – keinen eigenen Stil hatte und keinen Zuneigung zu meinen Charakter. Er hatte auch keine Abneigung gegen ihn. Er hielt ihn einfach für unwichtig.«

»Das war eine Folge, die Spaß machte, ein Comic, garantiert nichts Besonderes«, meint Vincent McEveety. »Sie war etwas unglaubwürdig, keine meiner echten Lieblingsfolgen. Obwohl sie eigentlich schwachsinnig war, machte sie mir mehr Spaß als ›Patterns of Force‹, weil sie stärker stilisiert war. Sie schien zu sagen: ›Okay, wir machen jetzt also Fantasy‹. Die Nazi-Geschichte enthielt für mich zuviel Realität. Mir gefiel die Behandlung des Themas nicht, ich mochte alles daran nicht. Ich weiß nicht, ob sie zuwenig Material hatten, oder ob sie dachten, es sei einfach toll, diese Leute in Naziuniformen zu stecken, oder zurück in den Westen oder ins alte Rom zu bringen. Einiges davon funktionierte, anderes nicht.

Obwohl ›Spectre of the Gun‹ bei weitem nicht meine Lieblingsfolge ist, so wirkt sie doch durch die Effekte, den Wind, die stilisierten und fragmentierten Kulissen wie ein Theaterstück.

6. Kapitel

Es ist eine Folge, bei der man sehr viel Phantasie aufwenden muß, um eine Beziehung zu ihr zu finden. Man nimmt davon vielleicht nichts mit, aber es ist eine fesselnde Geschichte. Am Ende sagt man zwar nicht: ›Das war eine brillante Arbeit, eine tolle Folge'; wenn überhaupt, hält man sie für interessant. Es ist allerdings bezeichnend, daß in der wenigen Fanpost, die ich bekomme, der Name dieser Folge immer wieder auftaucht. Die Leute lieben sie.«

Episode 61

Day of the Dove

»Das Gleichgewicht der Kräfte«

Erstausstrahlung: 1.11.68
Buch: Jerome Bixby
Regie: Marvin Chomsky

Gaststars:

Michael Ansara (Kang)
Susan Howard (Mara)

Ein Energiewesen, das sich von Ärger, Haß und Feindschaft ernährt, bewaffnet die Klingonen und Kirks Leute mit Schwertern und läßt sie an Bord der Enterprise aufeinander los. Kirk und sein Gegner Kang müssen herausfinden, wer sie benutzt und es bekämpfen, bevor beide Seiten getötet werden.

»›Day of the Dove‹ war damals meine Antwort auf Vietnam«, sagt Jerome Bixby. »Werft die Schwerter nieder. Ich wollte eine Geschichte über den Frieden schreiben. Meine Originalgeschichte war sehr von den späten Sechzigern beeinflußt, und am Ende hatte ich einen Friedensmarsch geschrieben, der Gott sei Dank auch so herauskam.«

In »The Star Trek Interview Book« fügte er hinzu: »Ursprünglich hatte ich ›Day of the Dove‹ für Kor, den Klingonen aus ›Errand of Mercy‹ geschrieben, aber John Colicos war nicht zu kriegen. Er war im Ausland und machte einen Film. Er sagte, als er das Buch zum ersten Mal las, hätte er geweint, sich gegen Wände geworfen und wäre fast von einem Balkon gesprungen, weil er die Rolle unbedingt spielen wollte. Aber er war in dieser anderen Produktion eingebunden und konnte Kor nicht spielen. Also änderte ich den Namen in Kang. Sie suchten nach einem Klingonen und hätten beinahe Joe Campanella genommen, aber sie befürchteten, er hätte nicht die Ausstrahlung. Also nahmen sie Michael Ansara, der in der Rolle einfach aufging.«

»Eine Folge an Bord«, erläutert Fred Freiberger. »Wenn man unsere Einschränkungen bedenkt, funktionierte sie sehr gut. Es war eine eher tollkühne Folge, und Michael Ansara war großartig.«

»Was für ein phantastischer Charakter!«, begeisterte sich Michael Ansara gegenüber dem Journalisten Mark Phillips. »Direkt beim Lesen des Drehbuchs wußte ich, wie besonders diese Rolle war und wie selten man einen solchen Charakter im Fernsehen oder im Film findet. Kang hatte Würde, und das ist eine Eigenschaft, die mich schon immer fasziniert hat.«

Michael Ansara als Klingone Kang in »Day of the Dove«.

Episode 62

For the World is Hollow, And I Have Touched the Sky

»Der verirrte Planet«

Erstausstrahlung: 8.11.68
Buch: Rik Vollaerts
Regie: Tony Leader

Gaststars:

Kate Woodville (Natira)
Byron Morrow (Admiral Westervelt)
John Lormer (Alter Mann)

Was zuerst als Asteroid erscheint, entpuppt sich als gut getarntes Schiff, das sich auf Kollisionskurs mit einem Föderationsplaneten befindet. Kirk und Spock müssen das Geheimnis der Schiffscomputer lösen, um den Kurs zu ändern und zahlreiche Leben zu retten. McCoy entdeckt, daß er an einer unheilbaren Krankheit leidet, und, nachdem er sich in eine Bewohnerin des Schiffs (Yonada) verliebt hat, entschließt er sich, bis zum Ende bei ihr zu bleiben. Natürlich finden sie eine Heilung.

»Das war eine Liebesaffäre für Doctor McCoy«, erinnert sich Fred Freiberger. »Ich versuchte, die Geschichten auf andere Schauspieler auszudehnen, und ich wollte DeForest Kelley etwas geben, weil er meistens nur herumstand und nicht viel zu tun hatte. Ich wollte ihm etwas Solides geben, und mir gefiel die Idee, einen Planeten als Raumschiff zu haben. Ich denke, die Folge war in Ordnung.«

Er gibt allerdings zu, daß es schwierig war, die gesamte Besetzung mit Drehbuchstoff zu versorgen.

»Sie wären keine Schauspieler, wenn sie nicht mehr zu tun haben wollten«, lacht Freiberger. »Man macht eine Ensemble-Serie, die sich hoffentlich durch die Persönlichkeiten der Stars und die Beziehung zwischen den drei Hauptakteuren Shatner, Nimoy und Kelley verkauft. Man versucht natürlich, auch den anderen etwas zu geben, aber das ist sehr schwierig, weil man so viele Charaktere hat und nur 50

6. Kapitel

Minuten Zeit, um eine Geschichte zu erzählen. Ich sympathisiere mit allen, die mehr machen wollten. Sie hatten das Recht, sich gegen mich zu wenden, aber ich tat, was ich konnte, um ihnen besseres Material als ›Warp drei, Sir‹ und ähnliches zu geben.«

Episode 63

The Tholian Web«

»Das Spinnennetz«

Erstausstrahlung: 15.11.68
Buch: Judy Burns und Chet Richards
Regie: Ralph Senensky

Gaststars:

keine

Während Kirk die Überreste der USS Defiant untersucht, gerät er durch Zufall in eine andere Dimension. Die meisten Besatzungsmitglieder halten ihn für tot, obwohl er ihnen mehrfach erscheint. Spock arbeitet daran, ihn zu dem Zeitpunkt, in dem die Defiant kurzfristig wieder in unserem Universum auftaucht, zurückzuholen. Durch die Tholianer, die die Enterprise nicht in ihrem Gebiet haben wollen, entsteht wirkliche Spannung, da man nicht weiß, ob Spock Erfolg haben wird.

»Ich traf einen Physikstudenten, dem ich erzählte, daß ich ein Drehbuch für Star Trek schreiben wollte, eine Geistergeschichte, die auf Tatsachen beruht«, sagt die Autorin Judy Burns. »Er schlug mir die Theorie unendlicher Dimensionen vor. Daraus wurde ›In Essence Nothing‹, was später in ›The Tholian Web‹ unbenannt wurde. Wenn ich mich richtig erinnere, war es in der ersten Fassung noch Spock, der verschwindet.

Schließlich erhielt ich eins von Bob Justmans legendären Memos. Er schrieb: ›Ich denke, wir können es gebrauchen, aber Kirk sollte verschwinden. Er wäre so dämlich heroisch, auf dem Schiff zurückzubleiben‹. Außerdem gab es da noch die Folge ›Spock's Brain‹, in der Spock zeitweise nicht anwesend war, und sie wollten ihn nicht aus zwei Folgen aussperren. Ich erhielt einen Telefonanruf, in dem man mir sagte, daß Interesse bestünde und man sich mit mir treffen wolle. Sie kommentierten mein Buch ausgiebig, machten einige Vorschläge und gaben mir grünes Licht. Ich denke, es hat gut funktioniert, womit Bob und Fred viel zu tun hatten. Die Vorschläge, die Bob in seinem Memo machte, sorgten dafür, daß die Folge so wurde, wie sie wurde.

Die Sachen, von denen ich enttäuscht war, entstanden durch technische Probleme. Ursprünglich gab es keine Raumanzüge, wenn Kirk und die anderen auf das andere Schiff beamen. Sie hatten Kraftfeldgürtel, durch die sie in einer Art Mini-Kraftfeld eingeschlossen waren, in dem es auch eine Sauerstoffversorgung gab. Darin waren sie sicher, solange die Batterien reichten, aber sobald die Batterien verbraucht waren – und das war die größte Bedrohung für Kirk –, würden sie sterben. Sie hatten nicht ewig Zeit in diesem Kraftfeld. Deshalb wäre Kirk, so wie er auch sonst aussieht, durch dieses Schiff gewandert, nur mit einem zusätzlichen kleinen Kraftfeld-Gürtel. Das hätte als Geistergeschichte besser funktioniert. Es sieht ziemlich dämlich aus, wenn er immer wieder in diesem Raumanzug auftaucht. Ich war wirklich dagegen. Dabei geht es nicht darum, ob die Raumanzüge vernünftig gearbeitet waren, aber vom Standpunkt des Autors wäre es anders besser gewesen. Sie befürchteten, daß sich so etwas wie ein Kraftfeld-Gürtel auch auf andere Folgen auswirken würden. Ich war damals noch ein Neuling; heute hätte ich ihnen vermutlich geantwortet, das wäre ein Prototyp, den wir nur dieses eine Mal erhalten würden.

Eventuell würden wir ihn 25 Jahre später wiederbekommen.

Episode 64

Plato's Stepchildren

»Platons Stiefkinder«

Erstausstrahlung: 22.11.68
Buch: Meyer Dolinsky
Regie: David Alexander

Gaststars:

Michael Dunn (Alexander)
Liam Sullivan (Parmen)
Barbara Babcock (Philana)
Ted Scott (Eraclitus)
Derek Partridge (Donyd)

Die Enterprise fliegt in Beantwortung eines Notsignals nach Platonius, wo sie eine Rasse finden, die ihre Kultur an das alte Rom angelehnt hat. Der Unterschied besteht darin, daß sie enorme telekinetische Fähigkeiten entwickelt haben, die sie benutzen, um ihren Hofnarren, einen Zwerg namens Alexander, zu kontrollieren. Die Platonier eröffnen ihnen schließlich, daß sie wollen, daß McCoy bei ihnen bleibt, um sie zu versorgen, sollten sie krank werden. Als Kirk das nicht erlaubt, beginnen diese selbsternannten Götter sie zu kontrollieren, wobei sie Kirk, Spock, Schwester Chapel und Uhura in recht entwürdigende

Michael Dunn, der Alexander in »Platos's Stepchildren«, war wohl bekannter als Dr. Lovelace in »The Wild Wild West«.

6. KAPITEL

Situationen bringen. Außerdem waren sie der eigentliche Auslöser des ersten interrassischen Kusses im Fernsehen.

»Die große Frage«, sagt Fred Freiberger, »war, wer Uhura, eine Schwarze, küssen sollte. Wir hatten einige Diskussionen darüber, weil jemand vorschlug, es sollte Spock sein. Ich entgegnete: ›Nein, wenn Spock es macht, werden uns alle Leute vorwerfen, wir hätten nicht den Mut gehabt, sie von einem Weißen küssen zu lassen‹. Wir dachten lange darüber nach, aber schließlich funktionierte es doch. Shatner sagte zu ihr: ›Es ist nicht so, daß ich das nicht will, aber ich will Dich nicht erniedrigen‹. Ich bin sehr stolz auf diese Folge.«

In seiner Autobiographie »Shatner: Where No Man…« bemerkte der Schauspieler: »Sie hatten vorher darauf hingewiesen, daß dies der erste interrassische Kuß werden würde und fragten mich: ›Stört Dich das?‹, und ich sagte: ›Stören? Nein, mich stört das nicht‹. Und dann verließ sie wohl doch der Mut, weil ich gezwungen werde, das zu tun. Das war nicht Kirk, der Uhura küßte. Kirk wurde von einer Macht dazu gezwungen, sie zu küssen. Sie nahmen dem ersten interrassischen Kuß im Fernsehen seine Bedeutung, weil Kirk die ganze Zeit sagte: ‹...uhh, aahhh, nicht ich — kein — Kuß‹.«

»Mir ist klar, daß man die Szene auch anders hätte schreiben oder spielen können«, fährt Shatner fort. »Wir probierten einiges aus. Es hätte eine ganz andere Geschichte werden können, wenn jemand die interrassische Liebesgeschichte hätte betonen wollen. Aber damit hätten sie ihre Botschaft auch nicht besser herübergebracht, weil Kirk und Uhura einen Kuß oder eine Beziehung nicht interrassisch auffassen würden. Das wäre das Letzte, an das sie denken würden. Falls wir mit diesem Kuß oder mit Star Trek je etwas Gutes getan haben, dann war das, die Leute dazu zu bringen, nicht darüber nachzudenken.«

EPISODE 65

Wink of an Eye

»Was summt denn da?«

Erstausstrahlung: ______ **29.11.68**
Buch: ______ **Arthur Heinemann nach einer ______ Geschichte von Lee Cronin**
Regie: ______ **Jud Taylor**

Gaststars:

Kathie Browne (Deela)
Jason Evers (Rael)
Eric Holland (Ekor)
Geoffrey Binney (Compton)

Als Kirk scalosianisches Wasser trinkt, beschleunigt sich sein Metabolismus auf eine andere Existenzebene, auf der sich auch die Scalosianer befinden. Ihre Rasse ist fast ausgestorben, und sie wollen die Besatzung der Enterprise zur Wiederbevölkerung ihrer Welt nutzen. Während Kirk versucht, diesen Plan zu vereitlen, arbeiten Spock und McCoy auf der langsameren Ebene an einer Umkehr des durch das Wasser ausgelösten Effekts.

»›Wink of an Eye‹ gefiel mir von den drei Folgen, die ich gemacht habe, am besten«, erklärte der inzwischen verstorbene Arthur Heinemann eine Woche vor seinem Tod. »Der Regisseur Jud Taylor stellte eine Menge Fragen über die Leute in diesem Drehbuch. Was sie fühlten, was sie dachten, wie sie waren. Wir führten eine lange Unterhaltung über diese Leute, und er brachte die Schauspieler dazu, sie genau so darzustellen, wie ich mir das vorgestellt hatte.«

Die Geschichte, die von Lee Cronin, also von Gene L. Coon stammte, war etwas enttäuschend, wenn man bedenkt, daß uns der gleiche Mann »Devil in the Dark« und die Klingonen gegeben hatte. Dorothy Fontana glaubt, der Qualitätsverlust sei auf den enormen Druck zurückzuführen, unter dem Gene Coon stand und der ihn zwang, Drehbücher zwischen seinen anderen Aufträgen zu schreiben. »Das war nicht so, als ob man für eine Serie schreibt und ihr seine gesamte Zeit widmen kann«, sagt sie. »Ich glaube, daß seine Bücher darunter litten.«

»Wenn man nicht selbst produziert«, sagt Glen Larson, »nimmt jemand anderes dein Buch und überarbeitet es. Da ich seine Detailfreudigkeit und seine Arbeitsethik kenne, könnte ich mir vorstellen, daß er überarbeitet wurde. Ich würde gerne seine ersten Entwürfe sehen.«

EPISODE 66

The Empath

»Der Plan der Vianer«

Erstausstrahlung: ______ **6.12.68**
Buch: ______ **Joyce Muskat**
Regie: ______ **John Erman**

Gaststars:

Kathryn Hays (Gem)
Alan Berman (Lal)
Willard Sage (Thann)
Jason Wingreen (Dr. Linke)
Davis Roberts (Dr. Ozaba)

Zwei Außerirdische namens Lal und Thann (die aussehen, als seien sie mit den Talosianern aus »The Cage« verwandt) nehmen Kirk, Spock und McCoy gefangen und benutzen sie für eine Reihe von Experimenten, an denen auch eine stumme Frau namens Gem beteiligt ist, deren emphatische Fähigkeiten ihr erlauben, die Leiden und den Schmerz anderer aufzunehmen. Die Außerirdischen führen dies durch um herauszufinden, ob Gems Rasse es wert ist, vor einer in Kürze stattfindenden Supernova gerettet zu werden, oder ob ein Nachbarplanet überleben sollte.

EPISODE 67

Elaan of Troyius

»Brautschiff Enterprise«

Erstausstrahlung: ______ **20.12.68**
Buch und Regie: ______ **John Meredyth Lucas**

Gaststars:

France Nuyen (Elaan), **Jay Robinson** (Petri)
Tony Young (Kryton), **Lee Duncan** (Evans)
Victor Brandt (Watson),
K.L. Smith (Klingone)

6. KAPITEL

Die Enterprise wird angewiesen, Elaan von Elas zu ihrer Heiratszeremonie auf dem Planeten Troyius zu bringen. Durch diese Heirat sollen die beiden feindlichen Welten miteinander verbunden werden. Das klingt nach einer einfachen Mission, wenn man davon absieht, daß die Frau kein Interesse an der Heirat hat, die Klingonen alles tun, um die Allianz zu verhindern, der Botschafter von Troyius ermordet wird und Kirk sich wahnsinnig in Elaan verliebt, was durch die chemische Reaktion von ihren Tränen auf seiner Wange ausgelöst wird.

»Das war Gene Roddenberrys Idee«, sagt der Autor und Regisseur John Meredyth Lucas. »Mir gefiel die eingebaute Liebesgeschichte. Ich dachte, das würde eine interessante Veränderung ergeben. Sowas konnte man nur sehr selten machen. Eigentlich drehten wir ›Der Widerspenstigen Zähmung‹.«

Fred Freiberger erinnert sich: »Einer der Gründe, warum wir die Folge drehten, war, daß der Sender eine Umfrage gemacht hatte, in der sich herausstellte, daß sich Frauen allgemein vor dem Weltraum fürchteten. Sie brauchten Stabilität, sie brauchten eine Umgebung. Sie würden eher in einem Tal als auf der Spitze eines Bergs leben. Also versuchten wir, Frauen als unsere Zuschauer zu gewinnen, deshalb machten wir eine Liebesgeschichte. Wir versuchten einen Teil des Publikums zu erreichen, der uns normalerweise verschlossen blieb. Das hat nicht geklappt.«

Scottys kurze Erwähnung von Elaan bei seinem Besuch im 24. Jahrhundert in der Folge »Relics« während der siebten Staffel von »Star Trek: The Next Generation« ist der vermutlich denkwürdigste Aspekt der Folge.

EPISODE 68

Whom Gods Destroy

»Wen die Götter zerstören«

Erstausstrahlung: 3. 1. 69
Buch: Lee Erwin
Regie: Herb Wallenstein

Yvonne Craig, Batgirl aus der einschlägigen Fernsehserie spielte in »Whom Gods Destroy« eine Insassin von Elba II.

Gaststars:

Yvonne Craig (Marta)
Steve Ihnat (Garth)
Key Luke (Cory)

Die Insassen übernehmen die Kontrolle über die Elba II Heilanstalt. In dieser Situation werden Kirk und Spock von dem ehemaligen Starfleet-Captain Garth gefangengenommen, der die Fähigkeit erworben hat, seine Gestalt willkürlich zu verändern. Unsere Helden tun alles, um die Oberhand zu gewinnen. Das war's eigentlich.

EPISODE 69

Let That Be Your Last Battlefield

»Bele jagt Lokai«

Erstausstrahlung: 10. 1. 69
Buch: Oliver Crawford nach einer Geschichte von Lee Cronin
Regie: Jud Taylor

Gaststars:

Frank Gorshin (Bele)
Lou Antonio (Lokai)

Die Enterprise wird Zeuge, wie der außerirdische Polizist Bele sein Opfer Lokai jagt. Eine Hälfte des Gesichts der Männer ist weiß, während die andere schwarz ist. Der einzige Unterschied zwischen ihnen besteht darin, welche Seite weiß und welche schwarz ist. Bele enthüllt, daß Lokai auf seiner Welt ein Krimineller und eine niedrigere Lebensform ist, weil seine Farben auf der falschen Seite sind. Schließlich findet Kirk heraus, daß die beiden Außerirdischen die einzigen Überlebenden ihrer Heimatwelt sind; die übrige Bevölkerung hat sich gegenseitig umgebracht.

»Eigentlich stammte die Geschichte, die man mir brachte, von Gene Coon«, erzählt der Autor Oliver Crawford. »Sie handelte von rassistischer Intoleranz. Ich finde, die Folge hatte einen wunderbaren visuellen und cineastischen Effekt. Die Botschaft der Geschichte ist, daß die Farbe nicht tiefer als die Haut geht. Jeder Autor hätte sich davon angesprochen gefühlt. Das paßte in das damalige Klima, und ich war sehr zufrieden mit dieser Folge.«

Fred Freiberger erinnert sich: »Gene hatte eigentlich einen Teufel mit einem Schwanz, der einen Engel jagt. Wir holten uns den Schauspieler Frank Gorshin, und dann kam uns die Idee, sein Gesicht auf der einen Seite weiß und auf der anderen schwarz zu schminken und dem anderen Kerl das umgekehrte Make-up zu geben. Das ist die Dummheit von Vorurteilen. Es gibt einen wunderbaren Moment, in dem Kirk sagt: ›Was ist anders an ihm?‹, und Bele sagt: ›Er ist weiß auf der anderen Seite‹. Das war eine sehr moralische Folge, und mir gefiel die Idee. Nebenbei bemerkt stellten wir fest, daß die Folge zu kurz war, deshalb hatten wir diese wahnsinnig lange Jagd am Ende. Es war eine sehr kreative Situation.«

Dies war auch die letzte Arbeit, die Gene Coon für Star Trek leistete, obwohl Freiberger für seine Mitarbeit sehr dankbar war. »Gene Coon war ein talentierter, wunderbarer Mann«, sagt Freiberger, »dem bestimmte Geschichten einfielen und der uns damit machen ließ, was wir wollten. Er arbeitete mit uns, soviel er konnte, und er war ein vollkommener Gentleman und ein absoluter Profi.«

6. Kapitel

Episode 70

The Mark of Gideon«

»Fast unsterblich«

Erstausstrahlung: 17. 1. 69
Buch: George F. Slavin und Stanley Adams
Regie: Jud Taylor

Gaststars:

Sharon Acker (Odona)
David Hurst (Hodin)
Gene Kynarski (Krodack)
Richard Derr (Admiral Fitzgerald)

Kirk versucht, auf den Planeten Gideon zu beamen. Er ist geschockt, als er sich völlig allein auf der Enterprise wiederfindet. Dies stellt sich als die Arbeit der Einwohner von Gideon heraus, die eine exakte Nachbildung der Enterprise geschaffen haben (wie sie das gemacht haben, weiß keiner), um Kirk zu überlisten. Der Planet leidet unter Überbevölkerung, da seine Einwohner krankheitsfrei sind. Kirk allerdings trägt in sich die Überreste einer Krankheit, die ihn beinahe getötet hätte. Sie wollen, daß Kirk einen ihrer Leute infiziert, so daß die Krankheit und mit ihr der Tod sich über den Planeten ausbreiten können.

Die Handlung dieser Episode könnte als Vorbild für den Film »Zardoz« gedient haben, der eine sehr ähnliche Handlung hat.

»Überbevölkerung ist eins meiner Lieblingsthemen«, erzählt Fred Freiberger. »Ich hielt dies für eine gute Idee. Wir wagten uns an etwas ganz Neues heran, und es funktionierte gut. Diese Folge wurde auch komplett auf der Enterprise gedreht. Ich wußte, daß wir wegen der Beschränkungen, die uns auferlegt waren, besonders gute Geschichten bringen mußten. Diese hier hat gut funktioniert.«

Der Schauspielerin Sharon Acker gefiel ihre Rolle als Prinzessin Odona, wie sie im »Official Star Trek Magazine« sagte. »Es machte Spaß. Ich habe mich darauf gefreut, sie zu spielen. Odona bewegte sich etwas über meinem Erfahrungsbereich. Ich habe mich nie für eine Prinzessin gehalten, ich habe mich auch nie für besonders exotisch gehalten, deshalb war es für mich eine große Herausforderung, eine Figur zu spielen, die beides war und auch noch von einem anderen Planeten kam. Emotional war sie mir nicht unähnlich, wenn man einmal von ihrem Willen absieht, ihr Leben für die Leute auf ihrem Planeten zu opfern. Sie war bereit zu sterben, um den Leuten auf ihrem Planeten den Tod und die Würde zurückzugeben. Ich weiß nicht, ob Sharon Acker jemals einen solchen Schritt unternehmen würde. Ich halte sie für heroisch, großartig, etwas Besonderes, sehr schön und wesentlich weiter als Sharon Acker, die ihre Rolle spielte.«

Lee Meriwether, hier im ledernen Catwoman-Outfit, spielte die tödliche Losira in »That Which Survives«.

Episode 71

That Which Survives

»Gefährliche Planetengirls«

Erstausstrahlung: 24. 1. 69
Buch: John Meredyth Lucas nach einer Geschichte von D.C. Fontana
Regie: Herb Wallenstein

Gaststars:

Lee Meriwether (Losira)
Arthur Batanides (D'Amato)
Naomi Pollack (Lt. Rahada)

Während Kirk, Spock und McCoy einzigartige geologische Bedingungen auf einem namenlosen Planeten erforschen, begegnet ihnen das holografische Abbild einer Frau namens Losira. In Wirklichkeit ist sie ein Warngerät, das von einer uralten Zivilisation zurückgelassen wurde, um ihre Feinde, die Kalandaner abzuschrecken. Ihre »Berührung« ist tödlich, und es ist die Aufgabe der Enterprise-Besatzung, den Computer, der dieses tödliche Abbild schafft, abzuschalten.

Episode 72

The Lights of Zetar

»Strahlen greifen an«

Erstausstrahlung: 31. 1. 69
Buch: Jeremy Tarcher und Shari Lewis
Regie: Herb Kenwith

Gaststars:

Jan Shutan (Lt. Mira Romaine)
John Winston (Lt. Kyle)
Libby Erwin (Rindonian)

Lieutenant Mira Romaine, in die Scotty verliebt ist, wird von den Lichtern von Zetar übernommen, einem wolkenartigen Wesen, das in Wirklichkeit die kollektive Existenz einer inzwischen ausgestorbenen Rasse

darstellt. Da ihnen die physische Existenz gefällt, beschließen sie, ihren menschlichen Gastkörper auf Kosten von dessen Leben zu behalten.

»Ich habe diese Folge nicht mehr seit ihrer Erstausstrahlung gesehen«, sagte der Regisseur Herb Kenwith in »Starlog« –179. »Ich erinnere mich an die erste Schnittversion. Damals hatten Regisseure noch nicht viel zu sagen, und ich war enttäuscht. Die Geschichte wurde nicht so erzählt, wie ich gehofft hatte. Wenn man 10 Leute in einen Raum setzt und sie ein Script lesen läßt, bekommt man zehn Versionen. Das ist wie ›Hamlet‹. Es gibt so viele Möglichkeiten, das zu spielen. Da ich Regie führte, wollte ich, daß meine Version erzählt wird. Ich hielt die geschnittene Fassung für sehr verzerrt... Das enttäuschte und verletzte mich sehr. Ich hatte einfach nicht das dicke Fell, das man braucht.«

»Mir gefiel das Drehbuch«, fügte Kenwith hinzu. »Ich fand es interessant, außerdem war es etwas ganz anderes, als das, was ich bis dahin gemacht hatte. Ich hatte Theaterstücke gemacht. Während wir Star Trek machten, lachten wir über vieles davon. Wir dachten: ›Oh, ist das schwachsinnig, aber wir machen es trotzdem‹. Na ja, dann wurde daraus ein Klassiker, das Ganze war wohl doch nicht so schwachsinnig.«

EPISODE 73

Requiem for Methuselah

»Planet der Unsterblichen«

Erstausstrahlung: 14.2.69
Buch: Jerome Bixby
Regie: Murray Golden

Gaststars:

James Daly (Flint)
Louise Sorel (Rayna)

Auf der Suche nach einem Heilmittel für eine seltene Krankheit, beamen sich Kirk, Spock und McCoy auf die Oberfläche von Holberg 917-G. Sie sind überrascht, als sie auf einen Mann namens Flint treffen, der sich als unsterblich herausstellt. Kirk verliebt sich in Flints Tochter Rayna und ist entsetzt, als er erfährt, daß sie wie alle anderen »Leute«, die auf dem Planeten leben, ein Android ist.

»Ich wollte immer eine Geschichte über einen Neanderthaler schreiben, dem die Unsterblichkeit geschenkt wird«, erläutert Jerome Bixby, »und der bis zum heutigen Tag lebt und lernt und lernt und lernt, die gesamte Spanne seines ungeheuren Lebens hindurch. Er meistert die Künste und die Wissenschaften durch Philosophie. Ich wollte, daß er Beethoven ist, weil Beethovens Gesicht ein wenig wie das eines Neanderthalers aussieht. Ich hatte die Geschichte noch nicht geschrieben, aber sie beschäftigte mich. Weshalb sollte ich nicht für Star Trek eine Geschichte über einen fast unsterblichen Mann schreiben? Also schuf ich Mr. Flint, das war übrigens der Name meines Neanderthalers. Sie gefiel mir sehr gut, als ich sie schrieb. Dahinter steckt auch eine Geschichte. Ich habe eine Angewohnheit, die in der Prosa sehr gut funktioniert, und das ist die Alliteration. Ich kann das geschriebene Wort dazu bringen, durch Ringe zu hüpfen, und wenn man diese Sätze laut spricht, klingen sie häufig etwas gezwungen und ein wenig albern, außer man schreibt absichtlich in Gedichtform.

Es gibt da einen Dialog zwischen McCoy und Spock gegen Ende, in dem McCoy Spock ziemlich fertig macht. Er sagt ihm eigentlich: ›Du armer Idiot. Du hast keine Emotionen. Du kannst nicht leben. Du wirst niemals wissen, was Liebe ist. Für dich gibt es diese Hoffnung nicht.‹ etc. Ich ließ alle Vorsicht sausen und schrieb fast fünfzehn Seiten Dialog. De Kelley weigerte sich strikt, die Worte zu sagen. Er sagte: ›Das hört sich wie ein Gedicht an!‹ ›Wir sind die hohlen Menschen, wir sind die verkümmerten Menschen‹, wie T.S. Eliot. Ich glaube, Murray Golden führte dabei Regie, und er wollte endlich das Ende drehen. Aber er sagte: ›Wir können das nicht ohne Dialog drehen. Das funktioniert nicht‹. Also sagte ich ihm: ›Gib mir drei Minuten‹, und ich ging zu Captain Kirks Sitz in der Enterprise-Kulisse und überschrieb die Rede direkt dort, weil ich dieses Ende auch nicht verlieren wollte. Fünf Minuten später hatten sie die neue Fassung.«

»Es gab einige gute Emotionen«, sagt Fred Freiberger, »und die Erkenntnis, daß sie ein Android ist, wurde gut behandelt. Mir gefiel die Idee, daß man in eine Fabrik kommt und sieht, wie die Frau, die man liebt, vervielfältigt wird.«

EPISODE 74

The Way to Eden

»Die Reise nach Eden«

Erstausstrahlung: 21.2.69
Buch: Arthur Heinemann nach einer Geschichte von Michael Richards und Arthur Heinemann
Regie: David Alexander

Gaststars:

Skip Homeier (Dr. Severin)
Charles Napier (Adam)
Mary Linda Rapelye (Irina)
Victor Brandt (Tongo Rad)
Deborah Downey und Phyllis Douglas (Hippies)

Eine Gruppe Weltraum-Hippies versucht, die Kontrolle über die Enterprise zu übernehmen, um so zu der mythischen Welt Eden, dem angeblichen Paradies zu kommen. Man weiß nicht, was leben heißt, bevor man nicht gesehen hat, wie Mr. Spock in einer Jam Session spielt.

Ursprünglich hieß »The Way to Eden« »Joanna« und drehte sich um Dr. McCoys Tochter, die zu den »Weltraum-Hippies« gehörte.

»Den Produzenten gefiel die Idee nicht«, sagt Dorothy Fontana, die ihren Namen von der Geschichte entfernen ließ, »also machten sie aus ihr Chekovs russische Freundin. Und dann veränderten sie den ganzen Fokus der Geschichte. Ich habe die Folge nie gesehen.«

Fred Freiberger stimmt schüchtern zu: »Mir gefiel das überhaupt nicht, und ich gebe Dorothys Originalgeschichte nicht die Schuld dafür. Wir haben vermutlich alles falsch gemacht.

6. KAPITEL

Ich nehme nicht gerne die Schuld dafür auf mich, aber sonst bleibt wohl niemand übrig.«

Arthur Heinemann, der das Drehbuch basierend auf Fontanas Geschichte schrieb, fügt hinzu: »Meine Idee war es, dieses tödliche Element nach Eden zu bringen. In der Originalgeschichte gab es keinen tödlichen Aspekt. Da ging es nur um Weltraum-Hippies, die nach einem romantischen Platz zum Leben suchten. Ich wollte hinzufügen, daß unter all dieser Schönheit der Tod verborgen lag. Ich hatte Spaß daran, weil ich einige der Texte für die Lieder schrieb, die die Hippies sangen. Dafür bekomme ich übrigens Tantiemen von EMI. So ungefähr einmal im Jahr kommt bei mir ein Scheck über $ 3,47 an.

Die Folge selbst gefiel mir allerdings nicht besonders. Es war eine ziemliche Hauruck-Regie. Sehr vereinfacht, wie ich mich erinnere.«

EPISODE 75

The Cloud Minders

»Die Wolkenstadt«

Erstausstrahlung: **28. 2. 69**
Buch: **Margaret Armen nach einer Geschichte von David Gerrold und Oliver Crawford**
Regie: **Jud Taylor**

Die Enterprise trifft auf Ardana ein, um Zienite abzuholen, das Heilmittel für eine Seuche auf Merak II. Sie finden eine geteilte Rasse vor, deren Elite in einer Stadt in den Wolken lebt, während die »Habenichtse« die Zienite-Mineralien abbauen und recht wahnsinnig wirken. Kirk stellt fest, daß das Gas in den Bergwerken diesen Irrsinn hervorruft und bemüht sich, beide Seiten zu einem Gespräch über ihre Schwierigkeiten zu bewegen.

Der Autor David Gerrold erinnert sich: »Ich gab ihnen eine Geschichte namens ›Castles in the Sky‹, in der es um Leute ging, die in Luftstädten lebten, die wie Beverly Hills waren. Dann gab es dort Leute, die in den Baumwollfeldern darunter arbeiteten und in einer Art Slumviertel lebten. Sie bauen in Bergwerken Diliziumkristalle ab. McCoy stürzte mit einem Shuttle auf der Planetenoberfläche ab und half den Kindern, die auf der Oberfläche lebten und unter einer Überdruck-Krankheit litten. Als die Rebellen kommen, um McCoy zu töten, weil er für sie die Luftmenschen repräsentiert, stellen sich die Eltern der Kinder zum Schutz vor ihn, so wie die Szene in »The Ugly American«. Währenddessen sind Kirk und Spock oben in der Luftstadt und streiten sich mit dem Regierungsbeamten über die Form des Verhandlungstisches, so wie in den Pariser Friedensverhandlungen. Dann brachten wir noch ein wenig Action in die Geschichte; es passierte sehr viel, und es gab eine Konfrontation am Ende.

Es war keine schlechte Geschichte. Es ging darin eigentlich um Arme und Reiche. Das Problem war, daß wir am Ende wieder im Raumschiff sind und uns auf den Weg machen. Kirk sagt: ›Nun, wir haben wieder einmal gute Arbeit geleistet. Wir haben das Problem zwar nicht völlig gelöst, aber wir haben sie dazu gebracht, miteinander zu reden, und das ist ein langfristiger Ansatz, da sie ihre eigenen Probleme klären werden.‹ Und McCoy sagt: ›Richtig. Aber wieviele Kinder werden in der Zwischenzeit sterben?‹ Und niemand hat eine Antwort darauf. Man erwartet ein Happy End, und dann bringt McCoy diesen Wermutstropfen. Star Trek hatte für mich bereits deutlich gemacht, daß man solche Geschichten bringen konnte.

Dann passierte folgendes: Freddy Freiberger hielt das für polemisch, und das machte ihn ziemlich sauer. Er wollte eine nette, sichere Folge machen, in der sich alles am Ende in Wohlgefallen auflöste. Ich sagte: ›Ganz so funktioniert das im realen Leben nicht. Warum machen wir nicht eine etwas realistischere Folge?‹, und er sagte: ›Okay, Du hattest Deine Chance. Ich will, daß Du Dir einen Mitautor nimmst‹. Ich sprach mit meinem Agenten, der sagte: ›Nimm den Mitautor, oder er schmeißt dich raus‹. Also mußte ich plötzlich mit Oliver Crawford an der nächsten Fassung arbeiten. Er drückte ihn mir auf. Ich dachte, da Ollie der Story-Redakteur bei der letzten Folge, die er produziert hatte, gewesen war, wüßte er vielleicht, was Freddy kaufen würde. Ich dachte, Ollie würde schon verhindern, daß ich Fehler machte, und ich könnte von ihm lernen. Er ist ein netter Kerl.«

Oliver Crawford fügt hinzu: »Freddy rief mich damals an und sagte, er wolle einen alten Profi mit einem jungen Autor zusammenbringen. Autoren fühlen sich ständig angegriffen, aber das Fernsehen ist ein Medium, in dem man miteinander arbeiten muß. Es ist sehr schwer, den glücklichen Umstand zu erreichen, daß sich jeder wohl fühlt und sich die Talente gegenseitig verstärken, aber es ist den Versuch wert. Wenn Leute sich abkapseln, bringt das gar nichts. Ich kenne sehr wenige Fernsehautoren, die mit allem, was von ihnen gedreht wurde zufrieden sind, außer sie befinden sich in einer Machtstellung, was sehr selten ist. Für mich fügt sich ›The Cloud Minders‹ gut in den Rahmen der Serie ein. Sie ist fast wie ›Brave New World‹ (dt.: »Schöne neue Welt«). Es ging eigentlich um Ausbeutung, und das ist etwas, womit man sich ständig beschäftigen muß.«

Margaret Armen erklärt: »Ich schrieb schließlich das Drehbuch, weil Freddy Freiberger mich anrief und erzählte, daß er von zwei Autoren, deren Namen er nicht nannte, eine Geschichte bekommen hätte. Er sagte: ›Sieh Dir das Drehbuch nicht an, Margaret, es funktioniert nicht. Da wird nur geredet und philosophiert. Wir brauchen was mit Action. Das Thema ist in Ordnung, ebenso die eigentliche Geschichte. Wir erzählen Dir die Geschichte und möchten, daß Du ein Konzept und hoffentlich auch ein Drehbuch schreibst, das wir gebrauchen können.‹ Sie sagten mir nur, daß ein kleiner Teil dieser Gesellschaft in großem Luxus auf der Oberfläche des Planeten lebt, während die meisten in Höhlen leben und wie Sklaven gehalten werden. Ich habe David Gerrolds Drehbuch und Oliver Crawfords Überarbeitung nie gesehen, ich weiß nicht, ob sie statisch und nicht zu gebrauchen waren. Ich brauchte etwas, um Action in diese philosophische Idee zu bringen, also fügte ich das Gas in den Höhlen hinzu,

6. KAPITEL

das die Gehirne der Leute betäubt und sie dumm erscheinen läßt. Ich erzählte die Geschichte vor dem Hintergrund einer Rebellion, in die Kirk und Spock verwickelt werden, und das funktionierte. Es ist möglich, daß die ersten beiden Fassungen noch akzeptabler als meine waren, aber meine wollte der Produzent nun einmal.«

Gerrold sagt: »Ich spielte bei einem dieser Treffen mit Fred Freiberger darauf an, daß ich mich nicht ans Fernsehen verkaufen wolle, und er sagte: ›Ich arbeite seit 20 Jahren für das Fernsehen, und ich habe mich niemals verkauft.‹ Im Fernsehen geht es nicht darum, ob man sich verkauft, sondern wie schlecht man das macht. Wenn jemand sagt, er habe sich nie verkauft, bedeutet das nur, daß er niemals jemanden herausgefordert hat. Er hat sich in Wahrheit bereits verkauft, bevor er angefangen hat. Wenn man sich ›The Cloud Minders‹ jetzt ansieht, wirkt sie harmlos, aber damals wurde daraus plötzlich eine Geschichte, deren Aussage daraus bestand, daß es richtig sei, in Vietnam zu sein, daß es richtig sei, Truppen in die Ghettos zu schicken, und daß es richtig sei, so zu handeln, wie wir es wollen. Ja, es gibt vielleicht Bedenken, aber wenn man ihnen Gasmasken gibt, werden sie schon im Ghetto bleiben. Ich war stinksauer darüber, weil dies das fundamentale Thema umging. Es ist nicht fair, daß ein Teil in der Wolkenstadt und ein Teil darunter lebt. Dieses Thema wurde in der Folge nie geklärt. Ich war wütend über diese Folge, und sie hat mir nicht gefallen. Es war eine unglückliche Erfahrung, besonders für einen jungen Autor, der die Bestätigung braucht, daß er in dieser Industrie erfolgreich sein kann.«

Heute äußert Fred Freiberger seine Gedanken über diese Geschehnisse eher knapp: »Mir gefiel die Geschichte, die David uns brachte, aber niemand mochte das Drehbuch. Wir haben darum gekämpft, daß Gerrolds Name im Vorspann erschien, aber dafür war er uns bestimmt nicht dankbar. Er hat uns mit keinem Wort dafür gedankt, daß wir jedem Autor, der daran arbeitete, sagten, daß wir seinen Namen sichern wollten.«

EPISODE 76

The Savage Curtain

»Seit es Menschen gibt«

Erstausstrahlung: 7.3.69
Buch: Arthur Heinemann und Gene Roddenberry nach einer Geschichte von Gene Roddenberry
Regie: Herschel Daugherty

Gaststars:

Lee Bergere (Abraham Lincoln)
Barry Atwater (Surak)
Phillip Pine (Colonel Green)
Nathan Jung (Dschinghis Khan)
Carol Daniels Dement (Zora)
Robert Herron (Kahless)

Die endgültige Schlacht zwischen Gut und Böse. Kirk, Spock, Präsident Lincoln und der vulkanische Vordenker Surak stellen sich gegen die wahnsinnige Wissenschaftlerin Zora, Dschinghis Khan, den Mörder Colonel Green und Kahless, den Klingonen, der das Imperium inspirierte. Der Schiedsrichter ist eine Felsenkreatur namens Yarnek, der neugierig darauf ist, welche Seite wohl gewinnen wird.

»Gene Roddenberry schrieb die Hälfte des Drehbuchs«, erklärte Arthur Heinemann. »Ich weiß nicht, ob ihm kein Ende einfiel, oder ob er keine Lust mehr hatte und sich anderen Dingen zuwandte. Er kam und ging damals. Man gab mir sein Drehbuch, und ich schrieb die letzten beiden Akte und überarbeitete einen Teil der ersten beiden. Ich nehme an, es hat mir damals gefallen, sonst hätte ich es nicht angenommen. Allerdings konnte ich mich damals dazu bringen, fast alles zu mögen, was sie mir brachten. Es ließ sich leicht verkaufen. Wenn jemand sagt: ›Ich liebe dich‹, muß man das einfach glauben.

Die Geschichte war interessant, weil die vier größten Helden in der Geschichte der Menschheit oder des Universums gegen die vier schlimmsten standen. Da mußte man am Ende einfach einen Kampf bringen. Ich versuchte, ein wenig Moral einfließen zu lassen, weil die guten Jungs für die Sicherheit anderer Leute kämpften, während die Bösen nur um des Kampfes willen kämpften. Ich war allerdings nicht sehr froh darüber, wie die Folge durchgeführt wurde. Sie wurde gegen Ende der Staffel geschrieben. Der Schlußkampf sollte in einer riesigen Schlucht stattfinden. Leider stellten sie fest, daß man zu dieser Zeit nicht genug Tageslicht hatte, um Außenaufnahmen zu drehen, also bauten sie Felsen aus Zeltplane und Farbe zusammen. Niemand konnte dort hinaufklettern, weil man direkt durchgefallen wäre. Vielleicht ging es nicht anders. Wer weiß.«

EPISODE 77

All Our Yesterdays

»Portal in die Vergangenheit«

Erstausstrahlung: 14.3.69
Buch: Lisette Aroeste
Regie: Marvin Chomsky

Gaststars:

Mariette Hartley (Zarabeth)
Ian Wolfe (Atoz)
Kermit Murdock (Staatsanwalt)
Johnny Haymer (Polizist)
Stan Barrett (Wärter)
Ed Bakey und Al Cavens (Fops)
Anna Karen (Frau)

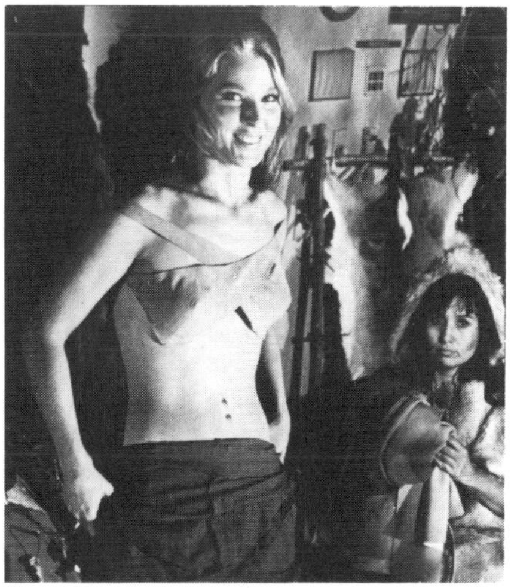

Mariette Hartley war Mr. Spocks dritte Liebschaft in den Star-Trek-Analen. Sie ist hier in Gene Roddenberrys »Genesis II« zu sehen.

6. KAPITEL

Ein Außenteam beamt nach Sarpeidon, um die Einwohner vor der drohenden Explosion ihrer Sonne zu evakuieren. Sie entdecken eine riesige Bibliothek und einen Bibliothekar namens Mr. Atoz (A to Z). Zufällig treten Kirk, Spock und McCoy durch ein Portal und werden in der Zeit zurückversetzt. Kirk erscheint in der Zeit der Hexenverfolgungen in einer Salem ähnlichen Umgebung, während Spock und McCoy in der Steinzeit landen, wo sich Spock in eine Frau namens Zarabeth verliebt, die dort gefangen ist. Die drei müssen in ihre Zeit zurückkommen, bevor die Sonne explodiert und sie dort für immer gefangen sind.

»Ich liebe diese Folge«, lächelt Fred Freiberger. »Die Frau, die sie schrieb, war eine Bibliothekarin an der Universität von Los Angeles. Ich erinnere mich, daß Leonard Nimoy das Buch las, zu mir kam und sagte: ›Ich bin Vulkanier. Wie kann ich mich leidenschaftlich in eine Frau verlieben?‹ Also antwortete ich ihm: ›Das ist weit in der Vergangenheit, bevor sich die Vulkanier zu einer emotionslosen Gesellschaft entwickelt hatten.‹ Er akzeptierte das, wofür ich sehr dankbar war. Eine meiner Lieblingsfolgen.«

EPISODE 78

Turnabout Intruder

»Gefährlicher Tausch«

Erstausstrahlung: 3. 6. 69
Buch: Arthur Singer nach einer Geschichte von Gene Roddenberry
Regie: Herb Wallenstein

Gaststars:

Sandra Smith (Dr. Janice Lester)
Harry Landers (Dr. Coleman)

Kirk fällt dem Haß von Dr. Jannice Lester zum Opfer. Vor einiger Zeit hatte sie eine romantische Beziehung mit dem Captain und war bis jetzt nicht in der Lage, ein eigenes Kommando zu bekommen. Jetzt will sie sich rächen, und das gelingt ihr durch ein außerirdisches Gerät, mit dem sie Kirks Geist in ihren Körper versetzen kann und umgekehrt.

William Shatner (Captain James T. Kirk) und Leonard Nimoy (Mr. Spock) bei der »Oskar«-Preisverleihung.

»Ich sage Ihnen, Shatner ist ein sehr kreativer Mensch«, begeistert sich Fred Freiberger. »Wenn ich kreativ sage, meine ich, daß er bereit ist, alles auszuprobieren. Er liebte ›Turnabout Intruder‹. Um ehrlich zu sein, war ich ein wenig besorgt, als Roddenberry mir diese Geschichte zeigte, in der Kirk mit einer Frau den Platz tauscht. Als ich sie zuerst las, sagte ich zu Gene: ›Ich frage mich, was Shatner wohl dazu sagt‹, und Gene antwortete, er würde damit kein Problem haben. Er hatte recht. Als ich Shatner davon erzählte, war er begeistert.«

7. Kapitel

Die Wiederaufnahme Star Treks 1970–78

Die Absetzung war das Beste, was Star Trek passieren konnte. Hätte NBC den Vertrag für ein oder sogar zwei weitere Staffeln erneuert, wären die Folgen mit immer geringerem Budget und fallender Qualität produziert worden und heute längst in Vergessenheit geraten.

Star Trek war eine solche Enttäuschung für NBC gewesen, daß die letzte Folge »Turnabout Intruder« erst im Sommer 1970 ausgestrahlt wurde. Paramount versuchte einige unabhängige Sender für die Serie zu gewinnen, um wenigstens einige ihrer verlorenen Dollar zurückzuholen. Das Interesse war zunächst verhalten, stieg aber immer weiter an. Damit wuchsen auch die Zuschauerzahlen (Anm. d. Übers.: Das amerikanische Fernsehen ist etwas anders aufgebaut als das deutsche. Es gibt einige große Sendeanstalten, die landesweit ausstrahlen, wie NBC, ABC oder CBS, und eine große Anzahl lokaler Sender, die ihre Serien und Filme zumeist von den großen Sendern einkaufen, was als »syndication« bezeichnet wird. Diese Lokalsender strahlen ihr Programm nur in einem Staat oder sogar einer Stadt aus.) Als Neil Armstrongs Stiefel auf dem Mond auftrat, kam der Weltraum plötzlich groß in Mode. Star Trek wurde zur Eintrittskarte für das All.

»Star Trek kam vermutlich zu früh«, erklärte Gene Roddenberry in »The Making Of Star Trek: The Motion Picture [1980, Wallaby Books]. »Wäre während der ersten oder zweiten Staffel jemand auf dem Mond gelandet, hätte die Idee von Weltraumreisen nicht mehr so lächerlich gewirkt. Die Welt blickte erst in unserem dritten Sendejahr in Richtung All, und da war es bereits zu spät.«

Mit dem plötzlich ansteigenden Erfolg von Star Trek kam auch die Idee zu einer Star Trek Convention, die im Jaanuar 1972 in New York abgehalten werden sollte. Man wollte Episoden zeigen, Merchandising zur Serie verkaufen und den Fans die Gelegenheit geben, die kreativen Leute hinter Star Trek zu treffen. Die Organisatoren der Con rechneten mit höchstens zwei- bis dreihundert Leuten. Auf die zweitausend, die dann auftauchten, waren sie nicht vorbereitet.

Ein Jahr später fand eine zweite Con statt, zu der James Doohan, George Takei und David Gerrold eingeladen waren. Wieder trafen die Organisatoren scheinbar angemessene Vorbereitungen und lagen erneut daneben. Dieses Mal tauchten mehr als sechstausend Fans auf. 1974 nahmen zwischen zehn- und vierzehntausend Leute an einer Con teil. 1975 wurde die Teilnehmerzahl auf achttausend begrenzt, die dann das Glück hatten, William Shatner bei seinem ersten (und in der Zwischenzeit leider viel zu seltenen) Con-Auftritt zu sehen. Die nächste Con wurde auf sechstausend Teilnehmer begrenzt. Als Gäste waren unter anderem DeForest Kelley, Gene Roddenberry, James Doohan, Nichelle Nichols und George Takei eingeladen.

In diesen Jahren brachen die Folgen, die als Wiederholungen liefen, alle Rekorde. Paramount bemerkte dies zwar mit Interesse, machte aber keine offzielle Bekanntmachung, obwohl sich die Gerüchte über eine zweite Serie hartnäckig hielten. Paramount hielt das Star-Trek-Fandom für eine kurzfristige Mode, die sich nicht lange halten würde. Das stimmte nicht.

Während die Fangemeinde immer weiter wuchs, traten einige Zeichentrickproduzenten an Roddenberry heran. Sie hatten die Idee, eine Zeichentrickfassung der Serie zu drehen. Die meisten Vorschläge wurden abglehnt, aber Filmation bot ihnen schließlich etwas an, was ihnen gefiel. Vor allem boten sie Roddenberry die völlige Kontrolle über das Projekt an.

»Es gab einige Gründe, warum ich darauf bestand«, sagte Roddenberry damals. »Man ist schon eingeschränkt genug, wenn man samstagmorgens ausgestrahlt wird. Wir müssen Gewaltdarstellungen vermeiden und können nicht über Sex reden. Trotzdem wird es Star Trek sein und nicht irgendein Fließbandprodukt.«

Die Serie sollte zwar im Kinderprogramm laufen, aber trotzdem die ursprünglichen Ideen Star Treks verkörpern. Roddenberry und Paramount waren sich einig in diesem Punkt. Deshalb wurden Mitglieder der Originalbesetzung engagiert, um den Figuren ihre Stimmen zu leihen. Außerdem sollten die Autoren, die auch schon für die Originalserie geschrieben hatten, auch für die Zeichentrickserie Drehbücher liefern. Die ehemalige Star Trek Story-Redakteurin Dorothy Fontana wurde als Associate Producer engagiert.

Roddenberry glaubte, die Zeichentrickserie sei der erste Schritt in Richtung eines Kinofilms. DeForest Kelley war sich da nicht so sicher: »Ich zweifelte damals schon daran, aber Roddenberry sagte, er wolle das machen. Ich dachte, das wäre der Todesstoß, aber Roddenberry meinte, Star Trek müsse in irgendeiner Form am Leben gehalten werden, damit es nicht in Vergessenheit gerate. Der Sender wollten die alte Serie noch einmal ausstrahlen, aber Paramount war dagegen, weil sie so viel Geld bei den Lokalsendern verdienten, daß sie sich mit diesem Schritt selbst Konkurrenz gemacht hätten.«

James Doohan meint: »Die Zeichentrickserie ist vergessen. Sie war primitiv. Schlecht gezeichnet. Sie hat mir Spaß gemacht, weil ich drei Charaktere sprechen konnte. In zehn der Folgen sprach ich sogar vier. Ich wollte das unbedingt, weil man mir so doppelt soviel Geld bezahlen mußte. Allerdings benutzte ich keinen meiner Akzente. Ich änderte nur den Tonfall meiner Stimme. Das ist ein bißchen wie damals im Radio. Wir machten auch ein wenig Geld damit, was wir mit Star Trek seit 1971 nicht mehr machten, weil im April dieses Jahres unsere Rechte abgelaufen waren. Die Gewerkschaften haben diese Regelung wegen Star Trek später geändert. Es hatte einfach nie-

7. KAPITEL

Wiedervereint auf einer frühen Convention: Walter Koenig, George Takei, William Shatner, DeForest Kelley, Nichelle Nichols, Leonard Nimoy und Arlene Martel.

mand damit gerechnet, daβ eine Serie so lange laufen würde.«

Walter Koenig war nicht an der Zeichentrickserie beteiligt. »Ich war wütend darüber, wie ich es herausfand. Das war auf einer Con. Anscheinend dachte jeder, ein anderer hätte es mir gesagt. Dorothy dachte, Gene hätte, Gene dachte, Dorothy hätte, etc. Um Geld zu sparen lieβ Filmation Uhura von Majel sprechen und Sulu von Jimmy. Leonard hat sich sehr gut verhalten. Er wollte an der Serie nicht mitarbeiten, es sei denn, George und Nichelle, die immerhin von Anfang an dabei gewesen waren, bekämen auch einen Vertrag. Ich schrieb ein Drehbuch für die Serie, und sie baten mich um ein zweites, aber ich schrieb es nicht, weil ich noch immer wütend auf sie war.«

Es wurden insgesamt 22 Folgen produziert. Fontanas Versuch, nur die besten Leute zu verpflichten, zahlte sich aus. Die Bücher, die von Fontana und den anderen Star-Trek-Veteranen stammten waren besser als das, was man normalerweise samstags morgens sehen konnte. Leider wurde auch die Zeichentrickserie viel zu früh abgesetzt. Roddenberry und die Schauspieler gingen wieder einmal getrennte Wege.

Die Schauspieler

William Shatner hatte sich schon vor Star Trek einen guten Ruf als Schauspieler gemacht und war erfolgreich auf der Bühne und im Fernsehen. Er machte seine schwerste Zeit direkt nach Star Trek durch, da er durch seine Scheidung in finanzielle Schwierigkeiten geraten war.

»Vor Star Trek gab es eine Zeit, in der ich mir die Rollen sorgfältig aussuchte. Bald muβte ich allerdings nehmen, was mir angeboten wurde«, erklärte Shatner in seiner Autobiographie »Where No Man«. »Ich kam schlieβlich an einen Punkt, wo ich glaubte, ich würde den Durchbruch niemals schaffen. Das war kurz vor Star Trek. Star Trek war ein Erfolg. Daraufhin bekam ich die Gelegenheit, einige Rollen zu spielen, die ich wirklich spielen wollte. Leider war ich durch meine finanziellen Schwierigkeiten gezwungen, auch Rollen anzunehmen, die ich früher nie gespielt hätte.«

Nach der Premiere von »Star Trek: The Motion Picture« hatte Shatner mehr Glück und lieβ die turbulenten 70er hinter sich.

Leonard Nimoy, der eigentlich der festgelegteste der Star- Trek-Charaktere zu sein schien, war in den zehn Jahren ohne Star Trek der Erfolgreichste der Gruppe. Direkt nach dem Ende der dritten Staffel nahm er eine Rolle in der sehr erfolgreichen Serie »Mission: Impossible« (dt.: »Unmöglicher Auftrag«) an, in der er das Make-up-Genie Paris spielte. »Ich hielt das für eine gute Gelegenheit, verschiedene Charaktere zu spielen und so meinen Ruf als Charakterdarsteller, nicht als Spock-Darsteller zu begründen«, sagte er im »Star Trek Interview Book«. »Das hat zwar nicht ganz funktioniert, aber deswegen machte ich die Serie.«

Nimoy verlieβ die Serie nach drei Staffeln, um andere Rollen zu spielen. »Es war recht gefährlich, die Serie zu verlassen«, gab er zu, »aber ich fühlte mich sicher dabei. 1971 war das erste Jahr, in dem ich keine Serie machte, und das war genau richtig. Ich verbrachte das Jahr damit, all die Sachen zu machen, die ich machen wollte.«

Dazu gehörte ein Film namens »Catlow« und die Hauptrolle in dem Stück »Fiddler On The Roof«. Schlieβlich

William Shatner/Captain Kirk als Zeichentrickfigur auf dem Titel eines einschlägigen Magazins.

7. KAPITEL

William Shatner in einem seiner ersten Nach-Star-Trek-Filme: »The Devil's Rain«.

führte ihn seine Karriere zurück zu einem anderen logischen Charakter: Sherlock Holmes.

Außerdem begann er damit, im Serienfernsehen Regie zu führen, war der Erzähler in »In Search Of…« und wurde für seine Ein-Mann-Show »Vincent«, die auf dem Leben von Vincent van Gogh beruht, von den Kritikern gelobt. Außerdem schrieb er einige Gedichtbände (von denen einer den Titel »I Am Not Spock« trug) und spielte eine Rolle in der Broadway-Version von »Equus«. Direkt vor »Star Trek: The Motion Picture« spielte er in Philip Kaufmans Neuverfilmung von »The Body Snatchers (dt.: »Die Körperfresser«). Seine Rückkehr als Spock sorgte allerdings für die größte Aufmerksamkeit und führte ihn auch zu seiner erfolgreichen Regiekarriere.

DeForest Kelleys Karriere läßt sich am leichtesten zusammenfassen. Er drehte einen Film namens »Night Of The Lepus«, der von riesigen Killerkaninchen handelt und ging in Rente.

James Doohan konnte in den 70ern gut von seinen Con-Auftritten leben. Außerdem drehte er einige Filme, unter anderem den von Roddenberry produzierten »Maids All In A Row«, und trat regelmäßig in der CBS-Serie »Jason Of Star Command« auf, die am Samstagmorgen ausgestrahlt wurde. Diese Serie verließ er nach einem Jahr wieder. »Sie gaben mir nichts zu tun, also sagte ich ›Tschüß‹.«

George Takei trat in einigen Fernsehserien auf, schrieb zwei Science Fiction/Fantasy-Romane und trat in Los Angeles in die Politik ein.

Nichelle Nichols startete eine Karriere als Sängerin und nahm eine Stellung beim Astronauten-Rekrutierungsprogramm der NASA an. »Als ich anfing, hatte die NASA 1.500 Bewerbungen. Sechs Monate später hatten sie 8.000. Es wäre schön, wenn ich etwas damit zu tun hätte. Ich reiste sehr viel, sprach an Universitäten, mit Minderheiten, Frauengruppen, manchmal auch nur mit einer Person, die ich für besonders vielversprechend hielt. Unser Ziel war es, qualifizierte Leute unter den Minderheiten und den Frauen zu finden, sie von der Realität der Gelegenheit zu überzeugen und sie daran zu erinnern, daß es ihre Pflicht sei, da es sich um ein historisches Projekt handelte.«

Walter Koenig trat ebenfalls in einigen Serien auf, unter anderem auch in dem von Roddenberry produzierten Pilotfilm »The Questor Tapes«. Außerdem arbeitete er als Schauspiellehrer,

Leonard Nimoy an der Seite von Donald Sutherland und Brooke Adams in dem Remake von »Invasion of the Body Snatchers«.

James Doohan wirkte zeitweise in der Samstagmorgen-Serie »Jason of Star Command« mit.

war der Regisseur einiger Theaterstücke und schrieb Drehbücher für Serien wie »Family« (dt.: »Eine amerikanische Familie«) und »The Class Of 65«.

Wahrscheinlich ahnte keiner der Schauspieler, daß sich ihre Wege in den nächsten 25 Jahren immer wieder kreuzen würden.

Gene Roddenberry

Die Fans dieser kleinen Serie, die einfach nicht sterben wollte, glauben vielleicht, Roddenberry sei aus dem Nichts gekommen, habe Star Trek gemacht und zwischen 1969 und dem ersten Kinofilm nicht gearbeitet. Niemand kann behaupten, er hätte es nicht versucht.

Roddenberry, der vor Star Trek Western, Polizeiserien und sogar eine Serie über die Marineinfantrie namens »The Lieutenant« produziert hatte, tat nach Star Trek sein Bestes, um den Erfolg der Serie zu wiederholen. Sein Kinofilm »All Pretty Maids In A Row« war eine Enttäuschung, und sein Versuch, eine realistische Fassung von »Tarzan« zu drehen, kam nie über das Planungsstadium hinaus. Sein übernatürlicher Pilotfilm »Spectre« brachte nichts, und ein Projekt mit Paul McCartney zerfiel, weil eine Fortsetzung

7. KAPITEL

von Star Trek Realität zu werden schien. Es gelang ihm jedoch, einige Pilotfilme zu produzieren, die beinahe zur wöchentlichen Serie geworden wären: »Genesis II« und »The Questor Tapes«.

Kurz nach der Ablehnung dieser Serien gab Paramount bekannt, daß Star Trek vielleicht fortgesetzt werden würde.

Die Reise beginnt erneut

Roddenberry bekam sein altes Büro im Studio und sollte das Drehbuch zu einem preiswerten Kinofilm schreiben.

»Sie nahmen das am Anfang nicht sehr ernst«, sagte Roddenberry. »Sie wollten einen Film für 2 bis 3 Millionen Dollar machen. Wir sprachen lange darüber, ob wir einen Fernseh- oder Kinofilm drehen sollten. Ich wollte den Film nicht für das Fernsehen machen. Als die erste Serie endete, dachte Paramount nicht im Traum daran, daß daraus noch einmal irgendwas werden würde. Sie ließen alle Kulissen zerstören, sogar Spocks Ohren. Bei dem geringen Budget, das wir im Fernsehen bekommen hätten, wären die Kulissen für die Enterprise nicht zu realisieren gewesen. Wir hätten die gleiche Qualität wie bei der alten Serie gehabt; das war nicht gut genug. Sie sagten zu mir: ›Okay, wir machen einen Kinofilm. Schreib ein Drehbuch‹.«

Man weiß nur wenig über das Drehbuch, das den Titel »The God Thing« tragen sollte. Bekannt ist nur, daß es Gott und das gesamte Universum um uns herum in Frage stellte. Paramount hatte kein Interesse an einem Drehbuch, in dem sich Kirk gegen Gott stellte.

Der Regisseur Richard Colla, der bei »The Questor Tapes« Regie geführt hatte und das Drehbuch gut kannte, erinnert sich gerne daran: »Das Buch war sehr gewagt. Sie suchten nach etwas im All, das alles beeinflußte. Als sie sich mit der Enterprise dem Außerirdischen näherten, fragte dieser: ›Kennt ihr mich?‹ Kirk sagte: ›Nein, ich weiß nicht, wer du bist.‹ Es sagte: ›Seltsam. Wie kannst du nicht wissen, wer ich bin?‹ Also veränderte es seine Gestalt und sagte: ›Erkennst du mich?‹ Kirk sagte: »Nein. Wer bist du?‹ Es antwortete: ›Es ist viel Zeit vergangen. Inzwischen solltest du mich erkennen‹. Und es veränderte seine Gestalt erneut, verwandelte sich in Jesus, den Zimmermann und sagte: ›Erkennst du mich?‹ Und Kirk sagte: ›Oh, jetzt weiß ich, wer du bist.‹ Und es sagt: ›Wie seltsam, daß du meine anderen Formen nicht erkannt hast.‹ Gene schrieb über dieses ›Ding‹, das ausgeschickt worden war, um Gesetze festzulegen und sie dem Universum mitzuteilen. Mit der Zeit müssen diese Gesetze neu interpretiert werden. Und zu dieser Zeit, vor zweitausend Jahren, wurde das Gesetz durch das Bild des Zimmermanns repräsentiert. Mit der Zeit sollten die Gesetze neu durchdacht werden, und die Christusfigur sollte anderen weichen. Aber die Maschine hatte eine Fehlfunktion und war wie eine Platte, die in einer Rille hängengeblieben ist. Man muß die Essenz verstehen und mit der Zeit neu interpretieren. Das war ein wenig hart für Paramount. Es sollte stark und anrührend sein, und es ist schade, daß es nie produziert wurde.«

»Ich gab ihnen ein Drehbuch und sie lehnten es ab«, sagte Roddenberry 1980. »Es war zu kontrovers. Es beschäftigte sich mit Fragen wie: Wer ist Gott? Die Enterprise trifft Gott im All; Gott ist eine Lebensform. Ich wollte den Vorschlag machen, daß es irgendwann in ferner Vorzeit ein Wesen gegeben hat, das die ersten Menschen für einen Gott hielten. Sie führten diese Legenden weiter. Ich wollte aber auch darauf hinweisen, daß dieses Wesen ebensogut der Teufel hätte sein können. Ich meine, welcher Gott würde denn die Leute aus dem Paradies werfen, nur weil sie vom Baum des Wissens gegessen haben? Einer der Vulkanier an Bord bemerkt auch nur: ›Wenn das euer Gott ist, dann ist er nicht sehr beeindruckend. Er hat soviele psychologische Probleme, er ist so unsicher. Er verlangt, alle sieben Tage gepriesen zu werden. Er erschafft Menschen, die Fehler machen und beschuldigt sie dann ihres eigenen Versagens. Er ist eine ziemlich lahme Entschuldigung für ein übergeordnetes Wesen.‹ Es überrascht mich nicht, daß Paramount nicht besonders begeistert war. Aber rein historisch, hat man gute Science-fiction schon immer benutzt, um wirklich alles in Frage zu stellen.

»Na ja, drei Monate lang hörte ich nichts von ihnen. Ich wußte auch nicht, daß sie heimlich andere Autoren zu dem Thema ansprachen. Sie stellten zwar keinen an, aber schon damals wurde mir das Hauptproblem klar. Die meisten Leute, die für Star Trek verantwortlich waren, hatten keine Ahnung davon. Einer hatte die Serie sogar noch nie gesehen.«

Das Studio suchte weiter nach geeigneten Geschichten für den ersten Star-Trek-Film. Zu den Autoren, die Vorschläge ablieferten, gehörten John D.F. Black, ehemaliger Story-Redakteur der alten Serie, der auch die Folge »The Naked Time« schrieb und später für TNG die Folge »Justice«

schreiben würde; der berühmte Autor Harlan Ellison, der mit »City on the Edge of Forever« die populärste Star-Trek-Folge aller Zeiten schrieb, und Robert Silverberg, der erfahrene Science-fiction-Autor.

John D.F. Black erzählt seine Idee mit einem gutmütigen Schulterzucken. Nur manchmal hat man den Eindruck, daß er immer noch nicht versteht, wie das Studio ihn so behandeln konnte.

»Meine Idee handelte von einem schwarzen Loch«, erzählt er, »und das war vor dem Disney Film. Verschiedene Planeten benutzen das Schwarze Loch als Mülleimer, aber so ein Phänomen hat ein bestimmtes Gleichgewicht. Wenn genug negative Materie mit genügend positiver Materie zusammenstößt, fliegt das ganze Ding in die Luft. Sollte das passieren, wäre das das Ende des Universums – es würde alles verschlingen. Die Enterprise erkennt die Gefahr und versucht die Planeten von ihrer Angewohnheit abzubringen. Das wollen die Planeten nicht. Es kommt zu Kriegen in einigen Gebieten, und als Ergebnis geht das Schwarze Loch hoch. Es verschlingt immer mehr Masse und wird in 106 Jahren die Erde erreichen. Die Enterprise versucht das zu verhindern, während die Gefahr immer größer wird.«

Paramount lehnte die Idee ab.

7. Kapitel

»Sie sagten, das wäre nicht groß genug«, bemerkt Black trocken.

In seiner hervorragenden Dokumentation »Danse Macabre« erzählt Stephen King das Gerücht von Harlan Ellisons Idee. Er wollte, daß die Enterprise die Barriere am Ende des Universums durchbricht und Gott trifft. Das war auch nicht groß genug.

Ellison gab King einige weitere Informationen über sein Treffen mit Paramount.

»Es ging darum, daß die Enterprise ans Ende des Universums gerät, in der Zeit zurückgeschleudert wird und zu dem Zeitpunkt ankommt, als die ersten Menschen auf der Erde entstehen«, sagte er. »Ich brachte eine außerirdische Rasse aus einer Galaxie ein, in der die Echsen die dominante Spezies sind. Eine dieser Echsen weiß, daß ihre Vorfahren auf der Erde ausgelöscht wurden und reist zurück, um das zu verhindern. Die Enterprise will das verhindern, findet die Reptilien und steht vor dem moralischen Problem, ob sie das Recht haben, eine ganze Rasse auszulöschen, nur um ihr Überleben zu sichern. Kurz gesagt umspannte die Geschichte das gesamte All und die gesamte Zeit mit ihrer moralischen und ethischen Fragestellung.«

Der Paramount-Manager Barry Trabulus »hörte sich das alles an, schwieg ein paar Minuten«, erzählte Ellison, »und sagte dann: ›Wissen Sie, ich habe da ein Buch von einem Typen namens von Däniken gelesen, der bewiesen hat, daß der Kalender der Mayas unserem genau gleicht, deshalb muß er von Außerirdischen kommen. Könnten Sie ein paar Mayas einbauen?‹«

Der Autor wies darauf hin, daß es zum Anbeginn der Zeit keine Mayas gegeben hätte, aber der Manager meinte nur, das würde doch ohnehin keiner merken.

»Ich weiß den Unterschied‹, explodierte Ellison. ›Es ist eine schwachsinnige Idee.‹ Trabulus wurde ziemlich sauer und meinte, er würde Mayas mögen, und ich solle daran denken, wenn ich den Film schreiben wolle. Also sagte ich: ›Ich bin ein Schriftsteller. Ich weiß nicht, was Du für ein Arschloch bist‹, und ging. Damit endete meine Mitarbeit am Star-Trek-Film.«

Die Geschichte von Robert Silverberg mit dem Titel »The Billion Year Voyage« war eher intellektuell. Die Enterprise entdeckt die Überbleibsel einer uralten aber enorm weit entwikkelten Zivilisation und muß gegen andere Außerirdische kämpfen, um die wuunderbaren Geschenke, die übriggeblieben sind, zu bewahren; Geschenke, die der Menschheit in der Zukunft viel Gutes bringen könnten, sobald die Menschen bereit sind, diese Verantwortung zu übernehmen.

Diese drei Geschichten waren faszinierende Versuche, Star Trek wiederzubeleben, und man kann nicht verstehen, warum Paramount alle ablehnte. Das Spiel sollte sich noch über einige Jahre hinziehen.

Zehn Jahre und weiter

1976 feierte Star Trek sein zehnjähriges Jubiläum, und immer mehr Leute verlangten nach einer Fortsetzung. Die letzte neue Folge war vor sieben Jahren gelaufen.

Paramount beschäftigte sich weiter mit einer Fortsetzung und nahm den nächsten Anlauf im Juli 1976. Jerry Eisenberg wurde als Produzent angeheuert und Phil Kaufman (Invasion of the Body Snatchers [dt.: »Angriff der Körperfresser"], The Right Stuff [dt.: »Der Stoff aus dem die Helden sind"]) als Regisseur. Das Drehbuch sollte von den beiden Engländern Allan Scott und Chris Bryant schreiben, die auch schon »Don't Look Now« (dt.: »Wenn die Gondeln Trauer tragen«) geschrieben hatten. Sie hatten keinerlei Erfahrung in der Science-fiction, machten das aber durch ihren Enthusiasmus wett.

Kaufman war begeistert über die Aussicht, für Star Trek zu drehen. »George Lucas ist ein guter Freund von mir«, erzählte er damals einem Reporter. »Er sagte mir, daß er vor Star Wars nachgefragt hätte, ob die Star-Trek-Rechte noch zu haben seien. George hat einen tollen Film gemacht. Als sie mich fragten, ob ich Star Trek machen wollte, habe ich einen Luftsprung gemacht.«

Die Originalbesetzung hatte unterschrieben mit Ausnahme von Leonard Nimoy, der alle Kommentare zu Star Trek verweigerte. William Shatner gab allerdings sehr gerne Auskunft.

»Leonard Nimoy war sauer, und er hatte auch guten Grund dafür«, sagte Shatner 1976. »Es geht um die Produkte, was mich auch stört. Unsere Gesichter tauchen auf all diesen Produkten auf, und wir sehen kaum Geld dafür. Leonard war in London und sah eine Plakatwerbung, die in drei Teile unterteilt war. Das erste Bild zeigte Leonard als Spock mit herunterhängenden Ohren. Das zweite Bild zeigt Spock noch immer mit herunterhängenden Ohren, aber mit einem Glas Bier in der Hand. Im dritten Bild sieht man das leere Bierglas und Spocks Gesicht mit kerzengraden Ohren. Leonard und ich hatten schon lange Streit mit den Leuten, die die Lizenzen vergeben. Die Leute nutzen uns aus. Leonard erzählte Paramount von der Werbung und fragte, ob sie das genehmigt hätten. Danach ging er zu seinem Anwalt, um sie zu verklagen. Im Moment will Paramount Leonard haben, und Leonard will eine angemessene Entschädigung. Paramount sollte nachgeben. Was hier passiert, ist falsch. Irgend jemand macht sehr viel Geld mit diesen Produkten, und die Leute, die in der Serie waren, sehen nur sehr wenig davon. Leonard hat völlig recht.«

Schließlich sagte Leonard zu, aber Paramount änderte das Konzept erneut, und Leonard stieg wieder aus.

Das Scott/Bryant-Drehbuch beginnt damit, daß die Enterprise einem Notruf der U.S.S. DaVinci nachgeht. Als sie im richtigen Quadranten ankommen, ist das Raumschiff verschwunden. Kirk wird plötzlich von elektromagnetischen Strahlen getroffen, die sein Verhalten verändern und dafür sorgen, daß er ein Shuttle stiehlt. Er fliegt es zu einem unsichtbaren Planeten und verschwindet. Drei Jahre später leitet Spock eine Expedition in dieses Gebiet, und sie entdecken einen Planeten, den sie für die Heimatwelt der Titaner halten, einer uralten, aber hochentwickelten Zivilisation, die man für ausgestorben hielt. Das Problem ist, daß der Planet auf ein Schwarzes Loch zutreibt. Zwi-

7. KAPITEL

schen der Föderation und den Klingonen, die diese Welt ebenfalls entdeckt haben, beginnt ein Wettlauf mit der Zeit. Wer auch immer den Planeten rettet, wird die Früchte des Wissens ernten.

Auf der Oberfläche des Planeten entdeckt Spock Kirk, der in der Wildnis gelebt hat. Der Captain ist bald wieder der Alte, und gemeinsam entdecken sie, daß der Planet in Wirklichkeit von den bösartigen Cygnanern bewohnt wird, die die Titaner vernichtet haben. Die Geschichte endete damit, daß Kirk, um die Cygnaner zu vernichten, die Enterprise in das Schwarze Loch steuerte. Die Cygnaner werden vernichtet, während die Enterprise in der Nähe der Erde endet, allerdings zur Seit der Cromagnon-Menschen. Die Titaner wären damit in Wirklichkeit die Leute der Enterprise.«

Diese Werbeanzeige verärgerte Leonard Nimoy, der daraufhin gerichtliche Schritte gegen die Agentur androhte und Tantiemen verlangte.

John Povill, der zu Roddenberrys Assistent geworden war, beobachtete das Projekt mit Interesse, hielt es aber als Premiere nicht für angemessen.

»Es war in gewisser Weise ein interessantes Drehbuch«, erklärte Povill, »aber es war nicht Star Trek. Es wäre vermutlich nicht schlechter gelaufen als ›Star Trek: The Motion Picture‹, aber es ist trotzdem gut, daß es nie produziert wurde. Chris und Allan waren sogar selber unsicher. Daraufhin wollte sich Phil Kaufman an einem Drehbuch versuchen, was aber noch schlechter wurde als dieses hier. Danach brach die ganze Sache auseinander.«

Allan Scott erinnert sich: »Unser Problem war, den Charme der alten Serie, der zum Teil auch durch die billigen Effekte entstand, auf die große Leinwand zu übertragen. Wir sahen uns wochenlang sämtliche Star-Trek-Folgen an und trafen auch fast alle Schauspieler.

»Wir waren überrascht, daß nichts dabei herauskam, aber es hat uns trotzdem Spaß gemacht. Ich bin über diese Erfahrung nicht traurig. Das war einfach eins dieser Geschäfte, die nicht hinhauen.«

Phil Kaufmans Reaktion auf den Abbruch des Projekts war weniger idealistisch. »Wir beschäftigten uns mit wichtigen Sachen«, sagte er. »Dinge, die George Lucas in ›Star Wars‹ nur streift. Gene und ich waren nicht einer Meinung. Er war gedanklich noch immer an die Budget-Grenzen gebunden, die er im Fernsehen gehabt hatte. Gene hat eine sehr festgefügte Sicht der Dinge. Er lebte immer noch in einer 10 Jahre alten Fernsehserie, die sich durch die ganzen Entwicklungen im Fernsehen und in der Welt einfach nicht übertragen lassen würde. Er schätzte die Größe eines Kinofilms nicht richtig ein. Ich habe jahrelang zugehört, wenn George Lucas mir von seinem Projekt erzählte. Ich kannte das Potential dieser Geschichte.«

Am meisten schockierte ihn wohl, daß Paramount das Projekt gerade wegen des Erfolgs von ›Star Wars‹, der 1977 herauskam, fallenließ. »Sie haben noch nicht einmal abgewartet, wie es ›Star Wars‹ gehen würde«, sagt er kopfschüttelnd. »Ich glaube, sie hatten nicht die geringste Ahnung, was Star Trek für ein Phänomen ist.«

»Wir haben uns jahrelang um das Projekt gekümmert«, sagte der damalige Paramount-Präsident Barry Diller. »Wir sahen uns Drehbücher und Entwürfe an und wußten jedes Mal, daß es nicht gut genug für uns war. Wenn man so etwas schon macht, dann sollte man es auch richtig machen. In diesem Fall [die Scott/Bryant/Kaufman-Version] ging es um das Drehbuch. Wir fanden es protzig. Also gingen wir zu Gene Roddenberry, der Star Trek ja nun wirklich versteht und fragten ihn, was wir machen sollten. Wir dachten daran, noch eine Fernsehserie zu produzieren, weil ein großer Film in 75 mm einfach nicht zu Star Trek paßt. Wenn man Star Trek versägt, ist man erledigt, weil die Leute die Serie nicht nur mögen, sondern sie lieben.«

Und so drehte sich die Enterprise erneut in Richtung Fernsehen. Niemand konnte wissen, daß sie auch diese Reise nie vollenden würde.

TV Trek
Zweiter Versuch

Und für die Fans bebte die Erde. Sie hatten an einem Punkt die Kontrolle über die Serie übernommen, hatten Cons organisiert, ihre Idole getroffen, Geschichten geschrieben und nie die Hoffnung aufgegeben, daß es eines Tages eine Fortsetzung geben würde. 1977 schien es, als würden diese Hoffnungen in Erfüllung gehen: Star Trek kehrte zum Fernsehen zurück.

Nach vielen gescheiterten Versuchen schien es dieses Mal wirklich zu klappen. Alle außer Leonard Nimoy (der Spock aus Karrieregründen nicht auf wöchentlicher Basis spielen wollte) hatten zugesagt, Drehbücher wurden entwickelt, Kulissen für die neue Enterprise gebaut. Alles wies darauf hin, daß

7. Kapitel

sich Star Trek einer neuen Generation präsentieren würde.

Paramount hatte schon seit einiger Zeit davon geträumt, einen eigenen Sender herauszubringen. Aus diesem Grund kontaktierten sie zahlreiche unabhängige Sender und boten ihnen ein Programmpaket an, dessen Hauptattraktion Star Trek II werden sollte.

Robert Goodwin war seit zwei Jahren bei Paramount und verbrachte ein Jahr mit der Entwicklung.

»Gary Nardino wurde Präsident von Paramount Television und wollte diesen neuen Sender starten«, erläutert Goodwin. »Sie wollten jeden Samstagabend eine neue Star-Trek-Folge und anschließend einen zweistündigen Film zeigen. Mich haben die längeren Sachen immer mehr als die Serien interessiert.

Nardino übergab mir die Verantwortung für die zweistündigen Filme, was toll war.«

Durch einige widrige Umstände landete Goodwin schließlich doch bei Roddenberrys Team. Roddenberry wurde immer aufgeregter. Es schien, als würde sein siebenjähriger Kampf nun endlich aufhören, und er würde die Gelegenheit bekommen, sich selbst zu übertreffen, obwohl er das nie so betrachtete.

»Die ursprünglichen Folgen werden immer bestehen bleiben«, sagte er zu »Starlog«. »Wir drehen die neuen Folgen jetzt unter ganz anderen Umständen. Das Schlimmste, was passieren kann, ist, daß die Leute sagen, ich könne das nicht ein zweites Mal abziehen. Selbst das würde mich nicht stören, wenn ich mein Bestes gegeben hätte.« Das Fernsehen hatte sich durch »MASH« und »All In The Family« erheblich verändert, und Roddenberry war begeistert, daß er soziale Themen nicht mehr verstecken mußte. Es hatte sich soviel verändert, daß das Fernsehen vor der Herausforderung stand, sich in neuen Formen auszudrücken.

»Die Dialoge sind heute viel natürlicher«, erklärte Roddenberry. »Die Regie ist ausgeklügelter. Es gibt bessere optische Effekte und Spezialeffekte. Das Publikum ist bereit, Neues zu akzeptieren. Sie akzeptieren Erläuterungen über Sex, Religion und Politik, die wir früher nie hätten machen können.«

Star Trek II war die Erfüllung eines Traums. Vorbereitungen wurden getroffen, und Robert Goodwin wurde als Produzent auserwählt.

»Sie suchten nach einem Produzenten«, sagt Goodwin, »und Roddenberry hatte von mir gehört. Ehrlich gesagt, war ich davon nicht begeistert. Ich hätte lieber die Filme überwacht, aber das Studio ließ mir keine Wahl. Als ich mich mit Gene treffen wollte, wurde ich von seiner Assistentin Susan Sackett aus dem Büro geworfen, weil sie mich für einen Agenten hielt und nicht glauben wollte, daß ich einen Termin hatte. Ich ging also, aber Roddenberry holte mich kurz darauf ein. Er wollte, daß ich einer von zwei Produzenten sei. Sie wollten einen Autorenproduzenten und einen Produktionsproduzenten. Es war eine merkwürdige Situation.«

Roddenberry gewann Harold Livingston, Roman- und Fernsehautor als Autorenproduzenten.

»Ich hatte Roddenberry nie getroffen«, gibt Livingston zu, »aber ich arbeitete damals für Paramount. Bob Goodwin und ich sollten zusammenarbeiten. Es gab damals viele Interviews und Gerüchte, aber Gene und ich kamen zurecht. Wir hatten einen ähnlichen Hintergrund. Wir waren beide im Krieg in der Air Force gewesen und hatten anschließend für zivile Fluglinien gearbeitet. Das war ein Grund, warum mich Gene von Anfang an mochte.

»Ich hatte mich nie um Star Trek gekümmert«, lächelt er. »Ich war völlig unvorbereitet. Das Konzept der neuen Serie war noch sehr vage. Dreizehn Episoden plus Pilotfilm wurden bestellt. Ich wollte Jon Povill als meinen Story Redakteur haben, aber Gene wollte, daß er weiter seine Garage saubermacht, oder so was. Wir stritten uns ziemlich lange darüber, aber ich setzte mich schließlich durch.«

Jim Rugg kam als Spezialeffekts-Experte dazu, außerdem Joe Jennings als Produktionsdesigner und Matt Jeffries, der zu dem Zeitpunkt an »Little House On The Prairie« (dt.: »Unsere kleine Farm«) arbeitete, als technischer Berater.

Am 15. Juli 1977 gab Gene Roddenberry in einem Memo bekannt, daß eine neue Bibel für Autoren erstellt würde. In ihr wurde festgelegt, daß die Serie von einer zweiten Fünf-Jahres-Mission handeln würde. Nach der ersten Mission war die Enterprise im Trockendock komplett überholt worden.

Wir erfahren, daß James Kirk eine Beförderung zum Admiral abgelehnt hat, um auch die neue Mission zu kommandieren. Alle Besatzungsmitglieder sind wieder dabei, außer Spock, der »mit höchsten Ehren nach Vulcan zurückgekehrt ist, um Direktor der Wissenschaftsakademie zu werden.« Drei neue Charaktere wurden entwickelt, um Spocks Abwesenheit zu füllen, und man hoffte, daß Leonard Nimoy seinen Charakter in einigen Gastauftritten zurückbringen würde.

Lt. Xon, ein Vollvulkanier hat Spocks Platz als Wissenschaftsoffizier eingenommen. Der 20jährige, der »selbst nach vulkanischen Maßstäben ein Genie ist« soll sich als ebenso kompetent wie sein Vorgänger erweisen. Der größte Unterschied zwischen ihnen ist, daß Xon so gut wie keine Ahnung von menschlichen Emotionen hat. Er weiß allerdings, daß er wie Spock seine unterdrückten Gefühle berühren muß, um mit der Besatzung richtig umgehen zu können. Roddenberry schrieb, daß »wir einige komische Szenen erleben werden, wenn Xon versucht, Gefühle wie Ärger, Furcht und Freude zu imitieren.« Die Spock/McCoy-Fehde wäre mit Xon an Spocks Stelle weitergegangen. McCoy ist allerdings der Meinung, daß »ihre Fehde privater Natur ist. Er geht sogar so weit, daß er Besatzungsmitglieder scharf ermahnt, die Xon mit Spock vergleichen wollen«.

Der zweite neue Charakter ist Commander Will Decker, der erste Offizier der Enterprise, der an einen jungen Kirk erinnert. Der Sohn von Commander Matt Decker, der in »The Doomsday Machine« ums Leben kam, verehrt den Captain und »würde eher sterben, als ihn zu enttäuschen«. Das steht in direktem Widerspruch zu der sehr zwiespältigen Beziehung, die Kirk und Decker in »Star Trek: The Motion Picture« haben würden. Decker wird auf Captain trainiert, und das Publikum sollte seine steigenden Leistungen in diesen fünf Jahren beobachten. Er würde Außenteams anführen und damit den logischen Fehler der ersten

7. KAPITEL

Serie ausgleichen: Der Captain eines Schiffes würde sich nie so oft in eine mögliche Gefahr beamen, wie Kirk das getan hat. Diese Veränderung wurde in TNG übernommen.

Der letzte Neuzugang war Lt. Ilia, die glatzköpfige Deltanerin, die in einer Gesellschaft lebt, in der Sexualität einen wesentlich höheren Stellenwert einnimmt. Außerdem ist Ilia, wie alle ihrer Rasse, ungewöhnlich intelligent und wird nur noch von Xon übertroffen. Sie verfügt auch über außersinnliche Wahrnehmung. Es wurde bemerkt, daß »dies anders ist als die vulkanische Gedankenverschmelzung. Man nimmt Bilder im Geist des anderen wahr, keine Wörter oder Emotionen, nur Bilder, Figuren, Größen. Auf ihrem Planeten besteht das sexuelle Vorspiel zum größten Teil daraus, daß die Liebenden Bilder in das Gehirn des anderen projizieren.« Wie auch Decker wurde sie im ersten Film übernommen und blieb in etwa wie beschrieben.

Nachdem die »Bibel« geschrieben worden war, kontaktierte Livingston Autoren und Agenten, um die Arbeit an den dreizehn Drehbüchern beginnen zu können.

»Ich wollte Star Trek allgemeiner gestalten«, sagt er. »Trotz des großen Erfolgs hatte die Serie ein sehr eingeschränktes Publikum. Die meisten Geschichten waren allegorisch, aber ich wollte sie härter und realistischer darstellen. Ich wollte eine Serie entwikkeln, die ein größeres Publikum anspielt. Natürlich wollten wir die Elemente der ersten Serie beibehalten, das heißt, die Science-fiction und die Hoffnung auf die Zukunft.« »Dabei war Star Trek an eine Grenze gestoßen«, fährt er fort. »Zu oft tauchten Wesen aus dem Nichts auf und retteten alle. Dabei denke ich besonders an einen Griechen mit einem Echo in der Stimme. Ich wollte interessante Drehbücher, die Sinn ergaben und sich von einem literarischen Standpunkt entwikkelten. Es wurde zuviel übersehen, weil man sich so stark auf Science-fiction konzentrierte. Ich wollte beides miteinander verbinden, obwohl ich nicht weiß, ob das funktioniert hätte. Ich fürchte mich vor Kultserien, weil sie ein begrenztes Publikum haben.«

Der berühmte Science-fiction-Autor Norman Spinrad bot Livingston eine Geschichte an, in der es um die Suche nach dem letztendlichen Wissen ging und darum, daß einige Besatzungsmitglieder Persönlichkeitsveränderungen durchmachen und Teile ihrer Persönlichkeit an andere abgeben.

Die gesamte Star-Trek-II-Crew war von Spinrads Ausführungen begeistert. Vor allem Roddenberry beurteilte die Geschichte sehr positiv und schlug vor, daß die außerirdische Macht die Besatzung der Enterprise vielleicht überzeugen könne, indem sie verspricht, jedem seinen größten Wunsch zu erfüllen. Er wies daraufhin, daß dies der Folge »Naked Now« aus der ersten Staffel ähnelte. Die gleiche Idee wurde später in der TNG-Folge »Hide and Q« wieder aufgegriffen.

»Ich weiß nicht, woher die Idee kam«, gibt Norman Spinrad zu. »Ich bin von diesem Konzept des übergroßen Geistes schon immer fasziniert gewesen und habe das auch in meinen Büchern benutzt. Das wäre im Fernsehen gut gekommen, weil alles bei den Schauspielern liegt. Sie übernehmen die Eigenschaften des anderen, was sehr merkwürdig und interessant ist. In einem Buch würde das nicht funktionieren.«

Einige weniger gute Ideen zwangen Roddenberry zu folgenden Bemerkungen: »Die Vergangenheit wiederholt sich mal wieder. In unseren ersten drei Jahren mußten wir die Autoren immer wieder darauf hinweisen, daß wir Geschichten brauchen, in denen Captain und Besatzung in Gefahr kommen. Es reicht nicht, wenn sie einfach nur etwas begegnen, das interessant ist. Es reicht auch nicht, wenn sie etwas Faszinierendem begegnen!

»Das beweist, warum die Geschichte mit zwei interessanten Zivilisationen fast nie funktioniert«, fuhr er fort.

»Natürlich wollen wir, daß die Geschichte fazinierende und fremde Elemente enthält, aber diese Elemente müssen Konsequenzen für einen oder mehrere unserer Charaktere haben. Die Konsequenz kann sein, daß etwas passiert oder nicht passiert. Das Bedürfnis muß sich mit der Geschichte entwickeln. Die Auflösung muß mehr und mehr unmöglich erscheinen. Jeder Autor sollte das wissen. Aber natürlich vergessen wir alle – auch ich – dies manchmal, wenn wir Science-fiction schreiben.«

Alan Dean Foster, der Autor zahlreicher Science-fiction- Romane, wurde ebenfalls kontaktiert.

Foster schrieb eine Idee, die Roddenberry für »Genesis II« gehabt hatte auf Star Trek um. »Robot's Return« handelte von einer irdischen Sonde, die nach Hunderten von Jahren zurückkehrt, um seinen Schöpfer NASA zu suchen. »In Thy Image« griff die Idee auf und verlegte sie in das Star-Trek-Universum. Kirk und die anderen müssen die tödliche Maschine daran hindern, einen ganzen Planeten zu vernichten.

»Zu diesem Zeitpunkt«, erläutert Bob Goodwin, »suchten wir bereits seit vier Jahren nach einem geeigneten Drehbuch für einen Film. Ich schlug Gene vor, daß wir die Erde einbauen könnten, weil wir das bis jetzt noch nicht gemacht hatten. ›In Thy Image‹ paßt wunderbar in dieses Konzept. Wir gingen eines Tages in das Verwaltungsgebäude. Dort saßen Michael Eisner, Jeff Katzenberg, Gary Nardino, Gene, ich und noch einige andere Leute. Im Verlauf dieser Konferenz erwähnte ich die Idee. Michael Eisner schlug mit der Faust auf den Tisch und sagte: ›Seit vier Jahren suchen wir nach einer solchen Geschichte. Da ist sie. Laßt uns den Film machen.‹«

Dieser Film sollte zwar immer noch für das Fernsehen gemacht werden, aber das Fundament zu Star Trek I war gelegt worden.

Einer alten Serie wird neues Leben eingehaucht

Der Versuch Star Trek wieder zum Publikum zu bringen, litt unter einem großen Problem, das überwunden werden mußte, damit die Serie erfolgreich funktionieren konnte.

»Die erste Serie hatte 79 Folgen«, erläutert Jon Povill, »deshalb waren

7. Kapitel

viele Sachen bereits gezeigt worden. Das größte Problem bestand darin, neue Ideen zu finden. Die neuen Charaktere halfen uns sehr dabei. So etwas könnten die Kinofilme jetzt auch gebrauchen. Wenn man niemand neuen hinzufügt, werden diese Leute – und das meine ich nicht beleidigend, es sind alles gute Leute – nach und nach sterben. Die Charaktere Xon, Ilia und Decker hätten da geholfen.

»Xon mochte ich besonders«, fährt er fort. »Es war schön, mit einem netten jungen Vulkanier zu arbeiten; jemand, der sich gegen seinen Vorgänger durchsetzen mußte. Das war wichtig, weil Spock nicht mehr da war. Wir wollten aus Xon keinen neuen Spock machen. Er sollte eine eigene Persönlichkeit haben und andere Fehler als Spock. Xon hatte auch nicht Spocks Neurose, ein halber Mensch zu sein. Xon glaubte sogar, daß Spock damit in seinem Umfeld einen großen Vorteil hatte. Auf Vulcan wäre das kein Vorteil gewesen, aber bei einem Leben mit Menschen war es sehr wichtig. Er hätte eine Frische in die Serie gebracht, die den Leuten gefallen hätte.

»Ilia war warm, gefühlvoll, und das Yin zum Yan von Xon. Decker war natürlich ein junger Kirk. Er war ein wenig unterentwickelt und hätte mit der Serie wachsen müssen. Xon und Ilia waren ausgearbeitete Charaktere, die sich zwar auch verändert hätten, weil das alle Charaktere machen, aber nicht so sehr wie Decker. Am Anfang erkennt man das Potential noch nicht. Man weiß nicht, wer den Charakter spielen wird und wie sie ihn spielen werden. In ›The Menagerie‹ lacht Spock noch.«

Am 9. August antwortete Roddenberry auf Alan Dean Fosters einstündige Version von »In Thy Image«.

»Das Ausmaß ihrer Phantasie ist bestimmt kein Problem in dieser Geschichte«, erläuterte er. »Die meisten meiner Anmerkungen beziehen sich auf einen kontrollierten und selektiven Einsatz dieser Phantasie. Die Glaubwürdigkeit der Charaktere, Ereignisse und Szenen ist in einem Film viel kritischer als im geschriebenen Wort. Die meisten Probleme lassen sich darauf reduzieren, daß wir unsere außerirdische Maschine, ihre Fähigkeiten, Grenzen, Motivationen und Bedürfnisse besser kennenlernen müssen. Wenn man dies erreicht hat, sollte es leicht sein, eine Geschichte zu erzählen, die sich aufregend und voller Gefahren (für die Enterprise und die Erde) bis zu ihrem spannenden und befriedigenden Höhepunkt bewegt.«

Mit diesem Problem kämpfte das Drehbuch noch immer, als es zu »Star Trek: The Motion Picture« geworden war. Es war eine thematische Falle, aus der sich niemand befreien konnte.

Am 16. August gab Livingston einen Report ab, in dem er bekanntgab, daß als Autoren unter anderem Arthur Heinemann, Alan Dean Foster, James Menzies, Margaret Armen, John Meredyth Lucas, Worley Thorne, Shimon Wincelberg und Theodore Sturgeon verpflichtet worden waren.

Außerdem traf sich Livingston mit siebzehn anderen Autoren. Einer von ihnen, Bill Lansford, hatte eine Geschichte, die in das Star-Trek-Format paßte. »Devil's Due« war eine Geschichte, die an Faust erinnerte. Man erwartete, daß Lansford nach einem weiteren Treffen engagiert werden würde.

Obwohl die meisten Treffen nicht sehr erfolgreich waren, war Livingston doch immer noch zufrieden mit dem Verlauf der Planung. »Diese Treffen waren wichtig für die Autoren«, sagte er. »Trotz der ›Bibel‹ und den beiden Drehbüchern, die wir ihnen als Beispiel gaben, war es doch immer besser, sich direkt mit ihnen über die Anforderungen zu unterhalten. Die Autoren haben uns fast ohne Ausnahme danach wieder angesprochen und/oder sich sehr positiv geäußert.«

Er fügte hinzu, daß man auf der Suche nach einem Autoren war, der »In Thy Image« in Drehbuchform bringen sollte. Seine erste Wahl, Steven Bochco (»Hill Street Blues« [dt.: »Polizeirevier Hill Street"], »L.A.Law«) war anderweitig gebunden. Im Gespräch waren auch der britische Autor David Ambrose (der später die Folge »Deadlock« für die geplante Serie schreiben würde) und der Science-fiction-Veteran William Norton. Michael Cimino wurde angesprochen, war aber nicht interessiert, was vielleicht auch gut vor. Man stelle sich Heaven's Trek vor!

»Das Problem mit vielen namhaften Autoren«, erklärte Livingston, »ist, daß wir nicht nicht in die Situation kommen wollen, wo sie das Drehbuch mal so nebenbei schreiben. Wir brauchen jemanden, der aktiv an der Science-fiction beteiligt ist und uns das Beste geben wird, was er hat.«

»Nachdem ich vier Wochen Geschichten entwickelt und mich mit Autoren getroffen habe«, sagt er abschließend, »habe ich gehört, daß Star Trek als etwas gilt, wo man nur sehr schwer ein Drehbuch landen kann. Man hält die Serie auch für etwas, mit dem sich ein Autor einen Namen machen kann. Das ist ein ermutigendes Signal. Wir suchen uns die Geschichten sehr sorgfältig aus und sind der Meinung, daß wir die bestmöglichen Drehbücher ausgewählt haben. Wir haben insgesamt elf Stunden vorliegen, dazu gehören auch zwei zweistündige Versionen. Damit bleiben uns zwei einstündige Eröffnungsfolgen. Wir haben die Bitte um fünf Extrastunden eingereicht und hoffen, daß dies genehmigt wird.«

Bob Collins war inzwischen als Regisseur der Eröffnungsfolge engagiert worden und begann mit der Suche nach den beiden außerirdischen Charakteren Xon und Ilia. Er begann mit dem Vulkanier und testete Hunderte von Schauspielern, bevor er einen aussuchte, der Mr. Spocks Stelle einnehmen sollte.

»Ich entdeckte einen Schauspieler namens David Gautreaux«, erinnert sich Collins. »Er war ein netter junger Mann und ein hervorragender Schauspieler. Trotzdem machte man sich Sorgen, wie das Publikum auf Spocks Abwesenheit reagieren würde.«

Das war eine Frage, die vielen Leuten durch den Kopf ging.

Es ist der Öffentlichkeit zwar im allgemeinen nicht bekannt, aber der Schauspieler David Gautreaux war über ein Jahr lang an Star Trek II beteiligt. Er sollte seine Rolle sogar noch spielen, als aus der Serie der erste Kinofilm geworden war. Aber dann unterschrieb Leonard Nimoy doch seinen Spock-Vertrag, und Xon wurde auf Gautreauxs Wunsch gestrichen.

»Ich machte damals ein Theaterstück«, erinnert er sich. »und versuchte

7. KAPITEL

Der Schauspieler David Gautreaux als Xon, Spocks Nachfolger als Wissenschaftsoffizier in der TV-Serie »Star Trek II«.

nicht daran zu denken, daß ich für den Rest meines Lebens einen Außerirdischen spielen müßte. Dann sprach ich mit Gene Roddenberry, weil ich erfahren hatte, daß Leonrad Nimoy als Spock zurückkommen würde und ich wissen wollte, was mit Xon werden würde. Gene sagte: ›Xon gehört jetzt zur Familie, genau wie Du.‹ Ich antwortete: ›Gene, dieser Charakter soll nicht damit enden, daß er Mr. Spocks Koffer an Bord trägt. Gib ihm, was Du und ich hineingelegt haben. Wenn Du das nicht kannst, dann streiche ihn‹. Sie blieben trotzdem noch eine Weile bei der Idee.«

»In Thy Image«

Am 29. August gab Harold Livingston bekannt, daß er sich mit ungefähr zwanzig Autoren getroffen hatte.

»Außerdem haben wir sehr viel Material von anderen Autoren bekommen, entweder in ein- bis zweiseitigen Zusammenfassungen oder in kompletten Drehbüchern«, sagte er. »Wir haben uns die meisten angesehen, leider entsprach keins so richtig unserem Standard. Es trifft ständig neues Material ein. Ich habe vor kurzem Material von Thomas Ardies erhalten, der einen Bestseller veröffentlich hat und auch sonst ein bekannter Roman- und Kurzgeschichtenautor ist und sehr daran interessiert ist, für Star Trek zu schreiben.

»Richard Bach«, fuhr der Produzent fort, »der Autor von »Jonathan Livingston Seagull« ist ein Star-Trek-Fan. Er hat uns zwei Geschichten angeboten, die beide so herausragend waren, daß wir sie direkt gekauft haben. Eine Geschichte handelt von einer Rasse, die ihre Emotionen ständig unterdrückt und sie nur einmal im Jahr herausläßt, wenn sie ihre Raumschiffe im Kampf mit anderen beobachten. Es ist eine sehr unterhaltsame und provokante Geschichte. Bachs zweite Geschichte paßt auch sehr gut in unser Star-Trek-Konzept. Es geht um eine Traumwelt. Die Besatzung der Enterprise wird auf gefährliche Weise in die Träume einer Frau gezogen, die seit zweihundert Jahren im Kälteschlaf liegt und durch diese periodisch auftretenden Träume am Leben gehalten wird. Bach schreibt im Moment die Zusammenfassung. Er wollte eigentlich direkt das Drehbuch schreiben, aber wir konnten ihn von der traditionelleren Arbeitsweise überzeugen.

»Alan Dean Foster übergab uns die letzte Fassung des zweistündigen Films. Wir besprachen die Geschichte sehr ausführlich mit ihm, machten einige Änderungen, und ich bin im Moment dabei, den ersten Akt umzuschreiben, den wir alle für zu langsam halten.«

Anfang September waren verschiedene Geschichten in den Star-Trek-II-Büros eingetroffen, unter anderem »Lord Bobby« von Shimon Wincelberg, »Devil's Due« von William Lansford, »The Savage Syndrome« von Margaret Armen und Alf Harris und »Kitumba« von John Meredyth Lucas.

»Lord Bobby«, deren Titel später in »Lord Bobby's Obsession« geändert wurde war ein guter Versuch, einen Außerirdischen im Stil von Trelane aus »The Squire of Gothos« mit den Romulanern zu verbinden.

In »Kitumba« reiste die Enterprise zur klingonischen Heimatwelt, um einen intergalaktischen Krieg zu verhindern. Diese Geschichte war ein gutes Vorwort zu Star Trek VI gewesen. In »The Savage Syndrome« untersuchten Decker, McCoy und Ilia ein Schiff, daß im Orbit um einen leblosen Planeten treibt. An Bord entdecken sie, daß die Besatzung offenbar wahnsinnig wurde und sich gegenseitig auf besonders brutale Weise umgebracht hat. In der Zwischenzweit explodiert eine Raummine in der Nähe der Enterprise, deren Energie die neuralen Impulse der Besatzung angreift. Sie verwandeln sich alle, auch Kirk, fast augenblicklich in Wilde. McCoy und die anderen müssen jetzt versuchen, sie zu retten.

Produktionstechnisch wäre diese Folge sehr wichtig gewesen, weil sie hauptsächlich an Bord spielt und wäre somit preiswerter als die Durchschnittsfolgen gewesen.

Am 2. September 1977 schrieb der Produzent Bob Goodwin: »...um die Folgen, die nicht auf der Enterprise spielen in vernünftiger Weise produzieren zu können, ist es unabdingbar, daß eine mindestens gleiche Anzahl von Folgen auf der Enterprise spielt. Sollten wir keine guten Enterprise-Geschichten bekommen, stehen wir spätestens im Dezember vor großen Produktionsproblemen.«

Dieses Memo gab »The Savage Syndrome« als gutes Beispiel an. In der ersten Fassung landeten McCoy, Decker und Ilia mit einem Shuttle auf der Planetenoberfläche, wo sie Ruinen und einige andere Dinge entdeckten. Goodwin machte daraufhin den Vorschlag, daß sie ein Objekt im Weltraum untersuchen könnten, damit die Geschichte sich zum Großteil auf der Enterprise abspielt. Die zweite Fassung enthielt diese Idee dann bereits.

Harold Livingston hatte die Idee, die Technik des 23. Jahrhunderts gegen die Wilden einzusetzen. »Wäre es nicht interessanter«, fragte er, »wenn Decker oder McCoy ihr Wissen einsetzen würden, um die Wilden auszutricksen. Zum Beispiel könnten sie die Bildschirme und andere Instrumente einsetzen, um die Wilden zu verwirren, so wie das in den alten Filmen gemacht wurde, wenn der weiße Forscher, der wußte, daß eine Sonnenfinsternis bevorsteht, die Eingeborenen mit Ehrfurcht erfüllt, weil er behauptet, er könne den Himmel zu einem bestimmten Zeitpunkt verdunkeln.« Livingston hatte recht, die Szene wäre so effektiver gewesen. In einer späteren Fassung gibt es eine Szene im Freizeitraum, in der McCoy den Wilden androht, der Zorn der Götter würde sie ereilen. Bei diesem Stichwort aktiviert Decker die entsprechenden Kontrollen und »die Wände werden zu einem tobenden Ozean, die Luft ist erfüllt vom Wind und dem Donnern der Wellen. Einen Moment später wird aus dem Ozean ein Schlachtfeld des zweiten Weltkriegs, einschlagende Granaten, Kanonenschüsse und die ohrenbetäubenden Schreie der Verwundeten...« Danach werden daraus Bilder eines Feuers, Erdbeben und so weiter.

Diese Wandillusionen wurden vermutlich von Ray Bradburys »The Illustrated Man« (dt.: »Der illustrierte Mann«) inspiriert. Aus ihnen wurde später das Holodeck der Next Generation.

»Devil's Due«, die später zu einer TNG-Folge umgeschrieben wurde, ließ Kirk als Verteidiger für einen Planeten auftreten, der scheinbar gegen den Teufel kämpfte. Jon Povill meinte, die Geschichte funktioniere sehr gut und hätte »alle notwendigen Elemente für eine aufregende Folge«.

Alles schien sich gut zu entwickeln, aber der zweistündige Film begann Probleme aufzuwerfen.

»William Norton sollte das Drehbuch zu Fosters Geschichte schreiben«, sagte Livingston, »aber am 5. September teilte er mir mit, daß es ihm nach vielen Versuchen klargeworden sei, daß er kein vernünftiges Star-Trek-Drehbuch schreiben könne. Das wirft uns zwar ziemlich zurück, aber ich denke, daß seine Ehrlichkeit, sein Mut und seine Professionalität gut für ihn sein werden. Das unterstützt meine Theorie, daß es den meisten Autoren sehr schwer fällt, für Star Trek zu schreiben, wenn sie sich nicht sehr gut damit auskennen. Star-Trek-Geschichten benötigen eine Sonderbehandlung; die Autoren müssen sich mit den Charakteren, der Stimmung und all den anderen Sachen, die Star Trek einzigartig machen, lange auseinandersetzen. Es ist natürlich klar, daß die Situation damit kritisch geworden ist. Um mit der Produktion am 1. November wie geplant beginnen zu können, müssen wir das Drehbuch spätestens am 14. Oktober vorliegen haben. Wir sind die Namen der Autoren, die für diese Aufgabe in Frage kämen, immer und immer wieder durchgegangen.«

Niemand schien angemessen. Die Lösung des Problems war, daß sich Livingston selbst an die Arbeit machte. »Ich unternehme diesen Schritt nicht leichtsinnig«, fügte er hinzu. »Leider haben wir keine andere Wahl, als so vorzugehen.«

Während er an dem Drehbuch saß, fand er auch noch die Zeit, einen Bericht über den Status der restlichen Drehbücher abzugeben. Er erklärte, daß nur noch drei Geschichten offen wären, und daß man die Angebote sehr genau durchgehen würde.

»All diese Geschichten«, sagte er, »stellen uns vor keine großen Probleme. Allerdings müssen alle noch überarbeitet werden, bevor man sie in Drehbuchform bringen kann. Durch unsere augenblickliche ›Notsituation‹ verlangsamt sich die Arbeit daran, da ich die meiste Zeit mit dem Drehbuch für den zweistündigen Film zubringe. Jon Povill konnte allerdings aushelfen und wird die Situation ausgleichen, bis ich zu dieser Arbeit zurückkehren kann.«

Er hatte den Eindruck, daß sich das Drehbuch zu »In Thy Image« sehr vielversprechend entwickelte und man mit spektakulären visuellen Effekten rechnen könnte.

»Die Lage bei den einstündigen Folgen«, sagte Livingston abschließend, »ist durch den ›Notfall‹ etwas unsicher geworden. Wir könnten mehr Zeit gebrauchen, aber auch dieses Problem wird sich lösen lassen, sobald wir mit der zweistündigen Folge in Produktion gegangen sind. Dann werden wir genug Zeit für die einstündigen Episoden haben. Allgemein kann man sagen, daß wir die Situation unter Kontrolle haben.«

Nicht ganz.

Drehbuchkriege

Zu dem Zeitpunkt, als Harold Livingston die Arbeit an »In Thy Image« begann, kriselte es in der Arbeitsbeziehung zwischen ihm und Gene Roddenberry ganz gewaltig.

»Ich weiß nicht, wann ich damit anfing, am Mythos Gene Roddenberry zu kratzen«, sagt Livingston, »aber er und ich hatten plötzlich kreative Differenzen. Ich lehnte seine Einmischung ab, und er wollte ganz offensichtlich jemanden, der ihn bediente – aber das war nicht ich. Wir waren privat einige Zeit befreundet, aber trotzdem bekamen wir langsam große Schwierigkeiten. Hier nennt man das ›kreative Differenzen‹. Ich hielt ihn einfach nicht für einen guten Autor, und mir gefiel seine Behandlung des Materials nicht. Wir entwickelten die Geschichten, und ich mußte dann zu ihm gehen, um sie genehmigen zu lassen. Das reichte mir irgendwann. Ich sah meine Position in einem anderen Licht. Über so etwas redet man nicht gerne, weil daraus ein ernsthaftes Problem werden kann. Am besten ignoriert man diese Sachen einfach und hofft, daß kein Problem auftaucht. Leider tauchte eins auf, und ich begann damit, Geschichten in Auftrag zu geben, ohne auf seine Zustimmung zu warten.«

Beide trotzten dem rapide anschwellenden Sturm in den nächsten zwei Monaten. In dieser Zeit wurden die Pläne für »In Thy Image« detaillierter, und man wandte den Drehbüchern für die normalen Folgen mehr Aufmerksamkeit zu.

Während Livingston seine erste Fassung beendete, begann die Diskussion, ob man den Decker-Charakter nicht in der nächsten Fassung streichen sollte, weil man sich fragte, warum man zwei Kirks haben sollte. Was als gute Ergänzung der Crew angefangen hatte, entwickelte sich langsam zu einem Problem.

»Wir sollten so schnell wie möglich herausfinden, ob wir den Charakter Will Decker streichen wollen oder nicht«, sagte Livingston kurz bevor er sein Drehbuch einreichte. »Alle Geschichten, die im Moment in Arbeit sind, beinhalten Decker als wichtigen Teil der Besatzung. Wir müssen uns schnell entscheiden, um unnötige Arbeit zu vermeiden.«

Später schickte Arthur Fellows, der Chef der Fernsehproduktionen ein Memo an Gene Roddenberry, in dem er seine und Michael Eisners Eindrücke des Drehbuchs ausdrückte.

7. KAPITEL

»Die Rückkehr von Star Trek ist ein großes Ereignis«, schrieb Fellows, »und wir glauben, daß dieses Drehbuch alle Elemente enthält, um der zweiten Fünf-Jahres-Mission einen großartigen Start zu verschaffen. Allerdings existieren in dieser ersten Fassung durchgehend Probleme im bezug auf die Charaktere und ihre Beziehungen.«

Fellows glaubte, daß man im Drehbuch den enormen Druck, der auf Xons Schultern lastet, nicht spüren würde und daß Xon keine Gelegenheit hätte, den Respekt seiner Kollegen zu gewinnen. Die Situation solle so umgeändert werden, daß das Publikum bereit sei, diesen neuen Vulkanier zu akzeptieren. Außerdem müsse die Fehde zwischen Xon und McCoy (also zwischen Logik und Humanismus) stärker behandelt werden, damit der Zuschauer mit Freude an die McCoy/Spock-Beziehung zurückdenken kann.

»In vielerlei Hinsicht stehen wir bei Decker vor der gleichen Aufgabe«, schrieb er. »Sollte er noch länger bei uns bleiben, müssen seine Gefühle und der Nutzen, den er für das Schiff hat, verstärkt werden, damit wir das Publikum für ihn gewinnen können.«

Obwohl Ilia ansonsten positiv aufgenommen wurde, hielt sich doch die Meinung, sie solle nicht glatzköpfig sein. »Ihre Glatze«, schrieb Fellows, »könnte das Publikum daran hindern, uns die intensive Beziehung zwischen Kirk und dieser Frau abzukaufen. Wir hätten Ilia lieber mit Haaren. Statt dessen könnte ja eine andere Frau eine Glatze haben.« Roddenberry hatte vor zwanzig Jahren schon einmal so einen Kampf ausgefochten, als der Sender ihn anflehte, »den Typen mit den Ohren« rauszuwerfen.

»Die Handlung ist außergewöhnlich und sehr gut«, begeisterte er sich, »allerdings erscheint mir das Ende zu ›klein‹, wenn man die Ereignisse bedenkt, die darauf hinführen. Die sich langsam aufbauende Spannung und Aufregung ist so effektiv, daß das Ende wirklich abheben müßte. Im Moment ist es noch ein wenig antiklimaktisch. Der Schlußdialog und die Szene, in der Ilia Vejur überzeugt, die Diensteinheiten zu retten, ist einfach zu bequem.«

»Robert Goodwin hat eine Theorie über das Ende«, erläutert Livingston. »Er denkt, ich hätte es einfach ausgekotzt, weil ich so wütend über die Situation war. Die Wahrheit ist allerdings, daß mir kein Ende einfiel. Das Problem war, daß wir einen Gegner hatten, der so übermächtig war, daß jeder Versuch mit ihm zu kommunizieren und jede Beziehung, die wir zu ihm aufbauten, einfach falsch wirkte und nicht ins Konzept paßte. In der Geschichte funktionierte eigentlich alles recht gut, abgesehen vom Ende. Wir gingen auf hundert verschiedene Arten daran. Wir kriegten es einfach nicht hin.«

Jon Povill allerdings kriegte es hin. »Wir wußten, daß wir ein großes Ende mit vielen Spezialeffekten brauchten«, sagt er. »Das Drehbuch litt von Anfang an unter dem Problem, wie man das Ende lösen kann. Gene hatte die Idee, daß Vejur all seine Informationen in einer wahnsinnigen Lichtershow an Decker weitergibt. Wir wollten all die unglaublichen, unverständlichen Dinge, die Vejur während seiner Reisen durch das Universum gesammelt hatte, zeigen. Leider wußte keiner, wie wir das darstellen sollten. Das lief also nicht.

»Es war eigentlich mein Vorschlag«, fährt Povill fort. »Ich sagte, daß dieses Ding auf die nächste Existenzebene übergeht, daß es diese Dimension verlassen und in die nächste wechseln würde. Es erschien uns dann nur logisch, daß diese Maschine sich mit einem menschlichen Element verbinden mußte. Alles andere hätte keinen Sinn ergeben.«

Povill weist darauf hin, daß in Gene Roddenberrys Überarbeitung von »In Thy Image« Vejur seine Informationen an Decker weitergibt und dann den Commander benutzt, um in die nächste Dimension zu gelangen.

Anfang November 1977 lag der Produktionsbeginn von »In Thy Image« nur noch einige Wochen entfernt. Es schien, als stünde nichts mehr Star Treks Rückkehr im Weg.

Der Film

»Gene Roddenberrys Wert lag in seinem Wissen und seiner Erfahrung. Wenn er nur das eingebracht hätte und den Rest den Profis überlassen hätte, wäre ein Film entstanden. Das Überarbeiten von Drehbüchern war eine Sucht für ihn. Er konnte einfach nicht damit leben, daß jemand außer ihm Star Trek schrieb«, sagt Harold Livingston deutlich. »Im Dezember 1977 gingen Roddenberry und ich uns praktisch gegenseitig an die Kehle. Mein Vertrag endete zu dieser Zeit, und ich kündigte, bevor sie mich feuern konnten. Es gab einfach zu viele Probleme. Der Film befand sich in der Vorproduktion und sie benutzten große Teile von dem, was ich mit Collins zusammen geschrieben hatte, aber nur wenig von Genes Material.«

Livingston verließ das Star-Trek-Projekt insgesamt drei Mal, und mußte schließlich gegen Roddenberry kämpfen, um seinen Namen unter das Drehbuch des Films setzen zu können. In diesem Moment glaubte er allerdings noch, er würde das Star-Trek-Universum für immer verlassen.

Zu Beginn des neuen Jahres fiel die vorläufige Entscheidung, aus der Fernsehserie einen Kinofilm zu machen. Jon Povill, der Livingstons Posten übernommen hatte, wies darauf hin, daß genügend gute Geschichten vorhanden wären, sollte Paramount noch einmal die Idee einer Serie aufgreifen wollen.

Am 19. Januar erklärte Jeff Katzenberg: »Im Moment analysieren wir all die Aspekte, die notwendig sind, um Star Trek II als Kinofilm herauszubringen. Leider sind bereits viele Informationen an die Presse und die Öffentlichkeit durchgesickert. Das ist ein Grund zur Besorgnis. Obwohl wir natürlich dankbar für das große Interesse sind, daß unserem Projekt entgegengebracht wird, ist es unbedingt notwendig, daß keine Informationen mehr an Außenstehende weitergegeben werden. Das Projekt könnte darunter leiden. Außerdem könnte der Effekt einer späteren, ausgearbeiteten Werbekampagne dadurch eingeschränkt werden.«

Die Entscheidung, Star Trek als Film zu produzieren, fiel aus verschiedenen Gründen. Zum einen senkten die drei großen Sender ihre Kosten für Werbeeinblendungen, da sie sich vor der neuen Konkurrenz fürchteten, und der Paramount-Sender wurde unrentabel.

7. Kapitel

Zum anderen war nicht nur »Star Wars« zu einem Überraschungshit geworden (was Paramount zuerst zu einer Fernsenhserie veranlaßte, da sie den Markt für erschöpft hielten), sondern Steven Spielbergs »Close Encounter Of The Third Kind« (dt.: »Unheimliche Begegnung der dritten Art«) ebenfalls, was bewies, daß Science-fiction sehr wohl einen Platz in den Kinos der 70er und 80er haben würde.

»Es ging um verschiedene Sachen«, sagte Roddenberry über diese Entscheidung. »Vor fünf Jahren, als Paramount die unglaublichen Einschaltquoten sah, die Star Trek bei den Wiederholungen brachte, fiel ihnen auf, daß sie damit vielleicht doch Geld machen könnten. Vor vier Jahren sprach ich dann mit Paramount über die Produktion eines bescheidenen Kinofilms. Sie waren damals überzeugt, genügend Publikum für so etwas zu haben. Aber wir konnten kein Drehbuch finden, daß Paramount gefiel. Sie waren damals nicht besonders freundlich gegenüber Science-fiction eingestellt. Die meisten Studios hatten damals eine sehr vereinfachte Sicht der Science-fiction – Raketen, Laserpistolen und Abenteuer –, eigentlich genau das, was man in ›Star Wars‹ sah, vielleicht mit ein paar mehr halbnackten Frauen. Ich wollte einfach keine Weltraumpiraten-Sache machen. Dafür ist ein Film zu anstrengend. Die Konzepte, mit denen ich arbeitete, beinhalteten einige komplexe und wie ich dachte gewagte Themen. Das verwirrte sie, weil sie das nicht von Science- fiction erwarteten. Schließlich wollten wir einen spektakulären Pilotfilm daraus machen. Dann passierte ›Star Wars‹ und bewies ihnen, daß es nicht nur ein kleines sondern ein gigantisches Publikum für Science-fiction-Filme gab.«

»Als ›In Thy Image‹ zum Kinofilm wurde«, fügt Regisseur Bob Collins hinzu, »hatten wir ein Budget von ungefähr acht Millionen Dollar. Irgendwann sprachen wir über Spezialeffekte. Roddenberry und ich fuhren zum Pacific Kino und sahen uns eine Vorstellung von ›Close Encounters‹ an. Der Film warf uns völlig um, und wir wußten, daß wir nach diesem Film und nach ›Star Wars‹ einfach keine billigen Effekte mehr machen konnten. Das bedeutete, daß wir unser ganzes Konzept überdenken mußten. Wir brauchten mehr Geld und mehr Zeit, und damals gab es nur wenige Leute, die uns solche Effekte geben konnten. Wir sprachen mit John Dykstra und Robert Abel und entschieden uns für Abel. Er kam an Bord und legte fest, daß der Film zu einer Robert-Abel-Produktion werden würde. Sein Budget, daß ursprünglich zwei Millionen Dollar betragen hatte, schoß auf einmal hoch auf sieben und dann zehn Millionen Dollar. Das Budget stieg immer weiter, und Paramount wurde immer nervöser.«

Als das Budget stieg, stieg in Collins die Befürchtung, daß seine Zeit in diesem Projekt begrenzt sein würde. Was er indes nicht erwartete, war, daß ihm einige Leute in den Rücken fallen würden.

»Wir bereiteten uns auf diesen Film vor«, sagt er, »aber ich ahnte schon, was passieren würde. Ich war ein Fernsehregisseur, der nie einen Kinofilm gemacht hatte, und ich wußte, daß sie jemanden engagieren würden, der sich mit großen Produktionen auskannte. Paramount war bei solchen Sachen nicht sehr mutig, also rief ich Jeff Katzenberg an und sagte: ›Ihr werdet euch einen anderen Regisseur nehmen, richtig?‹ Er sagte: ›Nein, Bob, niemals. Verlaß‹ Dich darauf.‹ Dann kam mein Agent, der auch für Robert Wise arbeitete, auf mich zu und erzählte mir, daß Wise als neuer Regisseur vorgesehen war. Paramount hatte offensichtlich vergessen, daß wir den gleichen Agenten hatten. Mein Agent meinte, wenn Robert Wise ablehnen würde, hätte ich den Posten sicher. Ich lachte eine Weile darüber, weil ich genau wußte, was passieren würde. Sie wollten einen Ersatz haben, bevor sie mich feuerten. Sie bekamen Wise, und der erste Schritt war, daß sie mein Büro umdekorierten.

»Mich ärgerte die Art und Weise, wie es passierte. Ich konnte verstehen, daß sie jemand anderen wollten, als das Budget die Zwanzig-Millionen-Grenze überschritt. Ich wünschte nur, sie wären etwas freundlicher gewesen und hätten es mir einfach gesagt. Nicht nur Paramount arbeitet auf diese Weise. Ich war sauer auf Katzenberg. Ich will hier nicht herumstänkern, aber der Film hätte besser sein können. Das geht nicht gegen Wise, er konnte in der Situation nichts daran ändern. Das Drehbuch war allerdings sehr gut.«

Er fügt direkt hinzu, daß er nicht wütend über Gene Roddenberry war.

»Gene sagte oft, das Drehbuch sei nicht Star Trek«, erinnert sich Collins. »Das kann natürlich stimmen, aber es war trotzdem gut. Man muß allerdings auch verstehen, daß er auf einer menschlichen Ebene völlig darin aufging. Er definierte sich selbst anhand dieser Serie und dieses Projekts. Niemand von uns war jemals wütend auf ihn. Wir wollten ihm alle bei der Erfüllung seines Traums helfen und einen guten Film drehen. Paramount hielt ihm die Pistole an den Kopf, weil sie sich immer wieder umentschieden. Sie machen es oder sie machen es nicht. Wir litten alle unter dieser Spannung. Wenn ich denke, daß jemand ein Arschloch ist, sage ich das auch, aber ich habe Roddenberry immer gemocht und seinem Projekt Glück gewünscht.«

Bob Collins verließ also das Projekt, und David Gautreaux folgte ihm bald. Die Frage tauchte auf, wer Decker spielen sollte, aber das wurde erst einmal auf Eis gelegt.

»Sie nahmen Robert Wise als Regisseur«, sagt Bob Goodwin als Erklärung, warum er die Besetzung der Rolle nicht übernahm. »Gene und ich erfuhren nie, wie die Verhandlungen genau ausgesehen hatten. Es stellte sich heraus, daß Wise normalerweise als Regisseur und Produzent erwähnt wird. Er wollte keinen Produzenten akzeptieren, also wurde Gene auf den Posten des Ausführenden Produzenten geschoben. Gene und das Studio fragten mich, ob ich die Position einen Associate Producer übernehmen würde, aber mit so einem Job wollte ich noch nicht einmal eine Minute meines Lebens verbringen. Ich hatte das vor zwei Jahren gemacht, also hätte das für mich einen Schritt zurück bedeutet. Deshalb ging ich.

»Was mich wirklich bei der ganzen Sache wütend machte«, sagt er, wobei er jedes Wort einzeln betont, »war, daß ich damals gleichzeitig an einem Pilotfilm arbeitete, der ein wunderbares Drehbuch hatte. Leider hatte ich große

7. Kapitel

Probleme mit dem Regisseur, der unten in New Orleans drehte. Ich war der Ausführende Produzent und hatte einen Produzenten angeheuert, aber niemand überwachte die Arbeit dort unten. Als ich die Probeaufnahmen sah, war ich schockiert. Deshalb wollte ich nach New Orleans fahren, um die Sache wieder unter Kontrolle zu bringen, aber Paramount drohte, sie würden mich aus dem Film nehmen, wenn ich das täte. Gleichzeitig führten sie aber Verhandlungen, die mich ohnehin aus dem Film schießen würden. Als ich schließlich von dem Robert-Wise-Deal hörte, flog ich sofort nach New Orleans, aber da war es schon zu spät. Es lief also darauf hinaus, daß ich Star Trek verlor und einen furchtbaren Pilotfilm ablieferte, der sich nicht verkaufen ließ. Ich stand praktisch auf der Straße. Ich kam eines Tages zur Arbeit, und sie hatten meinen Namen von der Tür abgeschraubt. Mein Zeug stand in Kisten verpackt auf dem Flur, und der Hausmeister sagte mir, daß ich in zwanzig Minuten raus sein müßte.

»So gingen sie also damit um«, sagt Goodwin abschließend.

»So etwas kann einen zerstören. Ich fragte mich, was ich falsch gemacht hatte. Zum Glück kannte ich jemanden, der Geld hatte und mit mir eine Firma aufmachen wollte. Ich danke Gott für die kleinen Wunder.«

Leonard Nimoy und Regisseur Bob Wise in der Pressekonferenz zur Präsentation von »Star Trek: The Motion Picture«.

Star Treck in den Siebzigern: die Zeichentrickserie

»Yesteryear«

»One of Our Planets Is Missing«

»The Lorelei Signal«

»More Tribbles, More Troubles«

»The Survivor«

»The Infinte Vulkan«

»The Magicks of Megas-Tu«

»Once Upon a Planet«

»Mudd's Passion«

»The Terratin Incident«

»Time Trap«

»The Ambergris Element«

»Slaver Weapon«

»Beyond the Farthest Star«

»The Eye of the Beholder«

»Jihad«

»The Pirates of Orion«

»Bem«

»Practical Joker«

»Albatross«

»How Sharper Than a Serpent's Tooth«

»The Counter-Clock Incident«

»In Thy Image«

»The Child«

»The Savage Syndrom«

»Practice in Waking«

»To Attain the All«

»The Prisoner«

»Tomorrow and the Stars«

»Devil's Due«

»Deadlock«

»Lord Bobby's Obsession«

»Are Unheard Melodies Sweet«

»Kitumba«

8. KAPITEL

1. Staffel

EPISODE 1

Yesteryear

»Die Täuschung«

Drehbuch: Dorothy Fontana
Erstausstrahlung: 15.9.1973

Spock muß durch den ›Wächter der Ewigkeit‹ zurück in die Vergangenheit, um herauszufinden, warum er für seine Zeitgenossen in der Gegenwart nicht mehr existiert. Er kommt auf Vulkan an und trifft dort auf sich selbst als Kind. Diesem Kind-Spock hilft er durch einen Initiationsritus. Das Kind wird durch sein Lieblingstier Sehlat gerettet, aber das Tier verletzt sich dabei und muß eingeschläfert werden.

»›Yesteryear‹ kam zustande, als wir uns anschauten, was wir in der Serie so gemacht hatten. Wir erinnerten uns an den ›Wächter der Ewigkeit‹,« erklärt Dorothy Fontana, »und ich fand, wir könnten das mal für eine geplante Reise verwenden. Dabei sollte etwas geschehen, das Spock in seine Kindheit auf Vulkan zurückbrachte. Auf diese Weise konnten wir diese Figuren weiter ausleuchten, den Anfang des Konfliktes zwischen Spock und Sarek zeigen, Amandas Schwierigkeiten damals. Wir konnten darstellen, was Spock zu dem machte, was er heute ist. Ich wollte mich auch mit dem Tod eines Lieblingstieres beschäftigen. Das ist für Kinder eine sehr ernste Sache. Wir wollten den Kindern beibringen, daß, wenn es einmal soweit kommt, und ein Tier sterben muß, es dies in Würde können sollte.«

EPISODE 2

One Of Our Planets Is Missing

»Ein Planet wird gerettet«

Drehbuch: Marc Daniels
Erstausstrahlung: 23.9.1973

Eine Energiewolke vernichtet Planeten, die in ihrem Weg liegen, und bedroht die Bevölkerung von Mantilles. Die Enterprise muß ein Mittel gegen diese Gefahr finden, bevor es zu spät ist. Erst nachdem die Wolke die Enterprise verschluckt hat, kommt Spock zu der Erkenntnis, daß es sich um ein intelligentes Wesen handelt, mit dem man reden kann.

EPISODE 3

The Lorelei Signal

»Planet der Amazonen«

Drehbuch: Margaret Armen
Erstausstrahlung: 29.9.1973

In dieser Variation von ›The Deadly Years‹ beamen Kirk, Spock, und McCoy auf einen Planeten des Taurus-Systems. Dort werden sie von einer fremden Rasse weiblicher Wesen gefangen, die unsterblich sind, und sich ihre Lebenskraft von anderen Wesen mit Hilfe spezieller Stirnbänder beschaffen. Die drei müssen einen Weg finden, die Wirkung dieser Stirnbänder auszuschalten, bevor sie an Altersschwäche sterben.

EPISODE 4

More Tribbles, More Troubles

»Invasion der Wollmöpse«

Drehbuch: David Gerrold
Erstausstrahlung: 6.10.1973

Hier finden sich alle Elemente aus ›The Trouble With Tribbles‹ wieder: Kirk und die anderen treffen auf – und retten – Cyrano Jones. In Jones‹ Begleitung befinden sich natürlich wieder Tribbles, aber angeblich eine andere Sorte, als die in der Live-Serie gezeigten Tierchen. Diese Tribbles, erklärt er, sind genetisch so verändert worden, daß sie sich nicht mehr vermehren. Was der Schwindler verschweigt, ist, daß sie dafür um so größer werden, je mehr Quadrotriticale-Getreide sie fressen. Hinzu kommt überdies Captain Koloth und seine Klingonen.

Diese Folge sollte ursprünglich als Live-Folge gedreht werden, was aber niemals geschah, weil der Produzent der dritten Staffel, Fred Freiberger, dagegen war. »Ich ging zu ihm mit der Einstellung, mich vor einem neuen Produzenten bewähren zu müssen,« erzählt David Gerrold. »Ich sagte mir, ›Ich weiß, wie gut »Tribbles« geworden ist, ich weiß, daß ich sowas kann, ich habe meine Referenzen, und jedem, der »Tribbles« gesehen hat, gefiel es, die Folge war erfolgreich, es gibt nichts, dessen ich mich schämen müßte, ich muß mich nicht beweisen.‹ Ich gehe zu ihm rein, Freddy Freiberger sieht mich an, und seine ersten Worte an mich lauten: ›Ich habe mir heute morgen ›Tribbles‹ angesehen.‹ Das Höfliche wäre gewesen, etwas zu sagen wie ›Nicht übel‹, ›Gut gemacht‹, oder so. Er sagte, ›Es hat mir nicht gefallen. Star Trek ist keine Komödie.‹ Davon hat sich unsere Beziehung nie erholt. Ich meinte zu ihm: ›Gene sagte, er wolle eine Fortsetzung‹, und er sagte, daß er daran kein Interesse habe.«

Als er von Dorothy Fontana wegen der Zeichentrickserie angesprochen wurde, hat Gerrold die Tribbles dann wieder auferstehen lassen...

EPISODE 5

The Survivor

»Geliebter Spion«

Drehbuch: James Schmerer
Erstausstrahlung: 13.10.1973

Ein Gestaltenwandler spiegelt der Besatzung der Enterprise vor, er sei der Menschenfreund Carter Wilson, der seit fünf Jahren als vermißt gilt. Einmal an Bord, verwandelt er sich in Captain Kirk und steuert die Enterprise in die Neutrale Zone der Romulaner, wo sie sofort von feindlichen Schiffen umringt wird. Wir erfahren, daß es sich bei dem Gestaltenwandler um einen romulanischen Spion handelt.

8. KAPITEL

EPISODE 6

The Infinite Vulkan

»Planet der Riesen«

Drehbuch: Walter Koenig
Erstausstrahlung: 20.10.1973

Auf dem Planeten Phylos entdeckt die Enterprise ein gigantisches Wesen, bei dem es sich um einen Klon von Dr. Starros Keniclius handelt, einem Wissenschaftler, der während der eugenischen Kriege auf der Erde gelebt hat (siehe: »Space Seeds«). Seine Absicht ist es, Spock zu klonen, um die Duplikate als Friedensstifter auf anderen Welten einzusetzen. Der Einwand von Kirk, das Universum hätte mittlerweile im großen und ganzen Frieden, fallen auf taube Ohren, und der Captain muß alle seine Fähigkeiten nutzen, um den Spock-Klon davon zu überzeugen, daß er nur eine Kopie ist, und der echte Spock möglicherweise gerade irgendwo stirbt.

EPISODE 7

The Magicks of Megas-Tu

(In Deutschland nicht ausgestrahlt)
[Anm. d. Übers.: Es wurden mehrere Folgen der Zeichentrickserie nicht ausgestrahlt, weil man sie als für das Kinderfernsehen ungeeignet ansah.]

Drehbuch: Larry Brody
Erstausstrahlung: 27.10.1973

Als es die Enterprise in eine andere Dimension verschlägt, wird das Schiff und die Besatzung von einem Wesen namens Lucien gerettet, das wie alle seiner Art, eine Vielzahl außerordentlicher, ja magischer, Fähigkeiten besitzt. Diese zu nutzen ist ihnen jedoch verboten, und die Bevölkerung von Luciens' Heimat, die Meganer, finden heraus, was er gemacht hat, und stellen ihn vor Gericht. Als Captain Kirk Lucien während der Verhandlung verteidigt, wird klar, daß dieser vor langer Zeit einmal die Erde besucht hat und sogar der Grund für die Entstehung der Legende von Satan gewesen sein könnte.

EPISODE 8

Once Upon a Planet

»Urlaub im Wunderland«

Drehbuch: Len Jenson und Chuck Menville
Erstaustrahlung: 3.11.1973

Bei dieser Folge, in vielerlei Hinsicht eine Runderneuerung von »Shore Leave«, kehrt die Enterprise zu jenem Planeten zurück, auf dem jeder Wunsch erfüllt werden kann. Erneut kommt es zu großen Schwierigkeiten, da der ›Wächter‹ tot ist, und niemand für den Computer verantwortlich ist.

EPISODE 9

Mudd's Passion

»Der Liebeskristall«

Drehbuch: Stephen Kandel
Erstausstrahlung: 10.11.1973

Kirk rettet Harry Mudd wider besseren Wissens vor einer Gruppe Minenarbeiter, die dieser betrogen hat. Kaum ist Mudd an Bord der Enterprise gebeamt, ist auch schon der Teufel los, weil er der Krankenschwester Christine Chapel von einem Liebestrank erzählt, den er besitzt. Diesen Liebestrank wendet Chapel bei Spock an. Zunächst scheint der Versuch fehlzuschlagen, aber mit einer verzögerten Reaktionszeit verliebt sich Spock dann doch heftigst in sie, und die Wirkung des Trankes wird auf dem gesamten Schiff spürbar.

Stephen Kandel, der schon die Drehbücher zu den beiden ›realen‹ Harry-Mudd-Folgen geschrieben hat, zeichnet auch für diesen Ableger verantwortlich. »Dorothy Fontana rief mich an, und wollte ein Drehbuch, so einfach war das«, sagt er. »Zeichentrick ist großartig, denn man ist gleichzeitig Regisseur. Man kann alles machen, was man will.«

EPISODE 10

The Terratin Incident

»Auch Kleine haben oft groß angefangen«

Drehbuch: Paul Schneider
Erstausstrahlung: 27.11.1973

Als die Enterprise einem rätselhaften Notsignal nachgeht, wird das Raumschiff plötzlich von einem Blitzschlag getroffen. Die Folge ist, daß sämtliche organische Materie zu schrumpfen beginnt. In der Not, irgend etwas tun zu müssen, bevor es zu spät ist, beamen Kirk und ein Landungstrupp zu der Quelle des Notsignals. Dort entdecken sie eine Miniaturstadt, die bedroht ist, da ihr Planet bald explodieren wird. Der einzige Weg, auf dem die Bewohner Hilfe herbeiholen konnten, war, die Besatzung der Enterprise mit der selben ›Krankheit‹ zu infizieren, die auch sie befallen hat. Als wahrer Held des Tages entpuppen sich jedoch die Transporter der Enterprise, mit deren Hilfe es gelingt, allen wieder zu ihrer natürlichen Größe zu verhelfen.

»›The Terratin Incident‹ basierte auf einer Idee von Gene Roddenberry«, erklärt Autor Paul Schneider. »Ich habe sie mit Dorothy Fontana, der stellvertretenden Produzentin, weiterentwikkelt. Ich fand es einfach großartig, etwas zu schreiben, das die Geschichte von Gullivers Reisen aufgriff. Das hat Spaß gemacht, genau wie die Möglichkeit, den Entstehungsprozeß des Zeichentrickfilms mitverfolgen zu können. Insgesamt halte ich die Folge für ziemlich gelungen.«

EPISODE 11

Time Trap

»Klingons Hinterlist«

Drehbuch: Joyce Perry
Erstausstrahlung: 24.11.1973

Die Enterprise verfängt sich im Delta-Dreieck, einer intergalaktischen Version des Bermuda Dreiecks. Es ist dort eine Art

8. KAPITEL

Friedhof für verschwundene Raumschiffe so unterschiedlicher Rassen wie der Klingonen, der Gornier, der Vulkanier, der Romulaner und der Kzin entstanden. Kirk und die Besatzung der Enterprise sind geschockt, als sie feststellen, daß die Nachfahren der eingefangenen Raumschiffe immer noch leben und sogar etwas wie eine Regierung mit dem Namen ›Elysanischer Rat‹ gebildet haben. Eine Flucht aus der Falle scheint unmöglich, bis Kirk und der klingonische Captain Kor (der Kirk in »Errand of Mercy« gegenüberstand) erkennen, daß sie zusammenarbeiten müssen, um den Schlüssel zu diesem verwirrenden Rätsel zu finden.

EPISODE 12

The Ambergris Element

»Das unheimliche Wasser«

Drehbuch: Margaret Armen
Erstausstrahlung: 1.12.1973

Kirk und Spock erforschen die Unterwasserwelt Argo und werden während eines Tauchgangs plötzlich ohnmächtig. Als sie wieder zu sich kommen, stellen sie fest, daß sie zu Kiemenatmern geworden sind, und zwar durch einen chirurgischen Eingriff der Argonier, einer Rasse, die auf Argo lebt. Diese Wesen gehen davon aus, daß Kirk und Spock in Frieden kommen, weshalb sie ihnen diese ›Gabe‹ beschert haben. Jedoch als Scotty mit einer Rettungsmannschaft auftaucht, fühlen sie sich bedroht, und ihre Freundlichkeit hat ein Ende.

Autorin Margaret Armen gibt zu: »Ich hatte keinerlei Vorstellungen, wie eine Zeichentrickserie funktionieren könnte, aber sie haben großartige Künstler bei Filmation. Dorothy Fontana war die Drehbuchredakteurin, und sie hatte mich angesprochen. Ich dachte, es könnte Spaß machen. Sie sagte mir, das wichtigste sei, jede einzelne Szene und Handlung minutiös und detailliert zu beschreiben, so daß die Zeichner wissen, was sie zeichnen sollen. Beide Folgen, die ich gemacht habe, machten mir großen Spaß.«

EPISODE 13

Slaver Weapon

(in deutsch nicht ausgestrahlt)

Drehbuch: Larry Niven
Erstausstrahlung: 15.12.1973

Während sie eine Slaver Stasis Box, ein seltsames Gerät, hergestellt von einer Rasse, die einmal die ganze Galaxie beherrschte, transportieren, werden Spock, Sulu und Uhura von den tigerartigen Kzin angegriffen, die dieses Gerät besitzen wollen. Intrige folgt auf Intrige, und die Box wechselt mehrmals die Besitzer, bis sie für die Kzin die Vernichtung ihres Schiffes herbeiführt.

EPISODE 14

Beyond the Farthest Star

»Keine Blumen für Kirk"

Drehbuch: Samuel A. Peeples
Erstausstrahlung: 22.12.1973

Die Enterprise wird von der Gravitationskraft eines Schwarzen Loches, bekannt als Questar M-17, eingefangen. Dort entdekken sie ein böses, gestaltenloses Wesen, das von den Erbauern des Raumschiffes ausgesetzt worden ist. Es gelingt ihm, die Kontrolle über die Enterprise zu gewinnen, und erst nachdem Kirk und Spock es davon überzeugen, daß sie beabsichtigen, das Schiff und alles an Bord zu zerstören, löst es seinen Griff.

Samuel A. Peeples, der auch das Drehbuch für den zweiten Star-Trek-Pilotfilm ›Where No Man Has Gone Before‹ geschrieben hat, erzählt: »Dorothy Fontana war mal meine Sekretärein bei Universal. Sie war damals neunzehn oder zwanzig, ich glaube, ich habe ihr an ihrem einundzwanzigsten Geburtstag ihren ersten legalen Drink spendiert. Sie rief mich jedenfalls an und sagte: ›Gene hat gemeint, weil Du schon die Pilotfilme zum Original Star Trek gemacht hast, machst Du vielleicht auch gerne den Pilotfilm zur Zeichentrickserie.‹ Und das habe ich gemacht. Ich schrieb den Pilotfilm, der dann erst später gesendet worden ist. Die Besprechung in ›Variety‹ war absolut euphorisch. Was die Idee zu der Story angeht, habe ich nicht die geringste Ahnung, wo ich sie her habe. Ich glaube, ich fand, es wäre interessant, wenn es mal ein Raumschiff gäbe, das eigentlich ein Lebewesen ist. Ein Lebewesen, aber es kann von Planet zu Planet fliegen. Sie haben großartige Zeichentrickfolgen gedreht, die auch keineswegs nur für Kinder gedacht waren. Es gab natürlich welche, die offensichtlich für die jüngeren Zuschauer waren, aber die meisten waren ziemlich ›erwachsen‹.

EPISODE 15

The Eye of the Beholder

»Die gejagten Jäger«

Drehbuch: David Harmon
Erstausstrahlung: 5.1.1974

Auf der Suche nach Überlebenden eines verschollenen Raumschiffes werden Kirk, Spock, McCoy und Scotty durch die schnekkenartigen Bewohner von Lactra VII gefangengenommen und in einem Zoo zur Schau gestellt. Erst nach einer Gedankenverschmelzung zwischen Spock und dem Kind Lactran erkennen die Lactraner, daß es sich bei den Gefangenen um intelligente Wesen handelt.

EPISODE 16

Jihad

(in deutsch nicht ausgestrahlt)

Drehbuch: Stephen Kandel
Erstausstrahlung: 13.1.1974

Spock und Kirk gehören zu denjenigen Wesen, die von den Vendala mit auf eine Mission eingeladen werden. Es geht darum, die gestohlenen Hirnstrommuster von Alar wiederzuerlangen. Dieser Alar hat die

8. Kapitel

Skom von einem kriegerischen zu einem friedliebenden Volk gewandelt. Wenn die Hirnstrommuster nicht zurückgebracht werden, wird in der gesamten Galaxie ein Heiliger Krieg (Jihad) ausbrechen.

»›Jihad‹ war eine Idee, die ich schon lange mit mir herumschleppte. Es war eine Geschichte mit einer Botschaft, und deswegen bei den Sendern schwer unterzubringen. Die verantwortlichen der Sender würden sagen, ›Mein Gott, was machen Sie da? Das ist eine Geschichte mit Botschaft!‹ Ich stürzte mich also auf die Möglichkeit, die Idee für Star Trek passend zu machen, und das funktionierte sehr gut. Ich habe sogar einen Preis dafür bekommen.«

2. Staffel

Episode 17

The Pirates of Orion

»Verfolgung im Weltraum«

Drehbuch: Howard Weinstein
Erstausstrahlung: 7.9.1974

Als Spock sich mit einem Choriocytosisvirus infiziert, bleiben Kirk genau drei Tage Zeit, die S.S. Huron zu treffen, die ein Gegenmittel an Bord hat. Auf dem Weg wird die Huron allerdings von Piraten geentert, die die Ladung stehlen. Kirk muß das Gegenmittel wiederbeschaffen, bevor es zu spät ist.

Episode 18

Bem

»Echsenjagd«

Drehbuch: David Gerrold
Erstausstrahlung: 14.9.1974

Bem, ein Beobachter vom Planeten Pandros, ist an Bord der Enterprise. Ohne daß Kirk darüber im Bilde ist, soll er herausfinden, ob die Föderation ein Bündnis ist, zu dem sich für Pandros ein Beitritt lohnen würde. Um dies herauszufinden, erzeugt Bem eine Folge von Zwischenfällen, die dazu führen, daß ein Landungstrupp auf Delta Theta III abgesetzt wird. Dort warnt eine weibliche Stimme, die angibt, ein Gott zu sein, die Eindringlinge vor weiterem Aufenthalt. Als Bem plötzlich aus dem Trupp verschwindet, muß Kirk seiner Verantwortung für ihn als Beobachter gerecht werden, und ihn finden, trotz des Risikos für ihn selbst und das Schiff.

Episode 19

Practical Joker

»Das lachende Ungeheuer«

Drehbuch: Chuck Menville
Erstausstrahlung: 21.9.1974

Die Enterprise gerät irrtümlich in romulanisches Gebiet, und Kirk versucht, die romulanischen Kriegsschiffe zu täuschen, indem er sich mit dem Schiff in ein Energiefeld flüchtet. Das Energiefeld stellt sich als sehr lebendig heraus, was sich daran erkennen läßt, daß es den Computer der Enterprise übernimmt und damit anfängt, einen üblen Streich nach dem anderen zu spielen.

Episode 20

Albatross

(in deutsch nicht ausgestrahlt)

Drehbuch: Dario Finelli
Erstausstrahlung: 28.9.1974

Als die Enterprise Medikamente auf Dramia II abliefert, wird Dr. McCoy verhaftet und des Mordes an Millionen von Bewohnern beschuldigt. Es scheint, daß er vor fast zwanzig Jahren einem medizinischen Team angehört hat, das die Bewohner gegen einen Virus geimpft hat. Kurz nachdem das Team wieder abgereist war, brach eine Seuche aus, die fast die gesamte Bevölkerung auslöschte. Jetzt muß sich McCoy vor Gericht für das ihm vorgeworfene Verbrechen verantworten. Kirks Versuche, ihn aus dem Gefängnis zu befreien, werden durch die Verbreitung des Virus auf der Enterprise zusätzlich torpediert.

Episode 21

How Sharper Than a Serpent's Tooth

»Die versunkene Welt«

Drehbuch: Russell Bates und David Wise
Erstausstrahlung: 5.10.1974

Die Handlung lehnt sich stark an »Who Mourns For Adonais?« an: Der indianische Gott Kulkukan entführt Mitglieder der Besatzung der Enterprise, wie er es auch vorher schon mit anderen Rassen gemacht hat, mit der Absicht, daß sie ihn als Gott verehren, genau wie es die Erdbewohner vor Tausenden von Jahren getan haben. Er hat damit ungefähr genausoviel Erfolg wie Apollo in der früheren Version.

Episode 22

The Counter-Clock Incident

»Weltraumkosmetik«

Drehbuch: John Culver
Erstausstrahlung: 12.10.1974

Der erste Captain der Enterprise, Robert April, wird von dem Raumschiff zu seiner Verabschiedungszeremonie geflogen. Das Schiff gerät dabei in eine Nova, wodurch alles rückwärts abläuft, so daß die Menschen an Bord immer jünger werden, bis die meisten Kinder sind. April, jetzt ein 30jähriger junger Mann, übernimmt das Kommando, und muß die Enterprise aus dieser Dimension bringen, bevor es zu spät ist [oder zu früh, d. Übers.].

8. KAPITEL

Star Trek II
— Die Fernsehserie —

[Anm. d. Übers. Hierbei handelt es sich um Entwürfe, für die keine deutschen Titel existieren, da sie auch in Amerika nie über das Planungsstadium hinausgekommen sind]

EPISODE 1
In Thy Image

Drehbuch: ____________ **Harold Livingston**

In vielerlei Hinsicht ist das »Star Trek: Der Film« ohne Spock. Das neu überholte Raumschiff Enterprise läuft aus, um eine seltsame Energiewolke zu bekämpfen, die Raumschiffe zerstört und auf direktem Kurs zur Erde ist. Captain James T. Kirk, Dr. McCoy, Scotty, Sulu, Uhura und Chekov werden begleitet vom Ersten Offizier Commander Decker, Wissenschaftsoffizier Leutnant Xon und Navigatorin Leutnant Ilia, als sie entdecken, wer dieser Gegner wirklich ist: Es handelt sich um eine uralte Sonde von der Erde, die auf dem Weg zurück zu ihrem Heimatplaneten ist, und ihren Schöpfer sucht.

EPISODE 2
The Child

Drehbuch: __ **Jon Povill und Jaron Summers**

Die Enterprise fliegt duch eine mysteriöse Wolke. Dabei durchdringt eine Energieform die äußere Hülle des Schiffes, und bewegt sich zu Leutnant Ilia's Quartier. Ein Leuchten umhüllt ihren Körper, und sie fängt an, vor Lust zu stöhnen. Als sie am nächsten Morgen erwacht, teilt sie Dr. McCoy mit, daß sie schwanger ist. Schon nach drei Tagen gebärt sie ein wunderhübsches Mädchen, das sehr schnell heranwächst.

Nach ein paar Stunden ist sie bereits eine Zehnjährige. Während McCoy noch versucht herauszufinden, was eigentlich vorgeht, schliddert die Enterprise von einer Beinah-Katastrophe zur nächsten, die jedesmal nur haarscharf durch das Kind, das Irska, »Helles Licht« auf Deltanisch, heißt, abgewendet werden kann. Kirk erfährt, daß die molekulare Struktur der Außenhaut der Enterprise zerfällt, und sie in Stunden nur noch Staub sein wird. Xon fimdet in einer vulkanischen Gedankenverschmelzung mit Irska heraus, daß das Kind so schnell wie möglich zu einem hellen Licht, das dem Schiff gefolgt ist, gebracht werden muß. Nachdem dies geschehen ist, kehrt sich der Zerfallsprozeß der Außenhülle um. Kirk und die anderen folgern, daß auf eine seltsame Art Ilia als erste und die Enterprise als zweite Gebärmutter für Irska fungierte. Die fremden Wesen haben das so geplant, damit Irska alles über menschliche Gefühle, Wünsche, Bedürfnisse und die Fähigkeit, sich für Geliebte zu opfern, lernt, bevor sie sich zu einer höheren Lebensform wandelt.

Dieses Drehbuch, das später für »Star Trek: The Next Generation« überarbeitet wurde, liegt Autor Jon Povill besonders am Herzen. »Einer der wichtigsten Faktoren dafür, daß ich bei Star Trek II Drehbuchredakteur wurde, war, daß ›The Child‹ innerhalb einer Woche geschrieben werden mußte«, erinnert sich Povill mit einem Lachen. »Ich ließ Jaron Summers einen ersten Entwurf machen, und dann mußte ich den praktisch komplett überarbeiten. Ich mußte es drehfertig machen, und je nachdem, wie das funktionieren würde, entschied sich, ob ich Drehbuchredakteur werden konnte oder nicht.« Er bekam den Job.

EPISODE 3
The Savage Syndrom

Drehbuch: ____________ **Margaret Armen**
______________________ **und Alf Harris**

Decker, McCoy und Ilia untersuchen ein verlassenes Schiff im Orbit um einen toten Planeten. Vor Ort finden sie heraus, daß die Mannschaft sich auf brutale und grausame Weise gegenseitig getötet hat. Aber warum? Währenddessen explodiert nahe bei der Enterprise eine Mine, die eine Energieform freisetzt, welche in die Nervensysteme der Crewmitglieder eingreift, und alle in grausame Wilde verwandelt. Primitive Gewalt feiert fröhliche Urstände. Decker, McCoy und Ilia kehren zurück zur Enterprise, und versuchen, die Wirkung der Mine umzukehren, bevor das Schiff und seine Besatzung zerstört werden.

Autorin Margaret Armen bemerkt: »Gene Roddenberry stand der Serie sehr nahe. Alf und ich gingen mit drei Geschichten zu ihm, und letztlich war es ›The Savage Syndrom‹, das ihm gefiel, denn er suchte nach Star-Trek-Stories, die wirklich anders waren.

EPISODE 4
Practice in Waking

Drehbuch: ______________ **Richard Bach**

Die Enterprise begegnet einem ›Schläferschiff‹, auf dem sich lediglich eine einzige Person befindet. Scotty, Decker, und Sulu beamen an Bord, um das Schiff zu untersuchen. Sie finden dort eine Frau im Dauerschlaf. Scotty berührt versehentlich eine Steuerung, und alle drei brechen auf dem Deck zusammen. Sie erwachen im mittelalterlichen Schottland, ohne irgendeine Erinnerung an ihr bisheriges Leben. In der Vergangenheit treffen sie dieselbe Frau wieder und schützen sie vor einem Mob, der sie als Hexe sieht. An Bord der Enterprise stellt McCoy fest, daß die Lebenszeichen der drei immer geringer werden. Seine Prognose ist, daß sie, solange sie sich in diesem Traumzustand befinden, dem Tod immer näher kommen. Kirk und die anderen müssen sie auf irgendeine Art und Weise aufwecken, bevor sie für immer schlafen.

Der Produzent Harold Livingston bemerkte damals: »Es ist ein gewaltiger Gewinn für Star Trek, Richard Bach engagieren zu können. Sein Drehbuch wird elne fantastische Folge werden.« Auch die anderen Mitarbeiter teilten diese Einschätzung, und obwohl »Practice in Waking« niemals über das Stadium einer Vorlage hinaus kam, war die Geschichte bei der Star-Trek-Crew eine der beliebtesten. Sie dachten, Richard Bach's Geschichte würde der Serie den Weg zu neuen Ideen ebnen.

8. KAPITEL

EPISODE 5

To Attain the All

Drehbuch: Norman Spinrad

Während sie in einer anderen Dimension gefangen sitzt, kommt ein blauhäutiges Wesen an Bord der Enterprise, das sich als ›der Prinz‹ bezeichnet. ›Der Prinz‹ teilt Kirk mit, daß die Menschheit, wenn sie sich als würdig erweist, in den Genuß des höchsten Geschenks kommt, dem ›Ganzen‹. Kirk akzeptiert zögernd die Forderung, daß Decker und Xon, als Vertreter ihrer jeweiligen Rassen, diejenigen sind, die das Geheimnis des ›Prinzen‹ entschlüsseln sollen. Würde Kirk die Mitarbeit verweigern, könnte das Raumschiff niemals mehr zurück nach Hause. Die beiden finden sich in einer Art Irrgarten im Inneren eines Planetoiden wieder, und es wird ihnen gesagt, daß ihr Ziel sich am anderen Ende befindet. Sie machen sich auf, und stellen im Laufe ihres Weges durch das Labyrinth eine seltsame Vermischung ihrer Persönlichkeiten fest: Xon bedient sich menschlicher Intuition, während Decker beginnt, vulkanische Logik auf das Problem anzuwenden. Sie erreichen letztendlich den Ausgang des Irrgartens, wo sie eine leuchtende Kugel erwartet. Xon berührt sie, und sein Geist wird einer unbekannten Energieform ausgesetzt. Dann, über den Vulkanier als Brücke, beginnt sich die fremde Intelligenz aus der Kugel an Bord der Enterprise auszubreiten. Sie beherrscht bald den größten Teil der Mannschaft, und bewirkt eine ständige Vermischung der Persönlichkeitseigenschaften. Es wird sehr bald deutlich, daß sie alle Teil eines einzigen Geistes werden. Das Wesen aus der Kugel hat die Absicht, die Menschen zu zwingen, mit dem ›Ganzen‹ zu verschmelzen. Das ›Ganze‹, nachdem es auf diese Weise Körper zur Verfügung hat, könnte dann überall im Weltall die intelligenten Lebewesen auf gleiche Weise behandeln. Der ›Prinz‹ hält dies für gerecht, denn obwohl die Menschen ihre Individualität verlieren würden, erhielten sie so die Unsterblichkeit. Dieser Preis ist selbstverständlich zu hoch, und es ist an Kirk (und später an Decker), sie zu retten.

EPISODE 6

The Prisoner

Drehbuch: James Menzies

Die Crew auf der Brücke ist verständlicherweise geschockt, als auf dem Schirm Albert Einstein auftaucht, und die Besatzung um Hilfe bittet. Einstein erklärt, daß er und viele andere Wissenschaftler von der Erde entführt wurden, und auf einem fremden Planeten künstlich am Leben erhalten werden. Obwohl Kirk nicht glaubt, daß er tatsächlich mit Einstein spricht, ist seine Neugier geweckt. Er befiehlt, Kurs auf diesen Planeten zu nehmen. Als sich die Enterprise in der Umlaufbahn befindet, erscheinen sechs Wissenschaftler aus dem frühen 20. Jahrhundert im Transporterraum. Xon stellt sehr schnell fest, daß es sich keineswegs um Lebewesen handelt, sondern um täuschend echte Illusionen. Als Kirk die Falle bemerkt, will er die Enterprise aus der Umlaufbahn bringen, doch das gelingt nicht. Nachdem er auf den Planeten gebeamt ist, steht Kirk ›Logos‹ gegenüber, dem fremden Wesen, das hinter dem ganzen Theater steckt. Sein Ziel ist es, die Identität allen menschlichen Lebens anzunehmen, und mit Kirk und seiner Mannschaft will es beginnen. Es hält dies für richtig, denn die Menschen sind eine primitive und gewalttätige Rasse, die sich ständig der Gefahr atomarer Selbstzerstörung aussetzt. Kirk entgegnet, daß die Erde, die Logos beschreibt, längst Vergangenheit ist. Das fremde Wesen will das nicht glauben, und beharrt darauf, daß sich die Menschen niemals ändern werden. Es kommt zu einem Willenskampf zwischen der Besatzung der Enterprise und der Logos-Gefolgschaft, bei dem das Schicksal der Menschheit in der Waagschale liegt.

EPISODE 7

Tomorrow and the Stars

Drehbuch: Larry Alexander

Durch eine Transporterfehlfunktion landet Kirk in Pearl Habor, und zwar im Jahre 1941, nur Tage vor dem japanischen Angriff. Zunächst ist er lediglich eine schemenhafte Erscheinung, unfähig, irgend etwas zu berühren, oder berührt zu werden. Kirk begegnet Elsa Kelley, einer Frau, die unglücklich mit einem Karriere-Offizier der US-Armee verheiratet ist. Nachdem sie zunächst verängstigt war, versucht sie schließlich, Kirk's Geschichte zu glauben. Währenddessen versuchen Xon und Scotty, ihren Captain wieder zurück auf die Enterprise zu holen, aber der Versuch schlägt fehl und bewirkt, daß Kirk jetzt auch körperlich in der Vergangenheit ist. Dies wiederum hat zur Folge, daß sich Elsa und Kirk ineinander verlieben. Der steht jetzt vor dem Dilemma, ob er die Geschichte ändern soll, in dem er Elsa vor dem bevorstehenden Angriff der Japaner warnt, oder ob er einfach mit Decker und Xon verschwindet, als die ihn endlich gefunden haben.

Ein interessanter Moment in der Folge findet sich kurz nach der Transporterfehlfunktion, wenn die Kirk-Silhouette ausruft: »Xon, was hast Du mit mir gemacht?« Diese Zeile scheint Kirks Bitterkeit darüber anzudeuten, daß Xon nicht Spock ist.

»Oh, ja«, lacht Autor Larry Alexander, »aber das ist nur, weil ich es noch ein Stückchen weiterdachte. Anders ausgedrückt, Xon ist nicht Spock, auch wenn ich ihn hinsichtlich der Figurenanlage als Spock gesehen habe. Deswegen gibt es einige Spannungen. Es schien mir ›logisch‹, das zu machen.«

Die Entstehungsgeschichte diese Drehbuchs begann, als Gene Roddenberry Alexander sein eigenes Skript zu »The Apartment« gab, einer Folge für die abgesetzte Genesis-II-Serie. Alexander dachte sich »Ghost Story« aus, eine Geschichte, in der Kirk und sein Team auf einem völlig zerstörten Planeten landen. Dort entdecken sie hochentwickelte Technologie, aber kein Zeichen einer lebendigen Zivilisation. Kirk betritt ein Labor und wird in die Vergangenheit zurückgeworfen. Er trifft auf zwei Wissenschaftler, die ein Gerät zu Abtastung von Hirnströmen entwikkelt haben. Bei Menschen hat es allerdings eine völlig andere Wirkung. An Kirks Gehirn angeschlossen, erzeugt ihm diese Maschine große Qualen. Die Dämonen in seinem Geist, das ES, materialisieren sich, und zerstören alles Leben auf dem Planeten (vor dem Resultat findet sich der Landungstrupp am Anfang der Geschichte).

8. KAPITEL

Alexander gibt freimütig die Anleihen zu, die »Ghost Story« bei »Forbidden Planet« gemacht hat, betont aber, daß die Geschichte über »Forbidden Planet« hinausgeht.

»Ich fand es eine wunderbare Idee, Kirk die Verantwortung für die Zerstörung eines ganzen Planeten zu geben«, schwärmt er, »und das ist der Schritt über ›Forbidden Planet‹ hinaus. Es macht die Sache für mich viel menschlicher – und ironischer. Das ist die Art von Stoff, die ich für interessant halte, und ich war schockiert, als Gene Roddenberry da nicht mitmachen wollte.« Es wurde gesagt, daß es nicht das Richtige gewesen wäre, einer so heldenhaften Figur wie Kirk den Tod eines Planeten aufzuladen. »Tatsächlich war nicht er es, der die Verantwortung letztendlich hatte«, widerspricht Alexander. Ich habe da sehr genau aufgepaßt. Er hatte sich nicht freiwillig zur Verfügung gestellt, und als er merkt, was geschah, tat er alles, um es zu verhindern. Ich habe mir Kirk sehr genau angesehen, wie er sich in anderen Folgen verhalten hat, wo Dinge nicht so liefen, wie er es wollte. Das ist gut an Star Trek. So heldenhaft wie Kirk war – ohne das er etwas daran ändern konnte, mußten harte Entscheidungen gefällt werden. In Harlan Ellison's Geschichte [»City on the Edge of Forever«] muß Kirk Edith Keeler sterben lassen. Es läßt einen Schlucken am Ende der Folge, und es ist dasselbe, wenn die Bewohner dieses Planeten herausfinden, daß es Kirk's Dämonen waren, die ihnen die Heimat zerstört haben, und nicht ihre eigenen. Es macht die Sache wesentlich ironischer.« Roddenberry wollte statt dessen, daß Kirk zu Erde zurückkommt, und dafür wählte er dann Pearl Habor als Ort und Zeit.

»Es ist eine sehr einleuchtende Wahl gewesen«, überlegt Alexander. »Pearl Habor war gut, denn man konnte Material aus verschiedenen Kriegsfilmen verwenden. Aber ich wollte dafür nicht die Verantwortung tragen. Es ist, als ob man jemanden losschickt, um Hitler in der Wiege zu töten. Es gelingt ihm, aber die Ironie wäre, ihn wieder zurückkommen zu lassen und ihm dann zu sagen: ›Warum hast Du Kowalski nicht umgebracht, wie es Dein Auftrag war?‹ Die Geschichte wäre gleich verlaufen, bloß wäre es jemand anderes geworden.«

EPISODE 8

Devil's Due

Drehbuch: ______________ **William Lansford**

Die Enterprise reagiert auf ein Notsignal aus einem Sonnensystem, ›das eigentlich nicht existieren dürfte‹, und gelangt zum Planeten Neuterra. Xon, McCoy, Sulu, Ilia und Chekov beamen auf den Planeten und finden dort ein Paradies vor, in dem aber tiefe Traurigkeit herrscht.

Als sie Zxoler, den ›Obersten‹ der dortigen Bewohner treffen, macht Kirk eine Bemerkung über die Schönheit des Planeten, und der alte Mann sagt ihnen, daß Neuterra in zwanzig Tagen zerstört werden soll, was der Grund für das Notsignal ist. Vor tausend Jahren, als Zxoler noch ein junger Mann war, hatte die Zivilisation ein Stadium erreicht, wo die technologische Entwicklung die Weisheit, sie zu kontrollieren, überflügelt hatte. Die Folge war, daß der Planet ökologisch geplündert wurde, und die Bevölkerung an den Rand der Auslöschung geriet. Als Antwort auf ihre damaligen Gebete erschien ein Wesen namens Komether, das ihnen zehn Jahrhundete Wohlstand im Austausch für ihren Planeten nach Ablauf der Frist versprach. Unglücklicherweise löschte die Bequemlichkeit des Lebens im Wohlstand die Motivation der Rasse zur Weiterentwicklung aus, so daß kein Weg gefunden wurde, den Planeten zu verlassen, man entschied sich vielmehr, das Paradies zu genießen. Obwohl Kirk Mitleid für die Bewohner empfindet, weist er darauf hin, daß die Enterprise nicht in der Lage ist, mehr als eine Handvoll zusätzlicher Passagiere zu beherbergen. Jede andere Hilfe würde zu spät kommen.

Kirk gerät daraufhin in eine Situation, in der er als Vertreter der Föderation den Planeten gegen Komether verteidigen muß, und Komether könnte der Teufel selbst sein. Kirk vermutet, der Dämon könnte den Köpfen der Neteraner entsprungen sein.

Nach Jon Povill's Meinung könnte »Devil's Due« sehr gut funktionieren: »Die Geschichte hat alle Elemente, die für eine spannende Folge nötig sind.«

»Das war eigentlich ›The Devil and Daniel Webster"‹, meint Harold Livingston. »Die Story war soweit entwickelt, daß wir alle der Überzeugung waren, es könnte eine gute Star-Trek-Folge werden.«

»Devil's Due« wurde später überarbeitet und eine Folge von »Star Trek: The Next Generation«.

EPISODE 9

Deadlock

Drehbuch: ______________ **David Ambrose**

Von Commander Hunter wird Kirk darüber informiert, daß die Enterprise an einem Manöver teilnehmen soll. Der Captain muß seine Befehle von Lang Caradon, einem Wissenschaftsberater der Föderation, annehmen, und McCoy, der den Mann kennt, weist darauf hin, daß es sich bei dem Manöver voraussichtlich um ein Experiment in Verhaltenskontrolle handeln wird. So etwas wird Kirk nicht gefallen.

Ständige Manipulationen folgen, und es kommt zu einem sehr realen Beinah-Krieg zwischen der Enterprise und Starbase 7. Kirk, Decker, McCoy und Xon beamen auf die Station und versuchen, die drohende Zerstörung zu verhindern. Sie entdecken schließlich, daß Schlüsselpositionen im Sternenflottenkommando von fremden Wesen besetzt sind. Es stellt sich heraus, daß die Föderation dabei ist, in das Gebiet dieser Lebewesen vorzudringen, was sie extrem beunruhigt. Sie versuchen daher, zwischen den Menschen Streit zu entfachen, so das diese sich selber zerstören und nicht in den betreffenden Teil der Galaxie kommen. Kirk muß diese Taktik unterlaufen und gleichzeitig die Fremden davon überzeugen, daß die Föderation keine Bedrohung darstellt.

»David Ambrose ist ein britischer Autor, den wir mal für die zweistündige Premiere im Auge hatten«, erklärt Harold Livingston. »In seiner Geschichte stehen sich die Enterprise und

8. KAPITEL

eine Sternenbasis in einem Manöver gegenüber, das ernst wird. Die Standhaftigkeit und die Tapferkeit unserer Figuren werden wirklich auf die Probe stellt, und es sollte eine sehr spannende Folge werden.«

Die Idee, daß ›Götter‹ gegen die Menschen stehen, ein Standard bei Roddenberry, mag vielleicht später auf Wunsch anderer Leute ins Drehbuch gekommen sein, denn in einer früheren Fassung läuft dieselbe Handlung vor anderem Hintergrund ab. Dort gehört Caradon einer Untergrundorganisation an, die die Föderation von innen umstürzen will. Der Kampf zwischen Sternenbasis und Flaggschiff ist da nur eines von vielen Ereignissen, die von einer verschworenen Gemeinschaft innerhalb des engeren Zirkels des Sternenflottenkommandos ausgelöst werden. Diese Leute haben alle geschworen, im Zweifel ihr Leben für ihre Aufgabe zu opfern.

EPISODE 10

Lord Bobby's Obsession

Drehbuch: _________ **Shimon Wincelberg**

Die Sensoren der Föderation melden, daß sich möglicherweise ein romulanisches Schiff in der Neutrale Zone befindet. Als die Enterprise vor Ort auftaucht, um eine Untersuchung zu beginnen, trifft sie ein kleineres Schiff mit einem menschlichen Wesen, das sich als Lord Bobby vorstellt, eigentlich Lord Robert Standish, Herzog von Lancashire. Er war am Anfang des 20. Jahrhunderts von fremden Wesen entführt worden. Diese Wesen, jetzt verschwunden, haben ihn unsterblich gemacht. In dem Moment, wo der Besucher die Enterprise betritt, wird das Schiff von fünf romulanischen Kriegsschiffen eingekreist und beschossen. Dabei wird der Warp-Antrieb beschädigt. Kirk muß die Romulaner überzeugen, daß ihre Mission nicht feindlich ist, und zwar unter erschwerten Bedingungen, denn McCoy hat inzwischen festgestellt, daß es sich bei Lord Bobby keineswegs um einen Menschen handelt, sondern ebenfalls um ein fremdes Wesen, dessen Absichten noch nicht ganz klar sind.

EPISODE 11

Are Unheard Melodies Sweet

Drehbuch: _________ **Worley Throne**

Ein Landungstrupp kommt auf einen Planeten im Haydes-Sternenhaufen. Er sucht nach den Überbleibseln der U.S.S St. Louis, die angeblich dort abgestürzt ist. Xon entdeckt das Logbuch der St. Louis und findet mittels Tricorder heraus, daß die Crew durch den Planeten von einem seltsamen Delirium befallen worden ist, so daß das Schiff fehlgesteuert worden ist. Decker verschwindet auf mysteriöse Weise, und der Landungstrupp fängt sich diese seltsame Krankheit ein. Kirk muß zurück zum Schiff, während er immer noch versucht, Decker zu finden. Der Commander wird von fremden Wesen gefangen gehalten, die über illusionistische Fähigkeiten verfügen. Sie zwingen ihn, eine sexuelle Phantasie nach der anderen auszuleben. Ihr eigenes Leben besteht nur noch in Form von Illusionen, was dazu führte, daß ihre Welt zerfiel. Sie stehen kurz vor der Auslöschung, und da kommt die Besatzung der Enterprise ins Spiel: Die Fremden planen, Hormone zum Erhalt ihrer Rasse zu ›produzieren‹, und die Menschen sollen als ›Rohmaterial‹ fungieren. Kirk und die Mannschaft erfahren schließlich, daß die Rasse früher extrem gewalttätig gewesen ist, aber durch die Konzentration auf das Unreale dies unterdrückte. Sexuelle Vorstellungen füllen einen Teil der resultierenden Leere, aber die dafür nötigen Hormone werden nicht mehr erzeugt. Daher kommen ihre ursprünglichen Aggressionen zurück. Kirk muß der Versuchung, Decker zu retten, widerstehen, solange McCoy auf der Suche nach dem Mittel gegen die Krankheit ist.

»Für Star Trek wollte ich schon immer mal arbeiten«, sagt Autor Worley Throne, der später auch die Folge »Justice« für »The Next Generation« schrieb. »Meine Karriere fing in dem Jahr an, als Star Trek das erste Mal gesendet wurde. Ich hatte immer das Gefühl, etwas verpaßt zu haben, da ich zum damaligen Zeitpunkt nicht etabliert genug war, für die Serie zu schreiben. Jetzt ergab sich die Möglichkeit, das nachzuholen.«

EPISODE 12

Kitumba

Drehbuch: _________ **John Meredyth Lucas**

Die Enterprise geht auf eine selbstmörderische Mission zum Heimatplaneten der Klingonen, um einen intergalaktischen Krieg zu verhindern. Ein Krieger namens Ksia, der glaubt, keine der beiden Seiten könne einen solchen Krieg überleben, hilft Kirk und den anderen, den Planeten zu erreichen. Dort treffen sie den Führer der Klingonen, den ›Kitumba‹, ein Kind, das für Großes vorgesehen ist. Kirk versucht sein Bestes, den Kitumba davon zu überzeugen, daß eine Invasion des Föderationsterritoriums schreckliche Folgen für alle hätte. Er scheint sein Vertrauen zu gewinnen, erkennt aber, daß es keinen sicheren Weg zu Vermeidung des Krieges zu geben scheint, da die Enterprise mitten in einen Machtkampf zwischen dem Führer der Klingonen und seinen nächsten Vertrauten geraten ist. Der Ausgang dieses Machtkampfes wird entscheiden, ob es zum endgültigen Krieg kommt.

»Kitumba« könnte leicht ein Vorläufer zu »Star Trek VI: Das unentdeckte Land« sein, in dem die Föderation und die Klingonen einen Friedensprozeß einleiten. Produzent Harold Livingston meinte damals: »Ich glaube, ›Kitumba‹ ist sehr spannend, optisch interessant. Es müßte eine teuflisch gute Folge werden. Meine Randbemerkungen im Skript sind minimal, was den guten Fluß der Geschichte unterstreicht.«

John Meredyth Lucas ist begründeterweise stolz auf diese Arbeit. »Ich wollte etwas, das wir noch nie zuvor in der Serie hatten, und das war ein Eindringen tief ins feindliche Gebiet. Ich begann, darüber nachzudenken, wie die Klingonen wohl leben. Für die Romulaner hatten wir das römische Vorbild, und eine Menge anderer Zivilisationen waren nach dem Muster alter Gesellschaften auf der Erde konzipiert. Für die Klingonen fielen mir die Japaner ein, mit dem Heiligen Kaiser, dem Kriegsherrn, und so weiter.«

9. KAPITEL

Paramount war sich über die Zukunft von Star Trek unsicher. Sie fürchteten immer, daß dieses Phänomen abrupt enden würde, und sie die Rechnung für einen schlecht beratenen »Wiedervereinigungs«-Film oder eine Serie bezahlen müssen. Erst nach dem Erfolg von »Star Wars« und »Close Encounters of the Third Kind« (dt.: »Unheimliche Begegnung der Dritten Art«) realisierte das Studio den unersättlichen Appetit der Genre-Produktionskosten, was schließlich zum Untergang der Serie Star Trek II, nur eine Woche vor Produktionsbeginn, führte. Als Star Trek: Der Film angekündigt wurde, stellte sich Paramount einen Film mit einem bescheidenen Budget von $ 15 Millionen vor. Mit ungefähr $ 5 Millionen mehr Budget als George Lucas für »Star Wars« zur Verfügung hatte, dachte man, daß der Film mit den extravaganten Spezialeffekten konkurrieren könnte, und diese »Schlacht« problemlos gewinnt. Falsch gedacht! Miteinander kollidierende Vorstellungen, ein Debakel bei den Spezialeffekten, man wechselte während der Dreharbeiten die beauftragte Firma für Spezialeffekte, ein Drehbuch-Alptraum, der dazu führte, daß große Teile des Films ohne einen kompletten dritten Akt gedreht wurden, führten dazu, daß die Produktionskosten auf $ 44 Millionen stiegen. Ein solches Budget wurde zu damaligen Zeiten nur vom Film »Cleopatra« der Twentieth Century Fox und einer sowjetischen Filmversion von »Krieg und Frieden« übertroffen.

Ironischerweise kam »Star Trek: Der Film« am 7. Dezember 1979 in die Kinos, dem Jahrestag des japanischen Angriffs auf Pearl Harbor. Ausgehend von der generellen Kritik, die der Film erhielt, schien der Tag der Premiere prophetisch. »Star Trek: Der Film« wurde von fast jedem verrissen, angefangen bei den Filmkritikern, bis zu den Kinobesuchern, die nach 10 langen Jahren des Wartens magisch angezogen worden waren. Die Fans selber waren enttäuscht, obwohl sie sich so sehr nach Star Trek sehnten, daß sie dem Film zu einem 175-Millionen-Dollar-Erfolg verhalfen. Sie regten sich darüber auf, daß der Film über eine Stunde gekürzt wurde. Sie hofften, eine Wiederveröffentlichung mit diesen Szenen würde dem Film wieder Auftrieb geben. Obwohl Paramount die Forderung nach einer Wiederveröffentlichung in 70 mm ablehnte (das Orginal erschien nicht in 70 mm, da die normale Kinoversion erst kurz vor der Premiere

Star Trek: Der Film

vom Schneidetisch kam), fügten sie einige der herausgeschnittenen Szenen in der Videofassung wieder hinzu – ein anderer noch nie dagewesener Erfolg, der dem noch jungen Videomarkt zum Auftrieb verhalf.

David Gerrold, der wesentlich an der Entwicklung des Star-Trek-Ablegers TNG beteilgt war, bemerkt: »Die Fans hatten gerade dieses zwei Jahre lange Hoch von ›Star Wars‹ hinter sich, und das Publikum verlangte mehr ›Star Wars‹, aber es kam nichts mehr. Daher schauten sie sich Star Trek an, und wollten mehr, so daß Star Trek vom Star-Wars-Phänomen profitierte. Sie gingen ins Kino und schauten sich den Film immer und immer wieder an. Es war schon sehr erstaunlich, die Fans zu beobachten, wie sie alle den Film verteidigten: ›Nun, so schlecht ist er nicht. Es ist eine andere Art Star Trek.‹ Anstatt zuzugeben, daß es einfach ein schlechter Film ist, versuchten sie zu erklären, wie wundervoll er ist, und man mußte schon ein Idiot sein, um das nicht zu merken. Es war schon lustig, sie dabei zu beobachten, wie sie sich den Mund fusselig redeten, um aus dem schlechten Film einen guten zu machen. In Wahrheit war da dieser Film, den sie lieben wollten, und in Wirklichkeit waren sie ziemlich enttäuscht, aber sie würden nicht im Traum daran denken, das zuzugeben.«

Tatsächlich konnte auch Gene Roddenberry, der Erfinder von Star Trek, der den Film während der ganzen Produktionsphase betreute, und für die endlosen Drehbuchänderungen, die für die Dreharbeiten typisch waren, verantwortlich war, den Film vor seinen Gegenern nicht verteidigen. Walter Koenig, der auf dem Flug zur Filmpremiere nach Washington D.C. neben Roddenberry saß und den Film noch nicht in der fertigen Fassung gesehen hatte, erinnert sich daran, wie er den Produzenten über den fertigen Film befragte. »Gene hatte gerade den Schnitt gesehen, und der kam sozusagen frisch vom Schneidetisch,« sagte Koenig, »ich fragte ihn: ›Was hältst Du von dem Film?‹ Er antwortete: ›Es ist ein guter Film‹. Ich hörte die Alarmglocken läuten. Als er das sagte, wußte ich sofort, daß was nicht stimmte. Er ließ den Film nicht hängen. Er verunglimpfte ihn nicht, aber ich konnte es seiner Stimme anhören. Ich war mir ganz sicher. Dann hofft man, entgegen aller Erwartungen, daß der Film gut wird, und man sieht die ganzen Limousinen und roten Teppiche und die Scheinwerfer. Dann kommen die ersten fünf Minuten des Films mit der Musik, und man sieht V'ger und die Zerstörung, die er anrichtet. Ich wurde sehr aufgeregt, aber kurz danach wurde ich mir bewußt, daß die Zeit verstrich, und daß der Film mich nicht fesselte. Ich saß im Publikum und mein Herz sank immer tiefer und tiefer, und ich wußte letztlich, daß es kein guter Film war. Ich hatte nicht die leiseste Vorstellung, was die Kritiker damit tun würden. Es war vernichtend, besonders die Washington Post, die erste Zeitung, die wir am nächsten Morgen zu Gesicht bekamen. Es war das einzige Mal in meinem Leben, daß ich Gott für die relative Anonymität, die ich bei Star Trek hatte, dankte, weil ich mit keiner Silbe erwähnt wurde.«

Die Theorie vom Autoren-Regisseur hielt nicht stand, und derjenige, der den Schwarzen Peter für »Star Trek: Der Film« abbekam, war nicht der Regisseur, sondern Produzent und Autor Gene Roddenberry. Er durfte zwar sein Büro auf dem Paramount Gelände behalten, nachdem der Film angelaufen war, aber er wurde wie ein

9. KAPITEL

Leonard Nimoy, DeForest Kelley, Stephan Collins, Persis Khambatta und William Shatner spielten gemeinsam in dem 44- Millionen-Dollar-Epos »Star Trek: Der Film«.
(Photo © Globe Photos)

9. KAPITEL

Ausgestoßener behandelt. Er galt als Hauptgrund dafür daß der Film das Budget überstiegen hatte und ästhetisch gesehen ein entsetzliches Unternehmen wurde. Bislang gab es, als der Film ursprünglich angekündigt wurde, eine erhebliche Portion Enthusiasmus, und man glaubte, daß die Filmemacher ein modernes 2001 machen würden.

Die Pressekonferenz

»Die Fans haben uns unterstützt und uns permanent geschrieben, wir sollen uns zusammenreißen«, verkündete der ehemalige Präsident von Paramount, Michael Eisner, der Presse am 28. März 1978. Offensichtlich hatte das Studio für den Tag, an dem Eisner verkündete, daß die Produktion des lang erwarteten Films »Star Trek: Der Film« in Kürze beginnen wird, die gesamte Original-Besetzung einschließlich Gene Roddenberry als Executive Producer und Robert Wise als Regisseur aufgefahren. Nach 10 langen Jahren schien der Traum Wirklichkeit zu werden. Höhepunkte der Pressekonferenz, von der berichtet wird, daß sie die größte seit Cecil B. DeMilles Ankündigung war, die ›Zehn Gebote‹ zu verfilmen, waren: William Shatner über seine Rückkehr zur Rolle des Captain James T. Kirk: »Ich habe immer irgendwie gefühlt, daß wir wieder zusammenkommen. Unabhängig davon, was ich gemacht habe, oder wohin meine Karriere mich steuerte, wußte ich immer, daß die Rolle des Captain Kirk für mich noch nicht der Vergangenheit angehört. Er ist immer noch sehr wichtig für meine Zukunft – und Arbeit... Ich glaube, Spencer Tracey hat einmal treffend bemerkt – ›Man holt tief Luft und sagt seinen Text.‹ Natürlich muß man einige Jahre Erfahrung haben, um zu wissen, wie man seinen Text sprechen und auch atmen muß. Ein Schauspieler gibt einer Rolle nicht nur einen Charakter, sondern auch Teile seiner eigenen Persönlichkeit. Leonard und ich haben uns beide über die Jahre hinweg zu einem gewissen Grad verändert, und wir werden diese Veränderung in die Rollen, die wir verkörpern, einbringen.«

Eine Frage, die den Presseleuten auf dem Herzen lag, war, warum Leonard Nimoy so ungern zu dieser Gemeinde zurückkehrte.

»Paramount und ich hatten eine lange und komplizierte Beziehung in den letzten Jahren«, erklärte Nimoy, »die Post zwischen hier und Vulkan dauerte so lange, weil es noch immer kein direktes Postschiff gibt. Es hat eigentlich mit Widerwillen nichts zu tun. Wir mußten eine Menge Einzelheiten ausarbeiten. Es gab Zeiten, wo das Star-Trek-Projekt voranging, ich aber nicht zur Verfügung stand.

Vorigen Sommer zum Beispiel haben wir eine Abmachung bezüglich des Films getroffen. Ich ging an den Broadway um ›Equus‹ zu spielen. Während dieser Zeit verändert sich das Konzept einer Fernsehserie. Es war dann schwierig wieder zusammenzukommen, weil ich dieses Engagement. Als das Projekt wieder zum Ursprung zurückkehrte, und ich frei war, haben wir sofort miteinander geredet. Es war kompliziert und hat viel Zeit in Anspruch genommen. Aber von meiner Seite aus stand niemals zur Debatte, daß ich ungern bei Star Trek bin. Ich fühlte mich immer vollkommen wohl bei dem Gedanken, mit Star Trek und der Rolle des Spock identifiziert zu werden. Es hat mein Leben in positiver Weise erweitert. Spock war immer ein Teil meines Lebens. Ich habe niemals versucht, das in irgendwie zu leugnen. Ich bin sehr stolz darauf, mit dieser Rolle in Verbindung gebracht zu werden.

Und ich freue mich darauf, diese Rolle zu spielen, denn ich mußte mit Sicherheit nicht, daß jemand anderes den Part übernimmt, oder Star Trek ohne Spock gedreht wird.«

Eine Sache, die Gene Roddenberry damals betonte, war, daß die Handlung des Films, genauso wie viele Folgen, eine ausdrucksstarke Aussage hat.

»Das hat sie definitiv«, betont er, »und das ist ein Grund, warum ich mich freue, daß Bob Wise zu uns gestoßen ist, weil er genauso über diesen Film denkt. Ich glaube, alle guten Stories haben eine Aussage, und ohne pathetisch sein zu wollen, werden wir über etwas reden, von dem wir glauben, daß es sehr wichtig ist.«

Ein weiser Schritt

»Ich dachte, es sei an der Zeit«, führt Robert Wise als Erklärung an, weshalb er die Regie bei »Star Trek: Der Film« übernommen hat. »Ich war immer schon von SF fasziniert, trotzdem ich erst zwei andere Filme dieses Genres gemacht habe, und ich dachte, es ist an der Zeit, daß ich einen SF mache, der im Weltraum spielt. Meine beiden anderen Filme spielten auf der Erde. In ›The Day The Earth Stood Still‹ hatten wir außerirdische Besucher, die in einem Raumschiff kamen... das faszinierte mich mehr als alles andere. Daher war ich froh, eine Chance zu haben, das weiter zu verfolgen. Ich mochte die Idee, Star Trek zu machen, von Anfang an, seine Qualität... Es war wirklich die Faszination und der Wunsch einen Film zu machen, der im Weltraum spielt.«

Wise räumt ein, daß er mit dem Star-Trek-Universum noch nicht vertraut war, als er das Angebot annahm. »Natürlich hatte ich davon gehört«, stellt er klar, »aber ich wurde nicht zum Trekkie, als die Serie erstmals ausgestrahlt wurde, und ich hatte auch nur eine oder zwei Folgen davon gesehen, die ich für okay hielt – aber ich stand nicht darauf. Nachdem der Präsident von Paramount mich fragte, ob ich Interesse hätte, und in Betracht ziehen könnte, bei dem Film Regie zu führen, sagte ich, ›Nun, ich weiß nicht. Ich muß das Skript lesen, und ich müßte mir noch etliche Folgen ansehen.‹ Ich mußte mich damit vertraut machen, was Star Trek war, und was dazu geführt hatte, daß es so immens populär geworden war. Dann passierte folgendes: Ich las das Skript und sah mir ungefähr ein Dutzend Folgen dieser Serie an, so daß ich eine Vorstellung davon bekam, und bildete mir mein eigenes Urteil.«

Wenn man sich Robert Wises bisherigen Filme anschaut, ist es nicht verwunderlich, daß er an selbständiges Arbeiten gewöhnt war, arbeitete er doch bei Star Trek sehr eng mit dem Erfinder Gene Roddenberry zusammen, was, wie er beschreibt, »vergleichsweise einfach war. Natürlich, da Produzent und Regisseur zwei verschiedene

9. KAPITEL

Wesen sind, hat man von Zeit zu Zeit immer schon mal ein paar Probleme, aber im großen und ganzen war es in Ordnung. Als ich hinzukam, nachdem ich gefragt wurde, den Film zu machen, sagte ich, ›Was ist mit Mr. Roddenberry? Es ist sein Baby.‹, und das Studio sagte, ›Nun, Sie müssen das unter sich ausmachen.‹ Gene und ich redeten dann eine Zeitlang miteinander darüber, wie wir zusammen arbeiten könnten und wie wir beide die Sache sehen. Wir machten einen Deal und trafen uns auf halbem Wege, und ich glaube, wir haben in dieser Hinsicht ziemlich gut zusammengearbeitet.«

Was seine Position angeht, erzählte Roddenberry dem Journalisten Tom Rogers, daß er in punkto Kontrolle, »so viel habe, wie ich Manns genug bin, zu ertragen. Einen Film zu drehen, ist etwas anderes, als eine Fernsehserie zu machen. Bei der Fernsehshow, hatte ich Regisseure kommen und gehen sehen, jede Woche ein anderer Regisseur. Natürlich übernahm ich einen Großteil der Kontrolle über die anfängliche Show, weil es meine Idee war, und ich wollte, daß alle Regisseure in der nächsten Woche Mr. Spock noch genauso machen, wie in der letzten. In einem Film jedoch, der das Medium des Regisseurs ist, kann ich kaum einen Regisseur von der Qualität und den Fähigkeiten eines Robert Wise bekommen, und dann auf das Set gehen und sagen, ›Hören Sie zu, ich möchte, daß Sie alles genauso machen, wie ich Ihnen das sage‹. Wenn man Robert Wise engagiert, engagiert man sein Talent, seine Fähigkeiten für Breitwandfilme.

Wir arbeiteten wunderbar zusammen, besser, als wenn einer von uns beiden versucht hätte, mehr Kontrolle zu erlangen. Es gibt viele Dinge, wo wir nicht einer Meinung sind«, fährt er fort, »aber in einem freundlichen, professionellen Ton. Mein Geschmack, was die Kosten anbelangt, war etwas anders als seiner, aber am Ende habe ich seiner Linie zugestimmt, weil er für die Gestaltung des gesamten optischen Eindrucks verantwortlich war. Wenn es mehr als nur eine Frage des Geschmacks gewesen wäre, wenn ich der Meinung gewesen wäre, daß die Kostüme nicht in den Rahmen von Star Trek gepaßt hätten, dann hätten wir möglicherweise einen handfesten Krach bekommen. Aber das haben wir nicht. Es gab einige Stellen, wo er einige Sachen machen wollte – mir fällt im Moment kein Beispiel ein –, und ich sagen würde, ›Bob, Star Trek war immer schon so. Ich möchte Sie da in nichts hineinpressen, aber laß‹ es uns nicht ändern, es sei denn, wir haben einen triftigen Grund, so daß sich das Ändern lohnt.«

In dieser Hinsicht war Robert Wise in der ungewöhnlichen Situation, nicht nur in einem vorgegebenen Rahmen zu arbeiten, der dem Publikum bekannt war, sondern auch mit einer Besetzung, die die Charaktere und den Film besser kannten als er selbst. »Ich sollte Ihnen zuerst eine Geschichte erzählen«, lacht Wise. »Nachdem schließlich jeder den Vertrag unterschrieben hatte, arrangierte Paramount eine große PR-Party für die Presse, und sie bauten einen großen Tisch für Roddenberry, die Besetzung, etc. auf. Als ich an der Reihe war, etwas zu sagen, sagte ich, ›Wie Sie wissen, bin ich der Außerirdische hier‹, weil ich der einzige war, der kaum etwas über Star Trek wußte. Alle wußten mehr als ich. Aber es lief sehr gut. Sie waren alle sehr gute Schauspieler, sehr professionell. Es gab einige sehr angenehme Augenblicke mit allen Schauspielern am Drehort. Ich fan, daß sie wirklich ihre Charaktere liebten, und immer nach Wegen suchten, ihre Rollen zu verbessern, wie ›Der und der würde das nicht so sagen.‹ Gleichzeitig waren sie niemals aufdringlich oder anstrengend. Ich fand alle, insbesondere Bill und Leonard, waren sehr professionelle und sehr gute Schauspieler.«

Im Gegensatz zu seinen anderen beiden SF-Filmen »The Day The Earth Stood Still« und »The Andromeda Strain«, stellte »Star Trek: Der Film« einen äußerst vielschichtigen Raumflug dar, dank der kunstvollen Spezialeffekte.

»Kontrolle war damals viel einfacher«, seufzt Wise. »In Star Trek war all‹ das sehr kunstvoll; sehr, sehr kompliziert, weil ich mich um so viel kümmern mußte, was noch nicht erledigt war. In Szenen, in denen meine Schauspieler mit dem Schirm sprachen, und auf ihn reagieren mußten, hatte ich nichts, was ich ihnen auf dem Schirm zeigen konnte. All' das wurde erst Monate später gemacht. Das Beste, was ich je für sie hatte, war ein Entwurf oder ein Bild von dem, was die Spezialeffekt-Leute machen wollten. Das war alles, was ich für sie hatte. Ich mußte sie daran erinnern, wie die Handlung ablief, ihnen es so gut wie ich konnte beschreiben, wie es im Drehbuch stand, und sagen, auf was sie eigentlich schauen sollten. Es bedarf schon sehr guter Schauspieler, um mit einer solchen Situation fertig zu werden, und das machte es so schwierig. Tatsächlich war es vielleicht sogar der schwierigste Teil des Films.

Und dann hatten wir natürlich das große Problem, daß wir die Spezialeffekt-Leute nach einem Jahr austauschen mußten.«

Einer der stärksten Kritikpunkte, der sich gegen den Film richtete, war, daß die zwischenmenschlichen Beziehungen – die beim ursprünglichen Star Trek zum Erfolg der Serie beitrugen – im Film hinter den Spezialeffekten zurückstehen mußten.

»Es war nicht so, daß gleich zu Beginn jemand sagte, ›Hör' mal, wir wollen viel mehr Spezialeffekte haben‹. Es war keine Absicht, daß sich das Schwergewicht von einer Seite auf die andere verschoben hat«, betont Wise. »Das geschah wirklich nur wegen der Story. Es lag am Skript bzw. an der Story, und nicht daran, daß wir absichtlich mehr Spezialeffekte einbauen wollten. Das hatte ich nie vor. Niemand hatte das. Wir hatten Schauspieler, die auf Sachen, die auf dem Schirm passierten, reagierten, und wir mußten diese Sachen zeigen. Wenn es berechtigte Kritik von Trekkies gibt, die diese Charaktere aus vollem Herzen mögen, gibt es nichts, was wir dagegen machen können. Wir hätten dann schon eine völlig andere Story machen müssen.« Man kann sich vorstellen, daß Wise sich gewünscht hätte, daß sie es getan hätten.

Das Drehbuch ist alles

Star Treks Schöpfer Gene Roddenberry hat den Erfolg der Serie oft darauf zurückgeführt, daß der Mensch seine Intoleranz gegenüber seinen Mitmenschen aufgibt; daß wir als Rasse unsere kleinlichen Differenzen, die wir so lange hatten, und die uns auseinanderbrachten, überwunden haben, so daß wir Frieden auf der Erde und im Weltraum haben.

Unglücklicherweise galt das, was für eine Fernsehserie und einen Film, den diese inspirierte, richtig war, nicht für das richtige Leben hinter der Kamera, die Bilder zum Leben erweckt. Das zeigte sich nirgendwo besser als beim Drehbuch zu »Star Trek: Der Film«.

Wie bereits erwähnt, begann man den Film als eine Zwei-Stunden-Folge der abgelehnten Serie Star Trek II zu planen. Die Handlung von »In Thy Image« entstand aus einer von Roddenberry geschriebenen Skizze für »Genesis II« mit dem Titel »Robot's Return«, in der eine NASA-Sonde auf die Erde zurückkehrt, um ihren Erfinder zu finden.

Der bekannte Star-Trek-Autor Alan Dean Foster erklärt: »Als sie die Serie Star Trek II planten, bestellten sie eine Reihe von Autoren, damit diese Bearbeitungen für eine einstündige Folge einreichen. Roddenberry hat mit mir, aufgrund der ›Star Trek Log‹-Serie, die ich bei Ballantine Books gemacht habe, Kontakt aufgenommen. Er sagte, er glaube, daß ich das Star-Trek-Universum kenne und auch vertraut mit den Charakteren bin. Daher reichte ich drei Vorschläge ein. Einer von ihnen basierte auf einer anderthalbseitigen Notiz Roddenberrys und hieß so ähnlich wie ›Robot's Return‹. Er dachte, daß man das weiterentwickeln kann, und wollte wissen, was ich daraus machen konnte. Nachdem ich meine Bearbeitung von Roddenberrys Notizen eingereicht hatte«, fährt er fort, »entschloß man sich, die neue Serie mit einer zweistündigen Folge zu eröffnen, was vollkommen normal für eine neue Serie ist. Man beschloß, daß sich von allen eingereichten Bearbeitungen meine am besten für eine zweistündige Folge eignen würde. Das ist zumindest das, was ich gehört habe. Ich ging nach Hause und entwickelte einen 32 Seiten langen Entwurf.«

Dieser Entwurf handelte, wie »Robot's Return«, von einer alten Raumsonde, die ein Bewußtsein erlangt hatte, und nun zur Erde zurückkehrt, um ihren Erfinder zu treffen. Während die Story beim Produktionsteam der Show gut ankam, gab es keinerlei Bestrebungen, daß Foster auch das endgültige Drehbuch schreiben sollte.

Das Titelbild der Marvel Comic Adaption von »Star Trek: Der Film«.

Harold Livingston, Co-Produzent der Serie, sagte: »Alan Foster war ein Protégé von Gene, und man brachte ihn zu mir, damit er etwas schrieb. Daher wollte ich zuerst mal ›was sehen, was er bereits geschrieben hatte, und er zeigte mit zwei Drehbücher, die ich fürchterlich fand, und ich wollte nicht, daß er für uns schrieb. Ich dachte einfach, daß er nicht der Richtige für den Job sei. Das war offensichtlich ein sehr subjektives Urteil, aber dafür wurde ich ja schließlich bezahlt. Entweder vertrauen sie meinem Urteil, oder sie suchen sich jemand anderen.

Ich traf eine Abmachung mit Alans Agentin, daß er zwar eine Story schreiben würde, aber nicht das Drehbuch. So schrieb er die Story von der alten Maschine, die auf die Erde zurückkommt und eine Art Lebensform angenommen hat. Ich wußte nicht, daß auch eine Folge der ursprünglichen Star-Trek-Serie (»The Changeling«) davon handelte. Nebenbei hatten wir zu der Zeit bereits einen Termin für den Produktionsbeginn. Ich hielt dann Ausschau nach Autoren, die das in ein Drehbuch verwandeln konnten. Nach zwei oder drei Wochen hatte ich noch immer keinen gefunden, der meinen Vorstellungen entsprach. Da wir nur noch fünf Wochen hatten, entschloß ich mich schließlich, das Skript selber zu schreiben.

So setzt ich mich hin und schrieb fünf Wochen lang am Drehbuch für ›In Thy Image‹. Ich beendete den ersten Entwurf, lieferte ihn bei Gene ab, und Gene meinte, das er verdammt gut sei. ›Das hast Du gut hingekriegt. Jetzt ruh' Dich aus. Ich schreibe den zweiten Entwurf.‹ Er schrieb ihn innerhalb von einer Woche. Dann zeigte er ihn uns stolz: ›In Thy Image‹ von Gene Roddenberry und Harold Livingston. Er nannte seinen Namen zuerst. Wir lasen es alle, und ich war entsetzt, und das war auch jeder andere: Drehbuchredakteur John Povill, Produzent Bob Goodwin, Regisseur Bob Collins und ich selbst.«

Collins fügt hinzu: »Harold und ich saßen zusammen, und wir fragten uns, wer von uns beiden Gene sagt, daß das Drehbuch schlecht ist. Letztendlich sagte ich, ›Verdammt noch mal, ich bin der Regisseur‹, und er verließ den Raum.

Harold Livingston erzählt die Geschichte weiter. »Ich sagte, ›Ich werde es ihm sagen.‹ Ich ging in Genes Büro und sagte zu ihm, ›Gene, das geht so nicht.‹ Nun, er machte ein sehr langes Gesicht. Dann riß ich mich zusammen und erklärte ihm, warum es so nicht funktionierte. ›Warum hast Du das gemacht? Wenn etwas gut ist, dann werkelt man da nicht dran 'rum, um es besser zu machen!‹ Jedenfalls stellte er sich ganz stur. Er dachte, daß es gut ist, und sagte, daß er es weiterreicht. Ungefähr drei Tage später hatten wir einen Termin in Michael Eisners gigantischem weißen Büro. Wir saßen an einem riesigen Tisch: Eisner, Jeffrey Katzenberg, der Chef der Fernsehabteilung, Arthur Fellows, Gene, ich und noch ein paar andere Typen. Michael hatte zwei Drehbücher. Meine Version von ›In Thy Image‹ in einem braunen Einband und Genes Version in einem orangen. Michael hielt in jeder Hand ein Drehbuch und balan-

9. KAPITEL

cierte sie auf seinen Handflächen. Und er sagte: ›Wir haben ein Problem. Das hier‹, und er zeigte auf Genes oranges Drehbuch, ›ist fürs Fernsehen. Und das hier,‹ das braune, ›ist für einen Film. Offengestanden, ist es viel besser.‹

Verdammter Mist! Jeder mußte erst einmal schlucken. Dem großen Vogel wurden die Federn gerupft. Jedenfalls wurde nach einer hitzigen Diskussion beschlossen, daß man Collins eine dritte Version schreiben ließ, wobei er die besten Teile der beiden anderen Versionen übernehmen sollte. Collins arbeitete daran zwei oder drei Wochen, und seine Version war ein totales Desaster.

Irgendwann dann begannen Roddenberry und ich uns buchstäblich an die Kehle zu fahren. Der Dezember kam, und mein Vertrag lief aus. Bevor sie mich feuern konnten, kündigte ich. Wir hatten zu große Meinungsverschiedenheiten. Ich glaubte einfach nicht daran, daß Gene ein guter Autor war.

Er für seinen Teil, hielt mich für einen echten Eindringling. Wer bin ich denn, daß ich es wage, mich einzumischen? Ich verstand das, ich verstand das wirklich, aber ich wollte diesem Mythos literatischen Wert einflößen. Er hatte seine eigene Formel, die funktionierte. Er war offensichtlich vollgepropft mit SF. Ich glaube, er wußte eine Menge Dinge, und er hatte viele Anhänger. Hier ging ich ihm auf die Nerven.«

Eine nicht zu verleugnende Ergänzung im Skript, die auf die Neufassung Genes zurückgeht, war seine Idee, daß die Sonde V'Ger (die Kurzform für Voyager 6) seine Daten auf Will Decker überträgt. In Livingstons Fassung jedoch erkennt die Sonde nur schwerlich die positiven menschlichen Qualitäten als eine Lebensform an, und bricht wieder ins All auf.

»Robert Goodwin polemisierte, daß ich das Ende einfach weggelassen hätte, weil ich von der Situation so angewidert war«, grübelt Livingston. »Ich glaube, in Wahrheit fiel mir kein Ende ein. Ich konnte es nicht. Das Problem lag darin, daß wir einen so gewaltigen Antagonisten hatten, daß es die Story verfälscht hätte, wenn wir ihn zerstört oder auch nur mit ihm Kontakt aufgenommen hätten, oder, wenn wir eine Beziehung, gleich welcher Art, zu ihm aufgebaut hätten. Wie zum Teufel sollten wir damit umgehen? Auf welchem Level? Alles in dieser Story funktionierte ziemlich gut, bis auf den Schluß. Wir probierten verschiedene Möglichkeiten aus, einschließlich ästhetischen, theologischen und philosophischen. Wir wußten wirklich nicht, was wir mit dem Ende machen sollten.«

John Povill jedoch wußte es, »Wir wußten, wir mußten ein Ende mit vielen großartigen Spezialeffekten machen. Das Problem, was am Schluß passiert, und wie es passiert, plagte das Drehbuch von Beginn an. Dann kam Gene die Idee, daß die Maschine seine Daten auf Decker überträgt, mit einer Lichtshow aller Informationen, die sie angesammelt hat. Wir würden all diesen faszinierenden, unverständlichen Kram, den V'Ger während ihrer Reise angesammelt hat, sehen, und natürlich konnte niemand mit diesen Bildern etwas anfangen, und das funktionierte nicht. Ich kann schon behaupten, daß es mein Verdienst war, die Sache so zu erklären, daß das Ding auf eine neue Existenzstufe gehen muß; daß es seine Dimension verläßt und in eine neue wechselt. Dann wird es nämlich logisch, weshalb die Maschine eine menschliche Komponente benötigt. Das war das einzige, was Sinn machte.«

Nachdem Livingston Star Trek verlassen hatte, ging er zu Aaron Spellings Produktionsfirma, in der Hoffnung das 23. Jahrhundert hinter sich gelassen zu haben. Unter dem Deckmantel, der Produktion ›frisches Autoren-Blut‹ zu injizieren, wurde Dennis Clark engagiert, gerade als der Fernsehfilm zum Kinofilm wurde. Vom Standpunkt des Autors war es keine glückliche Erfahrung.

Clark erklärt: »Ich versuche, niemals Leute falsch zu beurteilen. Genes Problem war, daß sein Herz niemals auf dem rechten Fleck zur richtigen Zeit saß. Er hatte ein gutes Herz, legte es aber immer zur falschen Zeit beiseite. Ich war das Opfer eines seiner Streiche. Eines ganz üblen, und es war gleich zu Beginn unserer Zusammenarbeit, und führte zu Unstimmigkeiten. Gene ist ein netter Mensch, es sei denn, man gibt ihm Macht. Dieser Streich war der Anfang vom Ende. Ich hatte die Schnauze voll, Gene hatte die Schnauze voll, und der einzige Vermittler war Bob Wise, der mich ansah und sagte, ›Ich glaube, ich muß Dich wohl feuern?‹, und ich antwortete, ›Ja.‹«

Clarks Intermezzo bei dem Film dauerte schätzungsweise drei Monate, von denen er zwei damit verbrachte, sich vor Nimoy und Shatner zu verbergen, »weil sie nicht wollten, daß ich mit ihnen rede. Ich mußte mein Büro verlassen, wenn sie auf dem Gelände waren, weil Schauspieler einem erzählen wollen, wie sie einen Charakter sehen, und Gene wollte nicht, daß sie sich einmischen. Er mochte sogar nicht, wenn sich Bob Wise einmischte... Ich wünschte, ich könnte Ihnen mehr erzählen, aber meine Sicht ist sehr voreingenommen, und es ist ein Teil meines Lebens, an den ich mich nicht gerne erinnere.«

Paramounts Jeffrey Katzenberg, Robert Wise und Gene Roddenberry baten Livingston, doch zurückzukommen. Zögernd tat er das.

»Ich hatte eine Abmachung mit dem jungen Mr. Katzenberg und Gene, daß ich zurückkomme unter der Bedingung, daß Gene sich nicht mehr als Autor versuchte«, erklärt Livingston. »›Ich möchte nicht, daß Gene noch einmal den Stift in die Hand nimmt. Sie wollen, daß ich schreibe, gut, ich schreibe. Ich werde alles umschreiben, was Sie wollen, aber *ich* schreibe.‹ Ich wollte dem Skript einen eigenen Stil geben, und ich hatte bestimmte Richtungen, die die Charaktere ausfüllen sollten. Das erste, was passierte war, daß ich ›x‹ Seiten Text neu schrieb, die zu Eisner und Katzenberg nach Paris geschickt werden sollten. Irgendwie hat sie dann Gene zwischen die Finger bekommen, wieder neu geschrieben und nach Paris geschickt. Eisner rief aus Paris an, und fragte mich, ›Was ist das für eine Scheiße?‹. Darauf mußten Wise und ich erklären, was passiert war. Das ging so weiter, und Gene war sehr reumütig und zerknirscht, ›Ich wollte doch nur helfen.‹ Ich sagte: ›Hör‹ mal zu, Gene, ich höre damit auf, wenn Du so weitermachst.‹ Nun, ich kündigte drei Mal. Ich schmiß das Handtuch. Und ich rede hier von einem 10.000-Dollar-Job die Woche.«

9. KAPITEL

Jedesmal, wenn Livingston kündigte, wurde er entweder von Robert Wise oder Jeffrey Katzenberg beschwatzt, doch weiterzumachen. Man braucht wohl nicht zu erwähnen, daß sich die gleichen Probleme immer wiederholten. »Als wir mit den Dreharbeiten begannen«, erinnert sich Livingston, »kamen wir an einen Punkt, wo ich Seiten einreichte, und Gene dann wieder andere Seiten einreichte, und Wise plötzlich zwei verschiedene Versionen vor der Nase hatte. Manchmal schrieb ich Seiten und setzte meine Initialien darunter, und Gene setzte seine unter meine, als ob das, was er geschrieben hatte, zählte und meine Seiten ignoriert werden sollten. So entstand dieser Film. Als ich zum dritten Male kündigte, sagte ich, »Rutsch‹ mir doch den Buckel ›runter, das ist es nicht wert.‹ Nun redeten wir nicht mehr miteinander. Gene ist auf seine Art ein brillanter Geschichtenerfinder, aber er ist ein miserabler Autor.

Er ist ungeschickt. Wie auch immer, nach dem dritten Mal standen sie hinter Genes Rücken. Ich sagte, daß ich nichts mehr damit zu tun haben möchte, und Eisner rief mich selber aus New York an und sagte, daß ich das Skript fertigmachen müßte. Ich sagte, ich würde es machen, wenn Gene das Versprechen geben würde, nichts mehr zu schreiben, was er natürlich sofort wieder brach. Schließlich wurde der Film irgendwie gedreht.«

Das hieß aber noch lange nicht, daß die Probleme vorbei waren. Paramount hatte der »Writer's Guild"‹ (= Vereinigung der Autoren, Anm. d. Übers.) vorgeschlagen, daß im Vorspann steht ›Drehbuch: Harold Livingston‹ und ›Story: Alan Dean Foster‹.

»Sie ließen Roddenberry da unerwähnt«, erzählt Livingston, »daraufhin protestierte er. Er war derjenige, der den Protest vom Stapel ließ. Ich wußte, er konnte keine Schlichtung gewinnen, weil es nicht sein Drehbuch war. Alles, was er gemacht hatte, wurde rausgeschmissen, zumindest ein Großteil davon. Jedenfalls verhielt ich mich gegenüber Foster unsolidarisch, und überredete ihn, die Autorenschaft für die Story mit Gene zu teilen. Er stimmte dem zu, aber Gene wollte das nicht. Darauf sagte ich, ›Okay, Gene, dann laß es bleiben. Wir gehen vor eine Schlichtungskommission.‹ Als ich das gesagt hatte, machte er einen Rückzieher, und er machte ihn, weil er ganz schön Bammel hatte; er war verrückt. Ich sagte ihm, ›Wenn Du meinst, daß Du eine Autorenschaft verdient hast, gibt es ein System, das das feststellt und beschließt. Warum nutzt Du das nicht?‹ Er antwortete: ›Ich möchte mich davor nicht erniedrigen.‹ An dieser Stelle, glaube ich, entschloß er sich aufzugeben, und spielte den Beleidigten. Er hätte diese Anhörung verloren, weil er kein Drehbuch geschrieben hat. Alles was er gemacht hat, war umschreiben, zusammenflicken, herumtrödeln und alles wieder umzuschmeißen.«

Damals erklärte Gene Roddenberry »Am Anfang war das Skript etwas simpler, weil es für einen zweistündigen Fernsehfilm geschrieben wurde. Es wurde immer umfangreicher, als es zu einem immer größeren Film wurde, und wir begannen, Teile hinzuzufügen, um einen Widescreen-Film, ›großes Kino‹, zu machen. So zum Beispiel den Rundgang auf der Untertassen-Sektion. Ich hatte die Idee. Ich verlegte den Höhepunkt der Show in die V'ger, während das im Orginal-Drehbuch nicht so war. Ich nehme für mich keine Erwähnung im Vorspann in Anspruch, weil wir für so etwas einen Autor hatten, der sehr hart daran arbeitete. Er meinte, er verdiene die Nennung, und es war immer schon mein Anliegen, Streitigkeiten über Nennungen im Vorspann und Copyright zu vermeiden. So machte ich das immer bei Star Trek. Wenn ein Autor meint, er müsse unbedingt erwähnt werden und er die Autorenvereinigung einspannt, ziehe ich mich lieber zurück.«

Alan Dean Foster erinnert sich an die damalige Situation: »Das erste, was sie versuchten, war, mir die Nennung im Vorspann streitig zu machen. Als die Nennungen von der ›Writer's Guild‹ veröffentlicht wurden, hieß es: ›Drehbuch: Gene Roddenberry und Harold Livingston, Story: Gene Roddenberry‹. Ich bin ein sehr zurückhaltender Typ. Ich bin ein Typ, der sich auf einen einmal gegebenen Handschlag verläßt. Als es auf einmal ein teurer Film wurde, existierte ich nicht mehr, weil es um ernsthafte Summen ging. Ich versuchte, mich nicht aufzuregen, und rief meine Agentin an, und sagte: ›Was ist eigentlich los?‹ Und sie erwiderte: ›Och, nichts.‹ ›Was meinen Sie mit nichts?‹ ›Niemand ist scharf auf Sie. So ist das Geschäft.‹ Ich sagte: ›Das ist nicht mein Problem‹, und wir packten unsere Sachen und zogen nach Arizona.

»Meine Agentin schlug vor, ich solle für eine Einzelnennung klagen. Ich sagte, ›Sicher‹, weil ich 98% der Story geschrieben habe. Dann rief mich Harold Livingston an und meinte, ›Nur weil Roddenberry ein Hundesohn ist, braucht das nicht gleich zu bedeuten, daß Sie genau so werden.‹ Ich dachte darüber nach und sagte schließlich: ›Sie haben recht.‹ So rief ich an und sagte: ›Sehen Sie, alles, was ich will, ist, daß es genau so lautet wie auf dem Skript: Story: Alan Dean Foster und Gene Roddenberry‹, und das war einzig und allein auf die eine Seite Notizen zurückzuführen, die er lieferte.

Dann bekam ich einen sehr seltsamen Brief, in dem es hieß, daß Gene Roddenberry irgendwo in La Costa ist, um sich zu erholen, er sei sehr abgekämpft, sehr beschäftigt, und hätte wirklich keine Zeit für so etwas. Ich lachte nur. Wo sind wir denn hier? Im richtigen Leben oder im Kindergarten? Ich hob nur meine Hände und sagte: ›Gut, was soll's.‹ Und so habe ich eine alleinige Nennung im Film.

Ich habe nur mit Leuten wie George Lucas, einem der nettesten Menschen im Filmgeschäft, und Ronald Shusett, der ›Alien‹ produzierte, zusammengearbeitet. Aber Star Trek war die schlimmste Erfahrung, die ich jemals gemacht habe. Niemand hat jemals versucht, mir so etwas anzutun. Sie stecken dich in einen Haifischkäfig – entweder lernt man mit den anderen Haien zu kämpfen, oder man geht zurück in sein Goldfischglas. Ich gehörte ins Goldfischglas.«

Foster erinnert sich, wie Roddenberry ihm auf die Schulter klopfte und meinte: »Sie erinnern mich daran, wie ich einmal angefangen habe. Ich werde Ihnen alles über das Filmgeschäft beibringen.«

»Er brachte mir tatsächlich eine Menge über das Filmgeschäft bei«, lachte Foster humorlos, »obwohl ich

9. KAPITEL

nicht glaube, daß er das ursprünglich so meinte.«

Wenn man die ganze Kritikerschelte betrachtet, die »Star Trek: Der Film« erhielt, scheint es all diese »Kämpfe« nicht wert gewesen zu sein, obwohl Harold Livingston philosophisch bleibt.

»Es war zum Verrücktwerden mit dem Film«, erklärt er. »Es war nicht das, was ich wollte. Ich kann ehrlich gesagt nicht sagen, daß es mein Fehler war, obwohl ich am Ende doch die Schuld in die Schuhe geschoben bekommen habe. Aber, wenn ich etwas schlecht mache, dann gebe ich es auch zu. Ich weiß, der Film ist schlecht, und ich bin für jede Hilfe dankbar. Ich bin sicherlich nicht unfehlbar. Gene würde niemals zugeben, daß er eine schlechte Zeile geschrieben hat, oder daß er nicht schreiben kann. Er machte Star Trek zu einem großen Unternehmen, und er hat wirklich nichts anderes gemacht. Genes Qualitäten lagen in seinem Wissen, seiner Erfahrung. Wenn er das weitergegeben hätte, anstatt die Profis bei ihrer Arbeit zu behindern, dann hätten wir jetzt einen Film.«

Die Ausgabe der Zeitschrift American Cinematographers von Februar 1980 berichtet über die Entstehung von »Star Trek: Der Film«.

10. KAPITEL

Star Trek II: Der Zorn des Khan

»Star Trek: Der Film« war völlig anders als »Star Trek: Die Fernsehserie«. Es schien, als hätten die Leute an den Schalthebeln sich entschlossen, Star Trek neu zu machen, indem sie sämtliche Grundvoraussetzungen für die Popularität der Serie ignorierten. Brav und bieder, meist nur ein trauriger Schatten ihrer früheren Persönlichkeiten, irrten die Figuren durch einen ziellosen und verwirrenden Plot, der hauptsächlich eine Ausrede für eine bombastische Special-Effect-Show zu sein schien. Dieser Plot schlachtete hemmungslos alte Folgen aus, besonders »The Changeling«, und die schlußendliche »Auflösung« war von einer derartigen Schwerfälligkeit, daß selbst der treueste Trekkie ein Grauen unterdrückt haben muß, bevor er aufsprang, und des Kaisers neue Kleider feierte.

»Wir hatten keine Vorstellung, daß der erste Film so eine Pleite werden würde«, gestand William Shatner 1982. »Während der Dreharbeiten merkten wir nicht, wie die ganze Sache auseinanderfiel. Es gab noch keinen Schluß für das Drehbuch, als wir anfingen, aber wir dachten, in den vielen Monaten, die uns noch zur Verfügung standen, würde eines der hochbezahlten Talente noch den großen Einfall bekommen und sich etwas ausdenken, das Sinn machte. Aber wir haben das nicht hingekriegt. Niemand, der mitgearbeitet hat, hat sich je den Film in einem Kino angesehen, mit richtigem Publikum, bevor er anlief. Wenn man zwei Jahre in der Produktion steckt, ist das lebenswichtig, denn nach einer solch langen Zeit ist man einfach zu nah dran, um sich ein objektives Urteil bilden zu können. Der fertige Film war eigentlich zwei Filme, einer über Star Trek, und einer über die Spezialeffekte. Wenn aus der veröffentlichten Version eine Viertelstunde herausgekürzt worden wäre, glaube ich, es hätte einen besseren, stärkeren Film gegeben. Ich hatte auch den Eindruck, daß die Figuren nicht ihrem Potential gemäß realisiert worden sind. Wir wurden völlig von den Spezialeffekten dominiert. Es war eine verwirrende Zeit für mich, man fühlte sich so hilflos. Ich erinnere mich an ein Mittagessen mit dem Studioleiter, der mich fragte: ›Was hat Star Trek eigentlich so erfolgreich gemacht?‹, und ich wußte nicht, was ich antworten sollte. ›Die Entwicklung der Figuren und die Story?‹ Wenn ich ihm das gesagt hätte, hätte er erwidert: ›Ja, aber wir brauchen tolle Effekte, um mit ›Star Wars‹ konkurrieren zu können.‹ Was wir davon hatten, war ein schwacher Film.« Dieser schwache‹ Film kostete 45 Millionen Dollar – »die von Paramount freiwillig zugegeben werden«, ergänzt eine Stimme aus der Filmindustrie. Aber, genau wie die TV-Serie, wurde der Film durch intensive Vermarktung gerettet. Die zahllosen Produkte, die im Zusammenhang mit dem Film entstanden, verkauften sich gut. Und als der Film sein Soll wieder hereingebracht hatte – ein Film muß das Dreifache seiner Produktionskosten einspielen, um Profit abzuwerfen – war klar, daß selbst heftigste Mißhandlung die Goldene Gans nicht geschlachtet hatte.

Das Gerücht über eine von Gene Roddenberry produzierte Fortsetzung begann schon kurz nach der Premiere des ersten Films die Runde zu machen. In einer mögliche Version der Handlung reiste die Enterprise in die Vergangenheit, um das Leben von Präsident Kennedy zu retten, so das »Starlog Magazine«. Als Konsequenz würde sich der gesamte Verlauf der Geschichte geändert haben.

Angeblich hätte dieses müde Aufwärmen von »City on the Edge of Forever« damit geendet, daß Spock mit einem tödlichen Schuß aus seinem Phaser die Kontinuität der Geschichte wahrte. Von diesen Plänen hat man nichts mehr gehört.

»Wir wissen jetzt einiges mehr darüber, wie man Star Trek im Film nutzen kann«, sagte Roddenberry 1980. »Der zweite Anlauf ist immer leichter. Wenn Sie jemals Golf gespielt haben, den zweiten Putt versenken sie immer. Es ist der erste Schlag, der wirklich schwer ist... Die Fortsetzung spielt wesentlich mehr innerhalb der Besatzung, innerhalb der Figuren. Es gibt viel mehr schwierige Entscheidungen für Kirk, wie er sie auch bei der TV-Serie hatte; Entscheidungen über Moral und Ideale – aber mehr will ich nicht sagen. Es wird ein guter Star Trek.

Es wäre in der Serie ein guter Dreiteiler geworden – wenn wir damals das Geld gehabt hätten. Viele von Roddenberry's Ansichten über das Drehbuch zu Star Trek II sollten sich später bewahrheiten, ironischerweise hatte er aber mit dem endgültigen Film doch nichts zu tun.

»Cinefantastique« brachte in der Juli-August Ausgabe 1982 eine Titelstory über Star Trek II: Der Zorn des Khan.

10. Kapitel

Projekt Genesis

Paramount dachte wieder darüber nach, die Sets herauszukramen, die man sorgfältig eingemottet hatte, nachdem der erste Film abgedreht war. Dieses Mal sollte alles anders sein, entschied man vernünftigerweise. Dieses Mal würde die Fernsehabteilung den Film machen, das Budget würde streng limitiert werden, und zwar auf ein Viertel der endgültigen Kosten des ersten Films. Dieses Mal würde es Star Trek sein, wie man es aus der vielgeliebten Fernsehserie kannte: eine Geschichte über Menschen, nicht über Technik, und nicht über Spezialeffekte. Gene Roddenberry, Schöpfer von Star Trek, Verantwortlicher Produzent der Serie und Produzent von »Star Trek: Der Film« wurde »leitender Berater«.

»Mein Vertrag gibt mir sämtliche Rechte, alle Star-Trek-Filme zu schreiben und zu produzieren«, erzählte er »The Official Star Trek Fan Club Magazine«. »Aber ich habe 79mal Star Trek gemacht, und ich will einfach nicht mein ganzes Leben lang nur Star Trek machen. Ich will intelligente neue Leute dazukommen sehen, die eigene Vorstellungen mitbringen. Als Berater bekomme ich alles vorgelegt, von der ersten Idee zum Film bis zur endgültigen Fassung des Drehbuchs, ich sehe die Ergebnisse der täglichen Arbeit und den Rohschnitt, und all das. Ich sage meine Meinung dazu. Ich habe ihnen auch gesagt, daß der einzige Anlaß für mich ›Stop, da setze ich meinen Namen nicht drunter‹ zu sagen, ist, wenn eines der Grundprinzipien von Star Trek verletzt wird. Wenn man gute Leute hat, muß man den guten Leuten Freiraum für eigene Ideen geben.«

Harve Bennett wurde als Produzent gewählt. Er war schon seit der Zeit, als er in den 1940ern als Harvey Fischman bei der Radioshow ›Quiz Kids‹ mitmachte, für seine Intelligenz, seine Ausdrucksfähigkeit und seine große Allgemeinbildung anerkannt. Später arbeitete er für »Sun Times« in Chicago, CBS-TV, ABC-TV (dort produzierte er »The Six Million Dollar Man«) und als Produzent und Autor für Universal. Bennett war außerdem Produzent der Mini-Serien »Rich Man, Poor Man« und »From Here To Eternity‹.

»Als ich zu Paramount kam, hatte ich keineswegs daran gedacht, Filme zu machen«, sagte Bennett einmal zu Journalisten. »Ich kam, um Fernsehen zu machen. Aber in meiner zweiten Woche bekam ich einen Anruf von Studiodirektor Barry Diller. Sie müssen wissen, daß Barry Diller früher bei ABC mein Assistent war, und Michael Eisner, der ebenfalls in leitender Position war, ist mein Kollege bei ABC New York gewesen. Die Fäden in der Hand hatte der letzte der Mogule, Charlie Bludhorn, der Gulf und Western aufbaute und Paramount aufkaufte.

Barry rief mich also an, und sagte: ›Könntest Du bitte zu einer Besprechung in mein Büro kommen?‹«

Bei dieser Besprechung waren die obengenannten Bosse, inklusive Charles Bludhorn, der Bennett fragte, was er von »Star Trek: Der Film« hielt. »Ich dachte, die Wahrheit ist das einzige, was ich sagen kann, also meinte ich: ›Ich fand ihn langweilig‹. Bludhorn drehte sich zu Eisner, und sagte: ›Siehst Du, für Dich sind Glatzen sexy‹.«

Während noch über das Drehbuch entschieden werden mußte, begann Bennett seinen Produktionsstab zu sammeln. Er holte Robert Sallin, Regisseur und Produzent von Werbespots, und ein alter Schulfreund, um den Film zu produzieren. Bennett und Sallin waren beide auf der UCLA Filmschule gewesen, »in den frühen 50ern, bevor es Mode wurde, scherzte Sallin. Sallin hatte bereits über 1600 Spots gedreht, und alle nationalen und internationalen Preise gewonnen, dabei auch den Clio für den Lustigsten Spot des Jahres (1978) und den Großen Preis von Venedig für herausragende Werbespots (1970). Es blieb an Sallin hängen, der Februar 1981 zum Produktionsteam stieß, Star Trek II schnell und billig auf die Beine zu stellen. Das offizielle Budget war 12 Millionen Dollar.

Sallin berichtet: »Bevor ich mitmachte, schickte ich Harve ein langes Memo. Ich hatte mir Star Trek I genau angesehen und viele grundsätzliche Fehler festgestellt. Zunächst und am wichtigsten: Es war viel zu sehr ein Special-Effects-Film, und dadurch fehlte die Menschlichkeit von Star Trek. Ich fand, Menschlichkeit sollte im Zentrum dieses Filmes stehen. Die Spezialeffekte müssen den Film unterstützen, wie es jeder Effekt mit der eigentlichen Geschichte machen sollte, und nicht den Film alleine bestimmen, wie es bei sovielen SF-Filmen der Fall war. Ich fand, daß es falsch gewesen war, den Film nur aus Sicht der Gestaltung von Effekten anzugehen. Das war zu flach und zu uninteressant. Ich bin da sehr deutlich geworden, ich meinte: ›Laß' uns das nicht angehen, als ob es irgendein Film oder irgendeine Fernsehproduktion ist. Ich will jedes Mitglied der Crew persönlich sprechen. Ich will sicher sein, daß die Leute nicht nur kompetent sind, sondern auch, daß sie die richtige Einstellung haben. Ich will die Einstellung, daß wir hier alle zusammenarbeiten. So sentimental und kitschig wie es klingt, ich wollte, daß wir alle eine großartige Zeit hatten, diesen Film zu machen.«

Bennett engagierte auch Michael Minor als Art Direktor, und es war Minor, der den Weg vorschlug, den das Skript nachher nehmen würde. Damals nannte sich die Geschichte noch »Das Omega Projekt« und handelte von einer tödlichen Waffe. »Harve wollte etwas Aufbauendes, etwas, das im 23. Jahrundert genauso grundlegend war wie rekombinierte DNS heute«, sagte der verstorbene Minor einmal, der die Idee bei einem ganz normalen Telefonat mit Bennett aufwarf. »Plötzlich fiel mir spontan etwas ein, und ich sagte ›Terraforming‹. Und Harve fragte: ›Was bitte?‹, und ich erzählte ihm, das sei die Veränderung der Grundbedingungen eines Planeten dahin, daß er für Menschen bewohnbar würde. Ich schlug einen Plot vor, wie er mir gerade in den Kopf kam, als ich telefonierte«, fährt er fort. »Die Föderation hat eine Technik entwickelt, die planetarischen Veränderungen zu steuern und die Evolution derart zu beschleunigen, daß, was sonst Äonen braucht, in Monaten abläuft. Man sucht sich eine unbewohnbare Welt, oder einen Gasplaneten, und man ändert die genetische Struktur, oder die Matrix, und beschleunigt so den Prozeß. So etwas ist natürlich auch eine fürchterliche Waffe. Man stelle sich nur vor, so etwas

10. Kapitel

wird bei einem bereits bewohnten Planeten gemacht – man würde den Planeten und sämtliches Leben darauf zerstören.

Die Föderation spielt Gott und mit dem Feuer, aber gleichzeitig versucht sie, Wüstenplaneten in Paradise zu verwandeln. Harve gefiel die Idee ausgesprochen gut. Auf der Drehbuchbesprechung am nächsten Tag kam er zu mir, drückte mich an sich, und sagte, ›Du hast Star Trek gerettet!‹«

Auf andere Art, als nur durch die Begegnung mit seinem alten Fluch, Khan, wird Kirk von der Vergangenheit eingeholt. Das Drehbuch erkennt an, daß dies nicht dieselben Leute sind, die wir vor 15 Jahren kennengelernt haben. Sie sind älter geworden. Sie sind von einer Schar von Kadetten umgeben, die sie ihr Alter spüren lassen. Besonders Kirk merkt den Atem der Sterblichkeit in seinem Nacken. Er ist am Beginn der Geschichte gerade wieder ein Jahr älter geworden, und er wird sich bewußt, daß er sich bisher nicht gerade eine seelische Heimat aufgebaut hat.

»Während der gesamten Story geht Kirk durch eine Menge von Selbstbespiegelung und Innensicht, Nachdenken über sein Leben. In gewisser Weise steckt erin der Midlife-Crisis. Im Film zeigen und loten wir die zwischenmenschlichen Beziehungen, die bereits während der TV-Serie gezeigt worden sind, in einer Tiefe aus, wie man es noch nicht gesehen hat.«

Laut Drehbuch trifft Kirk seinen Sohn, jemanden, für den er sich nie besonders interessiert hat, und er erkennt ihn noch nicht einmal. David Kirk, hier David Marcus, da er den Namen seiner Mutter angenommen hat, ist kein kleiner Junge mehr, nicht mal ein Teenager, sondern ein erwachsener Mann, ein Wissenschaftler, beteiligt ein einem hochentwickelten Projekt, was darauf hinweist, daß er Jahre der Ausbildung hinter sich hat.

»Ich hielt mich fern, denn Du hast gesagt, Du wolltest es so«, sagt Kirk der Mutter seines Sohnes, aber sich fernhalten und vollkommen abwesend sein, sind zwei verschiedene Dinge, und das wissen beide.

Kirk war immer sehr damit beschäftigt, gefühlsmäßig oberflächlich zu sein, und das hat ihn jetzt auf vielerlei Weise eingeholt.

Bennett berichtet dem Journalisten Marc Shapiro: »Eines der wichtigsten Dinge, die bei dem ersten Film falsch gelaufen sind, ist, daß die Figuren zwanzig Jahre auf dem Buckel hatten und kein Stück älter geworden sind. Für mich war das absolut unglaubwürdig. Bei zukünftigen Filmen bestand meiner Ansicht nach die dringende Notwendigkeit, die Figuren sichbar altern zu lassen, und genau zu zeigen, was dabei in ihnen vorgeht. Ich habe mich sogar einmal mit Shatner hingesetzt und ihm ins Gesicht gesagt, daß es wirklich gefährlich ist, einen mittelalten Kirk herumrennen zu lassen wie einen 30jährigen .« Während sich das Skript weiterentwickelte, begann Sallin mit den Vorarbeiten zur Produktion, und er war fest entschlossen, die Spezialeffekte nicht außer Kontrolle geraten zu lassen, denn genau das hatte das Budget des ersten Filmes hochgetrieben.

»Ich habe einfach ein paar alte Techniken aus der Werbespotproduktion verwendet«, führt er aus. »Ich habe alles per Storyboard gemacht: Ich ließ einen genauen Ablaufplan aufstellen, wo ich jeder Szene jeden Spezialeffekt, jeden optischen Effekt genau zuordnete und die Dauer festlegte. Ich habe sämtliche Effekte selbst entworfen und überwacht. Mike Minor saß bei mir im Büro, und dann hatten wir Gespräche mit vier oder fünf Firmen für Spezialeffekte, einige dieser Treffen dauerten mehr als drei Stunden. Ich habe sie mit ausführlichen Informationen versorgt, so daß am Ende die Abweichung von unseren ursprünglichen Plänen sehr gering war. Wie Sie sich erinnern werden, gab es beim ersten Film reichlich Probleme mit den Special Effects, aber da ich mich mit der Produktion gut auskannte, ließen mich die Studios in Ruhe arbeiten. Ich glaube, man war ein wenig verunsichert von dem, was da vorher bei Star Trek I abgegangen war, und die Angst, daß die Kosten für die Effekte nochmal so explodieren würde, war groß. Aber dieses Mal hielten wir uns so genau an das Budget, daß man von der Differenz nicht mal vernünftig hätte Essen gehen können.«

Die Arbeit mit dem Storyboard begann im Juni, noch bevor die endgültige Fassung des Drehbuches abgesegnet war. Während nach und nach die verschiedenen Versionen hereinkamen, mußte Mike Minor das Board jedes Mal umgestalten.

»Ich habe praktisch vier unterschiedliche Filme entworfen: andere Handlung, andere Effekte, andere Figuren. Ich habe da vielleicht vierhundert Stunden reingesteckt, bevor wir das hatten, wofür wir dann die Angebote von den Spezialeffekt-Firmen einholten ...«

Die Suche nach Nimoy

Harve Bennett begann die Suche nach einem möglichen Handlungsfaden für den Film, indem er zahlreiche Folgen der TV-Serie durchsah. Obwohl ihm ziemlich viele gefielen, war es die Folge, die Khan Noonian Singh vorstellte (»Space Seed«), die ihn absolut fesselte. Damals hatte sich Bennett gefragt, »›Wer ist der Böse hier? Wer ist der miese Hund? Wir werden diesen Film nicht drehen, wenn wir nicht einen bösen, miesen Hund dabei haben.‹ Sie kennen die Lösung, die die Autoren und die Produzenten fanden: Khan. Ich hatte mir die Star-Trek-Folgen angesehen, und gesagt, ›Okay, wo ist mein Bösewicht?‹

Montalban, besonders jetzt, wo er der brave Mann geworden ist, ist der beste Bösewicht, den es je gab. Großartig! Wunderbar verdrehte Besetzung, und es funktioniert.«

Zunächst schrieb Bennett eine einseitige Skizze mit dem Titel »Star Trek: The War of the Generations« – eine neue Generation plant, die Föderation zu stürzen. Ihr Anführer, so stellt sich heraus, ist Khan, der sich auf diesem Wege an Kirk und allem, für das die Föderation steht, rächen will. Danach mußte Bennett jemanden finden, der mit ihm bei der Umsetzung der Skizze zum Drehbuch zusammenarbeiten würde.

»Nachdem ich andere Autoren in Betracht gezogen hatte, fand ich heraus, daß Jack Sowards, ein großartiger

›Movie of the Week‹-Schreiber, begeisterter Star-Trek-Fan war. Wir unterhielten uns, und er wußte eindeutig mehr über Star Trek als ich, und so habe ich ihn engagiert. Wir machten uns an die Arbeit; und ich sage ›wir‹, denn die Sache läuft so ab: Man redet, und man streitet sich, und die Aufgabe des Autors ist, daß er, auf welche Weise auch immer, die Früchte dieses Austauschprozesses festhält. Er muß sich dann hinsetzten, und ein Skript daraus machen. Jack hat einen enormen Beitrag zu diesem Film geleistet.«

Besonders bemerkenswert war die Idee, Spock im Film sterben zu lassen, eine Art Lockvogel für Leonard Nimoy, der eigentlich gesagt hatte, er habe kein Interesse, bei Star Trek II mitzuwirken.

»Es hat Zeiten gegeben, da war ich um meine Zukunft als Schauspieler besorgt, und zwar, weil mich alle völlig mit der Figur des Mr. Spock identifizierten«, erklärt Nimoy. »Aber es hat niemals einen solchen Streit gegeben, daß ich gesagt habe, ich will Spock nie mehr spielen. Mein Anliegen bei Star Trek war, daß, wenn wir es machen, wir es richtig machen. Ich will die Leute nicht mit irgend etwas, das sich Star Trek nennt, schröpfen. Wenn es sich gut anhörte, wollte ich dabei sein. Ich würde es verfluchen, einen großartigen Star-Trek-Film in die Kinos kommen zu sehen und nicht mitgespielt zu haben. Ich wäre dann furchtbar eifersüchtig. Nach Star Trek I hatte ich entschieden, bei einem zweiten Film nicht mitzumachen, weil ich vom ersten so enttäuscht war, und ich das Ganze sehr negativ einschätzte.«

Jack Sowards füllt das Szenario weiter aus: »Als Harve und ich das erste Treffen hatten, sagte er, ›Hör' mal, Nimoy macht nicht mit.‹ Ich meinte, ›Du willst, daß er dabei ist?‹ Er sagte, ›Ja‹, und ich sagte ihm, er solle Nimoys Nummer wählen. Er griff zum Telefon, wählte, und meinte, ›Was soll ich sagen?‹. ›Du sagst ihm, ›Leonard, wie würde es Dir gefallen, Deine Sterbeszene zu spielen?«. Leonard nahm den Hörer ab, Harve sagte ›Leonard, wie würde es Dir gefallen, Deine Sterbezene zu spielen?‹, und Leonards Reaktion war, ›An welcher Stelle kommt die im Film?‹. Harve sah mich an und fragte, ›An welcher Stelle kommt die im Film?‹, und ich sagte, ›Direkt am Anfang.‹ Harve sagte, ›Direkt am Anfang.‹ Ein oder zwei Minuten später hing er ein und meinte, ›Leonard ist dabei‹.

Natürlich kam die Szene zunächst am Anfang, aber als wir dann weiterschrieben, rückte sie immer mehr nach hinten, und dann noch weiter nach hinten, und noch weiter, bis sie ganz am Ende war.«

»Harve hat mich damit total überrumpelt«, erzählte Nimoy. »Je länger ich überlegte, desto mehr dachte ich, ›Gut, vielleicht ist das der ehrlichere Weg. Ein vernünftiger Abgang, anstatt einfach nur zu verschwinden.‹ So einigten wir uns schließlich, daß Spock sterben sollte. Es gab eine Menge Diskussionen darüber, wessen Idee es gewesen ist, und wieso. Es wurde sogar behauptet, es wäre Teil meines Vertrags gewesen, und der einzige Weg, mich in diesen Film zu bringen. Die Sache war ziemlich unschön. Das einzige was ich noch sagen kann, ist, daß ich an die erste Staffel dachte, als Herve und ich diese Idee ausleuchteten. Dort hatte sich Spock etabliert und war beliebt geworden. Das ganze Konzept von seiner fehlenden Emotionalität, seiner Selbstbeherrschung, war ein sehr interessanter und wichtiger Teil der Figur.

Dorothy Fontana, die für die Serie schrieb, kam eines Tages zu mir aufs Set und meinte: ›Ich werde eine Love-Story für Spock schreiben.‹ Ich sagte ihr, daß sie das nicht machen könne, denn es würde die Figur zerstören, die ganze Aura, ob er nun Gefühle hat, oder nicht. Wir hatten ihn die ganze Zeit so dargestellt, daß er seine Gefühle völlig unter Kontrolle hat. Sie meinte: ›Ich habe da eine Idee, und ich werde sie ausprobieren.‹ Das hat sie getan und ›This Side of Paradise‹ geschrieben, eine wunderschöne Folge, in der Spock sich verliebt. Am Ende gab es einen bittersüßen Abschied, alles war vorbei, und Spock hatte diese faszinierende Erfahrung gemacht.«

Die Skripte des Zorns

Nachdem die Angelegenheit Nimoy geklärt war, gingen Jack Sowards und Harve Bennett richtig an die Arbeit. Sowards erzählt: »Wir setzten uns hin und sahen ›Space Seeds‹ und ›Star Trek I‹. Eigentlich haben wir während des Films hauptsächlich miteinander geredet, er war gut gemacht, aber die Effekte haben ihn erschlagen. Man kann nicht fünf Minuten Dialog und dann eine Viertelstunde Spezialeffekte haben, aber genau das haben sie gemacht. Wir sahen uns den Film unter der Vorgabe an: Was können wir von den Effekten nutzen – Raumschiffe, Spacedocks usw. –, ohne daß es aussieht, als wären wir die Leichenfledderer. Wir wollten das so machen, daß es nicht plump wirkt, ich meine, wenn man eine Szene mit Figuren und Dialog hat, und man blendet nach außen, blendet danach noch woanders hin, dann bringt man nicht fünf Minuten Effekte am Stück. Wir wußten beide, daß der Film auch hinsichtlich der Figuren ganz anders angelegt sein mußte. Der große Glücksgriff war, daß wir schließlich Nicholas Meyer als Regisseur verpflichten konnten. Er hat ein Talent, Szenen mit Leben zu füllen, und die Schauspieler haben ihr eigenes Leben. Das ist es, was ein Regisseur erreichen sollte, daß er die verschiedenen Szenen in einem Film als Teil des Lebens einer Figur zeigt. Manche Regisseure halten einfach auf eine bestimmte Art mit der Kamera drauf und bemerken nicht, daß die Figur ein Leben hat, und daß diese Szene, die gerade gedreht wird, ein Teil des Lebens der Figur ist. Wenn das Leben drumherum nicht existiert, verliert die Szene ihren Sinn.«

Als sie sich »Space Seeds« ansahen, war Sowards von Ricardo Montalban begeistert, und er wußte, daß Bennetts Instinkt, diese Figur verwenden zu wollen, richtig war.

»Mir gefiel ›Space Seeds‹ großartig«, schwärmt er. »Ricardo Montalban ist ein Schauspieler mit klassischer Ausbildung. Jeder, der diese Rolle spielen will, muß das sein. Die meisten Schauspieler hier würden diesen Text nuscheln, aber er weiß genau, wie weit er gehen kann. Wenn Sie ›Fantasy Island‹ oder seine Filme gesehen haben, da gibt es eine gewisse Weichheit. Nicht so hier, er wußte genau, was er machen wollte, ohne es zu über-

10. KAPITEL

ziehen. Er ist Khan. Er bringt diese Macho-Arroganz hinein, und man glaubt, daß er ein genetisch erzeugtes Wesen ist, das stärker, raffinierter und intelligenter ist als die anderen. Ein Held ist nichts ohne einen Gegner. Wenn man einen Käfer zertritt, ist das gar nichts. Wenn man jemanden wie Khan überwinden kann, dann ist man ein Held.«

Sowards erklärt, daß er keine Probleme darin sah, die Figuren an die veränderten Verhältnisse anzupassen. »Ich glaube, sie sind zeitlos,« meint er. »Das einzige, was wir machen mußten, war, sie altern zu lassen. Ich glaube sie sind eine geniale Zusammenstellung von Figuren, die man überall hinbewegen kann, und die Schauspieler sind genauso gut, sie sind so daran gewöhnt, und haben ein derart enges Verhältnis untereinander, es ist beinah, als könnten sie ihre Gedanken lesen. Sie wissen genau, wenn das Stichwort kommt, und sie wissen, wie sie darauf einsteigen sollen. Es ist ein Freude, mit solchen Leuten zu arbeiten.«

Das erste Ergebnis der Zusammenarbeit von Bennett und Sowards war im Dezember 1980 »Star Trek Outline«, das die einseitige Skizze von Bennett ausbaute. Hinzugefügt wurde eine Affäre zwischen Kirk und eier Frau der Brückencrew mit Namen O'Rourke. Es gab den Tod von Spock recht früh im Film, und eine direkte Gegenüberstellung von Kirk und Khan. Letzterer versucht mit seinen Fähigkeiten der Gedankenkontrolle seinen Gegner zu besiegen. Viele dieser Elemente fanden sich in dem Drehbuch »Star Trek: The Omega Syndrom« wieder. Darin gingen die Absichten von Khan wesentlich weiter: Er plante jetzt, die Technologie des Omega-Systems zu nutzen, um sich an die Position eines »Obersten Führers« zu setzen, der die Klingonen, die Romulaner und die Föderation kontrolliert. Zwischendurch wollte er auch noch Rache an Kirk nehmen.

Als Nächstes kam ein Drehbuch mit dem Titel »Star Trek: The Genesis Project«. Hier wurde das Konzept von »Genesis« erstmals vorgestellt, und die Story näherte sich ihrer endgültigen Fassung. Auch diesmal hatten Khan und Kirk einen Konfrontation Auge in Auge. »Kirk und Khan haben sich vielleicht im Film nicht gegenüber gestanden, aber in meinem Drehbuch taten sie es, darauf können sie Ihren Hintern verwetten«, lacht Sowards. »In meiner Version war Khan viel eher eine mystische Figur, als eine Art Attila, der Hunne. Ich stattete ihn mit bestimmten Fähigkeiten aus. Er konnte einem Dinge vor den Augen entstehen lassen, die gar nicht existierten. Es war ein Willenskampf, den Kirk letztendlich in dem Moment gewinnt, als Khan erkennt, daß er dessen Geist nicht beherrschen kann. Keiner gewinnt zunächst wirklich, und das Ganze geht über in einen Kampf zwischen den Raumschiffen. Aber es gibt diese direkte Konfrontation – über zwölf Seiten –, die sie einfach herausnahmen und wegschmissen. Dieser Kampf hätte eine Menge Spezialeffekt erfordert, denn es war ein mentaler Angriff auf Kirk. Er wurde von Khan an die verschiedensten Orte ›gedacht‹, irgendwo an einem Ufer kämpften sie mit Peitschen, oder in den Gemäuern einer Burg. Wenn man das richtig gut gemacht hätte, wäre es verdammt teuer geworden, ich kann also verstehen, warum sie es fallenließen. Warum sie aber die direkte Gegenüberstellung gestrichen haben, das habe ich bis heute nicht begriffen.«

Kurz nachdem diese Fassung eingereicht worden war, entschied sich Harve Bennett, sie mit einem anderen Autor noch weiter zu entwickeln. Obwohl David Gerrold und Theodore Sturgeon mit auf der Liste standen, fiel seine Wahl schließlich auf Sam Peeples, der unter anderem den zweiten Pilotfilm für Star Trek geschrieben hatte, ›Where No Man Has Gone Before‹, den Film, der die Serie letztendlich beim Sender untergebracht hat.

»Sam Peeples hat, während ich bei ABC war, auch auf anderen Gebieten herausragende Arbeit geleistet«, kommentiert Bennett. »Er hat zwei Pilotfilme gemacht, an denen ich auch beteiligt war, und ich fand, er hatte einen kraftvollen Stil. Also holte ich ihn her, er las das Skript, und ich sagte: ›Sam, Du weißt mehr über Star Trek als ich. Ich möchte, daß Du das hier geradebiegst.‹ Er erwiederte: ›Ich weiß genau, was zu tun ist.‹ Das Ergebnis war seine Fassung des Drehbuchs.«

Interessanterweise beinhaltet dieser Entwurf von Star Trek II viele der Elemente von Jack Sowards Version, mit der Ausnahme von Khan. Hinzugefügt waren zwei fremde Wesen aus einer anderen Dimension, die ihre Kräfte dazu nutzen wollen, die unsere zu beherrschen. Robert Sallin bemerkt dazu: »Weder der Entwurf von Sowards, noch der von Peeples funktionierte. Es fühlte sich an wie Fernsehen, wie eine lange Fernsehfolge. Ich fand nicht, daß die grundsätzliche Menschlichkeit und die Beziehungen zwischen den Figuren sehr gut gelungen waren. Es gab eine Menge intergalaktischer Seltsamkeiten in diesen Drehbüchern, die habe ich als erschlagend empfunden.«

Bennett ging zurück zu Sowards Skript und überarbeitete es ein bißchen für sich selbst, »...nur um mal alles zusammen zu haben«, sagte er im »Star Trek Interview Book«.

Auftritt Nick Meyer. »Als ich ›The Seven Percent Solution‹ sah, war ich derart beeindruckt, daß ich losging und mir das Buch kaufte. Nachdem ich das gelesen hatte, war ich noch beeindruckter. Nick las meine Überarbeitung von Sowards und Peeples Fassungen, und er meinte, ›Das ist vielversprechend. Was wäre, wenn...?‹ Er unterschrieb, und meinte, ›Du schreibst, und ich überarbeite Deine Fassung.‹«

Robert Sallin hat die Dinge etwas anders in Erinnerung. »Ich war dabei, eine Liste von potentiell in Frage kommenden Regisseuren zusammenzustellen«, berichtete er. »Ich hatte mit ungefähr 30 bis 40 Namen angefangen, aber ich mußte ständig welche ausstreichen, weil sie entweder Star Trek nicht machen wollten, oder keine Fortsetzung von Star Trek I, oder sie wollten gar keine SF drehen, oder wenn, dann aber keine Spezialeffekte, oder sie hatten einfach keine Zeit. Eine Menge Leute hatten wegen des ersten Films einfach keinen Bock. Da der Film unter der Aufsicht der TV-Abteilung gemacht wurde, wollte ich einen Regisseur, der zwar auf dem Weg nach oben war, der aber den ganz großen Durchbruch noch nicht geschafft hatte, jemanden, der mit Leib und Seele dabei war, und Leidenschaft mitbringen würde.«

10. Kapitel

»Dann«, so fährt er fort, »tauchte Nick Meyers Name auf. Ich sah ›Time After Time‹, und ich fand es innovativ. Mir gefiel auch der Stil von ›Seven Percent Solution‹ sehr gut. Ich empfand das als eine ideenreiche Arbeit. Er schien die Dinge auf eine neue Art zu erzählen. Also schlug ich ihn Harve vor. Wir schickten Nick das Skript und trafen uns mit ihm. Ich erinnere mich, daß ich mit Harve zusammenstand und ihm sagte, ›Der Junge ist Dynamit. Ich finde, er hat eine eindrucksvolle Vision von dem, was hier entstehen könnte.‹ Die Zeit verging, das Studio schien Sallins Auffassung zu teilen, und man holte Meyer. Es ist, in aller Offenheit, eigentlich Nicks Drehbuch gewesen, nach dem der Film gemacht wurde, ohne daß er allerdings die Anerkennung und das Geld bekam – Harve hatte Ideen beigesteuert, Sowards, und ich auch, aber letztendlich benutzten wir Nicks endgültige Fassung. Nick hat das nie geltend gemacht, und er hat mir erzählt, sein Agent hielte ihn deswegen für verrückt. Aber er selber meinte, es wäre etwas gewesen, daß er unbedingt machen wollte.«

Die Meyer Connection

Nick Meyer hatte nicht nur Buch und Drehbuch für von ›The Seven Percent Solution‹ geschrieben, er führte auch Regie bei dem großartigen ›Time After Time‹, in dem Jack the Ripper und H.G. Wells aus dem viktorianischen England in die heutige Zeit versetzt werden. Seine Begabung war weit und breit anerkannt, und ihn für Star Trek zu gewinnen, war ein großer Coup.

Meyer meint: »Sie schickten mir ein Skript, das mir außerordentlich gefiel. Ich traf Harve und Bob, und sie waren mir sehr sympathisch. Ich habe meine Meinung über sie nie geändert. Was den Film anging, konnte ich keine besseren Partner finden. Das große Wunder war, daß wir alle denselben Film machten. Alles hätte klemmen können, wenn wir in verschiedene Richtungen gearbeitet hätten. Aber es gab niemals grundsätzliche Meinungsverschiedenheiten über Stil und Handlung. Kleinigkeiten, ja, aber sonst nichts.«

Meyer gesteht, daß er noch nie eine Folge der Original-Serie gesehen hat, da er mit dem SF-Genre eigentlich nicht viel anfangen könne. »Ich interessiere mich zuerst mal für gute Geschichten«, stellt er fest. »Ich mochte ›Star Wars‹ und ›The Empire Strikes Back‹. Das fand ich spannend und unterhaltsam. Ich sah einiges von Star Trek, nachdem ich das Angebot für den Film bekommen hatte, und sie haben mir auch den ersten Film gezeigt. Ich fand ihn nicht besonders gut. Ich dachte, er war in mancher Hinsicht sehr spektakulär, aber mir gefiel nicht, wie die Leute aussahen. Auch von der bedauernswerten Abwesenheit einer vernünftigen Story, und dem Fehlen der menschlichen Interaktion, hielt ich nicht viel. Es gibt eigentlich zwei gute Gründe, ein Remake oder eine Fortsetzung zu drehen, außer dem finanziellen Aspekt. Der erste ist, wenn alles aus welchen Gründen auch immer, sehr lange her ist, und die Leute das Original nur noch als Spätfilm im Fernsehen sehen können. Der andere Grund ist, daß mit dem Original etwas nicht stimmt. Es erfüllt die Erwartungen nicht, oder es kann verbessert werden. Ich sah mir den ersten Film an, und dachte, daß wir auf keinen Fall einen Film mit soviel Langeweile machen konnten. Außerdem dachte ich, das wir mit einem Viertel des Budget auskommen könnten, was uns vermutlich wie Helden aussehen lassen würde. Den Figuren mehr Tiefe zu geben, war ganz bestimmt das Ziel. Ich habe immer, soweit ich mir über Star Trek klare Gedanken gemacht habe, gedacht, daß Star Trek aus irgendeinem Grund seine Möglichkeiten nie ganz genutzt hat. Entweder, weil sie bei der TV-Serie die Mittel für Sets oder Effekte nicht hatten, oder weil sie bei dem ersten Film irgendwo den Faden verloren haben. Das brachte die Möglichkeit, etwas besser zu machen, auch wenn es vorher nie richtig schlecht war. Je präziser man wird, desto besser. Ich meine, es war für mich nicht nötig, Kirk auf dem Klo zu zeigen, aber wieso sollte er nicht mal ein Buch lesen? In dem Moment ging ich an mein Regal und zog ein Buch heraus, ›The Tale of Two Cities‹, und aus irgendeinem Grund blieb ich daran hängen. Das ist interessant, denn es ist eines dieser Bücher, von dem alle Welt die erste und die letzte Zeile kennt. Es lieferte den Rahmen für den Film, und es wurde auch zum unterliegenden Thema. Leonard und Shatner waren begeistert, denn sie hatten immer schon gedacht, daß sie eine Art Sidney Carlton/Charles Darnay-Beziehung hatten. Das war sehr spezifisch, und aus dem Buch holten wir auch die Brille, die ja auch sehr konkret war, sehr real. Aus allen diesen Details bekamen wir den Eindruck des Alterns. Interessanterweise ist Star Trek II nicht so sehr SF, den ›Genesis‹-Planeten mal ausgenommen, sondern ein sehr erdverbundener Film über Tod, Altern, und Freundschaft.«

Eine der Entscheidungen, die Meyer treffen mußte, war, welche Grundelemente von Star Trek er im Film beibehalten sollte, und welche nicht.

»Sehr einfach«, sinniert er, »ich behielt, was gut war, und änderte, was schlecht war. Ich entschied, daß ich eine Verpflichtung gegenüber dem hatte, was im Film oder, mehr noch, in der Fernsehserie gut war, und das ich eine solche Verpflichtung gegenüber den schlechten Elementen nicht hatte. Worauf es dann letzlich hinauslief, waren die Figuren. Ich mußte die Figuren so, wie sie waren, beibehalten, und gleichzeitig alles andere überarbeiten – die Uniformen, die Sets, und so weiter. An der Grundkonstellation konnte ich nichts ändern, aber ich konnte, wo immer möglich, ein bißchen Glitzern hineinbringen, ich wollte weg von dem grauen Äußeren. Ich habe mir einfach sehr grundsätzlich gesagt, ich nehme diese Figuren ernster, als irgend jemand es vorher getan hat.«

Meyer hatte seine eigenen Probleme, was die Schauspieler anging. Nimoy war zur Rückkehr überzeugt worden, aber dafür wären beinah George Takei und DeForest Kelley abgesprungen, weil sie mit dem Drehbuch unzufrieden waren.

George Takei bemerkt dazu: »Als ich das Skript zum ersten Mal in die Finger bekam und sah, welche Rolle Sulu spielen sollte, erkannte ich, daß er nicht mehr als ein sprechender Pappkamerad war. Da war keine richtige Figur, und ich habe gesagt, daß ich

10. KAPITEL

unter diesen Umständen nicht mitmachen würde – ich wäre einfach nicht mit dem Herzen dabei. Ich sagte das Harve Bennett und Nick Meyer, und sie haben das verstanden, aber das Drehbuch war eigentlich schon fertig, und so konnte man keine großen Änderungen mehr einbauen... Harve hat ein paar Szenen ergänzt, um meine Rolle etwas aufzuwerten, aber ich war immer noch nicht besonders glücklich. Bald war Drehbeginn, und eine Entscheidung war nötig. Also gab man mir gewisse Versprechen, und ich war ab dem ersten Tag auf dem Set, sogar ohne Vertrag. Die ersten Einstellungen hatten mich in einem Simulator, also hing ich auch fest. Bedauerlicherweise landeten einige der kleinen Szenen, die Sulu lebendiger machen sollten, auf dem Boden des Schneideraumes.«

DeForest Kelley erklärte: »Zuerst habe ich abgelehnt. Mir gefiel das Drehbuch, das man mir gab, überhaupt nicht. Ich fand, es war eine vollgestopfte Story, die nicht funktionieren würde. Also hatte ich ein dickes Gespräch mit Harve Bennett. Der war ziemlich sauer. Ich sagte ihm, ich möchte nicht dabei sein, weil die Rolle keine Funktion hat, und weil das Skript einfach kein gutes Star-Trek-Skript ist. Er sagte, ›Und, was sollen wir Deiner Meinung nach machen?‹ Ich meinte: ›Holt Euch einen Autor, der schon mal für Star Trek geschrieben hat, und laßt es ihn überarbeiten.‹ Er sah mich schräg an, und fragte, ›Ja, und wen sollen wir da nehmen?‹ Ich erwiderte, ›Mensch, Harve, das weiß ich doch nicht, das ist nicht mein Arbeitsgebiet.‹«

Wie oben erwähnt, holte man Nick Meyer. »Ich fand, daß Meyer dieses Skript mit Leben gefüllt und ein richtiges Star-Trek-Skript daraus gemacht hat. Als er mir seine Fassung schickte, dachte ich: ›Das ist schon besser,‹ und war dabei.«

Kelleys Meinung über Meyer wurde von William Shatner geteilt. »Nick Meyer schrieb ein Drehbuch, und wir waren hin und weg«, schwärmt er. »Deswegen dachten wir, auch wenn es erst sein zweiter Film ist, sollte man seiner Phantasie freie Bahn machen. Also kam er her. Er hatte zwar das Drehbuch geschrieben, aber noch nicht oft Regie geführt, und wir boten ihm soviel Hilfestellung, wie wir konnten. Er nahm sie entweder an, oder nicht, je nachdem, ob er fand, daß wir recht hatten.«

Er ist tot, Jim

Die richtige Dreharbeit mit den Hauptfiguren begann am 9. November 1981 in den Paramount Studios in Hollywood. Die Produktion war am 29. Januar 1982 abgeschlossen. Sowohl der Terminplan wie auch das Budget wurden nur unwesentlich überzogen – bemerkenswert für ein Projekt dieser Größenordnung. Von Anfang an war der Verlauf der Dreharbeiten durch große Anteilnahme der Fans gekennzeichnet, offensichtlich angeregt durch Gerüchte, daß Spock in einem der Drehbücher sterben sollte. Es gab eine Menge Spekulationen darüber, daß ›undichte Stellen‹ in der PR bewußt eingesetzt wurden, um Trekkies und Medien aufzuscheuchen. Der Verdacht verstärkte sich, als das TV-Nachrichtenmagazin ›Entertainment Tonight‹ (ebenfalls von Paramount produziert) eine Telefonaktion startete, bei der die Frage war, ob Spock sterben sollte, oder nicht, und danach auch noch drei Tage lang Interviews auf dem Set führte.

»Die Studios haben keinerlei Gerüchte über den Tod von Spock in Umlauf gebracht«, behauptet Produzent Robert Sallin. »Die Leute glauben, daß das erste, was wir nach der Idee zu dem Film gemacht haben, war, loszurennen und Gerüchte zu streuen, um die Trekkies aufzuregen und Publicity zu bekommen. Das entspricht nicht meiner Kenntnis. Ich weiß, daß die Position der Studiobosse am Anfang eher ist, nichts nach außen dringen zu lassen. Es wurden Entwürfe gestohlen, und die haben ihren Weg zu den Fans gefunden, so wurden die Proteste angestachelt.«

Wie auch immer sich die Gerüchte verbreitet haben, letztlich ist Spock gestorben, so daß wenigstens die Sorgen der Fans nicht nur zynischer Manipulation zum Opfer fielen. Was ›Tod‹ eigentlich ausmacht, ist eine Frage der Semantik. Sie wird heute schon wild diskutiert, und erst recht im 23. Jahrhundert.

»In SF gibt es viele unterschiedliche Arten von Leben, und viele Arten von Tod«, betont Sallin. Ironischerweise war das eine Art Tod, den Leonard Nimoy selbst versuchte zu vermeiden, als die Dreharbeiten zu dieser Szene näher rückten. »Diese Szene hat mich sehr bewegt, früh schon, ungefähr an dem Punkt, wo Kirk zu Scotty sagt: ›Du mußt uns hier in drei Minuten rausbringen, oder wir sind alle tot‹«, erzählte Nimoy dem »Starlog Magazine«.

»Man sieht, wie Spock das hört und reagiert. Das ist mir da schon sehr nah gegangen. Ich wäre um Haaresbreite vom Set verschwunden, anstatt die Szene zu spielen. An dem Tag, als sie gedreht wurde, war ich nervös, und ich hatte Angst – Angst, sie zu spielen, ich suchte fast nach einem Grund, sie nicht spielen zu müssen, suchte nach irgendeinem Anlaß für eine Diskussion. Es war eine sehr angespannte Situation. Und ich fühle mich immer noch so, wenn ich sie heute sehe. Es ist eine sehr bewegende Szene, sie paßt in den Film. Ich bin froh, daß wir sie gemacht haben, ich glaube, wir haben sie gut gemacht. Wir waren ehrlich.« Für Nicholas Meyer waren es die Dreharbeiten zu eben dieser Szene, die ihn endgültig die wahre Kraft von Star Trek verstehen ließen. »Die Szene, die am schwersten oder zumindest am quälendsten war, war die Sequenz von Spocks Tod«, sagt er. »Alle standen auf der Bühne herum und weinten, was mich sehr gewundert hat, denn ich war als Regisseur nicht besonders erfahren. Ich war erstaunt, wie gerührt alle waren. Am nächsten Tag dasselbe. Alle heulten. Ich komme von einer ›Weniger ist Mehr‹-Schule her. Man kann jemanden irgendwohin zeigen und sagen lassen, ›Sieh Dir das an‹, und man muß dann nicht auch noch dahin schwenken, wohin er zeigt. Man kann eine Menge Spannung beim Publikum erzeugen, wenn man gerade nicht zeigt, was ein Schauspieler gerade sieht. Zum Beispiel, nachdem Spock den Reaktorraum betreten hat, habe ich ihn absichtlich eine ganze Weile nicht mehr gezeigt. Nachdem man gehört hat ›Du kannst da nicht rein, Du

10. KAPITEL

kannst da nicht...‹, rätselt man, ›Was geschieht mit ihm?‹ Man will sehen, was vorgeht. Es ist eine Frage des Geschmacks. Ich würde im Zweifel immer zuwenig zeigen, und eher der Phantasie des Zuschauers mehr Platz geben, so daß man sich mit ihm oder ihr in der Mitte trifft. Was ich von der Serie gesehen habe, hat mir den Eindruck gegeben, daß man dort eher zuviel gezeigt hat. Meine Einstellung hat sich da merklich verändert. Ich weiß nicht, ob das an den Schauspielern oder an den Figuren lag, aber als ich schließlich selber die Szene sah, merkte ich, daß ich auch einen Kloß im Hals hatte, und ich dachte: ›Jetzt gehen wir über den Stoff hinaus. Das ist nicht mehr nur über einen Mann mit spitzen Ohren‹ – so hatte ich es bis dahin betrachtet, da ich Star Trek nicht so gut kannte.«

Während George Lucas‹ Firma ILM die Arbeit an den Spezialeffekten abschloß, begann Paramount den Schleier der Geheimnistuerei über dem Film zu heben, mit der Absicht, die anstehende Veröffentlichung bekannt zu machen. Öffentliche Äußerungen von Regisseur Nicholas Meyer führten jedoch zu einigen Reibereien bei der Produktion. Robert Sallin verwahrte sich gegen Vorwürfe von Meyer, die Arbeit an den Effekten verliefe chaotisch. »Ich gehöre nicht zu den Leuten, die Ruhm für die Arbeit anderer kassieren wollen, und ich gehöre auch nicht zu den Leuten, die versuchen, sich auf Kosten anderer wichtig zu machen«, sagt Sallin. »Nick hat die Produktion der Spezialeffekte nicht überwacht. Er war mit mir bei einem Treffen bei ILM, und das wars. Er war einfach erschlagen von den Effekten, und hat sich dann davon ferngehalten.«

Regisseur Nicholas Meyer war mit seinem Schnitt des Films zufrieden. Traditionellerweise wird der erste Schnit genau nach Maßgabe des Regisseurs gemacht, aber er kann später auf Wunsch der Produzenten oder des Studios umgeschnitten oder ergänzt werden. Laut Robert Sallin wurde Meyers Schnitt ein bißchen gestrafft.

»Wir hatten zuviel Handlung«, erklärt er. »Nick kommt von der Autorenseite, und in seiner Version gab es eine Menge Erläuterungen, die wir nicht unbedingt für nötig hielten. Harve Bennett und ich machten einige Änderungen auf Wunsch des Studios, die alle mit dem Tempo des Films zu tun hatten. Aber grundsätzlich war es der Director's Cut, der in die Kinos kam.« Meyer hat die Vermutung, daß die Fans Einfluß auf den Ausgang des Films hatten, geleugnet. Nach einer Vorführung auf einer SF-Convention in Kansas am 8. Mai deutete ein hoher Paramount-Vertreter an, daß andere Möglichkeiten, den Film enden zu lassen angedacht, vielleicht auch gedreht worden sind, und die letzte Entscheidung aufgrund der Reaktion der Fans fiel. Meyer hat das heftig bestritten.

»Für mich war die Frage nicht, ob Spock starb, sondern ob er gut starb. Sein Tod mußte sich aus der Gesamthandlung folgerichtig ergeben. Wenn wir das so hinkriegten, hatte ich keine Bedenken, daß es auch verstanden würde. Auf der anderen Seite, wenn der Film plötzlich mit quietschenden Reifen eine Kehrtwendung macht, nur, um Leonard Nimoys Vertrag zu erfüllen, und die Figur, die er nicht mehr spielen wollte, abzuschießen, wenn das die Situation gewesen wäre, wäre das schlecht gewesen. Davon habe ich aber auch nie etwas gehört. Die ganze Geschichte mit den diversen Enden, und daß wir das Publikum entscheiden lassen würden... das war alles völliger Quatsch – Kunst wird nicht von einem Komitee gemacht, und auch nicht per Abstimmung.« Soweit man herausfinden kann, starb Spock in jeder Fassung des Drehbuchs, und in jedem Schnitt des Films.

Zusätzliche Szenen um Spocks Tod wurden unter der Leitung von Sallin von einer ILM-Crew gedreht, und zwar im San Fransisco Golden Gate Park Ende April, mehr als zwei Monate, nachdem die eigentlichen Dreharbeiten mit den Hauptfiguren abgeschlossen waren. Die Szenen zeigten Spocks Sarg, die Hülle eines Photonentorpedos, wie er nach seiner Weltraumbestattung auf dem Planeten liegt, der Produkt der Genesis-Explosion auf Khans Schiff war.

Ursprünglich schwebte dieser Sarg einfach im All. Diese zusätzlichen Szenen wurden erst gedreht, nachdem der Film vorab einem unter anderem nach demographischen Kriterien ausgewählten Publikum gezeigt worden war.

»Einer der größen Streitpunkte, die Nick und ich hatten, war die ganze Idee, den Zuschauern die Überlegung einzupflanzen, daß Spock zurückkommen könnte«, erklärt Robert Sallin. »Das stand im ursprünglichen Drehbuch nicht, und Nick haßte diese Vorstellung Aber ich glaube, die Studios wollten sie, denn sie bekamen zuviel Prügel, weil Spock umgebracht worden ist.«

Stimmen zu Khan

»Star Trek II: Der Zorn des Khan« war ein Erfolg bei der Kritik. Die Mehrheit der Rezensenten meinten, der Film sei so, wie der erste hätte sein müssen. Bei den Schauspielern gab es einhelliges Lob für den Film, man war überzeugt, daß er viel besser ist als »Star Trek I«, und die Arbeit daran wesentlich befriedigender gewesen war.

William Shatner: »Ich war nervös, besonders nach dem ersten Film. Der Erfolg deiner Darstellung hängt letztlich am Text. Damit steht oder fällt alles. Wenn ein Skript gut ist, muß man sich gewaltig anstrengen, um es zu ruinieren. Als sich das Drehbuch entwickelte, entwickelte sich auch meine Grundeinstellung von ›negativ‹ zu wahrer Begeisterung. Ich merkte, daß dieser Film gut werden könnte. Als wir mit dem Drehen anfingen, wußte ich, ›Der Zorn des Khan‹ wird großartig. Ich wußte, wir hatten ILM für die Effekte, also konnte er nicht schlecht aussehen. Außerdem hatten wir ein sehr menschennahes Skript in bester Star-Trek-Manier. Die Arbeit war eine wundervolle Erfahrung – es war, als ob die Jahre zwischen diesem Film und der alten Serie gar nicht vergangen wären.«

Leonard Nimoy: »Bei ›Star Trek: Der Film‹ hatte irgendwer irgendwo die Idee, daß, wenn wir schon einen Film machen, der sich von der Serie unterscheiden müsse, also sollte man diese Unterschiede hervorheben. Ändern wir die Farbe der Brücke, die Garderobe, das Verhalten der Figuren. Mir kam das vor, als habe dieser Jemand sehr viel 2001 gesehen und war auf einen futuristischen Trip geraten, anstatt in eine

10. Kapitel

Abenteuergeschichte, was Star Trek eigentlich ist. Vielleicht geschah das, weil man nicht glaubte, daß die Leute im Kino dasselbe sehen wollten, wie im Fernsehen. Meine Auffassung ist, wenn wir die beste Star-Trek-Folge aller Zeiten, gut gespielt und gut produziert, auf die große Leinwand bringen, funktioniert das auch. Ich glaube, daß haben wir jetzt gemacht. Es ist großartig. Ich bin erleichtet, denn Bill, De, ich und die anderen Leute, mit denen wir uns vor der Veröffentlichung unterhalten haben, waren überzeugt, daß dieser Film gut und erfolgreich wird. Ich bin froh, daß wir recht behielten.

Unsere Einschätzung dessen, was wir für Star Trek als wichtig empfinden, hat sich bestätigt. Das Publikum hat gesagt, ›Ja, so soll es sein.‹«

DeForest Kelley: »Ich finde, man kann die beiden Filme nicht vergleichen. Dieser hier ist so, wie wir den ersten eigentlich haben wollten. Es ist nicht leicht, die Studios davon zu überzeugen, daß, so erfolgreich Star Trek auch war, die Fans doch sehr an ihren Figuren hängen, und man das nicht einfach ignorieren kann. Das war meiner Meinung nach der Fehler bei dem ersten Film.«

James Doohan: »Für mich ist das Star Trek, wie es sein sollte. Der erste Film war nur eine grandiose Idee, die irgendwer hatte. Jetzt haben wir spannende Handlung über den ganzen Film, die Figuren haben guten Text. Es ist einfach ein brillanter Cocktail aus allen guten Dingen, die Star Trek ausmachen.«

George Takei: »Im ›Zorn des Khan‹ haben wir wirkliches Theater, denn es gibt einen Konflikt zwischen zwei starken, raffinierten, einfallreichen Gegnern, der auf eine unvermeidliche Konfrontation hinausläuft. Man weiß, daß sie nicht kneifen werden, daß es zum großen Knall kommen muß. Ricardo Montalban war ein bewundernswerter Gegenspieler für Kirk.«

Nichelle Nichols: »Ich war von Star Trek II sowohl begeistert, als auch überrascht. Ich fühlte, daß sie es diesmal richtig gemacht hatten. Sie haben die Essenz von dem, was Star Trek zu einer guten Serie gemacht hat, eingefangen.«

Walter Koenig: »Ich meine, wenn man einen einzelnen Faktor benennen will, der diesen Film zum Erfolg gemacht hat, dann ist es das Vorhandensein eines großartigen, würdigen Gegenspielers. Man kann keinen Konflikt haben, wenn niemand da ist, mit dem man ihn austragen kann. V'ger war eher etwas, vor dem man in Bewunderung erstarrte. Ich glaube auch, daß Ricardo Montalban die Rolle des Khan ganz hervorragend gespielt hat. Er ist nicht nur ein Bösewicht, sonder er hat Tiefgang. Auch wenn man ihn haßt, muß man eine gewisse Sympathie aufbringen. So etwas ist außerordentlich. Nick Meyer wird zitiert, daß er mit Montalban ›King Lear‹ drehen wollte, und ich glaube ihm das. Ich glaube, durch diese Figur funktioniert die Story – Khan ist nicht nur der Gegenspieler von Kirk, sondern der ganzen Crew. Wir sind auf diese Weise alle in unterschiedlichem Maße auch Helden. Unser Gegner muß sich nicht nur mit Kirk auseinandersetzen, sondern mit uns allen, und ich glaube, Montalban verkörpert das sehr gut.« Ein Mensch, der von dem Film zumindestens nicht übermäßig beeindruckt war, war der Schöpfer von Star Trek, Gene Roddenberry.

»Ich denke, es war ein spannender Film«, erklärt er. »Ich hatte jedoch eine Menge Schwierigkeiten damit. Ich glaube, sie hatten viel Glück, daß sie Ricardo Montalban für die Rolle des Khan gekriegt haben, denn diese Rolle war nicht gut geschrieben.

›Ich werde Dich durch die Monde des Jupiter treiben‹, und so weiter; das aus dem Mund von fast jedem anderen Schauspieler, und das Publikum wäre am Kichern. Montalban hat ihnen die Haut gerettet. Khan selbst war gar nicht so spannend geschrieben, er war eher dünn. Der Khan der TV-Serie hatte wesentlich mehr Tiefe, er war eine bessere Figur als der im Film, aber Montalban hat es rausgerissen.

Ich habe auch Einwände gegen andere Kleinigkeiten. Erinnern Sie sich, wie dieses Wesen aus Chekovs Ohr kommt? Was hat Kirk gemacht? Er machte ein angeekeltes Gesicht, grapschte seinen Phaser und machte ›Paff‹. Nun, wie kann er es wagen, eine Lebensform zu zerstören, die noch nie jemand vorher gesehen hat! Sie ließen ihn darauf herumtrampeln, wie ein altes Weib auf einer Spinne. So haben wir Kirk über die Jahre nicht aufgebaut. Es sind diese vielen Kleinigkeiten, die Star Trek seine besondere Qualität gegeben haben. Unglücklicherweise wendete man im Film diese Kleinigkeiten falsch an. Es gab mir auch zuviel Gewalt. Aber trotzdem, es war spannend – auch vom Filmischen her. Und ich bin dankbar, für das, was der Film erreicht hat.«

Zu diesem Zeitpunkt ist klar, ›was der Film erreicht hat‹.

»Star Trek: Der Zorn des Khan« war ziemlich erfolgreich und spielte etwas mehr als die Hälfte seines Vorgängers ein.

Dadurch, daß er wesentlich billiger produziert wurde, war er deutlich profitabler. Außerdem wurde das ganze Theater um Spocks Tod zu wenig mehr als einem Fragezeichen, wie der nächste Film der Serie, »Star Trek III: Auf der Suche nach Mr. Spock« zeigen sollte...

Die Star-Trek-Saga würde ganz bestimmt weitergehen.

11. KAPITEL

Star Trek III: Auf der Suche nach Mr. Spock

Leonard Nimoys Verlangen, nicht nur als Schauspieler sondern auch anderweitig in der Filmindustrie aktiv zu werden, war eine treibende Kraft hinter den Star-Trek-Filmen, vor allem was den Tod und die Wiederauferstehung von Spock betrifft.

Er hatte seine Karriere zwischenzeitlich von Spock weggesteuert. Dieser Schritt wurde noch erfolgreicher durch seine unerwartete Übernahme der Regie bei »Star Trek III: The Search For Spock«.

Er bekam den Job eigentlich mehr oder weniger zufällig. Vor Star Trek III wollte Nimoy immer noch, daß sein Vertrag mit Paramount auch andere Projekte als Star Trek enthielt, aber sie hatten für ihn nichts Besonderes in der Zukunft.

»Jahrelang«, erklärte Nimoy, »versuchte ich, eine Karriere außerhalb Star Treks aufzubauen, damit ich nicht nur auf Trek-orientierte Arbeit festgelegt war. Es gab eigentlich nichts zu besprechen. Ich sagte zu Gary Nardino – ich benahm mich arrogant –, daß, obwohl ich Bob Wise, der im ersten Film Regie geführte hatte und ein hervorragender Regisseur ist, sehr respektiere, ebenso wie Nick Meyer, einen enorm talentierten Autor und Regisseur, der in »Star Trek II« Regie geführt hatte, ich mehr über Star Trek wüßte als die beiden, und daß ich in Star Trek III erfolgreich Regie führen könne. Als ich Paramount von meiner Idee informierte, war ihre Antwort sehr positiv, allerdings gab es bestimmte Ängste. Wir mußten sie überzeugen. Ich nahm während dieser Diskussionen folgende Position ein: ›Ich will nicht, daß ihr mich als Problem auffaßt. Haltet mich nicht für einen Schauspieler, der mit seiner Machtposition im Rücken eine Regiekarriere aufbauen will. Ich will, daß ihr mich als Lösung für Euer Problem seht. Ihr braucht einen Regisseur, und ich kenne den Stoff. Ich mache euch einen Film, der dem Star-Trek-Publikum gefallen wird‹. Ich wollte dem Studio nicht sagen: ›Ihr wollt, daß ich in Star Trek III spiele? Dann laßt mich Regie führen. Punkt‹. Statt dessen arbeiteten wir einen konstruktiven Ansatz aus. Eigentlich sagte ich ihnen nur, daß sie ihre eigenen Leute befördern sollten.

»Michael Eisner [damaliger Paramount-President] war darüber sehr begeistert. Er sagte: ›Toll. Leonard Nimoy führt in »The Search For Spock« Regie!‹ Von da an ging es abwärts. Einmal sagten sie, daß sie es nicht machen würden. Harve Bennett und ich gingen aber weiterhin davon aus, daß es klappen würde und tauschten Story-Ideen aus. Im April '83 begann ich mit meinen Vorbereitungen für den Film, meldete mich auf dem Studiogelände und setzte mich mit Harve zusammen direkt an die Arbeit.«

Man kann es zwar kaum glauben, aber Leonard Nimoy, der seit den 50er Jahren in diesem Geschäft ist, glaubte wirklich, daß seine Übernahme der Regie für seine Mitschauspieler kein großes Problem sein würde. Es dauerte nicht lange, bis ihm klar wurde, daß er sich geirrt hatte..

Nimoy sagte: »In dieser Beziehung muß ich wirklich ziemlich naiv gewesen sein. Ich war überrascht, daß das auf soviel Interesse und Besorgnis stieß. Dieses Interesse und die Besorgnis waren gerechtfertigt. Ich sah die möglichen Schwierigkeiten nur nicht, die andere Leute sahen. Meine Mitschauspieler waren besorgt darüber, bevor wir die Dreharbeiten begannen. Ich sah es einfach als gegeben an, daß ich nur ihr Bestes im Sinn hatte. Ich kannte ihre Charaktere und ihr Potential sehr gut, und wollte dafür sorgen, daß sie es auch einsetzen konnten. Das war eins meiner Argumente, als ich mich bemühte, den Job zu kriegen.«

Eine interessante Situation, die vielleicht Nimoys Absichten und Loyalitäten testen sollte, trat auf, als er und der Produzent Harve Bennett das Drehbuch zum ersten Mal mit dem Freund und Mitschauspieler William Shatner diskutierten. Da Nimoy sich jetzt in einer Autoritätsposition befand, befürchtete man, daß sich Shatner ein wenig bedroht, wenn nicht sogar sehr unsicher dabei fühlen würde. Vorher waren er und Nimoy ein Team gewesen. Was, wenn sich das nun änderte?

»Leonard und ich sind sehr alte Freunde«, erzählte Shatner dem Autor James Van Hise. Wir hatten viele Male gemeinsam gegen das Management gekämpft, ob es sich jetzt um Drehbücher, Ideen, Konzepte oder Gaderoben handelte. Der eine fragte den anderen, was er darüber dachte. Dann machten wir einen Plan! Was auch immer wir mit dem Management verhandeln wollten, planten wir zusammen. Auf einmal sagte jetzt mein ›Bruder‹ zu mir: ›Nun, du solltest dies tun, und ich denke, du solltest das machen‹. Das war eine sehr unangenehme Zeit für mich, für Leonard vermutlich nicht, aber ich fühlte mich bei allem, gegen das ich mich vielleicht wenden wollte, alleingelassen. Für mich war es am Anfang unangenehmer als es mit den beiden anderen Regisseuren [Robert Wise und Nicholas Meyer] gewesen war. Aber das gab sich nach einer Weile.«

Bennett schrieb insgesamt zwölf Versionen des Drehbuchs. Das kostete ihn sechs Monate. Er sagte, daß die letzte Szene des Films die erste gewesen wäre, die er geschrieben hätte. »Irgendwann las ich ein Gedicht von einem Fan in einem dieser Star-Trek-Fan-Magazine. Es war von Kirks Standpunkt in der ersten Person geschrieben. Es lautete: ›Ich ließ dich dort zurück. Warum tat ich das? Ich muß zu dir zurückkehren, mein Freund‹. Ich dachte: ›Das ist es!‹ Ich bekam plötzlich einen Anstoß. Von da an lief alles

11. KAPITEL

Der Umschlag von Starlog Press' offizieller Ankündigung zu »Star Trek III: The Search For Spock«

viel leichter. Ein sehr guter Film hat eine ähnliche Schlußszene. Vom ganzen Ablauf her war das fast exakt die letzte Szene aus ›The Miracle Worker‹ von William Gibson. Das ist der Moment ganz am Ende, wenn die kleine Helen Keller mit ihrem Lehrer am Brunnen steht, und sie beginnt zu begreifen. Schließlich sagt sie mit der Hand auf seinem Gesicht: ›Wasser.‹, und er sagt: ›Ja!‹ »Ich wollte, daß Star Trek III schneller und effizienter war [als das Schreiben von »The Wrath of Khan]. Deshalb war ich bei Star Trek III der einzige Autor, was die leichteste Aufgabe war, die ich jemals hatte. Das lag daran, daß es eine direkte Fortsetzung von Star Trek II war und der Handlungsablauf bereits feststand. Ich wußte genau, was ich zu tun hatte, und das tat ich in sechs Wochen.

Ich mußte aus den folgenden Vorgaben eine Geschichte machen: Erstens, es gibt einen Sarg auf einem Planeten, der durch die Erneuerung der Lebenskräfte entstanden ist und Leben aus dem Tod schafft. Zweitens, ›Es gibt immer Möglichkeiten‹.

Drittens, bevor er starb, sagte Spock: ›Erinnere dich‹. Woran? Das Rätsel ließ sich so einfach lösen, daß ich glaube, siebzehn andere Leute hätten das Drehbuch zu Star Trek III schreiben können. Wenn man einen Film mit einer Genesis-Erfindung beendet, die mit einem Knall Leben aus der Leblosigkeit entstehen lassen kann, schafft man damit eine enorme Handlungsdynamik, die man einfach nicht ignorieren kann. Die Fans würden berechtigt sagen: ›Warum erschafft man nicht einfach einen Planeten, um den Handlungsstrang zu lösen?‹ oder ›Was wäre, wenn diese Erfindung den Klingonen in die Hände fallen würde? Sie würden damit nicht Planeten schaffen, sondern welche zerstören.‹ Deshalb lag die Lösung dieser Frage darin, die Wirkung der Genesis-Erfindung aufzuheben. Das war – wie in ›Der Herr gibt es, der Herr nimmt es‹ – notwendig, oder wir hätten die Grenzen von Star Trek, wenn auch indirekt, so ausgedehnt, wie das die Atombombe mit dem 20. Jahrhundert getan hat. Konventionelle Dinge hätten ihre Wirkung verloren. Das ist zwar in Ordnung, aber man muß Star Trek nicht so umstrukturieren.«

Als er das Drehbuch schrieb, stieß Bennett auf andere Probleme, die durch »The Wrath of Khan« entstanden waren. Zum einen war da Saavik. Der ursprüngliche Charakter, gespielt von Kirstie Alley, wollte nicht wieder im Film auftreten. »Wir wollten ihre Szenen nicht herausschneiden«, sagte Bennett, »deshalb besetzten wir die Rolle neu und behielten die Figur. Wir setzten Robin Curtis dort ein, wo vorher Kirstie Alley gestanden hatte. Das Ergebnis war ungefähr gleich gut.«

Kirstie Alley, die seit Star Trek II durch ihre vielseitigen Filmrollen und durch ihre lange Mitwirkung bei »Cheers« (dt.: »Prost Helmut«) große Berühmtheit erlangt hat, erzählte »Starlog Magazine«: »Sie boten mir weniger Geld als bei StarTrek II, deshalb dachte ich, das sie an meiner Mitwirkung als Saavik nicht sehr interessiert wären. Ich glaube, es war für Robin Curtis ein großer Nachteil, daß sie eine Rolle spielen mußte, die ein anderer angelegt hatte, besonders bei Star Trek, wo es eine so riesige Fangemeinde gibt. Ich denke, sie hat gute Arbeit geleistet. Was sie gemacht hat, bereitet mir keine Probleme. Als ich allerdings den Film sah, dachte ich: ›Sie ist nicht Saavik, ich bin das‹.«

Robin Curtis sagte: »Ich wollte mich ziemlich von Kirstie Alley distanzieren. Wie es sich herausstellte, waren die Leute bei Star Trek III alle großartig. Leonard gab ein Beispiel, dem alle folgten, indem sie mir niemals den Eindruck gaben, das ich Kirsties Stelle einnehmen müßte. Nicht für einen Moment wurde mir dieser Eindruck vermittelt, und ich denke, das lag an Leonards sehr gesunden Einstellung der Sache gegenüber.«

Zwei andere sehr große Entscheidungen, Davids Tod und die Zerstörung der Enterprise, waren sehr leicht für Bennett. Er glaubt an einen Ausgleich. Wenn man etwas bekommt, muß man dafür bezahlen. Kirk bekommt Spock zurück, aber für welchen Preis? Er verliert zwei sehr wichtige Dinge auf diesem Weg. Ist es das wert? Das sorgt für ein gutes Drehbuch mit viel Emotion und Spannung.

»Ich gestehe, daß ich altmodisch bin«, fuhr Bennett fort. »Für mich existiert so etwas wie eine endgültige Vergeltung. Von der Struktur her stirbt David, weil er an Mutter Natur herumgewerkelt hat. Er hat es sich erlaubt, die Regeln zur falschen Zeit und am falschen Ort zu beugen. Nur aus diesem Grund ist er auf dem Planeten. Die ganze Geschichte geht zu dem Zeitpunkt zurück, als David Protomaterie in die Matrix gab. Spocks Tod – alles – ruht auf seinen Schultern, wenn man ihn dafür verantwortlich machen will.«

Eines der untergeordneten Themen von Star Trek II ist das Herumspielen mit der Natur. Das Konzept der Genesis-Erfindung war zu massiv, um in späteren Star-Trek-Geschichten eingesetzt zu werden. Es mußte zerstört werden. »Gene Roddenberry sagte: ›Versuchen wir es mit Protomaterie‹. Das wurde für mich zu einem Werkzeug, um das Problem zu lösen«, erklärte Bennett. »Man integriert ein menschliches Wertesystem in eine sonst antiseptische, unmögliche Schachtel – den perfekten Wissenschaftler. Dieses Wertesystem ist Ehrgeiz. Das interessierte mich. Es fügte sich alles zusammen. Kirk veränderte den Computer bei dem Kobayashi-Maru-Szenario vor Star Trek III. Sein Sohn sagt ihm: ›Du hast gemogelt‹.

11. KAPITEL

Sein Vater sagt: ›Ich veränderte die Regeln‹. Das ist so, als würde ein Esel den anderen Langohr schimpfen. David sagt das zu einem Zeitpunkt, an dem er weiß, daß er selbst die Regeln verändert hat.«

Der Verlust der Enterprise war das große Risiko in diesem Drehbuch, die große Überraschung, obwohl es sich schon vorher zu den Fans herumgesprochen hatte und Kampagnen, ähnlich wie die vor Spocks Tod, gestartet wurden, um die Enterprise vor ihrem Schicksal zu bewahren.

Bennett gab zu: »Der Tod der Enterprise löste viel Wirbel aus. Davids Tod tat das nicht. Die Zerstörung der Enterprise ist eine Last, für die ich die volle Verantwortung übernehme. Das werde ich bis zum Ende rechtfertigen, und ich denke wieder einmal, daß ich mich fair verhalten habe. Es war eine humanistische Wahl. Sie begann als Autorenproblem.

Normalerweise passiert so etwas, wenn man sich in einer verfahrenen Situation befindet. Ich konnte alles sehr gut rechtfertigen. Oliver Hazard Perry von der U.S. Navy versenkte die Niagara bei der Schlacht von Lake Erie und gewann deshalb die Schlacht. Er wurde mit einem Ruderboot zu einem anderen Schiff gerudert und übernahm dort das Kommando. Perry ist einer von Kirks großen Vorbildern. Für diejenigen, die solche Kleinigkeiten gerne wissen, es steht sogar ein Modell der Niagara in Kirks Quartieren. Das Versenken eines Schiffs, um etwas Wichtiges damit zu erreichen, ist also eine Taktik. Außerdem, wegen des Todes seines Sohns und der hoffnungslosen Situation erschien es mir als die richtige Lösung. Ein anderer Grund war, daß es in der Serie einen bemerkenswert falschen Countdown gegeben hatte.«

Star-Trek-Erfinder Gene Roddenberry machte kein Geheimnis daraus, daß ihm die Zerstörung der Enterprise nicht gefiel.

»Ich bin darüber verärgert«, sagte er damals. »Ich hatte nicht den Eindruck, daß es unbedingt notwendig war. Ich hätte lieber eine Zerstörung der Untertassensektion gesehen. Wie alle Langzeitfans wissen, kann sich unser Schiff aufteilen. Der Antriebsteil befindet sich in den beiden Röhren und im Unterteil. Die Untertassensektion selbst hat keinen Warpantrieb. Wenn die Untertassensektion am Ende des Films explodiert wäre, hätten wir eine neue Untertassensektion anbringen können, um die beiden wieder zu verbinden. Das wäre symbolisch für das Ende der Geschichte gewesen. Man zog allerdings die andere Möglichkeit vor.«

Der Schauspieler William Shatner sah die Zerstörung der Enterprise und den Tod von David Marcus in einem etwas anderen Licht. »Ich hielt den Verlust der Enterprise und Davids Tod für zwei sehr clevere Methoden, um in einer Situation Dramatik zu entwickeln. Das Problem ist, daß man in einer Reihe von Fortsetzungsfilmen, in denen die Charaktere durchgehend erscheinen, trotzdem noch für Gefahrensituationen sorgen muß. Jedoch weiß jeder, daß die Charaktere nicht sterben werden. Deshalb wurden zwei Elemente, die entbehrlich waren, David und die Enterprise, getötet, weil man sonst niemanden töten konnte. Das wirkliche Problem ist, was können wir sonst noch umbringen? Wir suchen nach Leuten, die sterben können. Das ist wie in den Kriegsgerichtsverhandlungen, in denen man in den Raum kommt, und wenn das Messer auf einen zeigt, ist man tot.«

DeForest Kelley scherzte: »Als ich das im Drehbuch las, konnte ich es nicht glauben! Ich dachte: ›Mein Gott, die Enterprise ist ein größerer Star als wir alle zusammen. Wenn sie die umlegen können, können sie das auch mit jedem von uns‹.«

»Es gibt in jeder Geschichte zwei wesentliche Elemente, ob es sich um Film handelt oder nicht«, erläuterte Harve Bennett. »Spannung und Überraschung. Man hofft entweder, daß ein Charakter in bestimmter Weise handelt, oder man ist überrascht, daß er so handelt. Die Überzeugung, mit der das Publikum sagt: ›Oh, nein, das werden sie doch nicht tun!‹ und die große Überraschung, wenn wir sagen: ›Oh ja, das tun wir‹. Es gibt einige Szenen in diesem Film, die auf die eine oder andere Reaktion spekulierten. Davids Tod ist ein gutes Beispiel für Überraschung, weil man mit den erwarteten Klischees spielt. Eine der Freuden beim Schreiben für den Film besteht darin, daß man beide Elemente voll nutzen kann. Beim Fernsehen sind Überraschung und Spannung begrenzt, weil die Episode immer damit enden muß, daß der Held überlebt.«

Ein sehr offensichtlicher Aspekt des Films war, daß Kirk und seine Leute Spock schließlich lebend und einigermaßen gesund wiederfinden würden. Spocks Rückkehr auf dem Höhepunkt des Films war etwas, bei dem Nimoy keine Nervosität verspürte.

»Ich war mir sicher, daß dies durch die Struktur der Geschichte funktionieren würde«, erzählte er dem »Official Star Trek Fan Club Magazine«. »Ich wollte auf keinen Fall einen geisterhaften Spock zeigen, so wie Alec Guinness in ›Star Wars‹. Es war mir natürlich klar, daß die Fans unbedingt wissen wollten, ob Spock nun zurückkam oder nicht. Zu dem Zeitpunkt, als der Film anlief, war die Frage wohl weniger, ob er zurückkommen würde, sondern wie er zurückkommen würde. Wenn so etwas interessant dargestellt wird, funktioniert es auch.«

Da Leonard Nimoy bis jetzt nur im Episodenfernsehen bei solchen Serien wie »The Powers of Matthew Star«, »Night Gallery« und »T.J. Hooker« Regie geführt hatte, war die Herausforderung, Bennetts Drehbuch auf die Leinwand zu bringen, natürlich sehr groß. Das eigentliche Filmen der Szenen bis hin zum Schnitt des Films war eine schwierige, aber auch anregende Aufgabe. Wegen seiner Liebe zu Star Trek und seinem Perfektionismus funktionierte dieser Film. Diese Art Hingabe hat allerdings auch einen Preis.

»Die Dreharbeiten begannen am 15. August 1983«, berichtete Nimoy und enthüllte auch, unter welcher Belastung er als Regisseur gestanden hatte. »Wir drehten 49 Tage lang, und das größte Problem, das ich hatte, war der Schlafmangel. Ich ging gegen 21.00 oder 21.30 Uhr ins Bett, stellte den Wecker auf 5.00 oder 5.30 Uhr und wachte gegen 3.00 voller neuer Ideen auf. Mein Gehirn lief auf Hochtouren. Ich litt unter einer konstanten Müdigkeit der besten Art.« Er lernte sehr viel während dieses Projekts, unter anderem, wie frustrierend es sein kann, sich selbst Regieanweisungen zu erteilen.

11. KAPITEL

»Wenn man sich selbst Regieanweisungen gibt, braucht man in jedem Fall Hilfe«, erklärte Nimoy. Er verließ sich dabei auf Harve Bennett, William Shatner, den Chefkameramann Charles Correll und andere. Es gibt »Leute hinter der Kamera, denen ich zu vertrauen gelernt habe. Ich muß immer wieder betonen, daß man solche Filme nicht allein macht. Man braucht sehr viel talentierte Unterstützung. Manchmal geht es einfach nur darum, daß hinter einem Dinge passieren, die man als Schauspieler nicht sehen kann. Mein größtes Problem, und das ist eigentlich recht idiotisch, war die Szene in der Krankenstation des Bird of Prey. Spock ist bewußtlos, und McCoy redet zu ihm. Nun war ich nicht nur selbst in der Szene, sondern ich mußte sie auch noch mit geschlossenen Augen spielen. Ich konnte noch nicht einmal sehen, ob der Schauspieler, mit dem ich die Szene spielte, so aussah, wie ich es wollte. Das machte DeKelley wahnsinnig. Er beschwört, daß ich ihm durch das Zucken meiner Augenlider Regieanweisungen geben wollte. Es war sehr schwierig. In gewisser Weise war ich sehr froh darüber, daß ich durch den Handlungsaufbau bedingt, nur sehr wenig schauspielern mußte.«

Bennett spricht über eine bestimmte Sequenz während Nimoys Regieführung. »Nimoy vollbrachte eine sehr große Regieleistung, als er Shatner dazu brachte, bei Davids Tod Gefühle zu zeigen. Shatner wollte die Szene stilisierter spielen. Das ist das einzige Mal, soweit ich weiß, daß Leonard: ›Verlaßt die Brücke!‹ sagte. Wortwörtlich sagte er: ›Würdet ihr bitte alle gehen. Ich möchte mit Bill sprechen‹. Ich habe ihn nie gefragt, was er zu Bill gesagt hat. Es war sehr persönlich. Es war etwas, was nur ein Regisseur einem Schauspieler sagen kann.«

Diese Szene war für das Drehbuch sehr wichtig. Es ist der Moment, in dem Kirk begreift, daß er einen Großteil des Kampfes gegen die Klingonen verloren hat, weil sie alles in Händen halten, daß er liebt oder um das er sich sorgt. Diese Szene hing von einer fesselnden, emotionalen, aber nicht übertriebenen Darstellung ab. Nimoy erklärte: »An dem Tag, als wir die Szene drehten, gingen wir beide in eine Ecke und diskutierten es langsam und privat in einer entspannten Atmosphäre. Ich sagte zu ihm: ›Du mußt Dich entscheiden, wie weit Du gehen willst. Wie weit Du diese Reaktion bringen willst. Ich denke, daß Du sehr weit gehen kannst, ohne daß es unglaubwürdig wird. Du könntest die Haltung des Admirals, des Helden, des Anführers, der jede Situation unter Kontrolle hat, abstreifen und uns einen Menschen zeigen, der verletzlich ist‹. Ehrlich gesagt, hat er sich weiter vorgewagt, als ich erwartet hätte. Und es war beängstigend. Wieviele Weltraumepen sieht man denn, in denen unser Held eine persönliche Nachricht erhält, zurücktaumelt und auf seinem eigenen Schiff hinfällt? So etwas sieht man nicht sehr oft. Es hat uns sehr viel Angst gemacht, aber wir hofften, man würde es als einen sehr berührenden Moment auffassen.

Wenn auch nur ein kleines Kind im Publikum gelacht hätte, wären wir alle tot gewesen. Wir machten mehrere Aufnahmen und nahmen dann die, in der es so aussah, als ob Bill wirklich die Kontrolle verloren hätte, zurückgetaumelt und gestürzt wäre. Es wirkte unabsichtlich, nicht wie eine Darstellung. Das hat mich sehr berührt. Ich halte diese Szene für eine der besten Arbeiten, die er je gemacht hat. Es wirkte, als ob er einen physischen Schlag bekommen hätte, als ob ihn jemand mit dieser Nachricht getroffen hätte. Er sah tief verletzt aus. Das ist eine der persönlichsten und verletzlichsten Arbeiten, die ich ihn je als Kirk habe abliefern sehen.«

Einer der interessantesten Regieaspekte war für Nimoy der Schnitt. »Eine der wichtigsten Fragen während des Schnittprozesses ist es, herauszufinden, wie und in welcher Reihenfolge man diese Geschichte erzählen will. Als wir den Rohschnitt auf der Leinwand sahen, bemerkten wir, daß die Wechselwirkung zwischen Szenen, Ideen und Charakteren nicht ganz in der richtigen Reihenfolge war. Das Puzzle war noch nicht völlig gelöst. Wir arbeiteten langsam darauf hin und entdeckten schließlich, wie das fertige Bild aussehen sollte.

Der Film floß erst richtig lebendig, nachdem wir einige der Eröffnungsszenen umgestellt hatten. Zum Beispiel, das, was wir als Kaperszene bezeichneten, in der die Samurai zusammenkommen, um die Enterprise zu stehlen. Die Szenen waren über das gesamte erste Drittel des Films verstreut, alles kleine witzige Momente. Wenn man dann jedoch zu den anderen Ereignissen schnitt, wirkte das irgendwie immer, als habe man den Spaß unterbrochen. Beim Schnitt zurück, mußte man erst wieder in Stimmung kommen. Und dann war die kurze Szene plötzlich zu Ende, man wurde unterbrochen und wieder von der Geschichte weggeführt.

Der einzige große Umbau während des Schnitts bestand darin, daß wir fast alle dieser Kaperszenen von dem Moment an, in dem Bill sagt: ›Die Antwort ist nein. Ich gehe trotzdem.‹ zusammenschnitten. Diese Sequenz wurde in sich selbst zum Trumpf, obwohl sie eigentlich mit Unterbrechungen geplant worden war. Ich glaube, 14 Minuten wurden aus der Rohfassung herausgeschnitten, und weitere 2 bis 3 Minuten folgten nach den Probeaufführungen. Wir blieben also sehr dicht an unserem Originalplan. Der Dank dafür gebührt dem erfolgreichen Drehbuch und der erfolgreichen Produktion des Films.«

»Star Trek III: The Search For Spock« wurde pünktlich und innerhalb des Budgets beendet. Für Bennett und Nimoy bedeutete das, daß sie gute Arbeit geleistet hatten.

»Für mich«, sagte Bennett, »geht es in diesem Film um Ehre, Freundschaft und Anstand und um Werte, die höher sind als unser komplexes Wertesystem, das wir vom Atomzeitalter geerbt haben. Es ist die Rückkehr zur Unschuld.«

Nimoy bemerkte: »Ich gab keine persönliche Erklärung ab. Das Hauptthema dieses Films ist die Freundschaft. Was sollte ein Mensch tun, um einem Freund zu helfen? Wie tief sollte eine freundschaftliche Verpflichtung gehen? Welchen Preis sollten wir zu zahlen gewillt sein? Und welche Opfer und welche Hindernisse werden diese Leute auf sich nehmen?

Das ist die Gefühlslinie des Films. Für mich ist das der Grund, warum es ihn gibt.«

11. Kapitel

Eine fruchtbare Suche

Das Material von Star Trek III fügte sich wunderbar zusammen, soweit es die Fans betraf. Der Film kam im Juni 1984 bei weitgehend positiven Kritiken heraus. Allerdings waren die Kritiker nicht so begeistert wie bei Star Trek II. »The New York Daily News« bemerkte: »Die dritte Fortsetzung ist zwar besser als der erste Teil, liegt aber weit hinter dem großartigen zweiten zurück. Es werden genügend aufregende Seiten angeschlagen – da kann man sicher sein – und, da die Gang nun wieder vereint ist, kann das Abenteuer weitergehen.«

Obwohl der Höhepunkt des Films offensichtlich war (es ist einfach nicht vorstellbar, daß sie Spock nicht finden würden), ist Star Trek III doch eine hervorragende Fortsetzung, die jedem der Charaktere einen glänzenden Moment zugesteht und die Tiefen des Kirk/ Spock/ McCoy-Dreiecks ausleuchtet.

Außerdem waren auch Nimoys Mitschauspieler begeistert von ihm.

William Shatner: »Nimoy hatte eigene Ansichten und wußte, was er tat. Er kann organisieren und hat Methodik. Er ist sehr kreativ. Ich freue mich auf unsere Arbeit bei Star Trek IV. Ich halte Star Trek III für einen sehr guten Film. Der Handlungsverlauf hätte vielleicht etwas komplizierter sein können, aber er war trotzdem sehr gut.«

DeForest Kelley: »Ich habe mir Star Trek III lieber als Star Trek II angesehen. Er kommt der Fernsehserie näher. Ich war schon seit Jahren der festen Überzeugung, daß Leonard bei einem Star-Trek-Film Regie führen könne und daß er alles machen könne, wozu er die Gelegenheit bekäme. Leonard ist ein Regisseur, der die Ansichten anderer akzeptiert, weil er weiß, daß es bestimmte Dinge gibt, die wir über unsere Figuren wissen und fühlen.«

George Takei: »Leonard bringt ein tiefgehendes Wissen der Serie, der Charaktere und der Beziehungen mit. Das war ein großer Vorteil. Außerdem ist er ein sehr intelligenter Mann und ein guter Künstler, also brachte er auch diese Qualitäten mit ein.«

Walter Koenig: »Star Trek III ist natürlich ein sehr erfolgreicher Film. Ich denke, daß man in ihm mehr als in den beiden ersten Teilen ein Familiengefühl und ein Gefühl der Zusammengehörigkeit und der Wärme spürt. Die Enterprise- Besatzung strahlt ein Gefühl der gegenseitigen Sympathie aus.«

Bei seiner ersten Regiearbeit in einem Kinofilm zog Leonard Nimoy den sprichwörtlichen Hauptgewinn, da Star Trek III sich mit den Einnahmen seiner Vorgänger messen konnte. Der Segen hing allerdings schief im Star-Trek-Universum. David Marcus war tot, die Enterprise zerstört und ihre ehemalige Besatzung waren jetzt Renegaten, die Starfleetbefehlen zuwider gehandelt hatten, um nach Spock zu suchen.

Damit war das Fundament für einen vierten Film gelegt, der sich schließlich als der populärste von allen erweisen würde.

12. Kapitel

Star Trek IV: Zurück in die Gegenwart

Nach dem großen Erfolg von »The Search For Spock«, überraschte es niemanden, daß Paramount die Ölquelle mit einem vierten Film noch einmal anzapfen wollte. Diese Reise begann weniger glatt, denn William Shatner gab bekannt, daß er James T. Kirk nur spielen würde, wenn der Admiral eine vernünftige Lohnerhöhung bekäme.

Sechs Monate vergingen, in denen der erneute Regisseur Leonard Nimoy und der Ausführende Produzent Harve Bennett auf eine Nachricht warteten. Während die Verhandlungen fortgeführt wurden, entwickelte man eine Variation des Star-Trek-Konzepts.

»Ich machte den Vorschlag, daß wir auch ohne Bill klarkommen könnten«, sagte Bennett, »wenn wir Star Trek am Anfang zeigen würden, so wie Ralph Winter vorgeschlagen hatte. Wir könnten sie in der Akademie zeigen. Diese Variante hatte schon bei einigen Filmen funktioniert, unter anderem bei ›Top Gun‹. So etwas funktioniert sehr gut. Aber die Ware wäre nicht mehr das selbe ohne die Stars gewesen. In diesem Argument liegt viel Wahrheit.«

Schließlich, nachdem acht Monate vergangen waren (und diese Verzögerung würde sich schließlich auf Shatner selbst auswirken, als er das Steuer von Star Trek V in die Hand nahm), unterschrieb Shatner einen Vertrag über zwei Millionen Dollar, und Star Trek IV konnte weitergehen. Zu diesem Zeitpunkt war allerdings schon einiges hinter den Kulissen passiert. Unter anderem wurde die Stimmung des Films und seine Handlung entwickelt, und es wurde klar, daß dieser Film das letzte Kapitel einer Trilogie werden würde, die überhaupt nicht geplant gewesen war, als Bennett die Produktion der Filmserie übernahm.

»Ich muß zugeben«, erläuterte Bennett, »daß ich während der Trilogie jeden Trick benutzte, den ich beim Fernsehen gelernt hatte. Ich kenne keine neuen Tricks mehr... aber ich muß welche finden, weil wir jetzt die Trilogie beendet haben und wir dorthin gehen müssen, wo noch nie ein Mensch gewesen ist. Wenn man das tut, dann muß man Sachen aufbauen, und das ist teuer. Hier sind die drei Tricks der Trilogie: Im Fernsehen würden wir Star Trek II eine ›bottle show‹ nennen. Das bedeutet zum Beispiel, daß die Handlung nur in einem Fahrstuhl stattfindet, der zwischen zwei Stockwerken hängt. Oder sie spielt sich in einem Bergwerksschacht ab, wo Leute verzweifelt versuchen, andere zu retten, die unten eingeschlossen sind und sehr viel reden. 65% Prozent des Films finden auf die eine oder andere Weise auf der Brücke der Enterprise statt. Das war auch die Kulisse für die Brücke der Reliant. Außerdem war sie ein Teil der Wissenschaftsstation. Wir benutzten diese Kulisse für 65% des Films, das sparte uns sehr viel Geld und Zeit. Wir drehten eine Szene, schickten die Leute raus, übermalten die Kulisse und hatten die Brücke der Reliant.«

»Star Trek III«, fuhr er fort, »war die klassische Fernsehfolge, in der einer der Hauptakteure sein Gedächtnis verliert. Das habe ich schon bei ›Mod Squad‹, ›Six Million Dollar Man‹ (dt.: »Der Sechs Millionen Dollar Mann«) und ›Bionic Woman‹ (dt.: »Die Sieben Millionen Dollar Frau«) gemacht. Normalerweise dreht man so eine Folge, wenn der Hauptdarsteller erschöpft ist und Erhohlung braucht. Er ist in einem komaartigen Zustand. In Star Trek III hatten wir einen Mann, der in einem Film Regie führte und das noch nie gamacht hatte, und wir hatten den Eindruck, daß es ihn umbringen würde, wenn er auch noch spielen müßte. Wir hatten mehrere Möglichkeiten, das umzusetzen, und wir entschieden uns schließlich dafür, eine riesige Kulisse zu bauen, den Genesis-Planeten. Während wir Spock suchten, führte er Regie. Bei Star Trek IV entschieden wir uns für Außenaufnahmen. Wir mußten dem Film ein wenig Größe verschaffen. Wie macht man das? Indem man Außenaufnahmen dreht. Wie dreht man Außenaufnahmen im 23. Jahrhundert? Indem man ins 20. Jahrhundert kommt.«

Leonard Nimoy sagte: »Uns wurde ziemlich früh klar, daß wir eine Zeitreisegeschichte machen wollten. Mit ›wir‹ meine ich Harve Bennett und ich. Das Studio bat uns um eine Geschichte, und in unserer ersten Unterhaltung ging es schon um Zeitreisen, was wir beide für eine gute Idee hielten. Wir wollten auch etwas mehr Humor als in den ersten drei haben. Der erste Film war überhaupt nicht komisch. Das war beabsichtigt. Er sollte die ernsthafte Studie eines Problems zeigen. Im zweiten Film gab es etwas Humor, ebenso im dritten. Aber dort hatten wir eine Menge ernsthafter Dramatik. Es ging um Leben und Tod. In Star Trek II stirbt Spock, in Star Trek III stirbt Kirks Sohn, die Enterprise wird gesprengt, Leute wurden ermordet und Planeten zerfielen. Ich hatte den Eindruck, wir sollten langsam etwas komischer werden. Das bedeutete, daß wir in einer Zeitreisegeschichte auf unsere gegenwärtige Erde zurückreisen würden, wo wir uns ein wenig über unsere Leute lustig machen könnten. Auf den Straßen wären sie nicht mehr in ihrem Element.«

Kurz darauf traf sich Nimoy mit mehreren Mitgliedern vom M.I.T und unterhielt sich mit ihnen über mögliche Kommunikation mit anderen Wesen.

»Wir sprachen darüber, daß eine außerirdische Intelligenz, die mit uns Kontakt aufnimmt, sehr lange brauchen würde, um sich verständlich zu machen«, erläuterte Nimoy. »Mich interessierte die Idee, daß ein Problem durch den Mangel an Kommunnikation ausgelöst wird. Ich wußte, daß Buckelwale dieses ungewöhnliche Lied singen, was wir nicht verstehen, was aber für sie offensichtlich eine Bedeutung hat. Sie teilen es sich gegenseitig mit, geben es weiter, wiederholen es. Es hat ein Format, dauert zwischen sechs und dreißig Minuten, und sie singen es immer wieder. Dann hören sie eine Weile auf, und dann verändern sie das Lied. Es hat eine sehr komplexe Struktur. Das ist sehr interessant. Wir wissen nicht, und wir werden vielleicht nie wissen, worum es in dieser Unterhaltung geht. Angenommen, etwas im 23. Jahrhundert versucht mit ihnen zu kommunizieren, und sie sind nicht mehr da. So kam die ganze Sache ins Rollen. Rein cineatisch ist es wesentlich herausfordernder und interessanter ins 20. Jahrhundert zu reisen, um zwei Wale zu holen, als sagen wir, zwei Insekten oder Pflanzen.«

Die Suche nach einnem Autor begann, und der Film sah sich plötzlich einem interessanten... Dilemma gegenüber. Eddie Murphy, damals eine Goldgrube für Paramount, hatte sehr deutlich gemacht, daß er Star Trek liebte und gerne im vierten Film mitspielen würde.

»Das Treffen mit Eddie Murphy war ein wenig bizarr«, sagte Bennett. »Er hatte in seperates Treffen mit Leonard. Leonard sagte: ›Er ist ein wenig merkwürdig‹. Er kam mit zwei Schlägern an, gut aussehenden Schlägern, und sie trugen alle Leder. Wir erzählten Eddie die Handlung, er dachte eine Weile darüber nach und sagte: ›Es ist gut. Gebt mir ein Drehbuch‹. Und er ging wieder. Wir saßen nur da und dachten: ›Wäre es nicht toll, Eddie Murphy in diesem Film zu haben‹. Später wurde das Studio aus gutem Grund ein wenig zurückhaltender. Man hat eine Ware namens Star Trek, die auf ihre Weise wunderbar funktioniert. Dann hat man eine Ware namens Eddie Murphy, die auf noch größere Weise funktioniert. Wenn man jetzt beide miteinander kombiniert, könnte sich das als sehr schlechter ökonomischer Schachzug erweisen. Sie könnten sich gegenseitig aufheben. Also war das Studio dagegen, aber Eddie hatte eine gewisse Macht, und er sagte, er sei sich noch nicht sicher, ob er den Film machen wolle oder nicht.

Das heißt, wir entwickelten einen Großteil der Geschichte mit der Möglichkeit im Kopf, daß Eddie Murphy mitspielen würde.«

Aus Anlaß des 20. Star-Trek-Geburtstags erschien in »Newsweek« am 22. Dezember 1986 diese Titelstory.

Wie üblich bei Star-Trek-Filmen, gelangte die Nachricht darüber schnell zu den Fans, und die Erinnerung an Richard Pryors Gastauftritt in »Superman III« ließ sie erzittern. Natürlich wurde eine Briefkampagne ins Leben gerufen.

Wie Harve Bennett sagte: »Die Fans, die unsere größte Hilfe sind, sind auch die größten Nervensägen. Sie wissen, daß ich sie liebe, also kann ich das auch sagen. Sie glauben, daß es ihnen gehört, und in gewisser Weise zahlen sie auch dafür. In jedem Fall fanden sie diese Sache heraus und leiteten die Neuigkeit weiter.«

»Star Trek bedeutet sehr viel für eine Menge unterschiedlicher Leute«, erwähnte Leonard Nimoy. »Manche Leute sehen die Serie, weil sie die Enterprise lieben, einige, weil sie die Weltraumschlachten lieben, andere wegen der Charaktere oder den Außerirdischen. Man hat aus vielen verschiedenen Gründen Spaß an Star Trek. Mir haben schon Leute gesagt: ›Wie konntest Du die Enterprise zerstören? Was ist denn Star Trek schon ohne die Enterprise?‹ Wir machen Dramatik. Wir machen Unterhaltung. Wir machen Fiktion. Wenn es jemanden gibt, der damit nicht umgehen kann und daraus eine persönliche Phantasie macht, dann ist das sein Problem. Ich denke, wir haben den Tod und die Auferstehung Spocks geschmackvoll, mit guter Dramatik und guten Science-Fiction-Elementen inszeniert. Wir machen Unterhaltung. Man sollte das nicht zu ernst nehmen.«

»The Voyage Home« wird geschrieben

Aufgrund ihres Drehbuchs »The Long Way Home«, einer schwarzen Komödie über die Leiden der Indianer im heutigen Amerika, wurden Steve Meerson und Peter Krikes für das Drehbuch zu Star Trek IV engagiert.

Meerson sagte: »Wir saßen in einem Raum mit Leonard und Harve, und Leonard sagte uns, er wolle eine Art Abreise machen, obwohl sie nicht wußten, was sie eigentlich wollten.«

Krikes fügte hinzu: »Sie wollten einen Film machen, der irgendwie auf ›City on the Edge of Forever‹ basierte...

Leonard begann über Plankton zu reden, Zellen, daß aus Zellen Plankton wird, daß irgendwas Plankton ißt, und an einem Punkt brachte er das Thema Wale in die Unterhaltung ein.

Und wir sagten: ›Wieso nehmen wir nicht einfach den Wal und das Wallied?‹ Das war unsere Idee, was nicht heißt, daß sich Leonard nicht über Wale informiert hatte. Im Gegenteil.«

»Leonard wußte wahnsinnig viel über die unterschiedlichsten Sachen«, erzählte Meerson. »Wir wurden im Februar 1985 engagiert und bis zum Mai oder Juni schrieben Peter und ich verschiedene Fassungen von dem, was einmal die Handlung werden sollte. Bevor wir mit dem Drehbuch anfangen konnten, mußten wir erst die Genehmigung des Studios einholen. Wir registrierten die Fassungen bei der Writer's Guild. Harve und Leonard gingen unser Handlungskonzept Punkt für Punkt mit den Studiomanagern durch, und wir bekamen grünes Licht.«

Die beiden Autoren bekamen zwei Anweisungen: Behaltet Eddie Murphy als eventuellen Gaststar im Kopf; denkt daran, daß die Figur des Admiral

12. KAPITEL

Kirk die treibende Kraft hinter jedem Aspekt der Geschichte sein muß.

»Man sagte uns, daß Kirk derjenige ist, der die anderen leitet«, erklärte Meerson. »Er muß nicht unbedingt die Idee haben, eine bestimmte Sache zu machen, aber es muß so aussehen, als hätte er die Idee. Das perfekte Beispiel dafür ist, wenn Spock die Computer des Bird of Prey benutzt und herausfindet, daß die Geräusche Wallieder sind. Kirk hat die Idee, in der Zeit zurückzureisen, obwohl Spock eigentlich der ist, der ihm die Idee suggeriert. Kirk spricht es aus, und so mußte es auch sein. Man sagte uns, daß Bill immer der Anführer sein müsse. Wenn man die Szene liest, sagt man: ›Spock hat die Idee‹, aber im Film wirkt Spocks Entdeckung, daß es Buckelwale sind, nicht so wichtig wie Kirks Idee, sie zu holen.«

»Visuell«, fügt Krikes hinzu, »ist die Szene zwischen Spock und seinem Vater am Ende auch ein Beispiel. Man fragt sich irgendwie: ›Wieso steht Captain Kirk dabei und hört sich das an?‹ Er muß ein Teil von allem sein.«

Natürlich erfuhren sie auch von der Kontroverse um Murphys Auftritt und davon, daß die Besetzung von der Idee nicht begeistert war.

»Ich denke, sie hatten alle Angst, daß Eddie sie zur Seite drängen würde«, überlegt Meerson. »Sie bekamen auch sehr viele negative Briefe von den Fans.«

Letztendlich war das alles viel Lärm um nichts, denn Murphy entschied sich auszusteigen.

»Ich bin ein Trekkie«, behauptete Murphy. »Ich habe Star Trek schon immer geliebt, und ich wollte einen dieser Filme machen. Ich wollte Star Trek machen, und deshalb kamen sie auf die Idee, ins Jahr 1987 zu reisen. Das Drehbuch wurde entwickelt, aber wir ließen die Idee schließlich fallen. ›Golden Child‹ (dt.: »Die Suche nach dem goldenen Kind«) wurde mir angeboten, und ich entschied mich, diesen Film zu machen, weil ich dachte, er sei besser für meine Karriere. Im Nachhinein hätte ich vielleicht doch besser Star Trek IV gemacht.«

Harve Bennett erklärte: »Wir sprachen mit jedem Autor, der uns einfiel. Schließlich fanden wir Steve Meerson und Peter Krikes, deren Arbeit sehr geschätzt wurde. Daraus wurde nichts. Zum Teil lag das, um fair zu sein, daran, daß wir ihnen einen männlichen Charakter untergeschoben hatten, der von Eddie Murphy gespielt werden sollte. Als Murphy ausfiel, mußten wir das Drehbuch umstrukturieren. Aber zu diesem Zeitpunkt war schon klar, daß es nicht funktionierte. Ehrlich gesagt, gibt es nur zwei Szenen im Film, die so sind, wie sie sie geschrieben haben. Eine ist herausragend, die Verfolgungsjagd im Krankenhaus, die noch ein wenig von Nick Meyer und mir aufpoliert wurde. Sie entwarfen auch die Basis für die Szene in der Plexiglasfabrik. Allerdings bekamen wir von ihnen kein Drehbuch, das uns gefiel oder das wir dem Studio hätten zeigen können.«

Wie man sich denken kann, reagierten Meerson und Krikes nicht sehr gut auf solche Kommentare.

Meerson sagte: »Alles im ersten, zweiten und dritten Akt ist genauso wie in unserem Drehbuch. Das einzige, was sich leicht verändert hat, ist, daß unser Eddie-Murphy-Charakter und die Meeresbiologin zu einer Figur vereinigt wurden. Eddie Murphy sollte einen Collegeprofessor spielen, der Englsich lehrte, allerdings war er ein Professor, so wie wir ihn alle einmal in den sechziger oder siebziger Jahren hatten, ein bißchen merkwürdig. Außerdem glaubte er an Außerirdische. Jeden Mittwoch eröffnete er seinen Unterricht mit einer Diskussion, in der Stimmung aufkam.«

Krikes sagte: »Er sollte Wallieder vorspielen. Das war es auch, was vom Schiff aufgefangen wurde.«

»Das war in der ersten Fassung, aber die zweite war etwas anders. Egal, wofür man eine erste Fassung schreibt, sobald die Produzenten, Darsteller und Regisseure auftauchen, ändert sich alles. Es wird dadurch nicht unbedingt besser. Aber unsere Stimmung im Drehbuch ist ziemlich genau die des Films. Es gibt zum Beispiel eine Szene, in der Eddie Murphy Catherine Hicks davon überzeugen will, daß Außerirdische auf der Erde sind. In der ersten Fassung war Catherine Hicks eine Reporterin. Außerdem gab es noch einen Meeresbiologen. Gillian Taylor war schließlich die Verbindung von ungefähr drei Charakteren. Murphy glaubte an Außerirdische und sah, wie sie sich in den Klassenraum beamten.«

»Er gibt einmal zu oft falschen Alarm«, bemerkte Meerson. »Niemand wollte ihm glauben, also folgte er der Besatzung auf eigene Faust. In einer Szene klaut er Kirk einen Phaser, bringt ihn der Reporterin und sagt: ›Hier, sie existieren wirklich‹. Und sie sagt: ›Was ist das?‹ und legt die Waffe beiseite, wobei sie sie versehentlich aktiviert. Der Phaser landet auf dem Boden, und die Katze springt von der Couch. Wir folgen der Frau ins Schlafzimmer, und sie geht schlafen. Währenddessen läßt die Katze Sachen aus dem Appartment verschwinden, indem sie auf den Phaser schlägt. Als die Reporterin aufwacht, stellt sie fest, daß alle ihre Möbel weg sind.«

»Das sind nur die Nebensächlichkeiten«, bemerkte Krikes. »Wenn man sich unser Drehbuch und den Film ansieht, bemerkt man, daß sich kaum etwas geändert hat. Zum Beispiel die Szene, in der Eddie Murphy in den Park geht, um den Außerirdischen Geschenke zu machen und gegen das unsichtbare Schiff läuft...

»...Was Catherine Hicks tat, als sie in den Park lief, um Kirk zu suchen. Die Struktur ist völlig gleich. Außerdem hält sie sich an Kirks Hüfte fest, Eddie Murphy griff nach seinen Fußknöcheln. Murphy verabschiedet sich von Kirk, der wird gerade weggebeamt, und Murphy hält sich an seinen Knöcheln fest und läßt sich mit hochbeamen. Er geht ins 23. Jahrhundert, und er salutiert vor Kirk, als sie die zweite Enterprise bekommen. Erinnern Sie sich daran, wie Spock den Typen im Bus betäubt? In unserer Fassung passierte das in der U-Bahn. Man kann sich nicht vorstellen, wie frustrierend das ist, wenn man zusehen muß, wie andere Leute das Lob für etwas kassieren, was man selbst gemacht hat.«

»Außerdem entfernten sie noch eine ganze Menge von dem, was wir für qualitativ gut hielten«, bemerkte Krikes. »Es ist interessant, wie gewisse Dinge runtergespielt wurden. Wir dachten monatelang darüber nach, wie man auf der Erde, wo es so etwas nicht gibt, an Dilizium kommen könnte. Wir bauten eine Szene ein, in der sie in die

12. KAPITEL

Stanford University einbrechen und deren Linearbeschleuniger mit den Elementen laden, die sie zur Verfügung haben. Spock mußte an der Veränderung der Elemente arbeiten.

Sie vereinfachten diese Sequenz sehr, indem sie einfach sagten: ›Wir stecken diese kleine Maschine obendrauf, die das in irgendwas verändert‹. Das war sogar eine gute Idee, weil unsere nicht in den Film gepaßt hätte.«

Das heißt natürlich nicht, daß es nicht auch einige bedeutende Unterschiede gegeben hätte, unter anderem auch die Idee, daß Lieutenant Saavik durch ihre Pon-Farr-Sequenz mit dem jungen Spock in Star Trek III schwanger war.

»Es gab eine Szene mit Kirk auf der Bird of Prey«, erinnert sich Krikes. »Sie schnitten fünf Zeilen heraus. Kirk sagt zu Saavik: ›Haben Sie es ihm bereits gesagt?‹ Und sie antwortet: ›Nein, ich nehme Mutterschaftsurlaub‹.«

»Deshalb steht sie mit Amanda zusammen, als der Bird of Prey losfliegt«, eröffnete Meerson. »Amanda weiß, daß sie Spocks Kind trägt.

Sie schnitten einfach nur fünf Zeilen aus einem Dialog heraus, und die ganze Sache war verloren. Vermutlich wird sie in ein paar Jahren in einem Drehbuch von Harve Bennett wieder auftauchen.«

Meerson sagte: »Man trifft sich zu einer Story-Besprechung mit Harve Bennett, die acht Stunden dauert. In der ersten Stunde sagt man etwas, und in der achten Stunde sagt er: ›Was haltet ihr davon?‹ Und er schlägt genau das vor, was man acht Stunden vorher gesagt hat.«

Krikes erinnert sich an eine andere Veränderung: »Sie änderten die erste Zeitreise-Sequenz. Anstelle dieser furchtbaren Szene, die aussieht wie russische Science Fiction, ließen wir sie einen Katapult-Effekt um Jupiter und Mars benutzen. Außerdem, als sie im 20. Jahrhundert auftauchten, hatten sie Nebel. Sie senkten die Monitore und hörten plötzlich Applaus und Jubelrufe. Dann kamen sie aus dem Nebel heraus und fanden sich direkt über einem Footballstadion, wo sie von allen für die Pausenunterhaltung gehalten werden. Daraufhin tarnen sie sich wieder und fliegen weg.«

Meerson erklärte: »So führten wir den Eddie-Murphy-Charakter ein. Er ist bei dem Spiel dabei und ist der einzige, der das glaubt, was er gerade gesehen hat. Ich hielt das für eine tolle Szene. Außerdem gefällt mir unser Ende besser. Der Handlungsablauf ist der gleiche. Nachdem sie von dem Shuttle abgeholt werden und die Erde gerettet ist, schneiden wir zu dieser kleinen Kammer, wo sie auf ihren Prozeß warten.

Sie fragen sich, ob sie alles noch einmal so machen würden, wenn sie es könnten...

»...Und sie sagen, sie würden es. Wir schneiden auf Spock und Sarek, die die gleiche Unterhaltung wie im Film haben. Sie war eigentlich viel versöhnlicher, aber sie nahmen eine halbe Seite Dialog heraus, was einiges veränderte.«

Krikes fügte hinzu: »Eigentlich sagte Sarek nur: ›Du bist ein halber Mensch, das werde ich zwar nie verstehen, aber ich akzeptiere dich‹.

Davon schnitten wir zurück in den Raum. Jemand klopft und sagt, es sei Zeit, zum Prozeß zu kommen. Sie steigen in ein kleines Shuttle, fliegen durch diesen endlos langen Tunnel und gelangen zum Andockgebiet... ihnen zujubeln.«

Meerson lächelt bei der Erinnerung daran: »Sie sind alle verwirrt und fragen den Piloten, wo er sie den eigentlich hinbringt. Daraufhin steigt das Shuttle höher, und man sieht die neue Enterprise. Das wäre wesentlich emotionaler gewesen als die Szene, in der sie von einigen Anklagen freigesprochen werden. Man hätte das in drei Sequenzen filmen können. Mit dem Jubel der Leute und den Freudenschreien wäre das ein emotionaler Höhepunkt gewesen. Harve mag ›Bücherstützen‹, deshalb beginnt der Film mit einem Prozeß und endet mit einem. Wir haben uns mit ihm immer darüber gestritten. Man braucht das nicht, weil jeder verstehen wird, warum. Man hätte sie einfach zum Schiff bringen sollen. Das hätte alle überrascht, man hätte nicht darauf gewartet, daß es passiert. Rein strukturell gesehen, machten sie da einen Fehler.«

Meerson und Krikes betonen, daß sie begeistert waren, als sie wegen des Films angesprochen wurden, aber herausfanden, daß der Weg zur Leinwand nicht unbedingt leicht ist. Eine Schwierigkeit war, allen Charakteren Handlungsmöglichkeiten zu verschaffen, eine andere, das, was mit ihrem Drehbuch geschah, nachdem sie es eingereicht hatten.

»Man sagte uns, wir sollten uns nur um Kirk, Spock und McCoy kümmern«, sagte Meerson. »Für sie sind das die einzigen wichtigen Leute.«

Krikes fügte hinzu: »Sie strichen auch eine Szene, die sich mit der Sterblichkeit und dem Alter unserer Leute beschäftigte.

Meine Lieblingsszene war die, in der sich Bones und Scotty darüber unterhalten, daß sie eigentlich schon zu alt für solche Sachen sind. Ich persönlich denke, sie [DeForest Kelley und James Doohan] hätten diese Szene sehr gerne gespielt. Die beiden saßen auf einer Parkbank am Union Square, außerhalb ihrer Zeit und ihres Raums und sagen: ›Wir werden wirklich zu alt. Wenn wir es jemals wieder nach Hause schaffen, sollten wir das alles vielleicht aufgeben und in Pension gehen.‹ Dann entschieden sich beide, daß sie niemals in Pension gehen würden, weil es im Leben mehr geben muß, als auf seinem Hintern zu sitzen.«

Wie bereits bemerkt, wendete Bennett seine Aufmerksamkeit anderen Autoren zu, nachdem Eddie Murphy das Projekt verlassen hatte. Eine seiner ersten kreativen Entscheidungen war, aus dem Eddie-Murphy-Charakter eine Meeresbiologin zu machen, die gleichzeitig als Kirks Liebesbeziehung dienen sollte.

Bennett erinnert sich: »Ich weiß, daß ich sagte: ›Es ist zwar abgegriffen, aber eine Frau ist einfach besser. Kirk hat seit langem nicht mehr mit einer Frau zusammen gespielt, und das macht er so gut. In der ganzen Serie ging es eigentlich nur um die Frau der Woche. Erinnerst Du Dich, an diese Waldokumentation, die wir sahen? Die junge Frau verabschiedet sich von den Walen, die Marineland verlassen müssen, weil das Weibchen schwanger ist und Marineland sie nicht länger behalten kann. Sie war verzweifelt. Erinnerst Du Dich an diesen Charakter? Das ist die Frau, die wir brauchen.‹ Leonard hielt das

12. KAPITEL

für toll. Wir waren also soweit, daß wir ein neues Drehbuch für unseren Film brauchten. Zum Glück fanden wir heraus, daß Nicholas Meyer gerade zur Verfügung stand.«

In dem Magazin »Cinefantastique« sagte Meyer dem Journalisten Dennis Fischer: »Ich kam zu Nummer IV, weil sie mit dem anderen Drehbuch nicht zufrieden waren. Dawn Steele, der damals Chef von Paramount war, rief mich an und fragte, ob ich ihnen einen großen Gefallen erweisen könne. Ich sagte: ›Für Harve und Leonard. Natürlich.‹ Sie hatten ein Drehbuch, das, soweit ich weiß, für Eddie Murphy als Gaststar gedacht war. Ich habe es nie gelesen, also bin ich mir nicht sicher. Aber sie waren nicht zufrieden damit. Sie wollten ein zweites Drehbuch nach ihrer Originalgeschichte schreiben. Harve sagte: ›Ich möchte, daß Du folgendes machst: Ich schreibe die ersten 20 bis 25%, Du übernimmst, wenn sie zur Erde kommen, schreibst die gesamten Erdszenen, und dann übernehme ich den Schluß‹. Wir lasen die Sachen des anderen. Mein Beitrag beginnt mit Spocks Witz: ›Vom Grad der Verschmutzung ausgehend, würde ich sagen, daß wir im späten 20. Jahrhundert angekommen sind‹ und endet irgendwann, nachdem sie die Wale bekommen haben und die Erde verlassen. Ich las das andere Drehbuch nicht, weil ich dachte, es würde mich nur verwirren. Außerdem gefiel es ihnen nicht. Also, was solls?«

Bennett erinnerte sich: »Nick und ich schrieben das endgültige Drehbuch zu Star Trek II in zehn Tagen. Für dieses hier brauchten wir ungefähr zwanzig, und es war ziemlich leicht, weil ich den ersten und den dritten Akt und Nick den zweiten nahm. Von der Struktur her bedeutet das, daß ich das Problem und die Zeitreise brachte, er uns durch San Francisco trug, und ich uns wieder zurückbrachte. Das war für mich wie Atmen, weil es reinstes Star Trek war; für ihn war es auch wie Atmen, weil er durch seine Mißachtung den ganzen Spaß erzielt. Dann tauschten wir die Seiten aus, er überarbeitete meinen Teil ein wenig, ich seinen, wir fügten alles zusammen und erhielten ein Drehbuch. Nick sagte immer, das Problem mit dem Drehbuch sei, daß es fünf Endszenen gäbe. Und er hatte recht. Er schlug vor, daß die Wale die Erde retten und wir das als Ende nehmen. Ich hielt dagegen, daß dieses Ende für den hoffentlich großen Teil des Publikums wäre, der Star Trek noch nie gesehen hat. Aber wir müssen für die Leute, die Star Trek bereits kennen, unsere Trilogie beenden. Das heißt, wir müssen sie zurückbringen, sie vom Haken lassen und ihnen die Enterprise zurückgeben. Das müssen wir tun, damit Star Trek nach diesem Film wieder am Ausgangspunkt angekommen ist und sich von da aus in jede beliebige Richtung entwickeln kann. Das ist nur fair. Außerdem ist es das, was die Fans wollen. Also machten wir es so. Wir behielten jedes Ende bei.«

In der endgültigen Fassung beginnt »Star Trek IV: The Voyage Home« mit einer außerirdischen Sonde, die die Erde zu zerstören droht. Kirk, Spock, McCoy und der Rest, die gerade mit dem Bird of Prey auf dem Weg nach Hause sind, um sich den Behörden zu stellen, finden heraus, daß das Signal in der Sprache der Buckelwale, einer Spezies, die seit dem 23.

Jahrhundert ausgestorben ist, übertragen wird. Sie reisen mit dem klingonischen Schiff zurück zur Erde, ungefähr ins Jahr 1987. Dort begegnen sie der Meeresbiologin Gillian Taylor, die eine wichtige Rolle bei der Beschaffung der Buckelwale spielt und schließlich mit ihnen in die Zukunft reist. Dort wird sie, nachdem die Buckelwale zu der Sonde gesungen haben und die Erde damit gerettet ist, zur Besatzung eines Wissenschaftsschiffes hinzustoßen. Unsere Leute werden von allen Anklagen freigesprochen, und man bringt sie auf die brandneue Enterprise.

Meyer, der sich am Ende von Star Trek II heftig gegen eine mögliche Rückkehr Spocks gewehrt hatte, sprach sich auch gegen Gillians Reise durch die Zeit aus: »In meiner Drehbuchfassung bleibt sie zurück. Sie sagt, wenn man verhindern wolle, daß solche Katastrophen noch einmal passieren, müsse jemand zurückbleiben und dafür sorgen. Ich halte das für das richtigere Ende. Das Ende des Films lenkt davon ab, wie wichtig es ist, daß Leute in der Gegenwart die Verantwortung für unsere Umwelt übernehmen und die Probleme der Zukunft verhindern, indem sie jetzt schon handeln. Das ist besser, als sich der Fantasie hinzugeben, daß man durch die Zeit in die fast schon utopische Gesellschaft der Star-Trek-Ära reisen kann.«

Obwohl allgemein bekannt ist, daß Überarbeitungen ein Teil jedes produzierten Drehbuchs sind, waren die Autoren Meerson und Krikes trotzdem geschockt, als sie herausfanden, daß Harve Bennett und Nicholas Meyer als Hauptautoren für Star Trek IV angegeben werden sollten. Das führte zu einer Schlichtung der Writer's Guild.

Steve Meerson sagte: »Harve wollte seine Ärmel hochrollen und das Buch, so wie er es nannte, auftrekken, womit er implizierte, wir hätten von Star Trek keine Ahnung, was gelogen war. Wir wußten nicht, daß er dem Studio solche Sachen sagte wie: ›Sie liefern uns heute den ersten Akt‹, was er allerdings uns nicht sagte. Das Studio war natürlich sauer auf uns und verlangte den ersten Akt. Harve behauptete daraufhin, er hätte das nie gesagt. Sie reden hier mit zwei Leuten, die ihr Büro sieben Monate lang nicht verließen. Wir arbeiteten sieben Tage die Woche, man schob uns das Essen unter der Tür durch. In unserem Teil der Schlichtungserklärung hieß es: ›Wenn es vorher schon eine Geschichte gegeben hat, was taten wir dann in den sieben Monaten, in denen wir sieben Konzepte schrieben, aus denen das Drehbuch entstehen sollte?‹«

Krikes bemerkte: »Ich weiß nicht, ob Ihnen klar ist, wie eine Schlichtung funktioniert, aber das Studio muß innerhalb von drei Tagen nach Beendigung der Dreharbeiten alle geschriebenen Materialien an die Writer's Guild weitergereicht haben. In diesem Fall brauchten sie zwei Monate dafür. Sie versuchten, unsere Namen aus dem Drehbuch zu bekommen.«

»Es gibt eine Regel, auf die man sich verlassen kann«, erläuterte Meerson. »Die Leute, die bei einem Drehbuch, das der Writer's Guild zur Schlichtung vorgelegt wird, schließlich an erster Stelle stehen, haben den Löwenanteil der Arbeit gemacht. Peter und ich hatten Glück, daß wir überhaupt genannt wurden. Sie haben eine sehr gut geölte Maschine, die nicht sehr nett zu Außenseitern ist. Wir sind nicht die ersten, denen so etwas passiert ist. Wir haben lange daran gekaut, aber es hat uns letztendlich keine großen Probleme bereitet, weil jeder wußte, daß die Story von uns war. Man kennt unsere Arbeit. Star Trek IV war völlig anders als die übrigen Filme, und wir waren die einzigen Neuzugänge.«

Beide Männer haben viel aus dieser Erfahrung gelernt und halten sie – trotz allem – für etwas, auf das man stolz sein kann.

»Man kann das so zusammenfassen. Wir lernten, immer mit dem Rücken zur Wand zu sitzen und zuerst herauszufinden, was auf der anderen Seite der Wand ist«, sagte Peter Krikes. »Es war eine wirkliche Achterbahnfahrt, und bis jetzt ist es der erfolgreichste Film der Serie. Das ist ein tolles Gefühl.«

Steve Meerson bemerkte: »Wenn man in eine Story-Besprechung mit Leuten geht, die konstant deine Ideen als die eigenen ausgeben, muß man Notizen machen, Memos schreiben, Memos über anstehende Entwicklungen bestätigen, alles, was man schreibt registrieren lassen und mit dem Schlichtungsprozeß vertraut sein, der eigentlich Autoren schützen sollte, es aber nicht tut. Es ist sehr politisch. Man lernt, welche Wege einem offenstehen, und man wird erwachsen. Man lernt, daß man niemandem trauen kann.

Auf der anderen Seite sind wir aber auch beide glücklich darüber, daß wir ein Teil von etwas waren, das für immer weitergehen wird. Es sagte Dinge, die gesagt werden mußten. Es gibt dort einige wichtige Botschaften, und in diesem Rahmen zu arbeiten, war sehr aufregend. Es fällt mir schwer, das zu sagen, aber es war den ganzen Ärger wert.«

Die Reise wird beendet

Obwohl die Stimmung bei Star Trek IV im allgemeinen sehr gut war, gab es doch einige Probleme zwischen Leonard Nimoy und Harve Bennett, die angeblich darin gipfelten, daß Harve Bennett aus dem Set geworfen wurde.

Im »Captain's Logbuch« erklärte Bennett: »Ich bin emotional von Leonard Nimoy zusammengeschlagen worden. Ich respektiere seine Arbeit, aber im Übergang von III zu IV begann Leonard mich im bezug auf die Autorenschaft des Films als Hindernis zu sehen. Ich war nicht mehr nur der Mann, der nein sagte, ich war der Mann, der intrigierte... Sie wissen schon. An einem Punkt wurde es dann ziemlich gemein – aus seiner Richtung. Ich dachte die ganze Zeit nur: ›Wer braucht diese Scheiße?‹«

Jemand aus der Produktion, der anonym bleiben möchte, fügte hinzu: »Harve wurde von den Dreharbeiten verbannt. Leonard und er sprachen die halbe Zeit kein Wort miteinander. Sie hatten einen größeren Streit, und Harve flog vom Set.«

Nimoy sprach mit der Presse nicht über diese Vorkommnisse, erläuterte aber die Herausforderung, in einem Film nicht nur Regie zu führen sondern auch mitzuspielen. »Es war physisch anstrengend«, sagte er, »aber es machte mir auch Spaß, weil ich Spock in diesem Film sehr gerne spielte. Er ist ein ganz anderer Spock. Ein Spock, der sich entwickelt, der verwirrt ist. Er versucht herauszufinden, wer er sein soll und was er tun soll. Es machte Spaß, ihn so zu spielen, aber es war körperlich sehr hart, weil die Tage so lang waren. Wenn man in einem Film nur Regie führt, ist das schon hart. Wenn man auch noch mitspielt, ist es noch härter. Dann kommen noch die zwei Stunden Make-up jeden Morgen hinzu, was bedeutet, daß man um 5.00 Uhr morgens da sein muß. Aber dieser Spock ist witzig. Er ist auch sehr bewegend. Es ist ein sehr bewegender Moment, wenn Spock seine Identität entdeckt. Das passiert, als Kirk und McCoy sich gerade darüber unterhalten, was sie mit Chekov machen sollen, der im Krankenhaus ist. Spock sagt: ›Wir müssen Chekov helfen‹. Kirk fragt: ›Ist das logisch, Spock?‹, und Spock antwortet: ›Nein, aber es ist menschlich.‹ Ich hoffe, das Publikum fand das bewegend. Das ist die Art Szene, in der man sagt: ›Das ist Spock. Er hat seinen Weg gefunden.«

Als Regisseur hält Nimoy diesen Film für wesentlich ehrgeiziger und aufregender als seinen Vorgänger.

»Wir waren zum ersten Mal außerhalb der Kulissen«, begeistert er sich. »Die ersten drei Filme fanden fast komplett in den Kulissen statt. In Star Trek I waren wir einige Tage draußen; in Star Trek III waren wir ein paar Nächte draußen, um die Außenaufnahmen auf Vulcan zu drehen. Bei diesem Film gab mir die Möglichkeit, Außenaufnahmen zu drehen, sehr viel Energie. Den anderen Schauspielern ging es ebenso. Außerdem hatte ich etwas mehr Zeit. Ich drehte Star Trek III in neunundvierzig Tagen, dieses Mal hatte ich dreiundfünfzig. Eigentlich hatte ich siebenundfünfzig, aber ich wurde vier Tage früher fertig.«

Wenn man sagt, daß »Star Trek IV: The Voyage Home« ein großer Erfolg war, ist das eine Untertreibung. Er spielte 126 Millionen Dollar ein und wurde vom Publkum, den meisten Kritikern und einigen Besetzungsmitgliedern zum besten der Serie erklärt.

William Shatner: »Wir fanden etwas in Star Trek IV, das wir noch nie klar festgelegt hatten, was nur beweist, wie leicht man das Offensichtliche übersehen kann. Die besten Momente in Star Trek hatten einen ihnen innewohnenden Humor, der fast schon, aber nie ganz ironisch war. Wir müssen uns alle innerhalb der Realität bewegen. Es ist, als hätten die Charaktere in diesem Stück große Freude an sich, eine Lebensfreude.

Diese Energie innerhalb der Charaktere erscheint fast schon ironisch, ist es aber nicht, weil man das ebenso realitätsnah spielt, wie man es in einem Gegenwartsdrama machen würde, das sich mit dem heutigen Leben beschäftigt.«

DeForest Kelley: »Ich hatte immer das Gefühl, daß die Familie im Zentrum von Star Trek liegt. Es geht immer um diese Gruppe von Leuten, die auf den bizarrsten Welten zusammenarbeitete. Deshalb war die Serie so erfolgreich. Der größte Fehler des ersten Films war, daß sie uns ignorierten und an uns vorbei arbeiteten. Es hat zwar eine Weile gedauert, aber wir haben dank Leonard wieder zurückgefunden.«

Die *Star-Trek*-Originalbesetzung: DeForest Kelley (Dr. Leonard »Bones« McCoy), Leonard Nimoy (Mr. Spock) und William Shatner (Captain James T. Kirk). (Photo © G. Trindl/ Shooting Star)

Gene Roddenberry, geistiger Vater von »Star Trek« und »The Next Generation«, entspannt sich im Transporterraum der Enterprise. (*Photo © David Strick/ Onyx*)

12. KAPITEL

James Doohan: »Star Trek IV war einfach toll. Es machte Spaß, den Film zu machen, und es macht Spaß ihn zu sehen. Bis dahin war Star Trek II unser bester Film gewesen – wegen Ricardo Montalban. Aber Star Trek IV war reizend und komisch, und jeder liebte den Film allein deswegen. Außerdem gab es diese großartige Kameradschaft zwischen den Charakteren. Die Fans lieben die Wortgefechte.«

George Takei: »Ich halte ›Star Trek IV‹ für den wahrscheinlich erfolgreichsten Star-Trek-Film, den wir gemacht haben. Er vereinigte die Elemente, die auch schon die Fernsehserie erfolgreich machten. Er enthielt die Beziehungen zwischen den Charakteren, die die Serie so zugänglich machten. ... Außerdem kommentierten wir ein sehr aktuelles Thema, indem wir darlegten, daß man einen Preis zu zahlen hat, wenn man mit der Umwelt herumspielt.«

Nichelle Nichols: »Der erste Film ist gute Science-fiction, solange man ihn nicht als Star-Trek-Film betrachtet. Leider tat das jeder, und deshalb scheint es der Film zu sein, den die Leute am wenigsten mögen. Der zweite Film konzentrierte sich auf Spocks Tod, der dritte brachte Spock zurück. Es war nicht genug Zeit da, um die Sachen einzuführen, die Star Trek so einzigartig machen. Das passierte erst in Star Trek IV. Der Humor und die Action waren da. Die Idee mit den Walen war wunderbar. Der Film ging in die Richtung, in die schon die alte Serie ging.«

Walter Koenig: »Ich halte ›Star Trek IV‹ für einen wunderbaren Film. Für mich lag die größte Überraschung darin, Leonard schauspielern zu sehen, weil ich ihn vorher noch nie in den Filmen gesehen hatte, außer in den Szenen, wo er hinter uns auf der Brücke stand, aber die individuellen Szenen und die mit Bill, die hatte ich noch nie gesehen. Er hat nie eine bessere Darstellung als Spock gegeben. Er behält die emotionale Distanz, aber gleichzeitig gibt er seinem Charakter einen Sinn für Mitgefühl. Ich freue mich für ihn, über seinen Erfolg, über den Erfolg des Films, und ich bin sehr froh, ein Teil davon gewesen zu sein.« Leonard Nimoy faßte seine eigenen Eindrücke über den Film folgendermaßen zusammen: »Im ersten Film hatten wir das Gefühl, einen Kinofilm drehen zu müssen. Nick Meyer brachte die Spritzigkeit zurück. Im dritten Film versuchte ich, die Auferstehung würdevoll abzuhandeln und dem Film ein Gefühl des Mystizismus und der Verwunderung zu geben. Aber vor allem wollte ich die Loyalität dieser Leute einfangen, die bereit sind, sich selbst und ihre Karrieren zu opfern, um Spock zu helfen. Nachdem ich das getan hatte, wollte ich im vierten Film Spaß haben. Bis dahin waren ständig Leute gestorben, deshalb entschloß ich mich, daß in diesem Film keiner sterben sollte. Niemand sollte jemanden erschießen oder schlagen, oder sonst irgend etwas. Sollte jemand verletzt werden, dann nur durch einen Unfall.«

»Ich bestand darauf, keinen Bösen einzusetzen«, sagte Nimoy abschließend. »Wir hatten zwei Filme hintereinander gedreht, in denen es einen richtig bösen Charakter gegeben hatte. Ich wollte das nicht mehr. Probleme würden durch die Umstände auftauchen, durch Unwissenheit, Unaufmerksamkeit, Gleichgültigkeit – nicht durch eine Person. Ich hoffe, wir haben mit diesem Film den Kreis geschlossen. Das ist auch einer der Gründe, warum wir ihn ›The Voyage Home‹ genannt haben. Wir sagen: ›Habt Spaß, genießt den Film und stört euch nicht daran, daß wir ab und zu vielleicht ein paar Ideen einfließen lassen.‹«

13. KAPITEL

Star Trek V: Am Rande des Universums

Star Trek IV war ein großer Erfolg bei den Kritikern wie auch beim Publikum und erreichte das Ziel, ein Star-Trek-Film zu sein, der auch dem allgemeinen Publikum gefiel. Daher war die Nachfolge schwer, was niemand abstreiten wird, am allerwenigsten William Shatner. Der Schauspieler hatte, wie schon erwähnt, in seinem Vertrag zum vierten Film darauf bestanden, im fünften Teil Regie zu führen. Immerhin hatte Leonard Nimoy schon zwei Mal diese Gelegenheit gehabt, und Shatner wußte, daß er vertragsmäßig das gleiche Recht hatte.

Im »Captain's Log« berichtete Shatner: »An einem Punkt trafen sich Leonards Anwälte mit meinen Anwälten und entwarfen eine Klausel, die besagte, daß er alles kriegen sollte, was ich bekam, und umgekehrt. Am Anfang bekam ich mehr Geld, was bedeutete, daß Leonard jede Gagenerhöhung, die ich erhielt, auch bekam. Ich verschaffte Leonard sehr viel Geld damit, daß ich ihm die gleiche Gage verschaffte, die ich bekam. Wir scherzten oft darüber, wieviel ihm diese Klausel eingebracht hatte.

Schließlich war aber die Tatsache, daß Leonard in einem Film Regie geführt hatte und mir deshalb das gleiche Recht zustand, am wichtigsten.«

»Ich habe ein Leben lang davon geträumt, Regie zu führen«, begeisterte sich Shatner an anderer Stelle. »Es ist mein Geschäft, Leute zu unterhalten und ihnen meine Gefühle mitzuteilen. Die Regie ist dazu am besten geeignet. Alles steht und fällt mit der Regie. Ein wirklich guter Regisseur hat eine eigene Sichtweise seines Films, und alle anderen Fähigkeiten entwickeln sich aus dieser Sichtweise. Ich wollte immer unterhalten, und ich denke, das kann ich mit meiner Sichtweise. Ich habe den Eindruck, daß ich alle meine Fähigkeiten sammeln kann, um die Leute zum Lachen oder zum Weinen zu bringen. Ich wollte mehr machen. Ich habe es nicht so weit durchgeführt, wie ich wollte. Ich denke, die Filme sind reifer als die Serie, und wir müssen dem Publikum diese Reife verdeutlichen. Ich denke, das habe ich getan.«

Als die Produktion des vierten Films beendet war, begann Shatner sich mit dem nächsten Kapitel der Serie zu beschäftigen. Er hatte bereits einen Handlungsverlauf im Kopf, der auf seiner Faszination für Fernsehprediger beruhte, die glauben, daß Gott und niemand anders durch sie spricht. »Ich nahm die Persönlichkeit eines Fernsehpredigers und schuf daraus einen heiligen Mann, der glaubte, Gott habe zu ihm gesprochen«, sagte Shatner. »Er glaubte, Gott habe ihm gesagt: ›Ich brauche viele Gläubige, und ich brauche ein Gefährt, um mein Wort im Universum zu verbreiten‹. Dieses Gefährt war die Enterprise, die der heilige Mann kapern sollte, nachdem das Raumschiff zur Befreiung der Geiseln, die er genommen hatte, angereist war... Schließlich erreicht die Enterprise den Planeten, wo Gott sich angeblich aufhält, im Zentrum des Universums... Kirk, Spock, McCoy und der heilige Mann werden auf den Planeten heruntergebeamt. Der sieht aus wie Zeichnungen aus Dantes Inferno, eine brennende Hölle. Als Gott auftaucht, wirkt er auch wie Gott... aber langsam, während einer Unterhaltung zwischen Gott und dem heiligen Mann, bekommt Kirk das Gefühl, daß etwas nicht stimmt, und er beginnt Gott herauszufordern. Gott wird immer wütender und zeigt schließlich sein wahres Gesicht, das des Teufels... Das war eigentlich meine Geschichte: daß sich der Mensch Gott immer wie sich selbst vorstellt, aber diese Vorstellungen verändern sich im Laufe der Generationen, deshalb erscheint er in all diesen Verkleidungen des von den Menschen erschaffenen Gottes. Wenn allerdings der Teufel existiert, dann legt das die Schlußfolgerung nah, daß auch Gott existiert. Das lernt die Star-Trek-Gruppe. Sie lernen, daß Gott in unseren Herzen ist, und nicht etwas ist, das man beschwört, erfindet und dann anbetet.«

»Das wirkliche Problem bei V«, sagte der Produzent Harve Bennett dem Magazin »Cinefantastique«, »war die fehlerhafte Prämisse. Wenn man die Fernsehzeitschrift aufschlägt und als Inhalt liest: ›In der heutigen Star-Trek-Folge versucht die Besatzung Gott zu finden‹, dann weiß man automatisch und im Unterbewußtsein, daß sie Gott nicht finden werden, weil das noch niemand hat und auch niemand wird, und niemand wird die Arroganz aufbringen, zu behaupten, daß das, was sie auf dem Bildschirm darstellen, Gott ist, weil andere sagen werden: ›Nein, ist er nicht‹. Also wissen wir bereits, daß wir uns auf eine Antiklimax und einen Trick vorbereiten können. Der Film gewinnt nur an Spannung, weil man nicht weiß, welche Art Trick. Aber wenn ich das zu Bill sagte, meinte er nur: ›Nein, nein, das ist das größte Abenteuer aller Zeiten‹. Ich antwortete: ›Nein, es ist kein Abenteuer, weil Dir alle schon voraus sind. Du kannst nur dafür sorgen, daß der Weg dahin so interessant wie möglich wird.«

Das letzte Drehbuch ...?

»Ich würde behaupten, daß die Trilogie steht, weil sie sich um das Leben, den Tod und die Wiederauferstehung Spocks dreht«, sagte Harve Bennett dem »Official Star Trek Magazine« (Nr.64). »Dieser Film ist nur rein zeitlich eine Weiterführung. In jedem Film versuchen wir neue Tiefen dieser sehr legendären und bekannten Charaktere auszuleuchten. Und das ist nicht leicht, weil man sich an irgendeinem Punkt fragen wird, was man eigentlich noch über diese Leute sagen kann. Aber

So lancierte Starlog Press' Star Trek V auf einer ihrer offiziellen Publikationen.

man muß sich daran erinnern, daß diese Leute auch altern, was sie in der Serie nicht taten. Während dieses Alterungsprozesses geben sie mehr und mehr von ihrem Hintergrund und ihrem Vordergrund preis. Die Herausforderung liegt für mich darin, die Beziehungen auszuloten. In Star Trek V geht es auch um eine Rückkehr in den tiefsten Weltraum. Star Trek II, III und IV waren alle bis zu einem gewissen Punkt überschaubar, was das Budget, die Drehzeit und das Ausmaß anging. In Star Trek V müssen wir den Weltraum darstellen, Planeten aufbauen, Dinge zeigen und zu Orten reisen, hier und da einen Außerirdischen zeigen – durch diese Dinge steigen die Kosten und die Komplexität des Films erheblich.«

Um alles wenigstens etwas zu erleichtern, machten sich Bennett und Shatner auf eine intensive Suche nach einem geeigneten Drehbuchautor. Sie fanden David Loughery, den Autor von »Dreamscape«.

»Ich verkaufte Paramount ein Drehbuch namens ›Flashback‹, sagt Loughery. »Daraufhin bot mir Paramount einen Vertrag an, den ich akzeptierte. Einer der Manager fragte mich, ob ich gerne an Star Trek V mitarbeiten würde. Ich sagte zu, dachte aber nicht, daß daraus was werden würde. Einige Wochen später brachten sie mich dann mit Harve Bennett zusammen. Wir kamen sehr gut miteinander klar, und dann trafen wir uns mit Bill Shatner, der bereits ein Konzept geschrieben und bei Paramount eingereicht hatte.«

Dieses Konzept, das den Untertitel »An Act of Love« trug, beschrieb, wie die Enterprise von einem verbrecherischen Vulkanier namens Sybok (wie auch später im Film) zu einer Welt hinter der großen Barriere geführt wurde, wo sie Gott treffen, der sich als Teufel herausstellt.

»Paramount mochte Bills Konzept«, sagt Loughery, »aber sie hielten es für ein wenig dunkel. Nach dem Erfolg von Star Trek IV wollten sie soviel Humor wie möglich beibehalten, weil sie das für einen der Gründe für den großen Erfolg hielten. Sie wollten, daß wir die Geschichte mit Humor und Abenteuer aufpeppen. Ich denke, sie wollten ein Gleichgewicht zwischen den schweren und leichten Aspekten des Films. Eine Veränderung betraf Syboks Charakter. Ursprünglich war er eine besessene Figur gewesen, der bereit war, alles niederzustampfen, was sich ihm in den Weg stellte. Aber das erinnerte uns zu sehr an Khan, also mußten wir eine andere Richtung einschlagen. Man hätte Sybok sehr leicht als irren Propheten darstellen können, aber das wäre zu sehr Khan gewesen.

Die Idee mit Gott und dem Teufel findet sich in den frühen Fassungen des Drehbuchs. Diese Fassungen waren viel sauberer und verständlicher, was die Idee betrifft. Man denkt, man kommt in den Himmel, aber in Wirklichkeit ist es die Hölle. Wir sprachen nicht wirklich von Himmel und Hölle, wir fragten uns eher, ob dies nun Gott oder der Teufel wäre, ohne nun klar zu sagen, welcher von beiden es ist. Eigentlich ist es ein außerirdisches Wesen, daß unsere Wahrnehmung angezapft hat. Wir hatten allerdings einige ernsthafte Probleme, eins davon war Gene Roddenberry.«

Roddenberry lehnte die Begegnung der Enterprise mit Gott ab, weil er der Überzeugung war, Star Trek solle sich nicht mit so spezifisch religiösen Themen beschäftigen.

»Ich hatte nichts dagegen, daß es ein Außerirdischer war, der behauptete Gott zu sein«, sagte Roddenberry in »Captain's Log, »aber es gab zuviele Sequenzen im Film, in denen das Publikum hätte glauben können, dies sei wirklich Gott oder der Teufel, und ich lehne den Glauben an beides strikt ab. Ich halte dies nicht für ein Universum, das in Gut und Böse eingeteilt ist. Ich sehe es als ein Universum, daß sich in viele unterschiedliche Ideen über das Sein aufteilt.«

Shatner gibt zu: »Gene sprach sich heftigst gegen die Geschichte aus und schuf Gegebenheiten, die negativ oder unglücklich waren. Es gibt nichts gegen eine gute Geschichte zu sagen, die sich mit der Suche nach dem Sinn des Lebens beschäftigt. Das ist die Basis aller großen Geschichten, ob es sich dabei um die Bibel, einen Mythos oder ein Märchen handelt. Ich hoffte, ich könnte dies mit Star Trek V erreichen.«

Loughery fügt schnell hinzu, daß das Thema eines Treffens mit Gott zwar faszinierend gewesen sei, die Erforschung der Beziehung zwischen Kirk, Spock und McCoy ihn aber am meisten gereizt hätte.

»Für mich war Gott nie der wichtigste Teil des Drehbuchs«, erklärt er. »Ja, das war ein Teil der Geschichte, aber ich konzentrierte mich auf die Beziehungen. Die ganze Gott-Idee war schon fast eine Nebenhandlung. Wir bewegten uns auf sehr dünnem Eis, weil wir sehr bevormundend hätten wirken können, so als wollten wir etwas wahnsinnig Wichtiges sagen. Was wir meiner Meinung eigentlich sagen, ist ganz einfach: Wenn es einen Gott gibt, dann kann man ihn nicht durch eine Reise durch das All finden. Er ist etwas, das man in seinem innersten Selbst findet. Wir wollten auch die Phantasie und die Erwartungen der Zuschauer fordern, wenn sie herausfinden, worum es in Syboks göttlicher Mission geht. Wir wollten, daß die Zuschauer sich umdrehen und sagen: ›Meinen die das ernst? Werden wir Gott sehen?‹ Für mich ist Star Trek das einzige Forum, in dem man so etwas wirklich versuchen könnte. Star Trek war immer schon groß genug, um fast alle Konzepte beinhalten zu können. Also dachten wir, wenn wir die Bombe hochgehen ließen, ›Nebenbei bemerkt, wir werden Gott sehen‹, wäre das etwas, was das

13. Kapitel

Publikum aufregen würde und daß sie sich fragen würden: ›Wer weiß, vielleicht werden sie... wer weiß?‹«

»Was die Beziehung zwischen Kirk, Spock und McCoy betrifft«, bemerkte er, »fiel mir auf, daß man in Star Trek diese drei Männer mittleren Alters sieht, die ihr Leben im All verbracht haben. Sie sind unverheiratet, haben keine Familie, also haben sie Beziehungen zueinander, ohne das vielleicht immer zuzugeben. Die attraktivste Frage für mich war die nach der Familie. Wenn es nicht um drei Leute geht, die sich mögen, dann weiß ich auch nicht, worum es geht.«

Niemand hat behauptet, es würde leicht

An einem Punkt der Entwicklung von Star Trek V mußte Shatner das Projekt verlassen, um in Ted Turners »Voice Of The Planet« zu spielen. In der Zwischenzeit schrieben Loughery und Bennett eine weitere Fassung des Drehbuchs, die so stark von dem ursprünglichen Konzept abwich, daß sich Shatner bei seiner Rückkehr betrogen fühlte.

»In Wahrheit«, erklärt David Loughery, »waren wir zu weit gegangen, aber das muß man manchmal, um herauszufinden, wo man eigentlich steht. Wir fanden einen Kompromiß, der uns alle zufriedenstellte. Es ging rauf und runter. Ich schrieb eine Menge Fassungen in diesen zwei Jahren, und jede neue war etwas anders als die vorangegangene. Was Harve und ich schrieben – und wo wir uns wirklich vom ursprünglichen Konzept entfernten –, beschäftigte sich mehr mit diesem legendären Planeten, diesem mythischen Ort Sha Ka Ree, der Syboks Ziel war und den wir uns wie Shangri-La vorstellten. Das ist eine Art Eden, ein Ort, den man nur nach der Überquerung einer Barriere erreichen konnte. Wir beschäftigten uns mehr mit diesem mythischen Ort und weniger mit dem Gott, der dort leben sollte. Wir wollten weg von diesem Treffen mit Gott und dachten mehr daran, den Himmel zu erreichen. Schließlich einigten wir uns, wie man im Film sehen kann, auf einen Kompromiß.«

Das daraus resultierende Drehbuch beschrieb, wie Sybok Vertreter der Föderation, des klingonischen und des romulanischen Imperiums entführte und sie als Köder für ein Raumschiff benutzte. Das Raumschiff ist natürlich die Enterprise, über die Sybok (der sich völlig unwahrscheinlich als Spocks Halbbruder herausstellt) durch seinen geschickten Einsatz vulkanischer Gedankenkontrolle das Kommando gewinnt. Er vergrößert die Zahl seiner Anhänger, indem er Besatzungsmitglieder von ihrem größten persönlichen Schmerz befreit. Selbst Spock und McCoy wechseln die Seiten, worauf Kirk sich allein Sybok stellen muß.

Leonard Nimoy und DeForest Kelley waren beide nicht glücklich über die Art, in der ihre Charaktere dargestellt wurden. Kelley ging es vor allem um die Rückblende, in der McCoy seinem Vater Sterbehilfe leistet. Für Nimoy bestand das Problem darin, daß Spock so angelegt worden war, daß Sybok ihm sein Problem, mit seiner menschlichen Hälfte zurechtzukommen, als größten Schmerz enthüllte, worauf Spock Kirk und die Enterprise verrät, um an Syboks göttlicher Mission teilzunehmen.

William Shatner erklärte: »Nachdem De das Buch gelesen hatte, wollte er die Szene nicht spielen. Also ging ich mit ihm essen und versuchte ihn davon zu überzeugen, das es funktionieren würde. Ich sagte: ›De, das ist die beste Szene, die Du seit langem gehabt hast.‹

Er ist so ein guter Schauspieler, und ich hatte den Eindruck, daß er in letzter Zeit nicht genug Gelegenheit bekommen hatte, das zu beweisen. Ich konnte ihn schließlich überzeugen. Seine einzige Bedingung war, daß wir eine Erklärung für McCoys Sterbehilfe einfügen. Wir fügten etwas Dialog hinzu. Sybok fragt: ›Warum haben Sie das getan?‹, und McCoy antwortet: ›Um seine Würde zu bewahren.‹

De hatte den Eindruck, daß durch diesen Dialog McCoys Motivationen verständlicher und klarer sind. Nachdem wir Des Bedenken geklärt hatten, kamen wir dichter an die Szene heran, die ich mir vorgestellt hatte.«

In der Nr.71 des »Official Star Trek Fan Club Magazine« erklärte Kelley: »Als ich die Szene das erste Mal sah, wirkte sie viel härter. Nachdem wir sie ein wenig geglättet hatten, wußte ich, daß sie trotzdem noch sehr schwierig werden würde. Sollte sie nicht hundertprozentig funktionieren, würden wir viel Ärger bekommen... Ich weiß nicht, ob das der Öffentlichkeit überhaupt klar wurde, aber einem Charakter, den sie seit 20 Jahren kennen, wurde in diesem Moment, eine sehr private und geheime Erinnerung entrissen... McCoys erste Zeile in dieser Szene ist: ›Oh mein Gott, tun Sie mir das nicht an!‹ Das bezog sich auf verschiedene Dinge: Er wußte, was ihm jetzt passieren würde, vor all diesen Leuten, außerdem mußte er die Situation erneut durchleben... Je mehr ich die Szene studierte, desto wichtiger wurde sie für mich, weil sie ein Thema behandelt, das heute aktuell ist. Es war interessant, dieses Thema einem Kinopublikum zu präsentieren und sie selbst darüber entscheiden zu lassen, was richtig und was falsch ist.«

Leonard Nimoy war über den Rückblick, den Sybok Spock zeigt, und über seinen Verrat an Kirk überhaupt nicht glücklich.

David Loughery erklärt: »Leonard wies in den ersten Drehbuchfassungen darauf hin, daß es einiges gäbe, was Spock nie machen würde. Seine Vorschläge waren sehr hilfreich. Deshalb änderten wir die Sequenz dahingehend, daß Spock schon vorher mit seiner menschlichen Seite ins Reine gekommen ist und Kirk nicht verrät. Das Ergebnis ist sehr interessant, weil es beweist, daß das Band zwischen diesen beiden Männern nicht zerrissen werden kann. Sybok ist nicht wütend darüber, er bewundert es in gewisser Weise. Er reagiert nicht enttäuscht, als sich herausstellt, daß Spock nicht mit ihm kommen wird. Er versteht, daß Spock niemals mit ihm kommen könnte. Das bewundert er. Ich war überrascht, als ich den Film schließlich vor Publikum sah. Als Spock Sybok sagt, daß er nicht mit ihm gehen wird, applaudierten die Leute. Damit hatte ich nicht gerechnet. Und wenn McCoy trocken hinzufügt: ›Ich denke, auf mich werden Sie auch verzichten müssen‹,

13. Kapitel

reagierten sie begeistert. Dann kommt der Schnitt auf Bill, der diesen Blick aufgesetzt hat, der einfach nur ›Leck mich, Sybok!‹ sagt. Die Leute fanden das toll.«

»Wir waren klug genug, Leonard und De schon sehr früh das Drehbuch zu zeigen, weil wir ihre Meinung hören wollten. Die beiden leben seit über 20 Jahren mit ihren Charakteren, und sie wissen sehr genau, was sie tun würden und was nicht. Das gab allerdings auch Probleme. Ursprünglich sollte sich nur Kirk gegen Sybok durchsetzen, womit man dieses ›Ein-Mann-gegen-alle-und-verlassen-von-seinen-Freunden‹-Thema gehabt hätte. Leonard und De waren dagegen, also wurde das geändert. Auf einmal standen drei Leute gegen Sybok. Wenn man so etwas macht, verwässert man nach und nach die Stärken des eigentlichen Konzepts. Dabei kommt schließlich ein Mischmasch heraus. Es wäre toll gewesen, wenn Kirk von Spock verraten worden wäre. Aber man muß ein Drehbuch auch an die Bedürfnisse der Schauspieler anpassen. Wenn der Schauspieler sagt, sein Charakter würde so etwas nicht machen, kann man nichts dagegenhalten. Kein Argument kann eine solche Haltung verändern.«

Das Drehbuch – was übrigens 1988 kurz vor dem sechsmonatigen Streik der Writer's Guild beendet wurde – war nur ein Teil des Problems, das Shatner hatte. Während der langwierigen Entwicklungsphase des Films akzeptierte Leonard Nimoy den Auftrag, als Regisseur bei einem Film namens »The Good Mother« zu fungieren, worauf sich die Produktion um mehrere Monate verzögerte. Es gab Gerüchte, laut denen Shatner gedroht hätte, Star Trek V ohne Nimoy zu drehen, aber jeder wußte, daß diese Drohung ohne Bedeutung war. Man fragt sich wirklich, ob Shatner nicht die Quittung für seine Verzögerung der Star-Trek-IV-Produktion präsentiert bekam.

Es wurde noch schlimmer, als Paramount bekanntgab, daß Star Trek V bereits das Budget überschritten hätte und deshalb Einsparungen nötig seien. Es war logisch, daß man die Einsparungen vor allem bei den Spezialeffekten vornehmen würde, von denen die meisten am Ende des Films auftauchen. Ein frustrierter Shatner erzählte: »Mein Konzept sah vor, daß die Charaktere in das Gegenstück zur Hölle hinabsteigen. Die Engel, die ›Gott‹ umkreisen, werden zu monsterartigen Wesen und jagen Kirk, Spock und McCoy in einen brennenden Abgrund. Man sagte mir, das sei viel zu teuer. Also machten wir aus den Monstern Felsenwesen. Als Kirk, Spock und McCoy wegrennen, brechen diese riesigen, verwachsenen Gestalten aus dem Fels aus, der sie umgibt und jagen die Charaktere. Ich hatte mir sechs Felsenwesen vorgestellt, riesige, seltsame Kreaturen – erschreckend! Aber jeder von ihnen war sehr teuer... also sagte man mir direkt, ich könne nur ein Felsenwesen haben. Also kam ich von diesen Engeln, die sich in Monster verwandeln über sechs Felsenwesen herunter auf ein Felsenwesen. In diesem Moment begriff ich zum ersten Mal, daß der Film nicht so werden würde, wie er in meinem Kopf war.«

Die Einsparungen kosteten den Regisseur und Schauspieler schließlich auch noch sein letztes verbleibendes Felsenwesen sowie einen Großteil seiner ursprünglichen Vision. Es gab Zeiten, in denen die Produktion in komplettem Chaos lag und jeder nur noch versuchte, so dicht wie möglich am Budget und dem Zeitplan zu bleiben.

Leonard Nimoy, der bemerkte, was passierte, sagte in der »Tonight Show«: »Ich gab ihm während der ersten Drehtage einen Ratschlag: Rede nicht so schnell. Das ist das Merkmal eines Regie-Neulings. Man kommt am ersten Tag in die Kulisse, man ist aufgeregt, das Adrenalin steigt, man ist nervös. Wenn man einen Regie-Anfänger entdecken will, muß man sich nur nach dem Typen umsehen, dessen Hände schwitzen, der hyperventiliert und zu schnell spricht. Er dachte, wenn er schnell spricht, würde alles schneller gehen, aber man konnte kein Wort von dem verstehen, was er sagte.«

Die Bewertung der Letzten Grenze

Kirk steht allein. Als er zum Shuttle zurückrennt, werden von dem bösartigen Gott unglaublich scheußliche Monstren ausgeschickt, um ihn zu vernichten. Sie jagen Kirk unnachgiebig, während Scotty verzweifelt versucht, den Transporter zu reparieren, der durch einen Phaserstrahl beschädigt wurde, als der Chefingeneur versehentlich ein Monster an Bord beamte und es vernichtete.

Für Shatner bedeutete der Verlust seiner großartigen Schlußsequenz von »The Final Frontier« eine große Enttäuschung. Seine Ersatzidee, in der Felsenwesen das Shuttle Copernicus angreifen, wurde auch nicht realisiert. Das Filmmaterial, das zuerst bei Außenaufnahmen in der Wüste und dann innerhalb der Paramount-Kulissen entstand, erwies sich als große Enttäuschung für die Crew und ihren Regisseur.

»Ich mußte das Budget kürzen, deshalb nahm ich immer mehr vom Ende weg«, sagt Shatner. »Erst als ich das drehen mußte, wurde mir klar, wieviel ich verloren hatte und welch schlechten Dienst ich dem Film erwiesen hatte. Das war die erste Lektion.«

Drehbuchautor David Loughery erklärte: »Als das Torpedo in dem Loch explodierte, sollte das so sein, als ob man eine Flasche öffnet und all die Dämonen herauskommen, um unsere Charaktere zurück zum Shuttle zu jagen. Das war unser Originalkonzept. Ein Film, besonders ein Film wie dieser, macht von seinem Originalkonzept bis zum fertigen Film sehr viele Veränderungen durch. Da soviele Leute beteiligt sind, hat man manchmal das Gefühl, als säße man in einem Komitee. Nicht alles läuft so, wie man das gerne hätte, aber dafür gibt es immer Gründe. Wir hätten natürlich gerne mehr von unserem Konzept bewahrt. Der Teil des Films, der für uns immer sehr schwierig war, war, wie man das Gottwesen darstellen sollte. Die ganze Sequenz ging verloren, als wir die Monster nicht mehr entwickeln konnten. Es tut einem immer sehr leid, wenn man so etwas verliert, weil die eigene Vorstellung eine Sache, aber das Budget eine ganz andere ist. Wir mußten einiges ändern, was darauf basierte, was wir uns leisten konnten.«

»Das Ergebnis war eben das Ergebnis«, sagt Shatner. »Ich bedaure

13. KAPITEL

einiges, aber ich habe das Gefühl, daß viel von meiner Vision geblieben ist. Ich machte nur einen großen Kompromiß, als ich die ursprüngliche Idee veränderte, in der die Enterprise nach Gott sucht und einen Außerirdischen trifft, der vorgibt Gott zu sein. Die riesige Energie dieser Idee wurde verwässert, das war der erste Kompromiß. Er erschien mir notwendig, weil sich jeder große Sorgen über die offensichtlichen Probleme machte. Ich halte den Film für fehlerhaft. Ich ging mit meinen Ressourcen nicht so gut um, wie ich es hätte tun können, und ich bekam dabei auch nicht genug Hilfe. Es war ein bedeutungsvoller Versuch einer Geschichte, ein bedeutungsvolles Stück. Es trug eine Art von Wichtigkeit mit sich. Technisch lief der Film ganz gut. Wir engagierten sehr viele verschiedene Leute. Wir gingen nach New York und heuerten Spezialeffekt-Experten an. Wir experimentierten eben, und ich lernte sehr viel, nicht nur über das Filmemachen, sondern auch über die Politik des Filmemachens. Ich glaube nicht, daß ich die gleichen Fehler noch einmal machen würde. Die Erfahrung hat mich vor Ehrgeiz schäumen lassen.«

»Im Nachhinein«, erläutert David Loughery, »wenn ich vom Abstand einiger Jahre darauf zurückblicke, habe ich den Eindruck, daß das Problem des Films darin besteht, daß er eine reagierende und keine agierende Handlung hat. Unsere Leute werden auf die Suche eines anderen gezogen. In diesem Fall Syboks. Es ist seine Suche und seine Leidenschaft, und Kirk, Spock, McCoy und der Rest werden mitgeschleift, als wären sie Nebendarsteller. Wenn es Kirk gewesen wäre, der plötzlich eine göttliche Vision hat und sein eigenes Schiff kapert und sich gegen die Föderation wendet, dann hätte man eine wesentlich aktivere, leidenschaftlichere Geschichte erhalten.«

Co-Star Leonard Nimoy sagt diplomatisch: »Bill hat sehr, sehr hart gearbeitet, und seine Regiearbeit war ebensogut, wie die in unseren anderen Filmen. Er hatte einfach kein gutes Buch. Wenn man kein gutes Buch hat, zeigen die Leute trotzdem mit dem Finger auf den Regisseur. Und er war verantwortlich, es war seine Geschichte. Ich hatte diese Erfahrung auch schon. Ich machte einen Film für Paramount [»Funny About Love«], der absolut nicht funktionierte. Ich hatte keinen Erfolg mit dem Drehbuch.«

Zum Drehbuch von Star Trek V sagt Nimoy: »Ich beschwerte mich. Ich sagte ihnen, es gäbe da einige Probleme. Die Botschaft, die zurückkam, lautete: ›Wir wissen, was wir haben und was wir machen wollen‹. Ich hatte ihnen meine Kommentare gegeben, mehr konnte ich nicht machen. Ich hatte nicht das Recht, ihnen zu sagen, was sie zu tun haben. Wenn der Stein erst einmal rollt, ist er sehr schwer aufzuhalten. Das Ganze ist sehr interessant, weil man keine Regeln aufstellen kann. Manchmal fügen sich die Dinge zusammen, manchmal eben nicht, obwohl man gut bezahlte, professionelle Leute engagiert hat.«

Für die Kritiker, die Shatner eine recht unorthodoxe Regieführung vorwerfen, hat er sofort eine Antwort parat.

»Das ist wie die Jugend«, verteidigt sich Shatner. »Ich wünschte, ich könnte sagen, es sei wegen meiner Jugend. Ein Regie-Erstling kennt keine Grenzen, und deshalb überschreitet er sie. Ich akzeptierte den Status quo nicht, sondern versuchte die Kamera dazu zu bewegen, Dinge zu machen, die eigentlich nicht möglich sind. Ich wußte das zwar, aber ich dachte, daß es allein durch meine Standhaftigkeit gelingen würde. Ab einem gewissen Punkt mußte ich jedoch Kompromisse eingehen. Ich hetzte herum und versuchte soviel wie möglich von meiner Geschichte zu retten. Harve und ich hatten Tage und Wochen damit verbracht, uns immer wieder diese Geschichte zu erzählen. Wir bauten die Geschichte und die Handlung auf und arbeiteten sehr eng zusammen. Das ging so weit, daß wir über den Tod sprachen und über den Tod und die Geburt von Menschen, die uns nahegestanden hatten, und manchmal weinten wir sogar in der Abgeschiedenheit dieses Büros.

Diese Momente sind für mich ein Teil der Herstellung von Star Trek V. Wenn jemand da eine andere Meinung hat, ist das sein Problem.«

Ein anderes Problem, das Shatners Rolle innerhalb des Star-Trek-Mythos ins Wanken brachte, waren die allgemein scharf kritisierten Spezialeffekte von Brian Ferren and Associates, die das erfahrerne und teuere Team von Industrial Light & Magic ersetzten.

»Ich bin deshalb persönlich sehr angegriffen worden und fühle mich auch persönlich verantwortlich, was mich schmerzt«, sagt Ralph Winter, Ausführender Produzent von Star Trek V. »Als ich die Entscheidung traf, hatte ich das Beste für den Film im Sinn. Es war keine einfache Entscheidung. Sie basierte auf den Tests, die wie gemacht hatten. Eine Reihe von Leuten waren an der Entscheidung beteiligt, aber ich leitete sie. Ich glaubte, wir würden etwas Besseres bekommen, was am Anfang auch so war... leider funktionierte das so nicht.«

Shatner teilte Winters Bedauern über die visuellen Effekte des Films. »Wir hatten Probleme, die unter einem anderen Personal vielleicht nicht aufgekommen wären«, gibt er zu. »Ich ließ mich von anderen Leuten leiten, weil ich keine direkte Erfahrung mit so etwas hatte. Aber ich war an der Entscheidung beteiligt, das ist also keine Entschuldigung, aber es zeigte meine Unerfahrenheit.«

Trek-V-Produzent Harve Bennnett bestreitet, daß es ein Fehler war, Ferren für die Spezialeffekte zu engagieren. »Ich halte das für oberflächlich«, sagt Bennett. »Sie hätten die Tests sehen sollen, die uns ILM für Gott anboten – sie waren lächerlich. Wir hatten den Eindruck, daß Bran sich stärker für die Illusionen engagieren würde, und es war ein Film, der solche Spielereien brauchte. Außerdem muß man bedenken, daß ILM überfüllt war, als wir in die Produktion gingen. Wir waren der vierte oder fünfte große Film auf ihrer Liste, was bedeutet, daß wir ihr viertbestes und nicht ihr bestes Team bekommen hätten. Das war ausschlaggebend. All die Leute, mit denen wir früher gearbeitet hatten, waren ausgebucht.«

Bennett glaubt, daß der Erfolg von »Star Trek: The Next Generation« zum Teil für den finanziellen Mißerfolg von Star Trek V verantwortlich war. »Der Tag eines Star-Trek-Fans hat auch nur eine gewisse Anzahl von Stunden«, sagt Bennett. »Ich bekam sehr viele Briefe, in denen mir die Leute schrieben, sie würden sich Star Trek V vielleicht nächste Woche ansehen, weil sie TNG nicht verpassen wollten. Durch den Erfolg der Serie waren die Leute nicht mehr so hungrig nach Star Trek. Sie waren auch nicht übersättigt, aber sie teilten sich ihren Appetit besser ein. Der Hunger auf Star Trek, den wir bei II, III und IV erlebten, war bei V einfach nicht mehr da, selbst wenn es ein besserer Film gewesen wäre.«

Außerdem glaubt Bennett, daß die wachsende Popularität von TNG sich auch negativ auf den Erfolg von Star Trek VI auswirkte. »Es gab eine Erosion und eine Verschiebung im Star-Trek-Kult«, sagt er. »Am Anfang waren die Leute gegen TNG, aber dann, als die Serie besser wurde und sie sich langsam daran gewöhnten und sie neue Sachen zu sehen bekamen, anstelle der Wiederholungen alter Folgen, und sie nicht mehr so lange auf neue Filme warten mußten, da begann ihr Interesse zu wachsen. Man kann das in den ganzen Briefveröffentlichungen sehen. Nur eine Minderheit hält die alten Charaktere für interessanter. Die meisten sind der Meinung, daß wir weitermachen sollten. Wenn man in einem Kino den Trailer für Star Trek VI sieht, bekommt man nicht mehr den elektrischen Schock, den man bei der Werbung für die anderen Filme bekam. Ganz im Gegenteil, die Leute lachen oder machen irgendwelche Bemerkungen. Ich war überrascht, als ich bemerkte, daß das Publikum unruhig wurde. Vielleicht bedeutet das nichts, aber es könnte auch bedeuten, daß man sich keine Beerdigung ansehen wollte.«

David Loughery hat seine eigene Theorie, warum der Film fast so schnell wieder aus den Kinos verschwand, wie er hineingekommen war.

»In diesem Sommer lief ›Batman‹«, erinnert er sich. »Ich weiß nicht, wieviel Geld die Leute für Filme ausgeben. Am ersten Wochenende machten wir 17 Millionen, und alle dachten, wir wären aus dem Schneider, aber der Erfolg hielt nicht an. Das war die Art Sommer, in dem das Geld zwischen vier oder fünf Filmen aufgeteilt wird, und Star Trek V gehörte nicht dazu. Das überraschte uns sehr.«

Unabhängig davon, wie der Film aufgenommen wurde, war »The Final Frontier« für Shatner eine der wertvollsten Erfahrungen seiner Karriere. Er lernte sehr viel und hofft, dieses Wissen bei späteren Regieaufgaben – vielleicht bei Star Trek VII – einsetzen zu können.

»In einem Film Regie zu führen, gleicht einem wilden Abenteuer«, sagt Shatner. »Ich machte Kompromisse bei Star Trek V, weil ich glaubte, ich müsse das. Das liegt in der Natur des Geschäfts. Man muß Kompromisse machen. Allerdings gibt es auch dafür eine Grenze. Ich konnte das nicht einschätzen, was zum Teil auch an mir selbst lag. Ich muß lernen, wann ich zu einer Sache stehen muß und wann ich mich von ihr abwenden kann. Das ist die vielleicht größte Lektion, wichtiger als das Wissen, wo man wann eine Kamera einsetzen muß, wie man eine Szene spielt, etc. Die Technik eines Films steht nicht zur Diskussion, das passiert automatisch. Die Haltung eines Regisseurs ist ein ständiger Lernprozeß, wegen der Beziehung zwischen Regisseur und dem Rest der Leute; den Darstellern, der Crew, dem Management. Das verändert sich ständig, von einem Tag zum nächsten, von einem Moment zum nächsten, je nachdem, wie sicher man sich fühlt, oder wie gut man diese Sicherheit ausdrücken kann.

Es hat mir einen wahnsinnigen Spaß gemacht, bei Star Trek V Regie zu führen. Ob jetzt bei Star Trek VII oder bei einer der filmischen Adaptionen zu den Büchern, die ich herausgebracht habe, ich möchte in jedem Fall ein weiteres Mal Regie führen.«

Vertragsklausel hin oder her, niemand erwähnte Shatners Namen als möglichen Regisseur für Star Trek VI.

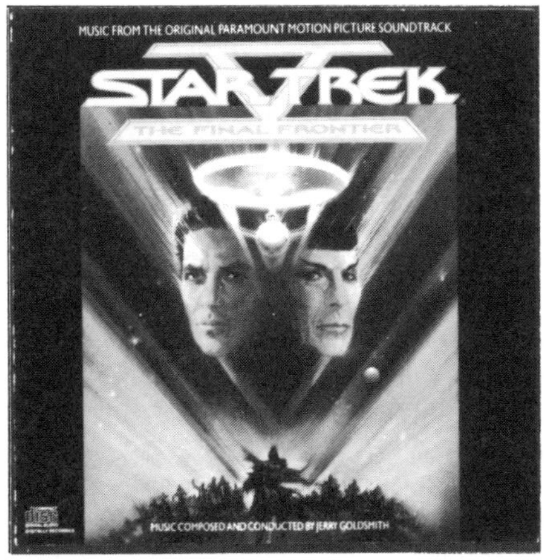

Auch das gab es: eine CD, auf deren Titel für »Star Trek V: The Final Frontier« geworben wurde. Die Musik war von Jerry Goldsmith.

14. KAPITEL

Star Trek VI: The Undiscovered Country

Die Entwicklung von Star Trek VI begann, als Leonard Nimoy vom damaligen Paramount-Chef Frank Mancuso gebeten wurde, der Filmserie kurz vor ihrem 25jährigen Jubiläum wieder auf die Beine zu helfen. Damit wurde er zu einem weiteren Großen Vogel der Star-Trek-Galaxis.

»Frank Mancuso ließ Leonard in sein Büro kommen und bat ihn, ihm bei dem Film zu helfen«, erinnert sich der Trek-VI-Co-Autor und Schriftsteller Martin Flinn, zu dessen bekannten Kriminalromanen auch »San Francisco Kills«, »Killer Finish« und »Lady Killer« gehören. »Zu diesem Zeitpunkt war Leonard der Regisseur, der Autor, der Star und der Produzent, und es war seine Verantwortung, diese Aufgaben an andere abzugeben. Mancuso wußte anscheinend, daß er ihm vertrauen konnte, und das lag vermutlich an Star Trek V. Niemand wollte mehr mit den Leuten, die Star Trek V produziert hatten, zu tun haben, als unbedingt notwendig war. Ich glaube nicht, daß Star Trek V nur Shatners Fehler war. Ein Film wird von sehr vielen Leuten gemacht. Trotzdem war niemand glücklich damit.«

Der Drehbuchautor Mark Rosenthal, der zusammen mit Lawrence Konner zu den unbesungenen Helden von Star Trek VI gehört, stimmt Flinn völlig zu. Diese beiden hatten die Originalidee für den Film entwickelt, was die Öffentlichkeit aber erst erfuhr, als eine Zeitung eine Woche vor der Premiere des Films ihre Namen veröffentlichte. Selbst in der Taschenbuchausgabe werden sie nicht genannt.

»Wir hatten einen Vetrag mit Paramount, und niemand glaubte, daß sie noch einen Star-Trek-Film drehen würden«, erinnert sich Rosenthal, der unter anderem »Superman IV« geschrieben hat. »Die Leute wurden zu alt, und Star Trek V war eine Enttäuschung. Jeder zog über Shatners Regie her. Das hinterließ bei allen einen schlechten Geschmack, weil sie einfach nicht damit aufhören wollten. Das 25jährige Jubiläum stand vor der Tür, als wir vom Vizepräsidenten der Produktion, Teddy Zee, der jetzt bei Columbia ist, kontaktiert wurden. Er erzählte uns von dem Gespräch zwischen Nimoy und Mancuso und fragte uns, was wir davon hielten. Die Wahrheit ist, daß ich ein Trekkie bin, während mein Partner nicht die geringste Ahnung von Science-fiction hat. Die Idee gefiel uns aber, weil wir wußten, daß Larry das recht gut ausbalancieren würde.«

Leonard Nimoy sagt: »Die Berliner Mauer war gefallen. Die russische Regierung hatte große Schwierigkeiten. Der Kommunismus zerfiel. Diese Veränderungen beeinflußten unsere Weltordnung. In den 25 Jahren, die die Geschichte Star Treks umspannt, waren die Klingonen immer die Feinde der Föderation, so wie die Russen und der Kommunismus die Feinde der Demokratie gewesen waren. Ich fragte mich, wie wir die Ereignisse unserer gegenwärtigen Welt in ein Klingonen-Abenteuer umsetzen könnten. Das wäre auch ein idealer Abschluß. Die Klingonen waren für uns immer wie der Ostblock, das Reich des Bösen. Es ergab einfach Sinn, diese Geschichte zu machen.«

»Unser größtes Problem war«, sagt Rosenthal, »daß wir fast nichts über das klingonische Imperium wußten. Wir fragten uns, ob wir ihre Heimatwelt aufsuchen sollten. Das hätte aber unser Budget gesprengt, deshalb entschieden wir uns für diese Gefängnis-Sache. Eigentlich wollten wir die Hauptstadt zeigen. Ich denke, das war auch die bessere Idee, aber man kann verstehen, warum es nicht klappte. Der erste Film hatte ein enormes Budget, war aber ein schlechter Film. Die Europäer waren nicht mit Star Trek aufgewachsen, also gab es dort nur einen kleinen Markt. Sobald man Kulissen bauen muß und Außenaufnahmen dreht, wird es teuer.

»Wir sprachen irgendwann darüber, Tschernobyl zu benutzen. Danach lief die ganze Sache«, begeistert er sich. »Dann sahen wir uns bestimmte Ereignisse an und die neuere sowjetische Geschichte. Dabei fiel uns auf, daß alle Angst hatten, daß irgend jemand die Friedensverhandlungen zwischen den Russen und den Amerikanern sabotieren würde. Als wir das auf die Klingonen und die Föderation übertrugen, kam uns die Idee mit dem Attentat. Was wäre, wenn Gorbatschow ermordet würde und man Kirk beschuldigen würde. Das war der Schlüssel. Dann fragten wir uns, was in Star Trek noch passiert war. Jeder erinnerte sich an den Bird of Prey, der in die Bucht von San Francisco gestürzt war. Diese Schiffe haben eine Tarnvorrichtung, die sie abschalten müssen, um zu feuern. Was wäre, wenn ein Schiff entwickelt worden wäre, daß mit eingeschalteter Tarnvorrichtung feuern könnte? Das wurde zu einem wichtigen Punkt.«

Nimoy kehrte zum Studio zurück und bot ihnen folgende Idee an: Die Friedensverhandlungen zwischen der Föderation und den Klingonen werden durch die Leute auf beiden Seiten gefährdet, die kein Ende des Krieges wünschen. Das Studio war begeistert. Keine Suche nach Gott, keine wilde Science-fiction, sondern ein klingonisches Kriegsschiff und ein Raumschiff, die im All für den Frieden kämpfen.

Der Mann, der einmal gesagt hatte, »I Am Not Spock« und dessen Charakter schon einmal getötet worden war, nahm nun eine fürsorgende Rolle an. Nimoy hatte Star Trek fast fünf Jahre lang geführt und holte sich jetzt den Beistand von Nicholas Meyer, dem Retter des zweiten Films, um das Drehbuch mitzuschreiben und die Regie zu übernehmen. Das war eine großartige Idee. Meyer hatte nicht nur den Ruf, ein schneller und talentierter Autor

14. KAPITEL

und Regisseur zu sein, er kannte sich auch mit Star Trek aus. Abgesehen davon verhinderte seine Anwesenheit, daß Probleme mit William Shatner auftraten, der bestimmt nicht sehr gut darauf reagiert hätte, wenn Nimoy in seinem dritten Film Regie geführt hätte.

Shatner gibt zu, daß er ein wenig enttäuscht war, als man ihm nicht die Regie bei der möglicherweise letzten Reise der Enterprise anbot. »Ich fand es sehr schade, daß ich das Problem nicht lösen konnte«, sagt er. »Ich hätte sehr gerne das angewandt, was ich im vorangegangenen Film gelernt hatte. Ich war allerdings auch sehr erleichtert, weil ich mir vorstellen konnte, unter welchem Druck Meyer stehen würde.«

Shatner erwähnt auch, daß er mit dem Handlungsverlauf des Films sehr zufrieden war. »Es ist eine sehr gute Idee«, sagt er. »Das ist das klassische Star-Trek-Konzept. Wir nehmen ein gegenwärtiges Ereignis und verlegen es in die Zukunft. Somit können wir die Gegenwart kommentieren, ohne daß es so scheint, als würden wir das tun, weil wir es eben in die Zukunft verlegt haben.«

Meyer, der Star Trek IV mitgeschrieben hatte, es aber ablehnte, bei Star Trek III und V Regie zu führen, ließ sich dieses Mal überzeugen, weil ein Film mit dem Titel »Company Business«, den er bei MGM gedreht hatte, ein ähnliches Thema gehabt hatte, aber – wie er meinte – vom Studio verstümmelt worden sei.

»Leonard schlug mir vor, einen Film über den Fall der Mauer zu machen. Das gefiel mir«, gibt Meyer zu. »Ich wollte das Star-Trek-Universum erweitern, bevor wir es schließen, sollte das wirklich passieren. Ich habe bei diesen Filmen gelernt, daß man sich nicht wiederholen darf. Ich wollte keinen Film über eine Männerfreundschaft machen, das war Star Trek II und auch keine Komödie wie in IV. Ich wollte alle Charaktere benutzen und einen politischen Thriller machen. Ich war wie jeder andere auch von den Ereignissen der letzten Jahre fasziniert. Ich hatte in Berlin an einem Film gearbeitet und war dabei, als die Mauer fiel. Die Entwicklungen seitdem sind voller Hoffnung, aber auch voller Gefahren, weil

Der offizielle Star Trek Fanclub brachte Hintergrundberichte über die Produktion von »Star Trek VI: The Undiscovered Country«.

Veränderungen immer Angst auslösen. Einige Leute können das akzeptieren, andere nicht.«

Im Mai 1990 rief Mancuso Nimoy in sein Büro und sagte ihm, er solle den neuen Film pünktlich zum Jubiläum fertig haben. Im Oktober des gleichen Jahres beendeten Flinn und Maier ihr auf der Geschichte von Konner und Rosenthal basierendes Drehbuch.

»Nick war noch mit seinem Film ›Company Business‹ in London beschäftigt«, erinnert sich Flinn. »Er sagte dem Studio, er könne das Drehbuch nur pünktlich abgeben, wenn er es zusammen mit mir schreiben würde. Er war so nett, mir zu trauen, und während er in London war, kommunizierten wir über den Computer. Im Dezember des letzten Jahres übergaben wir unsere erste Fassung dem Studio, und sie gaben uns grünes Licht.«

Das Drehbuch entwickelte sich ständig weiter und beinhaltete die Vorschläge, die von Shatner, Nimoy und Gene Roddenberry kamen, der, wie Nimoy sagt, sehr aktiv an der Entstehung beteiligt war.

»Ich bin ein Roddenberry-Anhänger«, sagt Nimoy, der angeblich eins der Hindernisse bei der Veröffentlichung von Roddenberrys Buch zum 25jährigen Jubiläum war. »Er war sehr stark beteiligt. Ich traf mich regelmäßig mit ihm und sprach jede Fassung mit ihm durch. Er war begeistert davon, daß wir die Beziehung zu den Klingonen ausleuchten wollten. Er machte sich Sorgen über die Frage der Vorurteile in dieser Geschichte, was auch ein interessantes Thema war. Wenn man Leute zeigt, die Vorurteile haben, gibt es immer Leute, die sich damit identifizieren werden, obwohl man zeigen will, daß diese Vorurteile falsch sind. In unserem Drehbuch gab es Leute, die Sachen sagten, wie: ›Was hältst Du von dem Gestank? Nur ihre besten Modelle können sprechen‹. Gene hatte Probleme damit. Es gefiel ihm nicht, daß die Enterprise-Crew so redete. Wir wiesen daraufhin, daß es schlechte Leute wären, die sich schließlich als die Täter herausstellen würden. Er sagte: ›Ich bin einfach nicht glücklich darüber, daß Leute, die eine Föderationsuniform tragen, so über eine andere Rasse sprechen‹. Ich verstand das. Es ist eine Gefahr. Davon abgesehen gefiel ihm die Idee mit den Klingonen. Es war ja auch seine Idee, einen Klingonen in die Mannschaft von TNG zu nehmen. Das war der Anfang dieser Verbindung.«

Der Co-Autor Dennis Martin Flinn bemerkt: »Wenn sich Star Trek auf Science-fiction-Ideen verläßt, geht das daneben. Vielleicht ist das der Grund, warum den meisten Star Trek I und V nicht gefallen. Gene Roddenberry bezeichnete Star Trek damals als einen Western im All, weil Western moralische Geschichten vom Kampf zwischen Gut und Böse erzählen. Die meisten Western könnten auch woanders spielen. Ein Film wie ›Shane‹ zum Beispiel war großartig, weil es um den Einzelnen in der Gesellschaft ging. Star Trek funktioniert am besten, wenn es diese moralischen Geschichten erzählt. So sah Gene die Originalfolgen. Als Leonard mir die Sache mit den Russen und den Klingonen erzählte, wußte ich, daß es funktionieren würde, weil wir uns auf das Fundament stützten, das Star Trek groß gemacht hatte.«

Flinn hatte großen Spaß daran, den Action- und Abenteuerteil der Handlung zu gestalten und verließ sich auf

14. KAPITEL

gängige cineastische Konventionen, um die Handlung zu steuern.

»Ich bekam die Idee, als ich mich fragte, was passieren würde, wenn jemand Gorbatschow umbringen würde«, sagt Flinn. »In unserer Geschichte wird Kirk beschuldigt und muß aus der Gefangenschaft entkommen, um die Sache aufzuklären. Das ist gutes, solides Filmhandwerk, das schon seit vierzig Jahren funktioniert.«

Flinn sagt, daß diese Geschichte sich niemals verkauft hätte, wenn sie nicht in der Zukunft spielen würde.

»In der Science-fiction kann man sowas machen«, sagt er. »Man kann diese Aspekte vor den Managern verstecken. Die kapieren das nicht. Das Studio will niemanden beleidigen. Sie würden behaupten, die Militärs gingen schließlich auch ins Kino, deshalb könne man so einen Film nicht machen. Im Fernsehen geht das manchmal etwas besser, aber auch nicht immer. Man will sich ja schließlich nicht die Werbekunden vergraulen. Man kann auch keine Massenmörder beleidigen. Sie könnten ja eventuell zusehen.«

Weder Meyer noch Flinn hatten Angst davor, die 25 Jahre alten Charaktere in eine neue Richtung zu bringen. Spock entwickelt ein Interesse an der Vulkanierin Valeris, und Kirk, der immer den Mann der sechziger Jahre in bester kennedytreuer Art verkörpert hatte, wurde plötzlich zum bigotten, rechtsgerichteten Fanatiker, der die Klingonen haßt, weil sie seinen Sohn in Star Trek III umgebracht haben.

»Es gibt einen wundervollen Satz im Drehbuch«, sagt William Shatner. »›Im Weltraum sind alle Krieger kalte Krieger‹. Beide Seiten definieren sich durch ihre Gegnerschaft. Was werde ich ohne meinen Feind sein? Die besten Star-Trek-Geschichten entstehen aus dem realen Leben. Um diesen Bezug hier zu finden, muß man einfach nur die Zeitung aufschlagen.«

»Es gibt drei Arten vom Menschen im Universum von Star Trek VI«, erläutert Flinn. »Die Leute, die den Frieden wollen, die Leute, die aus Egoismus keinen Frieden wollen, und die Leute wie Kirk, die 25 Jahre lang gegen die Klingonen gekämpft haben, aber intelligent genug sind, die Hoffnungen für die Zukunft zu sehen. Wir hatten Glück, daß wir Kirk als einen Mann darstellen konnten, der erstarrt ist, aber seine eigene Starrheit erkennt. Dadurch wird er bereits flexibel. Damit hatten wir auch jemanden, der die Unsicherheit und die ganze Idee des unentdeckten Landes ausdrücken konnte. Die Zukunft, die angsteinflößend ist, wird festgelegt, weil wir einen Charakter haben, der das aussprechen kann.«

Nicholas Meyer meint: »Der heroische Aspekt von Kirk und seiner Mannschaft ist, daß sie versuchen, gegen ihre eigenen Vorurteile zu kämpfen. Wenn ein Mann in einen See springt, um ein Kind zu retten, ist er ein Held. Wenn ein Mann, der eine Kette mit einer Kugel am Bein trägt, in einen See springt, um ein Kind zu retten, ist er ein größerer Held. Darum geht es im Heldentum. Jim Kirk ist ein Held, weil er ein Mensch ist, kein Supermensch, für den ich ihn ohnehin nie gahlten habe.«

»Die Darstellung von Kirk«, fügt William Shatner hinzu, »zeigt einen Mann, der sein ganzes Leben versucht hat, den Feind für sein Land oder für die Föderation zu vernichten. Darauf ist er trainiert. Er muß umlernen. Das ist das klassische Problem, daß Star Trek erfolgreich gemacht hat.«

Es war der Zwiespalt in Kirks Charakter und im Film, den Cliff Eidelman in seinem Soundtrack ausdrücken wollte. »Dadurch bekam ich ein Eröffnungsthema«, sagt er. »Kirk übernimmt zum letzten Mal die Kontrolle. Als er zu den Sternen sieht, springt noch einmal dieser Funke über. Aber damit ist das Problem nicht gelöst, weil er den Klingonen nicht trauen kann und sich nicht auf die Reise machen will, obwohl der Funke da ist.«

Auch Nimoy hält die Nebenthematik des Films für sehr effektiv. »Spock erfuhr Vorurteile, weil er als Halbmensch aufwuchs«, sagte Nimoy. »In Star Trek VI wird Spock zum Botschafter gegen Vorurteile und entdeckt in der Entwicklung der Handlung seine eigenen Vorurteile.«

Trotz des hervorragenden Drehbuchs war Star Trek VI noch längst nicht beschlossene Sache. Als es schließlich doch klar wurde, waren die Fans begeistert, aber die Schauspieler wurden zum Zentrum zahlreicher Witze. »Die Talkshows rissen wochenlang Witze über uns«, erinnert sich Flinn. »Zwei unserer Schauspieler sind 71 Jahre alt, aber was soll's, sie sind gesund.«

Da Star Trek V bei Kritikern wie Publikum durchgefallen war, wollten die Produzenten sicherstellen, daß sich VI so stark wie möglich davon unterschied.

Ralph Winter führt aus: »Star Trek VI wandte sich an ein Publikum, das noch nie einen Star-Trek-Film gesehen hatte. Wir konnten unsere Zahlen um 30–40 % steigern, was Star Trek V nicht gelungen war. Nach dem Mißerfolg von V nahmen wir einen neuen Komponisten und änderten die Atmosphäre des Films völlig.«

Ein Mitglied des Produktionsteams sagte: »Sie wandten sich direkt an ILM, um nicht vor den gleichen Problemen wie beim letzten Mal zu stehen.«

»Wir nahmen wieder das, was wir kannten«, sagt Winter. »Was ILM macht, ist phantastisch. Wir hatten das Glück, daß wir von der Technik profitieren konnten, die sie für T2 entwickelt hatten. Das ganze Aussehen des Films, die Kulissen, Kameraführung, einfach alles geht weiter als die anderen Filme. Ich war einer der Leute, die bei Star Trek V die Verantwortung hatten, und es tut weh, wenn mich jemand darauf anspricht. Aber wir versuchen das wieder wettzumachen, was bei dem Film danebenging.« Der Regisseur Nicholas Meyer fügt hinzu: »Viele Leute sagten, Star Trek II sei ein toller Film gewesen. Die gleichen Leute sagen auch viel Unfreundliches über den ersten Film. Ich glaube, die bedenken dabei nicht, daß Star Trek II nicht so gut gewesen wäre, wenn nicht jemand mutig dorthin gegangen wäre, wo noch niemand gewesen ist und uns damit gezeigt hätte, was wichtig ist. Es ist eine verdammt harte Arbeit, diese Filme zu machen, und ich werde niemanden für seine Arbeit kritisieren.«

Es war sehr schwierig, einen Film in einem Jahr fertigzustellen, selbst mit einem kompletten Drehbuch.

Es war eine Aufgabe, die Meyer, Nimoy und die Produzenten Ralph Winter und Steven Charles Jaffe bis zum Ende des Jahres 1991 zu bewältigen hatten.

14. Kapitel

Die Produktion litt von Anfang an unter dem engen Terminplan. Meyer erinnert sich: »Ich sagte ihnen, ich würde 55 Tage brauchen. Sie sagten, ich bekäme 51. Ich brüllte herum, und sie gaben mir schließlich 53. Natürlich brauchte ich 55.«

Das war allerdings nicht die einzige Schwierigkeit. Nachdem einige Actionfilme im Sommer gefloppt waren und die Rezession auch die Filmindustrie getroffen hatte, predigte man im Studio die Einsparungen. Star Trek war keine Ausnahme. Die Einspielergebnisse der meisten Filme hatten zwischen 70 und 80 Millionen Dollar gelegen, daher sträubte sich das Studio, als sie vom Budget des neuen Films hörten. Sie stoppten die Vorproduktion und drohten, die Produktion aufzugeben, wenn das Budget nicht gekürzt würde.

»Dieser Film wäre beinahe nicht gemacht worden«, erklärt Winter. »Ein paarmal war es fast soweit. Er wird jetzt weniger kosten als der letzte, was schon ziemlich gut ist. Ich habe für diesen Film in jedem Fall weitaus weniger Geld zur Verfügung, als die Leute, die ›Alien 3‹ oder ›Terminator 2‹ gemacht haben.«

Paramount lehnte das 40-Millionen-Dollar-Budget des Films ab und bremste ein Projekt, das sich mit Warpgeschwindigkeit in die Produktion begeben hatte. »Bill und Leonard machten Kompromisse, weil sie den Film unbedingt drehen wollten«, erläutert Winter. »Jeder opferte etwas. Nick und Steven senkten unser Gehalt, um den Film machen zu können, weil wir daran glaubten.«

Um Geld zu sparen, wurden die Kulissen der neuen Enterprise nicht gebaut. Statt dessen benutzte man umdekorierte Kulissen aus TNG. Das Budget fiel auf 26 Mio. Dollar, und Paramount gab dem Film am 13. Februar grünes Licht. Die Kameras liefen ab dem 16. April, aber vorher mußten die Nebenrollen besetzt werden.

»Gesucht: Meisterschauspieler«

Nachdem Meyer und Flinn die erste Hürde genommen hatten und eine gute Action/Abenteuer-Geschichte abgeliefert hatten, standen sie vor dem zweiten Problem: einige gute Gaststars zu bekommen. Mit der Hilfe der Besetzungsregisseurin Mary Jo Slater beluden sie den letzten Trek-Film mit all den Gaststars, die sie sich leisten konnten.

»Nick wollte jede Rolle mit einem Star besetzen. Abgesehen von den sieben Stars, die die Hauptrollen spielen, sollten wir selbst die Rollen, in denen die Leute nicht zu erkennen waren, mit Stars besetzen«, sagt Steven Jaffe. »Nick hielt es für wichtig, besonders die Außerirdischen mit so guten Schauspielern zu besetzen, daß sie sich auch noch durch die Maske artikulieren können. Das ist eine sehr gute Idee, nicht nur für Star Trek, sondern für jeden Film. Es ist sehr schwer für einen Schauspieler, eine Rolle durch mehrere Pfund Make-up zu projizieren. Ein großer Schauspieler wie Christopher Plummer hat die Kraft und das Können für so etwas. Man fühlt eine Persönlichkeit, man sieht nicht einfach einen Typen mit einer Maske. In dem Punkt haben wir unser Ziel erreicht. Es gab einige Leute, die wir wollten, aber nicht bezahlen konnten. Letzten Endes war das vielleicht gut so, weil David Warner einfach toll war, aber eigentlich hatten wir Jack Palance gewollt. Es machte Spaß, wieder mit ihm zu arbeiten. Wir kannten uns noch aus ›Time After Time‹ (dt.: »Flucht ins 20. Jahrhundert«). Kim Cattrall ist toll. Wir waren froh, daß sie mitmachen wollte.«

Meyer sagt über die Besetzung des Films: »Ich verfolgte die Schauspieler und zwang sie praktisch, das Drehbuch zu lesen. Nachdem sie es gelesen hatten, wollten sie auch mitspielen. Das war ein gutes Omen. An Christopher Plummers letztem Drehtag, verfiel ich in eine tiefe Depression. Zum einen ist er ein großartiger Schauspieler. Zum anderen ist er ein toller Mensch. Wir hatten so viel Spaß, und es war sehr aufregend, mit ihm zu arbeiten. David Warner ist ein alter Freund von mir. Ich würde ihn in jedem Film einsetzen, wenn ich das könnte. Kim Cattrall ist die am meisten unterschätzte Schauspielerin in ihrer Generation. Ich bin immer wieder überrascht, wenn ich höre, in welchen Filmen sie mitgespielt hat. Dann wird mir klar, daß ich sie nicht wahrgenommen habe, weil sie so gut ist, daß sie in ihrer Rolle verschwindet. Sie ist eine tolle Schauspielerin und eine wahre Schönheit.«

Cattrall, die die Rolle der Valeris zuerst nicht annehmen wollte, erlebte Star Trek VI als aufregendes Erlebnis, das noch interessanter wurde, weil sich das Drehbuch ständig veränderte. Der Zeitdruck zwang Meyer mit den Dreharbeiten zu beginnen, bevor das Drehbuch überarbeitet war.

»Die Dinge änderten sich sehr«, sagt die Schauspielerin. »Die letzte Szene zwischen Leonard und mir wurde ganz anders geschrieben, als wir sie schließlich gespielt haben. Das war eine aufregende Szene, weil keiner von uns wußte, was genau passieren würde. Man hat eine vulkanische Gedankenverschmelzung eigentlich noch nie richtig gesehen. Das ist ein Energieaustausch zwischen zwei Menschen, die zwischen Schmerz und Leidenschaft gefangen sind. Noch kein anderer Star-Trek-Film hatte eine Szene, die so sexuell wirkte.«

Flinn sagt: »Star Trek ist bekannt für seine Gaststars. Unsere reguläre Besetzung hilft sehr viel, weil die Leute nichts so sehr mögen, wie etwas Altes zusammen mit etwas Neuem. In Star Trek II hatte man Ricardo Montalban. Hier hat man Christopher Plummer. Selbst in den alten Folgen war das so, da hatte man Joan Collins oder Teri Garr. Das Publikum traf immer wieder Außerirdische, die rein auf der Unterhaltungsebene etwas Neues boten. Man sah sich die Serie nicht nur wegen der bekannten Charaktere, sondern auch wegen der allwöchentlichen Überraschung an. Mit Christopher Plummer klappt das in jedem Fall – er ist ein toller Schauspieler.«

»Was ich über Star Trek VI sagen kann, ist, daß der Film mehr Gaststars hat als die anderen«, gibt Walter Koenig zu. »Es sind wirklich gute Leute dabei. Kim war toll. Man sieht zum ersten Mal eine Gedankenverschmelzung, die sexy ist. Roseanna DeSoto, Chris Plummer, Brock Peters, David Warner sind alle großartig.

»Ich habe mit Christopher Plummer schon früher gearbeitet, und er ist ein toller Schauspieler«, fügt Jimmy

14. KAPITEL

Doohan hinzu. »Ich sah ihn in Stradford, Kanada, als Cyrano, und er spielt jeden anderen Cyrano an die Wand. Er ist einfach sensationell. Zum Glück hatten wir die Nebenrollen so gut besetzt, das brauchte der Film.«

Jahrzehnte vorher war Shatner die Zweitbesetzung für Plummers »Heinrich V« in Kanada gewesen, und nun flogen die beiden gemeinsam durch das Universum. Anders als in Star Trek II, wo sich Kirk und Khan nicht begegneten, hatten Kirk und General Chang in VI die Chance sich Shakespeare-Zitate zuzuwerfen. »Mary, Königin von Schottland und Elisabeth I von England sind sich nie begegnet, trotzdem haben sie die Schriftsteller immer zusammengebracht«, überlegt Meyer. »Sind sich Kirk und Khan wirklich nie begegnet? Sie hätten sich begegnen sollen.«

Flinn befürchete am Anfang, Meyer habe mit den klassischen Zitaten übertrieben, aber er änderte seine Meinung, als er sah, was Plummer aus der aufpolierten Prosa machen konnte. »Als wir ihn bekamen, fügte Nick immer mehr Zitate ein, weil er wußte, daß Plummer damit umgehen konnte«, sagt Flinn. »Sowas kann steif wirken, aber das hängt davon ab, wie man es macht. Man muß es für den richtigen Schauspieler schreiben, oder den richtigen Schauspieler für die Rolle bekommen. Nick korrigierte das bis zu der Nacht, als die Szenen gedreht wurden. Ich benutze solche Zitate nicht gerne, aber bei Chris Plummer war das eine andere Sache. Es funktionierte. In Star Trek II legte Nick Shatner das Buch und die Brille in die Hände und sagte damit auf wunderbare Wreise, daß es egal sei, wie man im 23. Jahrhundert Informationen überliefern wird, denn große Literatur wird es immer noch geben. Das war wundervoll. Was die literarischen Anspielungen angeht, dazu kann ich nur sagen, daß Nick sehr belesen ist, mit einer Bildung, die eher klassisch orientiert ist.«

Eine der Überraschungen in der Besetzung des Films ist Christian Slater als Mitglied der Excelsior-Besatzung, der unter Captain Sulu diente. George Takei bemerkte: »Ich habe einen neuen Welpen, der sehr süß ist und mit dem Schwanz wedelt. Das ist Christian Slater. Er war so glücklich. Er setzte alle Hebel in Bewegung, um in die Kulissen zu kommen, weil er seit seiner Kindheit ein Star-Trek-Fan ist. In meiner Kindheit träumte ich davon, Robin Hood zu sein. Er träumte davon, eine Starfleet-Uniform zu tragen. Er war wie mein Welpe. Er rannte durch die Korridore, kletterte eine Leiter hinauf und sagte: ›Hier hat Scotty das und das gemacht‹. Er war ein 21jähriges Kind in einer Phantasiewelt. » Ralph Winter sagt über die Besetzung: »Nick ging sehr klassisch daran. Er wollte Schauspieler haben, die wirklich etwas beitragen können. Wir ließen uns von dem geringen Budget nicht abschrecken. Wir wollten Leute, denen das Projekt gefiel und die es wie den größten Film aller Zeiten behandeln würden. Wir suchten uns die besten Schauspieler für die Rollen. Wir wollten keine Leute, die einfach nur ›Okay, ich mach' das‹ sagten, sondern Begeisterung zeigten, weil sie Star-Trek-Fans sind. Deshalb nahmen wir Kim Cattrall, Christopher Plummer, Roseanna DeSoto und Kurtwood Smith. Bei anderen Rollen suchten wir einfach nur nach dem richtigen Aussehen, was auch klappte — Iman.«

Was die Gestaltwandlerin angeht, hatte Flinn ein etwas anderes Bild von der letzten Frau, die Kirks Blut in Wallung bringt. »Die Person, die ich mir vorgestellt hatte, unterschied sich von Iman wie Tag und Nacht«, sagt Flinn. »Ich dachte an Sigourney Weaver, aber ich denke, unsere Wahl war vielleicht besser. Ich hätte nicht gedacht, daß wir sie uns leisten könnten, aber ich sah den Charakter als Weltraumpiratin; die weibliche Fassung eines dunklen Han Solo. Sie stellt sich als recht bösartig heraus, aber eben auch als kämperische Weltraumpiratin, also dachte ich an Sigourney.«

Es war auch recht kompliziert, jedem der Nebendarsteller genügend Auftritte zu verschaffen. Es ist nicht überraschend, daß es in einem Ensemble, das seit 25 Jahren verehrt und gepriesen wird, manchmal Launen und Ego-Trips auftauchen.

Es ist eine große Herausforderung bei Star-Trek-Filmen, jedem Mitglied des Ensembles Zeit zu widmen, damit der Schauspieler wie auch die Fans zufriedengestellt sind.

»Man hat einen Film mit sieben Stars, und man muß jedem eine bedeutungsvolle Rolle geben«, sagt Ralph Winter. »Das ist was anderes als James Bond oder Indiana Jones, wo man nur einen Helden hat. Hier hat man eine Gruppe von sieben Leuten. Nick hat sie sehr gut ineinander verwoben. Wir wissen, daß wir die Fans befriedigen müssen, aber darüber hinaus muß der Film auch spaßig sein, Spannung bieten und die Phantasie beflügeln.«

Man kann sich nicht vorstellen, daß Bernard Lee eine größere Rolle als M in den Bond Filmen verlangen würde, genauso wie Denholm Elliot niemals eine Erweiterung seiner Rolle als Marcus Brody in der Indiana-Jones-Trilogie fordern würde. Aber wenn George Takei seine Unzufriedenheit über seine Rolle als Navigator ausdrückt, horchen die Leute auf.

»Sie zu beschäftigen ist ein Teil der Aufgabe«, bemerkt Dennis Flinn. »Wenn man das haßt, darf man den Job nicht annehmen. Wir mußten Leonard und Shatner zufriedenstellen, und sie bekamen auch beide Notizen von der ersten Fassung. Bei jedem anderen Film interessiert es keinen, wenn sich ein Schauspieler beschwert, weil seine Rolle zu klein ist. Ein Autor oder Regisseur versucht seine Geschichte so gut zu erzählen wie er kann. In Star Trek sind diese 25 Jahre Arbeit, die in den Charakteren steckt, ein Teil der Geschichte. Das Publikum will wissen, was mit Uhura oder Sulu passiert. Wir beförderten Sulu absichtlich, vielleicht auch, weil er sich beschwert hatte, sein ganzes Leben als Navigator verbringen zu müssen.«

»Es ist für alle ein toller Film«, sagte Jimmy Doohan. »George hat endlich sein eigens Schiff bekommen, womit Leonard viel zu tun hatte.«

In Star Trek II hatte Chekov eine größere Rolle als Mitglied von Captain Terrells Crew. In Star Trek V fesselte Uhuras Nackttanz die Aufmerksamkeit einer Wüstenaufklärungstruppe. In Star Trek IV war die gesamte Besatzung auf der Jagd nach Walen im Amerika der 80er Jahre.

Koenig war sehr froh darüber, einmal nicht mit Shatner arbeiten zu müssen.

14. KAPITEL

»Star Trek II war von Anfang bis Ende toll. Die Zusammenarbeit mit Ricardo Montalban und Paul Winfield war großartig. Vor allem tat es mir gut, einmal nicht auf der Enterprise zu sein, wo man vom Star beurteilt wird«, sagt Koenig. »Die Szenen werden dort oft von unserem Star blockiert, was ich sehr erdrückend finde. Ich arbeite mit Schauspielern, die nicht nur austeilen, sondern auch einstecken können. Völlig professionell. Natürlich hat Ricardo Montalban ein großes Ego. Das ist toll. Er ist sehr auffällig. Die Arbeit mit ihm war sehr angenehm. Nick sagte einmal etwas zu ihm, daß seine Darstellung besser abgestimmt werden müsse, und ich dachte nur: ›Jetzt geht es los‹. Aber er sagte nur: ›Ja, Du hast recht‹. So sollte die Arbeit ablaufen. Bei uns ist das leider anders. Die zwei Wochen, in denen ich mit Bill arbeitete, waren nicht so toll.«

Shatner, der zusammen mit Nimoy am meisten vom Star-Trek-Erfolg profitiert hat, ist von der Kritik nicht überrascht und reagiert diplomatisch: »Wenn die alte Serie heute noch laufen würde, wäre das nicht anders. Es gibt Leute, deren Namen über dem Titel stehen und Leute, deren Namen darunter stehen. So läuft dieses Geschäft nun einmal, und so werden die Geschichten erzählt.«

Auf die Kritik, die auf den Conventions umgeht und nicht nur von Leuten wie Doohan und Koenig, sondern auch von anderen verbreitet wird, reagiert Shatner verwirrt. »Das kommt von einigen Leuten«, sagt er, »und um ehrlich zu sein, verstehe ich das nicht. Ich bin mir dessen noch nicht einmal bewußt. Manchmal berichtet mir einer meiner Fans, daß sie dies und das über mich gesagt haben, und das überrascht mich, weil ich mit den Leuten keine Schwierigkeiten habe. Wir machen unsere Arbeit, und ich habe mich nie mit jemandem gestritten. Ich weiß nicht, welches Gift sie verspritzen. Von den Leuten, mit denen ich viel zusammen bin – Leonard, DeForest, den Leuten im Management und den Regisseuren – habe ich jedenfalls nichts Schlechtes gehört.«

Ralph Winter, der sich anfangs über die Zusammenarbeit mit Shatner in Star Trek V Sorgen gemacht hatte, hat nichts außer Lob für den Schauspieler und Regisseur. »Es lief viel glatter, als ich angenommen hatte. Bill und ich kamen sehr gut miteinander aus. Er war großartig und spaßig.«

Kim Cattrall äußert sich ebenfalls positiv über ihren Umgang mit Shatner. »Er ist ein technischer Hai«, sagt sie.

»Technisch kann er fast alles als Schauspieler machen. Er hat sich mir gegenüber immer wie ein Gentleman benommen, und es ist ganz egal, was ich persönlich von ihm halte. Wir sind beide Kanadier, und wir hatten eine berufliche Beziehung. Ich habe ihm nie erzählt, daß ich, als ich am Anfang meiner Karriere stand, einmal in einem Werbespot mitspielte, den er damals machte. Ich glaube nicht, daß irgend jemand besser sein könnte als er. Er ist Captain Kirk, und es ist unglaublich, was er kann. Er beherrscht seine Technik sehr, sehr gut, und man weiß, was er machen wird. Ich hatte mit ihm oder seinen Ausbrüchen nie ein Problem. Er war respektvoll, er spricht seine Sätze sehr oft, immer und immer wieder, was einen nerven kann, aber jeder hat seine eigene Arbeitsweise.«

»Das Überbrücken der Generationen«

Als Star Trek V in Produktion ging, konnte man den Neuling TNG noch ignorieren, aber bei Star Trek VI bestand der Ausführende Produzent Leonard Nimoy darauf, eine Kontinuität zwischen den Serien zu schaffen.

TNG-Produzent Rick Berman sagt dazu: »Sie bemühen sich, dem nicht zu widersprechen, was wir sagen. Wir haben eine sehr gute Beziehung zu Leonard Nimoy und Nicholas Meyer. Es ist toll, daß sie zu uns kommen, um mit uns zu reden. Die Atmosphäre ist weitaus familiärer als beim letzten Film. Sie wollen, daß ihr Film und unsere Serie voneinander profitieren.«

Vielleicht war es die ansteigende Popularität von TNG, die Leonard Nimoy zu seiner Gastrolle in einer der Folgen bewegte (»Ich dachte, es wäre langsam Zeit«, sagte er damals). Damit gab er dem Unternehmen seine Zustimmung.

»Ich unterhielt mich mehrfach mit Gene Roddenberry über einen Auftritt in TNG«, erzählt er. »Wir hielten das beide für eine gute Idee und warteten nur auf die richtige Geschichte. Frank Mancuso sprach mich darauf an, als wir uns über Star Trek VI unterhielten. Ich sprach mit den beiden TNG-Produzenten Michael Piller und Rick Berman. Ich sagte ihnen, es sei Frank Mancusos Idee und fragte, was sie davon hielten. Sie fragten, ob ich es machen wollte, worauf ich meinte, mit der richtigen Geschichte würde ich. Sie kamen dann mit dieser tollen Idee zu mir, und ich sagte zu.«

Star Trek VI ist voller Anspielungen auf seinen Seriennachwuchs. Nicht nur in der Handlung, die den Weg für den Frieden zwischen klingonischem Imperium und Föderation ebnet, sondern auch in der Erwähnung des Khitomir-Außenpostens und natürlich dadurch, daß Michael Dorn seinen Urgroßvater, einen klingonischen Verteidigungsberater namens – was auch sonst – Worf spielt.

Für Dorn war der Auftritt im Film ein Ereignis. »Es machte sehr viel Spaß«, sagt er. »Es war eine Ehre. Mir gefiel die alte Serie, als ich ein Kind war, und ich mag unsere Serie sehr. Man denkt darüber nicht nach, bevor es passiert. Erst dann bemerkt man, wie wichtig es ist. Das Beste in unserem Geschäft ist die Arbeit mit sehr guten Schauspielern. Das bringt die eigene Kreativität auf Trab.«

Dennis Martin Flinn, der das Drehbuch mitschrieb und überlegt hatte, ob die Classic-Besatzung nicht am Ende des Films das Ruder an die TNG-Crew weitergeben sollte, bis ihm die Zeitunterschiede einfielen, sagt: »Die Idee stammte von Nick, der fragte, wie es wäre, wenn Michael Dorn im Film Worf spielen würde. Wir wiesen ihn darauf hin, daß TNG 75 Jahre später spielt. Nick sagte: ›Okay. Dann ist es eben sein Urgroßvater.‹

Nick hatte den Charakter nicht für einen bestimmten Schauspieler entworfen, aber dann bekamen wir Michael Dorn und mußten ihm erst einmal erklären, daß er nicht sich selbst spielen könne.«

14. KAPITEL

Dorn mußte seine Darstellung leicht ändern, um einen seiner Vorfahren spielen zu können. »Worf im Film ist mit sich selbst mehr im Reinen als der Worf in der Serie, weil er ein Klingone ist und nur ein Klingone«, erklärt er. »Er wurde nie von seiner Familie weggenommen. Er hat sein ganzes Leben mit Klingonen verbracht und hat ein besseres Gefühl für sich selbst. Er steht nicht unter dieser inneren Spannung.«

Der Make-up-Künstler Richard Snell mußte die Maske für Worfs Urgroßvater gut überdenken. »Zuerst dachten sie, man könne seine Maske aus der Serie nehmen. Man entschied sich allerdings dagegen«, sagt Snell. »Meine Klingonen sind anders als die im Fernsehen. Wie bei jeder Kunst ist das auch subjektiv, also entschlossen wir uns, schon eine Art Verwandtschaft durchblicken zu lassen. Wir mußten die Maske für die Filmarbeit etwas verfeinern, aber ich bin nicht jemand, der das Design eines anderen ignoriert und alles an sich reißt.«

Es war ursprünglich geplant gewesen, einen noch deutlicheren Bezug zu TNG zu setzen. Kirks letzter Logbucheintrag lautete ursprünglich so: »Dieses Schiff und seine Geschichte werden bald einer neuen Generation überantwortet. Ihnen und ihrem Erfolg widmen wir unsere Zukunft. Sie werden die Reisen fortsetzen, die wir begonnen haben und werden all die unentdeckten Länder bereisen, und werden mutig dorthin gehen, wo noch nie ein Mann... wo noch niemand gewesen ist.«

Es heißt allerdings, daß Michael Dorn kurz nach der Beendigung von Star Trek VI ein Interview gab, in dem er sagte in Star Trek VII würde die TNG-Crew hundertprozentig auftauchen. Leonard Nimoy, dem Dorns Kommentare nicht paßten, ließ das Ende umschreiben. Der letzte Logbucheintrag beschrieb die TNG-Crew jetzt nur noch als »eine andere Besatzung«.

Obwohl es in Star Trek VI vor Anspielungen auf TNG wimmelt, ist Nicholas Meyer der einzige, der sich als Fan der neuen Serie bezeichnet. Selbst er besteht allerdings daruf, daß man sich um die Kontinuität keine Gedanken machte. Die Mitglieder der »Classic«-Crew geizen immer noch mit ihrem Lob auf ihre Nachfolger.

»Ich dachte anfangs, sie würden den Kinofilmen schaden«, sagt Walter Koenig. »Ich sah der Serie zu und hoffte, sie würde scheitern. Als ich sah, daß sie sich anfangs auf einige unserer alten Folgen stützten, bestärkte mich das in dem Glauben, es würde schiefgehen. Ich weiß, daß meine Reaktionen nicht objektiv waren und es auch heute noch nicht sind. Unsere Folgen gefallen mir immer noch besser als ihre, aber die Serie hat enorme Fortschritte gemacht. Die Geschichten sind gut geworden, und die Schauspieler sind alle sehr überzeugend. Ich hätte gerne die Präsenz von Patrick Stewart. Diese Leute sind sehr talentiert. Ich vermisse allerdings die Tiefe der Charaktere und den Spaß, den Kirk, Spock und McCoy hatten. Ihre Unterhaltungen, ihre Schwächen, die Ängste, die Bill Shatner in seinem Charakter enthüllte. Diese Sachen sehe ich in TNG nicht. Sie sind kontrollierter. Kirk, bei all seinem Heldentum, gefiel mir, weil er menschliche Schwächen hatte.«

In einer Fernsehzeitschrift wurde die Frage gestellt, wem die Leser als Captain der Enterprise mehr vertrauen würden, wenn die Erde sich in Gefahr befände: Captain Kirk oder Captain Picard? James Tiberius Kirk lag bei den Lesern weit vorne. In Antwort auf die Umfrage sagte William Shatner: »Es ist nicht gut, daß man das als Wettbewerb ansieht, weil es keiner ist, es handelt sich um zwei verschiedene Serien und zwei verschiedene Charaktere. Allerdings, auf der anderen Seite wäre es nicht schrecklich, wenn ich verloren hätte?«

Shatner, der vorgibt, die neue Serie bis jetzt kaum gesehen zu haben, hält die alte Serie für wesentlich ansprechender.

»Die Geschichten waren interessanter, weil es um Leidenschaft und die Schwierigkeiten einer Person ging. Ich halte diese persönliche Art für effektiver. Eine Geschichte, die von einem Komitee erzählt wird, ist nicht sehr spannend. Die Entfernung zwischen dir und dem Publikum ist größer.«

»Ich denke, sie machen ihre Arbeit sehr gut«, sagt Jimmy Doohan, der seinen Charakter Montgomery Scott in der TNG-Folge »Relics« wieder aufleben ließ. »Es sind gute Geschichten, aber sie haben keine Botschaften. Die Botschaften waren das, was die alten Folgen so gut machte. Wenn ich mit Leuten über TNG rede, sagen sie mir immer, daß sie sich fragen, was die Botschaft ist. Für mich hat dieser Film hier eine der größten Botschaften, die man sich vorstellen kann, vor allem, wenn man unsere heutige Situation bedenkt. Diese großartige Geschichte spricht darüber, wohin wir uns bewegen.«

Doohans optimistisches Lob der Botschaft in Star Trek VI und seine Einschätzung der moralischen Fehlleistung in TNG wird von Michael Dorn nicht geteilt. »Ich rede recht gerne über die reale Welt, in der genügend interessante und bewegende Dinge passieren«, sagt Dorn. »Star Trek versucht auch eine ganze Menge zu sagen. Es ist gut, wenn man in Star Trek nach einer Botschaft sucht, aber primär ist diese Serie gute, spannende Unterhaltung. Durch Genes Einfluß versuchten wir Botschaften an unser Publikum zu geben und ihnen zu zeigen, daß es da draußen etwas gibt. So ist das auch mit Nick und den Filmen. Unsere Serie hat eine Botschaft, aber in erster Linie ist es gutes Fernsehen; wir zeigen nichts, was nicht bekannt ist. Vielleicht erläutert die Serie manche Dinge, aber eigentlich sind wir nicht mehr als ein Spiegel der Gesellschaft.«

Dorn glaubt nicht, daß die alte Serie progressiver mit sozialen Fragen umgehen konnte, weil diese Fragen das Amerika der 60er Jahre erschütterten, und daß die 80er der neuen Serie weniger Nährboden liefern. »Das ist falsch«, sagt Dorn. »Star Trek bietet das optimale Forum, um sich mit neuen Ideen auseinanderzusetzen. Wie kann man behaupten, daß alles schon gesagt worden ist? Der Fall des Ostblocks, Hungersnöte, das sind die gegenwärtigen Themen. Wie ist das mit einer Gesellschaft, die die reichste der Welt ist, aber trotzdem Leute auf ihren Straßen verhungern läßt, oder mit einer Gesellschaft, die soviel Geld in Waffen steckt, daß unsere Schulen bankrott gehen? Unsere Serie bietet Unterhaltung und den Umgang mit sozialen Themen. Wir haben erst die Oberfläche

14. KAPITEL

angekratzt, und wir machen gutes Fernsehen, aber wir versuchen nicht, neue Gebiete zu erobern.«

Für Dorn ist seine Arbeit an TNG und sein zweiwöchiger Auftritt in Star Trek VI eine herausragende schauspielerische Erfahrung. »Star Trek ist wirklich wunderbar«, sagt er. »Das ist ein Traum, der wahr geworden ist, aber es ist auch Schauspielerei. Wir spielt man vor einem blauen Bildschirm? Wie spielt man einen Arzt, wenn man nie einer gewesen ist? Das ist reine Schauspielerei.«

Was die Zukunft von Star Trek in beiden Generationen angeht, kann Dorn nur vorsichtig spekulieren: »Es stehen verschiedene Wege offen. Ich würde es gerne sehen, wenn die Serie sechs oder sieben Jahre laufen würde und wir anschließend Filme machen würden, aber es gibt auch andere Möglichkeiten. Wir könnten auch sechs oder sieben Jahre drehen und anschließend nichts mehr machen, aber ich glaube nicht, daß das passieren wird.«

»Dies ist das Ende ... oder?«

Dennis Martin Flinn dachte daran, daß Star Trek VI vielleicht der Schwanengesang der alten Crew sein würde und hatte die Idee, daß die Schauspieler am Ende alle ihre Unterschrift unter den letzten Logbucheintrag setzen würden. Damit würde die Serie nicht nur mit einem emotionalen Höhepunkt enden, sondern der Übergang zwischen den Generationen wäre klarer. Obwohl die Unterschriften in der letzten Schnittfassung erhalten geblieben sind, wurden doch verschiedene Änderungen vorgenommen.

»Sie haben die Reihenfolge geändert, so daß Shatners Name als letzter kommt, wie in einer Oper«, sagt der Komponist Cliff Eidelman. »Es ist ein Abschied voll emotionaler Musik.«

Die einzige Emotion, die Flinn empfindet, wenn er die Unterschriften sieht ist Ärger. »Sie sind anders als ursprünglich geplant«, sagt er. »In meinem Drehbuch standen die Unterschriften als James T. Kirk, Mr. Spock, etc. Wir gaben ihnen die Chance, ihren letzten Logbucheintrag zu unterschreiben. Ich hielt das für bewegend, vor allem weil es der letzte Film ist, aber sie änderten das in die Namen der Schauspieler, was mir überhaupt nicht gefällt. Einer der Schauspieler, der auch Ausführender Produzent ist und hier nicht genannt werden soll, mochte es, weil er seinen eigenen Namen lieber als den seines Charakters sehen wollte. Der Streit ging hin und her, und wir haben eben verloren. Ehrlich gesagt, niemand interessiert sich einen Scheiß für William Shatner und Leonard Nimoy, was Star Trek angeht. Diese Leute sind Kirk und Spock und McCoy. Es ergibt keinen Sinn, wenn die Schauspieler den letzten Logbucheintrag unterschreiben. Ich bin wütend, weil die anderen Leute in der Produktion, die mehr Macht als ich haben, nichts gesagt haben, obwohl sie mir verdammt nochmal zustimmen. Wir sind in der Mehrheit. Nur der Regisseur und Leonard wollten das nicht, aber niemand außer mir wollte sich mit ihnen anlegen.«

Und mit dem letzten Ton der Musik, als die Lichter in den Kinosälen angingen, fragten sich die Star-Trek-Fans, ob sie gerade wirklich die letzte Mission der ursprünglichen Besatzung gesehen hatten. Diese Frage wurde auch unter den Mitgliedern des Star-Trek-VI-Produktionsteams vor der Premiere des Films heiß diskutiert. Das Gerücht tauchte auf, daß man das Ende umgeschnitten hatte, um den Film offener enden zu lassen.

»Das gleiche hörte ich über Star Trek II«, sagt der Regisseur Nicholas Meyer. »Ich hatte nichts mit Spocks Auferstehung zu tun. Wenn ich die Entscheidung hätte treffen können, hätte der Film nicht so zweideutig geendet. Dieser Film hier hatte aber von Anfang an nur ein Ende, und das hat sich auch nicht geändert. Ich erinnere mich auch an die Gerüchte, wir hätten verschiedene Schlußsequenzen für Star Trek II gedreht. Das haben wir auch nicht gemacht. Dieser Film hatte sein Ende bereits in der ersten Fassung. Es gab keinen Druck vom Studio, das zu ändern. Das liegt vermutlich daran, daß das Ende keine Schlußfolgerungen zuläßt.«

Flinn erinnert sich an eine etwas andere Fassung des Höhepunkts von Star Trek VI. »In der Überarbeitung, die Nick in der Nacht vor den Dreharbeiten schrieb, wurde die allerletzte Szene umgeschrieben. Ich glaube wirklich nicht, daß Nick noch eine Hintertür offenlassen wollte. Das lag wohl eher an der Geschichte selbst und an der metaphorischen Art, in der er schreibt. Nick wollte ein Zitat aus Peter Pan einbringen – er war in dieser Nacht wohl in optimistischer Stimmung –, und die Art, in der die Szene strukturiert ist, läßt eigentlich alles offen. Damit liegt alles beim Studio – und vielleicht auch bei Leonard und Shatner.«

Wie die meisten Leute war auch Flinn davon ausgegangen, daß Star Trek VI die letzte Reise der alten Crew werden würde. Daher war er überrascht, als der neue Studiochef Brandon Tartikoff bei einer Privatvorführung des Films für das Management sich Gedanken über die Zukunft von Star Trek machte.

»Ich hatte immer nur gehört, dies sei der letzte Film«, erinnert sich Flinn. »Wir machten sehr früh eine Vorführung für die Manager, und ihnen gefiel der Film sehr. Sie standen nachher noch eine Weile herum, und Brandon Tartikoff, der kurz vorher das Studio übernommen hatte und nichts mit dem Film zu tun gehabt hatte, fragte, warum dies der letzte Film sei. Alle sahen sich an, dann sahen alle Leonard an und der sagte nicht, daß er es nicht mehr machen wolle. Ich hatte den Eindruck, er wollte ›Nun, es ist Dein Studio. Mach' mir ein Angebot‹ sagen.«

»Brandon war sehr zufrieden mit dem Film. Er sagte, wir hätten ihm ein unerwartetes Weihnachtsgeschenk gegeben«, stimmt Ralph Winter zu. »Ich habe Star Trek als Kind gesehen und es toll gefunden. Es war sehr aufregend, an diesem Film zu arbeiten. Wenn man mir zehn Jahre vorher gesagt hätte, ich würde den sechsten Star-Trek-Film produzieren, hätte ich denjenigen für verrückt erklärt. Es ist toll, wenn man darüber nachdenkt, daß dies ein Teil der amerikanischen Kultur ist und daß man daran beteiligt war und etwas hinzugefügt hat. Der Höhepunkt für mich war es, in der Premierennacht um 20.00 Uhr mit einem

14. KAPITEL

Publikum im Kino zu sitzen, das seit Monaten auf den Film gewartet hatte, Kostüme und Phaser trug, lachte und weinte und wahnsinnig viel Spaß hatte. Wir machen diese Filme nicht nur für das Publikum, sondern auch für uns. Wenn wir uns dabei gut unterhalten, werden sie das vermutlich auch. Das ist die Belohnung für die Arbeit.

»Ich arbeite seit zehn Jahren an diesen Filmen«, fährt Winter fort. »Sie haben immer gesagt, es wäre der letzte. Ich habe es satt, das immer wieder zu sagen und nicht recht zu haben. Dies ist der Film zum 25jährigen Jubiläum, und ich habe das Gefühl, die Fans werden sehr zufrieden sein. Es ist eine gute Geschichte, gute Unterhaltung und ein guter Krimi, den unsere Charaktere lösen müssen.«

George Takei, Captain Sulu der U.S.S. Excelsior in Star Trek VI, bemerkt: »Vielleicht muß ich noch einmal die Geschichte der Star-Trek-Filme zitieren. Der erste Film hieß ›Star Trek: The Motion Picture‹, was soviel hieß wie: Das ist es. Das ist der Film. Der kam heraus, brachte viel Geld, und sie begannen sich über eine Forsetzung Gedanken zu machen. Dann töteten sie Spock, und man kann Star Trek nicht ohne Spock machen. Der kam heraus und machte Berge von Geld. Daraufhin sprachen sie von einer Trilogie, weil so etwas gerade ›in‹ war. Das bedeutet aber drei Filme, richtig? In Star Trek III ging die Enterprise in Flammen auf, und das war's. Der brachte wahnsinnig viel Geld. Dann hieß es, der vierte sei endgültig der letzte. Jetzt haben wir sechs Filme gemacht, und sie sagen schon wieder, das wäre das Ende. Wenn Sie noch eine Weile hierbleiben, werden sie über den jetzt aber endgültig letzten Film reden.«

Wie Doohan und Takei ist auch Nichelle Nichols einer Fortsetzung ihrer Rolle als Uhura nicht abgeneigt. »Das könnte das Ende sein, aber wer weiß? Dieser Film würde die Serie sehr gut abrunden, das würde mich auch nicht stören. Ich habe diese Filme sehr gerne gemacht. Jeder von ihnen war für mich ein kleines Wunder.« Nichols wies daruf hin, daß am letzten Drehtag keine Abschiedsstimmung geherrscht hätte. »Wir hatten keinen letzten Drehtag. Am angeblich letzten Tag gaben wir ein Interview für ›Good Morning America‹, wir bekamen Essen und Champagner und so weiter, dann stellten wir uns für Fotos auf. Am nächsten Tag gingen wir zurück ins Make-up und machten eine Fotosession. Es ging immer weiter. Für mich kam diese Stimmung am ersten Drehtag auf, weil wir alle mit dem Gefühl hineingingen, dies sei der absolut letzte Film. Dann sahen sich die ganzen Bosse unsere ersten Aufnahmen an, waren begeistert und die Flüsterei ging wieder los.«

Walter »Chekov« Koenig würde die Flüsterei am liebsten ignorieren und das 23. Jahrhundert für immer hinter sich lassen.

»Vielleicht liegt das daran, daß ich mit diesem Film so zufrieden bin«, schlägt er vor. »Der Film wirkt wie das Ende. Aus bestimmten pragmatischen Gründen sollte dies der letzte Film sein. Es gibt viele Leute in den Medien, die glauben, wir wären schon zu lange geblieben. Jeder Film betont immer stärker, daß wir im Rentenalter sind – wir sehen zumindest so aus.

Wenn die Presse sich über so etwas ausläßt, stört mich das, weil das als Sprungbrett für jeden weiteren Kommentar benutzt wird. Das Projekt wegen dem Alter seiner Darsteller zu verurteilen, ist sehr unfair. Das sehe ich immer wieder. Bill kann seine Zunge nicht mehr in den Mund einer jungen Frau schieben, weil das nicht funktionieren würde. Diesen Kompromiß haben wir schon geschlossen. Wir machen keine Faustkämpfe mehr, weil das vielleicht unglaubwürdig wirken würde. Aber was unsere Reflexe angeht, unsere Funktion auf dem Schiff und die Ideen, glaube ich nicht, daß man uns als Gruppe wegen unseres Alters verdammen sollte.

»Ich habe auch den Eindruck, daß das Studio denkt, sie hätten mit TNG einen Nachfolger bereitstehen«, fügt er hinzu. »Sie sehen dies schon als letzten Film, auch wenn das nicht unwiderruflich feststeht. Ich möchte glauben, daß es der letzte Film ist. Ich bin nicht von Star Trek übersättigt. Ich bin einfach nur bereit es loszulassen und mich nach anderem umzusehen. Ich möchte wieder Hunger verspüren. Mit diesem Bedürfnis wird hoffentlich auch neue Kreativität kommen.«

DeForest Kelley überlegt, was er wohl am meisten vermissen wird. »Das Wissen, daß es nicht mehr da ist«, sagt er. »Star Trek war für 25 Jahre ein wichtiger Bestandteil meines Lebens. Es ist noch nicht richtig eingesunken. Das wird erst passieren, wenn jemand endgültig sagt: ›Das war's‹. Star Trek fühlte sich wie etwas an, daß immer da sein wird, aber das ist nicht so. Wenn ich das richtig begriffen habe, werde ich darüber nachdenken und mein Leben neu ausrichten.«

»Am letzten Tag der alten Serie«, erinnert sich Leonard Nimoy, »als wir herausfanden, daß wir abgesetzt worden waren, nahm ich sorgfältig meine Ohren ab, legte sie in eine Schachtel und hing sie zu Hause an die Wand. Ich dachte damals wirklich, ich würde sie nie wieder tragen. Es sieht so aus, als müsse ich ein zweites Paar Ohren an die Wand hängen, aber dieses Mal bin ich mir wirklich sicher, daß es das letzte Mal sein wird. Ich hoffe, daß wir insgesamt einen guten Eindruck gemacht haben. Ich freue mich sehr, wenn mir gesagt wird, daß Star Trek das Leben einiger Leute positiv beeinflußt hat. Ich fühle mich sehr gut dabei.«

William Shatner, der seine Darstellung als Captain Kirk anscheinend abgeschlossen hat, bemerkt: »Das ist garantiert der letzte Film. Das Studio sagt, es ist der letzte, es ist als letzter Film geschrieben, und wir Schauspieler akzeptieren es als letzten Film. Also ist es auch der letzte. Das Studio hat wohl den Entschluß gefaßt, die ganze Sache hier zu beenden. Ich empfinde große Nostalgie und Traurigkeit. Es ist ein Gefühl des Verlustes. Ich liebe Actionfilme, die einen Konflikt haben, so daß der menschliche Konflikt in Form eines Action/Abenteuer-Films und nicht im ruhigen Stil geschildert wird. Ein Film sollte voller Bewegung sein, und das war Star Trek. Man kann in diesen Filmen noch viele Dinge machen und viele Geschichten erzählen, aber aus irgendwelchen Gründen – und fragen Sie mich nicht, welche das sein könnten – hat man sich entschieden, daß dies der letzte ist. Ich verlasse ihn zögernd und mit großem Bedauern.«

14. KAPITEL

»Cinefantastique« feiert in seiner Dezember-Ausgabe 1991 Star Treks 25. Geburtstag mit einem der letzten Interviews mit Gene Roddenberry.

14. KAPITEL

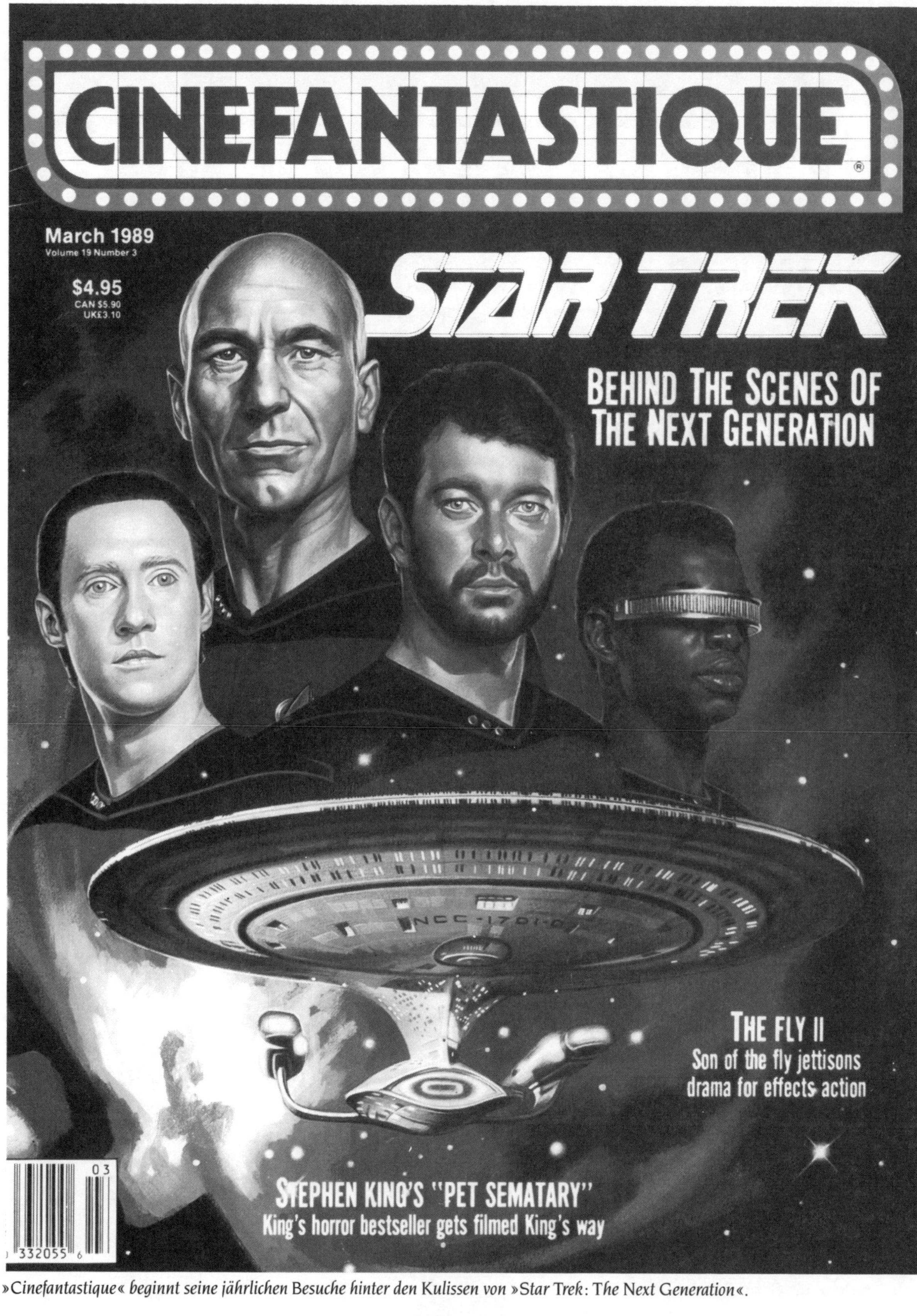

»Cinefantastique« beginnt seine jährlichen Besuche hinter den Kulissen von »Star Trek: The Next Generation«.

Scotty, play me up.

Wir schreiben das Jahr 1994. Das Raumschiff Enterprise ist auf dem Weg ins nächste Jahrhundert. Start und Ziel dieses intergalaktischen Unternehmens: Ihr Wohnzimmer. Das Video-Brettspiel "Raumschiff Enterprise" holt Sie an Bord, um mit Ihnen phantastische Abenteuer zu erleben. Sie und Ihre Mitspieler werden zur Besatzung der Enterprise und kämpfen gegen den zerstörerischen Kavok: ein Klingonenkrieger, der per Video aus Ihrem Fernseher heraus versuchen wird, das Spielgeschehen zu manipulieren. Mit dem Ziel, die Enterprise zu zerstören. Ob er's schafft oder nicht, liegt ganz an Ihnen. Und falls Ihnen der kosmische Unhold irgendwie bekannt vorkommen sollte, liegt das vielleicht daran, daß Kavok und alle Kulissen echte Originale aus den Paramount Studios sind. Faszinierend.

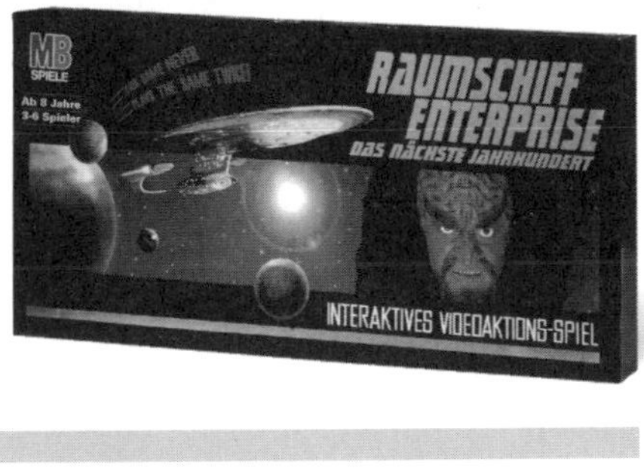

MB SPIELE

Raumschiff Enterprise - Das nächste Jahrhundert.
Ab Mai 1994 erhältlich im Spielwarenfachhandel.

15. KAPITEL

Dies sind die neuen Reisen...

»Obwohl das Star-Trek-Original heutzutage sehr simpel aussieht, hat die Serie inhaltlich noch eine Menge zu bieten. Die Idee bei The Next Generation war, den gleichen Inhalt unter 1987er Rahmenbedingungen zu präsentieren. Problematisch war allerdings, daß sich auch die Zuschauer weiterentwickelt haben, und ein Einfall, der zur Zeit der ersten Serie neu und revolutionär wirkte, ist heute nicht länger revolutionär. Die ganze Erfahrung war sehr anregend, denn wir versuchten, neue Wege zu gehen.« *Bob Lewin, [ehemaliger Produzent von »Star Trek: The Next Generation«]*

Mit der Rückkehr von Star Trek auf den Bildschirm 1988, war das Feuer neu entfacht worden. In Jahre 1986 fürchtete Paramount Pictures, daß es tatsächlich einmal in naher Zukunft eine letzte Reise geben würde. Raumschiff Enterprise, das sie zuerst ignoriert, dann ausgeschlachtet und schließlich in eine Goldgrube verwandelt hatten, war dabei, für immer am Weltraumdock anzulegen.

Obwohl Star Trek seine 20. Geburtstag feierte, und das Studio eifrig auf den neuen Film, »Zurück in die Gegenwart: Star Trek IV«, wartete, der sich als der erfolgreichste der Filme erweisen sollte, hatte man große Sorgen, denn Star Trek verlor an Boden bei den Lokalsendern, und begann auch ein wenig überholt auszusehen, da sich auch das Fernsehen weiterentwickelt hatte. Die Zukunft sah alt aus. Schließlich – wie oft konnte man sich selbst als treuester Fan 79 Folgen ansehen, ohne die Lust zu verlieren?

Tatsächlich schien die Serie müde zu werden. Die unabhängigen Sender strahlten sie weniger und weniger aus – dem preisgekrönten Huhn der letzten fünfzehn Jahre gingen die goldenen Eier aus. Einen Teil der Schuld kann man dem 1979 veröffentlichten »Star Trek: Der Film« ankreiden. Obwohl er ein finanzieller Erfolg war, war er auch ein Meilenstein in einer anderen wichtigen Hinsicht: Es war das letzte Mal, daß die Fans blind schluckten, was ihnen die Paramount-Maschinerie vorsetzte. Wenn Star Trek neu aufgelegt würde, ohne verbessert zu werden, konnte aus dem steten Geldstrom ein Rinnsal werden.

Die Überlegung war 1986, daß selbst wenn Star Trek IV ein großer Erfolg werden würde (was es tatsächlich wurde), ein solcher Erfolg alle zwei Jahre nicht dasselbe wäre wie die Einnahmen aus einer wöchentlichen Serie. Es war klar, ein neuer Star Trek mußte her. Da die überteuerte und außerdem bald altersheimreife Original-Crew für Paramount auf einer wöchentlichen Basis nicht zu kriegen war, beschloß man, daß es Zeit sei, ein neues und besseres Raumschiff zu bauen.

Während des Theaters um den 20. Geburtstag der Serie verkündete Paramount den Plan, neues Leben in das verblassende Phänomen zu hauchen.

»Die Spekulationen sind vorbei«, sagte Mel Harris, damals Präsident von Paramount-TV. »Die Antwort ist ja. Star Trek lebt. Vom kommenden Herbst an wird Star Trek in Form einer neuen Serie ›Star Trek: The Next Generation‹ zurück auf die Bildschirme kommen, und zwar mit einem zweistündigen Pilotfilm und 24 einstündigen Folgen. Auch wenn es sich um ein neues Raumschiff Enterprise, eine neue Besetzung und neue Geschichten handelt, der Mann am Ruder wird derselbe bleiben: der Schöpfer von Star Trek, Gene Roddenberry. Und wir sind stolz darauf, daß er wieder die gesamte Produktion in Händen hat.«

Was Harris nicht sagte, war, daß Roddenberry auf der Liste mit den Wunschkandidaten nur an dritter Stelle stand. Als erste hatte man das Vater/Sohn-Gespann Sam und Greg Strangis angesprochen, die später Paramounts »War of the Worlds« produzierten. Aber deren Ansatz – der sich mit der Sternenflotten-Akademie und den Kadetten beschäftigte – war nicht das, wonach das Studio suchte.

Leonard Nimoy, dessen Entwicklung vom Star-Trek-Schauspieler zum Regisseur ihm, zusammen mit seiner Sparsamkeit, Ansehen bei den Kritikern und Respekt in der Paramount-Hierachie eingebracht hatten, wurde als nächster gefragt. Er lehnte das Angebot ab, da er sich bei seiner gerade beginnenden Karriere als Regisseur nicht die Zwänge und Verpflichtungen einer wöchentlichen Serie aufhalsen wollte. Als niemand mehr übrig blieb, wandte sich Paramount zögernd an Roddenberry. Dieses Zögern war ziemlich verständlich, wenn man sich das Bild ansieht, das Gene im Laufe der 70er Jahre von den Studio-Verantwortlichen gezeichnet hat, als er ihnen die Schuld an den abgebrochenen Versuchen, die Serie wiederzubeleben, gab.

David Gerrold berichtet: »Gene ging auf seine diversen Vorträge und Podiumsdiskussionen, und sagte: ›Es ist schwierig. Wie soll man einen Studio-Verantwortlichen davon überzeugen, daß man davon redet, die Welt zu verändern?‹ Und er war sehr geschickt. Die Studio-Verantwortlichen werden von allen, die für sie arbeiten, schlecht gemacht. Wenn ein Studio in einem Jahr fünfzehn Volltreffer landet, wer bekommt das zugute gehalten? Die Regisseure, die Schauspieler, die Ausführenden Produzenten der Filme. Aber der Studio-Verantwortliche, der gesagt hat, ›Ich kaufe diesen Film, ich werde ihn finanzieren‹, der hat nur Glück, daß er gerade im richtigen Moment da saß, als ihm das Projekt angeboten wurde. Aber solche Leute kennen den Unterschied zwischen einer guten und einer schlechten Geschichte. Sie werden auch mitgerissen, wenn sie mit mitreißenden Leuten zusammenarbeiten. Man wird nicht durch Zufall Leiter eines Studios. Zugegeben, Pfeifen gibt es überall, aber zwanzig Jahre bei Paramount? Paramount ist das erfolgreichste Studio in

15. KAPITEL

der Branche. Am Stück werden dort Filme gedreht wie ›Der Pate‹, ›Saturday Night Fever‹..., und dann sollen sie Star Trek nicht auf die Beine stellen können? Schließlich kriegen sie es auf die Beine, und was macht Gene?

Er schmeißt mit Geld herum, als ob es kein Morgen gäbe. Er dreht ein 40-Millionen-Dollar-Epos. Ein fürchterlicher Film.«

Bei Paramount hoffte man, Roddenberry diesmal im Zaum halten zu können, obwohl man ihm, um seine Zustimmung zu bekommen, die kreative Kontrolle hatte zugestehen müssen. Als rettender Engel würde sich später ein junger Produzent namens Rick Berman erweisen, der schließlich als Sieger aus einem Machtkampf hervorging, in den die Studios, Roddenberry und ein Haufen Autoren verwikkelt waren. Berman wurde derjenige, der für die Gestaltung der Serie verantwortlich war, und aus ihr eine echte, eigenständige Sensation machte. Ironischerweise sollte er, der die treibenden Kraft hinter dem Erfolg von The Next Generation war, zunächst gar nichts mit der Serie zu tun haben. Er bekam die Zügel in die Hand, weil seine Abteilung bei Paramount geschlossen wurde und sein Aufgabenbereich wegfiel. Als sich ihm die Chance bot, die neue Star-Trek-Serie zu leiten, ergriff er sie, obwohl ihm sein Umfeld davon abriet.

»Es gab eine Menge Leute, die mir sagten, ich sei verrückt«, erinnert sich Berman. »Aber ich hatte das Gefühl, es würde funktionieren, und ich war bereit, das Risiko einzugehen, einen gutbezahlten Job in einem Filmstudio aufzugeben, um für die lokalen Sender die Fortsetzung einer SF-Serie zu produzieren.«

Bermans bekannteste Produktion vor Star Trek war die PBS Kindershow »Big Blue Marble«. Dort hat er einige Jahre verbracht, die ihn aber wohl kaum darauf vorbereiteten, eine komplexe, kostspielige und traditionsreiche Serie für den Lokalsender-Markt zu leiten.

Aber als das erste Skript für den Pilotfilm fertig war, war auch der konzeptionelle Rahmen für die Serie abgesteckt. Ob dieser Rahmen eine fesselnde Handlung erlaubte, war zunächst nicht wichtig. Der zweistündige Pilotfilm wurde zum Beispiel von vielen Leuten als Enttäuschung und als das Aufkochen alter Folgen und des ersten Films angesehen, obwohl das Drehbuch von Dorothy Fontana ursprünglich wesentlich spannender und origineller war, bevor Roddenberry es überarbeitete. Aber die Zuschauer blieben trotzdem bei der Stange.

Es gab eine Reihe von offensichtlichen Schwierigkeiten, Star Trek wieder auf den Bildschirm zu bringen. Die erste und größte war die Treue und Zuneigung, die die Fans für die alte Crew empfanden. Die neue Serie, fast ein Jahrhundert nach den Reisen des ersten Raumschiffs Enterprise, wollte ganz ohne Kirk und Co. auskommen. Zahllose Ideen wurde in den Diskussionen zwischen Roddenberry und seinem Team, hauptsächlich Veteranen aus der ersten Produktion, hin und her geschoben. Mit dabei waren David Gerrold, D.C. Fontana, Robert Justman und Eddie Milkis sowie die Newcomer Herb Wright und Rick Berman. Man entschloß sich schließlich, eine neue Enterprise zu bauen und mit einer Mannschaft zu versehen, die keine überbleibsel aus der alten Serie aufwies. Roddenberry wollte neue Starfleet-Offiziere vorstellen, nicht die alten runderneuern.

»Gene mußte eine TV-Serie aus dem Stoff von 25 Jahren Mythos machen, der sich über der Originalserie angesammelt hatte. Und er mußte gleichzeitig neu ansetzen«, sagt Berman über die Planung von The Next Generation. »Sie müssen verstehen, was es heißt, ein Drehbuch für das 24. Jahrhundert zu schreiben: Welche Wörter kann man benutzen, und welche nicht, und was legt man in dieser Serie anders an, als wenn man beispielsweise ›MacGyver‹ schreiben würde?

Außerdem gab es eine Menge Leute, die dachten, sie würden mehr über Star Trek wissen als er, und er mußte deswegen ziemlich hart werden. Eine Menge Autoren kamen an, aber nicht alle hatten den Vorteil, so stark zu sein wie Mike Piller. Keiner hatte eine Idee, wovon ›Star Trek: The Next Generation‹ eigentlich handeln sollte. Gene hatte die Besessenheit, allem seinen Stempel aufdrücken zu wollen, und ich ziehe meinen Hut davor. Als ich im zweiten Jahr mehr oder weniger die Leitung der Serie übernahm, hatte Gene seine Vorstellung davon, was The Next Generation sein sollte, schon ziemlich fest verankert. Meine Aufgabe war es, da weiterzumachen, und nicht ein neues Konzept zu formulieren – das hatte er schon getan.«

Der verstorbene Gene Roddenberry während einem seiner unregelmäßigen Auftritte bei einer Convention. (Photo © Karen Witkowski)

Nachdem er geräumige Büros im Hart Building auf dem Paramount Gelände bezogen hatte [die übrigens mittlerweile von Mike Piller und seiner Baseball-Karten Sammlung bewohnt werden], nutzte Roddenberry seine neugewonnene Position, und ließ nonstop klassische SF-Filme laufen, um eine Atmosphäre zu schaffen, in der aus fruchtbaren Diskussionen die neuen Figuren von The Next Generation entstehen sollten. Bereits sehr früh entschied man sich, keine Vulkanier an Bord zu haben. Später favorisierten dann Berman und Wright die Idee eines klingonischen Offiziers. Roddenberry haßte diese Vorstellung, er wollte die Finger von den Figuren der letzten Serie lassen. Aber er konnte schließlich umgestimmt werden, die Figur in einer Nebenrolle zu dulden. Worf, so wurde sie genannt, nahm im Laufe der Jahre an Bedeutung zu und ist mittlerweile zu einer Hauptfigur geworden.

15. KAPITEL

Patrick Stewart als Ritter in John Boormans Film ›Excalibur‹.

Roddenberry konzentrierte sich darauf, an den Geschichten und Drehbüchern der Serie zu feilen, und er überließ den massiven Aufwand an Logistik, der nötig war, die Serie im Zeitplan und im Rahmen des Budget zu halten, den Produzenten Robert Justman und Rick Berman. Die machten die tägliche Arbeit vom Terminplan bis zur Farbkorrektur. Justman, der Roddenberrys emotionale Gründe, nach zwanzig Jahren zu der Serie zurückzukehren, teilte, sagt: »Als ich Star Trek 1968 verließ, war es ein Trümmerhaufen. Der Sender und die Branche sahen es als Fehlschlag an. Das einzige, was Star Trek in zwei aufeinanderfolgenden Jahren über Wasser gehalten hat, waren die Leute, denen die Serie am Herzen lag. Als die dritte Staffel lief, waren die Zeichen da, und Gene und ich haben sie beide gesehen. Ich hatte das Bedürfnis zurückzukommen und zu zeigen, daß die Serie ihren Wert hatte, daß sie erfolgreich war und wieder erfolgreich sein konnte. Ich wollte zurückkommen und den Leuten, die an mir gezweifelt haben, zeigen, daß der Wert und die Substanz die ganze Zeit vorhanden waren.«

Zusammen mit Junie Lowry, die auch schon für die Besetzung der ersten Serie gesorgt hatte, machten sich die Produzenten auf eine großangelegte Suche nach Schauspielern, die die für The Next Generation geschaffenen Figuren verkörpern konnten. Diese Suche führte dazu, daß die Rolle des neuen Captains Jean-Luc Picard mit dem englischen Shakespeare-Schauspieler Patrick Stewart besetzt wurde. Diese Entscheidung war eine mutige, denn nicht nur spielte ein Engländer einen französischen Captain, sondern dieser Engländer war auch noch in seinen Fünfzigern und mit einer deutlichen Glatze ausgestattet. Er wurde von Robert Justman während eines Auftritts in der University of California entdeckt, und er war der erste große Coup in der Serie.

Der Rest der Truppe bestand zunächst aus LeVar Burton als Geordi LaForge, der blinde Navigator, Schauspiellehrerin und Choreographin Gates McFadden als der neue Doktor, Beverly Crusher; den Ersten Offizier Commander Riker spielte Jonathan Frakes; den Sicherheitsoffizier Tasha Yar Denise Crosby, die die Serie am Ende des ersten Jahres verließ; unter gewaltiger Maske konnte man Michael Dorn als klingonischen Offizier Worf bewundern; und Wil Wheaton, der in »Stand By Me« einen tiefen Eindruck bei den Zuschauern hinterlassen hatte, spielte den Kadetten Wesley Crusher, den Sohn der Ärztin. Ein weiterer Erfolg bei der Besetzung war das Engagement des Broadway-Schauspielers Brent Spiner für die Rolle von Spock-Ersatz Data, der Androide, der wie Pinocchio Mensch werden will.

Production Designer Herman Zimmerman meint, daß das neue Ensemble eher Gene Roddenberrys Idealvorstellung einer Besetzung entspricht, da in der ersten Crew William Shatner und Leonard Nimoy die Serie zu einer Zwei-Mann-Show umfunktionierten.

»Wenn Sie zurück zu den ursprünglichen Ideen von Roddenberry gehen, sehen Sie, daß er eine Gruppe von gleichberechtigten Figuren haben wollte, und so fing es auch an. Aber durch die wirklich guten Qualitäten von Bill und Leonard und die romantischen Züge dieser beiden Figuren wurden sie bald zu Stars. In The Next Generation erreichte Gene, was er in Star Trek bereits angestrebt hatte: Er hatte einen starken Patrick Stewart, aber er hat auch eine gleichmäßig gute Mannschaft. Er war zufriedener als beim ersten Mal, glaube ich.«

»Ich steckte in dem ganzen Besetzungskarussell ziemlich drin, und wenn ich auf einen Coup stolz sein darf, dann hatte es mit Patrick Stewart zu tun«, ergänzt Berman. »Bob Justman hatte Stewart entdeckt, ihn Gene Roddenberry vorgestellt, und der sagte ›Nein‹. Ich traf Patrick ebenfalls und meinte zu Bob Justman, ›Wir müssen Gene überzeugen, daß er Stewart nimmt‹. Bob meinte, ›Das hat keinen Zweck, wenn Gene sich einmal etwas in den Kopf gesetzt hat, dann bleibt es drin, und es ist Zeitverschwendung, zu versuchen, ihn umzustimmen‹. Aber in meinem Fall war Unwissenheit ein Segen. Ich habe das nicht geglaubt, und ich war derjenige, der Gene mehr oder weniger so lange genervt hat, bis er erkannte, daß Patrick der beste Picard war.«

Roddenberrys erste Wahl für den Captain der neuen Enterprise war Stephen Macht aus »Cagney & Lacey« gewesen. »Was die anderen Figuren anging, waren die mehr eine Auswahl von Bob Justman und mir, als von irgend jemandem sonst«, sagt Berman. »Gene und auch die Studios haben den Leuten, die ich und Bob wollten im allgemeinen zugestimmt. Er hat sich damit nicht so sehr beschäftigt. Er war dickköpfig im Fall Picard. Marina Sirtis und Denise Crosby hatten wir für die umgekehrten Rollen geplant, und Gene sagte, ›Ich will, daß Marina Troi spielt und Crosby die Tasha‹, das war seine Vorstellung. Frakes war meine Wahl. Ihm gefiel Frakes, aber er wollte eigentlich Bill Campbell aus ›Rocketeer‹. Er gefiel Gene, also holten wir ihn und stellten ihn John Pike vor, und der sagte ›Nein‹. Der nächste, den wir fragten, war Frakes.«

Anders als bei der Besetzung der Original-Serie, wo Reibereien und Spannungen sich über die ganzen drei Jahre der Produktion hinzogen, und das Ganze während der Produktion der Filme noch verstärkt wurde, können sich die Leute von The Next Generation gut leiden.

»Einer der Gründe, warum die Serie keinen Absturz erlitt, wie wir es eigent-

15. Kapitel

Ein Modell der TNG-Brücke mit Puppen als Besatzung.

lich alle im Hinterkopf befürchtet hatten, war, daß die Figuren im Vorfeld so gut durchdacht worden sind«, meint Jonathan Frakes. »Ich weiß nicht, wie sie diese gute Besetzung hinbekommen haben, ich weiß nur, wir gehen auch nach einem 14-Stunden-Tag noch abends gemeinsam Essen. Sie haben Schauspieler engagiert, die gerne schauspielern, anstatt Filmgrößen oder Models. Für jeden von uns ist das der größte Job in seiner Karriere, und wir sind alle glücklich darüber. Wir sind ein Ensemble, und ich glaube, wir sind ein gutes Ensemble.«

»Wir sind auf dieser Erde gefangen«, beschreibt Production Designer Herman Zimmerman, dem vorgehalten wurde, daß er dem 60er-Jahre-Design der Original-Serie zu treu geblieben ist und nur die Technik für die anspruchsvoller gewordenen Zuschauer modernisiert habe.

»Egal, ob wir die Leute in futuristische Kostüme stecken oder an phantasievolle Handlungorte, wir haben es doch immer noch mit Gut und Böse, Liebe und Haß und all den anderen Gefühlen und Problemen, mit denen sich Menschen täglich herumschlagen, zu tun. Das ist eines der Dinge, die Roddenberrys Sicht der Zukunft so überzeugend macht. Es ist das Bild einer Zukunft, in der das Leben angenehm ist, wo man nicht an etwas arbeiten muß, an dem man nicht arbeiten will. Man kann etwas finden, durch das man einen Beitrag zur Gemeinschaft leisten kann, und damit kann man auch seinen Lebensunterhalt bestreiten.«

Star Treks Sets, die sich über zwei riesige Kulissen auf dem Paramount-Gelände erstrecken, sind überwältigend in ihrer Detailvielfalt. Man kann wirklich glauben, an Bord eines Raumschiffes zu sein, wenn man sich im Labyrinth der Korridore, die die verschiedenen Sets in Studio 9 miteinander verbinden, verläuft. Daneben ist Studio 16, in dem sich verschiedene Drehbühnen, Planetenoberflächen und andere Schauplätze befinden. Der Grad der Kunstfertigkeit, der zur Produktion einer TNG-Folge gehört, ist gigantisch. Damit, und mit einem Budget von 1,5 Millionen Dollar pro Folge, stößt die Serie in Bereiche vor, die sowohl qualitativ wie auch finanziell noch nie eine Fernsehserie gesehen hat und die bisher dem Film vorbehalten waren.

»Das neue Design der Brücke und des Schiffs entwickelte sich aus zwei Grundannahmen«, erklärt Zimmerman. »Es ist im Weltraum überflüssig, auf Aerodynamik zu achten, denn es handelt sich um ein Vakuum. Auch kann es im 24. Jahrhundert, so Roddenberry, durchaus möglich sein, daß die Technik einen solchen Entwicklungsstand erreicht hat, daß sie zur Kunstform geworden ist. Der zweite Punkt ist: Wir haben es nicht mit einer fünfjährigen Mission zu tun, sondern mit einer dreißigjährigen, mit Frauen, mit Kindern, mit Familien an Bord. Wir wollten daher das ganze Schiff ›gemütlicher‹ machen. Es ist nie ein Kriegsschiff gewesen. Es ist meilenweit weg von den grauen militärischen Raumschiffen. Tatsächlich ist es eine Maschine, State-of-the-Art und bequem, und wir sind stolz, es unser Heim zu nennen.«

Letztlich bewahrheitet sich aber doch das alte Sprichwort, daß die Dinge, je mehr sie sich ändern, um so mehr bleiben, wie sie waren. Bei The Next Generation, trotz allem neuen Glitzer und ausgefeilter Technik, finden sich die grundlegenden Elemente von Star Trek aus den 60er Jahren wieder, und man schlägt sich immer noch mit denselben Problemen herum, die das Publikum schon vor zwanzig Jahren gefangen hielten.

»Ich glaube, der Inhalt ist mehr oder weniger so geblieben, wie er immer war«, meint der ehemalige Produzent Robert Justman. »Auch wenn unsere Technik vielleicht raffinierter geworden ist, und alles besser aussieht, hat sich am Inhalt nicht viel geändert. Bloß weil ein paar Jahrhunderte vergangen sind, haben wir die Zehn Gebote nicht abgeschafft. Sie funktionieren immer noch. Ich kann nicht sagen, daß ich völlig zufrieden war. Ich bin zufrieden, aber ich bin nie ganz zufrieden. Man kann nicht jede Woche einen Picasso produzieren.

Angenommen, wir haben es hier mit einer Art Kunst zu tun. Es ist einfach nicht möglich, mit einer Gruppe von Menschen jede Woche einen Geniestreich zu landen.

Einige Leute hatten Angst vor der neuen Serie, weil die alte Besatzung nicht dabei war«, erinnert sich Justman. »Es war für sie eine Bedrohung. Aber ich glaube, diese Angst hat sich nicht lange gehalten. Man macht sein ganzes Leben lang neue Bekanntschaften, geht neue Beziehungen, neue Freundschaften ein. Manchmal sind die alten Freunde die besten, manchmal nicht.

15. KAPITEL

TNGs *ehemaliger Co-Executive Producer Robert Justman neben dem Modell der* Enterprise.

In dieser Welt ist Platz für Vielfalt. Die Leute haben aus verschiedenen Gründen Angst vor Veränderungen. Es ist ganz natürlich, mal eine Serie oder irgend etwas anderes abzulehnen, einfach so, aber es entspricht eigentlich nicht dem Grundgefühl von SF. Das großartige an Leuten, die sich für SF interessieren, ist, daß sie aufgeschlossen sind. Sie sind neugierig auf neue Ideen.

Warum sollte man sonst irgend etwas Neues machen. Laß‹ uns doch ›Space Patrol‹ machen, es hat den Leuten auch gefallen.«

Die ersten dreizehn Folgen wurden als Enttäuschung angesehen. Tatsächlich wäre die neue Enterprise wohl bald von den abschießwütigen großen Fernsehstationen eingemottet worden, die blitzschnell jede teure Serie absetzen, die nicht mit hohen Einschaltquoten ihre gewaltigen Lizenzgebühren wieder hereinholt. Aber Paramount hatte Anlaufschwierigkeiten vorausgesehen und das Problem umgangen, indem man The Next Generation zur Erstausstrahlung in die lokalen Sender brachte. Auf diese Weise bekam man eine Atempause, in der man das abdriftende Schiff wieder auf Kurs bringen konnte.

Das stellte sich als keine leichte Aufgabe heraus. Trotz der Beteuerungen, daß die Serie ihren Vorgänger nicht kopieren würde, hatten einige der frühen TNG-Folgen deutliche Ähnlichkeiten mit Folgen aus der ersten Serie. Oder sie beschäftigten sich hauptsächlich mit Roddenberrys mittlerweile wohlbekannten Lieblingsthemen, sein ständiges Faible für gottähnliche fremde Wesen, oder seine Lust, sexuelle Themen auf niedrigem Niveau auszuleuchten.

»Das erste Jahr einer Serie ist eine sehr spannende Zeit, um dabei zu sein«, meint Herb Wright. »Es ist die riskanteste, aber auch die aufregendste. Es ist die Zeit, in der die Regeln gemacht werden. Da gibt es niemanden, der sagen kann, ›Ich weiß, wie das geht, ich kenne das schon‹, denn alle arbeiten gemeinsam daran und probieren aus. Es ist dieses Gefühl, daß etwas im Entstehen ist. Bei The Next Generation war es wirklich spannend: ein neues Schiff, neue Besetzung, die Möglichkeit, Folgen zu drehen, die man vor zwanzig Jahren noch nicht hätte drehen können, mit einem dickeren Budget für Effekte, keine Gummimonster oder Pappwände mehr. Man geht auf so ein Set, und man denkt, man könnte fliegen, aber es gab im ersten Jahr zuviele Kämpfe und Turbulenzen, mit denen ich nicht mehr umgehen konnte. In der ersten Staffel wird niemand geschützt. Jeder hatte eine Zielscheibe auf der Brust, wenn er neu dazu kam.«

Wright erinnert sich an die ruhmlose Drehtürpolitik, die die Serie in den ersten zwei Jahren kennzeichnete. Er sah Dutzende von Autoren kommen und gehen, manche nach Tagen schon wieder gefeuert. »Es war wie in Vietnam, man wollte niemandem näher kommen, weil man wußte, keiner würde lange bleiben; Johnny Dawkins, Sandy Fries, man gab ihnen einen Skript zu schreiben, und Anweisungen, und dann, bevor sie die Serie kennenlernen konnten, wurden sie von den Leuten in der Luft zerrissen und den Wölfen zum Fraß vorgeworfen. Oder Gene würde einfach sagen, ›Ich mag sie nicht‹, und Tschüß – ab durch die Drehtür. Es war sehr befremdlich. Ich erinnere mich, daß Sandy Fries sich für fünf Minuten wie ein König fühlte. Er ging nach Hause, hatte eine große Party mit Sekt, und als er am Montagmorgen wiederkam, war er schon geflogen.«

Berman meint, daß die über Jahre anhaltende gewaltige Fluktuation bei den Autoren mit Star Treks idealistischer und utopischer Sicht der Zukunft zusammenhängt.

»Wir müssen unsere Konflikte woanders her holen, als aus den zwischenmenschlichen Beziehungen der Figuren, und das macht das Schreiben sehr schwer. Die Sprache muß stilisiert werden, wir haben keine Ahnung, wie man im 24.Jahrhundert sprechen wird, daher müssen wir eine Art stilisierte Gattungssprache finden. Die ist nicht aus dem 24. Jahrhundert, aber auch nicht von heute oder aus dem Mittelalter. Wir haben es hier mit SF zu tun. Eine Menge Leute verstehen nicht, was das ist, und eine andere Menge Leute interessiert sich eher für Fanatsy. Außerdem müssen die Autoren eine bestimmte Technik beherrschen, jede Fernsehserie hat Gesetze, an die man sich halten muß. Wenn Sie für ›Chefarzt Dr. Westphall‹ schreiben, müssen Sie etwas von Medizin verstehen, wenn sie für ›L.A. Law‹ schreiben, müssen Sie sich in den Gesetzen von Kalifornien auskennen. Bei Star Trek haben Sie sogar zwei Arten von Gesetzen. Eine betrifft Naturgesetze, Physik, Astrophysik, Astronomie, und wir versuchen, an diesen Gesetzen so nah zu bleiben, wie wir können. Und dann gibt es die Gesetze, die wir uns selber gemacht haben. Es gibt keinen Dilizium-Kristall, auch können Menschen nicht gebeamt werden. Es gibt keinen Warp-Antrieb, keine Romulaner, keine Ferengi und keine Klingonen. Diese Dinge gibt es alle nicht, und deswegen ist es Fantasy, aber es sind Regeln, die sich in 25 Jahren entwickelt haben, und die befolgt worden sind. Es gibt also Naturgesetze und Star-Trek-Gesetze. Autoren müssen bereit sein, beide Gesetzesarten zu befolgen, und das ist schwer.«

Trotzdem, obwohl Berman der Fraktion angehört, die Roddenberrys Vision der Zukunft treu bleiben will, gibt er zu, daß diese Vision nicht seine eigene ist. »Ich glaube, daß für die Serie Genes Vision des 24. Jahrhunderts goldrichtig ist, und das es funktionieren wird. Ich selber habe weniger Visionen. Ich glaube nicht, daß wir in einer ›Blade Runner‹-Gesellschaftsordnung leben werden, sondern ich glaube, daß wir in einer zukünftigen Welt leben werden, die unserer jetzigen sehr ähnlich sein wird. Aber die Serie hat nichts mit meinen Vorstellungen von der Zukunft zu tun. Ich bin ein Experte für Gene Roddenberrys Zukunft geworden, es ist, als ob man eine Sprache lernt. Ich beherrsche diese jetzt fließend, kann sie hegen und pflegen, genauso, wie Gene es gemacht hat.«

Episodenführer zur ersten Staffel

»Encounter at Farpoint«

»The Naked Now«

»Code of Honor«

»The Last Outpost«

»Where No One Has Gone Before«

»Lonely Among Us«

»Justice«

»The Battle«

»Hide & Q«

»Haven«

»The Big Goodbye«

»Datalore«

»Angel One«

»11001001«

»Too Short a Season«

»When the Bough Breaks«

»Home Soil«

»Coming of Age«

»Heart of Glory«

»The Arsenal of Freedom«

»Symbiosis«

»Skin of Evil«

»We'll Always Have Paris«

»Conspiracy«

»The Neutral Zone«

16. KAPITEL

EPISODE EPISODE 1 UND 2

Encounter at Farpoint

»Der Mächtige / Mission Farpoint«

Erstausstrahlung: 29.9.1987
Drehbuch: D.C. Fontana und Gene Roddenberry
Regie: Corey Allen

Gaststars:

John de Lancie (Q)
Michael Bell (Groppler Zorn)
Colm Meany (Battle Bridge Conn)
Cary Hiroyuki (Madarin Bailiff)
Timothy Dang (Wache auf der Brücke)
David Erskine (Bandi-Verkäufer)
Evelyn Guerrero (junger weiblicher Ensign)
Chuck Hicks (Offizier)
Jimmy Ortega (Torres) und
DeForest Kelley als
»Admiral Leonard McCoy«

Der Jungfernflug des Raumschiffs Enterprise NCC-1701-D stellt uns die neue Besatzung vor, die die nächste »länger andauernde«

Mission unternimmt. Zuerst muß Captain Jean-Luc Picard die mysteriöse und seltsame Raumstation Farpoint erforschen, einen Vorposten, den die Föderation für wichtig hält. Auf dem Weg dorthin werden sie mit dem allmächtigen Q konfrontiert. Der ist der Auffassung, daß sich die Menschheit schon viel zu weit in den Weltraum vorgewagt hat, und er keine weiteren Eingriffe mehr zulassen sollte. Um solchen Eingriffen ein Ende zu machen, klagt er Picard und seine Crew wegen Verbrechen gegen die Menschlichkeit an. Der Captain schlägt vor, daß Q ihnen Gelegenheit gibt, die Ehrenhaftigkeit ihrer Rasse zu beweisen, indem sie ihre Reise zur Station Farpoint beenden. Neugierig auf das Ergebnis, stimmt Q zu, und muß einsehen, zu was sie fähig sind, als die Wahrheit über Farpoint ans Licht kommt.

Aus der Feder der Autorin von »Encounter at Farpoint«, Dorothy Fontana, stammen einige der erfolgreichsten Folgen der Klassik-Serie, wie »This Side of Paradise«, »Journey to Babel« und »Charlie X«. Hinzu kommt, daß sie Associate Producer des Zeichentrick-Ablegers war und eine der bekanntesten Folgen dieser Serie, »Yesterday«, schrieb. Wenn man das im Hinterkopf behält, ist es nicht verwunderlich, daß man sie dazu erkor, das Drehbuch zu »Encounter at Farpoint« zu schreiben. »Roddenberry wollte eine Story machen, die auf einer neuen Station, einem Vorposten am Ende des Weltraums spielt«, erklärt sie. »Zu dieser Zeit arbeiteten wir an den Charakteren. Die ersten Umrisse sprengten wirklich die zur Verfügung stehenden Möglichkeiten. Es war nicht dasselbe, was Sie jetzt sehen. Das Wesen erscheint zuerst als ein Raumschiff, aber es ist eine Geschützplattform, die durch das All fliegt. Das ist die Bedrohung. Dann finden wir heraus, daß es ein Wesen ist. Es zeigt sich in Gestalt einer Geschützplattform, und die gebraucht es, weil es schwach ist und beinahe verhungert, eine Eigenschaft, die ich einbrachte. Natürlich schaffen wir es, dieses Wesen aus seiner Gefangenschaft zu befreien. Das war die ursprüngliche Idee, und dann wollte Roddenberry eine Story, in der das Wesen auf dem Planeten ist, weil er die Idee eines kumpelhaften Wesens mochte. Als wir zuerst darüber sprachen, dachte ich, daß es sein Kind oder ein älteres Wesen sein könnte, das gefangen ist und stirbt, und das andere Wesen kommt, um es aus Respekt vor dem Alter zu retten«, fügt sie hinzu. »Es gab viele Möglichkeiten. Ich glaube nicht, daß die eines kumpelhaften Wesens die einzige war.«

»Es schien so, als ob die erste Folge ein Stückwerk aus zwei verschiedenen Stories war, die man zusammenschusterte«, meint Jonathan Frakes (der den Ersten Offizier Riker spielt).

»Ich glaube, daß die späteren Folgen besser waren. Das lag wahrscheinlich daran, daß wir uns untereinander schon etwas besser kannten, mit unseren Rollen vertrauter waren, und nicht mehr ständig Angst hatten, daß die Show eventuell erfolglos blieb. Ich glaube, der Pilotfilm hatte die Qualität einer Klassikfolge.«

Marina Sirtis, die Counselor Deanna Troi spielt, fügt hinzu: »Als ich den

John de Lancie, der Mann der Q sein wollte, bei einem seiner zahlreichen Convention-Auftritte.
(Foto © Karen Witkowski)

Pilotfilm sah, habe ich mir die ganze Zeit die Hände vors Gesicht gehalten. Ich glaubte nicht, daß er gut war. Ich bekam von einigen Seiten ein positives Feedback, aber ich persönlich war nicht ganz zufrieden damit, denn ich weiß, was ich als Schauspielerin kann, und sah, was auf den Bildschirm kam. Ich bettelte regelrecht darum, daß man Änderungen machte. Ich persönlich dachte, wenn ich Troi die ganze Zeit so weiterspiele, würde es langweilig werden, weil man, wenn man telepathische Fähigkeiten hat, ein Psychologe ist, so intelligent, so verständnisvoll, so nett, so ausgeglichen, so perfekt wie eine Linda Evans von Star Trek. Ich wollte aber eher wie Alexis sein.«

Regisseur Corey Allen, der den Emmy für eine Folge der Serie »Hill Street Blues« erhielt, war hocherfreut, bei dieser Folge das Ruder in der Hand zu haben, insbesondere wegen der »Q«-Passagen.

»Das Skript hat mir sofort gefallen«, schwärmt er, »›Q‹ ist, was Sie gerade machen. Sie sind ›Q‹, und ich bin ›A‹. Jeder von uns hat ein Stückchen von ›Q‹ in seinem Kopf, das zu ihm sagt,

›Was ist damit? Wie fühlst Du dich? Bist Du wirklich etwas wert?‹ Es sind die Fragen, die wir uns selber stellen; es ist permanente Selbstbetrachtung, ein Selbsthinterfragen und eine Selbstuntersuchung. Oftmals stellen wir diese Untersuchung fest, wenn wir in äußere Dinge verwickelt sind. Ich denke, was Roddenberry machte, war, zwei verschiedene Gegner auf den Bildschirm zu bringen, so daß sie wirkungsvoll diese Fragen behandeln konnten. ›Q‹ ist in jedem von uns. Es ist eine Wertfrage. Viele Leute meinen, ›Wenn ich etwas wert bin, liegt es an meinen Zielvorstellungen, meiner Herkunft, meiner Menschlichkeit oder einfach meiner Existenz‹. Leute befassen sich auf verschiedene Art und Weise mit dieser Frage: ›Habe ich das Recht hier zu sein, den Weltraum zu erforschen, der Captain eines Raumschiffs zu sein?‹. Ich glaube, daß ich dieses Hinterfragen des eigenen Menschseins in die Folge einbrachte. Das ist etwas, worauf ich mich verstehe, und ich finde meine Herausstellung dieser Fragen und meine Verallgemeinerung gut. Im Prinzip teile ich diese Ansicht.

Das Farpoint-Szenario war für mich nicht so wichtig, wie die Begriffe, über die wir redeten. Die Enterprise mußte vor ein Problem gestellt werden, und mir machte es nichts aus, daß es gerade dieses Problem war. Aber das Beste für mich war daran, daß wir vergessen hatten, daß es so etwas wie Empfindungsvermögen gab; daß es andere Lebewesen voller Leidenschaft gab, als nur die, die uns ähnlich sind. Ich glaube, daß war eine nette Problematik, die wir da aufwarfen. Wir erkennen nicht immer empfindungsfähige Menschen, und es ähnelt sehr der Art und Weise, wie wir unsere Mitmenschen behandeln. Niemand hat darüber soviel nachgedacht wie ich, ich denke noch immer daran, und das ist natürlich Blödsinn.«

Der ehemalige Executive Producer Maurice Hurley meint: »Ich denke, die Ausführung war zu ruckartig, weil es eben die erste Folge war. Im Grunde genommen erzählt Gott den Menschen, daß sie weit genug in den Weltraum vorgestoßen sind; wo auch immer man hinkommt, alles, was man berührt, man besudelt es. Ich mochte das. Ich dachte, das sei ehrfurchtgebietend. Es gab noch eine Menge anderer Kleinigkeiten, die ich mochte. Abgesehen davon, hatte die Folge wohl die gleichen Probleme, die jede erste Folge einer Serie hat.«

EPISODE 3

The Naked Now

»Gedankengift«

Erstaustrahlung: ____ **3.10.1987**
Drehbuch: ____ **Michael Bingham**
Story: ____ **John D.F. Black**
Regie: ____ **Paul Lynch**

Gaststars:

Brooke Bundy (Sarah MacDougal)
Benjamin W.S. Bum (Jim Shimoda)
Michael Rider (Transporter Chief)
David Renan (Conn)
Skip Stellrecht (Engineering Crewman)
Kenny Koch (Kissing Crewman)

Die Enterprise wird ausgesandt, um den Zustand der S.S. Tsilkovsky zu untersuchen. Das Schiff untersuchte einen zerfallenden Stern, als die Verbindung zu ihm zusammenbrach. Nachdem sie in diesem Sektor des Weltraums angekommen sind, wird ein Landetrupp ausgesandt, der feststellt, daß die gesamte Besatzung tot ist, und vorher von Wahnsinn befallen wurde. Niemand bemerkt, daß sich Geordi LaForge mit dieser Krankheit ansteckt, und sie auf die Enterprise einschleppt. Der Virus breitet sich schnell innerhalb der Mannschaft aus. Er hat die Wirkung von Alkohol, und baut alle Hemmungen ab. Sie verdanken es Commander Rikers vager (und höchst unwahrscheinlicher) Erinnerung an einen ähnlichen Zwischenfall auf Captain Kirks Enterprise, die sie auf die Fährte eines Gegenmittels bringt, bevor das Raumschiff in den Sog des zerfallenen Sterns gerät. Natürlich geht das am Ende gut aus, obwohl praktisch jeder vom Virus befallen wird.

Star-Trek-Fans haben natürlich sofort gemerkt, daß »The Naked Now« ein Remake von »The Naked Time« aus der ersten Staffel der Klassik-Serie war. Für Regisseur Paul Lynch ist SF nichts Neues. Er dreht unter anderem Folgen von »Werewolf«, »Die Schöne und das Biest«, »War of the Worlds«, »The New Twilight Zone« und natürlich The Next Generation und Deep Space 9.

Während Außenstehende sein Mitwirken an »The Naked Now« für einen ungeschickten Wurf hielten, stimmt Lynch dem nicht zu.

»Die Story (von »The Naked Time«) ist insofern dieselbe«, erklärt er, »als daß die Enterprise von außen mit etwas infiziert wird, und sich die Besatzung beginnt zu verändern. Weil es eine neue Besatzung ist, verändert sie sich dementsprechend anders. Jeder verhält sich anders als normal, und sie haben keine Hemmungen mehr. Ich würde sagen, daß ›The Naked Now‹ etwas ausgefeilter und viel komischer ist als die Orginalversion. In dieser Folge greift sich einer der Jungs (Sulu) einen Degen, und rennt damit herum. In unserer Folge handelt es sich eher um eine Veränderung des Charakters, wo Liebe und ungewohnte Dinge Komik mit sich bringen. Jeder in der Folge wird davon zwar in unterschiedlicher Weise befallen, aber so unterschiedlich dann doch nicht. Zum Beispiel wandelt jemand ernsthaft auf Freiersfüßen, während jemand anders eine Liebesaffäre nicht so ernst nimmt. Verglichen mit der Orginalserie ist alles viel subtiler, weil die Orginalfolge, wie viele der Klassik-Folgen, ziemlich lieblos gemacht wurde.

Der Hauptunterschied liegt darin, daß sich mit den Jahren die Produktion verändert hat. Das Production Design des Raumschiffs, die Kostüme und all das andere sind viel futuristischer, moderner, als das der alten Serie. Die Klassik-Serie sah immer so aus, als hätte sie $ 1.98 gekostet, mit vier blau gestrichenen Wänden. Der neue Maschinenraum sieht so aus, als gehöre er tatsächlich in ein Raumschiff. Es ist wunderbar und ziemlich atemberaubend.«

Umstritten in der Folge war die Liaison zwischen einem »voll funktionierenden« Data und einer spärlich bekleideten Tasha Yar. »Das war die Szene, an die ich mich am besten erinnere«, sagt der Regisseur. »Es war ris-

16. KAPITEL

Denise Crosby, erst Tasha Yar und dann die Romulanerin Sela in »The Next Generation«, in dem Film »The Eliminators«.

kant, und Star Trek hatte so etwas noch nie zuvor gemacht. Jedem hat es Spaß gemacht, daran zu arbeiten, und seitdem denke ich, würden sie gerne so etwas noch einmal machen.

Maurice Hurley stöhnt: »Das ist für mich wie, ›Guckt mal, haben wir keine tolle neue Idee!‹. Ich mochte die Folge überhaupt nicht. Was sie trotz all dem bewies, war, daß die Schauspieler harmonierten und sich untereinander gut verstanden. Aber sowas zu drehen, war einfach furchtbar. Das schoß übers Ziel hinaus. Warum haben sie das bloß gemacht?«

EPISODE 4

Code of Honor

»Der Ehrenkodex«

Erstausstrahlung: 19.10.1987
Drehbuch: Katharyn Powers und Michael Baron
Regie: Russ Myberry

Gaststars:

Jessie Lawrence Ferguson (Lutan)
Karole Selmon (Yarenna)
James Louis Watkins (Hagon)
Michael Rider (Transporter Chief)

Die Enterprise befindet sich mitten in Verhandlungen mit den Bewohnern von Ligon II über einen kostbaren Impfstoff, als der Herrscher dieser Welt, Lutan, da er in sie vernarrt ist, Tasha Yar kidnappt und beschließt, sie bei sich zu behalten und zu heiraten. Was sich nun entwickelt ist ein klassisches Polit-Pokerspiel. Lutan treibt es soweit, daß seine Frau, Yareena, Tasha zu einem Zweikampf auf Leben und Tod herausfordert. Picard ist in der schwierigen Position, ein Mitglied seiner Crew beschützen zu müssen und gleichzeitig den Frieden zu wahren, um den Impfstoff zu bekommen.

»Ich kaufte mir meinen ersten Fernseher, um Star Trek sehen zu können«, erinnert sich Autorin Katharyn Ross. »Zu dieser Zeit war ich eine hungernde Schauspielerin in New York – so daß ich mir durch den Fernsehkauf beinahe das eigene Blut abzapfte –, aber ich mußte diese Serie unbedingt sehen. Ich bin seit Jahren ein Star-Trek-Fan. Als ich schließlich eine professionelle Autorin wurde, gab es kein Star Trek mehr, für das ich hätte schreiben können. Für mich war dieses Skript zu schreiben wie ein langersehnter Wunsch, der endlich wahr wird. Die Idee zu ›Code of Honor‹ war, interessante Charaktere mit interessanten Problemen zu verbinden, und mit dieser wunderbaren neuen Besetzung zu kombinieren. Und obwohl es eine neue Besetzung ist, wollen sie immer noch dieselbe Sorte von Star-Trek-Geschichten, dasselbe Gefühl von Kameradschaft und Familienzugehörigkeit.

Als Vorbereitung auf das Skript haben wir uns viele alte Folgen und die Filme angesehen, um in den Weltraum »einzutauchen«.

Co-Autor Michael Baron fügt hinzu: »›Code of Honor‹ wurde oft geändert, aber die Idee war, eine fremde Zivilisation zu schaffen, die interessant aussah, und dazu ein zentrales Thema. Wir machten sie nach dem Vorbild der Samurai-Kultur in Japan und zogen Parallelen, was ganz lustig war. Mich hat die japanische Kultur und Geschichte schon immer fasziniert.«

Maurice Hurley bemerkt dazu trokken: »Ein Problem der Ausführung. Eine gute Idee, aber die Umsetzung war für mich daneben. Wenn Sie sich das Drehbuch ansehen, wenn den Schauspielern gesagt worden wäre, eine andere Richtung einzuschlagen, dann hätte die Show vielleicht anders ausgesehen.

Aber es wurde zu barock und ging daneben. Doch die Überlegung, einen Mann sagen zu lassen, ›Ich muß jemanden haben, der meine Frau umbringt, und das ist er‹, ist eine gute Idee.«

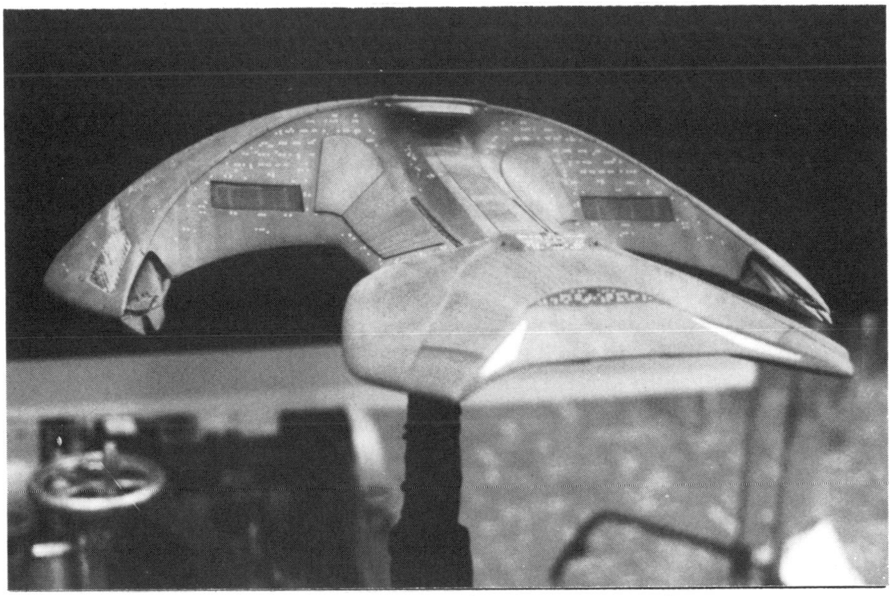

Das Modell eines Ferengi-Schiffes, das erstmals in »The Last Outpost« zu sehen war.

16. KAPITEL

Der frühere kreative Berater Tracy Torme meint: »Ich hatte das Gefühl, daß es sich hierbei um einen afrikanischen Stamm handelt, den man aus der Sicht der 40er Jahre betrachtet. Ich glaube, daß hat mich sehr überrascht. Das Ende glich nicht nur dem von ›Amok Time‹ (einer Klassik-Folge), sondern kam auch verdächtig nahe an ›Amost & Andy‹.«

EPISODE 5

The Last Outpost

»Der Wächter«

Erstausstrahlung: 17.10.1987
Drehbuch: Herbert Wright
Story: Richard Krzemien
Regie: Richard Colla

Gaststars:

Armin Shimerman (Lebek)
Jake Dengel (Mordoc)
Tracy Walker (Kayron)
Darryl Henriques (The Portal)
Mike Gomez (Daimon Tarr)

Die Enterprise verfolgt ein Ferengi-Schiff, das den T-9 Energie-Converter von einer Föderationsstation gestohlen hat. Die Verfolgung führt sie zum Orbit eines Planeten im T'Kon-Imperium, wo beide Schiffe plötzlich zum Stillstand kommen. Die gesamte Energie wird abgeleitet. Beide schieben sich gegenseitig die Schuld in die Schuhe, aber sehr schnell wird deutlich, daß der vor ihnen liegende Planet der Verursacher ist. Man beamt auf den Planeten, wo Mensch und Ferengi sich zum ersten Male gegenüberstehen. Zusammen machen sie die Bekanntschaft mit einem Wesen, daß sich Portal nennt, dem Wächter des Empire, der sie auf eine Probe stellt. Diejenige Lebensform, die den Test besteht, überlebt, während die andere beseitigt wird.

»Im Skript begegnen sie dem Portal, der so etwas wie ein in Nebel gehülltes Wesen ist«, sagt Richard Krzemien, der Autor, der die ursprüngliche Fassung der Story beisteuerte. »Er repräsentiert den Eingang zum T'Kon-Imperium. Ursprünglich sollte das Portal ein schmächtiger Typ mit Namen Dilo sein, der der Verwalter des Planeten sein sollte. Er sollte einen leichten, fröhlichen Charakter haben. Er war dadurch auf dem Planeten gefangen, weil er geschlafen hatte, als seine gesamte Planetengruppe starb. Hier wird es interessant, wenn man sich die nachfolgenden Entwürfe anschaut. Das Konzept behielt man bei, aber die Darstellung von Dilo wurde geändert.«

Maurice Hurley erinnert sich, daß die Crew bei Außenaufnahmen einmal durch einen Obstgarten marschieren mußte. Im Garten gab es einen Wachhund, der immerzu mit dem Schwanz wedelte und um sie herum sprang, während sie dadurch gingen. Als sie an ihm vorbei waren, fing der Hund an, wie wild zu bellen. »Der Besitzer würde nachsehen und stolz auf seinen Hund sein, daß er so wachsam war. In Wirklichkeit jedoch fühlte sich das arme Tier einsam und allein und freute sich uns zu sehen. Diese Vorstellung wollten wir auch in ›Last Outpost‹ hineinbringen. Ich fand diese Idee gut, statt dessen wurde daraus diese alberne Ferengi-Episode.«

Regiesseur Richard Colla gibt zu, daß ihm die Beurteilung dieser Folge Schwierigkeiten bereitet. »Meine Erfahrung und Beziehung zu einem Film beginnt mit irgendeinem Stück Material«, erklärt Colla, »Ich lese es und bin von einigen Sachen begeistert, die dann die Highlights der Geschichte für mich sind. Diejenigen Teile, die logische Fehler im Ablauf haben, sind Teile, die ich hoffentlich in der Story noch hinbiegen kann, denn, wenn man erst einmal mit dem Drehen begonnen hat, macht man immer Kompromisse. Man weiß, daß man einen Kompromiß eingehen wird, damit man nicht die emotionale Substanz dieser Szene zerstört.

Bei Fortsetzungsserien hat man das Problem, einen bestimmten Grad von Qualität einhalten zu müssen, zumindest so weit, daß man nicht unter die Grenze des Annehmbaren fällt. Man möchte nicht in der schrecklichen Situation sein, wo man es einfach so machen muß. Es gibt immer Momente, die nicht funktionieren. Momente, wo man sich sagt, ›Hätte ich doch noch Zeit gehabt, in der und der Szene eine Nahaufnahme zu machen‹. Wenn man schließlich die Dreharbeiten hinter sich hat, behebt man immer noch Fehler. Die Arbeit beginnt mit dem ersten flüchtigen Lesen und endet beim fertigen, abgelieferten Produkt. Es wird ein andauernder Versuch, Probleme zu lösen, und das einzige, was man nachher noch sieht, sind die Probleme. Wenn man sich den Film am Ende ansieht, freut man sich, daß er fertig ist. Aber es regt mich auf, wenn ich dann etwas sehe, was ich verbessern hätte können. Daher bin ich letzten Endes nicht objektiv. Ich muß es so gut machen wie ich kann, es beenden und hinter mich bringen, und andere Leute darüber urteilen lassen.«

Armin Shimerman, der einen Ferengi spielt, spielte auch einen Newcomer in »Alien Nation« und den Unterwelt-Bewohner Pascal in »Die Schöne und das Biest«. Jetzt kann man ihn wöchentlich als Ferengi Quark in Deep Space 9 sehen.

EPISODE 6

Where No One Has Gone Before

»Der Reisende«

Erstaustrahlung: 24.10.1987
Drehbuch: Diane Duane und Michael Reaves
Regie: Rob Bowman

Gaststars:

Eric Menyuk (Der Reisende)
Stanley Kamel (Kosinski)
Herta Ware (Mutter Picard)
Biff Yeager (Argyle)
Charles Dayton (Crewmitglied)
Victoria Dillard (Ballerina)

Ein Experte der Föderation für den Warp-Antrieb namens Kosinski und sein Assistent, der Reisende, kommen an Bord der Enterprise, um den Warp-Antrieb zu verbessern. Etwas geht furchtbar schief, und nach zweimaliger Beschleunigung mit dem Warp-Antrieb befindet sich die Enterprise

16. KAPITEL

auf einmal 350 Millionen Lichtjahre von zu Hause entfernt. Eine Rückreise in ihre Galaxie würde über drei Jahrhunderte lang dauern! Die Dinge verschlechtern sich, als in diesem Sektor des Weltraums die Wirklichkeit zusammenbricht und die Besatzung auf einmal Halluzinationen bekommt. Der einzige Weg zurückzukommen, liegt in den unerklärlichen Kräften des Reisenden, der die eigentliche Ursache für den ›Ausflug‹ ist. Das Problem ist, daß er im Sterben liegt.

Das Skript von »Where No One Has Gone Before« sieht vor, daß die Enterprise das Ende der Galaxie erreicht, »eine Vorstellung, die nicht beschrieben werden kann, weil man sie nicht versteht«, sagt Rob Legato, der die visuellen Effekte beaufsichtigt. »Man sitzt da und brüllt, daß man das so nicht versteht, aber ich muß in drei Wochen drehen.

Für die Autoren ist es ein Achtel einer Seite, und das ist praktisch nichts. Der Ärger ist, daß man eine Idee hat, und bis zum endgültigen Zusammenschnitt sind es nur kleine Stücke. Man hat keine Zeit zu sagen, ›Okay, daß ist eine gute Stelle, laß' uns da dies und das hinzufügen‹. Man sollte das lieber direkt so akzeptieren. Dann hat man nur ein paar Stunden zur Verfügung, nicht Tage, um das auszuschmücken.«

»Ich habe eine Seite von ›Where No One Has Gone Before‹ umgeschrieben, und sie fanden sie scheußlich«, lacht Maurice Hurley. »Ich glaube, sie wollten mich rausschmeißen, und sie hätten es getan, wenn ich nicht eine Vertragsgarantie gehabt hätte. Ich regte mich ziemlich auf und sagte ihnen, ›Moment mal, ich habe gerade den größten Blödsinn geschrieben, jetzt setzen wir uns zusammen, und sprechen darüber. Aber attackiert meinen Text, und nicht mich‹. Und genau das geschah, und so nahm ich meine Version und schrieb sie noch ein bißchen um, und schließlich wurde sie zu dem, was man auf dem Bildschirm sah. Es war eine Folge, die ich sehr mochte. Alles in dieser Folge funktionierte, weil jeder in guter Form war und sich anstrengte.

Die Besetzung war gut, der Reisende war wunderbar. Die optischen Effekte waren hevorragend. Man konnte richtig merken, wie alles so langsam zusammenwuchs.«

»Diane, Duane und ich hatten wirklich Pech«, erzählt Autor Michael Reaves. »Es war unser Entwurf, aber unsere Fassung wurde erheblich umgeschrieben. Ich gebe ja zu, daß es damals nicht die beste Folge war. Ja, sie hatte ein allmächtiges fremdartiges Wesen, aber schließlich war es kein verrücktes Kind. Was wir an der Show, so wie sie gesendet wurde, mochten, war, daß man aufrichtige Gefühle sehen konnte, allerdings nicht so viele, wie wir geplant hatten.

Ich habe nur einige Folgen gesehen, aber bisher erschien es mir sehr eintönig. Zumindest hatte dieses fremde Wesen einige Probleme; einige Dinge, die es erreichen wollte, waren brauchbar innerhalb des Star-Trek-Universums.

Was sie auch noch von unserer Story beibehielten, war, daß es sich um ein Problem handelte, das man nicht lösen konnte, wenn man etwas drosselt. Mir gefiel das ganz gut. Von der Produktion her war es wunderbar, und die schauspielerischen Leistungen waren sehr gut. Es war im Endeffekt viel besser, als wir gedacht hatten. Wir waren froh, daß es nicht mehr in unseren Händen war.«

Regisseur Rob Bowman erinnert sich: »Es war die vierte Folge, und die Drehbuchautoren waren alle noch relativ neu. Es war ein sehr vielversprechendes Skript – von der Sorte, wie man sie nicht oft im Fernsehen sieht. Ich schätzte mich glücklich, daß ich so ein gutes Skript hatte. Aber ich hatte ganz schön Bammel, weil es meine erste Folge war, bei der ich Regie führte, Von da ab, wo ich das Skript hatte, arbeitete ich jeden Tag daran, was – Drehtage eingeschlossen – ca. 20 Tage waren. Ich benutzte eine Menge Storyboards und abgesperrte Kulissen, wo ich einige Wochenenden verbrachte, um mich an sie zu gewöhnen und über die möglichen Kamerapositionen nachdachte. Aber während der ersten Drehtage war es ziemlich entsetzlich, hauptsächlich, weil ich neu bei der Show war, und ich so jung war, daß ich mich beweisen mußte... Es war eine sehr gute Hollywood-Crew, aber es gibt immer einige Tage, wo man einiges ausprobiert, besonders, wenn man noch jung und unerfahren ist. Daher wollte ich in den ersten zwei Tagen beweisen, daß ich Ideen hatte, die man unbedingt machen muß. Aber bereits am zweiten Tag ging es so richtig los, und ich bekam Unterstützung von der Crew. Bob Justman und Rick Berman waren sehr kreativ und sehr hilfsbereit. Es war eines der am straffsten organisierten Schiffe, die ich jemals gesehen hatte, und das war wirklich neu für mich.«

EPISODE 7

Lonely Among Us

»Die geheimnisvolle Kraft«

Erstausstrahlung: 31.10.1987
Drehbuch: D.C. Fontana
Story: Michael Halperin
Regie: Cliff Bole

Gaststars:

John Durbin (Badar)
Kavi Raz (Singh)
Colm Meaney (Security)

Der Handlungsverlauf ähnelt sehr dem von »Journey To Babel« aus der Klassik-Serie. Die Enterprise befördert Delegierte aus Selay und Andican zu einem Planeten namens Parliament. Riker, Tasha Yar und die Sicherheitsbeamten auf dem Schiff müssen alle Hebel in Bewegung setzen, damit sich die Delegierten nicht gegenseitig umbringen.

Gleichzeitig passiert die Enterprise eine Wolke, die, was niemand zunächst weiß, aus lebenden Wesen besteht. Eines verfängt sich versehentlich im Bordcomputer und nimmt von Worf Besitz, dann von Dr. Crusher und wechselt schließlich auf Captain Picard über. Der beschließt unter dem Einfluß des fremden Wesens, daß er in den Weltraum gebeamt wird, um sich den anderen Lebewesen der Wolke anzuschließen.

»In ›Lonely Among Us‹ habe ich meine eigenen Ideen wieder aufgegriffen«, sagt Dorothy Fontana, »einige Elemente aus ›Journey to Babel‹, die von einer Mission handelt, bei der die

16. KAPITEL

Enterprise Diplomaten von einem Ort zum anderen bringen soll. Der Verlauf war vollkommen anders. Hier gab es einen zweiten Handlungsstrang, einen lustigen, im Gegensatz zum ernsten ›Drama‹ in ›Babel‹. Ich griff also meine eigene Idee wieder auf und drehte sie um. Ich finde, daß konnte ich machen. Viele Leute sagten, ›Das ist »Journey to Babel«.‹ Mitnichten. Ich schrieb ›Journey to Babel‹, und ich schrieb auch diese Folge hier, und ich glaube, sie unterscheiden sich. Es gibt eine eindeutige Trennung hier, sowohl von der Aussage, wie auch vom Inhalt her.«

Regisseur Cliff Bole fügt hinzu: »Ich kann mich nicht erinnern, daß das eine meiner besseren Folgen ist, aber ich arbeitete so hart daran, wie sonst auch. Der Inhalt beeinträchtigt das Endprodukt. Es gibt besser geschriebene Folgen. Mit Sicherheit.«

EPISODE 8

Justice

»Das Gesetz der Edo«

Erstausstrahlung: 7.11.1987
Drehbuch: Worley Thorne
Story: Ralph Willis (John Black) und Worley Thorne
Regie: James L. Conway

Gaststars:

Brenda Bakke (Rivan)
Jay Louden (Liator)
Josh Clark (Conn)
David Q. Comb und Richard Lavin (Vermittler)
Judith Jones (Edo-Mädchen)
Eric Matthews und David Michael Graves (Edo-Jungen)
Brad Zerbst (Medical Officer)

Die Enterprise setzt Kolonisten auf einem Planeten im Strnad System ab und fliegt dann weiter nach Rubicum III für einen möglichen Landurlaub. Die Menschen, die dort leben, die Edo, sind extrem liebenswürdig und sinnlich, und sie heißen die Crew willkommen. Der Landungstrupp stellt fest, daß dies hier eine idyllische, paradisische Welt ist, wo jeder das zu haben scheint, was er braucht, und niemand gegen ein Gesetz verstößt.

Unglücklicherweise lernen sie aber auch den Grund kennen, warum es hier keine Verbrechen gibt: alle illegalen Handlungen, von der kleinsten Kleinigkeit bis zum allergrößten werden nur mit einer Strafe bestraft: dem Tod. Das wird ganz deutlich, als Wesley zufällig in ein Blumenbeet fällt, und deswegen zum Tode verurteilt wird. Picard muß sich nun entscheiden, ob er der Justiz des Planeten freien Lauf läßt, oder ob er die »Prime Directive« mißachtet und Wesley rettet. Die Sache verkompliziert sich, als ein Schiff im Orbit des Planeten auftaucht, behauptet, es sei der Gott der Edo, und von der Enterprise verlangt, daß sie diesen Sektor des Weltraums verläßt und die Kolonisten zurückholt, die sie erst vor kurzem auf einem benachbarten Planeten abgesetzt hat.

Wil Wheaton auf einer Star Trek Convention.
(Photo © Karen Witkowski)

Obwohl sich John D.F. Black, der die Orginalstory zu dieser Folge schrieb, mit dem fertigen Produkt nicht anfreunden kann, erinnert er sich an die ursprünglichen Gedanken, die hinter der Entstehung steckten.

»›Justice‹ handelt von der menschlichen Antwort auf die Frage, was passiert, wenn die Straßen plötzlich unsicher werden«, erklärt er. »Was machen Sie, wenn sie in einer Kolonie leben? Was würden Sie tun, und wie würde es für jemanden anderen aussehen, wenn man darauf so reagiert?

Die Story hat etwas mit Gerechtigkeit für jedermann zu tun, und wie man Terrorismus und Anarchie umgeht. Wie soll man das stoppen? Und wenn man es gestoppt hat, was passiert als nächstes? Nehmen wir einmal an, wir würden jeden umbringen, der verdächtigt wird, ein Terrorist zu sein. Was machen nun die Leute, die sie umgebracht haben? Wir reden hier von einer Gesellschaft, die sich mit sich selbst beschäftigt. Und diese Gesellschaft (wie ursprünglich gedacht) besteht aus Erdbewohnern, die auszogen, um ihre eigene demokratische Gesellschaft zu gründen. Das korrumpierte auch die antike griechische Demokratie.«

»Eine gute Idee, obwohl es für mich etwas zu abstrus war«, sagt Maurice Hurley. »Es ist ein Teil der zeitgenössischen Kultur, über die wir hier reden. Wenn man anfangen will, Verbrechen unter Kontrolle zu halten, lautet die Antwort vielleicht, ›Hör' mal, wenn Du ein Verbrechen begehst, egal wie schwerwiegend es auch sein mag, gibt es nur eine Strafe: die Todesstrafe‹.

Aber in welche Kategorien teilt man Verbrechen ein? Und wo beginnt man? Wo hört man auf? Warum bestraft man nicht jedes Verbrechen? Warum nicht alle Verbrecher loswerden, all ihre Erbfaktoren. Haut sie nieder. Man kann so argumentieren, und wenn eine Gesellschaft wie die Unsrige so weitermacht, wird es tatsächlich Leute geben, die so reden. Sätze wie, ›Wir machen viel zu wenig Gebrauch von der Todesstrafe.‹ leben wieder auf. Man kann das jeden Tag hören, und wenn man die Argumente hört, ist es zu einem gewissen Grade schwer, ihnen nicht zu glauben. Man sagt, ›Moment mal, vielleicht gibt es Maschinen, die einen Fabrikationsfehler haben, und die man zurückrufen sollte‹. Man kann das bis zur Absurdität so weitertreiben, und man hat eine Gesellschaft, wie die aus ›Justice‹. Ich denke, die Idee zu der Folge ist gut.

Aber es wird zu abstrus, zu sexuell. Ich vermißte ein gewisses Maß an Unschuld. Ich fand, es wurde Blödsinn. Und die Idee von einem Maschinen-Gott mochte ich überhaupt nicht.«

16. KAPITEL

EPISODE 9

The Battle

»Die Schlacht von Maxia«

Erstausstrahlung: 14.11.1987
Drehbuch: Herbert Wright
Story: Larry Forrester
Regie: Rob Bowmann

Gaststars:

Frank Carsentino (DaiMon Bok)
Doug Warhit (First Officer Kazago)
Robert Towers (Second Officer Rata)

Der Ferengi DaiMon Bok bietet Picard ein Geschenk an: die ziemlich lädierte Stargazer, ein Raumschiff, daß Picard vor einigen Jahren kommandierte. Die letzte Mission des Schiffes endete in der Schlacht von Maxia. Damals zerstörte sie in einem bereits ramponierten Zustand ein Ferengi-Schiff, bevor die Besatzung die Stargazer verläßt. Was Picard nicht weiß, ist, daß DaiMon Boks Sohn bei diesem Gefecht ums Leben kam, und der Ferengi den Captain seitdem für den Tod seines Sohnes verantwortlich macht. Er benutzt daher ein fremdartiges Gerät, das Gedanken manipulieren kann, um Picard wieder auf die Stargazer zu locken. Dort läßt er die Schlacht von Maxia wieder aufflammen. Nur diesmal ist nicht das Ferengi-Schiff der Gegner, sondern die Enterprise.

»›The Battle‹ war ziemlich gut«, kommentiert Maurice Hurley, »weil Patrick Stewart seine Sache sehr gut machte. Ich glaube, es lag an ihm. Ursprünglich war ich von der Folge nicht begeistert. Ich denke immer noch, daß die Ferengi überflüssig sind. Sie sind ein Witz, reine Zeitverschwendung.

Wir hatten diese Meinungsverschiedenheiten von Beginn an. Ich stand mit meiner Ansicht allein auf weiter Flur. Wenn sich jemand nur für Profit interessiert, ist er nicht der richtige Gegner für die Enterprise. Wenn man Gold im Replikator herstellen kann – und das ist mittlerweile möglich –, kann man das mit einem Sandkorn am Strand von Santa Monica vergleichen. Wen kümmert das? Dann gib ihnen so viele Sandkörner, wie sie wollen. Sie sollen verschwinden. Sie wollen Gold haben? Gut, hier, nehmt eine ganze Wagenladung voll, aber verschwindet anschließend wieder.«

Rob Bowman lacht: »Ich liebe ›The Battle‹, weil die Folge so vielschichtig ist. Es war die zweite Episode, bei der ich Regie führte. Die Story lieferte einen breiten Rahmen. Ich weiß nicht, wieso ich darauf komme, aber es schüchterte mich schon ein wenig ein, als ich das Skript bekam. Ich sollte mit Patrick Stewart arbeiten, der ein sehr großes schauspielerisches Können besitzt, das ich nutzen wollte.

Gleichzeitig war ich besorgt, daß ich vielleicht nicht alles aus ihm herauslokken könnte. Ich glaube, ich habe schließlich meine eigene kleine Version der Folge gemacht, und Patrick daran gehindert, seine zu machen. Das einzige, mit dem ich mich zufriedengab, war meine Version. Daher sagte ich, ›Ich will diese Szene so haben, und nicht anders‹, und Patrick machte es so, wie ich das wollte. Ich glaube, damals hatte keine andere Show eine solche Ausstrahlung.

In vielen Szenen wurden wir düster und benutzten Kameraeinstellungen, Winkel und andere Sachen, die man vorher bei Star Trek noch nicht verwendet hatte. Ich fand, es war ein sehr kreatives Stück, die Folge war genial.

Niemand hatte bisher eine Steadycam in der Serie benutzt, und wir benutzten sie auf der Stargazer, die eigentlich eine Art Wiedergutmachung für die Brücke der Bird of Prey war.

Jonathan Frakes (Commander William Riker) beantwortet Fragen der Trekkies auf einer Convention. (Photo © Karen Witkowski)

EPISODE 10

Hide & Q

»Rikers Versuchung«

Erstausstrahlung: 21.11.1987
Drehbuch: C.J. Holland und Gene Roddenberry
Story: C.J. Holland
Regie: Cliff Bole

Gaststars:

John de Lancie (Q)
Elaine Nalee (Überlebende)
William A. Wallace (Wesley als Erwachsener)

Q und andere Lebewesen seines Continuums werden nach den Ereignissen in »Encounter at Farpoint« neugierig auf die Enterprise und ihre Crew, und wollen sie daher näher studieren. Q entschließt sich, ein Geschenk zu machen und wählt Riker als Empfänger aus. Das führt dazu, daß der Commander die gleichen Kräfte besitzt wie Q und nun lernen muß, damit umzugehen.

»Dieses Drehbuch war ein Wendepunkt, und ich rede jetzt von Personalpolitik«, sagt Maurice Hurley, der den Künstlernamen C.J. Holland verwendete. »Ich schrieb dieses Drehbuch, und Gene schrieb es um, und daher habe ich meinen eigenen Namen zurückgezogen. Das war der Punkt, an dem Gene und ich eine kleine Diskussion über zukünftige Zusammenarbeit hatten. Meine Ideen waren mehr actionorientiert und nicht so philosophisch, wenn ich das so sagen kann. Sie waren direkter und ein bißchen munterer. Ich glaube nicht, daß es

16. Kapitel

unbedingt die bessere Version war, weil das eine subjektive Wahl wäre. Es ist eine Frage der Vorgehensweise. Es hat nichts damit zu tun, wer Recht hat, und wer nicht. Wenn man bei deiner Show Leute hat, die dafür da sind, für einen zu schreiben, dann sollte man sie die Arbeit machen lassen. Sie sind extra dafür da, daß sie etwas genauso umschreiben, wie man es haben will. Man sollte sie ihre Arbeit machen lassen, und nicht einfach selbst zum Stift greifen, und die Sachen umschreiben.«

»Niemand wußte, wie diese Dämonen, die Q herbeizaubert, aussehen würden, bis ich mit ihnen zusammen auf das Set marschierte. Wir hatten keine Zeit, vorher Entwürfe zu machen«, sagt Make-up-Supervisor Michael Westmore, »ich wußte es noch nicht einmal selbst, bis zu dem Augenblick, wo wir sie geschminkt hatten.« »Das war ein Teil der Experimentierphase«, meint Regisseur Cliff Bole, »wir benutzten eine Kulisse, die der der Klassik-Serie sehr ähnlich war. Natürlich wollten wir nicht, daß sie so aussah. Einer der Fehler, die wir gemacht haben, war, daß wir das Ganze bei Tag, und nicht bei Nacht gedreht haben. So sah man die Grenzen der Kulisse. Aber das veränderte sich alles. Ich glaube, daß hatte etwas mit dem Produzententeam zu tun. Je mehr Leute daran beteiligt sind, desto mehr Sachen muß man sich erkämpfen, und dann funktioniert wieder etwas nicht. Dieses Problem gibt es jetzt nicht mehr.«

Episode 11

Haven

»Die Frau seiner Träume«

Erstausstrahlung: 28.11.1987
Drehbuch: Tracy Torme
Story: Lan O'Kun
Regie: Richard Compton

Gaststars:

Majel Barrett (Lwaxana Troi)
Rob Knepper (Wyatt Miller)
Nan Martin (Victoria Miller)
Robert Ellenstein (Mr. Miller)
Danitza Kingsley (Ariana)
Anna Katarina (Valeda Innis)
Raye Birk (Wrenn)
Michael Rider (Chef des Transporterraums)
Carel Struycken (Mr. Homn)

Die Beziehung zwischen Riker und Troi kommt in Unordnung, als Trois Mutter Lwaxana an Bord beamt, um die arrangierte Heirat ihrer Tochter in die Wege zu leiten. Die ist für Deanna genauso neu, wie für alle anderen. Kurze Zeit später taucht ihr geplanter Ehemann in spe, Dr. Wyatt Miller, auf. Die beiden versuchen, wenigstens irgendeine Art von Beziehung aufzubauen, bevor sie ins kalte Wasser springen. Wyatt scheint allerdings abwesend, weil er sich über Jahre ein Bild von seiner zukünftigen Frau gemacht hat, aber Deanna keineswegs diesem Bild entspricht.

Alles wird anders, als ein tarellanisches Seuchenschiff [?] trotz der Proteste der Bewohner von Haven versucht, in eine Umlaufbahn um den Planeten zu schwenken. Eine der Frauen an Bord dieses Schiffes entpuppt sich als Wyatts Traumfrau.

»›Haven‹ hieß eigentlich ›Love Beyond Time And Space‹, und war von jemandem geschrieben worden, der wohl keine Ahnung hatte, was SF überhaupt ist«, meint Tracy Torme, tatsächlich Sohn des Sängers Mel Torme. »Als man es mir anbot, war da Gutes und Schlechtes. Das Schlechte war, daß ich selbst durch die Skizze schon nicht durchkam, die der Knabe geschrieben hatte. Das Gute war: Das Ganze war so unbrauchbar, daß es nur besser werden konnte, egal, was ich daraus mache. Es war eine Situation, in der ich nicht verlieren konnte, und was ich ihnen letztlich sagte, war, daß die Story eigentlich nur als Komödie funktionieren könnte, meiner Meinung nach jedenfalls. Ich glaube, ursprünglich war sie ernst gemeint gewesen, aber ich wollte einfach eine Komödie daraus machen, mit diesen beiden Familien, die sich nicht ausstehen können, aber diese Hochzeit über die Bühne bringen wollen. Meine Fassung war bissiger, ätzend, aber sie wurde zu 20–30% umgeschrieben, abgetönt, weicher gemacht, deswegen gefiel sie mir auch nicht besonders, als sie zum ersten Mal ausgestrahlt wurde. Es ist immer noch die Folge von allen, an denen ich mitgearbeitet habe, an der ich am wenigsten hänge. Aber aus irgendeinem Grund ist sie bei den Fans sehr beliebt, und wenn sie wiederholt wird, und ich sie wieder sehe, vielleicht gefällt sie mir ja dann auch besser als heute.«

Episode 12

The Big Goodbye

»Der große Abschied«

Erstausstrahlung: 9.1.1988
Drehbuch: Tracy Torme
Regie: Joseph Scanlan

Gaststars:

Lawrence Tierney (Cyrus Redblock)
Harvey Janson (Felix Leach)
William Boyett (Whelan)
David Selburg (Lt. McNary)
Gary Armagnal (Dan Hill)
Mike Genovese (Sergeant)
Dick Miller (Vender)
Carolyn Allport (Jessica Bradley)
Rhonda Aldrich (Sekretärin)
Eric Cord (Schläger)

Captain Picard verordnet sich Entspannung in der Vorbereitung des ersten Kontaks, den die Föderation seit zwanzig Jahren mit den Jaradanern [?] haben wird. Er geht auf das Holodeck und taucht in die Welt der 40er Jahre des Detektivs Dixon Hill ab. Aber die Aussichten auf Entspannung sind minimal, denn eine Fehlfunktion macht aus dem angeblich sicheren Rollenspiel gefährlichen Ernst: Plötzlich sind die Kugeln echt ... und auch der Tod.

»Als ich den Entwurf zu ›Haven‹ abgeliefert habe, waren die Leute wirklich sehr freundlich in ihren Kommentaren«, erzählt Tracy Torme, der die Folge geschrieben hat. »Ich glaube, es

16. KAPITEL

hat ihnen sehr gut gefallen, und ich war mir bald sicher, daß ich einen weiteren Auftrag erhalten würde. Der kam auch, und das wurde ›The Big Goodbye‹.

Gene wollte das Holodeck benutzen und hatte daran gedacht, dort eine Detektivgeschichte spielen zu lassen«, fügt er hinzu. »Ich war immer schon ein großer Raymond-Chandler-Fan, und noch mehr ein Film-noir-Fan. Also dachte ich, es würde wirklich lustig werden, so etwas mal zu schreiben. ›The Big Goodbye‹ fügte sich, mehr als jedes andere Skript, an dem ich für Film oder Fernsehen gearbeitet habe, beinah wie von Geisterhand zusammen. Als ich den ersten Entwurf ablieferte, war ich sehr zufrieden und entspannt. Ich war überzeugt, es würde funktionieren. Mit einigen Drehbüchern kämpft man hart, mit anderen weniger. Mit diesem habe ich fast gar nicht gekämpft, kein Wunder, daß es zu einem meiner Lieblingsskripte geworden ist. Ich glaube, alle hatten Spaß bei der Arbeit daran. Die Schauspieler waren froh, mal aus ihrer Uniform rauszukommen, und ich war sehr zufrieden mit der technischen Seite der Produktion. Außerdem ließen sie das Drehbuch in Ruhe. Das einzige, was mich wirklich stört, sind die Jaradaner. Sie waren im Skript viel interessanter, und aus Gründen des Budgets blieben sie einfach flach.«

Maurice Hurley lächelt: »Ich fand die Folge wirklich großartig. Sie nutzte das Holodeck, sie nutzte die Schauspieler, das Ensemble. Die Schauspieler waren ganz hervorragend, wie auch die Regie und die Beleuchtung. Es war wie ein frischer Wind. Vielleicht nicht für die Zuschauer, aber für uns. Es hat einfach Spaß gemacht. Die Sache ist, daß Star Trek nicht viel grübeln darf. Wenn es doch getan wird, werden wir selbstbezogen und bekommen diesen Prediger-Stil, wenn wir nicht aufpassen. Aber wenn Leben drin ist, und ein bißchen Humor, dann springt es einfach hoch, und fliegt. Diese Folge war anders, aber sie paßte auch genau in den Star-Trek-Rahmen. Es hat einfach alles funktioniert.«

Regisseur Joseph Scanlan fand eine Menge ansprechender Aspekte bei »The Big Goodbye«, und sein Eintritt in das Star-Trek-Universum wurde so ein sehr befriedigender.

»Der 40er-Jahre-Rahmen hat mir gefallen«, meint er. Es war eine Parodie auf ›The Maltese Falcon‹. Wir hatten eine Sidney-Greenstreet-ähnliche Figur und eine für Peter Lorre – alle waren sie da. Wir hatten ein Büro, das identisch war mit dem von Humphry Bogart, dieselben Fenster, dieselben Jalousien … es war lustig.«

Man könnte trotzdem meinen, daß es schwierig gewesen ist, die Zukunft mit der Vergangenheit zusammenzubringen, ohne daß die innere Kontinuität der Serie für die Zuschauer verlorengeht.

»Wenn Sie die Frage etwas anders gestellt hätten … die Vergangenheit mit der Zukunft verbinden, hätte ich wohl geantwortet, daß es ein Problem darstellt, das wir zu lösen hatten. Mein Problem, wie ich auch Gene, Rick und Bob gesagt habe, ist, daß ich kein Fan bin. Daher bringe ich eine andere Sichtweise mit. Die Funktion des Holodecks war in meinen Augen für den Zuschauer noch nie ganz klar gewesen. Es war das erste Mal, daß dort Leute durch eine Fehlfunktion der Elektronik gefangensaßen. Es ist sehr schwierig, den Zuschauern zu zeigen, daß es sich nicht um einen Zeitsprung handelt, wenn wir gleichzeitig tief in einer Nebenhandlung stecken, die in Wirklichkeit zur Haupthandlung auf dem Holodeck wird: In einer Vision von San Francisco fliegen plötzlich die Kugeln, jemand wird verletzt, und er blutet tatsächlich. Das kann man schwer nicht als Zeitsprung darstellen, auch wenn es keiner war. Es war nur eine visuelle und emotionale Erfahrung auf dem Holodeck, und die Maschine hatte einen Fehler. Ich glaube, ich beantworte die Frage nicht direkt, für mich selbst habe ich diese beiden Handlungen immer völlig unabhängig voneinander gesehen. Für mich hat Picard wirklich Philip Marlow, oder Dixon Hill, wie sie ihn nannten, gespielt. Das einzige Gegengewicht, um den Zuschauern im Gedächtnis zu halten, daß die Handlung auf einem Raumschiff spielt, ist, wenn im Dialog Captain Picard zu der Ärztin sagt, ›Wir sollten zurück auf die Enterprise‹, und sie meint, ›Wir sind auf der Enterprise‹. Er antwortet, ›Ach ja, natürlich, es ist alles so echt, daß ich das vergessen habe.‹«

EPISODE 13

Datalore

»Das Duplikat«

Erstausstrahlung: ______ **16.1.1988**
Drehbuch: ______ **Robert Lewin und** ______ **Gene Roddenberry**
Story: ___ **Robert Lewin und Maurice Hurley**
Regie: ______ **Rob Bowman**

Gaststar:

Biff Yeager (Argyle)

Die Enterprise kommt zurück zu Datas Heimatplaneten, um herauszufinden, was mit den verschwundenen Kolonisten geschehen ist. Dort finden sie die Überbleibsel von etwas, das wie eine genaue Kopie von Data aussieht, und nehmen sie mit. Zurück an Bord reaktiviert der Wissenschaftsoffizier Datas ›Bruder‹, Lore.

Augenscheinlich ist Lore tatsächlich ein zweiter Data, mit einem gewichtigen Unterschied: Er hat Gefühle … wie auch eine verdrehte Psyche, die die ganze Crew bedroht, als Lore sie in eine Falle lockt, wo sie auf ein gewaltiges kristallines Wesen im Weltraum treffen. Dasselbe ›Wesen‹ war vor zwanzig Jahren für den Tod der verschwundenen Kolonisten verantwortlich.

»Die Sets, die Gestaltung, die Optik dieser Folge, alles war brillant«, bemerkt Maurice Hurley. »Ich fand, es war die am besten aussehende Folge. Es gab da ein paar Dinge, die ich nicht mochte, aber im großen und ganzen war sie gut.«

Rob Bowman erinnert sich: »Die Geschichte hinter ›Datalore‹ war, daß ich nach ›Too Short a Season‹ [die erst später ausgestrahlt wurde] eigentlich keine weiteren Star-Trek-Folgen auf dem Programm hatte. Bob Justman rief mich in sein Büro, und am Ende der Unterhaltung meinte er, ›Wir haben da ein Drehbuch, das solltest Du wirklich machen‹, und das war ›The Big Goodbye‹. Ich las es, und meinte ›Hey, ich

16. Kapitel

würde wirklich gerne bleiben, um das zu drehen‹. So einigten wir uns. In der Zwischenzeit stand die nächste Folge nach ›Too Short a Season‹ auf dem Programm, und sie sollte von Joe Scanlan gedreht werden. Leider hinkten sie mit dem Drehbuch hinterher, so daß wir letztendlich tauschten. Ich gab ›The Big Goodbye‹ ab, und das Drehbuch, was ich bekam, war ›Datalore‹. Dabei war ich so an ›The Big Goodbye‹ interessiert gewesen – jetzt würde es anders aussehen, eine andere Folge werden. Aber im Nachhinein machte das nichts, denn Joe hat das alles sehr gut hingekriegt.

Ich nahm also ›Datalore‹ und meinte, ›Hier ist eine Folge, von der sie alle denken, sie funktioniert nicht, aber ich werde sie funktionieren lassen«. »Ich werde diesen Rindviechern zeigen, daß sie mit dieser Folge etwas falsch gemacht haben. Es gab eine Überarbeitung, und auch ein paar Probleme mit dem Skript, aber es war auch schwer zu schreiben. Brent Spiner und ich hatten jede Menge Diskussionen darüber, denn keiner von uns war allzu begeistert. Er war nicht glücklich damit, denn er meinte, seine Figur müsse Dinge machen, die nicht zu ihrem Charakter paßten. Er dachte auch, daß das Ganze nicht unbedingt zu Star Trek passen würde. Es war eine Erfahrung, und wir haben viel mit Rick Berman und Rob Justman gesprochen. Es war in techischer Hinsicht eine schwierige Folge, die ganzen Doppelschnitte, und so. Wir hatten deshalb sogar einen zusätzlichen Drehtag. Wenn man sich den Plot anhört, war es eigentlich nichts Besonderes. Es war Brent, und die Art, wie er spielte, die die Folge gut machten. Teilweise haben wir mit einem Double gearbeitet, aber er hat es geschafft, diese beiden Figuren wirklich unterschiedlich zu porträtieren. Das ist es, wenn ich meine, die Leute sind offen für neue Ideen.«

Episode 14

Angel One

»Planet Angel One«

Erstausstrahlung: ________ **23.1.1988**
Drehbuch: ________ **Patrick Barry**
Regie: ________ **Michael Rhodes**

Gaststars:

Karen Montgomery (Beate)
Sam Hennings (Ramsey)
Patricia McPherson (Ariel)
Leonard John Crofoot (Trent)

Auf der Suche nach Überlebenden des Raumfrachters Odein gelangt die Enterprise zum Planeten Angel One. Dort herrscht eine matriarchalische Gesellschaftsordnung, in der Männer als niedere Lebensform angesehen werden. Riker führt einen Landungstrupp auf den Planeten und findet heraus, daß er praktisch seinen Weg durch die Betten der Hierachie schlafen muß, um die Gesuchten zu finden. Inzwischen gibt es auf dem Holodeck eine erneute Fehlfunktion, und Wesley Crusher fängt sich einen fremden Virus, den er zügig auf der Enterprise verteilt, so daß seine Mutter Beverly ein Gegenmittel finden muß, bevor alle an Bord sterben.

Die Kommentare der Crew zu ›Angel One‹ sind kurz und bündig. Drehbuchredakteurin Melinda Snodgrass, die bei der ersten Staffel nicht dabei war, meint: »Wenn das Holodeck tatsächlich derart unausgereift war, dann hätten sie sämtliche Decks auf der ganzen Flotte geschlossen.«

Maurice Hurley bemerkt: »Fürchterlich, ganz fürchterlich. Eine von den Folgen, die ich am liebsten vergessen würde.«

»›Angel One‹ handelte von einer Gesellschaft mit umgekehrten Vorzeichen«, erklärt Produzent Herb Wright. »Die Frauen herrschen, und die Männer sind unterwürfig. Das ist schon tausend Mal gemacht worden, auch bei Roddenberrys ›Planet Earth‹. Wir wollten auf keinen Fall Amazonen zeigen, die zwei Meter groß waren, und Stahl-BHs, Körbchengröße ›D‹ trugen. Was ich hineinbringen wollte, war die Idee der Apartheid, daß also die Männer behandelt wurden, wie die Schwarzen in Südafrika. Es sollte politisch sein. Sexuelle Untertöne – ja, aber politisch. Nun ja, das hat nicht lange funktioniert. Die sexuellen Elemente, die eingebaut wurden, waren einfach absurd.«

Episode 15

11001001

»11001001«

Erstausstrahlung: ________ **30.1.1988**
Drehbuch: ________ **Maurice Hurley**
________ **und Robert Lewin**
Regie: ________ **Paul Lynch**

Gaststars:

Carolyne McCormick (Minuet)
Gene Dynarski (Orvil Quinteros)
Katy Boyer (Eins Null)
Alexandra Johnson (Null Eins)
Iva Lane (Null Null)
Kelly Ann McNally (Eins Eins)
Jack Sheldon (am Klavier)
Abdul Alaam El Razzao (am Bass)
Ron Brown (Schlagzeug)

Die Enterprise läuft eine Starbase an, um Reparaturen durchführen zu lassen. Diese Reparaturen sollen von einer Gruppe Binärer erledigt werden – Wesen, die mit Computern in Symbiose leben und als Einheit funktionieren. Während der Reparatur erhält die Mehrzahl der Crew Landurlaub, nur Picard und Riker gehen auf das Holodeck, um sich zu entspannen. Dort verliebt sich Riker Hals über Kopf in eine »Frau« namens Minuet. Gleichzeitig, und unbemerkt von Captain und Erstem Offizier, täuschen die Binärern den Zusammenbruch des Schutzschilds vor, was zur Evakuierung der Enterprise führt. Diese, nun bis auf unsere zwei Helden völlig ohne Besatzung, wird von den Binärern zu ihrem Heimatplaneten entführt, wo man hofft, mit Hilfe des Schiffscomputers den eigenen Hauptcomputer wieder zu aktivieren, der durch Sonnenfleckenaktivitäten beschädigt worden ist.

16. Kapitel

»Die Binärer waren großartig«, meint Regisseur Paul Lynch. »Niemand schien zu ahnen, daß sie vier ziemlich kleine Mädchen waren. Es war auch spaßig, wie sie in dieser miteinander verbundenen Sprache redeten. Carolyne, die Minuet spielte, war sehr gut, genauso, wie sie es heute in ›Law & Order‹ ist. Der Kerl, den wir für den Jazz-Pianisten aufgetrieben hatte, war ebenfalls Klasse. Er war früher bei der ›Merv Griffin Show‹, und er hat diesen trockenen Humor. Mir schien das damals eine sehr lockere und nette Folge zu sein.«

Maurice Hurley schwärmt: »Phantastisch. Da waren einige Dinge, die einfach genial funktioniert haben. Als sie da an der Bar saßen und über Liebe redeten, wie man sich in eine Illusion, ein Bild verlieben kann... Die Binärer waren tolle SF-Kreaturen, der Visagist Michael Westmore hat sie sehr gut hingekriegt – und dann diese binäre Sprache.

Jonathan war auch einfach großartig. Ich glaube, es war das erste Mal in der Serie, daß man ihm wirklich etwas zu tun gab, etwas, wo er zeigen konnte, was er konnte. Das Holodeck hat ebenfalls prima funktioniert. Eigentlich handelt diese Episode davon, wie das ist, wenn man merkt, daß der Partner oder die Partnerin keinerlei Ähnlichkeiten hat mit dem Bild, das man sich ursprünglich gemacht hat.«

»Eine fantastische Show«, grinst auch Jonathan Frakes. »Das waren die Risiken, die wir im ersten Jahr noch eingegangen sind, und wenn sie funktionierten, dann funktionierten sie großartig. Es war eine riskante Folge, aber ich fand sie genial. Diese Binärer, warum hat man sie nicht wieder gebracht? Sie sollten fest auf dem Schiff dabei sein, um die Maschinen zu warten, oder sonstwas zu tun.«

Episode 16

Too Short A Season

»Die Entscheidung des Admirals«

Erstausstrahlung: 8.2.1988
Drehbuch: Michael Michaelian und D.C. Fontana
Story: Michael Michaelian
Regie: Robert Bowman

Gaststars:

Clayton Rohner (Admiral Mark Jameson)
Marsha Hunt (Anne Jameson)
Michael Pataki (Karnas)

Die Enterprise reagiert auf eine Geiselnahme auf Mordan IV. Geiselnehmer Karnas verlangt, daß die Verhandlungen von dem 70jährigen Admiral Jameson geführt werden. Der Admiral, so erfahren wir, war bereits vor 40 Jahren schon einmal auf dem Planeten und hat damals ebenfalls in einer Geiselnahme verhandelt. Aus der damaligen Situation entwickelte sich ein jahrzehntelanger Bürgerkrieg.

Jetzt will sich Karnas an Jameson rächen, aber das Schicksal hat ihm möglicherweise einen Streich gespielt: Jameson hat ein schnell wirkendes Verjüngungsmittel eingenommen, auch wenn die Nebenwirkungen möglicherweise tödlich sind. Jetzt muß sich der Admiral sowohl mit Karnas wie auch mit seiner eigenen Frau auseinandersetzen, die sich durch sein Jüngerwerden betrogen fühlt – sie meint, er würde sie auf diese Weise verlassen.

»Das Konzept von Michael Michaelian setzte ziemlich hoch an«, erklärt Dorothy Fontana. »Es ging um die männliche Menopause, ein Thema, das im Fernsehen nicht oft angesprochen wird. Michael meinte, ›Ich habe das letztens durchgemacht, und ich kann diesen Wunsch, zurück in die Zeit zu gehen, als man ein junger Mann war, gut nachvollziehen; man will auf diese Weise verstehen, was man heute ist.‹ Ich fand die Idee interessant, aber er wollte mit dieser schnellen Verjüngung arbeiten, mit einer Figur, die ihre Jugend mit einer bestimmten Absicht aufsucht. Natürlich konnte man das mit einem SF-Trick glaubwürdig darstellen. Michael schrieb einen ersten Entwurf, aber was nicht ganz stimmte, war der Teil mit der Geiselnahme –, warum sind wir gerade auf diesem Planeten? Eine Menge von dem, was ich letztlich ergänzte, war auch in Michaels Geschichte, aber mit einem anderen Akzent. Auch wurde bei mir aus einer einfachen Geiselnahme eine Falle, die Jameson auf den Planeten bringen sollte. Das war mehr oder weniger das, was ich änderte.«

Robert Bowman erinnert sich: »Das war eine Folge mit viel Text. Ich bevorzuge es, den Zuschauern Dinge zu *zeigen*, nicht zu sagen. Ich glaube natürlich an das Wort, aber eines der Instrumente, die man als Filmemacher hat, ist die visuelle Darstellung. Das eine ohne das andere kann sehr eintönig werden. Aber die große Sache für mich war die Arbeit mit Clayton Rohner. Wir trafen uns an den Wochenenden, und ich glaube, ich habe noch nie so viel Zeit mit einem Schauspieler außerhalb der normalen Dreharbeiten verbracht, um eine Figur auszuarbeiten. Wir haben uns einfach entschlossen, es so zu machen, und es war eigentlich ganz allein seine Folge. Die anderen reagierten hauptsächlich auf ihn. Er war der rettende Engel bei dieser Folge, auch wenn er mit den anderen Schauspielern nicht so homogen zusammenarbeitete, wie ich mir das gewünscht habe. Er sah die Folge wirklich als eine eigene an. Die anderen meinten, ›Das ist nicht unsere Folge, das ist Claytons!‹, und ich erwiderte, ›Ich weiß, aber daran können wir jetzt nichts mehr ändern‹. Ich fand, es war eine solide Arbeit, mit einer Menge Herausforderung für die Maske, Spezialeffekten, und einem Rollstuhl, der nie funktioniert hat. Das Ding wurde ein Witz, und es ist immer noch einer. Die Leute sagen, ›Hoffentlich gibts diesmal keine Rollstühle...‹. Ich glaube, es gibt Leute, die deswegen gefeuert worden sind. Die Requisiteure hatten das Teil gebaut, und nichts lief. Ich mußte drumherum filmen, weil wir den Knaben nirgendwohin bewegen konnten, das war eine schöne Pleite.«

16. KAPITEL

EPISODE 17

When The Bough Breaks

»Die Sorge der Aldeaner«

Erstausstrahlung: 13.2.1988
Drehbuch: Hannah Louise Shearer
Regie: Kim Manners

Gaststars:

Jerry Hardin (Radue)
Brenda Strong (Rachella)
Jandi Swanson (Duana)
Paul Lambert (Lettian)
Ivy Bethune (Katie)
Derek Torsek (Dr. Bernard)
Michele Marsh (Leda)
Dan Mason (Accolan)
Phillip N. Waller (Harry)
Connie Danose (Toya)
Jessica und Vanessa Bova (Alexandra)

In einem verzweifelten Versuch, den Fortbestand ihrer Art zu sichern, kidnappen die Bewohner von Aldea (die unfruchtbar sind), einen Teil der hoffungsvollen Jugend der Enterprise, darunter auch Wesley Crusher. Am Anfang glauben sie ernsthaft, die Kinder von der Enterprise kaufen zu können, aber als Picard hart bleibt, schleudern sie das Schiff mit Hilfe ihres Hauptcomputers drei Tagesreisen zurück in den Weltraum. Während Picard sich weiter bemüht, zu verhandeln, versucht die Ärztin ihr Bestes, um die Unfruchtbarkeit der Aldeaner zu heilen, in der Hoffnung, auf diese Weise die Kinder zurückholen zu können.

»Ich hatte noch keinen festen Job bei Star Trek, als ich den Auftrag bekam, aber ich liebe es, über Kinder zu schreiben«, erinnert sich Hannah Louise Shearer. »Ich fand es faszinierend, mich mit einem Aspekt der Serie zu beschäftigen, von dem bisher noch nicht viel die Rede gewesen war: mit den Familien an Bord des Raumschiffes. Natürlich ist das meine Lieblingsfolge. Gene Roddenberry und ich haben überlegt, etwas aus der Gegenwart zu bringen, und ich denke, wir haben es geschafft, eine Gesellschaft zu beschreiben, die ihre Menschlichkeit zugunsten von Technologie aufgegeben hat. Wil Wheaton war einfach wundervoll bei dieser Folge. Leider bekam der arme Wesley die volle Breitseite der Kritik ab, aber er war wirklich gut mit den ganzen Kindern. Er machte auf dem Set eine richtige Familie aus ihnen, und ich denke, das kommt auch rüber. Er war eine Figur, die erwachsen wurde, und das ist in jedem Jahrhundert eine schwierige Zeit, also, warum sie nicht darstellen?«

Maurice Hurley sagt »Diese Folge hatte eine eigene Färbung, traurig und treffend zugleich. Natürlich war sie wieder in einer Woche abgedreht, und natürlich hieß es dann hinterher wieder, ›Mein Gott, wir hätten dies besser machen müssen, wir hätten das besser machen müssen...‹ Es ist immer dasselbe, und man muß es immer mal wieder anmerken: Wenn man sich die Unterschiede zwischen den einzelnen Folgen ansieht, das ist nicht einfach der nächste Drogen-Coup, der nächste Mordfall, das nächste verlorengegangene Kind. Jede dieser Folgen ist vollkommen anders, als die anderen, und trotzdem haben wir sie in sieben Tagen produziert. Im ersten Jahr haben wir aus Gründen, auf die ich nicht näher eingehen will, zwei Tage dicht gemacht, aber ansonsten gab es so etwas die ganze Zeit nicht. Das ist erstaunlich.«

EPISODE 18

Home Soil

»Ein Planet wehrt sich«

Erstausstrahlung: 20.2.1988
Drehbuch: Robert Sabaroff
Story: Karl Guers, Ralph Sanchez, Robert Sabaroff
Regie: Corey Allen

Gaststars:

Walter Gotell (Kurt Mandi)
Elizabeth Lindsay (Luisa Kim)
Gerard Prendergast (Bjorn Benson)
Mario Roccuzzo (Arthur Malencon)
Carolyne Barry (Ingenieurin)

Die Enterprise besucht die Wissenschaftler des Terraforming-Projekts auf Velara III, um medizinische Routinechecks durchzuführen, als einer der Beteiligten bei einem Unfall mit einem Laserbohrer umkommt, der auch Data beinah tötet. Es stellt sich heraus, daß die Terraformer eine bisher unbekannte anorganische Lebensform gestört haben, die jetzt die Kontrolle der Enterprise übernimmt, und die Menschen als »häßliche Beutel, zum größten Teil aus Wasser« abtut.

»Sie sagten mir einfach, ich sollte noch eine Folge machen, was ich auch gerne getan habe«, berichtet Corey Allan. »Ich erinnere mich, daß wir lange mit dem Drehbuch zu kämpfen hatten. Die Frage in dieser Folge war, ›Bin ich bereit, anzuerkennen, daß es auch noch andere Lebensformen gibt, als die, an die ich gewöhnt bin?‹ Die Frage war okay, aber ich glaube, sie war nicht so gut gestellt, wie in ›Encounter at Farpoint‹.«

Maurice Hurley fügt hinzu: »Die Idee war interessant, aber die Ausführung war Stückwerk. Wenn man alle möglichen Probleme, die bei der Produktion einer Folge auftreten konnten, zusammenschmeißt, dann hat man das, was wir diesmal hatten: Besetzung, Sets, Zeit, Schauplätze – und der Regisseur bekam einen Teil des Skripts erst am Tag vor Drehbeginn... das war ganz schön übel.«

Kleine Randbemerkung zur Besetzung: Walter Gotell, der den Leiter der Terraformer darstellt, ist wohl am besten bekannt durch seine Rolle als General Gogol in den James-Bond-Filmen...

EPISODE 19

Coming of Age

»Prüfungen«

Erstausstrahlung: 12.3.1988
Drehbuch: Sandy Fries
Regie: Michael Vejar

16. KAPITEL

Gaststars:

Ward Costello (Gregory Quinn)
Robert Schenkkan (Dexter Remmick)
John Putch (Mordok)
Robert Ito (Tech Offizier Chang)
Stephen Gregory (Jake Curland)
Tasia Valenza (T'Shalik)
Estee Chandler (Ohana Mirren)
Brendan McKane und Wyatt Knight (Techniker)
Damel Riordan (Rondon)

Wesley Crusher bewirbt sich bei der Starfleet-Akademie. Dafür muß er eine ganze Reihe schriftlicher und psychologischer Test über sich ergehen lassen. Währenddessen wird Picard die Leitung der Akademie angeboten. Gleichzeitig befragen Admiral Quinn und sein Assistent, Lt. Commander Remmick, verschiedene Crewmitglieder in der Hoffnung herauszufinden, ob der Captain Teil einer Verschwörung ist, die Quinn meint, in der Föderation bemerkt zu haben.

»Am Ende haben wir absichtlich offen gelassen, ob es sich um eine interne Verschwörung gehandelt hat, oder ob der Anstoß von außen kam«, sagt die ehemalige Drehbuchredakteurin Hannah Louise Shearer, die auch selbst eine Fassung des Drehbuches schrieb. »Sie hatten schon eine Invasionsgeschichte im Kopf.«

»Es gab drei Handlungsstränge, und alle fügten sich wunderbar zusammen«, meint Maurice Hurley. »Mir gefiel diese Folge prächtig. Sie funktionierte sehr gut. Wesley war gut, der Knabe, der das Raumschiff geklaut hat, war gut, das ganze Testprogramm, wie es funktionierte, warum er versagte, wieso er nicht angenommen wurde – das war die Lehre der ganzen Sache. Das ist die Art von Lehre, die man vermitteln will, wenn man eine solche Folge dreht. Nicht, daß jede Folge eine Lehre vermitteln soll, aber es gab ein paar gute Lehren in dieser Folge, etwa über das Gewinnen und Verlieren. Was ist das, verlieren, gewinnen? Was ist wichtig, und was nicht?«

EPISODE 20

Heart of Glory

»Worfs Brüder«

Erstausstrahlung: ____ **19.3.1988**
Drehbuch: ____ **Maurice Hurley**
Story: ____ **Michael Michaelian**
Regie: ____ **Robert Bowman**

Gaststars:

Vaughn Armstrong (Koras)
Charles J. Hyman (Konmil)
David Froman (Captain K'Nera)
Robert Bauer (Kunivas)
Brad Zerbst (Krankenschwester)
Dennis Madalone (Ramos)

Drei Klingonen werden von einem zerstörten Frachter gerettet, der in der romulanischen Neutralen Zone treibt. Einer der drei stirbt an den Folgen seiner Verletzungen, die beiden anderen, so stellt sich heraus, sind auf der Flucht vor dem klingonischen Imperium. Sie versuchen, Worf davon zu überzeugen, daß er sich von den Menschen lossagen soll. Die Klingonen würden dann die Enterprise übernehmen. Es gibt zugegebenermaßen einige Momente der Unsicherheit, was Worf schließlich tun wird.

»Ich sehe ›Heart of Glory‹ als Grundlagen-Folge an«, erläutert Worf-Darsteller Michael Dorn, »denn sie versorgt die Zuschauer mit sämtlichen Informationen über die Klingonen, die sie brauchen: Was geschah mit ihnen? Wo kommen sie her? Warum ist Worf an Bord der Enterprise? Und Ähnliches. Die Folge war sehr gut, obwohl ich das Gefühl hatte, wir hätten noch ein bißchen weiter gehen können. Ich wollte zum Schluß eine richtige Weltraumschlacht. Aber die Folge hat mir gut getan, denn sie zeigte den Verantwortlichen, daß die Zuschauer an Worf genauso interessiert sind, wie an anderen Figuren.«

Maurice Hurley, der die Folge geschrieben haben soll, sagt: »Das war die Folge, die meinen eigenen Grundüberzeugungen und Positionen am nächsten kam. Ich brachte meine Philosophie aufs Papier, und es funktionierte. Rick Berman und ich kamen

Auf diesem Pressefoto sieht Michael Dorn (Worf) sehr unklingonisch aus.

richtig in Form bei dieser Folge, und wir zogen am selben Strang. Wenn ich ein Problem hatte, konnte ich zu ihm gehen, und wir setzten uns zusammen, machten die Tür zu und brüllten uns an. Ich rannte auf und ab, und er machte Vorschläge. Wir beide haben in diesem Raum Stories ans Laufen gebracht, die ein paar Tage später schon fertig gedreht sein sollten. Wir standen unter enormem Zeitdruck, und wir arbeiteten als Partner. Es war eine wunderbare Zeit, besonders bei dieser Folge.«

Bowman seufzt: »Das war gegen Ende meiner Staffel, und ich war sehr, sehr müde. Ich war in einem Zustand geistiger Erschöpfung, wie ich es noch nie erlebt hatte. Das Drehbuch kam sehr spät. Maurice hatte es in zwei Tagen geschrieben. Ich las es, und meinte, ›Verdammt noch mal, das kann richtig gut werden, wenn ich ein paar Kleinigkeiten anders machen darf. Diese Folge war, glaube ich, eine meiner leichtesten, da alles so glatt lief. Als ich das Skript einmal in Händen hielt, kamen mir die Ideen für die Umsetzung sehr schnell. Der letzte Kampf im Maschinenraum sollte eigentlich auf dem Hauptdeck stattfinden. Worf schießt auf den Klingonen, und der fällt. Aber niemand hatte bis-

16. KAPITEL

her in diesem Raum vertikal geschossen, also probierten wir etwas mit der Kamera aus, das wir vorher noch nicht gemacht hatten. Einiges davon funktionierte sehr gut. Es war einfach eine Folge, wo alles wie am Schnürchen lief.«

EPISODE 21

The Arsenal of Freedom

»Die Waffenhändler«

Erstausstrahlung: 9.4.1988
Drehbuch: Richard Manning und Hans Beimler
Story: Maurice Hurley und Robert Lewin
Regie: Les Landau

Gaststars:

Vincent Schiavelli (Händler)
Marco Rodriguez (Paul Rice)
Vyto Ruginis (Logan)
Julia Nickson, (Lee Ann Su)
Georges de la Pena (Solis)

Als die U.S.S. Drake im Orbit von Minos plötzlich verschwindet, erhält die Enterprise den Befehl, die Sache zu untersuchen. Ein Landungstrupp, ähnlich dem Original-Star-Trek (Picard, Riker, Data, Dr. Crusher, alle dabei), beamt auf den Planeten, und ist sofort in Schwierigkeiten. Die Mitglieder werden von verschiedenen Verteidigungswaffen beschossen, von denen sie als Eindringlinge angesehen werden. Auf der Flucht stürzen Picard und Dr. Crusher in einen Graben, wobei Crusher sich ernsthaft verletzt. Währenddessen schlägt sich Geordi, der das Kommando über die Enterprise hat, im Orbit ebenfalls mit ähnlichen Angriffen herum. Eine Lösung muß gefunden werden, bevor Schiff und Crew zerstört sind.

»In der ursprünglichen Fassung ist es Picard, der stürzt und sich dabei verletzt«, erinnert sich Regisseur Les Landau. »Nachdem ich die Vorlage gelesen hatte, schlug ich vor, daß vielleicht die Ärztin diejenige sein sollte, die sich verletzt, und daß Picard, nicht in seinem Element, ihr helfen muß.

Gates McFadden (Dr. Beverly Crusher) erzählt, was hinter den Kulissen für Gerüchte brodeln.
(Photo © Karen Witkowski)

Diesen Vorschlag haben sie aufgegriffen.«

»Es fing alles ganz anders an«, berichtet der Autor und ehemalige Produzent von The Next Generation, Robert Lewin. »Eigentlich sollte es eine Liebesgeschichte werden, bei der Picard im Sterben liegt, und Beverly [Crusher] ihm gesteht, was sie wirklich für ihn empfindet. Ich habe versucht, das sehr sensibel und anrührend zu handhaben, aber es wurde dann doch alles geändert, wegen Gene – er wollte keine Liebesgeschichte.«

Maurice Hurley bemerkt: »Man sieht sich die Folge an, weiß, daß sie in einer Woche gedreht worden ist, und es ist fast nicht zu glauben. Wenn wir noch ein paar Tage mehr gehabt hätten, wäre sie noch besser geworden. Es war der Versuch, ein heutiges Problem aus zukünftiger Sichtweise zu behandeln. Wir sind heute in gewisser Weise die Waffenhändler der Welt. Wir bauen unsere F-14 Kampfflugzeuge, dann gehen wir an den Persischen Golf, und da müssen wir die eigenen Maschinen sehr genau auf dem Radar verfolgen, damit sie nicht mit unseren eigenen Raketen auf unsere eigenen Schiffe schießen. Das riecht nach Wahnsinn, und wenn man das bis zum Ende durchdenkt... dann klingt das so: ›Leute, wir haben die Lösung, wir haben hier die endgültige Waffe, läßt alle Gebäude intakt, bringt nur die Menschen um.‹ ›Woher wissen Sie, das sie auch funktioniert?‹ ›Kommt 'rüber, wir zeigen Euch eine kleine Demonstration‹. Gute Nacht, mach' das Licht aus. Das war's.«

Eine Information zur Besetzung: Julia Nickson, die ein Mitglied der Brückencrew unter Geordis Kommando spielt, gab auch Sylvester Stallones Freundin in ›Rambo 2‹.

EPISODE 22

Symbiosis

»Die Seuche«

Erstausstrahlung: 16.4.1988
Drehbuch: Robert Lewin, Richard Manning und Hans Beimler
Story: Bob Lewin
Regie: Win Phelps

Gaststars:

Judson Scott (Sobi)
Merritt Butrick (Captain Tejon)
Richard Lineback (Romas)
Kimberly Farr (Langor)

Die Enterprise trifft auf ein manövrierunfähiges omaranisches Schiff. Sie beschließt, Hilfe zu leisten, entdeckt allerdings dann, daß es sich bei den angeblichen Medikamenten gegen eine Seuche, die in Kanistern von diesem Schiff transportiert werden, um hochgradig abhängig machende Drogen handelt. Die Omaraner versorgen damit seit mehr als zweihundert Jahren die benachbarten Braccianer. Picard findet sich plötzlich in einem Kampf zwischen Drogenhändler und Konsument wieder, und er ist im Zwiespalt: Soll er den Handel unterbinden, oder soll er sich an die »Prime Directive« halten, die eine Nicht-Einmischung vorsieht? Er findet eine Lösung, die beides miteinander verbindet, indem er dem defekten Schiff die notwendigen Reparatur-

16. Kapitel

gerätschaften verweigert. Auf diese Weise wird die Droge nicht geliefert, und die Bewohner von Bracca können erkennen, daß sie die Möglichkeit haben, ihre Abhängigkeit zu überwinden.

»Es wurde ein aufgeflogener Drogenhandel, fast wie bei ›Miami Vice‹«, meint Maurice Hurley, der auch schon bei der einst so beliebten Polizei-Serie mit dabei war. »Wir kamen bei einem gerade ablaufenden Geschäft dazu, und was nun? Es gab einige nette typische Star-Trek-Probleme zu lösen.«

Eines der Probleme, so dachte zumindest eine Menge Leute, hätte man lösen können, indem man Tasha Yar Wesley Crusher nicht diese ›Sag-einfach-Nein-Predigt‹ hätte halten lassen.

»Es war Hurley, der das reingedrückt hat«, gesteht der Autor. »Ich bin daran schuld. Ich fügte das hinzu, trotz aller Einwände. Auf dem Set brüllten alle, die Schauspieler schrien und würgten, sie kreischten, ›Das können wir nicht machen‹. Ich sagte, ›Doch, vor dem Bildschirm sitzen Kids. Wenn wir eine Folge mit einer Botschaft machen, dann laßt sie uns auch deutlich machen‹. Wenn das einige Erwachsenen nervt, aber dafür wenigstens ein paar Kids zum Nachdenken bringt, dann, weiß Gott, werden wir es machen. Die Prügel dafür kassiere ich freiwillig, aber ich würde es aus denselben Gründen wahrscheinlich genauso immer wieder machen.«

Episode 23

Skin of Evil

»Die schwarze Seele«

Erstausstrahlung: ____________ **29.4.1988**
Drehbuch: ___________ **Joseph Stefano und**
___________ **Hannah Louise Shearer**
Regie: ______________ **Joseph Scanlon**

Gaststars:

Mart McChesney (Armus)
Ron Gans (Voice of Armus)
Walker Boone (Leland T. Lynch)
Brad Zerbst (Krankenschwester)
Raymond Forchion (Ben Prieto)

Ein Shuttle mit Deanna Troi an Bord hat eine Bruchlandung auf einem bisher unerforschten Planeten. Nachdem ein Landungstrupp heruntergebeamt hat, um herauszufinden, was mit ihr geschehen ist, treffen sie auf etwas, das man nur als Ölflecken beschreiben kann – es handelt sich jedoch um ein Wesen mit Bewußtsein. Dieses Wesen, das sich aus der ›Ölpfütze‹ in eine knapp zwei Meter hohe Figur verwandeln kann, ist das herausdestillierte und personifizierte Böse der einstigen Bevölkerung des Planeten. Von dieser zurückgelassen, hat die Kreatur eine Ewigkeit alleine verbracht, und genießt es jetzt, jeden, der es berührt, zu quälen. Aus diesem Grund tötet es Tasha Yar, einfach nur, weil es Lust dazu hatte. Jetzt muß die Mannschaft überlegen, wie sie Troi retten kann, ohne in tödlichen Kontakt mit diesem Wesen zu kommen.

Autor Joseph Stefano, der schon bei »The Outer Limit« und »Psycho« dabei war, sagt über »Skin of Evil«: »Ich glaube, das habe ich noch nie einem Journalisten gesagt, aber: kein Kommentar.«

»Endlose Probleme«, stöhnt Maurice Hurley. »Manches hat funktioniert, manches nicht. Ich denke, die Beerdigungsszene war gut. Wir hatten nur nicht die Möglichkeiten, diese Folge so zu machen, wie sie hätte sein können. Das größte Problem war dieses Schleimwesen. Wenn das besser gewesen wäre, wenn wir das richtig gemacht hätten, das hätte sechs Wochen gedauert. Es sah nach dem aus, was es war. Das war zu ambitioniert. Wenn wir versuchen, solches Horrorzeug zu machen, fällt alles auseinander, und wir landen auf dem Hintern. In der zur Verfügung stehenden Zeit ist das einfach nicht zu schaffen. Man kann kein ›Alien‹ bei Star Trek machen.«

»Mir gefiel die Idee«, sagt Robert Lewin über Tashas frühen und unspektakulären Tod. »Es war nicht meine Idee, sie kam eigentlich von außen. Sie stammte von jemandem, der nicht bei der Truppe war, und er schlug vor, keine große Leidensszene daraus zu machen. Die Einstellung war: Im Weltall ist es gefährlich, so etwas passiert halt, laßt uns deswegen nicht sentimental werden, es gibt viel zu tun. Auch wenn das Ende doch ein wenig sentimental war. Ich persönlich hätte

Marina Sirtis unterhält die Trekkies.
(Photo © Karen Witkowski)

es anders gemacht, aber als es vorgeschlagen wurde, sah ich, daß es gut war, eine saubere Lösung.«

Hannah Louise Shearer, die die Original-Vorlage von Joseph Stefano überarbeitet hat, erklärt: »Gene wollte eine Folge, die sich mit plötzlichem Tod auseinandersetzt. Die andere Sache war diese Figur das reinen Bösen von Stefano. Ich muß gestehen, mir wurde schlecht bei der Überarbeitung, denn es war sehr schwer, mit dem reinen Bösen umzugehen. Gene und ich waren darin übereingekommen, daß die Crew der Enterprise kein Recht hat, Urteile über anderes Leben abzugeben, oder dieses gar für das, was es tut, zu töten. Die Aufgabe war, die Figur von Armus glaubhaft böse zu machen, und gleichzeitig eine Erklärung zu liefern, warum er so ist. Er sollte nicht getötet werden, denn wir können kein Lebewesen töten, bloß weil wir es nicht verstehen, sondern er sollte zu einer Art ›Karma‹ verurteilt werden. Ich sage ›Karma‹, Gene hat das nicht gesagt. Ich weiß nicht, wessen Idee das Hologramm am Schluß war, aber ich habe es geschrieben. Das Schreiben war in diesem Fall eine Katharsis, und auch eine wunderbare Gelegenheit, die Figuren zu erklären. Das Wichtigste war, die Gefühle da

16. KAPITEL

Die ehemalige »Mama« Michelle Philips ist Picards erste Liebe in der TNG-Folge »We'll Always Have Paris«.

raus zu halten. Man hat als Autor selten die Möglichkeit, eine Hauptfigur einer Serie sterben zu lassen, und ich genoß es. Was mich am meisten interessierte, war, wie die Zurückgebliebenen mit Tashas Tod umgehen.«

Jonathan Frakes führt »Skin of Evil« als eine seiner Lieblingsfolgen an. »Ich finde, wir haben damals mehr riskiert, als heute. Die Folgen mögen jetzt besser sein, aber ›Skin of Evil‹ war absurd. Da saß Patrick und redete mit einem Ölfleck – aber was war daran schlecht? Da war eine Zeit in der ersten Staffel, wo wir Risiken eingingen; manche gingen schief, manche waren großartig. Wie auch ›Naked Now‹, die Folge, in der wir alle betrunken und rattig wurden. Das war auch riskant. Auch die frühen Sachen mit Brent als Sherlock Holmes. Und die erste Klingonen-Folge, Bowmans Arbeit, die waren Klasse.« Regisseur Joseph Scanlan erläutert: »Wenn Sie ein Skript lesen, dann hat das so eine wunderbare abstrakte Ebene, und Sie vergessen all die Probleme bei der technischen Umsetzung dieser seltsamen Wesen. Dieses hier war phantastisch ironisch, sein Text war ausgesprochen faszinierend, und hatte seinen Höhepunkt im Dialog mit Picard. Ich war absolut begeistert, diese Folge zu drehen.

Als ich mit den Produzenten sprach, meinte ich, ›Wenn wir dieses Monster nicht glaubwürdig darstellen, steht uns das Wasser am Hals, denn wir haben hier einen guten Entwurf, aber es ist eine sympathische Figur.‹ Es war wichtig, daß dieses Wesen dem Publikum nicht leid tut, wenn es aus ist. Aber ich vermute, wenn wir eine Umfrage machen würden, 50% der Leute würden großes Verständnis für es aufbringen, nach dem Motto: der arme Kerl in dieser Pfütze. Ich vermute, die Produzenten wollten ihn eigentlich so böse, daß die Leute sagen würden, ›Laßt ihn da, scheiß‹ drauf,‹, aber so ist es natürlich nie gewesen. Es gab keine Möglichkeit, eine gewisse Sympathie zu vermeiden. Er tötete Tasha, er tötete beinah Riker, und die Leute sagten, ›Schau mal, was seine Leute ihm angetan haben.‹ Wie konnte er einem nicht leid tun?«

Obwohl dieser Aspekt den Regisseur praktisch während der gesamten Dreharbeiten beschäftigte, war die eigentliche Herstellung dieses Wesens noch viel problematischer.

»Die Abteilung für Spezialeffekte«, fährt Scanlan fort, »ging hin, und baute aus Kunststoff ein fünfundzwanzig Zentimeter hohes Modell der Figur, stellte es auf eine Heizplatte, und filmte wie es schmolz. Dann wurde die Aufzeichnung rückwärts laufen gelassen, so daß die Figur alles Schwarz aufsog, bis nichts mehr am Boden war. Die Kehrseite war, daß wir jedesmal, wenn wir die Figur auftreten lassen wollten, wir diese fünfundzwanzig Zentimeter Figur drehen mußten, egal in welchem Set. Das war sehr dumm, und auch mit den Schauspielern schwer zu verbinden. Ich vereinfache das hier, denn ich bin noch nie in meinem Leben auf so vielen Treffen wegen der Special Effects gewesen. Hat er einen Kopf? Gibt es einen deutlich erkennbaren Nacken? Tropft er, und ist er klebrig, als ob das Öl immer in Bewegung ist? Es gibt Millionen von Möglichkeiten.

Egal, wir entschlossen uns schließlich dazu, auf dem Studioboden eine drei Meter tiefe Grube zu bauen, drei Meter tief, und knapp zwei Meter lang, fast wie ein Grab. An der einen Seite reichte sie bis zum Boden, auf der anderen Seite war eine hydraulische Plattform, die ungefähr bis zur Hälfte hinab konnte, so daß der Stuntman zunächst aufrecht auf der Planetenoberfläche stehen konnte, dann bis zur Hälfte hinabgelassen wurde, und der Rest war dann seinem eigenen Einfallsreichtum überlassen – er konnte sich hocken, oder einen Schritt weiter in den Abgrund machen.«

Trotz all dieser Vorbereitung glaubt Scalan nicht, daß die Spezialeffekte erfolgreich waren.

»Wenn wir vier Millionen Dollar zur Verfügung hätten, und ›Alien‹ drehen würden, hätten wir das Potential für eine wirklich intelligente Arbeit gehabt. Aber so etwas in sieben Tagen durchziehen zu müssen, ist hart. Mein erster Schnitt war gerade mal so halbwegs in Ordnung, und es erforderte die Unterstützung der Produzenten, um ihn zu verbessern. Ich wollte für das Monster eigentlich eine Art giftige Roddy McDowall-Boshaftigkeit in der Sprache haben, aber den Produzenten gefiel eher das, was man jetzt kennt, diese kehlige, rauhe Stimme. Letztendlich wurde es eine Karikatur, denke ich, und das bedeutet – so nahe wie die Folge auch dran war, richtig gut zu sein –, es wurde dann doch keine gute daraus.«

EPISODE 24

We'll Always Have Paris

»Begegnung mit der Vergangenheit«

Erstausstrahlung: ____________ **30.4.1988**
Drehbuch: _____ **Deborah Dean Davis und**
______________ **Hanna Louise Shearer**
Regie: ________________ **Robert Becker**

Gaststars:

Michelle Phillips (Jenice Manheim)
Rod Loomis (Dr. Paul Manheim)
Isabel Lorca (Gabrielle)
Dan Kern (Lt. Dean)
Jean-Paul Vignon (Edourd)
Kelly Ashmore (Francine)
Lance Spellerberg
(Chef des Transporterraums)

16. KAPITEL

Captain Picard begegnet seiner früheren Geliebten Jenice Manheim wieder, als die Enterprise die Forschungsstation von Dr. Paul Manheim aufsucht, weil dessen Experimente eine Reihe von Störungen im Zeitgefüge verursacht haben. Wenn diese nicht korrigiert werden, zerfällt die Grundstruktur der Zeit und mit ihr jegliche Realität.

»Der Vorschlag kam von einer sehr guten Freundin von mir, und wir brauchten binnen fünf Tagen ein Drehbuch«, erklärt Hannah Louise Shearer. »Es war eine interessante Erfahrung. Wir wollten etwas, das vollkommen romantisch war, und das die Figur von Picard ausleuchtete, einige Erklärungen dafür gab, warum er so ist, wie er ist. Für mich bleiben Figuren nur Pappfiguren, wenn man im Laufe der Zeit nicht versteht, wer sie sind. Ich sage Ihnen jetzt etwas, das vermutlich Ketzerei ist: So sehr wir uns auch mit den Urtypen der Original Star-Trek-Figuren identifizieren, glaube ich doch nicht, daß wir allzuviel über sie wissen. Man kennt die Archetypen von Kirk und besonders von Spock, und als ich ein Kind war, himmelte ich ihn völlig an – alle Frauen taten das –, aber ich wußte nicht, wer er wirklich war. Ich glaube, dieses Mal haben sich die Figuren wesentlich schneller entwickelt.

Debra [Dean Davis] und ich hatten viel Spaß, als wir diese Folge schrieben, denn wir machten wohl die romantischste Geschichte der Welt«, fügt sie hinzu. »Es wurden dann 75% abgespeckt, und es ist sehr aufschlußreich, denn Frauen sagen, es sei ihre Lieblingsfolge, während viele Männer sie unangenehm finden. Ich glaube, daß traf auch auf die Belegschaft zu. Die Frauen im Büro mochten die Vorstellung, daß Picard sich verliebte, daß die beiden miteinander schliefen, wie es im ursprünglichen Skript vorgesehen war. Die Männer schreckten davor heftig zurück. So lief alles auf einen Kompromiß hinaus, der auf seine eigene Art erfolgreich war. Die romantische Sichtweise war von Debra und mir; Patrick, der die Rolle spielen mußte, gefiel sie nicht. Er hatte eine sehr klare Vorstellung, wie sein Captain sein sollte, und unsere Ideen gingen wohl am Anfang zu weit. Ich glaube immer noch, daß Männer sich mit der Folge unwohler fühlen, aber Männer fühlen sich in romantischen Situationen immer unwohler als Frauen. Ich denke, solchen unterschwelligen Sexismus gibt es bei allen Menschen, er hält sich hartnäckig in dieser Gesellschaft. Debra und ich wollten über einen Gelehrten schreiben, dessen Arbeit nicht anerkannt wurde, und der deshalb auf sich gestellt war. Maury wollte über Unregelmäßigkeiten in der Zeit und Wechsel der Dimensionen schreiben, und diese beiden Elemente haben wir zusammengebracht. Das hat gut funktioniert, aber es war keine leichte Folge, was das Schreiben angeht.«

[Michelle Phillips ist tatsächlich die Michelle Phillips, die früher bei den ›Mamas and Papas‹ war.]

EPISODE 25

Conspiracy

»Die Verschwörung«

Erstausstrahlung: ______ **7.5.1988**
Drehbuch: ______ **Tracy Torme**
Story: ______ **Robert Sabaroff**
Regie: ______ **Cliff Bole**

Gaststars:

Henry Darrow (Admiral Savar)
Ward Costello (Gregory Quinn)
Robert Schenkkan (Dexter Remmick)
Ray Reinhardt (Admiral Aron)
Jonathan Farwell (Walker Keel)
Michael Berryman (Rixx)
Ursaline Bryant (Tryla Scott)

Die in »Coming of Age« angedeutete Verschwörung wird Realität, als Captain Picard auf mysteriöse Weise zu einer Besprechung mit mehreren anderen Starfleet-Kommandanten gebeten wird. Dort wird er über einen Plan unterrichtet, nachdem Starfleet unterwandert und gestürzt werden soll. Die Enterprise macht sich auf zur Erde, wo Picard und Riker Admiral Quinn und Leutnant Commander Remmick wiedertreffen. Sie erfahren, daß Schlüsselpositionen bei Starfleet nach Art der »Invasion of the Body Snatchers« von fremden Wesen besetzt werden, die darauf aus sind, die Galaxie zu beherrschen.

»Die Folge war okay, aber ich mochte diesen Horrormist am Ende nicht«, sagt Maurice Hurley. »Ich bin allerdings auch genauso dran schuld, wie alle anderen, ich habe gesagt, ›Machen wir es, machen wir es bis es kracht‹. Das Problem ist nur, daß Star Trek am Schluß eigentlich eine positive Wirkung haben sollte, man muß sich irgendwie besser fühlen. Und diese Folge war nun wirklich nicht dazu angetan, das zu erreichen. Man fühlte sich keineswegs besser, und man würde sich diese Folge auch nicht mit seinen sechsjährigen Kindern ansehen. Es war eine fiese Folge für mich, nur eine kleine fiese Folge.«

Autor Tracy Torme erklärt dazu: »Die Situation glich der mit ›Haven‹. Auch hier gab es eine Folge, ›The Assassins‹, die ein paarmal umgeschrieben worden war, und immer noch nicht dem nahekam, was man eigentlich suchte. Sie lag einfach nur herum. Ich war einverstanden, sie zu übernehmen, aber nur unter der Bedingung, daß ich das Ganze wirklich auf den Kopf stellen und mehr oder weniger eine neue Story schreiben durfte. Ursprünglich war es eine Art ›Seven Days in May‹-Geschichte, über einen Handstreich innerhalb von Starfleet: Verschiedene Militärs meinten, die Prime Directive würde sie zu sehr beschränken, und die Föderation würde zu weich. Der Friede mit den Klingonen hätte alle bequem gemacht, und wenn dann die Bedrohung kommt, solle man besser gewappnet sein. Die Anführer waren alle Freunde von Picard. Mir gefiel diese Geschichte. Sie hatte überhaupt nichts mit fremden Wesen zu tun, sondern war die Geschichte einer Paranoia. Aber Gene lehnte sie ab. Er mochte sie, wollte aber diese Thematik nicht anrühren. Ich dachte im Stil des 20. Jahrhunderts, nicht des 24. Mir war sofort klar, daß die Story einfach anders werden mußte. Dann ging mir auf, daß es sich um die vorletzte Folge der Staffel handelte, und ich meinte, auch wenn die Show viel besser geworden war, hatte sie immer noch nicht ihre Grenzen getestet. Wir waren zu bequem. Ich schrieb ›Conspiracy‹ in

16. KAPITEL

genau der Absicht, etwas ganz anderes zu versuchen: kein Happy-End, schärfer, mit Horror-Elementen ... ich dachte, wenn es den Zuschauern nicht gefällt, war es einfach nur eine Folge von vielen, und wir konnten in der nächsten Woche wieder da weitermachen, wo wir vorher aufgehört hatten. Ich habe mit Widerstand und negativen Reaktionen gerechnet, aber ich wollte einfach eine andere Folge schreiben. Dank Bob Justman und Rick Berman, die mir den Rücken gestärkt haben, konnte ich 95% der ursprünglichen Schärfe erhalten. Deswegen ist es für mich eine besondere Folge. Ich bin stolz darauf, daß Star Trek das Risiko eingegangen ist. Diejenigen unausrottbaren Fans, die immer nur ein hübsches, nettes Universum sehen wollen, mögen vielleicht ein bißchen sauer sein, aber das geht in Ordnung.«

Der verantwortliche Produzent Robert Justman meint: »Als ich den ersten Entwurf zu ›Conspiracy‹ gelesen habe, fand ich ihn großartig. Er brachte Sachen, die man uns nie zugetraut hätte. Er ging einige Risiken ein, aber ich war hingerissen von dem, was ich da las, und ich bin sehr froh, daß wir das so umsetzen konnten. Es war eine grauslige Folge, sehr beunruhigend und sehr wirkungsvoll. Es läßt einen in der Luft hängen. So etwas kann sehr gut funktionieren, und in unserem Fall tat es das auch. Wir hätten diese Folge übrigens nicht mit den großen Sendern machen können.«

»Vielleicht war man gerade kräftig dabei, zu experimentieren«, überlegt Regisseur Cliff Bole. »Es war natürlich beim Drehen etwas anderes, aber ich sah das mehr als einen kleinen Test, was beim Publikum noch ankam.«

Tracy Torme benannte übrigens eine der Figuren (Ryan Sipe) nach seinem Lieblings Football-Spieler Brian Sipe von den Cleveland Browns.

EPISODE 26

The Neutral Zone

»Die neutrale Zone«

Erstausstrahlung: 14.5.1988
Drehbuch: Maurice Hurley
Story: Deborah McIntyre und Mona Glee
Regie: James L. Conway

Gaststars:

Marc Alaimo (Commander T'Bok)
Anthony James (Subcommander Thei)
Leon Rippy (L.Q. Sonny Clemons)
Gracie Harrison (Clare Raymond)
Peter Mark Richman (Ralph Offenhouse)

Die Enterprise trifft auf ein Schiff, in dem sich eine Gruppe Menschen im Dauerschlaf befindet, ähnlich wie in »Space Seed« aus der ersten Serie. Allerdings findet man anstelle von genetisch veränderten Supermännern einen Börsenmakler, eine Hausfrau, und einen Country-Sänger aus dem zwanzigsten Jahrhundert, die aber genauso viel Chaos verursachen, wie Ricardo Montalbans Khan. Diese Story dient als Hintergrund für die erste Konfrontation mit den Romulanern seit 50 Jahren – es kommt zur Zerstörung von Außenposten am Rande der Neutralen Zone. Die Romulaner machen am Ende dieser Folge klar: Wir sind wieder da!

»Ein wildes Teil«, lacht Maurice Hurley. »Es war die letzte Folge der Staffel, und wir hatten den angekündigten Autorenstreik im Nacken. Ich glaube, das Drehbuch wurde buchstäblich in eineinhalb Tagen geschrieben. Die Figurenzeichnung war gut, es gab auch ein paar Lichtblicke in der Besetzung, aber im großen und ganzen war diese Folge ziemlich zusammengehauen. Sie war dreigleisig geplant: Der eine Handlungsstrang waren die Romulaner und die zerstörten Außenposten, was später zu einer Art kleinen Allianz führte und damit endete, daß wir den Borg gegenüberstanden. Aber das konnten wir nie ausarbeiten. Wir haben es angedeutet, und es hätte spaßig sein können. Die Borg waren eine gute Idee. Man braucht jedoch Zeit für die Planung, um für sowas die Fundamente zu legen, aber die hatten wir in der zweiten Staffel nicht [wegen des Autorenstreiks]. Das war eine Enttäuschung, denn wir konnten uns mit einigen Stories, die wir ausarbeiten wollten, nicht beschäftigen. ›The Neutral Zone‹ war in Ordnung, aber nichts Großartiges.«

17. KAPITEL

Die zweite Staffel

Es ist Ironie, wenn das Autorenhandbuch von Star Trek als »Die Bibel« bezeichnet wird, denn darin findet sich Roddenberrys ständiges »Ihr sollt nicht«, und wer immer seine Gebote übertrat, der wurde gnadenlos gefeuert oder ist freiwillig gegangen.

»Ich denke, geblieben sind die Leute, die sich mit dem Konzept der Serie wohlfühlen«, meint Rick Berman. »In der ersten Staffel gab es eine Gruppe Autoren, zwischen denen und Gene es zu Reibereien kam, aber es ging nicht um Persönliches. Es ging darum, wie die Show geschrieben werden sollte. Natürlich waren auch einige private Konflikte dabei, aber nicht mehr als bei den meisten anderen Fernsehserien. Das wurde für meinen Geschmack alles zu sehr aufgeblasen.«

Nachdem Roddenberrys Einfluß bei der Serie durch verschiedene Probleme mit der Autorenvereinigung stark beschnitten wurde, und nachdem Produzent Robert Justman kurz vor Ende der ersten Staffel aus gesundheitlichen Gründen ausschied, wurde Rick Berman der neue ›große Vogel‹ von Raumschiff Enterprise. Die Lücke im Drehbuchbereich wurde von Maurice Hurley geschlossen, der schon bei »Miami Vice« und »The Equalizer« dabei gewesen war. Roddenberry hatte ihn zu Beginn der ersten Staffel engagiert. Trotz einer verpfuschten Überarbeitung von »Where No One Has Gone Before« durfte Hurley bleiben. Er kletterte schnell auf der Karriereleiter und füllte bald das Machtvakuum bei Roddenberrys Abwesenheit.

»Polizei-Serien, Gerichts-Serien und ähnliches, da bin ich zu Hause«, sagt Hurley. »Ich bin wegen der Herausforderung zu Star Trek gekommen. Es war etwas, das ich noch nie vorher gemacht hatte.«

Zur zweiten Staffel war Hurley dann zum »Oberschreiber« geworden, nachdem er während der ersten Staffel wild an den Überarbeitungen der Drehbücher gesessen hatte, damit den Dreharbeiten nicht das Material ausging. Die Situation war noch durch den drohenden Autorenstreik verschärft worden – Hurley mußte das Skript für die Schlußfolge der ersten Staffel in wenigen Tagen schreiben. Als die zweite Staffel soweit war, daß man vor die Kamera gehen konnte, war es schon spät im Jahr, und wegen des verlängerten Streiks war man gezwungen gewesen, einen alten Entwurf für die in den 70er Jahren geplante Wiederbelebung von Star Trek aus der Schublade zu holen, »The Child«. Man vertauschte Ilia und Troi, paßte das Ganze an The Next Generation an, und startete in die ersten Folgen.

»Als Autor kann man das Ensemble dieser Serie nicht als mehrere Figuren ansehen«, sagt Hurley. »Das Schiff ist eine Figur, und die Crew ist eine Figur. Es ist eine ungewohnte Art, die Dinge zu sehen, die mit einer anderen im verbalen Clinch liegt über das, was sie tut oder sieht. Und so muß man auch schreiben, denn sonst verliert man die Einheit der Gruppe, was problematisch wäre. Die Serie ist von Autoren wegen ihres Mangels an zwischenmenschlichen Konflikten kritisiert worden. Riker will nicht Captain werden, Geordi haßt Data nicht, weil der diesen überlegenen Intellekt hat, usw. Diese Streitereien und Belanglosigkeiten gibt es nicht. Wenn jemand sagt, ›Das kann ich besser‹, hat er wahrscheinlich recht, aber dann ist es kein Star Trek mehr. Wenn jemand Star Trek machen will, sind das die Regeln, an die er sich zu halten hat.«

Während der ersten Staffel wurde der Text teilweise auf der Bühne noch umgeschrieben oder nachvertont, um Ordnung in konfuse Handlung zu bringen.

Obwohl das im zweiten Jahr nicht ganz so schlimm war, glaubt Hurley, daß das Ende der ersten Staffel seine beste Zeit bei der Serie war. Dann kam der Autorenstreik, so Hurley, und ruinierte für ihn die zweite Staffel.

»Die zweite Hälfte der ersten Staffel war großartig«, sagt er. »Wenn wir so hätten weitermachen können, wäre ich wahrscheinlich jetzt noch dabei. Es ging einfach ab. Natürlich gab es Probleme, Leute keiften und schrien, aber das war egal. Wir zogen alle am selben Strick, wir hatten alle dasselbe Ziel, jeder riß sich den Arsch auf, und es hat unheimlich Spaß gemacht. So in die zweite Staffel zu gehen, das wäre unbeschreiblich geworden.«

»Wir hatten eine Menge Sachen, die wir machen wollten«, sagt er über die zweite Staffel. »Ich möchte gerne eine Figur vom Anfang einer Staffel zum Ende hin eine Entwicklung durchmachen lassen, aber ein Problem bei Star Trek ist, daß sich die Figuren nie verändern. Wenn Sie sich die Original-Serie ansehen, da erleben die Figuren alle diese unglaublichen Abenteuer, und am Ende sind sie noch genau dieselben wie vorher. So ist das Leben nicht. Ich wollte einen Bogen von der ersten bis zur letzten Folge spannen, aber wir hatten keine Zeit, dafür die Voraussetzungen zu schaffen. Das war enttäuschend.«

Allerdings befremdete Hurleys Methode der starken Hand eine ganze Anzahl von Autoren, darunter auch Hannah Louise Shearer, die am Ende der ersten Staffel ging, und Tracy Torme, ein junger Autor, der durch Drehbücher wie »Haven«, »The Big Goodbye« und »Conspiracy« Ansehen bei den Kritikern gewonnen hatte. Nur mit der Unterstützung von Berman, Justman und Roddenberry selbst war es Torme möglich gewesen, das Skript für »Conspiracy« gegen den deutlichen Widerstand Hurleys produziert zu bekommen. Hurley hatte sich gegen die Darstellung von drastischer Gewalt und gegen das offene Ende dieser Geschichte gewandt – Parasiten dringen in die Körper von Führungspersönlichkeiten der Föderation ein, und die Enterprise kommt zurück zur Erde, um die Bedrohung zu bekämpfen. Ein anderer Produzent, der die Serie ver-

17. KAPITEL

Diese Ausgabe des offiziellen Star Trek Club Magazins befaßt sich mit der zweiten Staffel und zeigt die Crew einschließlich Diana Muldaur als Dr. Pulaski auf dem Titelblatt.

lassen hat, sagt über Hurley: »Er wollte keine neuen Ideen, und wir haben unsere unbedeutenden Aufgaben brav ausgeführt.«

Hurley hatte auch eine Menge Fürsprecher, eine davon die Drehbuchredakteurin Melinda Snodgrass. »Ich habe viel von ihm gelernt«, meint sie. »Er war großartig, denn er ließ mich immer meine eigenen Änderungen schreiben. Wenn ihm eine Szene nicht gefiel, erklärte er mir, warum, und wir sprachen das durch. Aber ich konnte mich immer selber damit auseinandersetzen. Das war schmerzhaft, aber ich habe wirklich eine Menge übers Drehbuchschreiben gelernt.«

Whoopi Goldberg tauchte als regelmäßiger Gast auf. Sie übernahm auf dem Schiff die interstellare Bar »Ten Forward«, die nur wenige Kulissen neben Paramounts »Cheers«-Set entstanden war. Währenddessen war Gates McFadden ohne viel Federlesens gefeuert und durch Diana Muldaur als Dr. Katherine Pulaski ersetzt worden.

Trotz der Ankündigung, die Folge »The Big Goodbye«, ein Holodeck-»film noir« von Torme aus der ersten Staffel, würde mit einem »Peabody Award for Excellence in Television« ausgezeichnet werden, war die zweite Staffel voller Durcheinander. Kurz nach der Ausstrahlung von »Elementary Dear Data«, einer anderen Holodeck-Geschichte, in der Data in die Rolle von Sherlock Holmes schlüpft, meldeten sich die Nachlaßverwalter von Sir Arthur Conan Doyle. Sie warnten, daß sie für den Fall, Holmes würde nochmal verwendet werden, vor Gericht gehen würden. Die ersten Folgen wurden allgemein schlecht aufgenommen, und das Engagement des Komikers Joe Piscopo als »stand-up comedian« wurde von den Fans in der Luft zerrissen. Die Ferengi waren verschwunden – am Ende der ersten Staffel waren sie durch die Standard-Bösewichte aus der klassischen Serie, die Romulaner, ersetzt worden. Es war bedenklich, daß die Serie, immer wenn sie ins Straucheln kam, auf das Original wie auf eine Krücke zurückgriff. Da man offensichtlich unfähig war, eigene Bösewichte zu schaffen, wurden die Romulaner zu der wichtigsten Konfliktursache für die Föderation. Und das, obwohl Roddenberry geschworen hatte, diese alten Gegner würden nicht Teil seiner neuen Serie sein. Genauso wurde das groß angekündigte Ensemble in der zweiten Staffel zum Dreigestirn, das ziemlich deutlich an die erste Staffel erinnerte. Picard, Riker und Data teilten sich das Rampenlicht als Dreierbande, die die Folgen während des zweiten Jahres dominieren würde, während Figuren wie Worf, LaForge, Troi, Wesley und die neu hinzugekommene Muldaur nur unterstützende Funktion hatten.

Muldaur bekam ebenfalls ihr Fett weg: Die Fans lehnten die ätzende Ärztin ab, weil sie ständig am unschuldigen und naiven Data herumnörgelte. Das erinnerte stark an die Art, wie McCoy in der ersten Serie mit Spock umsprang, mit dem einen Unterschied, daß Spock sich selbst prima wehren konnte. Bei Data jedoch war es, als ob ein Kind von seinen Adoptiveltern mißbraucht wird. Unter Hurleys Herrschaft nahm die Serie einen düsteren Ton an. Obwohl er sich, was die zwischenmenschlichen Beziehungen angeht, an die Beschränkungen in Roddenberrys Universum hält, macht er doch sehr schnell deutlich, daß der Weltraum nicht unbedingt immer ein angenehmer Aufenthaltsort ist: In der zweiten Folge der Staffel, »Where Silence Has Lease«, wird die Enterprise von einem neugierigen, fremden Wesen in eine Art Tierpräparationslabor verwandelt, als es sich den erstbesten Sicherheitsmann auf der Brücke nimmt und ihn brutal tötet. Wenn Roddenberrys Standardausstattung dickköpfige, gottähnliche Wesen waren, so war Hurleys ein wenig bösartiger. In »Loud As A Whisper« werden drei Botschafter getötet; in »Matter of Honor« findet sich Riker sehr unwillkommen, als er im Rahmen eines Austauschprogramms auf einem Klingonenschiff landet; »Contagion« zeigt die Gefahren der Technik, als ein Computervirus zur Zerstörung eines ganzen Raumschiffes führt; in »Time Squared« wäre die Enterprise dem sicheren Ende entgegengeflogen, wenn nicht Picard aus der Zukunft das Schiff vor der Gefahr gewarnt hätte; und, das Wichtigste, Hurley erdachte für die düstere und bedrohliche Folge »Q Who« die Borgs, jene allmächtige kybernetische Rasse von Superfeinden, die unverwundbar scheinen.

Zu der Serie stieß Melinda Snodgrass, eine beliebte Autorin, deren »Tears of the Singer« ein Bestseller unter den Trek-Romanen war, und deren »The Measure of the Man«, auf gut Glück an Hurley verkauft, eine der herausragenden Folgen der zweiten Staffel wurde. Dafür verabschiedete sich allerdings auch Tracy Torme, dessen Drehbücher »The Royale« und »Manhunt« ihm zufolge von Hurley derart verstümmelt worden sind, daß er für beide Arbeiten ein Pseudonym benutzte. Torme, der während des zweiten Jahres als Kreativer Berater gearbeitet hatte, und den man schon umworben hatte, die Leitung der Serie zu übernehmen, war nicht mehr bereit, irgendwelche unwichtigen Aufträge auszuführen. Er wollte auch nicht länger die ständigen Streitereien bei den Überarbeitungen ertragen müssen, die Hurleys Amtszeit gekennzeichnet hatten. Das hatte auch Produzenten wie John Mason, Mike Grey, Burton Armus, Leonard Mlodinov und Scott Rubinstein zu vorzeitiger Flucht, manchmal schon nach einer einzigen Folge, veranlaßt.

»Uns fehlte die nötige Zeit«, klagt Rick Berman über die durch den Auto-

17. KAPITEL

renstreik gestutzte zweite Staffel. »Die Qualität der ersten Folgen litt, da wir nicht die Möglichkeit hatten, die frühen Entwürfe vernünftig zu überarbeiten.«

»Ich fand generell, daß die zweite Staffel dicke Probleme mit den Drehbüchern hatte«, meint Dennis Russell Bailey, Autor der dritten Staffel. »Es gab einige sehr gute Folgen, zum Beispiel ›Measure of the Man‹ von Melinda Snodgrass, vielleicht die beste Folge der ganzen Serie überhaupt, aber ich glaube, sie hatten ganz allgemein mit den Drehbüchern ein Problem, aber sie rannten herum und schoben es auf den Autorenstreik, was völliger Quatsch war. Jede Serie hatte in diesem Jahr unter dem Autorenstreik zu leiden, und es war für niemanden leicht, aber sie erholten sich wieder.«

Trotzdem – in der Mitte der zweiten Staffel kam The Next Generation langsam in Fahrt. »Wir haben eine Richtung gefunden«, sagt Melinda Snodgrass. »Als ich dazukam, schien plötzlich eine Atmosphäre zu entstehen, in der Diskussionen unter den Autoren darüber möglich wurden, wo es denn lang gehen sollte mit der Serie. Meiner Ansicht nach, war das neu. Wir schienen etwas mehr auf der selben Wellenlänge zu liegen.«

Die zweite Staffel endete mit einer zusammengeschnittenen Sparfolge, »Shades of Grey«, was nicht gerade ein gutes Vorzeichen für das kommende Jahr war. Hurley, der der ganzen Reibereien müde geworden war, kündigte an, daß auch er durch dieselbe Drehtür verschwinden würde, die Gene Roddenberry und er angeblich installiert hatten. Am Ende der zwiten Staffel war The Next Generation erneut ohne Leitung.

»Zwei Jahre im Weltraum waren lange genug für mich«, sagte er und ging zurück zu Universal, und später zu Warner Bros., wo er das neue »Kung Fu« produzierte. »Ich machte gute, schlechte und mittelmäßige Sachen, aber Star Trek war keine Serie, die ich weitermachen konnte. Ich komme einfach woanders her.«

Episodenführer zur zweiten Staffel

»The Child«

»Where Silence Has Lease«

»Elementary, Dear Data«

»The Outrageous Okona«

»Loud as a Whisper«

»Unnatural Selection«

»A Matter of Honor«

»The Measure of a Man«

»The Schizoid Man«

»The Dauphin«

»Contagion«

»The Royale«

»Time Squared«

»The Icarus Factor«

»Pen Pals«

»Q Who«

»Samaritan Snare«

»Up the Long Ladder«

»Manhunt«

»The Emissary«

»Peak Performance«

»Shades of Grey«

18. KAPITEL

EPISODE 27

The Child

»Das Kind«

Erstausstrahlung: 19.11.1988
Drehbuch: Jaron Summers, Jon Povill, Maurice Hurley

Gaststars:

Seymour Cassel (Lt. Commander Hester Dealt)
R.J. William (Ian)
Colm Meany (Chef des Transporterraums)
Dawn Armenian (Miss Gladstone)
Zachary Benjamin (der junge Ian)
Dore Keller (Mitglied der Crew)

Deanna Troi wird von einem fremden Wesen geschwängert und gebärt binnen Tagen ein Kind. Das Kind scheint zunächst vollkommen normal zu sein, aber dann wird es rasend schnell älter und hat bald den Entwicklungsstand eines Zehnjährigen erreicht. Der Junge untersucht alles in seiner Umgebung und verändert dabei unabsichtlich auch das Wachstum eines tödlichen Organismus, der in einem Kanister lagert, und jetzt das Schiff bedroht. Um die Menschen nicht weiterhin zu gefährden, beschließt das Kind, zu den anderen Wesen seiner Art zu gehen, und stirbt.

Da der Autorenstreik die Produktion der zweiten Staffel verzögert hatte, kramte Paramount ein Drehbuch hervor, das Jon Povill und Jaron Summers für das abgesagte Revival der Klassik-Serie in den 70er Jahren geschrieben hatten. Im Rahmen einer hektischen Überarbeitung wurde Ilia zu Troi, außerdem verschwand Dr. Crusher und wurde durch Diana Muldaur als Dr. Katherine Pulaski ersetzt.

»›The Child‹ litt besonders darunter, die erste Folge der neuen Staffel zu sein«, meint Maurice Hurley. »Ich habe mir das erste Drehbuch noch nicht mal angesehen. Es war ein Entwurf für eine Serie, die niemals produziert wurde.«

Rob Bowman berichtet: »Ich weiß, daß die Idee mit diesem Virus aus dem Film ›Sorcerer‹ stammt, der sie wiederum aus einem französischen Film abwandelte, in dem nasses Dynamit durch einen Dschungel transportiert werden mußte. Das war unsere Bedrohung. Was meine Absichten mit dieser Folge betrifft, so wollte ich den Fans etwas geben, das die lange Wartezeit auf die neue Staffel rechtfertigte, mehr nicht. Sehen Sie, hier ist unser Publikum aus lauter treuen Trekkies, die sich die erste Staffel angesehen haben, und dann den ganzen Sommer über Wiederholungen ertragen mußten. Ich meinte, ›Wir müssen ihnen zur Begrüßung eine tolle Folge bieten, anstatt uns auf unseren Lorbeeren auszuruhen.‹ Das war klar zwischen mir und Rick Berman, und wir haben einige Klimmzüge gemacht, um das auch zu erreichen.«

EPISODE 28

Where Silence Has Lease

»Illusion oder Wirklichkeit«

Erstausstrahlung: 26.11.1988
Drehbuch: Jack Sowards
Regie: Winrich Kolbe

Gaststars:

Earl Boen (Nagillum)
Charles Douglas (Haskell)
Colm Meaney (Chief O'Brian)

Die Enterprise wird in einer Leere gefangen, die einem übermächtigen fremden Wesen als Labor dient. Nagillum, so sein Name, will die Emotionen der Menschen untersuchen und selber erfahren. Als Picard sich bewußt wird, daß Nagillum mindestens die Hälfte seiner Mannschaft umbringen muß, um die gewünschten Resultate zu erhalten, droht er mit der Selbstzerstörung des Raumschiffes. Diese Folge ist ein nur wenig verschleierter Angriff auf die Tierversuche.

»Mir gefiel die Folge prächtig«, meint Maurice Hurley. »Wissen sie, woher der Name Nagillum kommt? Eigentlich wollten wir Richard Mulligan für diese Rolle, und wenn man seinen Namen rückwärts liest, kriegt man Nagillum. Das Ganze hat irgendwie nicht richtig funktioniert, aber die ersten zwei, drei Akte waren einfach genial. Man darf bei der Serie nicht vergessen, daß es sich an Bord der Enterprise um Wissenschaftler, nicht um Soldaten handelt. Wenn ich um drei Uhr nachts ein Geräusch auf dem Dachboden höre, stülpe ich mir das Kissen über den Kopf und schlafe weiter. Was sie machen, ist Raufgehen und Nachsehen, ›Oh, guck' mal, was ist das denn?‹. Das war etwas, das ich bei dieser Folge selber vergessen habe, an das man aber immer mal wieder erinnern sollte: die Forschung, das Lernen, das ist das Wichtige, nicht die Aktion. Die Beschäftigung mit einer Idee, oder mit etwas Neuem, ist wichtiger als die Ferengi, die Borg, und als die Schießereien.«

Regisseur Winrich Kolbe erklärt: »Ich fand die Folge irgendwie gut, aber fragen Sie mich nicht, warum. Für mich war das eine Art Feuertaufe, denn ich hatte vorher noch nie SF gedreht. Plötzlich kriege ich dieses Drehbuch, und da gehe ich von der Brücke auf die Brücke, und dann auf die Brücke, und wieder auf die Bücke, so daß ich zu Schluß dann endlich auf der Brücke bin. Wir haben fünf Tage auf der Brücke verbracht. Es ist eine der besonderen Herausforderungen von Star Trek, mehr oder weniger immer auf dem selben Set zu drehen. Das ist etwas anderes als eine Polizeiserie, wo man einen Tag oder so in den Mannschaftsräumen dreht, und den Rest draußen, vor Ort.

Diese Brücke fesselt einen völlig, wenn man zum ersten Mal darauf steht und sich zehn Minuten umsieht«, fährt er fort. »Dann bricht die Langeweile aus, denn da sind nichts als Wände, nochmal Wände, und ein paar blitzende Lichter. Ich habe eine Menge Choreographie bei diesere Folge gemacht, das Drehbuch ist voll von Notizen, wer wann wohin gehen soll – etwas das ich selten mache. Ich möchte sonst, daß die Schauspieler sich selbst von der Handlung treiben lassen. Wenn man etwas dreht wie ›Where Silence Has Lease‹, muß die Kamera ständig in Bewegung sein, und das war eine gewaltige Herausforderung. Ich habe auf dieser Brücke viel Zeit damit verbracht, auf dem Bauch

18. KAPITEL

herumzuliegen oder von irgendwelchem Gestänge herabzubaumeln und was weiß ich, in welcher Stellung noch, bloß um herauszufinden, wie ich die Kamera haben wollte.

Die Idee, daß dieses Wesen die Enterprise untersuchte, gefiel mir ganz gut. Es war mal eine andere Perspektive, und die Perspektive ist es ja, die eine Story ausmacht, egal, ob Buch, Film oder Fernsehen. Das Problem, das ich mit solchen Stories habe, ist, daß ich sie immer zu einer zweistündigen Folge ausbauen will, wirklich in die Tiefe gehen möchte, denn die verschiedenen Perspektiven faszinieren mich: Wir hocken in unserem kleinen Universum, sehen uns die Dinge und die Leute an, und interpretieren sie auf unsere eigene Art, und sie tun dasselbe mit uns, und sie verstehen uns, oder auch nicht. Ausländer zum Beispiel, wie sehen sie die Welt? Wenn man das auf das Weltall überträgt und sich vorstellt, eine völlig andere Zivilisation betrachtet uns, so etwas würde ich gerne noch weiter ausleuchten. Ich wollte diese Folge noch weiter treiben, aber das Problem ist natürlich, daß man nur 44 Minuten Zeit hat – es sei den man macht Mehrteiler. Und das behindert einen ziemlich, denn in diesen 44 Minuten möchte man nicht zu weit gehen, damit man seine Zuschauer nicht verloren hat, wenn man nach der kurzen Zeit wieder zurück kommt.«

EPISODE 29

Elementary, Dear Data

»Sherlock Data Holmes«

Erstausstrahlung: ____________ **3.12.1988**
Drehbuch: ____________ **Brian Alan Lane**
Regie: ____________ **Rob Bowman**

Gaststars:

Daniel Davis (Professor Moriati)
Alan Shearman (Inspektor Lestrade)
Biff Manard (Rüpel)
Diz White (Prostituierte)
Anne Elizabeth Ramsey (Ing. Clancy)
Richard Merson (Bäcker)

Als Geordi bemerkt, daß Data mit dem Werk von Sir Arthur Conan Doyle vertraut ist, aber von diesem in seiner Kombinationsgabe nicht besonders gefordert wird, beschließt er, Data einen würdigen Gegner in einer Sherlock-Holmes-Simulation auf dem Holodeck vorzusetzen. Dadurch schafft er versehentlich einen sehr lebendigen und mächtigen Dr. Moriati, der die Kontrolle über die Enterprise übernimmt und Dr. Pulaski entführt.

»Wundervolle Folge«, überlegt Maurice Hurley. »Für Data wurde sie angeregt durch ›The Big Goodbye‹, die wirklich grundlegend für die Serie wurde. Es war nicht irgendein Autor, der sagte, ›Laßt uns das machen‹, sondern einer von den Leuten, die auf der Enterprise leben. Und auch diese Folge haben wir in sieben Tagen gemacht, mit Kutschen und dem alten London. Für mich war Moriati einfach hervorragend, ich habe noch nie jemanden gesehen, der ihn besser gespielt hat.

Übrigens gab es zu dieser Folge einen Schluß, der von Gene abgesägt worden ist. Wir hatten einen heftigen Streit darüber. Bei diesem Schluß wußte Picard, wie er Moriati kriegen konnte. Er legte ihn herein. Er hatte schon länger gewußt, daß Moriati das Holodeck verlassen konnte, denn als Data herauskam und ihm ein Stück Papier zeigte, war klar, das Sicherungssystem war ausgefallen. Der Materie-Energie-Konverter, der das Holodeck gestaltet, ließ nun zu, daß die Meterie auch das Holodeck verlassen konnte, was bis dahin unmöglich gewesen war. Weil Picard wußte, Moriati konnte das Deck verlassen, belog er ihn. Gene dachte, das könnte der Figur schaden, weil sie unehrlich und hinterhältig erscheinen würde. Für mich wirkte Picard dadurch eher clever – und wenn man es mit dem raffiniertesten kriminellen Geist in der ganzen Literatur zu tun hat, sollte man vorsichtig sein.«

Regisseur Rob Bowman erinnert sich ausgesprochen gut an diese Folge: »Das Ganze kam vor der Staffel ins Rollen, als ich mit Rick Berman zusammensaß. Er erzählte mir einiges über die Drehbücher, die vorlagen, und wenn etwas sich gut anhörte, sollte ich ihn unterbrechen. Er sagte, sie wollten eine Sherlock-Holmes-Folge drehen, und bevor er ›Holmes‹ aussprechen konnte, rief ich, ›Die ist für mich, das ist die Wiedergutmachung für ›The Big Goodbye‹. Ich ging an die Folge mit dem Anspruch heran, etwas Großartiges daraus zu machen. Sie bauten eine ganze Straße auf die Bühne, in der Halle! Es war wirklich eine atemberaubende Folge. Das, was bei der Folge lächerlich war, ging auf eine Fehlentscheidung der Verantwortlichen zurück. Sie schraubten von acht Drehtagen auf sieben zurück, und das bei solch einem gewaltigen Aufwand. Diese Entscheidung machte die Dreharbeiten zu den unangenehmsten, die ich je hatte. Ich dachte, es macht die ganze Folge kaputt, dieses Tempo, mit dem wir drehen mußten. Das Skript war für acht bis neun Tage angelegt. Es macht mir nichts aus, eine Neun-Tage-Arbeit in deren acht durchzuziehen. Aber sieben Tage, das ist schon die mindeste Zeit um überhaupt irgendeine Folge halbwegs vernünftig auf die Beine zu stellen, geschweige denn eine so aufwendige, wie diese.

Wir hatten alles hervorragend geplant, die Produktionsstätten waren fertig, Brent Spiner war auf dem Weg, die beste Leistung zu zeigen, die ich bisher von ihm gesehen habe, und dann gehen sie einfach hin, und kürzen einen Tag, um 60.000 $ zu sparen. Angeblich weil die Sets so teuer waren, 200.000 $, sagte man. Ich sagte, ›Moment mal, ihr könnt nicht einfach einen Drehtag streichen, dann müßt ihr auch einen Tag aus dem Skript streichen‹. Ich glaube, das war der Auslöser für mich, von Star Trek weg zu gehen. Wie sie merken, war ich damals ziemlich sauer, und ich bin das heute immer noch ein bißchen, wir hatten die Möglichkeit, eine absolut geniale Folge zu machen, aber durch die Kürzung im Zeitplan war es eine fürchterliche Hektik.

Natürlich war Spiner brillant, wie auch die anderen. Das Originaldrehbuch war sehr gut geschrieben, wunderschön, aber es war wohl eher eine zweistündige Folge, mindestens, und es ist gewaltig gekürzt worden. Letztlich ging aber doch alles halbwegs gut aus.«

18. KAPITEL

EPISODE 30

The Outrageous Okona

»Der unmögliche Captain Okona«

Erstausstrahlung: ____ **10.12.1988**
Drehbuch: ____ **Burton Armus**
Story: ____ **Les Menchen, Lance Dickson, David Landsburg**
Regie: ____ **Robert Becker**

Gaststars:

William O. Campbell (Captain Okona), **Douglas Rowe** (Debin), **Albert Stratton** (Kushell), **Rosalind Ingledew** (Yanar), **Kieran Mulroney** (Benzan), **Whoopi Goldberg** (Guinan), **Joe Piscopo** (Komiker),

Ein Weltraumspitzbube namens Okona wird ›als Anhalter‹ von der Enterprise mitgenommen. Er freundet sich mit Wesley und einigen weiblichen Kadetten an. Okona wird gleich von zwei miteinander im Streit liegenden Rassen verfolgt, von der einen, weil er eine Tochter geschwängert hat, und von der anderen, weil er einen Nationalschatz gestohlen hat. Gleichzeitig geben der Holodeck-Komiker Joe Piscopo und die Barfrau Guinan Data Nachhilfe in Sachen Humor, und der Android ist weiter auf seinem Weg zum Menschsein.

Joe Piscopo gibt Data Unterricht in Humor in der Folge »The Outrageous Okona«.

EPISODE 31

Loud As A Whisper

»Der stumme Vermittler«

Erstausstrahlung: ____ **7.1.1989**
Drehbuch: ____ **Jacqueline Zambrano**
Regie: ____ **Larry Shaw**

Gaststars:

Howie Seago (Riva)
Marnie Mosiman (Frau)
Thomas Oglesby (Gelehrter)
Leo Damian (Krieger/Adonis)
Colm Meaney (Chef d. Transporterraumes)
Richard Lavin und Chip Heller (Krieger)
John Garrett (Leutnant)

Der taubstumme Vermittler Riva, der auf telepathischem Wege seine Gedanken einer Art »Chor« mitteilt, wird zu einem zerstrittenen Planeten geschickt, um dort Friedensverhandlungen zu führen. Als sein ›Chor‹ durch einen Hinterhalt getötet wird, ist er gezwungen, zu lernen, wie er mittels der Zeichensprache kommunizieren kann. Troi hilft ihm dabei, und er kann die Verhandlungen erfolgreich abschließen.

»Troi zeigt hier ihre Krallen«, sagt die ehemalige Drehbuchredakteurin Melinda Snodgrass.

»Die Folge war ganz in Ordnung«, meint Maurice Hurley, »Aber ich hatte höhere Erwartungen. Sie hätte wirkungsvoller sein können.«

EPISODE 32

The Schizoid Man

»Das fremde Gedächtnis«

Erstausstrahlung: ____ **21.1.1989**
Drehbuch: ____ **Tracy Torme**
Story: ____ **Hans Beimler u. Richard Manning**
Regie: ____ **Les Landau**

Gaststars:

W. Morgan Sheppard (Dr. Ira Graves)
Barbara Alyn Woods (Kareen Brianon)
Suzie Plakson (Leutnant Sela)

Dr. Ira Graves, ein egomanischer Wissenschaftler, liegt im Sterben und überträgt sein Bewußtsein auf Data, um es zu bewahren. Als der Android anfängt, sich seltsam zu benehmen, vermutet die Crew, daß da etwas im Busch ist. Zu dem ausgeschickten Landungstrupp stößt die vulkanische Ärztin Sela – der erste Auftritt von Suzie Plakson in der Serie.

»Ich wollte eine Geschichte schreiben, in der Data verborgene Erinnerungen der Kolonisten des Planeten, von dem er stammt, in sich trägt«, erläutert Tracy Torme. »Es kommt eine Frau an Bord, die einmal eine Dreiecksaffäre mit zwei dieser Männer hatte, einem italienischen Don-Juan-Typ und einem eifersüchtigen Idioten, so daß Data, jedesmal wenn er sie sieht, in deren Persönlichkeiten verfällt – er wird liebevoll, lüstern, eifersüchtig, besitzergreifend, oder was sonst. Ich konnte das damals nicht unterbringen, da Manning und Beimler schon eine Story verkauft hatten, in der das Genie Dr. Graves seinen Geist auf Data überträgt.

Wir machten schließlich folgendes: als Beimler und Manning aus welchen Gründen auch immer nicht mehr für Star Trek arbeiteten, nahm ich beide Geschichten und schrieb daraus eine neue. Ich verwendete die Figur von Ira Graves, und das Setting, aber ich fügte eine Menge Elemente aus meiner Geschichte hinzu. In ihrer Geschichte weiß jeder an Bord der Enterprise, daß Graves sein Bewußtsein auf Data übertragen hat. Das ließ die Story ziemlich anders aussehen, und so hatten wir da eine deutliche Änderung. Es war eine Geschichte, die ich für Brent schreiben wollte, den ich sehr bewundere, und das war der einzige Weg, auf dem ich das erreichen konnte.«

Maurice Hurley winkt ab: »Das war SF-Mist, der für mich nicht funktionierte, besonders aus einem Grund: Wir haben schon darüber gesprochen, daß Gene Picard nicht lügen lassen wollte, weil das seiner Figur schaden würde. Ich hatte dasselbe Problem mit Data. Wenn man ihn sich einmal anders verhalten läßt, als er es sonst tut, ist das wirklich unpassend. Ihn jemanden anderes darstellen zu sehen, hat die Figur für mich wirklich beeinträchtigt. Man kann so etwas mit vielen

18. KAPITEL

Figuren machen, aber Data ist etwas Besonderes, und es hat seine ›Aura‹ zerstört. Es ist ungefähr das gleiche, als würde man ein 14jähriges Mädchen plötzlich bei einem Zungenkuß zeigen. Es ist einfach ein bißchen daneben. Diese überwältigende Unverdorbenheit von Data geht dabei verloren.«

EPISODE 33

Unnatural Selection

»Die jungen Greise«

Erstausstrahlung: ______ **28.1.1989**
Drehbuch: _ **John Mason und Michael Gray**
Regie: ______ **Paul Lynch**

Gaststars:

Patricia Smith (Dr. Sara Kingsley)
Colm Meaney (Chief O'Brian)
Patrick McNamara (Captain Taggart)
Scott Trost (Kadett im Transporterraum)

Eine genetische Mutation auf einer experimentellen Kolonie führt dazu, daß die Kolonisten rapide altern. Den Schlüssel zur Heilung hat ein genetisch geschaffenes Wesen. Pulaski beamt auf ein Shuttle, um ein Gegenmittel zu finden, aber sie entdeckt, daß sie ebenfalls unter der Krankheit leidet und sehr schnell älter wird.

»Mir gefiel diese Folge gut«, meint Colm Meaney. »Ich fand sie wirklich hervorragend. Die Handlung hielt einen gefangen, es war eine großartige Detektivgeschichte. Gleichzeitig war es auch eine Stellungnahme zu den Gefahren, die all unsere wunderbaren wissenschaftlichen Errungenschaften mit sich bringen. In gewisser Weise warf diese Folge die Frage auf, ›Sollen wir das wirklich alles auch machen?‹«

Über die Arbeit mit Diana Maldaur während ihres kurzen Zwischenspiels bei Star Trek meint Regisseur Paul Lynch: »Sie war eine sehr angenehme Person. Sie hatte allerdings Schwierigkeiten mit dem Text. Wir lösten das, in dem wir ihn ihr auf Karten schrieben.«

Diana Muldaur (Dr. Katharine Pulaski) und Richard Dysart in »L.A. Law«

EPISODE 34

A Matter of Honor

»Der Austauschoffizier«

Erstausstrahlung: ______ **4.2.1989**
Drehbuch: ______ **Burton Armus**
Story: _ **Wanda M. Haight, Gregory Amos,** ______ **Burton Armus**
Regie: ______ **Rob Bowman**

Gaststars:

John Putch (Kadett Mendon)
Christopher Collins (Captain Kargan)
Brian Thompson (Leutnant Klag)
Colm Meaney (Chief O'Brian)
Peter Parros (Taktischer Offizier)
Laura Drake (Vekma)

Im Rahmen eines Austauschprogramms landet Riker auf einem klingonischen Schiff, wo er zunächst von der Mannschaft nicht akzeptiert wird. Im Laufe der Zeit entwickelt sich eine Freundschaft mit Leutnant Klag, und Riker beginnt, sich an die Sitten und Gebräuche der Klingonen zu gewöhnen. Aber dann entdecken diese einen Bruch in der Außenhülle ihres Schiffes, den sie der Enterprise zuschreiben. Captain Kargan greift daraufhin die Enterprise an und fordert von Riker den Treueeid. Der ist nun in einer Zwickmühle, denn er will sein ehemaliges Schiff retten, ohne den Schwur zu brechen.

»›A Matter of Honor‹ war einfach eine gute Idee«, grinst Maurice Hurley. »Die Folge befaßte sich mit einem sozialen Problem. Eine Sache, die The Next Generation nicht so gut leisten kann wie die Klassik-Serie, sind Stellungnahmen zu gesellschaftlichen Problemen. Damals waren die Dinge im Fluß, alles änderte sich, die Zeiten waren sehr dynamisch. Heute haben wir eine Phase der Stagnation, es ändert sich nichts. Die Leute haben sich ihre einfache Meinung über Dinge gebildet, für die es keine einfachen Lösungen gibt. Was ist die Lösung für AIDS? Wie faßt man sie in ein Wort? – es gibt keine Lösung.

Nun, nehmen Sie eine Folge wie ›A Question of Honor‹ und sagen Sie, ›Wir machen hier ein bißchen Kulturaustausch‹. Wir überlegen uns, wie es wohl wäre, das einzige schwarze Gesicht in einem Raum mit 40 Weißen zu sein. Das muß ziemlich schlimm sein. Und das ist genau die Position, in der Worf eigentlich ist, er ist der einzige Klingone auf einem Schiff voll mit Menschen. Also dachten wir uns, ›Drehen wir den Spieß mal um. Laßt uns jemanden zu den Klingonen schicken und sehen, wie das funktioniert‹. Wie fühlt man sich als Fisch auf dem Trokkenen? Wie ist es, wenn man der einzige Weiße auf einer Versammlung in Harlem ist? Das muß irgendwie anders, seltsam angespannt sein. So begann diese Folge. Und es waren ein paar wundervolle Sachen darin. Als Riker mit den Klingonen zusammensitzt, ist einer von ihnen verwundert, daß er Humor hat. Riker sieht ihn an, und meint, ›Verdammt noch mal, ich habe gerade genau dasselbe gedacht‹. Er hätte auch sagen können, ›Oh, ich bin auch sehr überrascht, daß Sie ebenfalls über Humor verfügen‹. Das hätte aber nicht funktioniert.«

Rob Bowman erinnert sich: »Jonathan Frakes und ich, wir haben uns in diese Folge wirklich hineingestürzt, und das hat großen Spaß gemacht. Ich glaube, er hat darauf gewartet, etwas mit mehr Action zu machen. Jeden Tag klatschten wir uns in die Hände und versuchten all die Energie und das Abenteuer in diesem Skript in den Film zu bekommen. Es war Klasse. Ich glaube, in den Klingonen gibt es etwas, daß die Figuren und die Handlung in eine bestimmte Richtung drängt.

Ich lebte damals in Scheidung und flüchtete in diese andere Welt. Vielleicht half mir das, mich besser zu konzentrieren. Ich weiß, daß ich damals sehr aggressiv war, und das sieht man auch in der Folge. Als wir den Kampf auf der Brücke machten, wollte ich ihn so hart wie möglich. Ich mußte ihn sogar noch etwas zurücknehmen, weil das, was wir geplant hatten, zu heftig war.«

EPISODE 35

The Measure Of A Man

»Wem gehört Data?«

Erstausstrahlung: 11.2.1989
Drehbuch: Melinda Snodgrass
Regie: Robert Scheerer

Gaststars:

Armanda McBroon (Captain Philipa Louvois)
Brian Brophy (Commander Bruce Maddox)
Clyde Kusatsu (Admiral Nakamura)
Colm Meaney (Chief O'Brian)
Whoopi Goldberg (Guinan)

Commander Bruce Maddox, ein fanatischer Kybernetik-Experte möchte Data auseinandernehmen, um mehr über seine Funktionsweise zu erfahren. Picard verteidigt den Androiden in einer Verhandlung vor Gericht, die dessen Bewußtsein feststellen soll. Der Captain steht dem vom Gericht benannten ›Ankläger‹ Riker gegenüber.

»Das Interessante an diesem Drehbuch ist«, so Melinda Snodgrass, »daß jeder es als ein Drehbuch für Data ansieht, obwohl es eigentlich eines für Picard ist. Data ist der Katalysator, aber die Betonung liegt eindeutig auf Picard.«

»Erstaunlich«, betont Maurice Hurley, »Solche Folgen macht man gerne. Man braucht nicht viele davon, und man kann mit der ganzen Staffel zufrieden sein. Alles hat hervorragend funktioniert, und Whoopi war auch sehr gut, sie ist eine wunderbare Schauspielerin.«

Auch Regisseur Robert Scheerer schwärmt: »›Measure of Man‹ ist eine der besten Folgen, die wir gemacht haben, und das hat nichts mit mir zu tun. Es hat mit dem Inhalt zu tun, mit der Aussage, wie sie mit dem Inhalt umgeht, und mit der Tiefe, in der sie die Problematik ausleuchtet – und natürlich mit der Auflösung. Das ist meine Lieblingsfolge. Ich glaube, was mir am besten gefiel, war der Konflikt, in dem Patrick und Jonathan steckten – schließlich mußten sie Data als jemanden behandeln, dessen Wert beurteilt werden soll, nicht als Freund. Diese Folge war nicht typisch fürs Fernsehen, sie hatte eine Menge über die Menschen zu sagen, über die heutigen Probleme, und wie man sie in der Zukunft vielleicht lösen kann.«

EPISODE 36

The Dauphin

»Die Thronfolgerin«

Erstausstrahlung: 18.2.1989
Drehbuch: Scott Rubinstein und Leonard Mlodinow
Regie: Rob Bowman

Gaststars:

Paddi Edwards (Anya)
Jamie Hubbard (Salia)
Colm Meaney (Chief O'Brian)
Peter Neptune (Aron)
Madchen Amick (Teenager)
Cindy Sorenson (Fellwesen)
Jennifer Barlow (Kadett Gibson)
Whoopi Goldberg (Guinan)

Salia, eine fremde Prinzessin, wird an Bord gebeamt und muß lernen, ihre Verantwortung als Vermittlerin zwischen zwei Planeten zu akzeptieren. Dafür muß sie die Möglichkeit, ein eigenes Leben zu führen, aufgeben. Sie wird von ihrer Beschützerin Anya begleitet, einer Gestaltenwandlerin, die einen verliebten Wesley warnt, er solle sich von dem Mädchen fernhalten. Die könnte nämlich sonst ihre königlichen Pflichten vernachlässigen, und an Bord der Enterprise bleiben.

Rob Bowman meint: »Es war eine gute Folge über Wesley, der sich zum ersten Mal verliebt. Beim ersten Lesen des Skripts habe ich gedacht, das wäre überhaupt keine Folge. Ich dachte, ›Mist, darauf haben wir alle gewartet, das ist die Folge, womit wir auf die Nase fallen.‹ Es gab keinen richtigen Konflikt, und die Leute redeten aneinander vorbei, statt miteinander. Das Mädchen mochte ich. Am Ende der Folge hatte ich mich in sie verguckt. Das einzige, was ich wirklich nicht drehen wollte, war die Monsterszene. Ich machte die Augen zu – und durch. Als ich es dann hinterher vertont gesehen habe, dachte ich, daß es doch ganz gut geworden war. Aber diese Kostüme… als sie mir die zeigten, meinte ich, ›Okay, Ihr spart Geld so, aber kriegt Ihr mich auch dazu, sowas zu filmen?‹. Ich glaube, es war einfach eine von den Folgen, die billig sein sollte. Wir haben diese Szenen mit den Monstern so kurz wie möglich gehalten, und man hat sie nur für Augenblicke auf dem Bildschirm gesehen, aber, oh Gott – ich fürchte, die Leute haben umgeschaltet. Es gab auch einige nette Spezialeffekte, und Wil Wheaton war hervorragend. Wir mußten halt das Beste aus der Sache machen.«

Maurice Hurley war auch kein großer Fan der Folge. »Wir hatten es wieder mit Monstern zu tun, und das können wir nicht gut. Die Idee war in Ordnung, aber bei der Umsetzung haperte es. Wenn wir mehr Zeit gehabt hätten, wäre die Folge auch besser geworden.«

Der freischaffende Autor Marc Scott meint: »Sie haben wirklich an Wesley vorbeigeschrieben. In diesen frühen Folgen, als er fünfzehn war, da ging er raus und spielte Ball mit den blonden Fremden. Er hätte statt dessen mit ihnen ins Bett gehen sollen. Dann verliebt er sich in dieses Mädchen, und sie teilen sich einen Pudding – ach, hör' mir doch auf…«

18. KAPITEL

EPISODE 37

Contagion

»Die Iconia-Sonden«

Erstausstrahlung: 18.3.1989
Drehbuch: Steve Gerber und Beth Woods
Regie: Joseph Sanlan

Gaststars:

Thalmus Rasulala (Captain Varley)
Carolyn Seymore (Subcommander Toras)
Dana Sparks (Waffenoffizier)
Colm Meaney (Chief O'Brien)
Folkert Schmidt (Arzt)

Ein Schiff der Föderation, die Yamato, wird von einem tödlichen Computer-Virus zerstört, der auch die Enterprise infiziert, und darüber hinaus ein romulanisches Kriegsschiff bedroht. Die Rettung liegt auf dem legendären Planeten Iconia. Picard und Data beamen hinunter, in der Hoffnung, die überlegene Technologie eines uralten, lange ruhenden Computernetzwerkes zu entschlüsseln.

»Man kann sich der andauernden Faszination der ganzen Star-Trek-Mythologie nicht entziehen«, sagt Patrick Stewart. »Ich bin überwältigt und außerordentlich stolz, mit dieser Serie verbunden zu sein, denn ich bemerke jeden Tag die Wirkung, die auf allen möglichen Gebieten von ihr ausgeht.«

EPISODE 38

The Royale

»Hotel Royale«

Erstaustrahlung: 25.3.1989
Drehbuch: Keith Mills (Tracy Torme)
Regie Cliff Bole

Gaststars:

Sam Anderson,
Jill Jacobson,
Leo Garcia,
Noble Willingham

Ein Landungstrupp beamt auf einen seltsamen Planeten und steht plötzlich vor einer Kopie eines Las-Vegas-Casinos. Nachdem der Trupp durch eine sehr irdische Drehtür das Gebäude betreten hat, bricht die Kommunikation mit der Enterprise ab. Statt dessen finden sich Riker und die anderen in einer Spielhölle wieder, aus der es keinen Ausweg zu geben scheint, und deren obere Etage zu allem Überfluß auch noch das Gerippe eines vor Ewigkeiten verblichenen amerikanischen Astronauten beherbergt. Es dauert eine Weile, bis sie herausfinden, daß sie in der materialisierten Handlung eines Gangsterromans mit dem Titel »The Hotel Royale« gelandet sind, den die alte Expedition von der Erde zur Unterhaltung in einsamen Stunden bei sich hatte. Nur indem die Mitglieder des Landungstrupps Rollen in diesem Raum annehmen – und zwar als ausländische Investoren, die das Hotel kaufen – können sie sich aus der Falle befreien.

Es gab eine ganze Menge Streit hinter den Kulissen über diese Folge, besonders zwischen Maurice Hurley und Tracy Torme. Letzterer war so enttäuscht von Hurleys Überarbeitung seines Drehbuches, daß er sich entschied, ein Pseudonym zu verwenden.

»Ich fand das Skript schlecht, was die Story angeht«, sagt Hurley. »Als wir zur Hälfte durch waren, fand ich heraus, daß es ein Ableger der Klassik-Serie war, wo es auch eine Folge gibt, die auf einem Buch aufbaut. Dort gab es Gangster, hier gab es Gangster, bei beiden steht ein Buch im Zentrum des Problems.«

»Bob Lewin hat die Geschichte in ihrer ursprünglichen Form gefallen«, berichtet Torme. »Damals hieß sie noch ›The Blue Moon Hotel‹. Es war schon im ersten Jahr darüber gesprochen worden, sie zu drehen, aber ich bekam erst im zweiten grünes Licht. Danach schrieb ich sie um, und sie hieß jetzt ›The Royale‹. Es war eine surrealistische Story, viel Komödie dabei, und viel versteckte Satire.

Mit einem der verantwortlichen Produzenten hatte ich einen ernsten Streit, für den ich persönliche Gründe vermute, keine sachlichen. Als mir jemand sagte, ich solle wohl an der Geschichte nicht weiterschreiben, habe ich mich sofort bemüht, meinen Namen da raus zu kriegen, denn ich wußte so ungefähr, wohin sie mit dem Text wollten, und ihren Weg hielt ich von ganzem Herzen für schlecht. Ich vermute schon, daß das Gerippe der Story noch erhalten ist, aber mit dem Rest habe ich nicht viel zu tun. Das habe ich gemerkt, als ich die Überarbeitung gelesen habe – nach zehn Seiten hatte ich die Nase dermaßen voll, daß ich das Ding zur Seite legte. Das ist natürlich alles nur meine Meinung, und von der anderen Seite werden sie bestimmt etwas ganz anderes zu hören kriegen. Dabei war es eigentlich nur eine Person, mit der es zu Streitereien gekommen ist. Aus der Folge verschwand im Laufe der Zeit größenteils der Humor, und auch das Surreale. Jetzt fühlt sich das Ganze recht schwerfällig an. Die Folge wurde keine seltsame Folge, wie ich es eigentlich geplant hatte, sondern eine seltsam dämliche.«

Regisseur Cliff Bole gesteht, daß er das erste Skript wesentlich besser fand. »Aber so geht das – wenn man einmal mit dem Drehen anfängt, hat man für die Drehbücher keine Zeit mehr. Man muß alle Folgen abdrehen. Es ist wie eine Fabrik, und Hollywood ist die Fabrikstadt, das ist bei jeder Serie so, man kann sie nicht einfach kurz ruhen lassen. Man muß irgend etwas bringen, und in diesem Prozeß werden eine Menge Kompromisse gemacht. ›The Royal‹ war einer davon, der Termin war da, also mußten wir drehen. Es war eine schnell zusammengehauene Folge, aber immer wieder gern gesehen.«

EPISODE 39

Time Squared

»Die Zukunft schweigt«

Erstausstrahlung: 1.4.1989
Drehbuch: Maurice Hurley
Story: Burt Michael Bensmiller
Regie: Joseph Scanlan

Gaststars:

Colm Meaney (Chief O'Brien)

18. KAPITEL

Die Enterprise rettet ein beschädigtes Shuttle und findet dort einen Captain Picard. Bei der Durchsicht des Logbuches dieses Shuttles stellt man fest, Schiff und Captain sind aus der Zukunft zurückgekommen, um die Enterprise vor einer Weltraumanomalie zu warnen, die das Schiff zerstören wird. Als sich die Zeit der möglichen Zerstörung nähert, belebt sich der zukünftige Picard wieder, während der hiesige zunehmend unsicher über die weiteren Entscheidungen wird, die er zu treffen hat. Er fürchtet, genau dieselben Fehler zu machen, wie sein Duplikat, die letztlich zur Zerstörung des Raumschiffes führen könnten.

»Die Idee stammt von jemand anderem«, erzählt Maurice Hurley. »Es gab schon viele Leute, die über Zeitsprünge geschrieben haben, aber die waren dann alle gleich 500 Jahre, oder 1000 Jahre. Niemand ist je irgendwo nur sechs Stunden zurückgekommen. Das war es, was mich daran faszinierte, die sechs Stunden. Auch, daß es eigentlich ein Vorspiel zur ›Q-Who?‹-Folge sein sollte – aber Gene hat die Geschichte nicht gefallen.

Ursprünglich waren die Ereignisse in der Folge von ›Q‹ gesteuert, er hat sich auf diese Weise quasi vorgestellt«, fährt er fort. »Drei Folgen später sollte Picard sich dann plötzlich in einem Shuttle wiederfinden, und er beobachtet, wie die Enterprise in diesen Strudel gerät und zerstört wird. Er denkt, er ist verrückt geworden, er weiß nicht, was geschieht. Q taucht auf und sagt, ›Na, wie geht's‹. Q als treibende Kraft hinter dem Theater macht Sinn, ansonsten hängt die ganze Sache in der Luft, und ist nicht zu verstehen. Warum ist vorwärts gehen anders, als rückwärts? Warum rettet es einen, wenn man genau auf das Zentrum zuhält? Wenn Q im Spiel ist, funktioniert das.

Der Wirbel könnte für die Zuschauer als eine Art verbindendes Element fungieren. Wenn er zwei Folgen später wieder auftaucht, könnte jeder direkt sagen, ›Das kenn' ich doch…?‹ Die Zuschauer könnten auf diese Weise in den Erkenntnisprozeß von Picard eingebunden werden. Das Ende ist vielleicht ein bißchen blöde, die Handlung wurde konfus, aber es ist mal was anderes.«

EPISODE 40

The Icarus Faktor

»Rikers Vater«

Erstausstrahlung: 22.4.1989
Drehbuch: David Assael und Robert L. McCullough
Regie: Robert Iscove

Gaststars:

Mitchell Ryan (Kyle Riker)
Lance Spellerberg (Ensign Herbert)
Colm Meaney (Chief O'Brien)

Riker wird ein eigenes Kommando angeboten, und die Neuigkeit wird von seinem Vater Kyle überbracht, einer Legende in den Annalen der Starfleet. Riker und sein Vater haben sich einst zerstritten und seit Jahren nicht mehr gesehen. Zwischenzeitlich beginnt sich Worf seltsam zu verhalten. Er durchläuft eine klingonische Entwicklungsstufe. Sowohl Riker, wie auch Worf erreichen ihren persönlichen Höhepunkt: Riker kämpft Ambujitsu mit seinem Vater, und Worf, begleitet von seinen Menschenfreunden, ist in der Erholung von seinem Ritual auf dem Holodeck.

»Es war eine sehr emotionale Folge, ein Charakterstück zwischen zwei Menschen«, erklärt Regisseur Robert Iscove. »Der Vater hat Riker vor 25 Jahren verlassen, dann kommt er auf einmal zurück, und sie haben diese Auseinandersetzung. Nun, wenn wir Roddenberry Glauben schenken sollen, haben wir im 24. Jahrhundert solche Haßgefühle bereits beseitigt. Daher ist es sehr schwer zu spielen. Wenn man nicht die Abneigung und den Haß, den die beiden hegen, zeigt, als sie aufeinandertreffen, dann kann man kein wirkliches menschliches Drama machen. Ich machte die Folge, weil ich Trekkie bin und dabeisein wollte. Die Klassik-Serie war von ihrer Anlage her viel humanistischer.« »Die Zukunft ist nicht perfekt«, fügt er hinzu. »Jedes Mal, wenn man an die Grenzen stößt, stimmen einem die unmittelbar betroffenen Leute – Berman und die anderen – zu. Aber wenn es dann zu Roddenberry geht, der ultimativen Stimme, heißt es, daß man es nicht so machen kann. Ich sollte bei noch mehr Folgen Regie führen, aber ich lehnte das ab. Es gibt keinen Entfaltungsspielraum. Wenn man sich mit den Emotionen nicht befassen kann, wo liegt denn da der Sinn?« Eine Bemerkung am Rande: Action-Fans werden natürlich schon längst gemerkt haben, daß Gaststar Mitchell Ryan der Bösewicht aus Richard Donners »Lethal Weapon« ist.

EPISODE 41

Pen Pals

»Brieffreunde«

Erstausstrahlung: 29.4.1989
Drehbuch: Melinda Snodgrass
Story: Hannah Louise Shearer
Regie: Winrich Kolbe

Gaststars:

Nicholas Cascone (Davies)
Nikki Cox (Sarjenka)
Anne H. Gillespie (Hildebrant)
Whitney Rydbeck (Alans)
und Colm Meaney als Chief O'Brien

Data empfängt einen Notruf eines außerirdischen Mädchens von einem Planeten, der sich in den Wirren eines geologischen Aufruhrs befindet. Er antwortet auf ihr Gesuch und verletzt so die »Prime Directive«. Wesley erhält sein erstes Kommando über ein Geologenteam, das dieses Phänomen untersuchen soll. Er muß sich der Frage stellen, ob er den Planeten retten und die tektonische Balance wiederherstellen soll, oder ob er zulassen soll, daß der Planet zerstört wird.

»In ›Pen Pals‹ wird Data mit der Beantwortung der Frage konfrontiert, ›Ist da draußen irgend jemand?‹«, sagt Melinda Snodgrass. »Erstens ist er ein Androide, und wenn man ihn fragt, bekommt man garantiert eine Antwort. Zweitens würde ihn das Ganze so sehr interessieren, daß er sie beantworten würde. Wir überlegten, wer die Rolle desjenigen spielen könnte, der mit dem Kind Kontakt aufnimmt. Schließ-

18. KAPITEL

lich sagte ich, daß Data der einzige ist, der dafür geeignet ist. Data kann den Fehler machen – ich meine das jetzt nicht abwertend –, und sein sorgfältiges Starfleet-Training vergessen, weil er selbst noch erwachsen wird. Er ist mehr Kind als Wesley.« David Livingston zufolge, war »Pen Pals« die erste Folge, bei der ein zusätzliches Filmteam eingesetzt wurde, um Bildmaterial für die Folge zu filmen. »Es war ungefähr Mitternacht, als ich zu Rob Legato ging, und sagte: ›Es ist verrückt, wir können das nicht machen‹. Er antwortete, ›Okay, dann macht das ein zweites Team‹, und wir gingen zu Regisseur (Winrich) Kolbe und sagten ihm, daß wir das mit einem zweiten Team machen‹, und er sagte nur, ›Gut.‹ Wenn wir kein solches Team gehabt hätten, würden wir vermutlich noch heute drehen.« Maurice Hurley bemerkt dazu: »Das ist mein zweitliebster Entwurf. Es gibt da draußen jemanden, ein kleines Mädchen auf einem Planeten, das eine Nachricht aussendet, und eine Stimme meldet sich, ›Ja, warte eine Minute‹. Andere Teile der Folge waren dann weniger gut, aber im großen und ganzen war sie okay.«

»Eine interessante Folge, obwohl ich nicht sicher bin, es richtig gemacht zu haben«, sinnt Regisseur Winrich Kolbe. »Manches kommt mir in den Sinn, wenn ich mir ›Pen Pals‹ ansehe. Es scheint mit, als ob damals noch ein anderes Skript herumgeisterte, das während der Produktion geändert wurde, und ich glaube, daß es nicht zu seinem Besten geändert wurde. Es war eine von diesen Situationen, wo ich sagte, ›Kommt, Jungs, laßt uns sehen, wie weit wir damit gehen können‹. Die Beziehung zwischen Data und dem Mädchen ist wirklich etwas, das man tiefer ergründen möchte. Data ist eine Maschine, wie weit kann er gehen, bevor er eine Gefahr für sich selbst, für das kleine Mädchen oder für jemanden anderes wird?‹ Ich glaube nicht, daß das so gut 'rüberkam, und ich halte das auch nicht für eine meiner besten Folgen. Ich glaube, wir haben alle unseren Job verdammt gut gemacht, aber es hätte besser sein können.«

EPISODE 42

Q Who?

»Zeitsprung mit Q«

Erstausstrahlung: ____________ **6.5.1989**
Drehbuch: ____________ **Maurice Hurley**
Regie: ____________ **Rob Bowman**

Gaststars:

John de Lancie (Q)
Lycia Neff (Ensign Sonya Gomez)
Whoopi Goldberg (Guinan)
und Colm Meaney als Chief O'Brien

Q kehrt zurück und entführt Picard in ein Shuttle. Er warnt den Captain vor menschlicher Selbstzufriedenheit, und das allmächtige Wesen verpflanzt die Enterprise in die hinterste Ecke der Galaxis. Dort treffen sie auf die unaufhaltsame, kybernetische Superrasse Borg, die allmählich beginnt, die Enterprise mit ihrer höher entwickelten Technologie auseinanderzunehmen. Die Enterprise ist unfähig, sich der kollektiven bienenartigen Rasse zu erwehren. Glücklicherweise, gibt Picard gegenüber Q zu, daß er seine Lektion gelernt hat, und bittet ihn, die Enterprise wieder zu ihrer ursprünglichen Position zu bringen, bevor sie vernichtet wird.

»Wir dachten, es sei an der Zeit, daß eine neue, ernsthafte Bedrohung auftaucht, nachdem die Klingonen zu unliebsamen Alliierten geworden sind«, sagt Melinda Snodgrass, »Die Borgs sind Maurice Hurleys Erfindung. Es war sein Skript, und er beschäftigte sich damit, diese neuen Fieslinge zu schaffen. Wir spielten mit einer Menge Ideen, und ich denke, es war Cyberpunk. Wir wollten eine Rasse erschaffen, mit der man nicht argumentieren kann.« Maurice Hurley fügt hinzu: »Eine gute Folge. Es war ein Versuch, eine neue Bedrohung zu schaffen, einen neuen Bösewicht. Man muß einen würdigen Gegner finden, der es einem nicht leicht macht. Eigentlich wollten wir so eine Art Insekt benutzen, aber dafür hatten wir nicht genug Geld. Die Insektenmentalität ist großartig für unsere Zwecke, denn sie sind absolut erbarmungslos, und die Borgs haben eine Spielart dieser Mentalität. Sie haben keine Gefühle. Sie kennen keine Gnade. Sie haben ihr eigenes Programm, nicht mehr und nicht weniger. Wenn man ein paar richtig böse Jungs haben will, hier hat man sie.« Rob Bowman bemerkt dazu: »Den Avantgarde-Ton haben wir ganz gut hinbekommen. Wir haben oft miteinander gesprochen. Ich glaube, Maury wußte viel besser als wir alle zusammen, was zu tun war. Die Zusammenarbeit war sehr wichtig. Es war eine sehr ungewöhnliche Show. Jeden Tag fragten wir uns, ob das nun eine gute oder eine schlechte Folge werden wird. Sie war einfach zu seltsam. Als ich die fertige Fassung mit all den Spezialeffekten und der Musik sah, sagte ich, ›Wow, Maurice hatte recht. Sie ist wirklich umwerfend‹. Ich weiß nicht, wie er das an Gene vorbeibekommen hatte. Maury war dabei sehr hartnäckig geblieben. Er engagierte sich dafür mit einer Inbrunst, die man nicht stoppen konnte, und bildlich gesprochen war er wie ein Stier in der Arena. Jeder ging ihm aus dem Weg, und viele dachten, daß er völlig falsch liege würde. Es gab einige gewaltige Streitereien über diese Folge. Es war eine unglaublich schwierige Folge. Sogar Patrick regte sich auf, daß wir die ganze Sache nicht ernst genug nehmen würden. Er hatte vollkommen recht, wir haben tatsächlich ein bißchen viel herumgealbert. Wir wollten eine großartige Folge machen. Das Skript war sehr ungewöhnlich, und wir hielten die Borg für eine ernsthafte Bedrohung, und das wollten wir 'rüberbringen. Aber Zeit ist manchmal etwas, das man nicht zur Verfügung hat. Die Nachproduktion ist das Wichtigste, und die dauert recht lange.

Ich denke, es war eine sehr abstrakte, avantgardistische Folge mit Q, was auch immer er von der Enterprise wollte, als er Picard erzählt, daß er aufpassen soll, weil einige böse Jungs im Weltraum herumfliegen, auf die man nicht vorbereitet ist, auch wenn man es glaubt. Es ist einfach eine Lektion, seine Augen und Ohren offen zu halten, weil es da draußen Dinge gibt, die man nicht versteht. Die Borgs sind ein Beispiel dafür. Das ist eine große Sache fürs Fernsehen, aber

18. KAPITEL

bis es so weit ist, muß jeder erst einmal viel einbringen.«

EPISODE 43

Samaritan Snare

»Das Herz eines Captains«

Erstausstrahlung: 13.5.1989
Drehbuch: Robert McCullough
Regie: Les Landau

Gaststars:

Christopher Collins (Grebnedlog)
Leslie Morris (Reginod)
Daniel Benzali (Chirug)
Lycia Neff (Sonya Gomez)
Tzi Ma (Biomolekular-Spezialist)

Die Pekleds, eine scheinbar völlig unbegabte humanoide Rasse, nehmen Geordis Hilfe in Anspruch, um ihren defekten Antrieb zu reparieren. Sie drohen ihm mit Gewalt, wenn er nicht an Bord bleibt, und sie technisch berät. Gleichzeitig fliegt Picard, begleitet von Wesley, mit einem Shuttle zu einer lebensrettenden Herztransplantation, der er sich unterziehen muß. Unterwegs erzählt er von seinen Lehrjahren an der Akademie, sehr zur Freude von Wesley.

»Sehr seltsam, aber nett gemacht«, sinnt Maurice Hurley. »Die Folge war anders. Sie stellte Geordie in den Mittelpunkt, und je mehr Text LeVar bekommt, desto besser wird die Show, weil man mit ihm wunderbar arbeiten kann.« Les Landau sagt: »Es handelt von einer Rasse, die häßlich und sehr langsam zu sein scheint. Sie brauchen unbedingt bestimmte Sachen. Das kann eine Anspielung auf unsere Gesellschaft sein. Das ist es, was Star Trek erreichen will: Man nehme eine unglaubwürdige Situation in einer unglaubwürdigen Zeit, die uns daran erinnert, was heute passiert, und zeigt uns, was wir machen können, um den Planeten und das Leben im Weltraum besser gestalten zu können. Ich glaube, das ist die Essenz von Star Trek und die Tradition, die Roddenberry versucht fortzuführen.« »Samaritan Snare« war für das Autorentrio Dennis Putnam Bailey, Lisa Wike und David Bischoff der Anlaß, die Folge »Tin Man« der dritten Staffel zu schreiben. Eine Bemerkung am Rande: Lycia Neff (die dreibusige Frau aus »Total Recall«) erscheint wieder als Ensign Sonya Gomez, die sie auch schon in »Q Who?« spielte.

EPISODE 44

Up the Long Ladder

»Planet der Klone«

Erstausstrahlung: 20.5.1989
Drehbuch: Melinda Snodgrass
Regie: Winrich Kolbe

Gaststars:

Barrie Ingham (Danilo O'Dell)
Jon de Vries (Granger)
Rosalyn Landor (Brenna O'Dell) und
Colm Meaney als Chief O'Brien

Der ursprüngliche Titel der Folge sollte »Send in the Clones« lauten (»Aber das haben sie sich nicht getraut«, sagt Schauspieler Jonathan Frakes). In »Up the Long Ladder« fungiert die Enterprise als Rettungsschiff, das eine primitive ländliche Gemeinde von ihrem zum Untergang verurteilten Planeten rettet, zusammen mit einer sehr fortschrittlichen Rasse von Clonen. Die Clonen merken, daß ihre Rasse vom Aussterben bedroht ist, weil sie nicht mehr über genügend Genmaterial verfügen. Sie planen Pulaskis und Rikers DNA zu kopieren, in der Hoffnung, so ihre Rasse vor dem Aussterben zu bewahren. Beide wehren sich jedoch dagegen.

»Das sollte eigentlich ein Beitrag zur momentanen Einwanderungsproblematik (in den USA, Anm. d. Übers.) werden, weil ich mit der jetztigen Politik nicht einverstanden bin«, erklärt Melinda Snodgrass. »Ich wollte etwas, was die Außenseiter der Gesellschaft in besserem Licht erscheinen läßt, sie zu wichtigen Mitgliedern der Gesellschaft macht, weil sie so voller Elan und Energie sind. Nun, damals war Maurice Hurley mein Boss, ein führender Kopf der Irischen Gemeinde, der am St. Patricks Tag (Irischer Feiertag, Anm. d. Übers.) die Parade anführt. Als ich ihm beschrieb, was ich machen wollte, und sagte, daß es wie bei einer kleinen Gemeinde von irischen Einwanderern ist, mochte er es sofort, und wollte auch, daß ich es genauso schreibe. Ich sagte ihm, daß es okay sei, und das kam dabei heraus. Ich bekam enorme Kritik von Abtreibungsgegnern, weil sie die Clonen zerstört hatten«, führt Snodgrass an, »sie dachten, ich befürworte Abtreibung. Tatsächlich ließ ich Riker eine Textzeile sagen, die sehr danach klang, und die Abtreibungsgegner liefen Amok. Er sagte, ›Ich habe Ihnen gesagt, daß sie mich nicht clonen können, und Sie haben es gegen meinen Willen getan. Ich habe das Recht, über meinen Körper selbst zu bestimmen.‹«

EPISODE 45

Manhunt

»Andere Sterne, andere Sitten«

Erstausstrahlung: 17.6.1989
Drehbuch: Terry Devereux
(=Tracy Torme)
Regie: Rob Bowman

Gaststars:

Majel Barrett (Lwaxana Troi)
Robert Costanzo (Slade Blender)
Mike Fleetwood (Antedian Dignitary)
Carel Struycken (Mr. Homn)
Rod Arrants (Rox)
Rhonda Aldrich (Madeline)
Robert O'Reilly (Thug)
Wren T. Brown (Transport Pilot) und
Colm Meaney als Chief O'Brien

Dies ist eine Fortsetzung von »Haven« und »The Big Goodbye«, in der eine mannstolle Troi auf Männerjagd geht. Sie versucht Picard zu verführen, der Zuflucht im Holodeck sucht, und sich dort als Dickson Hill verkleidet vor ihren eindeutigen Annäherungsversuchen versteckt. Ebenfalls an Bord der Enterprise befindet sich eine

18. KAPITEL

Majel Barret, bestens bekannt als Lwaxana Troi, die große Dame des Universums, ist oft bei Conventions zu Gast.

(Photo ©Karen Witkowski)

Gruppe außerirdischer Delegierter, die unbedingt eine bevorstehende diplomatische Konferenz sabotieren wollen.

Genauso wie im Fall »The Royale« war Tracy Torme mit den Änderungen in seinem Skript nicht einverstanden, so daß er seinen Namen zurückzog und ein Pseudonym verwendete. »Ursprünglich sollte das eine Fortsetzung zweier meiner früheren Folgen aus der ersten Staffel werden. Zwei Fortsetzungen in einer Folge«, lacht er, »sie hatten schon lange mit mir darüber geredet, Troi wieder erscheinen zu lassen. Da aber ›Haven‹ nicht gerade eine meiner Lieblingsfolgen war, dachte ich, es sei besser, wenn jemand anders das Drebuch schreiben könnte, obwohl ich eigentlich diese Figur erschaffen habe. Ich dachte darüber nach und kam zu dem Schluß, daß ein Element aus einer meiner anderen Folgen blendend dazu passen würde. Es würde lustig werden, zwei Fortsetzungen in einer Folge zu haben. Das reizte mich richtig, und bei Gene fand ich Unterstützung. Das Problem war, daß ich die besten Passagen im Drehbuch für das Dixon-Hill-Segment schrieb«, fährt Torme fort. »Ich hatte mir vorgenommen, es anders als in ›The Big Goodbye‹ zu machen, und verlegte einen Teil der Show aufs Holodeck, wo diesmal nichts schiefgeht, und alles richtig funktioniert. Ich liebe Raymond Chandler und die Schwarze Serie (in s/w gedrehte Krimis der 40er und frühen 50er Jahre, Anm. d. Übers.). Daher schrieb ich alle diese zynischen Voice-over (Textpassagen, die von einer Stimme im Hintergrund oder dem Charakter gesprochen werden, während die Handlung weitergeht, Anm. d. Übers.) in typischer Chandler-Manier. Ich ließ ihn ein ganz bestimmtes Dixon-Hill-Buch einprogrammieren, ›The Long Dark Tunnel‹. Die erste Episode basierte auf ›The Maltese Falcon‹, dies hier auf ›Farewell My Lovely‹ und ein bißchen auch auf ›Little Sister‹. Die Neufassung der Dixon-Hill-Sequenz war so schlecht wie ›The Royale‹. Ich wurde grün vor Zorn. Sie traten auf der Passage herum, in der Picard sagt, daß alles auf einem Buch basiert, daß er gerade gelesen hat. Er sagte andauernd, ›Das passiert aber nicht im Buch‹. Es war nicht nur ›Kampfstern Galactica‹ ähnlich, sondern auch ›The Royale‹, wo sie auch sagten, daß alles, was passiert, auf einem Buch basiert. Ich war verzweifelt. Ich ging zu Gene. ›The Royale‹ hatte ich bereits abgeschrieben, aber jetzt verunstalteten sie auch noch ›Manhunt‹. Ich dachte, vielleicht könnte Gene eingreifen und noch retten, was zu retten war. Aber er war von der Bildfläche verschwunden, und alles lief über Maury (Hurley), und der wollte nichts davon hören. Der Dixon-Hill-Kram war ein kompletter Reinfall. Die Troi-Szenen waren okay. Ich zog meinen Namen zurück, weil ich nicht wollte, daß die Leute denken, ich hätte so einen Schwachsinn geschrieben.« »Ah, ja, die Rückkehr des Dixon Hill«, erinnert sich Rob Bowman, »Das war Majels Folge, und sie ist eine faszinierende Frau. Ich wurde gebeten, sicherzugehen, daß sie ihr Bestes gab. Es gibt eigentlich keine Verbindung zwischen ihren Paarungsgelüsten und Picard, der zu Dixon Hill wird. Es war eine einfache Methode alten Krempel wieder aufzugreifen. Es gibt für ihn keinen speziellen Grund, wieder Dixon Hill zu werden. Es machte großen Spaß, die 40er-Jahre-Klamotte zu drehen. Ich habe mich schon seit ›The Long Goodbye‹ darauf gefreut. Ich glaube, wir hatten nicht genug Tempo in der Folge, und ich fand sie ein wenig langweilig. Torme hatte mich bereits vorgewarnt, daß das passieren könnte. Sie änderten eine Menge, um den Part von Majel zu vergrößern, und strichen, was wir als Elemente der Schwarzen Serie empfanden. Aber Majel ist die Frau vom Boss, und taucht nur einmal pro Staffel auf, und da mußten wir ihr schon entgegenkommen bei ihrer Rolle, und genau das taten wir.«

EPISODE 46

The Emissary

»Klingonenbegegnung«

Erstausstrahlung: 24.6.1989
Drehbuch: Richard Manning und Hans Beimler nach einer unveröffentlichten Story von Thomas H. Calder
Regie: Cliff Bole

Gaststars:

Suzie Plakson (K'Eheyr)
Lance LeGault (K'Temoc)
Gergann Johnson (Admiral Gromek)
Anne Elizabeth Ramsey (Ensign Clancy)
Dietrich Bader (Tactical Crewman) und
Colm Meaney als Chief O'Brien

Die Besatzung eines klingonischen Kriegsschiffes erwacht aus dem Kälteschlaf und glaubt, das klingonische Imperium befinde sich noch immer im Krieg mit der Föderation. Allein die Enterprise befindet sich in Reichweite des Schiffes, das ohne weiteres Föderationskolonien angreifen kann, wenn man es vorher nicht stoppt. Eine klingonische Botschafterin – halb Mensch und halb Klingone –, die frühere Freundin von Worf, kommt an Bord der Enterprise, um dabei zu helfen, die schlafenden Klingonen friedlich zu wecken. Sie hoffen darauf, das Schiff ohne weiteren Zwischenfall wieder zur Heimkehr bewegen zu können.

Maurice Hurley meint zu »The Emissary«: »Großartige Idee, eine, die funktionierte. Wenn man die Klingonen

18. KAPITEL

dabei hat, hat man es mit Emotionen und Leidenschaft zu tun. Man hat da jemanden, der kein Blatt vor den Mund nimmt. Manchmal braucht man diesen Ausgleich in der Serie. Sie wird sonst zu selbstgefällig, und man benötigt etwas, das auflockert; jemanden der die Barrikaden stürmt. Die Idee der Halbklingonin war lustig.« Regisseur Cliff Bole bemerkt: »Ich mochte die Folge, und ich glaube, daß Michael Dorn seine Sache gut machte. Ich glaube, ich ließ Suzie Plakson ein wenig übertreiben. Sie war ein bißchen zu derb, aber sie ist eine talentierte Schauspielerin. Es macht Spaß, die Klingonen-Folgen zu drehen. Wer zum Teufel weiß schon, was ein Klingone ist? Wer weiß denn schon, wie sich Klingonen lieben? In ›The Emissary‹ kam ich auf die Idee, wo sie sich in seine Hand krallt, und dann ist überall Blut. Ich machte das auf dem Set. Ich wunderte mich, was sie wohl machen würden, und erwartete gebrochene Knochen und dachte mir, daß das wohl auch dazugehören würde, wenn es bei ihnen richtig abgeht.« K'Ehelyr wurde von Suzie Plakson gespielt, die bereits in Tracy Tormes »The Schizoid Man« als vulkanische Ärztin Dr. Selar zu sehen war. Torme wollte, daß sich zwischen Selar und Worf eine Liebesaffäre entwickelt. Eine Idee, die von den Produzenten verworfen wurde, weil bereits »The Emissary« in der Planung war. Torme aber bezeichnet den Entwurf zu der Folge als »Plump«. »Wenn es eine Vulkanierin gewesen wäre, wäre es viel interessanter geworden.«

EPISODE 47

Peak Performance

»Galavorstellung«

Erstausstrahlung: ____________ **8.7.1989**
Drehbuch: ____________ **David Kemper**
Regie: ____________ **Robert Scheerer**

Gaststars:

Roy Brocksmith (Sirna Kolrami), **Armin Shimerman** (Bractor), **David L. Landers** (Tactician), **Leslie Neale** (Ensign Nagel), **Glenn Morshower** (Ensign Burke)

Aus der Begegnung mit den Borg zieht Picard die Konsequenzen und beschließt eine Gefechtssimulation, bei der Riker das Kommando über eine Starfleet-Fregatte hat. Riker hat bei diesem Scheingefecht ein Team von Hilfsoffizieren unter sich, eingeschlossen Wesley und Worf. Das Gefecht wird von einem Meisterstrategen beobachtet. Das Schiff, dessen Waffensysteme deaktiviert sind, wird unterdessen von den Ferengi angegriffen.

»Ich mochte das Skript«, bemerkt Melinda Snodgrass. »Als ich hinzukam, dachte ich, daß es eine wunderbare Rolle für Jonathan (Frakes) sei. Es hat mir sehr viel Spaß gemacht, die Folge umzuarbeiten. Die Schreiberei machte wirklich Spaß, aber wir hatten Schwierigkeiten, das Skript an den Mann zu bringen, weil es nun einmal ziemlich teuer ist, ein Gefecht zwischen Raumschiffen zu inszenieren.« Maurice Hurley meint dazu: »Eine gute Idee, die funktionierte. Die Kriegsspiele haben Spaß gemacht, und die Charaktere waren gut.« »Eine lustige Episode«, sagt Regisseur Robert Scheerer. »Und ich mochte (Gaststar Roy) Brocksmith. Er ist einfach ein wunderbarer Komödiendarsteller. Ich habe ihn auch zwei oder drei Mal in anderen Folgen eingesetzt.«

EPISODE 48

Shades of Grey

»Kraft der Träume«

Erstausstrahlung: ____________ **15.7.1989**
Drehbuch: __ **Maurice Hurley, Hans Beimler**
____________ **und Richard Manning**
Regie: ____________ **Rob Bowman**

Gaststars:

Colm Meaney als Chief O'Brien

Bei einer Bodenmission steckt sich Riker mit einem tödlichen Virus an und fällt ins Koma. Pulaski versucht, die Krankheit zu bekämpfen, bevor sie Riker tötet. Um eine weitere Ausbreitung zu verhindern, muß Riker Erinnerungen an frühere Missionen durchleben. Das führt zu einer Reihe von Ausschnitten aus vorangegangenen Episoden.

»Eine schreckliche Folge«, kommentiert Maurice Hurley, »Es sollte eine Konserven-Folge werden. Schrecklich, einfach schrecklich, so Geld zu sparen. Aber ich war sowieso mit einem Bein schon aus der Serie. Ich schrieb die Folge, und Beimler und Manning schrieben sie um.« Regisseur Rob Bowman teilt diese Meinung: »Wir drehen drei Tage lang die Rahmenhandlung, und alles andere waren Rückblenden, einzig und allein um Geld zu sparen. Ich habe mir niemals die fertige Fassung angesehen. Alles, was ich über die Folge sagen kann, ist, daß ich sie in drei Tagen drehte... und es war eine nette Kulisse. Ich sagte ihnen, daß es mindestens fünf Tage dauern würde, um das vernünftig zu drehen, nicht drei, und sie versuchten Einsparungen zu machen. Als sie fragten, »Können Sie das in drei Tagen machen?‹, erklärte ich ihnen, daß wir die Kulissen nicht wechseln können. ›Wenn Sie ein Maximum an Filmmaterial in drei Tagen haben wollen, kann man nicht auf dem gesamten Schiff filmen. Lassen Sie uns in der Krankenstation bleiben.‹ Ich erinnere mich, daß wir volle drei Tage auf der Krankenstation filmten. Ich versuchte, so interessante Kameraeinstellungen zu machen, wie ich konnte. Es war die Paramount, die uns zu verstehen gab, daß sie uns mehr Geld als geplant für ›Elementary, Dear Data‹ und die Borg-Folge gegeben hatten. Nun sollten wir ihr den Gefallen tun und diese Folge in drei Tagen abdrehen. Ein Ausnahmefall in der Branche.«

19. KAPITEL

Dritte Staffel

Die dritte Staffel wurde weitgehend als die beste TNG-Staffel angesehen, die je produziert wurde. Sie signalisierte gegenüber den ersten beiden Staffeln – sowohl von der Herstellung, wie auch der Dramaturgie – eine Veränderung.

Als Hurley ankündigte, daß er die Serie verlassen würde, holte Rick Berman den alten Science-fiction-Hasen Michael Wagner. Dieser stand dem Autorenteam der kurzlebigen ABC-Serie »Probe« vor. Wagner kam an Bord mit der Hoffnung, einen neuen, glatteren Kurs einschlagen zu können. Aber schon kurz nachdem er als Executive Producer zum Team stieß, war er auch bereits wieder aus der Show raus.

»Ich glaube einfach, daß die Show nicht Wagners Fall war«, meint Regisseur Cliff Bole, »und auch nicht, daß Rick und die anderen die Show so gut kannten, daß sie sich aufeinander verlassen konnten. Selbst die Jungs von der Technik, die praktisch im Weltraum zu leben schienen, trugen ihren Teil dazu bei. Ich glaube, er war es einfach nicht gewöhnt, unter solchen Bedingungen zu arbeiten.« Wagner, der sich in den unendlichen Weiten nur knapp drei Wochen lang herumquälte, bevor er sie wieder verließ, wurde durch Michael Piller ersetzt. Piller, ein früherer Journalist, TV Executive Producer und Zensor, hatte mit Wagner kurz bei »Probe« zusammengearbeitet. Außerdem hatte er an »Miami Vice« mitgearbeitet. Nachdem Piller vier Jahre lang »Simon & Simon« gemacht hatte, kam er, bereits Trekkie, zu The Next Generation. Er begrüßte die Idee, das langsam abstürzende Raumschiff wieder auf Vordermann zu bringen. Piller war der festen Überzeugung, daß The Next Generation bereits eine der besten Fernsehserien war, die sich durchaus mit Publikumslieblingen wie »Wiseguy« oder auch »L.A. Law« messen konnte. Die Klassik-Serie hatte die dritte Staffel nicht überlebt. Und Piller wußte, daß The Next Generation zumindest vier Staffeln haben mußte, um sich endlich bei den Lokalsendern erfolgreich zu etablieren. Der Autor und Produzent hatte daher Angst, der Show seinen eigenen Stempel auszudrücken. Piller schuf einige der besten Folgen der Staffel. Dabei wurde er von alteingesessenen Trek-Schreibern wie Hans Beimler und Richard Manning, der schon in der ersten Staffel mitgemacht hatte, aber aufgrund künstlerischer Differenzen mit Hurley das Feld räumte, und Melinda Snodgrass, die mit einer Nominierung der Writers Guild für ihr Drehbuch »Measure of the Man« ausgezeichnet wurde, unterstützt.

Nach Hurleys Ausscheiden engagierte sich Berman auch mehr bei den Drehbüchern, und Piller arbeitete unter seiner administrativen und kreativen Schirmherrschaft. Im Gegensatz zu seinen Vorgängern, ließ der neue Cäsar der Trek-Welt seine Autorität subtiler walten. Zuerst ordnete er eine Änderung bei den Kostümen an und ersetzte einige Mitglieder der Produktionscrew. Berman suchte nach einem neuen und ausgeprägteren Look. Währenddessen unterstützte Piller Berman mit seinem sicheren Blick für gutes neues Material, und obwohl beide dabei nicht immer einer Meinung waren, brachten sie Star Trek dorthin, wo es noch nie zuvor gewesen war.

Zwangsläufig richteten die beiden Produzenten ihr Augenmerk auf die Besetzung. Berman holte Gates McFadden als Dr. Beverly Crusher zurück und begründete dies damit, daß Diana Muldaur mit dem Rest des Casts nicht zurechtkam: Die Chemie stimmte nicht. Die über fünfzigjährige Schauspielerin fand schnell eine neue Rolle als Anwältin Rosalind Shayes in »L. A. Law«. Obwohl sich unter Pillers und Bermans Herrschaft die Zuschauerrate verbesserte, herrschte hinter den Kulissen nicht immer eitel Sonnenschein, und die Drehtür nach draußen stand nicht still. Story-Redakteur Richard Danus blieb nur knapp einen Monat, und die Trekkies Beimler, Manning und Snodgrass, die für einige der hervorragendsten Folgen der dritten Staffel verantwortlich waren, fanden sich schnell im Clinch mit Piller wieder. Piller hatte seine eigenen Ideen, wie man ein Raumschiff zu führen hatte. Am Ende der Staffel waren die drei verschwunden.

Auch die Darsteller begannen, ein Wörtchen mitreden zu wollen. Patrick Stewart zum Beispiel war mit seiner Rolle unzufrieden. In der Klassik-Serie war William Shatner der dominierende Schauspieler gewesen und beanspruchte die meisten dramatischen Szenen und Folgen für sich. Seine Mitstreiter blieben zumeist außen vor. Stewart wollte einfach ein Stück vom Kuchen abhaben und führte an, daß Riker und Data mehr Aufmerksamkeit geschenkt wurde als ihm. Bekümmert beschwerte er sich, daß Picard einfach zu viel redet. Aber wenn dann so richtig die Post abgeht, bleibt er ständig auf der Brücke zurück, während die ihm Untergeordneten immer in Aktion treten. SF-Autor Ben Bova kommentierte treffend, »Wenn man Picard beobachtet, verhält er sich wie ein Sozialarbeiter.«

In der Mitte der Staffel hatten sich die neuen Folgen genug im Star-Trek-Tempel etabliert, um Spocks Vater, Sarek (Mark Leonard), aus der Klassik-Serie auftreten zu lassen. Wie auch immer, der Skandal war perfekt, als Gaststar Michael Rappaport am dritten Drehtag der Folge »The Most Toys« versuchte, Selbstmord zu begehen (Einige Wochen später brachte er sich schließlich erfolgreich bei einem zweiten Versuch um). Seine Rolle wurde hastig mit Saul Rubinek neu besetzt.

Die Stimmung am Set wurde mürrisch und infizierte den müden und ausgelaugten Cast bis zum Ende der Staffel. Cast und Crew waren durch den verlängerten Drehplan, hervorgerufen durch einen Streik bei der Writer's Guild und die Angst vor dem Sommerloch, einfach am Ende ihrer Kräfte. »Ich habe 11 Jahre fürs Fernsehen gearbeitet, und keine Show, an der ich beteiligt war, war so schwierig wie Star Trek. Das hatte verschiedene Gründe«, sagt Autor/Produzent Ira Steven Behr, jetzt Produzent bei Deep Space 9. »Es ist so schwierig, weil man nicht einfach eine Story macht, die funktioniert oder

19. KAPITEL

Mark Lenard war als Sarek in der Originalserie, den Zeichentrickfolgen, den Kinofilmen und jetzt auch in »The Next Generation« zu sehen.
(Photo © Karen Witkowski)

nicht, sondern man versucht, eine Geschichte zu erzählen, die in einem ›Sandkasten‹ zu spielen hat. Das einzige, mit dem man eine Star-Trek-Folge vergleichen kann, ist eine andere Star-Trek-Folge. Die Regeln sind so fest abgesteckt, und es ist so einzigartig, daß ich in der dritten Staffel ›The Next Generation‹ mit Ideen kommen könnte, die ich für gut und machbar hielt, aber man mir sagen würde, daß man das nicht machen kann, weil es nicht in diesen Rahmen paßt. Jeder Autor, der ein persönliches Interesse hat, und das gab es hier, beschwerte sich darüber.«

Behr wurde von Hurley erstmals während der zweiten Staffel angesprochen, als er für Paramount an der NBC-Serie »The Bronx Zoo« arbeitete, lehnte aber sein Angebot ab. »Er erzählte mir, was auf mich zukommt, wenn ich bei der Serie einsteigen würde, und ich sagte, ›Nein, danke. Auf Wiedersehen.‹ Es war schon ein sehr großer Unterschied zu meinen bisherigen Fernsehserien.«

Behr wurde schließlich von Michael Piller überredet, für die dritte Staffel zum Autorenteam zu stoßen, und verließ es nach einem Jahr wieder. Aus seiner Feder stammen »Captain's Holiday« und »The Vengeance Factor« sowie einige Drehbuchbearbeitungen.

»Als ich ›The Next Generation‹ verließ, boten sie mir einen Vertrag für die vierte und fünfte Staffel an. Ich entschloß mich nach einigem Hin und Her, ihn nicht anzunehmen«, erinnert sich Behr. »Die dritte Staffel war eine so verrückte Zeit gewesen. Es war für alle Beteiligten, einschließlich Michael, schwierig, alles auf die Reihe zu bekommen. Die Show rutschte auf der Beliebtheitsskala ab. Das lag an den Schwierigkeiten zu Beginn der Staffel, und es wurde eine lange, ungemütliche Saison. Der Druck wurde fast unerträglich, und ich glaube, wir haben auch Folgen gemacht, die wir unter anderen Voraussetzungen nicht so abgeliefert hätten.«

Die Gemüter beruhigten sich nicht, als bei einer farblosen Folge der dritten Staffel, die von Gene Roddenberrys langjähriger Sekretärin Susan Sackett geschrieben wurde, die Presse auf einer Szene herumtrat, in der Troi und ihre Mutter nach Sitte der Ferengi angeblich nackt ausgezogen werden. Tatsächlich aber trugen Marina Sirtis und Roddenberrys Ehefrau, Majel Barret, Bodystockings.

Am Ende der Staffel dachte auch Piller über einen Ausstieg aus der Serie nach. Berman und Roddenberry überredeten ihn, zu bleiben. Er steuerte den Cliffhanger der Staffel bei, in dem er auch seine eigenen Erfahrungen bei Star Trek verarbeitete. Im Skript »The Best of Both Worlds« benutzt er Riker als fiktionalen Ersatz, der die traditionellen Trek-Regeln bricht, seinen heftigen Gewissenskonflikt und groß angelegte Spezialeffekte. Nun war The Next Generation tatsächlich auf dem Weg dorthin, wo Star Trek noch niemals zuvor gewesen war: zu einer vierten Staffel. Die Vermarktung von Star Trek schritt voran, und hungrige Fans konnten nur durch Wiederholungen und die Kinofilme besänftigt werden.

Episodenführer zur dritten Staffel

»Evolution«

»The Ensigns of Command«

»The Survivors«

»Who Watches the Watchers«

»The Bonding«

»Booby Trap«

»The Enemy«

»The Price«

»The Vengeance Factor«

»The Defector«

»The Hunted«

»The High Ground«

»Deja Q«

»A Matter of Perspective«

»Yesterday's Enterprise«

»The Offspring«

»Sins of the Fathers«

»Allegiance«

»Captain's Holiday«

»Tin Man«

»Hollow Pursuits«

»The Most Toys«

»Sarek«

»Menage a Troi«

»Transfigurations«

»The Best of Both Worlds, Part I«

20. KAPITEL

EPISODE 49

Evolution

»Die Macht der Naniten«

Erstausstrahlung: 23.9.89
Buch: Michael Piller nach einer Geschichte von Michael Piller und Michael Wagner
Regie: Winrich Kolbe

Gaststars:

Ken Jenkins (Dr.Paul Stubbs)
Mary McCusker (Krankenschwester)
Randal Patrick (Besatzungsmitglied Nr. 1)
Whoopi Goldberg (Guinan)

Wesleys wissenschaftliches Experiment gerät außer Kontrolle, als er versehentlich intelligente Mikro-Organismen, sogenannte »Nanniten«, in den Schiffscomputer setzt. Dieser Unfall gefährdet eine wichtige wissenschaftliche Mission von Dr. Paul Stubbs (Ken Jenkins), einem besessenen Wissenschaftler, der zu allem bereit ist, um seine Karriere zu retten.

Michael Piller ersetzte den nur kurz anwesenden Produzenten Michael Wagner. Gates McFadden kam als Beverly Crusher ebenfalls nach einem kurzen Urlaub zurück. Diana Muldaur verließ die Serie, da sich ihr Charakter bei den Fans nicht hatte durchsetzen können. Allerdings hatte sie kurz darauf als Rosalind Shayes in der von den Kritikern gelobten NBC-Serie »L.A. Law« großen Erfolg.

Zur Folge erklärt Piller: »Das war eine Gelegenheit, um Wesleys Charakter etwas Wachstum zu verschaffen. Ich wußte nicht genau, was daraus werden würde, als ich mit der Folge begann; ich wußte nicht, wie sich alles zusammenfügen würde. Als ich den Wissenschaftler kennenlernte, wurde mir klar, daß er Wesley in vierzig Jahren darstellt, wenn Wesley in seiner eingeschlagenen Richtung als Wunderkind, das sich nur um seine Arbeit kümmert, bleibt. Ich wollte diese Beziehung auf eine menschlichere Ebene bringen, um Wesley zum Wachsen zu bringen. Ich wollte ihn zu einer Beziehung mit einem Mädchen bringen. Es gab zehn Minuten zwischen ihm und dem kleinen Mädchen, die herausgeschnitten wurden, weil die Folge zu lang war. Aber am Ende sieht man ihn mit ihr, und die Mutter sagt dazu: ›Das sollte er tun.‹ Das wurde das Schlüsselelement bei Beverleys Rückkehr zur Serie. ›Mein Sohn hat keine normale Kindheit‹. Wir kennen alle Kinder, die so sind. Ich sah das und wußte, was gebraucht wird.

Insgesamt ist das eher eine B-Folge. Sie funktionierte ganz gut, aber ich hatte kein Ende für sie, ebensowenig wie Mike Wagner. Es gibt einige Szenen zwischen den Charakteren, auf die ich sehr stolz bin. Ich finde sie nicht schlecht. Ich war stolz auf diese Folge, aber sie hob nicht richtig ab.«

Regisseur Winrich Kolbe sagte dazu: »Ich hielt nicht sehr viel von dieser Folge. Es war eigentlich eine Wesley-Crusher-Folge, und das war ganz interessant. Vielleicht sollte ich mich damit abfinden, daß man in 44 Minuten nicht zu viele interessante Geschichten erzählen kann. Mir gefiel, daß der Wissenschaftler, der etwas durchzusetzen versuchte, plötzlich vor einem Hindernis stand, mit dem er nicht gerechnet hatte, nämlich die Kontrolle über die Nanniten zu verlieren. Es gab eine gewisse Unreife, oder so etwas. Das gefiel mir, aber vielleicht lag es daran, daß es um Wesley ging, und jeder, sogar die Autoren, dachten, es sei eine Kinderfolge. Deshalb schenkten sie dem Thema nicht die nötige Beachtung. Es ist ein sehr ernstes Thema.«

»Ich war vor kurzem in Georgia«, fährt er fort, »dort sieht man sehr viel Kudzu, eine Kletterpflanze, die man aus verschiedenen Gründen aus Japan einführte. Zum einen wächst sie sehr schnell, zum anderen hält es Befestigungen sehr gut fest. Sie bedachten allerdings nicht, daß die Kletterpflanze sich in dem feuchteren Klima Georgias schneller ausbreitet und bis jetzt schon ganze Waldteile vernichtet hat. Man kann der Pflanze beim Wachsen zusehen. Wir machten eine Markierung an dem Platz, wo ich am nächsten Tag die Kamera aufstellen wollte. Als wir einen Tag später zurückkamen, war die Markierung verschwunden. Das ist so eine Sache, wo jemand eine Idee nicht richtig durchdachte. Das ganze DNA Cloning, was man im Moment macht. Diese sehr wichtigen Dinge liegen im Verantwortungsbereich der Wissenschaftler. Die Folge konzentrierte sich auf die Mutter-/Sohn-Beziehung. Dadurch verloren wir den wichtigen Aspekt wissenschaftlicher Verantwortlichkeit.«

EPISODE 50

Ensigns of Command

»Die Macht der Paragraphen«

Erstausstrahlung: 30.9.89
Buch: Melinda Snodgrass
Regie: Cliff Bole

Gaststars:

Eileen Seeley (Ard'rian Mackenzie)
Mark L. Taylor (Haritah)
Richard Allen (Noe)
Colm Meaney (Chief O'Brien)
Mart McChesney (Sheliak)

Data erhält seine erste Kommandoverantwortung auf einem Planeten, dessen menschliche Kolonisten sich in Gefahr befinden. Die Sheliak, eine gewalttätige außerirdische Rasse, die sich strikt an legale Vorgänge hält, plant die Kolonisierung dieser Welt, die rein legal ihnen gehört. Als die Bevölkerung eine Evakuierung ablehnt, muß Data improvisieren, um sie zur Abreise zu bewegen, bevor die Shaliak eintreffen und die Kolonie vernichten. An Bord der Enterprise sucht Picard in der Zwischenzeit nach einer Lücke in dem Vertrag zwischen der Föderation und den Shaliak, um den Angriff aufzuhalten.

»Ich wünschte, Sie hätten meine Version sehen können«, sagt Melinda Snodgrass. »Ich wollte Data in seiner Entwicklung zum Menschen weiterbringen. Ich wollte ihn unter Druck setzen und ihn einer Situation auszusetzen, in der Logik nicht ausreicht. Er sollte einsehen, daß man auch Charisma braucht, um ein Kommando zu führen. Man muß lernen, wie man seine Karten einsetzt und hoffen, daß sie besser sind, als die des anderen.«

20. KAPITEL

Cliff Bole bemerkt: »Das war eine der Folgen, wo wir die Illusion von Größe hatten, und dann im letzten Moment $ 200.000 sparen mußten. Das Budget-Problem.«

EPISODE 51

The Survivors

»Die Überlebenden auf Rana 4«

Erstausstrahlung: 7.10.89
Buch: Michael Wagner
Regie: Les Landau

Gaststars:

John Anderson (Kevin Uxbridge)
Anne Haney (Rishan Uxbridge)

Die Enterprise entdeckt nur zwei Überlebende einer außerirdischen Attacke, die die gesamte Bevölkerung auf Rana 4 vernichtete. Sie trauen der Geschichte nicht, die einer der Überlebenden, Kevin Uxbridge (John Anderson) erzählt. Uxbridge behauptet, daß er und seine Frau die einzigen Überlebenden sind, sich jetzt in Sicherheit befinden und in Ruhe gelassen werden wollen. Schließlich findet Picard heraus, daß der angebliche Pazifist in Wirklichkeit ein mächtiger außerirdischer Gestaltwandler ist, der menschliche Form annahm, um eine Frau von der Erde zu heiraten. Als sie von den Invasoren getötet wurde, vernichtete er die Angreifer und jedes Mitglied ihrer Rasse im gesamten Universum.

»Wir drehten einen Tag lang Außenaufnahmen«, erinnert sich Les Landau. »Das machte nicht nur das Publikum, sondern auch die Crew glücklich. Wenn man jeden Tag im Studio drehen muß, wird das monoton. Wir hatten Glück, daß wir an einem sehr schönen, sonnigen Tag nach Malibu fahren konnten. Ich denke, die Geschichte war einmalig für Star Trek und bis jetzt eine meiner besten Arbeiten.«

Die Episode wurde von Michael Wagner geschrieben, der nur einen kurzen Gastauftritt als Star Treks Ausführender Produzent hatte, bevor er von Michael Piller ersetzt wurde.

Der Regisseur Cliff Bole, der schon bei zahlreichen Star-Trek-Episoden das Ruder in der Hand hielt, meint dazu nur: »Er [Wagner] kam einfach nicht damit zurecht, wie die Serie arbeitet. Rick und alle anderen kennen die Serie so gut und können sich aufeinander verlassen. Sogar die Leute von der Technik, die schon fast im Weltraum waren, bringen ihre Meinung mit ein. Ich glaube, bei anderen Serien hat er nicht so gearbeitet.«

EPISODE 52

Who Watches the Watchers

»Der Gott der Mintakaner«

Erstausstrahlung: 14.10.89
Buch: Richard Manning und Hans Beimler
Regie: Robert Wiemer

Gaststars:

Kathryn Leigh Scott (Nuria)
Ray Wise (Liko)
James Greene (Dr. Barron)
John McLiam (Fento)
Pamela Seagall (Oji)
James McIntyre (Hali)
Lois Hall (Dr. Warren)

Die Enterprise bringt ein Rettungsteam zu einem Starfleet-Außenposten, der eine primitive Kultur studiert. Versehentlich gewähren sie der atheistischen Rasse einen Blick auf ihre hochentwickelte Technologie und werden für Götter gehalten. Troi und Riker sind sich zwar der Gefahr einer Verletzung der Ersten Direktive bewußt, müssen aber einen verletzten Föderationsoffizier retten. Deshalb beamen sie sich in Verkleidung auf den Planeten. Zwar gelingt Riker die Flucht mit dem vermißten Offizier, aber Troi wird von den Nantokanern gefangen genommen, die Picard als ihren Gott ansehen.

»Wir machten ›Heinrich VIII‹ in New York«, sagt Jonathan Frakes über seinen Co-Star Ray Wise (Liko), der vielleicht am bekanntesten als der psychopathische Vater Leland Palmer aus »Twin Peaks« ist. »Wir gingen nach Vasquez Rocks, wo sie damals auch

Kathryn Leigh Scott, hier als Maggie Evans in »Dark Shadows«, glaubte in »Who Watches The Watchers?«, Picard sei ein Gott.

Folgen der alten Serie drehten. Jeder fühlt sich besser bei Außenaufnahmen, selbst wenn es nur für einen Tag ist.«

Eine Bemerkung zur Besetzung: Kathryn Leigh Scott spielte Maggie Evans, die Geliebte des Vampirs Barnabas Collins in der Horror-Seifenoper »Dark Shadows«.

EPISODE 53

The Bonding

»Mutterliebe«

Erstausstrahlung: 21.10.89
Buch: Ronald D. Moore
Regie: Winrich Kolbe

Gaststars:

Susan Powell (Lieutenant Marla Aster)
Gabriel Damon (Jeremy Aster)
Colm Meaney (Chief O'Brien)

Die Schiffsgeschichte eines Jungen, Jeremy Aster (Gabriel Damon aus »Robocop II«), der mit dem Tod seiner Mutter Marla (Susan Powell) fertigwerden muß, die bei der Mission eines Außenteams starb. Worf

fühlt sich berufen, den Stiefvater zu spielen, da er die Mission leitete. Alle sind schokkiert, als sich Marla lebendig und gesund auf dem Schiff einfindet. Die Besatzung erfährt, daß sie eine Illusion ist, die von den von Schuldgefühlen geplagten Außerirdischen, die für ihren Tod verantwortlich sind, an Bord gebracht wurde.

Michael Piller erinnert sich: »Als ich zur Serie kam, gab es keine neuen Folgen. Es gab keine Geschichten und keine Drehbücher, die man hätte machen können, was der größte Alptraum ist, den man sich vorstellen kann. Man hat keine Ausweichmöglichkeiten, und der Appetit einer wöchentlichen Serie ist gigantisch. Sobald ein Drehbuch fertig ist, braucht man bereits ein neues und so weiter. Ich ging jeden Notizzettel durch auf der Suche nach etwas, daß ich produzieren konnte. Das erste, was mir auffiel, war dieses Drehbuch namens ›The Bonding‹, was schon lange herumgelegen hatte. Es gefiel mir sehr gut. Es mußte ein wenig überarbeitet werden, weil die Geschichte mit den Außerirdischen sich nicht richtig einfügte. Aber ich mag diese Folge sehr, und ich bin stolz darauf. Sie macht das, was Star Trek am besten kann; sie erforscht die menschliche Bestimmung.«

Der Autor Ron Moore bemerkt, daß die größte Veränderung in seinem Drehbuch die Szene betraf, in der der Junge erfährt, daß seine Mutter getötet wurde und in das Holodeck geht, um sie dort nneu zu erschaffen. »Ich wollte mit den Gefahren des Holodecks spielen«, sagt Moore. »Ein Kind geht hinein und erschafft seine Mutter neu. Was macht man in einer solchen Situation? Sie wollten aber zu diesem Zeitpunkt nicht noch eine Holodeck-Folge machen, außerdem glaubten sie, das würde die Aufmerksamkeit von den Außerirdischen wegnehmen. Ich hatte die Idee, weil mir klar wurde, daß man eintausend Leute auf diesem Schiff hat und daß da auch Familien sind. Die Serie hatte sich nie mit den Fragen beschäftigt, die durch ein Familienschiff aufkommen. Ich wollte eine Geschichte darüber schreiben, was passiert, wenn die Mutter eines Kindes stirbt, was dem Kind passiert und dieser Familie. Das führte mich dann zwangsläufig zu Worf, weil er auch eine Waise ist.«

»Interessante Folge«, sagt Winrich Kolbe. »Ich habe einige Zweifel, was den Jungen angeht, den ich immer Clark Gable jr. nannte, wegen seiner Ohren. Es war eine nette Episode und gut für Michael, aber sie begeisterte mich nicht besonders. Sie ist nicht so stark wie einige andere.«

Episode 54

Booby Trap

»Die Energiefalle«

Erstausstrahlung: ____ **28.10.89**
Buch: ____ **Ron Roman, Michael Piller und Richard Danus**
Regie: ____ **Gabrielle Beaumont**

Gaststars:

Susan Gibney (Dr. Leah Brahms)
Colm Meaney (Chief O'Brien)
Albert Hall (Galek Dar)
Julie Warner (Christy)
Whoopi Goldberg (Guinan)

Die Enterprise wird in einen futuristischen Minenfeld gefangen, daß die Energie des Schiffes rapide auslaugt. LaForge muß eine Fluchtmöglichkeit finden. Er benutzt die holographische Hilfe der Schiffskonstrukteurin Dr. Leah Brahms, indem er sie und die Baupläne der Enterprise auf dem Holodeck erschafft.

»Als wir die erste Fassung von ›Booby Trap‹ bekamen, redete Picard im Inneren des Schiffs mit einer Frau, die ihm half, das Problem zu lösen«, sagt Michael Piller. »Ich dachte allerdings, daß Picard auf der Brücke sein sollte und sich nicht mit irgendeiner Frau unterhalten sollte. Ich hielt Geordie für besser, weil Geordie dieses Schiff liebt, und dies eine Geschichte über einen solchen Menschen ist. Das paßte auch gut zu Geordies Ungeschicklichkeit im Umgang mit Frauen. Er kann eine Frau erschaffen, die die Maschinen erschuf, die er liebt. Das ist wie die Beziehung zwischen einem Mann und seinem Auto.«

»TNG ist, was es ist«, sagt der Produzent von »Deep Space Nine« und Story-Regisseur in TNG's fünfter Staffel Peter Alan Fields. »Es ist eine Science-fiction-Serie. Es geht nicht um Illusion oder Fantasy. Ich denke, wir müssen Folgen drehen, die man so nirgendwo sehen würde. Die Zuschauer erwarten Science-fiction-Elemente, die Folgen werden dadurch nicht unglaubwürdig. Die beste Art Science-fiction ist die, die ihre Wurzeln in unserem eigenen Leben hat, jetzt passieren könnte und nur logisch fortgeführt wird. Wir versuchen die optimale Verschmelzung von Charakter-Geschichten und Science-fiction zu erreichen. ›The Booby Trap‹ ist ein sehr gutes Beispiel dafür. Sie war funktionierende Science-fiction, voller Charakter, voll Menschlichkeit und voller Leben.«

Episode 55

The Enemy

»Auf schmalem Grat«

Erstausstrahlung: ____ **4.11.89**
Buch: ____ **David Kemper und Michael Piller**
Regie: ____ **David Carson**

Gaststars:

John Snyder (Centurio Bochra)
Andreas Katsulas (Commander Tomalak)
Colm Meaney (Chief O'Brien)

LaForge wird auf einem feindlichen Planeten bei einer Mission des Landeteams vermißt. Die Enterprise hatte dort ein abgestürztes romulanisches Shuttle entdeckt. Geordie, der keine Möglichkeit hat, mit dem Schiff zu kommunizieren, begegnet einem verwunderten romulanischen Centurio, Bochra (John Snyder), der ihn als Gefangenen nimmt. Währenddessen versucht Dr. Crusher, einen sterbenden Romulaner in der Krankenstation zu retten. Worf ist der einzige an Bord, der die passende Blutgruppe hat, um ihn zu retten.

Michael Piller war stark an der Überarbeitung dieser Folge beteiligt. »Am Anfang war das eins unserer schlechtesten Drehbücher, und daraus

20. KAPITEL

Andreas Katsulas, hier in »Someone to Watch Over me«, spielte den romulanischen Commander Tomalak in verschiedenen Episoden.

wurde eine der besten Folgen der dritten Staffel. ›The Enemy‹ ließ Worfs Charakter ganz enorm wachsen. Als ich zum ersten Mal vorschlug, den Romulaner sterben zu lassen, ging ein Raunen durch den Raum. Michael Dorn fragte mich, was ich aus seinem Charakter machen wolle? Als er begriff, was wir vorhatten, und die Gründe dafür sah, verliebte er sich in die Idee. Rick Berman wußte sofort, daß das richtig sein würde. Nachdem ich ihn hinter mir hatte, war der Rest ein Kinderspiel. Sehen Sie, der Zuschauer erwartet, daß Worf seine Meinung ändern wird, weil das im Fernsehen immer so ist. Aber er macht das nicht, und das war eine sehr gute Entscheidung. Zuerst war es natürlich eine schockierende und sehr kontroverse Idee. Aber schließlich redet man über das Überleben und das Überleben unter Feinden. Es war eine natürliche Weiterführung des Charakters.«

Michael Dorn erklärt über seine Beteiligung an der Folge: »Ich rief die Produzenten an und sagte ihnen, ich sei dagegen. Ich dachte, es wäre ehrenhaft, Blut zu spenden. Ich dachte, die Leute würden Worf für einen Mörder halten. Die Produzenten hatten allerdings den Eindruck, daß Worf langsam zu menschlich würde... einfach nur ein Typ mit einem großen Kopf. Als die Gelegenheit kam, den Zuschauern zu beweisen, daß Worf nicht menschlich und nicht durch die gleichen Moralvorstellungen gebunden ist, griffen sie natürlich zu.«

Inzwischen weiß Dorn, daß sie recht hatten. »Sie hatten gute Gründe, um das zu machen. Es ist meine Lieblingsfolge, obwohl ich nur drei Szenen habe. Aber diese drei Szenen zeigen drei verschiedene Seiten von Worf. Es war eine herausragende Folge.«

EPISODE 56

The Price

»Der Bazanhandel«

Erstausstrahlung: 11.11.89
Buch: Hannah Louise Shearer
Regie: Robert Scheerer

Gaststars:

Matt McCoy (Devinoni Ral)
Elizabeth Hoffman (Premier Bhavani)
Castulo Guerra (Mendoza)
Scott Thompson (DaiMon Goss)
Kevin Peter Hall (Leyor)
Dan Shor (Dr. Arridor)
Colm Meaney (Chief O'Brien)

Die Föderation verhandelt mit dem Planeten Crystalia über die Kontrolle über das angeblich erste stabile Wurmloch. Die Ferengi unter DaiMon Goss (Scott Thompson) unterbrechen die Verhandlungen, um ihr eigenes Angebot zu überbringen. Einer der Verhandlungsteilnehmer, Devinoni Ral (Matt McCoy) läßt sich intim mit Troi ein, die herausfindet, daß er ein halber Betazoide ist, wodurch er einen Vorteil bei den Verhandlungen gegenüber Riker hat.

Das Gerücht über eine Szene, in der Troi mit dem außerirdischen Botschafter ins Bett geht, rief einigen Wirbel hervor.

»Das war nicht so gemeint«, sagt Michael Piller. »Wir bekamen einige Briefe von erbosten Leuten, bevor die Folge überhaupt gelaufen war, aber niemand schrieb nach der Ausstrahlung. Ich lese mir diese Beschwerden sehr genau durch.«

Piller fügt hinzu: »Es war eins der besten Drehbücher, die wir hatten. Wenn man der Folge zuhört, ohne sie sich dabei anzusehen, hat man wirklich Spaß dabei. Allerdings war es eine enttäuschende Folge. Sie hat es eben einfach nicht geschafft. Es war eine sehr gute Folge für Troi, und sie spielte großartig.«

Der Regisseur Robert Scheerer bemerkt: »Am deutlichsten erinnere ich mich an meine enge Zusammenarbeit mit Marina, weil ich mit ihr vorher nie so ausführlich gearbeitet hatte. Sie ist wie die Folge auch sehr menschlich. Ich habe gehört, sie wäre auch in ›The Loss‹ großartig gewesen, aber ich habe die Folge nie gesehen. Sie war hier verdammt gut. Ich war begeistert, weil das wirklich nicht leicht zu spielen war.«

EPISODE 57

The Vengeance Factor

»Yuta, die letzte ihres Clans«

Erstausstrahlung: 18.11.89
Buch: Sam Rolfe
Regie: Timothy Bond

Gaststars:

Lisa Wilcox (Yuta)
Joey Aresco (Brull)
Nancy Parsons (Herrscherin Marouk)
Stephen Lee (Chorgon)
Marc Lawrence (Volnath)
Elkanah J. Burns (Temarek)

Picard verhandelt in einem Streit zwischen einer Gruppe von Piraten und der Herrscherin von deren Heimatwelt, um den Rebellen eine Rückkehr und eine Amnestie zu ermöglichen. Einer der Klansmänner wird von Yuta, Rikers neuester Liebe, und einer Dienerin der Herrscherin ermordet, die die Vernichtung ihres Klans rächen will.

Timothy Bond, ein erfahrener TNG-Regisseur, hielt bei dieser Folge das Ruder in der Hand. »Es wäre toll, wenn wir Proben hätten, aber das haben wir nicht«, sagt Jonathan Frakes über das Schauspielern in der Serie. »Jeder hat begriffen, daß man die Brücke nur aus einer bestimmten Anzahl von Winkeln aufnehmen kann. Wir kennen den Raum, wir wissen, wo wir hinzugehen haben, und wenn man versucht, zu künstlerisch zu sein, landet man leicht in dem, was wir liebevoll als Toilette bezeichnen.«

Die Folge hatte einen sehr dunklen Unterton, besonders im Teaser, in dem Riker ein Außenteam durch einen Gang voller Leichen führt.

»Das machte Spaß«, lacht Timothy Bond. »Der Dialog spielte keine Rolle, und ich glaube, wir schnitten auch einen Teil davon. Im Fernsehen neigt man dazu zu sagen: ›Ich öffne jetzt die Tür‹, wenn man die Tür auch einfach direkt öffnen kann. Das ist keine Radioserie. Wir konnten das sehr visuell drehen. Die künstlerische Abteilung lieferte uns eine sehr bizarr angemalte Rückwand. Sie leuchteten sie grün aus und gaben noch etwas Rauch dazu. Diese Folge hatte auch eine der besten Kulissen, die wir je hatten. Es tat mir sehr leid, sie nach zwei Tagen wieder abzureißen.«

Das Ende der Folge löste aus zwei Gründen Kontroversen aus: zum einen wird Riker gezwungen, Yuta zu töten, zum anderen reagiert Picard überhaupt nicht darauf.

»Die Produzenten machten sich Sorgen darüber, daß Riker so etwas macht«, stimmt Bond zu. »Was Picard angeht, gibt es leider einen Grund für seine Reaktionslosigkeit: die Optik. Er konnte sich nicht bewegen, während sie aufgelöst wird. Im Nachhinein war das vielleicht mein Fehler. Ich hatte nur die Idee, daß es gut aussehen würde, wenn Picard im Bild wäre, während sie getötet wird. Das bedeutete, daß man verschiedene Schichten für diese Aufnahme zusammenfügen mußte. Das konnte nur funktionieren, wenn Picard stillstand. Kein guter Grund. Als ich die Aufnahme sah, bereute ich die Entscheidung, aber da war der Dampfer schon abgefahren. Patrick bemerkte das natürlich auch. Er fragte sogar: ›Soll ich einfach nur hier sitzen und nichts tun?‹ Das andere Problem ist, was hätte er tun können? Wir wußten, daß Riker die Frau töten muß, und wir wollten nicht, daß Picard von dem Phaser getroffen wird. Was man hätte tun können, ist das, was man normalerweise macht: ihn nicht im Bild haben. Wenn er nicht in der Aufnahme ist, fragt das Publikum auch nicht, warum er nicht reagiert. Wir hatten damals die verschiedensten Gründe, aber eigentlich war es ein Fehler. Abgesehen davon bin ich jedoch sehr stolz auf diese Folge.«

Nancy Parsons spielte die Marouk in »The Vengeance Factor«.

EPISODE 58

The Defector

»Der Überläufer«

Erstausstrahlung: ______ **30.12.89**
Buch: ______ **Ronald D. Moore**
Regie: ______ **Robert Scheerer**

Gaststars:

James Stoyan (Admiral Jarok/Setal)
Andreas Katsulas (Commander Tomalak)
John Hancock (Admiral Haden)
S.A. Templeton (John Bates)

Der romulanische Commander Tomalak kehrt mit dieser Jagd auf einen romulanischen Überläufer zurück. Der Sub-Commander Setal warnt die Föderation vor einem romulanischen Übergriff auf die Neutrale Zone, der die Einleitung für eine Invasion bilden wird. Picard, der der Geschichte des Logistikbearbeiters nicht traut, entdeckt, daß der Offizier in Wirklichkeit der legendäre Admiral Jorak ist. Als sie in der Neutralen Zone eintreffen, finden sie keinen romulanischen Außenposten. Statt dessen werden sie von einer romulanischen Flotte erwartet, die die Enterprise zu Forschungszwecken in ihre Heimatwelt bringen will.

Ron Moores zweite Beteiligung an der Serie verhalf ihm zum Posten des Story-Redakteurs.

»Ihnen gefiel die Idee der Kuba-Krise in der Neutralen Zone«, sagt Moore. »Ich schrieb die erste Fassung und wurde auch an der Überarbeitung beteiligt. Ungefähr zwei Wochen nachdem die Folge gelaufen war, bekamen sie eine freie Stelle. Sie riefen mich an und sagten: ›Wir hätten Dich gerne dabei‹. Und ich antwortete: ›Na ja, mal sehen... eigentlich wollte ich mir diese Woche die Schuhe polieren lassen‹. In Wirklichkeit hätte ich für diesen Job meine Großmutter verkauft.«

»Kein einfaches Drehbuch«, meint Michael Piller, »weil die Mitte sehr weich war. Es hatte einen guten Anfang und ein gutes Ende. In den ersten Fassungen wurde in der Mitte noch sehr viel darüber geredet, ob wir ihm nun trauen oder nicht. Das war ein wenig wie ein Echo auf ›The Enemy‹. Wir bauten ein wenig Technikgeschwafel ein, etwas Detektivarbeit, Nachrichten von Starfleet. Wir machten die Mitte etwas schneller.

Außerdem wußten wir nicht, wie wir die Folge eröffnen sollten. Zuerst dachten wir an einen weiteren Sherlock-Holmes-Witz, was ziemlich bedeutungslos gewesen wäre. Im letzten Moment bekamen wir einen Anruf von Paramount, in dem uns gesagt wurde, wir könnten die Sherlock-Holmes-Sache nicht bringen, weil Paramount gerade einen Prozeß gegen die Erben von Sherlock Holmes führte. Damit war die Szene gestorben.

Wir setzten uns ein oder zwei Tage hin und überlegten, was wir machen sollten. Irgend jemand schlug Shakespeare vor, also gingen wir zu Patrick, der unser Experte auf dem Gebiet ist. Wir fragten ihn, welches Stück von

20. KAPITEL

Shakespeare sich auf unsere Folge beziehen könnte. Es gab sogar ein Stück von Shakespeare mit dem Titel ›The Defector‹, aber es war für unsere Absichten zu unbekannt. Also zeigte er uns ›Heinrich V‹, suchte eine Szene aus und wir faßten sie so zusammen, daß sie wie ein Echo wirken würde. In der Episode gibt es eine Szene, in der Picard und Data sich darüber unterhalten, wie die Crew durchhält, und Picard sagt ein oder zwei Sätze, die sich auf das Stück beziehen. Dann, in der Konfrontation mit den Romulanern, gibt es Hinweise auf ›Heinrich V‹ in Picards Haltung, seinem Mut, seinen Entscheidungen und in der Natur des Streites. Wenn man wie ich ein Musiker ist, dann kennt man den Trick, andere Arrangements zu benutzen und Melodien mit einzuflechten, die einen an etwas anderes erinnern. Ich war sehr stolz darauf. Ich mochte auch die Spannung, die Entscheidungen, die getroffen werden mußten und die Einsamkeit an der Spitze. Durch die Hinzufügung von ›Heinrich V‹ wurde es fast zu einer Picard-Folge. Ich war sehr zufrieden damit.«

Robert Scheerer meint dazu: »Einige Szenen mußten wegen des Zeitmangels geschnitten werden. Das tat mir leid. Es gab ein zweites Verhör, das mir sehr gut gefiel, das wir aber leider nicht benutzen konnten, weil die Zeit zu knapp war.«

Dem Publikum gefiel die Szene, in der man glaubt, Picard sei zahlenmäßig unterlegen, bis sich die klingonischen Warbirds vor den Romulanern enttarnen.

»Diese Serie kann für einen Regisseur manchmal sehr frustrierend sein, weil man in den Kulissen nur auf die Effekte hindreht und nach den Effekten weitermacht. Rob Legato und Dan Curry machen großartige Effekte, aber ich kann sie nie vorher sehen. Ich mache Vorschläge, wie etwas aussehen sollte, und Rick Berman und Michael Piller sind natürlich sehr daran beteiligt. Es ist toll, daß man weiß, daß man etwas Wunderbares bekommen wird, und es ist aufregend, daß man immer wieder überrascht wird. Manche Sachen hauen mich einfach um. Aber es ist schon seltsam, wenn man nicht weiß, worauf man hinarbeitet.«

EPISODE 59

The Hunted

»Die Verfemten«

Erstausstrahlung: 6.1.90
Buch: Robin Bernheim
Regie: Cliff Bole

Gaststars:

Jeff McCarthy (Roga Danar)
James Cromwell (Premierminister Nayrok)
Colm Meaney (Chief O'Brien)
J. Michael Flynn (Zayner)
Andrew Bickell (Wagner)

Genetisch veränderte Veteranen eines Krieges auf Angosia 3 sind auf eine Gefängniskolonie auf Lunar 7 verbannt worden, von der Soldat Roga Danar flieht. Er wird von der Enterprise gefangengenommen, flieht aus der Zelle und versucht mit seinen Mitoffizieren einen Putsch gegen die Regierung zu organisieren, die gerade die Mitgliedschaft in der Föderation anstrebt. Troi erfährt, daß die Soldaten, die einst für Angosia gekämpft haben, nun verbannt sind und als Unberührbare gelten.

Michael Piller gibt zu, daß er geteilter Meinung über diese Folge hat. »Ich hielt die Handlung für sehr dünn, aber wir gaben ihr durch dieses Katz-und-Maus-Spiel etwas mehr Leben. Die Folge wirkte gut auf dem Bildschirm und hatte viel Action. ›Vengeance Factor‹, ›The High Ground‹ und ›The Hunted‹ sind alles Folgen, mit denen ich nicht ganz zufrieden war. Sie berührten wichtige Themen, gingen auch ganz gut damit um; und es gab eine kleine Kontroverse um das Ende von ›The Hunted‹.

»Am Anfang wollten wir eine große Schießerei inszenieren, bei der alle sterben, aber das hätte aus keinem einen Helden gemacht. Picard redet mit ihnen und befindet sich in einer Patt-Situation. Wir haben die Gesellschaft auf dem Planeten so dargestellt, daß Picard seine Erklärung am Ende abgeben kann, in der er sagt: ›Dies ist nicht unsere Sache. Ihr müßt das selber klären. Wenn ihr das getan habt, könnt ihr euch noch einmal um eine Mitgliedschaft in der Föderation bewerben. ›Ich denke, das funktionierte. Es gibt heute noch Leute, die das nicht denken. Wir sprachen ein wichtiges Thema an, aber wir konnten es nicht genau ausleuchten, weil die Geschichte nur eine Seite ansprach und etwas mehr Fülle hätte gebrauchen können. Wenn wir mehr Zeit gehabt hätten... Ich gebe der Folge eine 2-. Es ging in der Folge darum, wie eine Gesellschaft ihre zurückkehrenden Soldaten behandelt. Wir gingen mit dem Konzept recht gut um und bauten einige interessante Science-fiction-Elemente ein. Es ist eine Streitfrage, ob es nicht ein wenig unglaubwürdig ist, daß der beste Soldat, der jemals erschaffen wurde, die Enterprise in die Knie zwingen kann. Das könnte man für eine Schwäche der Folge halten. Mir machte es Spaß, und ich schäme mich der Folge nicht.«

Der Regisseur Cliff Bole sagt dazu: »Mir gefiel die Geschichte, weil sie sich mit etwas beschäftigt, daß sich auch in unserer heutigen Zeit abspielt. Eigentlich sollte Danar am Ende zu einer großen Konfrontation zurückkommen. Das wurde aus Zeit- und Geldgründen gestrichen. Wir hatten in sieben Tagen Drehzeit einfach nicht genug Zeit. Der Verlust dieser Konfrontation machte den Höhepunkt eher antiklimaktisch.«

EPISODE 60

The High Ground

»Terror auf Rutia-Vier«

Erstausstrahlung: 27.1.90
Buch: Melinda Snodgrass
Regie: Gabrielle Beaumont

Gaststars:

Kerrie Keane (Alexana Devos)
Richard Cox (Kyril Finn)
Marc Buckland (Kellner)
Fred G. Smith (Polizist)
Christopher Pettiet (Junge)

Dr. Crusher wird von Terroristen entführt, die die Unabhängigkeit ihres Gebietes verlangen und glauben, die Föderation hätte

20. KAPITEL

sich mit der Regierung verbündet. Sie haben eine Methode der Teleportation entwickelt – die sie langsam umbringt – und transportieren sich auf die Enterprise, um sie zu zerstören. In der Zwischenzeit versucht Crusher, Kyril Finn und seine Leute vor der Zelldegeneration, durch die sie getötet werden, zu retten.

Michael Piller sagt: »Noch eine Folge, über die ich nicht sehr glücklich war. Wir wollten eine Folge über Terroristen machen. Aber was sagen wir denn über den Terrorismus? War es der Punkt, an dem der Junge seine Waffe niederlegt und sagt: ›Vielleicht haben wir das Ende des Terrorismus erreicht, wenn das erste Kind seine Waffe niederlegt‹. Im Zusammenhang der Folge war das effektiv, aber diese Erklärung ist bestimmt keine große Weisheit. Man muß bereit sein, auch etwas Neues über soziale Themen zu sagen. Ich würde gerne eine Folge über die Umwelt machen, ebenso eine über Jugendbanden, aber es gibt eine Gefahr, wenn man eine Folge mit einem Konzept beginnt, das sozial motiviert ist. Man muß unbedingt eine persönliche Geschichte darin einbetten und man muß etwas Neues über dieses Thema sagen, sonst hilft man damit keinem. Man geht dann nur auf ausgetretenen Pfaden. Genau das taten wir in ›The High Ground‹.«

Melinda Snodgrass fügt hinzu: »Ich wollte eine Folge über die amerikanische Revolution machen. Das wollten sie nicht, also machten wir schließlich Nordirland, wodurch unsere Leute ziemlich blöd dastanden. Ich wollte Picard als Cornwallis besetzen und die Romulaner als die Franzosen, die an unserer Revolution teilnahmen und versuchten, den Planeten zur Unabhängigkeit zu führen. An einem Punkt begreift Picard, daß er einer der Unterdrücker ist. Statt dessen machten wir ›Breakfast In Belfast‹. Unsere Leute entschließen sich, nach Nordirland zu gehen. Man sagte mir, das sollte ich machen.«

Brannon Braga, der Story-Redakteur der fünften Staffel und damaliger Mitarbeiter an »The High Ground«, erzählt: »Man beginnt eine Folge nur sehr selten damit, daß man sich auf ein Thema konzentriert. Man setzt sich nicht hin, um eine Folge über AIDS zu drehen oder eine Folge über Terrorismus. So denkt man einfach nicht. Wir versuchen gute Science-fiction-Aspekte zu benutzen, und das bringt uns normalerweise auf den richtigen Weg und zeigt uns, wer in einer Folge auftauchen wird und worum es geht.«

»Wenn man davon ausgeht, eine Folge über Terrorismus machen zu wollen, kommen dabei Sachen wie ›The High Ground‹ heraus, die ein Schandfleck ist«, sagt Ron Moore. »Es ist unsere Terroristenfolge. Wir hatten nichts Interessantes über den Terrorismus zu sagen, außer daß er schlecht ist und Beverly entführt wird – ganz toll. Sie bringen sie hinunter in die Höhlen, und wir können uns einige nette Predigten über Terrorismus und Freiheit, über Kampf und über Sicherheitskräfte im Kampf gegen die Gesellschaft anhören. Es ist eine Episode, über die keiner der Mitarbeiter glücklich war. Das ist ein gutes Beispiel dafür, was passiert, wenn man am falschen Ende anfängt.«

Braga fügt hinzu: »Sie ist sehr offensichtlich. Sie hat nichts mit Star Trek zu tun. Die Ironie der Serie liegt darin, daß wir alles machen können. Wir müssen keine irdischen Geschichten erzählen. In einer Serie wie ›L.A.Law‹ gibt es kein Science-fiction-Element, deshalb kann man Geschichten nur auf eine Weise erzählen. Das frustrierende bei dieser Folge war, daß wir verzweifelt nach einem Science-fiction-Aspekt suchten. Es ist sehr schwierig, sich immer wieder diese notwendigen Science-fiction-Elemente einfallen zu lassen.«

(Anm. d. Übers.: In Großbritannien fehlte bei der Ausstrahlung dieser Folge die Erwähnung der Unabhängigkeit Nordirlands)

EPISODE 61

Deja Q

»Noch einmal Q«

Erstausstrahlung: ________ **3. 2. 90**
Buch: ________ **Richard Danus**
Regie: ________ **Les Landau**

Gaststars:

John de Lancie (Q)
Richard Cansino (Dr. Garin)
Betty Muramoto (Wissenschaftlerin)
Whoopi Goldberg (Guinan)

Q ist seiner Macht (und seiner Kleidung) beraubt worden und wird von seinen desillusionierten Mitbewohnern aus dem Q-Kontinuum wegen seiner Verfehlungen verbannt und auf der Enterprise abgeladen. Picard wirft den machtlosen Q direkt in die Arrestzelle. Kurz darauf wird die Enterprise von Außerirdischen verfolgt, die sich an Q für seine bösartigen Scherze rächen wollen. Er wird von Data gerettet. Als er sich selbstlos opfert, um die Enterprise zu schützen, bekommt er seine Kräfte von Q2 (Corbin Bernsen) zurück. Ein glücklicher Q feiert, indem auf der Enterprise eine mexikanische Salsa-Band materialisieren läßt, inklusive einiger Schönheiten und Zigarren für alle.

»Bei Q muß ich immer an Lokki denken«, sagt Melinda Snodgrass. »Er ist Chaos. [Der Produzent] Maurice Hurley dachte immer, Q wäre hier, um uns eine Lektion zu erteilen, um uns Anweisungen zu geben. Ich kann das bis zu einem gewissen Punkt verstehen, aber ich sehe ihn als Störenfried. Er möchte eigentlich nur Picard auf die Nerven gehen.« Der Regisseur Les Landau bemerkt: »Man muß nicht sagen, daß John de Lancie großartig ist. Er bekam eine Rolle, die schon außergewöhnlich war und machte mehr aus ihr, als auf dem Papier stand. Er schaffte es, daß Q noch öfter auftauchte. Er hat eine dynamische Persönlichkeit, und Q ist ein wahnsinnig attraktiver Charakter. Die optischen Effekte kosteten alle sehr viel Zeit und Mühe. Er hängt frei in der Luft, als er ankommt. Wenn er mit den Fingern schnippt, passieren Sachen. Man braucht Zeit, um so etwas künstlerisch richtig zu gestalten. Q war schon immer ein faszinierender Charakter und sehr beliebt beim Publikum. Er führt mit Picard diese Verbalschlacht, um herauszufinden, wer schließlich triumphieren wird. Obwohl es am Ende immer zu einer Patt-Situation kommt, hat Picard doch immer einen leichten Vorteil, wie es auch sein sollte.«

20. Kapitel

»Tolle Folge, aber sehr schwer zu machen«, erläutert Michael Piller. »Als wir es einmal geschafft hatten, waren wir sehr stolz darauf. Unsere erste Idee war, daß Q seine Kräfte verliert und zu einer Zeit an Bord kommt, in der wir kurz vor einem Krieg mit den Klingonen stehen. Es stellt sich heraus, daß Q seine Kräfte nicht wirklich verloren hat, sondern nur mit uns spielte, damit er zum Helden werden und seinen Wert als Offizier beweisen konnte. Es war keine schlechte Geschichte, aber schließlich setzten wir uns mit Gene und Rick Berman zusammen, und Gene sagte: ›Wenn ihr schon eine Geschichte über ein gottähnliches Wesen macht, daß seine Kräfte verliert, dann macht es richtig. Macht eine Folge darüber, wie das ist, wenn man alles verliert und seine eigene Menschlichkeit entdecken muß.‹ Damit ernüchterte er uns ziemlich. Er schlug uns vor, die Folge gradlinig zu inszenieren, und das taten wir auch. Wir machten daraus eine Komödie, wir hatten Spaß dabei, aber gleichzeitig sagten wir auch viel über die Menschlichkeit.«

Episode 62

A Matter of Perspective

»Riker unter Verdacht«

Erstausstrahlung: 10.2.90
Buch: Ed Zuckerman
Regie: Cliff Bole

Gaststars:

Craig Richard Nelson (Ermittler Krag)
Gina Hecht (Manua Apgar)
Marc Margolis (Dr. Nel Apgar)
Juli Donald (Tanya)
Colm Meaney (Chief O'Brien)

Riker wird beschuldigt, den außerirdischen Wissenschaftler Dr. Nel Apgar ermordet und die wissenschaftliche Station zerstört zu haben. Picard führt den Vorsitz bei einer Untersuchung, die mit Holodeck-Illusionen arbeitet und herausfinden soll, ob es genug Beweise gibt, um Riker auf den Planeten auszuliefern, wo auf sein angebliches Verbrechen die Todesstrafe steht.

»Eine der schwierigsten Geschichten«, meint Michael Piller. »Für den Regisseur war sie ein technischer Alptraum. Ich war mit dem Drehbuch sehr, sehr zufrieden, aber die Folge selbst war enttäuschend. Sie ließ sich einfach nicht richtig übersetzen. Sie war sehr ehrgeizig, aber viel zu kompliziert. Die Besetzung stimmte auch nicht. Wenn wir Lana Turner als die Frau in der Folge besetzt hätten, wäre das noch verständlich gewesen – aber so lief die Folge bei weitem nicht so gut, wie wir erhofft hatten.«

»Das ist so ungefähr die beste Mordgeschichte, die ich jemals mitentwickelt habe«, fährt er fort. »Jedes Detail fügt sich zusammen, jeder Satz erläutert, wer, wo, wann was getan hat, und vom Krimistandpunkt funktioniert die Folge auch sehr gut. Das ist ein wenig wie ›The Big Sleep‹ (dt.: »Tote schlafen fest«) im Weltall. Es ist alles sehr kompliziert, aber selbst wenn man das Drehbuch auseinandernimmt, ergibt immer noch alles Sinn. Wir sollten dafür den Edgar-Allen-Poe-Preis für den besten Krimi bekommen. Ich habe schon an einigen Krimiserien mitgearbeitet, aber ich bin sehr stolz auf dieses Drehbuch. Leider war es als Fernsehfolge nicht so toll.«

Cliff Bole gibt zu, daß die Regieführung bei »A Matter of Perspective« nicht leicht war. »Eine der schwierigsten Folgen, die ich je gedreht habe. Man muß die Kontinuität bewahren und alles aus drei verschiedenen Richtungen drehen.«

Episode 63

Yesterday's Enterprise

»Die alte Enterprise«

Erstausstrahlung: 17.2.90
Buch: Ira Steven Behr, Richard Manning, Hans Beimler und Ronald Moore nach einer Geschichte von Trent Christopher Ganino und Eric A. Stillwell
Regie: David Carson

Gaststars:

Denise Crosby (Tasha Yar)
Christopher McDonald (Lieutenant Richard Castillo)
Tricia O'Neill (Captain Rachel Garrett)
Whoopi Goldberg (Guinan)

Während eines Konfliktes mit den Romulanern wird die Enterprise NCC-1701-C durch eine Anomalität in der Zeit nach vorne geworfen, wodurch sich die Geschichte verändert. Unsere Besatzung wird ohne ihr Wissen in ein Paralleluniversum geschleudert, in dem die Föderation noch immer in einem blutigen Krieg mit dem klingonischen Imperium liegt. Nur Guinan ahnt, daß etwas nicht stimmt und drängt Picard, die Enterprise-C in ihre Zeit zurückzuschicken, wo sie einen Frieden mit den Klingonen ermöglichen wird. Ansonsten wird die Geschichte für immer verändert bleiben und die Föderation wird gegen die überlegenen Kräfte des klingonischen Imperiums unterliegen.

Michael Piller begeistert sich: »Das war eine klassische Folge. Ich habe Denise Crosby nie persönlich kennengelernt, aber ich bin ein Bewunderer von ihr. Sie hat sehr gute Arbeit für uns geleistet. Das ist eine fast perfekte Folge, eine unterhaltsame und einzigartige Zeitreisefolge. Ich glaube, sie ist die beste Folge der dritten Staffel. Verdammt, Picard schickt 500 Leute in den Tod, weil seine Barkeeperin das sagt. Das ist verdammt hart.«

»Ich war sehr zufrieden damit, und ehrlich gesagt gebührt das lob dafür dem Regisseur, den Schauspielern und den Leuten, die die Postproduktion machten«, führt Piller aus. »Das Drehbuch war nicht das Beste, was wir in dieser Staffel schrieben. Das Konzept, das einige Leute hier entwickelten, war großartig. Vom Konzept her war es die aufregendste Folge, die wir machten. Da Weihnachten vor der Tür stand, hatten wir einige Terminprobleme. Whoopi wollte nach Neujahr etwas anderes machen, und so weiter. Wir hetzten uns bei der Folge ziemlich ab. Es gibt ein paar kleine Löcher in der Folge, die wir nicht mehr stopfen konnten. Sie hatte einen so komplizierten und faszinierenden Aufbau, aber das Material, was für unsere Charaktere

20. Kapitel

entstand, war eigentlich ausschlaggebend und machte uns alle stolz. Dies war eine enorm gut produzierte Folge.«

Man hat Piller auf zwei Sachen aufmerksam gemacht. Zum einen, daß die härtere Enterprise in der veränderten Zukunft stark an die Originalserie erinnerte; zum zweiten, daß das Publikum in dem Moment, als die Enterprise-C in der Zeit zurückging, die gleiche Zeitverschiebung hätte sehen müssen, die am Anfang der Folge gezeigt wird.

»Es gibt viele Leute, denen diese Enterprise besser gefällt«, lacht er. »Die Überblende von einer Enterprise auf die andere war ein Gedanke, der uns erst später kam. Nachdem die Folge geschnitten worden war und man sie sich ansah... Erinnern Sie sich an den Ablauf: Man ist innerhalb der Enterprise, man schneidet nach draußen und sieht das Schiff durch das Loch kommen, dann sieht man die Überblende der Besatzung auf die veränderte Enterprise. Ursprünglich wollten wir nach draußen schneiden, das Schiff zeigen und dann einfach auf die veränderte Enterprise schneiden, wo alles anders ist und Tasha Yar auf der Brücke steht. Dann wurde uns klar, daß der Zuschauer denken würde, wir hätten in das andere Schiff geschnitten. Also dachten wir uns diese Sache aus – und die Leute von der Postproduktion leisteten da wirklich tolle Arbeit –, in der man den Übergang vor der Kamera sehen kann. Das war nicht geplant. Manchmal passieren hervorragende Sachen nur, weil man so richtig in Schwierigkeiten gerät.«

»Bis heute«, beichtet Jonathan Frakes, »verstehe ich ›Yesterday's Enterprise‹ nicht. Ich habe keine Ahnung, was zum Teufel in dieser Folge passiert. Ich versuche sie immer noch zu verstehen – aber mir gefiel die Atmosphäre.«

Mitautor Ron Moore erklärt: »Man hat mir schon ein paar Mal vorgeschlagen, wir sollten doch Kriegsfolgen in TNG drehen. Dies ist die Realität des Krieges. Sie ist nicht schön. Aber es machte sehr viel Spaß, dieses Schiff in Bewegung zu bringen und Picard Riker anschnauzen zu lassen. Ich schrieb einige Fassungen. An einem Punkt hatte ich die Idee, daß dieses Parallel-Universum gemein und furchtbar und militaristisch sein würde und daß wir den Krieg gegen die Klingonen verlieren.«

Anmerkung: Die Karte, die Picard hält und die die neutrale Zone zwischen dem romulanischen Imperium und der Föderation zeigt, ist identich zu der Karte, die auf dem Bildschirm der Enterprise in der Star Trek Classic Episode »Balance of Terror« erscheint. Das ist der Mühe des Graphik-Genies und inoffiziellen Star-Trek-Historikers Michael Okuda zu verdanken.

Episode 64

The Offspring

»Datas Nachkomme«

Erstausstrahlung: 10. 3. 90
Buch: Reń Echeverria
Regie: Jonathan Frakes

Gaststars:

Hallie Todd (Lal)
Nicolas Coster (Admiral Haftel)
Judyann Elder (Lt. Ballard)
Diane Moser, Hayne Bayle, Maria Leone und James Becker (Zehn-Vorne-Team)

Jonathan Frakes erste Regiearbeit, in der Data sich eine Tochter erschafft. Er hofft, daß er diesen weiterentwickelten Cyborg in Menschlichkeit unterrichten kann, allerdings werden seine Pläne umgeworfen, als Starfleet-Admiral Haftel seinen Plan bekanntgibt, Lal zu Studienzwecken mitzunehmen. Picard ist bereit, Data zu verteidigen, der seine »Tochter« nicht aufgeben will.

»Die optimale Folge, um auf ›Yesterday's Enterprise‹ zu folgen; eine völlig andere Art Episode«, erläutert Michael Piller. »Das Drehbuch und die Darstellungen waren toll, und es war eine hervorragende Regiearbeit von Jonathan. Es war eine der besten Folgen dieser Staffel. Wenn es gute Charakterstudien gibt, stehe ich immer dahinter. Es ist ein sehr herausforderndes Konzept. Ich wollte es aber machen, also setzte ich mich mit Gene zusammen, der eine Reihe von Vorschlägen machte, damit es sich in die Star-Trek-Bibel einfügen würde. Rick Berman fügte einige wichtige Teile des Puzzles hinzu. Wir waren entschlossen, Datas Einzigartigkeit als Charakter beizubehalten, aber gleichzeitig schien es sinnvoll, daß Data auch die menschliche Art der Fortpflanzung beobachtet hätte. Er würde auch wissen, daß sein Wert für Starfleet so hoch ist, daß er nicht der einzige Android bleiben dürfte.«

Melinda Snodgrass ist anderer Meinung: »Ich hielt sie für ziemlich offensichtlich, ermüdend und dumm, und ich wollte sie nicht machen. Ich machte eine Überarbeitung und Michael Piller die andere. Sie hatte viel mit ›The Measure of a Man‹ zu tun, und ich dachte nicht, daß wir das sobald noch einmal machen sollten. Es war eine gute Folge für Jonathan. Es war eine nette ›Bottle Show‹, und er mußte sich nicht mit außerirdischen Kulturen auseinandersetzen.«

»Ich ging zu Rick Berman und sagte ihm, daß ich gerne eine Folge machen würde«, erinnert sich der Schauspieler und Regisseur Jonathan Frakes. »Er sagte, ich müsse zur Schule gehen, also verbrachte ich rund 300 Stunden im Schneideraum. Ich fühlte mich beim Schnitt am unsichersten. Natürlich sah ich allen unseren Regisseuren über die Schulter, nahm an einigen Seminaren teil, laß Bücher darüber und gab einfach nicht auf. Rick war so nett, mir ›The Offspring‹ zu geben, und ich war begeistert, weil es eine Data-Folge war und die immer funktionieren. Es war enorm zufriedenstellend, und ich bin sehr froh über diese Folge.«

Chip Chalmers, der später selber Regie führen würde, war Regieassistent bei dieser Folge.

»Eine meiner angenehmsten Erinnerungen ist die Arbeit an ›The Offspring‹, Jonathan Frakes erster Regiearbeit«, erinnert sich Chalmers. »Die Arbeit mit Jonathan, der einer der freundlichsten und lustigsten Menschen ist, die ich kenne, war einfach ein Vergnügen. Es war toll, wie seine Augen aufleuchteten, wenn er begriff, daß er seine Visionen geschehen lassen konnte. Es hatte etwas Magisches, ihn... spielen zu sehen.«

20. KAPITEL

EPISODE 65

Sins of the Fathers

»Die Sünden des Vaters«

Erstausstrahlung: 17.3.90
Buch: Ronald D. Moore und W. Reed Moran basierend auf einem Drehbuch von Drew Deighan
Regie: Les Landau

Gaststars:

Tony Todd (Commander Kurn)
Charles Cooper (K'mpec)
Patrick Massett (Duras)
Thelma Lee (Kahlest)
Teddy Davis (Transporter-Techniker)

Worf kehrt auf die klingonische Heimatwelt zurück, um seinen verstorbenen Vater gegen die Anklage des Verrats zu verteidigen. Er wird von seinem jüngeren Sohn, Kurn, dazu angestachelt, der ebenfalls überlebt hat und sich als Teil eines Austauschprogramms auf die Enterprise versetzen ließ. Worf wird zum Opfer politischer Intrigen und läßt schließlich zu, daß er aus der klingonischen Gesellschaft ausgeschlossen wird, um den Rat zu schützen, der voller Betrug steckt. Ratsmitglied Duras intrigiert, um die Unehrenhaftigkeit seines Vaters im Verborgenen zu halten und sie Worfs Vater anzuhängen. Er hofft, auf diese Weise eines Tages zum Ratsvorsitzenden aufzusteigen.

Michael Piller gibt zu: »Es war kompliziert, denn wir mußten die Charaktere mit dem Drehbuch kombinieren und eine gute Worf-Geschichte daraus machen. Ich denke, wir kamen aus der Sache ganz gut heraus und machten eine gute Folge.«

»Tony Todd war toll als Worfs Bruder«, sagt der Autor Ron Moore. »Ich war ein wenig besorgt, weil es nie einfach ist, Familienmitglieder auftauchen zu lassen, von denen keiner vorher etwas wußte. Die Hälfte des Publikums ist bereit, Sachen gegen den Bildschirm zu werfen. Man hofft dann nur, das es funktionieren wird. Ich war dabei, als er aus der Kulisse trat und sich benahm, als würde sie ihm gehören. Ich liebe ›Sins of the Fathers‹, und ich habe dafür gekämpft, als Zweifel aufkamen. Es gefällt mir, daß Worf so übel mitgespielt wird. Er tut das Richtige für sein Volk, selbst wenn die nicht bereit sind, das gleiche für ihn zu tun. Patrick und ich besuchten die Saturn-Preisverleihung zusammen, wo er einen guten Vorschlag machte. Wenn Worf Picard bittet, sein Chadich zu sein, sollte Picard eigentlich nur mit einem einzigen klingonischen Wort antworten. Patrick dachte aber, es wäre schön, wenn Picard den gesamten Wortlaut des Rituals wüßte. Zu diesem Zeitpunkt gab es noch kein formelles Ritual für ihn und auch keins für Kurn, also fuhr ich nach Hause und schrieb einen klingonischen Satz für Picard.«

Michael Dorn erklärt: »Den Autoren war nicht klar, um wieviel es dabei ging. Es ging um klingonische Loyalität und Ehre. Das haben sie nicht genug beachtet. Man sieht Worf später in einem anderen Licht, und ich habe ihn seitdem auch anders gespielt. Damit müssen sie sich jetzt abfinden. Hey, es war ihr Fehler. Sollen sie doch sehen, wie sie damit zurechtkommen.«

Der Regisseur Les Landau ist begeistert: »Wir hatten hier die Gelegenheit, die klingonische Welt tiefgehend zu erforschen. Ron Moore hatte diese tolle Idee, die Richard James, der Art Director, und Jim Meese, der Set Decorator, jetzt visuell umsetzen mußten. Außerdem mußte sich der Kameramann Marvin Rush ein Konzept ausdenken, um diese Welt richtig zu filmen. Alle drei haben ihre Aufgabe hervorragend bewältigt. Richard und Jim gewannen sogar den Emmy für diese Folge, worüber ich sehr stolz bin. Visuell war es eine der dynamischsten Folgen, die wir je gemacht haben. Die Folge wirkte wie ein Kinofilm. Es gab lange Diskussionen darüber, wie wir diese Folge darstellen sollten. Schließlich gab Rick Berman sein vollständiges Einverständnis für jedes Konzept und jedes Detail, und wir konnten eine Welt zeigen, die das Publikum noch nie gesehen hatte und von der sie jetzt gerne mehr sehen würden. Ich war eigentlich nie ein Fan der alten Serie. Ich war immer der Überzeugung, man dürfe nicht auf das zurückblicken, was vorher gemacht wurde. Statt dessen muß man neue Möglichkeiten eröffnen, das realisieren, was man im Kopf hat und dieses Denken der Handlung anpassen. Wir müssen uns immer auf die Geschichte und die Worte konzentrieren, denn ohne sie, gibt es nichts zu erzählen. Film und Fernsehen sind nichts anderes als Methoden, um Geschichten zu erzählen.«

EPISODE 66

Allegiance

»Versuchskaninchen«

Erstausstrahlung: 24.3.90
Buch: Hans Beimler und Richard Manning
Regie: Winrich Kolbe

Gaststars:

Stephen Markle (Tholl)
Reiner Schone (Esoqq)
Joycelyn O'Brien (Haro)
Jeff und Jerry Rector (Außerirdische)

Picard wird von Außerirdischen als Teil eines futuristischen Laborexperiments entführt und durch einen Doppelgänger ersetzt, der sich sehr untypisch verhält: Er verführt Dr. Crusher und singt Trinklieder mit der Besatzung in Zehn Vorne. In der Zwischenzeit versuchen Picard und drei andere gefangene Außerirdische aus ihrem Gefängnis auszubrechen, entdecken jedoch, daß einer von ihnen der Wärter ist.

Michael Piller gibt zu, daß die Serie eine Folge brauchte, um das hohe Budget von »Yesterday's Enterprise« auszugleichen.

»›The Offspring‹ half uns sehr, ebenso wie ›Allegiance‹«, sagt er. »Vom Produktionsstandpunkt her, war das eine einfache Folge, weil man nur eine Kulisse benötigte. Wir hatten gute, solide Sachen für Picard geschrieben ... wir hatten Picard als Captain sehr gut behandelt, aber er war nicht dazu gekommen, diese Holodeck-Fantasien auszuprobieren, und er hatte noch keinen Spaß gehabt. Wir wollten dem Charakter Jean-Luc und dem Schauspieler Patrick etwas Spaß verschaffen,

20. KAPITEL

also schrieben wir diese Geschichte. Eigentlich vereinigte sie zwei Ideen. Eine ist, daß Picard in einer ausweglosen Situation steckt, die andere, daß ein falscher Picard die Enterprise übernimmt. Ich liebe diese Szenen auf der Enterprise. Patrick war einfach phantastisch. Es war eine gute, solide Folge. Direkt danach sendeten wir ›Captain's Holiday‹, die auch entstand, weil wir dem Captain mehr Charakter verpassen wollten.

Wunderbare Folge.«

»Picard machte einige Sachen, an die der richtige Picard nur einmal gedacht hatte«, sagt Ron Moore. »Die Leute flippten aus, als er in Zehn Vorne sang. Und die Szene mit Beverly in seiner Kabine war auch spaßig. Mir gefällt, daß wir ihn langsam auseinandernehmen und uns klar wird, aus welchem Holz er ist.«

Winrich Kolbe hält diese Folge für die beste, bei der er Regie geführt hat: »Sie gefällt mir, weil wir in dem beleuchteten Raum, in dem die vier Leute gefangengehalten werden, etwas stilistisch sehr Interessantes machten. Es war Patricks Folge, und wenn er eine Folge hat, weiß man immer, daß sie gut werden wird, weil er so verdammt gut ist. Diese Folge gefällt mir, weil sie gut aussieht. Marvin Rush und Richard James leisteten tolle Arbeit. Man muß als Regisseur bei einem Unterhaltungskonzept immer die Zeit und das Geld im Auge haben. Wir hingen nach zwei Tagen so weit zurück, daß praktisch die gesamte Hierachie von Paramount in unseren Kulissen kampierte. Dann zogen wir in unsere neue Kulisse, den achteckigen Raum, um, und alles lief wie geschmiert. Wir blieben unterhalb des Budgets und innerhalb der Zeit. Diese Kulisse war optimal zu filmen, ich konnte die Kamera aufstellen, wo ich wollte. Das einzige, was ich rückblickend ändern würde, ist, daß ich eine Steadycam benutzen würde, um der Folge mehr Bewegung zu verschaffen. Ich mag diese Folge sehr.«

EPISODE 67

Captain's Holiday

»Picard macht Urlaub«

Erstausstrahlung: 31.3.90
Buch: Stephen Behr
Regie: Chip Chalmers

Gaststars:

Jennifer Hetrick (Vash)
Max Grodenchik (Sovak)
Karen Landry (Ajur)
Michael Champion (Boratis)
Deirdre Imershein (Joval)

Picard wird zu einem Urlaub auf Risa, dem Club Med des Kosmos überredet. Dort wird der Captain unwissentlich zum Komplizen der skrupellosen Vash. Sie sucht den legendären Tox-Uthat-Schatz und wird von ihrem ehemaligen Verbündeten, dem Ferengi Sovak verfolgt, der ebenfalls auf den Schatz hofft. Außerdem suchen noch zwei Vorgonen, Boratis und Ajor, die aus dem 27. Jahrhundert zurückgereist sind, nach dem mächtigen Schatz.

Wenn man sich die Handlung von »Captain's Holiday« ansieht, bemerkt man, daß die Serie nach »Yesterday's Enterprise« ihre Furcht vor Zeitreisen verloren hatte.

»Zeitreisen muß man sehr vorsichtig behandeln«, sagt Michael Piller. »Man muß sich sehr viele Gedanken darüber machen, weil zahlreiche Probleme auftauchen können. Rick Berman denkt das auch. Die faszinierende Sache bei ›Captain's Holiday‹ ist, daß sie die gesamte Entwicklung der Drehbücher veränderte. Ron Moore machte einen Vorschlag. Ursprünglich sollte es eine ›Malteser-Falke‹-Geschichte werden, in der etwas sehr altes und wertvolles verschwunden war und von einer Gruppe von Leuten auf einer Insel gesucht wurde. Es war ein ganz gutes Drehbuch, aber so etwas hätte man auch für ›Magnum‹ schreiben können. Ron schlug vor, daß dieses wertvolle Stück nicht etwa aus der Vergangenheit, sondern aus der Zukaunft stammte. Worauf ich meinte, das würde bedeuten, daß die Leute, die

Corbin Bernsen (der bereits in »Déjà Q« aufgetreten war) und Jennifer Hetrick (Vash in »Captain's Holiday«) spielten in »L.A. Law« ein Ehepaar.

danach suchen, ebenfalls aus der Zukunft kommen. Dadurch gewann die Idee eine ganz neue Seite. Wir hatten noch einen weiteren Gag, den wir in der endgültigen Fassung schnitten. Wir beginnen niemals eine Folge ohne die Enterprise, aber hier brachen wir mit dem Format. Jemand taucht auf und fragt: ›Ist Jean-Luc Picard schon hier?‹, und sie sagen: ›Nein, aber er kommt bald...‹ Am Ende der Folge sehen wir, wie diese Leute wieder aus der Zukaunft kommen, um die ganze Sache noch einmal durchzuziehen. Wir hielten das für ein wenig verwirrend. Das war ein Ende wie aus der ›Twilight Zone‹ und hätte nicht funktioniert.«

»Ich sehe nicht sehr viel fern«, sagt Jennifer Hetrick, die Vash in »Captain's Holiday« und in »Q-Pid«, einer Folge der vierten Staffel spielte. »Ich hatte die Originalserie ab und zu als Kind gesehen. Ich war nie ein Trekkie und kannte die Serie auch nicht sehr gut. Inzwischen mag ich sie. Es war sehr lustig. Die Folge war wie eine Mischung aus ›Romancing The Stone‹ (dt.: »Auf der Jagd nach dem grünen Diamanten«) und ›Raiders Of The Lost Ark‹ (dt.: »Jäger des verlorenen Schatzes«). Ich benutzte das als Beispiel, aber nicht unbedingt für meinen Charakter.

20. KAPITEL

Ich benutzte einfach meine eigene Phantasie und das, was ich über mich selbst weiß. Sie ist sehr abenteuerlustig und selbstsicher, aber auch verletzlich und hingebungsvoll. Ich liebte diesen Ferengi, Sovak. Zum Glück blieb mir ein solches Make-up erspart. Ich war geschockt, als ich sah, was die anderen durchmachen mußten. Gott sei Dank spielte ich einen Menschen.«

»Captain's Holiday« war die erste Regiearbeit von Chip Chalmers, der den ungewöhnlichen Sprung vom Regieassistenten zum Regisseur schaffte.

»Ich mag ›Captain's Holiday‹ sehr, weil es meine erste Folge war«, begeistert er sich. »Außerdem war es toll, weil Patrick so ein großartiger Schauspieler ist. Außerdem bekam ich mit Jennifer Hetrick noch eine wunderbare Schauspielerin. Ich erinnere mich noch gut daran, daß ich einige Tage sehr krank war. Wir filmten zu dem Zeitpunkt gerade ›auf‹ Risa, beziehungsweise im Studio 16, und ich hatte über 39 Fieber. Diese wunderbaren Leute stellten ein Feldbett mit Decken und einem Kissen direkt hinter Risa auf. Wir machten die Proben, ich sammelte alle Energie, die ich hatte, während die Ausleuchtung gemacht wurde, dann legte ich mich für fünfzehn oder zwanzig Minuten zum Schlafen auf das Feldbett, und alles wurde aufgebaut. Dann ging ich hinaus, sagte ›Action‹, machte die Aufnahme und so weiter. Wir standen die zwei Tage durch. Wenn ich an diese Folge zurückdenke, muß ich aus verschiedenen Gründen lächeln. Unser bestes Ergebnis ist vermutlich, daß wir beweisen konnten, wie komisch Patrick Stewart ist.«

EPISODE 68

Tin Man

»Der Telepath«

Erstausstrahlung: 29.4.90

Buch: Dennis Putnam Bailey und David Bischoff

Regie: Robert Scheerer

Gaststars:

Harry Groener (Tam Elbrun)

Michael Cavanaugh (Captain DeSoto)

Peter Vogt (romulanischer Commander)

Ein narzistischer telepathischer Betazoide namens Tam Elbrun wird der Enterprise zugeteilt, um mit einer neuen Lebensform, einem lebenden Raumschiff, das »Tin Man« genannt wird, zu kommunizieren. Komplikationen treten auf, als zwei romulanische Warbirds auftauchen, die verhindern wollen, daß die neue Lebensform in die Hände der Föderation fällt.

»›Tin Man‹ war für mich eine Enttäuschung«, gibt der Regisseur Robert Scheerer zu. »Es war eine interessante Folge, aber ich glaube nicht, daß ich die Idee eines lebenden Raumschiffs überzeugend darstellen konnte. Und ich habe es versucht. Wir haben wirklich damit gekämpft, aber am Ende war es nicht sehr zufriedenstellend. Nicht eine meiner besten Arbeiten.«

»Ich hatte ungefähr ein Jahr vorher die Kulissen besucht, und Eric Stilwell sagte uns, wie sollten Bottle Shows schreiben«, erinnert sich die nicht erwähnte Co-Autorin Lisa Wilke. »Kein neuer Planet; haltet es so billig wie möglich, dann kaufen sie es vielleicht.«

Dennis Putnam Bailey, der mit seinem Partner David Bischoff das Drehbuch schrieb, sagt: »Ich wollte beweisen, daß wir etwas Brauchbares schreiben konnten. Der Hintergrund war, daß sie zu diesem Zeitpunkt keine Drehbücher mehr hatten. Michael Piller und der Rest der Crew zauberten Geschichten aus dem Nichts hervor, die besser waren als die aus dem ersten und zweiten Jahr. Piller und die Leute, die er ausgesucht hatte, drehten die gesamte Serie um und standen doch jede Woche mit dem Rücken zur Wand. ›Yesterday's Enterprise‹ wurde von fünf Autoren in drei Tagen geschrieben, und sie war toll.«

»Man sagte uns«, fährt er fort, »daß sie ein Buch haben wollten, daß drehbereit war, damit sie mehr Zeit hatten, um an den Büchern zu arbeiten, die zwar Potential hatten, aber überarbeitet werden mußten. Sie erwarteten nicht, ein Buch aus dem Nichts zu bekommen. Aber Melinda Snodgrass las unser Buch und gab es Michael Piller, weil sie glaubte, daran müsse nur sehr wenig umgeschrieben werden. Piller las es und entschied, es wäre brauchbar. Er gab es an Rick Berman weiter. Als ich erfuhr, daß unser Buch auf Rick Bermans Schreibtsich lag, verbrachte ich fast eine Woche damit, mit dem Kopf gegen die Wand zu laufen. Ich fragte mich die ganze Zeit, ob sie es kaufen würden. Montagabends bekamen wir den Anruf, daß sie es gekauft hätten und eine Woche später mit den Dreharbeiten anfangen würden. Als wir ›First Contact‹ schrieben, machten wir den normaleren Prozeß einer Handlungsentwicklung von der Ursprungsgeschichte bis zum Drehbuch durch. Das ist wesentlich stressiger, als in Maryland zu sitzen, ihnen ein Drehbuch zu schicken, das man gerne im Fernsehen sehen würde und dann einen Scheck zu bekommen mit der Notiz: ›Wir filmen es in einer Woche‹.«

Einige Leute haben die Kritik geäußert, die Folge würde eine auffallende Ähnlichkeit zu »Star Trek: The Motion Picture« (1979) aufweisen, aber wie Bailey sagt, basiert »Tin Man« auf einer Geschichte, die er und David Bischoff 1975 schrieben.

»1975 verkauften Dave und ich eine Geschichte an ›Amazing Science Fiction Stories‹, sagt der Autor. »Es war eine Kurzgeschichte namens ›The Tin Woodman‹, und wir wurden damit für den Nebula nominiert. Es ging um ein Forschungsschiff, das auf ein lebendes organisches Schiff trifft, das einen Planeten umkreist und mit dem sie nicht kommunizieren können. Einer der Charaktere in dieser Geschichte ist eine emphatische Frau, die zur Brückenbesatzung des Raumschiffs gehört und deren Aufgabe es ist, den emotionalen Zustand der Besatzung zu beobachten. Sie glauben, daß sie nicht für einen ersten Kontakt geeignet ist, weil ihre Fähigkeiten so begrenzt sind. Von der Erde wird ihnen ein jugendlicher Telepath geschickt, der sehr große Fähigkeiten hat, aber nicht in der Lage ist, sie zu kontrollieren. Sie holen ihn praktisch aus der Irrenanstalt und schicken ihn zu dem Raumschiff. Er vereinigt sich mit der Kreatur und verschwindet. Wir schrieben das 1975, und als wir

20. KAPITEL

Geschichten für TNG entwarfen, sagte ich zu Dave, die würde eigentlich sehr gut in die Serie passen. Wir schrieben sie vor 20 Jahren und hatten nie vor, noch etwas daraus zu machen.«

EPISODE 69

Hollow Pursuits

»Der schüchterne Reginald«

Erstausstrahlung: ______ **5.5.90**
Buch: ______ **Sally Caves**
Regie: ______ **Cliff Bole**

Gaststars:

Dwight Schultz (Lt. Barclay)
Whoopi Goldberg (Guinan)
Charley Lang (Duffy)

Barclay, ein introvertiertes Besatzungsmitglied – schüchtern, inkompetent – zieht sich in das Holodeck zurück, um sein Leben in einer von ihm geschaffenen Phantasiewelt zu verbringen. Dies geschieht trotz LaForges ständiger Versuche, aus ihm einen guten Offizier zu machen. Als Barclay ein wichtiges Mitarbeitertreffen versäumt, dringt Geordie in seine Holodeckwelt ein und entdeckt eine Neuschöpfung der »Drei Musketiere«, in der die Charaktere auf Besatzungsmitglieder gemünzt sind. Unter anderem findet er Troi als die Göttin der Empathie und Riker als furchtbaren Schurken.

Jonathan Frakes lacht: »Das war ein Ding, und die Göttin der Empathie...«

Michael Piller stimmt dem zu, obwohl er die weitverbreitete Meinung entkräftet, die Folge wäre eine Satire auf besessene Star-Trek-Fans, die den Bezug zur Realität verloren haben.

»Es war hervorragendes Fernsehen«, sagt er, »voller frischer, unverbrauchter Ideen. Besseres kann man nicht bekommen. Es war nicht direkt auf Star-Trek-Fans gemünzt. Sicherlich ging es um Phantasievorstellungen und Realität. Keiner der Charaktere, die wir in drei Jahren Star Trek geschaffen haben, war mir so ähnlich wie Barclay. Meine Frau sah die Folge und sagte sofort, daß ich das wäre, weil ich mich auch konstant in einer Phantasiewelt aufhalte. Zum Glück verdiene ich damit mein Geld. Ich habe eine unglaubliche Vorstellungskraft und benutze meine Phantasie ständig. Mit dem realen Leben habe ich Probleme. Ich war sehr glücklich über diese Folge. Diese Folge hätte ich gerne in meiner Biographie, wenn sie geschrieben wird.«

»Dwight Schultz war schon seit langem ein Star-Trek-Fan«, fährt Piller fort. »Er sagte zu Rick Berman: ›Wenn ihr je was für mich habt, sagt mir Bescheid.‹ Dwight Schultz hatte gerade einen Film mit Paul Newman gedreht und war sehr begehrt, und wir glaubten nicht, daß wir ihn bekommen würden. Es ist eine Geordie-Folge, aber Dwight steht im Zentrum. Dieses Drehbuch wurde uns von einer unabhängigen Autorin unterbreitet.«

Der Regisseur Cliff Bole glaubt auch nicht, daß die Handlung auf Star-Trek-Fans bezogen ist. »Wenn dem so wäre, hätte ich bestimmt davon gehört. Ich ging in jedem Fall nicht so daran. Dwight Schultz war herausragend. Er kommt vorbereitet zur Arbeit und weiß, was er tut. Er leistete tolle Arbeit. Der technische Aspekt machte auch viel Spaß. Besonders gut gefiel mir die Illusion innerhalb einer Illusion, wie die drei Musketiere. Star-Trek-Fans sind von so etwas immer begeistert. Sie mögen diese kleinen Kostümfantasien.«

Dwight Schultz und Mr. T, das »A-Team«, hier kurz vor Schultz' Auftritt als Barclay in »Next Generation«.

EPISODE 70

The Most Toys

»Der Sammler«

Erstausstrahlung: ______ **12.5.90**
Buch: ______ **Shari Goodhartz**
Regie: ______ **Timothy Bond**

Gaststars:

Saul Rubinek (Kivas Fajo)
Jane Daly (Varria)
Nehemiah Persoff (Toff)

Data wird von dem Außerirdischen Kivas Fajo entführt, der seltene und wertvolle Dinge sammelt und Data als Ausstellungsstück benutzen will. Es gelingt ihm, die Enterprise davon zu überzeugen, daß Data bei einer Shuttle-Explosion ums Leben gekommen ist. Data versucht zu fliehen und die Enterprise zu warnen. Er kapert ein Shuttle und, mit dem Phaser in der Hand, begreift er, daß es manchmal notwendig ist zu töten.

Unter den vielen Erinnerungsstükken in Fajos Sammlung befanden sich auch eine Mickey-Mantle-Baseballkarte und ein kleines außerirdisches Monster.

»Die Kreatur war eine Handpuppe, die Michael Westmore entworfen hatte«, enthüllt der Produzent David Livingston. »Das war die kleine Kreatur, zu der Saul Rubinek ›Bidi-bidi-bidi‹ sagte. Das wurde zum Standard-Witz. Die Leute im Studio sagen immer noch ›Bidi-bidi-bidi‹.«

»[Der verstorbene] David Rappaport sollte eine Schlüsselrolle spielen«, erinnert sich Michael Piller, »aber er versuchte sich während der Produktion umzubringen. Wir mußten einen neuen Schauspieler finden und alles neu drehen. Wir hatten viel Glück, einen so guten Schauspieler zu finden. Ich bin mit der Umsetzung des Drehbuchs sehr zufrieden. Er spielte einen ziemlich kranken, aber faszinierenden Charakter.«

Der Regisseur Timothy Bond erzählt: »David Rappaport und ich sprachen über die Folge, und er schien in bester Stimmung zu sein. Wir drehten ein paar Tage lang, alles lief ganz gut, und

20. Kapitel

dann versuchte er sich am Wochenende umzubringen. Niemand weiß so recht, warum. Er hatte sehr gute Arbeit geleistet. Dann Sonntagnacht so gegen Mitternacht bekam ich einen Anruf von meinem Regieassistenten, der mir sagte, daß unser Gaststar auf der Intensivstation sei und wir deshalb am nächsten Tag die Szenen ohne ihn vorziehen müßten. Als ich am nächsten Morgen zum Studio kam, ging dort schon die Geschichte um, daß man ihn in seinem Wagen gefunden hätte mit einem Schlauch, der die Abgase ins Innere leitete. Ich mußte natürlich einen Ersatz für ihn finden. Saul Rubinek, der die Rolle schließlich spielte, ist jemand, mit dem ich zur Schule gegangen bin. Er war gerade in der Stadt, weil die Dreharbeiten zu ›Bonfires Of The Vanities‹ (dt.: »Fegefeuer der Eitelkeiten«) bald beginnen sollten, und er ist ein Trekkie. Er fragte mich, ob er sich die Kulissen ansehen könne. Ich sagte ihm, ich würde es versuchen und ihn am Montag wieder anrufen. Also rief ich ihn an und fragte: ›Wie gerne willst Du die Kulissen sehen?‹ Er nimmt normalerweise keine Gastauftritte im Fernsehen an, aber ich konnte ihn überzeugen.«

»Die Umbesetzung veränderte auch den Charakter«, fügte er hinzu, »weil David Rappaport sehr klein war. Die Leute mußten Angst vor ihm haben. Das ist für jemanden von Davids Größe schwer zu erreichen. Also richteten wir es so ein, daß er immer eine Waffe in seiner Nähe hatte, mit der er Leute abschießen konnte. Als ich mit der Arbeit an dieser Folge begann, hatte ich die Idee, sein Raumschiff seiner Größe anzupassen. Die Räume wären dann ungefähr 1,3 Meter hoch gewesen. Die Dreharbeiten wären zwar ein Alptraum geworden, aber es wäre ein sehr kraftvolles visuelles Element gewesen. Ich halte die Idee immer noch für brillant, aber sie lehnten sie ab. Als wir David verloren, mußten wir uns über die kleinen Kulissen keine Sorgen mehr machen.

Ich mag das offene Ende. Hätte Data ihn umgebracht? Hat Data versucht, ihn zu töten? Und die letzte Szene, in der Data dem Typen sagt, daß man seinen gesamten Besitz konfisziert hat. Fajo sagt: ›Sie genießen das.‹, und Data sagt: ›Nein.‹ Das kam hervorragend, weil Brent Spiner ein so guter Schauspieler ist. Er weiß genau, wieviel er geben muß, um das Publikum im unklaren zu lassen. Das war toll.

Episode 71

Sarek

»Botschafter Sarek«

Erstausstrahlung: ______ **19. 5. 90**
Buch: ______ **Peter Beagle nach einer ______ Geschichte von Marc Cushman ______ und Jake Jacobs**
Regie: ______ **Les Landau**

Gaststars:

Mark Lenard (Sarek)
Joanna Miles (Perrin)
William Denis (Ki Mendrossen)
Rocco Sisto (Sakkath)

Der alternde Sarek wird zu einer diplomatischen Konferenz auf die Enterprise gebracht. Dort findet man heraus, daß sein Geist langsam verfällt und daß er Perioden der Senilität und der Unlogik durchmacht. Nur sein Assistent, gespielt von Rocco Sisto, kann Sareks Emotionen kontrollieren. Als der Ansturm der Emotionen zu groß wird, erklärt sich Picard bereit, eine Gedankenverschmelzung mit Sarek einzugehen, um ihm genug Zeit zu verschaffen, die Verhandlungen erfolgreich abzuschließen.

»In gewisser Weise ist diese Folge sogar besser als ›Journey to Babel‹«, sagt der Autor Ron Moore. »Marc Lenard hatte die Gelegenheit, solide zu spielen. Es ist eine charaktergetriebene Folge, und das ist für uns etwas anderes.«

Michael Piller meint: »Der Schlüssel zur gesamten Staffel liegt in persönlichen Risiken und persönlicher Dramatik. Die Sarek-Geschichte berührte sehr viele Leute. Die Episode wurde durch eine Idee inspiriert, die von außen kam. Es ging dabei allerdings nicht um Sarek. Es ging um einen Botschafter, der seelische Probleme bekommt, als er an einer Mission teilnehmen soll. Als wir uns im Haus darüber unterhielten, kam uns die Idee, daß es interessanter wäre, ein sehr wichtiges Mitglied von Starfleet Command oder der Föderation dem auszusetzen, was so viele von unseren Eltern durchgemacht haben, wenn sie Probleme mit dem Altern bekommen. Von diesem Punkt an dauerte es nicht mehr lange, bis jemand fragte, wie wir daraus eine Science-fiction-Folge machen könnten. Irgend jemand sagte: ›Wenn es um einen Vulkanier ginge, könnte eine Krankheit vielleicht Auswirkungen auf seine Telephatie haben‹. Der nächstlogische Schritt war Sarek. Sarek ist ein sehr ehrenhafter Charakter, und wir fühlten uns verpflichtet, ihn zu beschützen und respektvoll zu behandeln. Gleichzeitig ist dies auch eine sehr persönliche Geschichte. Eine außergewöhnliche Folge.«

Der Regisseur Les Landau bemerkt: »Es gibt einige großartige Szenen in dieser Folge. Wenn Sarek dem Konzert zuhört und auf Datas wunderbares Violinenspiel reagiert, und wir schließlich eine Träne aus seinem Auge fallen sehen... die Musik berührt ihn so sehr, daß er schließlich den Saal verlassen muß, was Picard und besonders Troi sehr überrascht. Mark Lenards Darstellung machte dies zu einem ganz besonderen Moment. Eine weitere Szene ist die Gedankenverschmelzung zwischen Picard und Sarek.

Das war konzeptionell sehr schwierig zu filmen. Schließlich zeigten mir die beiden Schauspieler, wie sie das machen wollten, und es fügte sich alles zu einem der Höhepunkte der Folge zusammen. Man kommt immer mit einem vorbereiteten Schema zur Arbeit, aber das kann man nur als Ausgangspunkt benutzen. Wenn die Schauspieler die Kulisse betreten, kann man seine gesamte Planung vergessen. So war das auch, wenn Sarek schließlich zu Picard ›unlogisch, unlogisch‹ sagt, um seine Emotionen zu verdrängen. Die Dynamik zwischen Picard und Sarek ist so groß, daß man das jetzt schon als Klassiker bezeichnen kann. Der herausragendste Moment ist die Szene, in der Beverly bei Picard sitzt, als er sich in Sareks Geist befindet und über sein Leben und seine verstorbene Frau nachdenkt und diese eine Anspielung auf Spock macht. Patrick ist einfach spektakulär in dieser Szene. Ich machte einige tolle Erfahrungen bei dieser Folge, aber das war die beste. Patrick ist so begabt, daß man ihn einfach machen läßt. Man spricht vorher und nachher darüber, aber er liegt normalerweise so richtig, daß man nicht gerne etwas ändern möchte.«

EPISODE 72

Menage A Troi

»Die Damen Troi«

Erstausstrahlung: 26.5.90
Buch: Fred Bronson und Susan Sackett
Regie: Robert Legato

Gaststars:

Majel Barrett (Lwaxana Troi)
Frank Corsentino (DaiMon Tog)
Rudolph Willrich (Reittan Grax)
Ethan Philips (Dr. Farek)
Peter Slutsker (Nibor)
Carel Struycken (Mr. Homn)

Riker, Troi und ihre Mutter Lwaxana werden von einem liebeskranken Ferengi entführt, der die ältere Troi nicht nur ihres Körpers wegen, sondern vor allem wegen den telephatischen Fähigkeiten ihres Gehirns haben will. Als sie von der Enterprise verfolgt werden, verspricht der Ferengi Captain Riker und Troi freizulassen, wenn er dafür Lwaxana behalten darf. Picard wirbt um Lwaxana, um DaiMon Tog davon zu überzeugen, daß er wirklich in sie verliebt ist. In der Zwischenzeit bewirbt sich Wesley das zweite Mal um die Zulassung zur Starfleet-Akademie.

»Es ist eine Komödie«, sagt die Co-Autorin Susan Sackett. »Es ist nicht Shakespeare. Wir entwickelten die Geschichte mit Gene zusammen und sprachen alles mit ihm ab. Seine Kritik half uns, glaubwürdige Charaktere zu entwickeln. Als wir etwas geschrieben hatten, was er für gut hielt, sagte er uns, wir sollten das Michael Piller geben.«

»Ich machte eine Überarbeitung, und dann machten die Jungs und ich noch eine zweite«, fügt Melinda Snodgrass über ihre Überarbeitung mit den ehemaligen Story-Redakteuren Richard Manning und Hans Beimler hinzu. »Danach bat ich um Urlaub, weil ich mehr als anderthalb Jahre durchweg gearbeitet hatte und mal wieder nach Hause nach New Mexico wollte.«

Bevor die Folge ausgestrahlt wurde, wurden die Fans bereits auf die angebliche Nacktszene aufmerksam, in der Troi und ihre Mutter getreu den Ferengi-Bräuchen entkleidet werden, während Riker hilflos zusieht.

»Wir waren natürlich nicht nackt«, sagt Marina Sirtis, die wie Majel Barrett auch in einen hautfarbenen Overall gekleidet war. »Die Paramount-Werbemaschine läuft an, und sie versuchen etwas Neues zu finden, was die Aufmerksamkeit der Leute erregen wird. Das gleiche passierte mit ›The Price‹. Es gab diesen großen Aufstand, als es hieß, Troi würde mit jemandem ins Bett gehen. Zum ersten Mal sieht man in Star Trek zwei Leute, die zusammen im Bett sind – aber als die Szene dann schließlich gezeigt wurde, war sie doch sehr zahm. Aber das ist nun mal die Aufgabe der Werbeabteilung.«

EPISODE 73

Transfigurations

»Wer ist John?«

Erstausstrahlung: 2.6.90
Buch: René Echevarria
Regie: Tom Benko

Gaststars:

Mark La Mura (John Doe)
Charles Dennis (Sunad)
Julie Warner (Christy)

Ein Außerirdischer, der sein Gedächtnis verloren hat und John Doe genannt wird, wird von der Enterprise vor dem sicheren Tod gerettet. Dr. Crusher entdeckt, daß er einen evolutionären Prozeß durchläuft. Die Ärztin fühlt sich zu dem Außerirdischen hingezogen, der Geordie dazu verhilft, mehr Selbstvertrauen im Umgang mit Frauen zu bekommen, nachdem ein Gespräch mit Worf über die Regeln der Liebe recht erfolglos verlief.

»Wir wollten eine Folge machen, in der die Medizin des 24. Jahrhundert ausführlich und auch persönlich gezeigt wird«, sagt Michael Piller. »Beverly Crusher setzt ihr ganzes Können ein, um diesen Außerirdischen zu retten und verliebt sich in gewisser Weise in ihn. Es ist eine sehr geistige Folge.«

EPISODE 74

The Best of Both Worlds, Part I

»In den Händen der Borg«

Erstausstrahlung: 9.6.90
Buch: Michael Piller
Regie: Cliff Bole

Gaststars:

Elizabeth Dennehy (Shelby)
George Murdock (Admiral Hanson)
Whoopi Goldberg (Guinan)

Die ehrgeizige Borg-Expertin Shelby hofft, erster Offizier auf der Enterprise zu werden, vorausgesetzt, Riker verläßt seinen Platz, um ein eigenes Kommando zu übernehmen. Dann entdecken sie, daß die Borg zurückgekehrt sind und die Föderationskolonie Jure 4 zerstört haben. Während einer Konfrontation mit der Enterprise entführen die Borg Picard und verwandeln ihn in ihren Sprecher. Durch ihn kündigen sie an, daß sie die Eroberung der Erde planen. Shelby, Data und Worf unternehmen einen dramatischen Rettungsversuch, bei dem sie entdecken, daß Picard zu Locutus, dem König der Borg, geworden ist (Anm. d. Übers.: Das ist nicht ganz richtig. Der Name »Locutus« kommt aus dem Lateinischen und bedeutet soviel wie Verhandlungsführer oder Sprecher. Locutus leitet zwar die Verhandlungen mit der Föderation, ist aber keinesfalls der König der Borg, dessen Gesellschaftsform eine solche Position ja auch nicht zulassen würde.). Als das Außenteam zur Enterprise zurückkehrt, bereitet sich Riker darauf vor, die Macht der Hauptdeflektoren auf die Borg loszulas-

20. KAPITEL

sen, in der Hoffnung, deren Schiff zu vernichten ... und damit auch Captain Picard.

»Wir sprachen in diesem Jahr sehr viel über die Borg, und es wurde uns klar, daß wir sie noch nicht richtig eingesetzt hatten«, sagt Michael Piller. »Es gab keinen würdigen Nachfolger für die Klingonen als Gegner in der neuen Serie, und das war ein ernstes Problem, mit dem sich die Serie auseinandersetzen mußte. In der dritten Staffel entwickelten wir die Romulaner weiter und auch ein wenig die Ferengi. Aber wir wußten immer, daß es auch noch die Borg gab, auf die das Publikum gut reagiert hatte. Als wir darüber sprachen, hielten sie die meisten Leute für langweilig, weil sie keine richtige Persönlichkeit hatten. Weil sie alle eins waren, gab es keinen Sprecher, also überlegten wir, ob wir nicht eine Art ›Bienenkönigin‹ entwickeln sollten, die für die Gruppe spricht und eine Persönlichkeit hat.«

Piller reagierte nicht sehr gut auf diese Idee, weil ihm die Einzigartigkeit der Borg zusagte und er sie nicht konventioneller gestalten wollte.

»Mir gefiel ›Q Who?‹ sehr gut, also lehnte ich diese Vorschläge ab. Die Borg waren so erschreckend und einzigartig, weil sie keine Persönlichkiet haben. Diese Serie lebt durch ihre Charaktere, deshalb ist die Bedrohung durch einen völlig persönlichkeitslosen Gegner etwas ganz Spezielles. Als wir uns allerdings über den Cliffhanger unterhielten, konzentrierten wir uns darauf, wer die Bienenkönigin sein sollte.«

Piller brachte schließlich die Idee auf, Picard – oder auch Locutus, wie er kurzzeitig genannt wurde – als Königsbiene zu benutzen.

»Es paßte alles zusammen«, erzählt Piller. »Es gab eine frühe Fassung, in der Picard und Data zu Borg werden. Irgend jemand fragte, warum wir das machten, und da wir keine gute Antwort darauf hatten, ließen wir die Idee fallen.«

Die große Frage war, was während Picards Abwesenheit auf der Enterprise passieren würde. Obwohl er genügend Geld für Weltraumschlachten und Kulissen hatte, wollte Michael Piller aus dieser Folge nicht »Battlestar: Galactica« (dt.: »Kampfstern Galactica«) machen. Er wollte die menschliche Dramatik beibehalten, die als Hintergrund für das epische Drama dienen würde.

»Wir wußten noch nicht, daß daraus eine Riker-Geschichte werden würde, als wir anfingen«, betont Piller. »Ich hatte die Idee, daß Shelby an Bord kommt und Riker herausfordert. Das paßte gut zu Rikers Gefühlen und der Frage, ob er gut genug sei, um den Platz des Captains einzunehmen. Das führte uns zum zweiten Teil, wo eine Lehrer-gegen-Schüler-Situation auftritt, die leider teilweise geschnitten werden mußte, weil die Folge sonst zu lang geworden wäre. Unter anderem fiel auch eine Szene zwischen Riker und Troi der Schere zum Opfer, in der Riker seine Sorgen und seine Zweifel über Picard ausdrückt. Wir verloren ein wenig Charakterdramatik, um all die Action, die wir hatten, zu rechtfertigen.«

Für Piller war es schon immer leichter, Charakterszenen zu schreiben als Trek-Speak, diese mythische Science-fiction-Sprache, die TNG perfektioniert hat. Die Dialoge zu Rikers Problem, ob er jetzt das Kommando der U.S.S. Melbourne annehmen oder auf der Enterprise bleiben soll, fielen ihm leicht, weil er zu dem Zeitpunkt selbst vor einer ähnlichen Entscheidung stand. Piller erzählt: »Eine gute Arbeit entsteht meistens daraus, daß sie dem Autor etwas bedeutet. Am Ende der dritten Staffel hatte ich mich entschieden, nicht bei Star Trek zu bleiben. Rick und Gene baten mich zu bleiben, weil alles so gut lief, aber ich wollte noch so viele andere Dinge machen. Ich wollte Kinofilme machen und meine eigenen Serien entwickeln. Ich hatte mir immer gesagt, daß ich nicht zu lange an einem Ort bleiben wollte, aber als ich dieses Drehbuch schrieb, kam ich mir vor wie Riker, der sich entscheiden muß, ob er das Schiff verlassen will oder nicht. Vieles im ersten Teil spiegelt das wieder, was mir selbst durch den Kopf ging.«

In einer Szene, die in Zehn Vorne spielt, gesteht Riker Troi gegenüber, daß er vielleicht ein wenig Angst vor dem »großen Stuhl« hat.

»Riker spricht mit Troi darüber, warum er noch nicht gegangen ist«, sagt Piller. »›Was habe ich verloren? Wieso habe ich nicht mehr den Ehrgeiz, den ich früher hatte?‹. Irgendwann begreift er, daß Ehrgeiz nicht alles ist. Wenn man glücklich ist und von den Leuten, mit denen man arbeitet, respektiert wird, dann bedeutet das viel. Wir treiben uns ständig an, und das ist auch manchmal gut so – das hat mir und meiner Karriere zumindest gut getan – aber man muß sich auch mal zurücklehnen, seinen Erfolg genießen und sich mit den Leuten umgeben, die man liebt. Ich sprach in diesem Moment durch Riker.«

Die Lektion, die sie durch die Produktion von ›Q Who?‹ gelernt hatten, vereinfachte die Produktion dieser Folge.

»Die Kulissen waren damals ein Problem«, sagt David Livingston, »weil wir nicht genug Geld hatten, um sie komplett zu bauen. Wir veränderten auch die Borg ziemlich stark, nachdem wir sie zusammengebaut hatten. Es war sehr schwierig, die ganzen Schläuche bei den Leuten anzubringen. Die Entwicklung fand eigentlich bei ›Q Who?‹ statt. Bei ›Best of Both Worlds‹ wußten wir, mit welchen Problemen wir zu rechnen hatten. Wir wußten, daß wir andere Kulissen bauen mußten, und das funktionierte sehr gut.«

Nach Beendigung der Produktion standen die Borg-Kulissen im Studio 16 herum und sammelten Staub, während die Darsteller und die Crew ihren Sommerurlaub genossen und die Fans sich fragten, was passieren würde, nachdem Riker den Angriff auf das Borgschiff befohlen hatte.

»Nach dem Ende des ersten Teils hatten wir noch keine Ahnung, wie der zweite aussehen würde«, gibt Rick Berman zu. »Michael Piller löste das Problem mit etwas Hilfe von mir. Es war toll, mal etwas anderes zu machen und zwei Stunden Zeit zur Verfügung zu haben.«

Die Fans warteten den ganzen Sommer darauf, wie die Enterprise wohl die Borg schlagen würde, aber Michael Piller wartete noch länger, bevor er sich darüber Gedanken machte, wie er sich aus diesem fast aussichtslosen Cliffhanger herausschreiben könne.

20. KAPITEL

»Nachdem ich meinen Vertrag unterschrieben hatte«, lacht er, »fing ich damit an. Ich denke nie an solche Sachen, bevor ich nicht muß. Ich bin ein sehr instinktiver Autor. Ich gehöre nicht zu den Leuten, die sich alle Antworten schon zurechtgelegt haben, bevor sie mit dem Schreiben anfangen. Der Lernprozeß ist für mich das, was das Leben eines Drehbuchs ausmacht. Man muß vorher natürlich schon wissen, in welche Richtung man gehen will, weil Fernsehen einfach zu teuer ist, um sich auf etwas einzulassen, bei dem man am Ende vielleicht bemerkt, daß es nicht funktioniert. Aber ich glaube daran, daß man sich von seinen Charakteren leiten lassen sollte und ihnen zuhören sollte, wenn man ein Drehbuch schreibt. Dabei entdeckt man wunderbare Sachen. Die Gefahr liegt allerdings darin, eine Blockade zu haben und nicht mehr zu verstehen, was sie sagen wollen.«

Gaststar Elizabeth Dennehy erinnert sich sehr gut an ihre Erfahrungen bei dieser Folge.

»Der erste Teil war der schwierigste«, sagt sie. »Ich wußte nichts über die Serie, mußte aber so aussehen, als würde ich alles verstehen, weil ich einen Commander spiele. Das Schwierigste war für mich, den Dialog so rüberzubringen, als würde ich so etwas jeden Tag sagen. Es war unmöglich. Man kann sich Dialoge leicht merken, wenn sie Sinn ergeben, oder wenn man sie mit etwas in Verbindung bringen kann. Aber diese Dialoge hier waren wie Fahrpläne. Ich weiß nicht, was ein Manipulationseffekt im Subraum des Borgschiffes ist. Das soll Englisch sein? Das war, als würde man eine fremde Sprache rein phonetisch lernen. Es war furchtbar. Der erste Tag war am schwierigsten. Wir machten eine Szene in dem großen Konferenzraum, und ich erkläre ihnen, was die Borg machen und wie sie sich verhalten. Das waren Zungenbrecher. LeVar und Brent müssen die schwierigsten Dialoge lernen. Ich weiß nicht, wie sie das machen. Man muß sich wirklich auf so etwas trainieren. Beim zweiten Teil wußte ich, wie das ging. Man muß sich auf die Person konzentrieren, mit der man arbeitet. Man muß seinem Gegenüber die notwendigen Sätze sagen und darf ihn nicht blockieren. Aber, Mann, diese Dialoge. Ich schrie Michael Piller an, als ich ihn das erste Mal traf. An dem Tag, als er die Kulissen besuchte, mußte ich folgendes sagen: ›Seperate the saucer section, assign a skeleton crew‹ (Anm. d. Übers.: ›Teilen Sie die Untertassensektion ab und stellen sie eine Minimalbesatzung zusammen‹. Der Witz geht im Deutschen leider verloren.), und ich fragte ihn: ›Könntest Du vielleicht etwas weniger Alliterationen benutzen, Michael... bitte?!‹ Er lachte.«

Der damalige Regieassistent Chip Chalmers erinnert sich: »›Best of Both Worlds‹ war eine harte und schmutzige Folge. Ich erinnere mich an den Moment, in dem Patrick in seinem Borgkostüm auf den Bildschirm zugeht und sagt: ›Ich bin Locutus von den Borg‹. Er kam in die Kulisse, und jeder war beeindruckt von dem, was sie mit ihm gemacht hatten. Alles bereitete sich auf die Probe vor. Er mußte nur auf die Kamera zugehen. Er tat das und überragte jeden. Es war so unheimlich und unangenehm, und dann sagte er: ›Ich bin Locutus von den Borg. Haben Sie je daran gedacht, sich einen Pontiac zu kaufen?‹ Wir lagen auf dem Boden vor Lachen. (Anm. d. Übers.: In den USA lief zu dem Zeitpunkt ein Werbespot von Pontiac, bei dem Patrick Stewart eben diesen Satz sagen mußte. Da man nur seine Stimme hörte und er einen amerikanischen Akzent benutzte, glaubte er, niemand würde wissen, wer diese Werbung spricht. Damit lag er natürlich falsch.). Solche Dinge sind es, die die Arbeit an dieser Serie so toll machen; diese Leute haben einen wunderbaren Sinn für Humor.«

21. KAPITEL

Star Trek: Die vierte Staffel

In der vierten Staffel setzte das Raumschiff Enterprise seine Reise in Gebiete, in denen noch nie ein Mann, eine Frau oder ein Andorianer gewesen war, fort. Gleichzeitig gelang es ihnen, die Qualität ihrer sehr guten dritten Staffel noch zu übertreffen.

»Die vierte Staffel war bis jetzt die beste«, sagte der Regisseur Les Landau damals. »Die Qualität der Drehbücher und der Handlungsstränge hat sich konstant verbessert und hat in diesem Jahr den bisherigen Höhepunkt erreicht.«

Michael Piller sagt: »Ich glaube, es gab in der ganzen Staffel keinen Aussetzer. In der dritten Staffel gab es noch ein paar. Man könnte natürlich sagen, daß einige Folgen der dritten Staffel besser waren, aber dieses Mal ist es uns gelungen, jede Woche eine hohe Qualität zu erzielen.«

»Die Serie ist mit jedem Jahr besser geworden«, stimmt Rick Berman zu. »Wir nehmen sie alle sehr ernst. Anders kann man sie auch nicht machen, weil es sehr viel Arbeit ist. In der Sekunde, wo man nachlässig wird, bemerkt es das Publikum auch. Wir konnten die Qualität der Serie steigern, ihre Integrität bewahren und ein größeres Publikum anziehen. Das ist eine großartige Leistung. Wir hatten sehr viel Glück.«

Obwohl die dritte Staffel ein großer Erfolg für Star Trek war, gab es auch einige Probleme, unter anderem einen unglücklichen Captain namens Jean-Luc Picard.

»Patrick kam in der Mitte der Staffel zu mir und sagte: ›Ich langweile mich, ich habe nichts Interessantes zu tun‹, und er war unglücklich darüber«, enthüllt Michael Piller. »Er war wütend darüber, wie Picard behandelt wurde, und er hatte recht damit, aber in der dritten Staffel versuchten wir eigentlich nur, unseren Kopf über Wasser zu halten, weil wir keine Drehbücher hatten. In der vierten Staffel beschwerte sich Patrick kein einziges Mal. Er starb, wurde zum Borg, und machte alle möglichen Sachen.«

Ron Moore, der das zweite Jahr hintereinander als Ausführender Drehbuchberater arbeitete, ist ebenfalls der Meinung, daß die Qualität der vierten Staffel höher war, weil man mehr Zeit hatte, um an den Drehbüchern zu feilen. »Wir konnten vorarbeiten. Im letzten Jahr hatten wir kaum Bücher und nahmen, was wir kriegen konnten. Wir gingen an die vierte Staffel anders heran und gelangten nie an den erschreckenden Punkt, wo man in den Kulissen sitzt und wie ein Irrer schreibt.«

Im Nachhinein glaubt Piller, daß die vierte Staffel teilweise zu sorgsam durchdacht war. »In der ersten Hälfte der Staffel hatten wir ein paar trickreiche Folgen. Das waren gute Abenteuer mit guten Ideen – Sachen, die man leicht in der Fernsehzeitung beschreiben kann. Jede Serie braucht solche Folgen, und wenn ich mir die Serie als Ganzes ansehe, würde ich sagen, daß der Unterhaltungswert der ersten Hälfte der Staffel zwar sehr hoch war, er aber wenig Substanz hatte. Die zweite Hälfte allerdings war herausragendes Fernsehen und gehört mit zum Besten, was das Fernsehen anzubieten hat.«

Während der Vorbereitungen auf die vierte Staffel im Sommer 1990 hatte Rick Berman, der die Serie durch die rauhe See ihrer ersten Folgen gesegelt hatte, kein bestimmtes persönliches Ziel.

»Wir setzten uns kein Ziel für die vierte Staffel«, sagt Berman. »Wir wußten, auf welche Charaktere wir uns konzentrieren wollten und welche Geschichten wir ungefähr machen wollten. Wir wußten, daß uns Wesley verlassen würde, und wir wußten, daß wir mit einer Folge anfangen mußte, die die Borg-Erfahrung abrunden würde. Unser Ziel war es, eine gute Staffel zu drehen und uns nicht auf einen übergreifenden Bogen zu konzentrieren.«

»Es gab keine formelle Konferenz«, fügt Ron Moore hinzu. »Wir sprachen sehr viel mit Michael und Rick über verschiedene Geschichten. Wir wußten schon, daß wir ›Sins of the Fathers‹ weiterverfolgen wollten, dann die Borg-Folgen und eine Art von ›Ein Tag im Leben des...‹-Folge. Dann wollten wir O'Brien stärker einbinden und jemanden verheiraten.«

Jeri Taylor, die den Produzenten Lee Sheldon als Überwachende Produzentin ersetzte, nachdem der die Serie wegen den berühmt-berüchtigten ›kreativen Differenzen‹ verlassen hatte, hatte auch ihre eigenen Vorstellungen, wie sich die Reisen der Enterprise entwickeln sollten.

»Ich hatte nicht den Eindruck, daß ich nur irgendein Loch stopfen sollte«, sagt sie. »Michael Piller und ich hatten ungefähr den gleichen Geschmack und faßten die Geschichten auch gleich auf. Ich wollte Crusher und Troi allerdings stärker entwickeln, weil ich das Gefühl hatte, sie würden nicht richtig eingesetzt. Ich wollte sie zu interessanteren Menschen machen. Auf diese Art möchte ich die Leute auf die Rolle der Frau aufmerksam machen. Damit will ich nicht sagen, daß hier nur Männer arbeiteten und ich ihnen den richtigen Weg zeigen mußte, aber vielleicht interessierte es mich doch etwas mehr als einige der anderen.«

Taylors Gefühle über die Frauenrollen in Star Trek werden von der weiblichen Hauptdarstellerin Marina Sirtis, die Counselor Deanna Troi spielt, geteilt.

»Ich glaube nicht, daß wir uns um den Feminismus gekümmert haben«, sagt Sirtis. »Die Frauen in dieser Serie wirken nie bedrohlich, und ich glaube nicht, daß das realistisch ist. Das ist im 20. Jahrhundert nicht realistisch, also ist es das bestimmt auch nicht im 24. Jahrhundert. Seit Denise die Serie verlassen hat, sind nur noch Frauen da, die auf gewisse Weise Ärzte sind; wir sehen keine Frauen in Machtpositionen. Wir sehen zwar weibliche Admiräle, aber die Fans interessieren sich nicht besonders für unsere Gaststars, sie interessieren sich für die Hauptcharaktere, und sie möchten, daß die Frauen in der Serie mehr Macht bekommen.«

Sirtis glaubte, daß trotz der Beachtung, die ihrem Charakter in der Serie geschenkt wird, Troi immer noch nicht genügend entwickelt wurde. Sie bezieht sich dabei auf das Originaldrehbuch zu »The Enemy«, in dem Geordie mit einem feindlichen Romulaner auf einem Planeten gefangen ist.

»In der ursprünglichen Fassung, die ich zufällig las, obwohl uns das nicht erlaubt ist, was eine solche Unterhaltung, wie die unsere verhindert«, sagt Sirtis, »waren Troi und Geordie zusammen auf dem Planeten. Weil Geordie durch die elektromagnetischen Störungen seinen Visor nicht benutzen konnte und damit blind war, war es Troi, die den Romulaner überwältigte. Ich war begeistert. Als ich dann das fertige Drehbuch sah, war ich nicht auf dem Planeten und hatte außerdem nur einen Satz, der dann auch noch geschnitten wurde. Ich wünschte, solche Sachen würden nicht passieren.«

Michael Piller stimmt zu, daß der Einsatz weniger beachteter Charaktere ein Ziel der vierten Staffel war.

»Wir wollten in der vierten Staffel jedem Charakter eine Geschichte geben, unter anderem auch Troi. Sie hat sich in den letzten zwei Jahren stark entwickelt, was natürlich nicht heißt, das wäre ausreichend. Am Anfang war sie eine Figur, die auf den Bildschirm starrte und ›Ich spüre Ärger‹ sagte. Wir haben ihr die Möglichkeit gegeben, Leute zu therapieren, einige sehr ernste Geschichten zu machen, ausschlaggebend zur Lösung eines Problems beizutragen und eine Beraterin im besten Sinne des Wortes zu sein. Ich halte sie nicht mehr für eine unterentwickelte Figur.«

»Cinefantastique« covert die vierte Staffel von »Star Trek: The Next Generation«.

Die vierte Staffel wollte sich allerdings nicht nur mit der Zukunft, sondern auch mit der Vergangenheit der Serie auseinandersetzen. In diesem Zusammenhang tauchten zahlreiche Charaktere aus früheren Staffeln noch einmal auf. »Wir entschlossen uns, auf unser eigenes Universum zurückzugreifen und einige interessante Charaktere wiederzubeleben«, sagt Piller. »Wir haben ein gesamtes Universum erschaffen, aber wir gehen immer noch von einer Entdeckung zur nächsten.

Gleichzeitig haben wir aber auch viele interessante und einnehmende Charaktere und Situationen entworfen, die man noch einmal besuchen sollte.«

Nicht nur wurden das Daystrom Institut und die Tholianischen Kriege ständig erwähnt, auch solche Kleinigkeiten wie die Nanniten (aus der Episode ›Evolution‹) und die Tatsache, daß der Hauptdeflektor Energie fokussieren kann (aus ›Best of Both Worlds‹) tauchten auf.

»Ich mag Kontinuität und solche Hinweise«, sagt Ron Moore. »Die Gefahr besteht natürlich, daß man etwas wie ›L.A. Law‹ macht, wo Geschichten über mehrere Wochen erzählt werden. Aber das wollen wir nicht. Ein erstmaliger Zuschauer, der ›Reunion‹ sieht [Moores Fortsetzung zu ›Sins of the Fathers‹, in der Duras zurückkehrt, um die Herrschaft über das klingonische Imperium an sich zu reißen], muß sich zwar anstrengen, um die Folge komplett zu verstehen, aber es ist möglich. Man kann die Folge verstehen, ohne ›Sins‹ gesehen zu haben, weil das nicht besonders wichtig ist. Man muß nur wissen, daß Worf dieses Problem hat, und das sagen wir. Es ist natürlich nett, wenn man den Hintergrund kennt, genau, wie es nett ist, wenn man weiß, daß Worf ein Verhältnis mit K'Ehleyr hatte, aber wirklich wissen muß man nur, daß etwas passiert ist.«

Die Rückkehr der von Suzi Plakson (die auch in der Folge »The Schizoid Man« Dr. Solar spielte) gespielten K'Ehleyr in der Folge »Reunion« rief den größten Wirbel hervor. In dieser Folge erfährt Worf, daß er Vater ist und wird mit seiner ehemaligen Liebe K'Ehleyr wiedervereinigt, die in der Episode »The Emissary« in der zweiten Staffel eingeführt worden war.

»Jeder sagte uns, wie toll die Folge war, aber die hauptsächliche Frage lautete: ›Warum habt ihr K'Ehleyr umgebracht?‹«, sagt Ron Moore, Co-Autor der Folge. »Das ist meistens der einzige Kommentar, den ich bekomme. Mir gefiel das, und ich denke, ich habe das gut geschrieben. Wenn dieser Punkt nicht dabei wäre, würde ein großer Teil der Geschichte fehlen, in der Worf seinen Sohn akzeptieren muß und sich endlich auf die Jagd nach Duras macht.«

Der Tod K'Ehleyrs war allerdings nicht das größte Risiko, das die Produzenten in der vierten Staffel in Kauf nahmen. Ein großes Problem war die Auflösung des Zweiteilers ›Best of Both Worlds‹. Am Ende des zweiten Teils erzittert ein völlig fertiger Picard bei seiner Erinnerung an die Entführung durch die Borg.

»Ich wollte den Zweiteiler so beenden«, sagt Piller, »daß zwar alles gelöst ist, aber das Leben nicht einfach so weiterläuft. Man kommt nicht einfach aus so einer Erfahrung heraus und macht mit seiner Arbeit weiter, ohne Alpträume bei der Erinnerung zu haben. Ich wollte dem Publikum diesen kurzen Moment der Unsicherheit und der Unruhe geben.«

Einige Mitarbeiter waren ebenso unsicher über Pillers Vorschlag, Picards Entführung durch die Borg noch in einen dritten Teil einzubringen. »Das war unsere schwierigste Entscheidung«, sagt Piller. »Es war sehr kontrovers, und viele Leute sprachen sich gegen einen Dreiteiler aus. Der dritte Teil spielte auf der Erde. Viele Leute dachten, das sei nicht Star Trek, und Freunde von mir, die Fans sind, riefen an und sagten: ›Bitte mach' das nicht‹.

21. KAPITEL

Allerdings muß ich sagen, daß ich ›Family‹ für eine der besten Folgen der vierten Staffel halte. Leider hat sie auch die geringsten Einschaltquoten der Wiederholungen. Vielleicht hatten meine Freunde doch recht – wenn die Serie nicht im All spielt, sind die Leute eben nicht zufrieden.«

Der Regisseur Winrich Kolbe, der seit der zweiten Staffel für die Serie arbeitet, spricht über die Herausforderung, die es für ihn darstellt, in Star Trek Regie zu führen.

»Es gibt Vor- und Nachteile. Es gefällt mir, daß ich bei den Vorbereitungen zu den Folgen um 9.00 Uhr morgens eintreffe und gehe, wenn ich fertig bin. Im allgemeinen bleibe ich im Studio und lese das Drehbuch.«

Das ist ganz anders als bei den meisten anderen Serien. Bei den Vorbereitungen zu Folgen der Serie »Hunter«, verbrachte Kolbe ganze Tage in einem Lieferwagen, um nach passenden Orten für Außenaufnahmen zu suchen. In der Star-Trek-Welt, in der fast alles auf drei Studios begrenzt ist, fällt die Suche nach geeigneten Orten praktisch weg.

Von links nach rechts: Die Next-Generation-Autoren Brannon Braga, Lolita Fatjo und Ron Moore.

»Das Fernsehen ist erwachsener geworden«, sagt Berman. »Es gibt jetzt ein zynisches Element. TNG ist wesentlich glaubwürdiger als die alte Serie, und das verdanken wir Gene Roddenberry, der darauf bestand, das die neue Serie glaubwürdiger sein sollte. Kein Melodrama. Im alten Star Trek gab es Leute, die Togas trugen und unter Steinbögen standen. Unser Star Trek ist wesentlich gegenwärtiger und glaubwürdiger.«

»Die Felsen sind immer noch aus Pappe«, lacht David Livingston. »Die kreativen Leute in dieser Serie sind so gut, daß man ihre Pappfelsen für real hält. Die Enterprise ist auch nur aus Plastik und Klebstoff. Enttäuscht sind wir eigentlich nur, wenn man uns wieder einmal das Budget gekürzt hat und wir wissen, daß wir es hätten besser machen können.«

Das Budget dieses Jahres wird durch die Ausgaben des letzten bestimmt. Livingston, der an dieser Planung beteiligt ist, erläutert: »Am Ende jeder Staffel machen wir eine Kostenanalyse. Wenn wir das Geld, das wir für eine Sache veranschlagt hatten, auch ausgegeben haben, wird der gleiche Betrag wieder für das kommende Jahr vorgesehen. Wenn Peter in einer einfachen Folge nur $ 10.000 für die Ausleuchtung ausgibt, dann gibt er den Rest an die Bauten und umgekehrt. Wir haben den Betrag in allen Abteilungen gehalten und basierend auf den Lebenshaltungskosten erhöht. Es gibt keinen Wettbewerb. Wir haben ausreichend Geld für alle Abteilungen zur Verfügung.«

Larry Carroll, Co-Story Redakteur der vierten Staffel ließ sich von den Geldschwierigkeiten nicht abschrecken. Immerhin hatte er für die für ihre Billigproduktionen berüchtigten Charles Bands Empire Pictures gearbeitet, die Roger Cormans Tradition der enorm kurzen Drehzeiten mit möglichst wenig Geld aufrecht erhielten.

»Die Durchschnittsfolge bei Star Trek kostet ungefähr soviel wie alle von Charlies Filmen zusammen«, scherzt er. »Michael Piller und Rick Berman wissen genau, was sie machen können. Sie holen alles aus ihrem Budget heraus, was irgendwie möglich ist. Das ist unglaublich.«

»Das ist wirklich unglaublich, weil wir ein sehr knappes Budget haben«, fügt David Carren hinzu. »Alles wird so qualitativ hochwertig produziert, daß wir ohnehin ständig mit dem Budget zu kämpfen haben.«

»Wir haben hier einen Effekt, den David und ich den ›M‹-Effekt nennen, nach dem Film von Fritz Lang, in dem er alles mit Peter Lorre außerhalb der Kamera drehte«, sagt Carroll. »Die Leute versuchen, uns Geschichten zu verkaufen, die wir nie produzieren könnten. Sie bemerken nicht, daß es die Dinge, die sie sich vorstellen, überhaupt nicht in Star Trek gibt. Da die Serie so gut produziert ist, vermissen sie sie auch nicht. Es fällt keinem auf, wie scharfsinnig und begrenzt die Handlungen sind.«

Drehbücher, in denen gigantische Weltraumschlachten und riesige fremdartige Landschaften vorkommen, werden von David Livingston direkt beim ersten Durchlesen aussortiert.

»Drehbücher können immer noch gekürzt werden«, sagt Livingston. »Michael will die Autoren nicht daran hindern ihre Phantasie auszuleben. Wenn sie glauben, sie bräuchten 1000 Leute, dann sollen sie das schreiben. Sie werden allerdings schnell einsehen, daß sie nur 10 bekommen. Im allgemeinen schätzen die Autoren die Größe der Serie aber richtig ein.«

Das Budget zwingt die Serie oft, an Bord der Enterprise zu bleiben, weil

21. Kapitel

diese Kulissen nicht extra gebaut werden müssen. Die neue Serie hat sogar einen höheren Anteil von Schiffsfolgen als die alte.

»Wir machen Schiffsfolgen aus Kostengründen«, sagt Livingston. »Wir versuchen das auszugleichen, in dem wir Geld für unsere wirklich großen Folgen sparen, wie unser Staffelende ›Redemption‹, für das wir die große Halle wieder aufbauen, klingonische Schiffe und ein klingonisches Haus zeigen. Wir versuchen das Konstruktionsbudget und das Ausleuchtungsbudget gleich zu halten. Wir versuchen, der Konstruktionsabteilung möglichst viel Geld zuzuschachern. Es kostet wahnsinnig viel Geld, diese Kulissen zu bauen, aber es ist unser Ziel, nicht ständig Schiffsfolgen zu drehen. Ich halte das für sehr wichtig.«

Kulissen werden häufig umdekoriert, um in anderen Folgen benutzt zu werden. »Wir benutzen unsere Kulissen so oft wie möglich«, sagt Livingston. »Hoffentlich bemerkt das keiner im Publikum. Sie wären überrascht, was wir schon alles wiederverwendet haben. Es gab eine Kulisse in diesem Jahr, die wir dreimal hintereinander benutzt haben. Ich garantiere Ihnen, daß mir niemand sagen kann, welche das waren, weil Richard James unglaublich gute Arbeit bei der Umdekoration geleistet hat. Marvin Rush leuchtet sie anders aus, Jim Meese dekoriert sie anders, und dann wird sie auch noch anders aufgenommen. All das Geld, das wir von Paramount bekommen, sieht man auch auf dem Bildschirm.«

Die Regisseure möchten natürlich ihre Kenntnisse verbessern und die neuste Technologie einsetzen. Das fordert das Budget und bringt sie in Schwierigkeiten mit Livingston.

»Die Regisseure wissen, daß wir ein gutes Budget haben«, sagt Livingston. »Sie wollen das Beste vom Besten haben, und wenn sie dafür kämpfen möchten, gerne. Sollen sie doch herumschreien und auf meinen Schreibtisch einschlagen, weil sie eine bestimmte Kulisse wollen. Das habe ich damals auch gemacht. Manchmal muß man aber einfach nein sagen. Richard James zeigt mir eine Zeichnung vom Taj Mahal, und ich setze den Rotstift an. Daraufhin bringt mir Richard einen zweiten Entwurf, der vielleicht noch inspirierter ist. Der Geldmangel zwingt uns alle, unsere Kreativität bis an ihre Grenzen auszulasten. Es ist nicht schwer, Millionen von Dollars auszugeben, und wir haben schon genug schlechte Filme gesehen, in denen die Produzenten einfach alle Vorsicht aufgegeben hatten und das Geld aus dem Fenster warfen. Das machen wir nicht. Die Arbeit im Serien-Fernsehen zwingt einen zu mehr Kreativität.«

»Sie wollen einen Film für $ 1,2 Millionen«, sagt Winrich Kolbe. »Nichts läuft jemals glatt. Es gibt Folgen, in denen alles zusammenkommt. ›Identity Crisis‹ zum Beispiel. Da war alles in Ordnung, bis wir in Studio 16 kamen. Dann mußten wir 17 Stunden am Tag arbeiten, und alle dachten, wir würden kräftig überziehen. Aber wir waren nur einen halben Tag über dem Termin.«

»Er macht einen ein bißchen wahnsinnig, weil er so lange für seine Aufnahmen braucht, aber er geht bis an die Grenzen und nimmt jede Sekunde, die wir ihm geben, manchmal auch etwas mehr«, sagt Livingston über Kolbe. »Er hat ein wunderbares Auge und ist sehr gut mit der Kamera. In Vietnam war er bei der Vorhut. Das ist gutes Training für einen Regisseur. Er ist technisch brillant und macht seine Hausaufgaben. Er weiß, wie man das ganze technische Zeug abzieht.«

Im Gegensatz zum Autorenteam, wo es schon einigen Aufruhr gab, ist das technische Team, von einigen Änderungen abgesehen, die Rick Berman zu Beginn der dritten Staffel machte, unverändert geblieben. Ihre nicht genug beachtete Hingabe ist der Grund dafür, daß Star Trek im Fernsehen wieder zum Leben erweckt werden konnte. »Wir machen Illusionen, keine Realität«, sagt Livingston. »Obwohl die Serie eine mögliche Zukunft präsentiert, auf die wir alle hoffen können, so findet man die Realität doch in den Schlagzeilen. Gene ist ein Idealist. Wir wären alle gerne wie die Leute, die er darstellt, aber so sind wir leider nicht. Deshalb bleiben so viele Leute bei dieser Serie.

Sie ist optimistisch und wir haben eine gute Crew. Wenn wir ›Blade Runner‹ machen würden, gingen die Leute vermutlich schneller wieder, weil sie deprimiert wären.«

Die vierte Staffel, in der die Charaktere bereits fest etabliert sind, gibt die Gelegenheit, einige der Regeln zu brechen, die in der alten wie auch in der neuen Serie aufgestellt wurden.

»Das war ein Evolutionsprozess«, sagt Larry Carroll. »Man sagt, man macht eine Fortsetzung zu Star Trek, was sehr viel Mut erfordert. Eine enorme Last lag auf diesen Leuten, und sie fällten einige brillante Entscheidungen, legten fest, welche Leute mitspielen sollten und wie das 24. Jahrhundert aussehen würde. Das waren keine Entscheidungen, wie man sie normalerweise fällen würde. Es war sehr mutig, einen glatzköpfigen Engländer zum französischen Captain der Enterprise zu machen. Es dauerte eine Weile, bis die Serie zu sich selbst gefunden hatte und auf dem richtigen Weg war. Das war ein Evolutionsprozess.«

Carrols Schreibpartner David Carren stimmt dem zu: »Eine Sache hat sich in der ganzen Zeit nicht verändert. Die neue Enterprise versucht zu einer Familie zu werden. Deshalb funktionierte die alte Serie. Kirk war ein großer Bruder, eine Vaterfigur, und alle anderen waren seine Geschwister, außer Spock, der war der weise Onkel. Es gab sehr viele interessante Seiten in dieser Beziehung. In dieser Serie funktionierte die Familie erst gegen Ende der zweiten oder sogar am Anfang der dritten Staffel. Zehn Vorne war ein wichtiger Grund dafür, das paßte in dieses Familienmilieu, in dem Picard der Vater ist und alle anderen seine Kinder sind.«

»In der Originalserie hatte Roddenberry die Idee, daß alle auf seinem Schiff eine große, glückliche Familie sind«, sagt Marc Scott Zicree. »Harlan Ellison hatte ständig Streit mit ihm. Als Harlan ›City on the Edge of Forever‹ schrieb, setzte er Drogenhändler auf die Enterprise. Roddenberry nahm all' diese Szenen heraus, weil er der Meinung war, diese Leute seien die Elite. Rückblickend muß man einsehen, daß er recht hatte. Deshalb ziehen sich all die Trekkies Uniformen an und träumen davon, auf der Enterprise zu sein. Zumindest war er realistisch genug, um

21. Kapitel

auch einige schwarze Schafe der Familie hinzuzufügen, weil das nur realistisch ist. Als er mit der neuen Serie begann, war er fast 70 und wollte dort jeden Konflikt vermeiden.«

Das Star-Trek-Publikum ist einzigartig in der Geschichte des Fernsehens. Sie tolerierten die frühen Fehler der Serie und standen jede Katastrophe durch. Dafür wurden sie in der dritten und vierten Staffel auch reich für ihre Geduld belohnt.

»In einigen Punkten hat sich die Serie verbessert«, sagt Marina Sirtis. »In anderen hat sich nichts verändert. Ich halte mich daran, was die Fans sagen, weil man nicht objektiv sein kann, wenn man an einer Serie arbeitet. Die Fans sagen im allgemeinen, daß die Handlung und die Dialoge viel besser geworden sind, was vermutlich daran liegt, daß wir jetzt einen festen Autorenstab haben. In den ersten Staffeln wechselte da soviel, die Leute waren kaum zehn Minuten anwesend, da waren sie schon wieder weg. So kann man keine Kontinuität in den Drehbüchern erreichen.«

»Wenn sie funktioniert, ist sie eine der besten Serien im Fernsehen«, sagt Zicree. »Sie ist eine der wenigen Serien, die ich mir ansehe und für die ich schreiben möchte. Am besten funktionieren die Folgen, in denen Strukturen umgeworfen werden, wie ›Yesterday's Enterprise‹, diese ›Was wäre, wenn‹-Geschichte. Die Serie ist mit jedem Jahr besser geworden und das Verhältnis zwischen guten und schlechten Folgen hat sich stark zu unserem Vorteil verschoben. In der ersten Zeit gab es alle Jubeljahre mal eine gute Folge. Wenn ich noch eine Folge gesehen hätte, in der die Besatzung von überlegenen Außerirdischen vor Gericht gestellt wird ...«

»Wir müssen uns stärker auf die ursprüngliche Idee und das ursprüngliche Konzept konzentrieren«, sagt der Regisseur Les Landau. »Gene entwikkelte ein Modell, das Star Trek beschreibt, so wie es ist und weiter sein wird, und er hat bewiesen, daß es allein auf ewig weitergehen kann. Ich möchte nicht, daß die Enterprise Captain Picard, Riker, Worf, Data, Troi oder Geordi verliert, aber selbst dann würde das Konzept überleben, weil es eine zeitlose Geschichte ist. Was Gene entwickelt hat und dem Rick gefolgt ist und was Michael in Worte faßt, wird ewig bestehen, weil wir uns mit universellen Themen und der menschlichen Bestimmung auseinandersetzen.«

Episodenführer zur vierten Staffel

»The Best of Both Worlds, Part II«
»Family«
»Brothers«
»Suddenly Human«
»Remember Me«
»Legacy«
»The Reunion«
»Future Imperfect«
»Final Mission«
»The Loss«
»Data's Day«
»The Wounded«
»Devil's Due«
»Clues«
»First Contact«
»Galaxy's Child«
»Night Terrors«
»Identity Crisis«
»The Nth Degree«
»Q-Pid«
»The Drumhead«
»Half a Life«
»The Host«
»The Mind's Eye«
»In Theory«
»Redemption, Part I«

22. Kapitel

Episode 75

The Best of Both Worlds, Part II

»Angriffsziel Erde«

Erstaustrahlung: 24.9.1990
Drehbuch: Michael Piller
Regie: Cliff Bole

Gaststars:

Elizabeth Dennehy (Shelby)
George Murdock (Admiral Hanson)
Whoopi Goldberg (Guinan)

In der Eröffnungsfolge der vierten Staffel, die gleichzeitig die Fortsetzung von »Best of Both Worlds« ist, scheitert Rikers Plan, das Schiff der Borg mit den Deflektoren der Enterprise außer Gefecht zu setzen. Die Borg bleiben weiter auf ihrem direkten Kurs Richtung Erde und zerstören dabei eine ganze Flotte aus 48 Raumschiffen. Die Enterprise verwickelt die Borg erneut in ein Gefecht und holt Picard/Locutus wieder zurück an Bord. Dort stellt Data eine Verbindung mit Picards Gehirn her und pflanzt auf diesem Wege eine Aufforderung in das kollektive Bewußtsein der Borg, die dazu führt, daß deren Schiff in einen Ruhezustand übergeht und die Borg sich selbst zerstören. Dr. Crusher gelingt es, die Borg-Implantate aus Picards Körper zu entfernen, aber die Erinnerungen an die Entführung werden ihn weiter verfolgen.

»Für mich war Teil I viel besser als Teil II«, sagt Autor und Produzent Michael Piller. »Der Grund lag unter anderem darin, daß der zweite Teil all das zeigen mußte, was im ersten versprochen wurde. Wenn man sich die beiden Folgen als Zwei-Stunden-Film betrachtet, waren sie eigentlich sehr gut, aber als separate Folge war Teil II problematisch. Er mußte eine Menge Kampfszenen und so etwas beinhalten, die ich nicht gerne schreibe. Sehr zufrieden war ich allerdings mit meiner Lösung, wie die Borg besiegt werden konnten.

Es fiel mir plötzlich ein, daß ihre Stärke in ihrer kollektiven Lebensform liegt, und dann könnte man dort ja auch ihre Schwäche plazieren.«

Elizabeth Dennehy, die Commander Shelby in beiden Teilen von »The Best of Both Worlds« darstellte.

»Ich hatte im zweiten Teil viel weniger zu tun als im ersten«, erinnert sich Elizabeth Dennehy. »Ich hatte den ersten Teil auf Video und sah ihn mir in der Pause oft an, bevor wir mit dem zweiten anfingen. Das Schwierige war, nicht zuzunehmen, denn diese Raumanzüge waren einfach grauenhaft. Sie sind fürchterlich eng und aus Kunststoff, und bei den Dreharbeiten ist es fürchterlich heiß. Man fühlt sich wie in eine Bratpfanne gequetscht, und es gibt eine Art Initiationsritus oder sowas unter den Schauspielern, alle sagen, ›Elizabeth, sag: »Ich hasse meinen Raumanzug«, und ich sagte, ›Ich hasse meinen Raumanzug‹, und dann sagten sie wieder, ›Okay, herzlich willkommen‹. Die Maske ist eine Form von Sklaverei, diese Perücken ... ich sah aus, wie Jane in F-Troops mit dieser Frisur. Ich weiß nicht, wie Michael Dorn und Brent das aushalten, ich würde wahnsinnig. Ich war froh, daß ich ein menschliches Wesen spielte.«

»Die Arbeit an diesen beiden Folgen hat mir mehr Sapß als irgend etwas anderes gemacht«, erzählt Regisseur Cliff Bole. »Sie sind wirklich gut geworden. Die Borg sind wie die Klingonen, man kann mit ihnen machen, was man will. Sie sind zwar teuer, aber sehr wirkungsvoll. Ich kann mir vorstellen, daß Paramount diese zwei Folgen auch im Ausland vermarktet. Der zweite Teil hat uns etwas in Zeitnot gebracht. Wir haben nur 42 Minuten gedreht, früher machten wir 52, und wir hätten gerne einen aufwendigeren Schluß gemacht. Der jetzige Schluß war ein bißchen bescheiden für eine so große Folge, aber Paramount war am Anfang des Jahres zu knauserig mit dem Geld. Sie hatten uns für den ersten Teil etwas mehr Spielraum gegeben, wohl, weil es das erste Mal war, daß wir einen ›Cliffhanger‹ gemacht haben.« [Anmerk. d. Übers.: Cliffhanger = Folge, deren Auflösung erst in der nächsten Staffel gesendet wird, die Zuschauer also »hängen« läßt]

Episode 76

Family

»Familienbegegnung«

Erstausstrahlung: 1.10.1990
Drehbuch: Ronald Moore
Story: Susanne Lambdin und Bryan Stewart
Regie: Les Landau

Gaststars:

Jeremy Kemp (Robert Picard)
Samantha Eggar (Marie Picard)
Theodore Bikel (Sergei Rozhenko)
Georgie Brown (Helena Rozhenko)
Whoopi Goldberg (Guinan)
Dennis Creaghan (Louis)
David Tristan Birken (Rene Picard)
Doug Wert (Jack Crusher)

Während die Enterprise im Spacedock überholt wird, besuchen Worfs Adoptiveltern Sergei und Helena das Schiff. Wesley erhält eine Aufzeichnung von seinem verstorbenen Vater Jack, und der Captain kehrt auf die Erde zurück, um seinen eifersüchtigen Bruder Robert in Frankreich zu besuchen. Dort erlebt er eine schmerzhafte Katharsis bei der Verarbeitung der fürchterlichen Erlebnisse bei den Borg.

22. KAPITEL

»›Family‹ war anders als alle anderen TNG- oder Star-Trek-Folgen zuvor«, meint Autor Ron Moore. »Nicht nur wegen der Drehorte, sondern auch vom Konzept her. Ich glaube, es ist die einzige Folge, bei der wir nicht ein einziges Mal auf der Brücke drehten. Die Idee entstand schon bei der Arbeit an ›The Best of Both Worlds‹. Michael Piller wandte ein, daß es nicht sehr überzeugend sei, wenn wir, nachdem wir vorher versucht haben, klar zu machen, was für eine außergewöhnliche und fürchterliche Erfahrung das Ganze für Picard gewesen ist, nun weitermachen, als wäre nichts geschehen. Für Picard war es eine psychische und physische Vergewaltigung gewesen. Piller meinte, daß hier die Möglichkeit bestand, etwas zu machen, das wir noch nie vorher gemacht hatten: zurück auf die Erde zu gehen, und eine Folge darüber zu drehen, wie der Capatin wieder zu sich selber findet.«

»Die zu erwartenden Einsprüche waren, daß wir keine echte Serienhandlung haben«, erläutert Michael Piller. »Wir versuchen, innerhalb einer Stunde in sich abgeschlossene Geschichten zu erzählen, das können wir gut. Als wir an das Ende von Teil II kamen, und beschlossen, nicht weiter zu machen, rief ich Rick an, und sagte ihm, »Hör mal, in der nächsten Folge kann Picard vielleicht wieder normal sein, aber eine Serie wie unsere, die so stolz auf ihren realistischen Ansatz bei den Stories ist, die kann sich nicht erlauben, einen Menschen, der vergewaltigt worden ist, in der nächsten Folge so normal darzustellen. In dieser Erfahrung von Picard steckt eine Geschichte‹. Schließlich gelang es mir, Gene und Rick davon zu überzeugen, das Risiko einzugehen, und ich glaube, alle waren froh darüber.«

Piller gelang es sogar, die Folge gegen Bermans Bestehen auf Teilhandlung im üblichen Star-Trek-Rahmen durchzusetzen.

»Rick sagte: ›Ich lasse Dich Picard auf die Erde bringen, aber ich will gleichzeitig SF auf dem Schiff haben‹«, berichtet Piller. »Also versuchten wir wochenlang, irgendeine guten SF-Idee zu finden, aber es gelang nicht, es war einfach zu wenig Platz in einer Folge. So machten wir schließlich die Folge wie sie ursprünglich geplant war – nur über ›Family‹.«

Ron Moore erinnert sich: »Wir entschieden uns, da wir ja nun schon mal auf der Erde waren, in dieser Folge das Umfeld auch von anderen Figuren auszuleuchten und Hintergrundinformationen zu liefern. Es war eine sehr untypische Folge.«

Eine der Figuren, über die zwar oft geredet, die aber noch nie gezeigt wurde, war Wesleys Vater, Jack Crusher.

»Sämtliche Fans und ihre Großmütter hatten uns Briefe geschrieben, daß wir Jack endlich zeigen sollten«, kommentiert Piller, der sich durch ganze Stapel von Drehbuchentwürfen gequält hatte, die sich alle mit dem verstorbenen Mann von Beverly Crusher befassten. »Wir hatten einen Entwurf mit Crusher auf dem Holodeck, und wir dachten, wenn wir schon die ganze Folge unter das Thema ›Familie‹ stellen, dann sollten wir Crusher auch unterbringen. Wir wollten den Aspekt hineinbringen, daß Familienzusammengehörigkeit auch über den Tod hinaus besteht. Was Jack in dieser Szene über seine Gedanken beim Anblick des Babys sagt, konnte ich damals sehr gut nachvollziehen, da ich selbst gerade Vater einer Tochter geworden war. Ich glaube, in dieser Staffel war das Thema ›Familie‹ für mich besonders wichtig. Es ist aber auch sonst Teil meiner Arbeit, da ich meine, in der heutigen technisierten Gesellschaft verlieren wir unseren Familiensinn.«

Regisseur Les Landau meint: »Es war sicherlich eine meiner besten Folgen, auch eine der besten Folgen überhaupt. Sie war perfekte Ergänzung und Auflösung zu den Borg-Folgen. Picard wußte nicht, was er mit sich machen sollte, und welcher Ort ist für eine solche Auseinandersetzung besser, als das heimatliche Umfeld. Seine Heimat ist zwar der Weltraum, aber sein Geburtsort ist La Barre in Frankreich. Diese Eröffnungsszene, als Picard in den Weinberg geht, und sein Bruder auf den Knien hockt, Trauben liest und ihn kaum zur Kenntnis nimmt – schon bei dem Gedanken daran läuft es mir kalt über den Rücken.

Es war meine erste Folge bei der Staffel, aber es war die vierte Folge, die gedreht wurde«, erinnert sich Landau. Patrick hatte die letzte Staffel mit einer Borg-Folge beendet und die nächste mit einer Borg-Folge begonnen, aber dann kamen zwei andere Folgen dazwischen, die nicht so viel mit diesen fürchterlichen Ereignissen zu tun hatten. Patrick mußte sich also wieder hineinfinden, mußte diese Geschehnisse nochmals durchleben, um es glaubwürdig zu machen, daß er gerade erst von den Borg zurückgekommen war. Das ist ihm hervorragend gelungen. Insgesamt war die Folge in jeder Hinsicht ausgezeichnet.«

EPISODE 77

Brothers

»Die ungleichen Brüder«

Erstausstrahlung: 8.10.1990
Drehbuch: Rick Berman
Regie Rob Bowman

Gaststars:

Cory Danziger (Jake Potts)
Brent Spiner (Lore und Dr. Noonian Soong)
Adam Ryne (Willie)

Data ›entführt‹ die Enterprise und beamt auf einen seltsamen Planeten, zu dem er, so erfahren wir, von seinem Schöpfer Dr. Noonian Soong gerufen worden ist. Dieser beabsichtigt, ihm einen neu entwickelten Chip einzupflanzen, der Data menschliche Gefühle geben soll. Dann taucht Lore, Datas böser Zwillingsbruder aus der ersten Staffel auf.

Lore täuscht Soong und bringt ihn dazu, ihm selbst den Chip einzusetzen. Da nur ein Exemplar existiert, beraubt er daurch Data seiner Chance, Mensch zu sein. Als der Landungstrupp auf den Planeten beamt, liegt Soong im Sterben, und Lore ist verschwunden.

»Es sah zu einem Zeitpunkt so aus, als würde es problematisch werden, Brent in allen drei Rollen zu haben, und wir versuchten, Soong neu zu besetzen«, berichtet Berman über die Dreharbeiten an seinem ersten eigenen Skript. »Keye Luke war einer der Schauspieler, an die wir dachten, aber

22. KAPITEL

es hat nicht geklappt. Es wäre billiger gewesen, aber vielleicht nicht so gut. Was Lore angeht, so würde ich ihn gern wieder bringen. Er hat diesen Chip, der nicht für ihn gedacht war, also ist er wahrscheinlich noch verrückter, und er ist irgendwo und macht irgendwas. Ich denke, wir werden wieder von ihm hören.«

Michael Piller fügt hinzu: »Rick kam, und sagte, ›Ich schreibe gerade eine Geschichte, in der Data alle Figuren spielen kann‹, und er blieb dabei. Es war die einzige Folge, wo wir Extraproben hatten. Ich meinte zu Bowman, ›Das könnt ihr nicht ohne machen‹, und wir hatten zwei, drei Tage mit Brent, um alles auszuarbeiten. Diese Art von Vorarbeit kommt nicht so gut, wenn alle drumherum stehen. Wir haben schließlich jede Menge Markierungen auf dem Boden angebracht, wie in einem Theaterstück, was wir sonst auch nicht tun. Ich bin froh, daß wir das so gemacht haben, denn es hat uns eine Menge Zeit gespart – ohne Proben und Markierungen wäre es eine ziemlich riskante Sache gewesen.«

»Im ursprünglichen Entwurf gab es Lore noch nicht«, fährt Piller fort. »Wir haben ein Verfahren, das wir ›Auseinandernehmen der Story‹ nennen: Alle, die mit dem Schreiben zu tun haben, sind in einem Raum, wir haben eine Tafel, auf der wir die Geschichte in Einzelteile zerlegen. Ich sage jedem, daß es sich dabei um eine neutrale Zone handelt, und das jeder und jede alle Ideen, auch wenn sie dumm oder falsch erscheinen, anbringen soll. Auf diese Weise können wir Lösungen zu Problemen des Skripts bekommen, die man alleine nicht findet.«

Bei »Brothers« ergab sich auf diesem Wege, daß ein weiteres Gefahrenelement vonnöten war. Auftritt: Lore, Datas verdrehter Bruder aus der Folge ›Datalore‹ der ersten Staffel.

»Lore forderte einfach, in diese Folge zu kommen«, erzählt Piller.

»Ich habe mich eine Menge mit Zen beschäftigt, und ich glaube daran. Es war einfach etwas, das geschehen mußte, damit die Folge funktionierte. Außerdem mußte man sie sich dadurch einfach ansehen. Wir standen zusammen und überlegten an Ricks Skript herum, und es fehlte einfach etwas. Als Data bei Soong war, hatte das was von Kaffeeklatsch, völlig ohne Spannung. Als wir dann auf Lore kamen, war mir klar, daß Spiner in diesen drei Rollen die Folge zu einer unvergeßlichen machen würde, und das war sie dann auch, glaube ich.«

EPISODE 78

Suddenly Human

»Endars Sohn«

Erstausstrahlung: ____ **15.10.1990**
Drehbuch: _ **John Whelpley und Jeri Taylor**
Story: ____ **Ralph Phillips**
Regie: ____ **Gabrielle Beaumont**

Gaststars:

Sherman Howard (Endar)
Chad Allen (Jono/Jeremiah Rossa)
Barbara Townsend (Admiral Rossa)

Der Teenager Jono wird auf einem beschädigten tellerianischen Schiff entdeckt und zusammen mit seinen Kameraden an Bord der Enterprise gebeamt. Jono hört nur auf Picards Autorität, und der Captain versucht, ihn wieder an die menschliche Zivilisation zu gewöhnen. Dann fordert sein Adoptiv-Vater, Endar, Kommandant der tellerianischen Flotte, seine Rückkehr. Sollte das nicht geschehen, würde er der Föderation den Krieg erklären.

Jono lehnt entgegen den Wünschen seiner Großmutter, einer Starfleet-Admiralin, sein menschliches Erbe ab, und geht zurück zu Endar.

Eine Nebenhandlung, die sich mit Jonos Narben und Verletzungen, und der Art, wie sie zustande kamen, beschäftigt, sorgte für Diskussionen und einige hitzige Kommentare von Zuschauern, die der Auffassung waren, in der Folge würde stillschweigend Kindesmißhandlung geduldet.

»Wir haben einige ziemlich böse Briefe zu diesem Thema bekommen«, berichtet Michael Piller. »Sie sagten, ›Wie könnt ihr ein mißhandeltes Kind zurück zu den Leuten schicken, die es mißhandelt haben?‹ Wir haben dieses Thema in der Folge angesprochen, weil es im Kontext der Geschichte folgerichtig war. Es gibt in unserer Gesellschaft durchaus Parallelen zu dieser Story, aber eigentlich war es eine Geschichte über den Zusammenprall zweier verschiedener Kulturen. Die Frage war, ›Inwieweit ist ein Mensch, der in einer völlig anderen Kultur aufgewachsen ist, noch ein Mensch?' Darum ging es uns.«

Sherman Howard, Captain Endar aus »Suddenly Human«, hier als Lex Lutho in »Superboy«.

Rick Berman bestätigt das: »Es lag in keiner Weise in unserer Absicht, Kindesmißhandlung zu rechtfertigen. Wir wollten zeigen, wie ein Mensch, der zwei verschiedene Kulturen erfahren hat, letztlich zu keiner richtig gehört, und dahin zurück will, wo er aufgewachsen ist.«

»Ich hoffte, es würde klar werden, daß Jono in Endar einen fürsorglichen und liebenden Vater hat«, wirft Michael Piller ein. »Wir haben versucht, Picards eigene Unsicherheit und Sorge deutlich zu machen. Ich glaube fest daran, daß es für die wirklich grundsätzlichen und schweren Fragen keine einfachen Antworten gibt, wenn überhaupt. Die Folge war von Jeri Taylor ganz hervorragend geschrieben, so hervorragend, daß es ihr einen festen Job bei uns einbrachte. Ich war nur bei der Umsetzung enttäuscht, das die Fremden nicht fremd genug waren. Die ganze Idee der Folge ging verloren, weil die wilden, völlig anderen, fremden Wesen zum Schluß so menschlich waren.«

EPISODE 79

Remember Me

»Das Experiment«

Erstausstrahlung ______ **22.10.1990**
Drehbuch: ______ **Lee Sheldon**
Regie: ______ **Cliff Bole**

Gaststars:

Eric Menyuk (Der Reisende)
Bill Erwin (Dr. Dalen Quaice)

Dr. Crusher wird in ein Paralleluniversum verschlagen, in dem die Crew der Enterprise scheinbar nach und nach vom Schiff verschwindet. Die reale Crew versucht unterdessen verzweifelt, Crusher zu retten. Die Befürchtung besteht, daß eines von Wesleys Warp-Blasen-Experimenten einen tödlichen Verlauf nimmt, und seine Mutter für immer in dem anderen Universum gefangen bleibt.

Nachdem die Parallel-Crew komplett verschwunden ist, findet sie die Ärztin in einem Rennen gegen die Uhr, und nur der ›Reisende‹ kann ihr bei der Flucht aus der Warp-Blase helfen.

»Das war eine sehr interessante Folge mit einem anspruchsvollen Konzept«, meint Rick Berman. »Es war vielleicht alles etwas zu offensichtlich verwirrend für die Zuschauer. Sie sehen nur eine Welt, obwohl sie eigentlich wegen des Paralleluniversums zweien gegenüberstehen. So etwas mag ich normalerweise nicht.«

In dieser Folge gab es auch ein Wiedersehen mit dem bei den Fans ausgesprochen beliebten ›Reisenden‹ aus ›Where No One Has Gone Before‹. »Ich glaube, das war nachgeschoben«, gesteht Berman. »Wir suchten ein schlüssiges Ende.«

Cliff Bole bestätigt: »Der ›Reisende‹ kam in der allerletzten Minute dazu. Er kam, weil er bei den Fans beliebt ist. Man wollte damit das Ende glaubwürdiger gestalten.«

»Die ersten beiden Fassungen hatten den ›Reisenden‹ nicht dabei«, ergänzt Michael Piller. »In der ersten Fassung stellte sich alles als ein Traum heraus, aber das fanden wir nicht besonders gut. Also entschlossen wir uns, zu zeigen, wie es auf der ›realen‹ Seite der Warp-Blase aussieht, und verbrachten eine Menge Zeit damit, zu überlegen, wie wir Beverly zurückbekamen. Da kam der ›Reisende‹ gerade recht, besonders, weil zuvor schon darüber geredet worden war, ihn irgendwann wieder auftauchen zu lassen.«

EPISODE 80

Legacy

»Die Rettungsoperation«

Erstausstrahlung: ______ **29.10.1990**
Drehbuch: ______ **Joe Menosky**
Regie: ______ **Robert Scheerer**

Gaststars:

Beth Toussaint (Ishara Yar)
Don Mirrault (Hayne)

Die Erinnerungen an Tasha Yar verfolgen die Enterprise, als sie auf deren Schwester Ishara trifft. Auf ihrer Heimatwelt herrscht Krieg, und dort ist auch ein Rettungsshuttle der Föderation notgelandet. Ishara bietet ihre Hilfe bei der Suche nach den Überlebenden an, hat aber gleichzeitig eigene Pläne bei der Mission: Sie will auf diese Weise hinter die Verteidigungslinien der Feinde ihres Clans gelangen und dort die Schutzeinrichtungen sabotieren. Als sie gerade dabei ist, einen Energiegenerator zu zerstören, betäubt Riker sie mit seinem Phaser, bevor sie alle verraten kann.

»Eine gute Folge, durch die schauspielerische Leistung des Mädchens, und durch ihr Verhältnis zu Data«, meint Michael Piller. »Es gibt nichts Schmerzhafteres, als der Betrug an einem so unschuldigen Wesen wie Data es ist. Ich war zufrieden mit der Folge, aber sie blieb mir nicht so im Gedächtnis, wie andere.«

»›Legacy‹ hat Spaß gemacht«, erzählt Regisseur Robert Scheerer. »Ich bin froh, daß es mir gelungen ist, Beth Toussaint zu engagieren, sie ist eine gute Schauspielerin, und die Rolle paßte ausgezeichnet zu ihr. In der Vorbereitung für die Dreharbeiten sah ich mir die alten Folgen mit Tasha an, das war sehr interessant.«

EPISODE 81

Reunion

»Tödliche Nachfolge«

Erstausstrahlung: ______ **5.11.1990**
Drehbuch: ______ **Thomas Perry, Jo Perry, Ronald D. Moore, Brannon Braga**
Story: ______ **Drew Deighan, Thomas und Jo Perry**
Regie: ______ **Jonathan Frakes**

Gaststars:

Suzie Plakson (K'Ehleyr)
Charles Cooper (K'Mpec)
Patrick Massett (Duras)
Robert O'Reilly (Gowron)
Jon Steuer (Alexander)

K'Ehleyr kommt zurück auf die Enterprise und überrascht Worf mit einem – seinem – Sohn, von dem er nichts wußte. (Erst Kirk, dann Worf – haben sie im 24. Jahrhundert noch nichts von Verhütung gehört?!). Gleichzeitig vertraut K'Mpec, Vorsitzender des klingonischen Hohen Rates, Picard an, daß er vergiftet worden ist, und nun die Allianz von Klingonen und Föderation allein an Picard hängt. Picard muß entscheiden, ob der verräterische Duras oder Gowron das klingonische Empire regieren wird.

Duras entdeckt währenddessen, daß K'Ehleyr Ereignisse untersucht, die darauf hinweisen, daß sein eigener Vater die Klingonen an die Romulaner verraten hat, und er ermordet sie. Aus Rache wird er an Bord des Schiffes von Worf erschlagen, und Gowron übernimmt den klingonischen Hohen Rat.

»Rick gibt mir nette Folgen«, meint Schauspieler und Regisseur Jonathan

22. KAPITEL

Frakes. »Drei Leute werden umgebracht, es gibt Mord und Rache – ich habe Glück. Suzie war großartig, und eine Menge Zuschauer sind traurig, daß sie tot ist.«

»Alle liebten Suzie, und ihr Tod sollte nicht übertrieben oder pathetisch wirken, er war nur nötig, damit Worf nicht ständig mit ihr zu tun haben mußte«, meint Ron Moore. »Worf wurde dadurch in eine andere Richtung gelenkt.«

»Ich habe K'Ehleyr umgebracht«, erzählt Michael Piller stolz. »Wir suchten nach einem Weg, wie die Geschichte funktionieren konnte, und ich schlug vor, sie solle herausfinden, was Duras plant, und deswegen sterben müsse. Worf, in seiner Wut, tötet dann Duras – das brauchten wir nämlich auch noch, und es gab keinen vernünftigen Grund, außer Worf tut es für sie... Duras war fällig.«

EPISODE 82

Future Imperfect

»Gedächtnisverlust«

Erstausstrahlung: ____________ **12.11.1990**
Drehbuch: ____________ **J. Larry Carroll und**
____________ **David Bennett Carren**
Regie: ____________ **Les Landau**

Gaststars:

Andreas Katsulas (Tomalak)
Chris Demetral (Jean-Luc/Ethan/Barash)

Nachdem Riker auf einen seltsamen Planeten beamte, erwacht er plötzlich in der Krankenstation und stellt fest, daß augenscheinlich sechszehn Jahre vergangen sind: Er hat mittlerweile einen Sohn, und ernsthafte Friedensgepräche mit den Romulanern sind im Gange. Rikers Angst, daß es sich bei der ganzen Geschichte um eine romulanische Verschwörung handelt, die Koordinaten des geheimen Außenpostens 23 zu bekommen, erweist sich als unbegründet, es sind die Phanatsievorstellungen eines einsamen kleinen Jungen.

»Es war eine Möglichkeit für Jonathan, zu zeigen, welche dynamischen Qualitäten in der Figur von Riker stekken. Er mußte nicht nur damit fertig werden, daß er um Jahre gealtert war, sondern auch feststellen, daß er verheiratet war, ein Kind hatte, und auch noch Captain der Enterprise war«, beschreibt Regisseur Les Landau. »Können Sie sich vorstellen, morgens aufzuwachen, und 15 Jahre in ihrem Paß übersprungen zu haben? Es gab eine Menge Drumherum in der Handlung, aber als Riker dieses einsame Wesen in der Höhle sieht, und sagt, ›Ich werde Dich mitnehmen, Du wirst immer ein Teil von mir sein‹, dann geht das zurück zu den grundlegendsten Fundamenten von Star Trek, diese Sorge um die ›conditio humana‹, die menschliche Situation in der Welt, und die Liebe zu der allgemeinen Existenz, zum Dasein. Das hört sich alles reichlich esotherisch und abgehoben an, aber bei solchen Themen ist Star Trek am besten.«

Verschiedene Leute erinnern sich, daß die Ideen damals knapp waren. Michael Piller ist einer davon: »Monate waren vergangen, und nichts Vernünftiges in Sicht. Dann kamen Larry und David an einem heißen Tag ins Büro und erzählten, was ihnen so eingefallen war, und als sie von Riker, den 15 Jahren, und von seinem Sohn sprachen, meinte ich ›Gekauft‹, und sie machten eine gute Story daraus. Der Gag mit den falschen Romulanern kam mehr zufällig zustande. Es fehlte im ersten Entwurf noch etwas, denn wir konnten es nicht einfach als simplen Traum darstellen, das wäre zu unbefriedigend gewesen. Wir brauchten noch Spannung. Und dies ist ein gutes Beispiel dafür, daß man sich selber nicht zensieren soll, wenn man Ideen sucht: Ich redete einfach, und David fragte, ›Du meinst, daß er glaubt, es sei eine romulanische Verschwörung?‹, und ich sagte, ›Nein, das meine ich auf keinen Fall‹ – dann sagte ich, ›Halt, Moment mal, vielleicht ist das genau, was ich meine...‹. Ich glaube, dadurch hat die Folge erst richtig funktioniert.«

Piller berichtet außerdem: »Es scheint, daß Ideen in Wellen auftauchen. Aus irgendeinem Grund kam jeder mit irgendeiner Geschichte über Gedächtnisverlust an. Wir haben allein drei davon gemacht, und eine für nächstes Jahr verwahrt. ›Future Imperfect‹ war eine der besseren Gedächtnisverlustgeschichten. Dann kam alle Welt mit Geschichten über Kinder. Wir hatten mehr Kinder in den letzten zwölf Folgen als die ganze Zeit vorher. Die einzige Geschichte, die noch nicht kam, war die über ein Kind mit Gedächtnisverlust. Das wurde hier zum sehr beliebten Scherz.«

Gaststar Andreas Katsulas spielte den romulanischen Zenturio übrigens zum letzten Mal, »Ich habe mich als bloßes Gesicht viel wohler gefühlt. Plötzlich mußte ich auf alles achten, und hatte kaum Halt. Ich komme höchstens als reine Bildschirmfigur noch mal zurück...«

EPISODE 83

Final Mission

»Die letzte Mission«

Erstausstrahlung: ____________ **19.11.1990**
Drehbuch: ____________ **Kasey Arnold-Ince**
____________ **und Jeri Taylor**
Story: ____________ **Kasey Arnold-Ince**
Regie: ____________ **Corey Allen**

Gaststars:

Nick Tate (Dirgo)
Kim Hamilton (Sonji)

Wil Wheatons Abschiedsvorstellung bei Star Trek: ein Shuttle, das Picard und Wesley zu einer Konferenz bringen soll, muß auf einem Wüstenplaneten notlanden. Als sie versuchen, Wasser aus einer abgesicherten Quelle zu holen, wird Picard ernsthaft verletzt. Der Captain des Shuttles versucht weiter, an das Wasser zu gelangen und wird von den Schutzmechanismen getötet. Wesley muß nun einen Weg finden, an Wasser zu kommen, bevor auch Picard stirbt.

»Auch in der ersten Planung sollten Weseley und Picard auf einem Planeten notlanden und die Rollen tauschen, aber es war ein Eisplanet«, erzählt Autor Jeri Taylor. »Wir haben das aber dann geändert, weil wird feststellten, daß wir einen Wüstenplaneten wesentlich überzeugender auf den Bildschirm

22. Kapitel

bringen können, als einen Eisplaneten. Es sah einfach billig aus. In diese Folge habe ich wahrscheinlich mehr Arbeit gesteckt, als in alle anderen vorher, denn es war eine Kombination von sehr komplexen zwischenmenschlichen Beziehungen und einer ebenfalls komplizierten technischen Geschichte mit diesem Müllschiff.«

Michael Piller berichtet: »Es hat eine Menge Unzufriedenheit hier gegeben mit der Art und Weise, wie Tasha Yar aus dem Verkehr gezogen wurde, und so waren wir entschlossen, Wesley einen Abgang zu ermöglichen, der Sinn hatte, und der ihm ermöglichte, in irgendeiner Form dabei zu bleiben. Wir entschieden uns schließlich, ihn auf die Akademie zu schicken, was, glaube ich, Genes Idee gewesen ist, und eine sehr elegante Lösung war, ihn für spätere Episoden noch einsetzen zu können. Wenn die Folge nur eine Eins Minus bekommt, statt einer glatten Eins, so liegt das an der Story selber. Diese Idee von den zwei Leuten, die auf einem Planeten stranden, und überlegen müssen, wie sie wieder wegkommen, die war nicht besonders originell, und auch die Sache mit dem Müllschiff war nicht direkt der absolute Bringer. Ansonsten war eigentlich alles gut.«

»Das war eine meiner Lieblingsfolgen«, meint Rick Berman, »Aber wir hatten eine Menge technischer Probleme, besonders mit dieser Quelle. Wir haben sie gebaut, und sie hat nicht funktioniert, also haben wir es mit optischen Effekten versucht, die haben auch nicht funktioniert, es war alles sehr hektisch. Aber die Schauspieler, auch die Gastschauspieler, waren hervorragend.«

Episode 84

The Loss

»Das kosmische Band«

Erstausstrahlung: ____ **21.12.1990**
Drehbuch: ____ **Hilary J. Bader, Alan J. Adler,** ____ **Vanessa Greene**
Story: ____ **Hilary J. Bader**
Regie: ____ **Chip Chalmers**

Gaststars:

Kim Barden (Janet Brooks)
Whoopi Goldberg (Guinan)

Troi verliert ihre emphatischen Kräfte durch eine Wolke aus zweidimensionalen Wesen, die die Enterprise auf ein tödliches galaktisches Phänomen zubewegen.

Damit konfrontiert, jetzt menschlich zu sein, tritt Troi von ihrem Posten als Counselor zurück. Sie wird unfreundlich, abweisend, und versinkt in Selbstmitleid. Erst als die Wesen sich aus der Umgebung der Enterprise befreien können, erhält Troi ihre Fähigkeiten zurück und bittet auch darum, ihren Posten wieder einnehmen zu dürfen.

»Ich habe mich für diese Folge gewaltig stark gemacht«, sagt Rick Berman. »Die Vorstellung, daß jemand einen seiner Sinne verliert und unfähig ist, anderen verständlich zu machen, was das bedeutet, weil die über diesen Sinn gar nicht erst verfügen, hat mich absolut fasziniert. Wenn Sie der einzige sehende Mensch in einer Welt von Blinden sind, und auf einmal werden Sie auch blind, sagen die anderen ›Na und?‹ – so eine Folge war das. Marina war wirklich gut. Wenn wir Leute von irgendwem oder irgendwas infizieren lassen, so daß sie sich seltsam verhalten, dann haben wir ein wenig mehr Platz für Konflikte. In diesem Fall bekamen wir den Platz dadurch, daß sie einen ihrer Sinne verlor.«

Michael Piller meint: »Das war eine Folge, die man nur schwer richtig hinbekam. Ich fand das Skript okay, aber es gehört nicht zu meinen Favoriten. Das Problem bei der Konzeption war, daß wir es mit einem Phänomen zu tun hatten, das wir niemandem begreiflich machen konnten. Die Idee, daß Troi ihre Kräfte verliert, wird uns jede Staffel vorgeschlagen, schließlich weil wir eine Troi-Folge brauchten, haben wir sie aufgegriffen.

Die B-Story [ein technischer Ausdruck, der eine Parallelhandlung zur Haupthandlung bezeichnet] bekamen wir von Hilary Bader«, fährt Piller fort. »Es war schwierig, alle zufriedenzustellen. Jeder sagte, Troi würde ihre Fähigkeiten am Ende der Folge wiederbekommen. Wir haben kurz mit dem Gedanken gespielt, das nicht zu tun, aber wir sagten uns dann, daß die Folge dadurch funktioniert, daß Troi einen Lernprozeß durchmacht, daß wir jemanden zeigen, der plötzlich mit einer starken Einschränkung leben muß, und wie sie damit umgeht.«

»Eine Menge Behinderte haben mir für diese Folge gedankt«, freut sich Sirtis. »Das sei so, wie sie sich oft fühlen. Die Folge war sehr, sehr beliebt.«

Chip Chalmers schwärmt: »Eine Folge mit Konflikten zwischen den Figuren, zum Beispiel zwischen Deanna und Beverly auf der Krankenstation. Whoopi Goldberg war ebenfalls einfach phantastisch. Ich weiß nicht, wie sie das schafft, sie muß sich ihre Zeit selber machen. Sie bringt alle drei Monate einen neuen Film raus, und kommt trotzdem noch zu uns. Als sie ein kleines Mädchen war, hat sie die Klassik-Serie gesehen, und es hat sie wohl geprägt. Sie sah eine Welt, in der verschiedene Rassen miteinander auskamen und zusammenarbeiteten. Es gab eine schwarze Frau, die Kommunikationsoffizier auf einem Raumschiff war. Das war nicht nur gut, das war großartig. Ich glaube, sie hat so eine Menge Bewunderung für das Konzept von Star Trek bekommen.«

Episode 85

Data's Day

»Datas Tag«

Erstausstrahlung: ____ **7.1.1991**
Regie: ____ **Robert Wiemer**

Gaststars:

Rosalind Chao (Keiko)
Sierra Pecheur (T'Pel)
Alan Scarfe (Mendak)

Diese Folge zeigt einen Tag im Leben von Data. Er beginnt mit den Vorbereitungen zu Chief O'Briens Hochzeit, für die Data unter anderem von Dr. Crusher Unterricht im Steptanzen erhält. (Die Choreographie zu dieser Szene machte Gates McFadden übrigens selber, unter anderem hat sie auch die Choreographie bei »Dreamchild« und

22. Kapitel

»Labyrinth« für den verstorbenen großartigen Jim Henson gestaltet).

Währenddessen beamt eine vulkanische Botschafterin zu Geheimverhandlungen mit den Romulanern an Bord. Als sie bei einem Transporterunfall ums Leben kommt, stellt Picard fest, daß sie eigentlich ein romulanischer Spion ist, der aus der Kälte kam.

»›Data's Day‹ stand für mich schon lange auf dem Programm«, erzählt Script-Berater Ron Moore. »Die Idee der ›Ein-Tag-im-Leben-von‹-Geschichte ist bei Fernsehserien nichts Ungewöhnliches – für uns war es das aber schon. Wir hatten noch nie auch nur etwas annähernd in dieser Richtung gemacht. Die Skizze lag uns schon seit der dritten Staffel vor, und seitdem haben wir auch versucht, das auf die Beine zu stellen. Es gab eine Menge Variationen, ein Tag im Leben von Picard, ein Tag auf dem Schiff allgemein, bis wir uns schließlich auf Data als die geeignetste Figur festlegten, da er der einzige ist, der 24 Stunden am Tag wach ist.

Auch die Hochzeit von Chief O'Brien entwickelte sich aus diesem Konzept. Wenn man sich darüber Gedanken macht, was an einem Tag so alles auf dem Schiff passiert, kommt man auch auf Dinge wie die Geburt eines Kindes, oder es stirbt jemand. Dann sagte jemand, es könnte ja auch einer heiraten, und das kam an. Wir wollten natürlich nicht, daß eine der Hauptfiguren heiratet, das wäre eine zu große Sache gewesen, wir wollten aber genausowenig, daß es ein Nobody war. Die Arbeit von Colm Meaney hat allen immer gut gefallen, und wir wollten ihn weiter dabei haben – also hatten wir die nette Idee, ihn unter die Haube zu bringen.«

Die Hochzeit von O'Brien war nicht das einzige Ereignis in Datas Tag auf der Enterprise. Es stellte sich die Frage, was sonst noch die Zuschauer bei der Stange halten könnte.

»Wir fanden, es brauchte einen Rahmen, einen Handlungsbogen, ansonsten wären wir auf lauter Mosaiksteinchen sitzengeblieben«, fährt Ron Moorc fort. »Die Perspektive von Data war hochinteressant, denn er ist natürlich nicht bei allem, was geschieht, dabei. Er kriegt Bruchstücke von allem möglichen mit, aber nicht alles. Picard weiß natürlich alles, und plötzlich ist die Bedrohung von außen da, von der Data noch nicht viel weiß.«

»Rick ist überzeugt, daß man bei Star Trek keine Folge ohne Gefahr oder Drama drehen kann«, sagt Michael Piller. »Ich stimme ihm da zu, denn sonst hat man nichts als ein Notizbuch. Aber diesmal zeigten wir sie nicht so, daß die Zuschauer alles wußten, was jeder sah, und vielleicht mehr, sondern, dadurch daß die Geschichte aus Datas Perspektive erzählt wurde, waren sie genauso überrascht, wie er. Das Konzept, eine wichtige Sache laufen zu lassen, während Data im Laufe seines Tages zunächst nur am Rand davon bleibt, war absolut faszinierend.«

Episode 86

The Wounded

»Der Rachefeldzug«

Erstausstrahlung: 28.1.1991
Drehbuch: Jeri Taylor
Story: Stuart Charno, Sara Charno, Cy Chermak
Regie: Chip Chalmers

Gaststars:

Bob Gunton (Captain Ben Maxwell)
Rosalind Chao (Keiko)
Marc Alaimo (Gul Macet)
Tim Winters (Glen Daro)
John Hancock (Admiral Haden)
Marco Rodriguez (Glen Telle)

Eine düstere und fatalistische Folge: der einzelgängerische Captain Maxwell bricht einen Ein-Mann-Krieg gegen eine fremde Rasse vom Zaum, mit der die Föderation gerade erst einen Friedensvertrag ausgehandelt hat.

Der Captain, dessen Frau brutal getötet worden ist, greift die Cardassianer an und ist erst von Chief O'Brien, einem früheren Mitglied seiner Besatzung, von dem Rachefeldzug abzubringen. Picard warnt die Cardassianer, daß er weiß, daß sie sich wieder bewaffnen, und er stellt unheilverkündend fest, die Föderation würde »die Augen offen halten«.

»Es hatte was von ›Heart of Darkness‹ (ein Roman von Joseph Conrad), mit diesem einsamen Captain außer Kontrolle«, meint Autor/Produzent Jeri Taylor. »Die Ausgangsidee war, daß man nicht so einfach mit jemandem gut Freund werden kann, nachdem man lange Krieg gegen ihn geführt hat, und dann plötzlich Frieden ist. Wenn man dazu erzogen oder ausgebildet wurde, jemanden als Feind anzusehen, wie wird man dann Freund? Im 24. Jahrhundert sind wir zwar ein bißchen weiter als heute, aber ein paar Leute sind immer langsamer im Ablegen alter Vorurteile. Es war ein sehr provokantes Thema, an das wir uns da wagten. Das Material war ziemlich episch, aber im Zentrum der Geschichte stand doch der persönliche Konflikt zwischen Maxwell und Picard, zwei starken und fähigen Leuten, die gegeneinander stehen. Aber dann hatten wir auch dieses geniale Lied am Ende der Folge – als O'Brien und Maxwell singen, das war ein großartiger Moment.«

David Livingston erzählt: »Das war die beste Maske für eine fremde Rasse, die Michael je gemacht hat. Er ist ein wirklicher Künstler. Sie sahen so realistisch, so einzigartig, so kraftvoll aus. Er setzt sich da mit seinem Klumpen Ton und seinem Messer hin, und zwei Stunden später hat er das, was wir brauchen. Das Engagement von Michael Westmore war mein bester Beitrag zu der Serie überhaupt. Er ist hier geblieben, weil die Arbeit so vielseitig ist – nicht wie bei ›Rocky‹, wo er vorher war, und für Sylvester Stallone eine Nase nach der anderen machen mußte.«

»Diese Folge wurde während des Golfkrieges ausgestrahlt«, betont Regisseur Chip Chalmers. »Picard tat, was er nur konnte, um einen Krieg zu verhindern, und gleichzeitig taten die USA alles, was sie konnten, um einen Krieg zu beginnen. Ich fand, das war eine wirklich interessante Gegenüberstellung von Ideen. Es war eine der bestgeschriebenen Folgen, die ich seit langem gesehen habe. Mit den Cardassianern haben wir auch nach langer Zeit

22. KAPITEL

wieder einmal ernstzunehmende neue Gegenspieler, sie grunzen nicht, sie grinsen nicht, sie sind nicht stumm oder allwissend, sondern sie sind intelligent, gebildet, aber sie sind böse bis ins Mark.«

EPISODE 87

Devil's Due

»Der Pakt mit dem Teufel«

Erstausstrahlung: 4.2.1991
Drehbuch: Philip Lazebnik
Story: Philip Lazebnik und William Douglas Lansford
Regie: Tom Benko

Gaststars:

Marta DuBois (Adra)
Marcelo Tubert (Acost Jared)
Paul Lambert (Dr. Howard Clarke)

Noch ein Überbleibsel des gescheiterten Versuches, Star Trek in den 70ern wieder auf die Mattscheibe zu bringen. »Devil's Due« fühlt sich an wie eine Folge von 1966. Kirk, äh, Picard muß vor Gericht darlegen, daß eine Frau, Arda, keineswegs der Teufel ist, für den sie sich ausgibt, sondern ein Scharlatan.

Picard attackiert ihre Behauptung, und Data fungiert als Schiedsrichter in einem Willenskampf, der Picard seine Seele kosten kann ... oder etwas Gleichwertiges, seine Selbstachtung.

Ironischerweise wurde diese traditionelle Folge damals eine der meistgesehenen überhaupt seit »Encounter at Farpoint«. Ob das nun an dem effektgeladenen Trailer lag, oder an der weiblichen Hauptdarstellerin, oder gar, wie David Livingston meint, daran, ›daß an dem Abend kein Basketball-Spiel übertragen wurde‹, sei dahingestellt.

»Es war eine schwere Folge, denn sie war atypisch für die Serie«, erklärt Larry Carroll. »Außerdem war sie nicht leicht in den Griff zu kriegen, aber Michael hat an sie geglaubt. Es scheint mir, daß so ungefähr jeder Autor der Autorenvereinigung daran herumgeschrieben hat.«

»Die Geschichte begleitete uns schon lange«, meint Michael Piller.

»Sie stammt noch aus einer Zeit, wo wir aus verschiedenen Gründen kein Material hatten, kein Drehbuch und keine Geschichte in Arbeit. Man hatte mir gesagt, das Skript sei gut, und so meinte ich zu Melinda Snodgrass, wir bräuchten das nur mit den Namen unserer Figuren zu versehen, und das wäre es dann. War es aber nicht. Es funktionierte überhaupt nicht. Danach haben ungefähr fünfzehn Leute daran geschrieben, bis ich die letzte Fassung machte und das Skript ganz lustig geworden war. Es war weitab von dem, was wir sonst machten, aber es war eine lustige kleine Folge.«

»Es ist gut, wenn wir ab und zu ein wenig humorvoller werden«, meint David Livingston. »Ich dränge da immer ein bißchen drauf, weil ich finde, wir laufen Gefahr, zu ernst zu sein.«

EPISODE 88

Clues

»Beweise«

Erstausstrahlung: 11.2.1991
Drehbuch: Bruce D. Arthurs und Joe Menosky
Story: Bruce D. Arthurs
Regie: Les Landau

Die Crew der Enterprise bemerkt nach und nach, daß ihr 24 Stunden ›fehlen‹, seit sie einem mysteriösen Wurmloch begegnet ist. Data zeigt verdächtige Zeichen, die auf ein Cover-up hindeuten.

Diesen Indizien folgend entdeckt Picard, daß die Erinnerungen der Mannschaft von einer fremdenfeindlichen Rasse gelöscht wurden, die ihre Existenz geheimhalten will. Das Schiff kehrt zurück, und die Fremden drohen damit, die Enterprise zu zerstören, wenn sie nicht beweisen kann, daß alle Anzeichen ihrer Exsitenz verschwinden.

»Das war eine sehr schwierige Folge«, meint Regisseur Les Landau.

»Die Story lief drei oder vier mal nach fast dem gleichen Schema ab, und wie das zeigen, ohne die Zuschauer zu langweilen.

Außerdem liefen diese ganzen Rückblenden innerhalb von Rückblenden Gefahr, die Leute zu verwirren. Ich habe versucht, die Geschichte sehr flüssig zu erzählen, von einer relativ festen Perspektive her. Wir haben mit längeren Einstellungen angefangen, und im Verlauf der Handlung wurden sie immer kürzer und schneller, als wir uns der realen Zeit annäherten.«

Michael Piller schwärmt: »Ich fand diese Folge einfach großartig. Sie war einer meiner Favoriten in der Staffel. Es war ein perfekt inszenierter klassischer Krimi im Star-Trek-Format. Der Autor ist eigentlich Briefträger irgendwo bei Phoenix, und er gab uns ein sehr gutes Drehbuch. Es brauchte zwar noch ein wenig Arbeit, besonders weil Wil Wheaton gegangen war, aber es war gut.«

EPISODE 89

First Contact

»Erster Kontakt«

Erstausstrahlung: 18.2.1991
Drehbuch: David Russel Bailey, David Bischoff, Joe Menosy, Ronald D. Moore, Michael Piller
Story: Marc Scott Zicree
Regie: Cliff Bole

Gaststars:

George Coe (Chancellor Durkin)
Carolyn Seymour (Mirasta Yale)
Michael Ensign (Krola)
George Hearn (Berel)
Steven Anderson (Nilrem)
Sachi Parker (Tava)
Bebe Neuwirth (Lanel)

Die Enterprise muß den ›ersten Kontakt‹ zu einer Rasse herstellen, die an der Schwelle zur Warp-Technologie steht. Als Riker auf dem Planeten verletzt wird, muß Picard die Pläne zur Rettung seines verwundeten Offiziers schnell durchführen oder das Risiko eingehen, die »Prime Directive« zu verletzen.

Letztendlich weißt der Minister des Planeten das Angebot der Föderation zurück,

22. KAPITEL

weil er erkennt, daß durch die Kontaktaufnahme mit anderen Rassen in der Galaxie Probleme für seine Heimat entstehen. Die Bevölkerung ist noch nicht bereit zu akzeptieren, daß sie nicht der Mittelpunkt des Universums ist.

Cliff Bole erinnert sich: »Die erste Herausforderung für mich als Regisseur war, wie ich mit all dem Gerede umgehen sollte, denn es war eine geschwätzige Folge. Sehr geschwätzig. Und manchmal nur für zwei Leute. Aber ich glaube, das hat ganz gut geklappt. Ich mag Folgen, die einen schönen dicken Konflikt haben, und diese Geschichte konnte so etwas vertragen: Die Enterprise soll einen ersten Kontakt herstellen, und sie greifen voll ins Klo. Wozu das führen kann, sagt Picard in einer Nebenbemerkung, er erinnert daran, wie es bei den Klingonen schiefging und ein 100jähriger Krieg die Folge war.«

»First Contact« begann bei dem freischaffenden Autor Marc Scott Zicree, der einer der ersten war, die schon 1986 Ideen für The Next Generation vorschlugen.

»Es ist ausgesprochen schwer, Geschichten bei Star Trek unterzubringen«, erklärt er. »Sie kaufen manchmal monatelang keine neuen. Ich glaube, ich habe so 50-60 eingereicht.

Normalerweise verkaufe ich beim ersten oder zweiten Mal. Es dauerte eine Weile, aber dann stießen wir auf ›First Contact‹. Piller gefiel sie, und er meinte, ich solle weitermachen.

Irgendwann meinte Ira Behr scherzhaft, ›dieser Mensch ist eine Ideenfabrik. Wir sollten ihn in einem Zimmer einschließen und Papier unter der Tür durchschieben lassen‹.«

»First Contact« war für Piller ein unwiderstehliches Konzept. Es war etwas, das noch nie bei Star Trek gemacht worden war, obwohl es doch so nah lag – die Enterprise stellt den ersten Kontakt zu einem Planeten her, um seinen Betritt zur Föderation einzuleiten.

»Es könnte die wichtigste Folge der Staffel sein«, schwärmt Piller.

»Ob es die beste ist, kann ich Ihnen nicht sagen. Sie stammt von einem sehr guten Autor, aber er hat nicht den richtigen Ton finden können. Also versuchten es einige andere Leute, aber das klappte auch nicht. Und letztlich blieb es an mir hängen.«

Piller gesteht ein, daß es nicht die Idee selber war, sondern die Regeln, die beim Schreiben für Star Trek zu beachten sind, die die Sache schwierig gestalteten.

»Unsere Regeln sehen vor, daß wir keine Folgen mit offenem Ende haben«, berichtet Piller. »Außerdem haben wir keine Folgen zu schreiben, die nicht aus der menschlichen Perspektive erzählt werden. Ich bin ein Verfechter von Genes Regelwerk, aber ich liebe es auch, diese Regeln zu brechen, wenn es im Interesse der Serie ist. Ich ging zu Rick Berman und sagte ihm, daß es eine phanatstische Folge werden könnte, wenn er sie mich aus einer fremden Perspektive schreiben lassen würde. Das tat er auch, vorausgesetzt, ich würde allen erzählen, daß diese Regel nie mehr durchbrochen werde.«

Marina Sirtis fügt hinzu: »Für mich war das eine der interessantesten Folgen überhaupt. Es war ein so offensichtliches Thema, daß es erstaunlicherweise noch niemand in 150 Folgen aufgegriffen hatte. Natürlich wird es Völker geben, die den Warp-Antrieb entwickeln und zu den Sternen fliegen. Wie sollen wir mit ihnen umgehen? Es war wirklich eine gute Folge, und Patrick und ich waren einer Meinung, daß wir am besten dazu geeignet waren, auf diesen Planeten zu gehen, und ›Hallo‹ zu sagen.«

Viele Leute sind der Auffassung, daß »First Contact« wenig mehr als eine Version von »The Day the Earth Stood Still« im 24.

Jahrhundert war, mit der Enterprise in der Rolle der Außerirdischen, die in Washington landen.

»Das war auch das Konzept, was ich dahinter sah«, meint Piller. »Ich fand, es war ein 50er-Jahre-SF-Film, mit dem Unterschied, daß wir diesmal die Außerirdischen sind. Und so habe ich es auch versucht zu schreiben.«

EPISODE 90

Galaxy's Child

»Die Begegnung im Weltraum«

Erstausstrahlung: ______ **11.3.1991**
Drehbuch: ______ **Maurice Hurley**
Story: ______ **Thomas Kartozian**
Regie: ______ **Winrich Kolbe**

Gaststars:

Susan Gibney (Dr. Leah Brahms)
Whoopi Goldberg (Guinan)

Die Enterprise tötet versehentlich ein schwangeres Weltraumwesen, dessen Nachwuchs so auf die Enterprise geprägt ist. Außerdem taucht Leah Brahms wieder auf, die Geordi in der dritten Staffel als Hologramm half, durch ein Minenfeld zu navigieren.

Jetzt beamt sie leibhaftig an Bord, und Geordi verliebt sich natürlich, muß aber feststellen, daß sie leider verheiratet ist. Trotzdem retten sie meiteinander das Weltraumbaby.

»Das sind zwei gute Stories in einer«, meint Rick Berman. »Zunächst die Geschichte der Frau, von der Geordi meinte, er habe sie getroffen, was aber nicht der Fall war, und jetzt trifft er sie doch; und gleichzeitig die Geschichte von dem Weltraumbaby, das sich an die Enterprise hängt. Das paßte alles sehr gut zusammen. Wir haben für die Weltraumbabys Computeranimation benutzt, was wir sonst nicht tun, weil es nie so ganz richtig aussieht, aber in diesem Fall war es hervorragend.«

»Ich habe immer schon gemeint, daß die Gegenüberstellung von Realität und Phantasie ein interessantes Thema darstellt, und die Figur der Leah Brahms ermöglichte uns, es in dieser Folge auszuleuchten«, erläutert Michael Piller.

»Das war für mich eines der besten Konzepte in dem Jahr. Ich habe mich auch gefreut, wieder mal mit Maurice Hurley zusammenarbeiten zu können. Aber diese Idee, daß ein fremdes Wesen die Enterprise als Muttertier sieht, das konnte man wirklich nur bei Star Trek machen...«

22. KAPITEL

EPISODE 91

Night Terrors

»Augen in der Dunkelheit«

Erstausstrahlung: 18.3.1991
Drehbuch: Pamela Douglas, Jeri Taylor
Story: Shari Goodhartz
Regie: Les Landau

Gaststars:

Rosalind Chao (Keiko)
John Vickery (Hagan)
Duke Moosekian (Gillespie)

Die Crew der Enterprise, gefangen in Tykins Riß, leidet unter den Auswirkungen von Schlafmangel und beginnt, ihre schlimmsten Alpträume zu erleben. Troi entdeckt nach seltsamen Erfahrungen mit verschiedenen Träumen und Visionen ein fremdes Schiff, das ebenfalls in der Falle sitzt. Gemeinsam versuchen sie, einen Ausweg zu finden, bevor es zu spät ist.

»Geschichten über Schlafstörungen werden uns am häufigsten angeboten«, berichtet Rick Berman. »Die Schlafstörung, die unsere Leute hier hatten, war ein Mangel an REM-Schlaf, und dadurch werden sie alle verrückt – was auch medizinisch korrekt ist. Es war aber schwer, der Geschichte zu folgen, und die Handlung war sehr verschlungen. Ich glaube nicht, daß allzuviel Schockierendes darin enthalten war.«

»Das war ein ganz schöner Langeweiler«, meint Jonathan Frakes rhetorisch.

»Es war ein Haufen mieser Spezialeffekte, als Troi mit diesen Wolken herumschwebte. Das war unter unserem Standard.«

»Eine Menge der filmtechnischen Arbeiten wurde entweder bei der Nachbearbeitung oder von einem zweiten Team gemacht«, erklärt Les Landau. »Wir mußten eine Menge Spezialeffekte für die ganzen Traumsequenzen einbauen, und es war eine der wenigen Folgen, wo wir überhaupt mit einem vollen zweiten Team gearbeitet haben.«

»Die Folge war sehr kompliziert«, überlegt Autor Jeri Taylor. »Die Handlung war verwickelt, ein bißchen mysteriös, viel Technik, fast übernatürlich. Es gab von allem etwas, und es war schwierig, das alles unter einen Hut zu bringen. Ich habe überarbeitet und überarbeitet, und manchmal dachte ich, wir würden das nie hinkriegen. Aber es hat sich gelohnt, Trois Traumsequenzen, zum Beispiel, sind etwas, das man nicht alle Tage zu sehen bekommt.«

»Ich glaube, ein Teil der Probleme rührt daher, daß es die erste Folge nach der Weihnachtspause war und alle noch nicht so ganz wieder zurück schienen«, meint Michael Pillar. »Als wir trotzdem fertig waren, war der Film neun Minuten zu lang [Star-Trek-Folgen müssen genau 43 Minuten lang sein]. Daher mußten wir große Stücke rausschneiden, um es passend zu kriegen. Es war übel, alle redeten langsam, und nach einer Weile wurde das ganz schön langweilig. Die Mitte der Folge hing durch, und es war ziemlich enttäuschend.«

EPISODE 92

Identity Crisis

»Der unbekannte Schatten«

Erstausstrahlung: 25.3.1991
Drehbuch: Brannon Braga
Story: Timothy De Haaf
Regie: Winrich Kolbe

Gaststars:

Maryann Plunkett
(Commander Susanna Leitjen)

Die Mitlieder eines Landungstrupps, bei dem Geordi vor fünf Jahren dabei war, als er noch auf der U.S.S. Victory flog, verschwinden einer nach dem anderen. Er findet heraus, daß seine Freundin und Kollegin Susanna Leitjen dabei ist, sich in ein fremdes Wesen zu verwandeln, und daß er der nächste sein wird.

Während Geordi dabei ist, das Geheimnis mit Hilfe des Holodecks zu entschlüsseln, setzt auch bei ihm die Metamorphose ein. Nur mit der Hilfe von Leitjen kann dieser Prozeß rückgängig gemacht werden.

»Das war vom Skript her eine sehr schwere Folge«, gesteht Michael Piller. »Der Entwurf stammt ursprünglich von einem Fan, und er enthielt eine Menge Techniken und Stilmitteln, die wir nicht verwenden konnten oder wollten. Es gab Szenen innerhalb von Szenen, und der Regisseur hat gute Arbeit geleistet. Vielleicht war es nicht das beste Skript, das wir hatten, aber es zeigte, was man alles auf die Beine stellen kann.«

David Livingston erinnert sich: »Wir unterhielten uns darüber, wie wir dieses Leuchten auf die Figuren bekamen, und Peter Lauritson meinte, ›Warum nicht mit UV-Licht?‹ Wir hatten da im Jahr zuvor einen Test gemacht, und ich wollte das eigentlich nicht. Aber wir haben uns die Bänder angesehen, und es war genau, was wir brauchten. Wir entwarfen spezielle Anzüge, und setzten den Schauspielern fluoreszierende Kontaktlinsen ein. Es war großartig. Für das Set haben wir kräftiges blaues Licht verwendet, was die ganze Szenerie hart und unwirklich erscheinen läßt. Aber was mich überrascht hat, war, wie stark dieses UV-Licht reflektiert. MTV nutzt das jetzt häufig. Bei uns fand ich es sehr gut, denn wir brauchten es nicht einfach als Effekt, sondern weil es sich aus dem Verlauf der Handlung ergab.«

EPISODE 93

The Nth Degree

»Die Reise ins Ungewisse«

Erstausstrahlung: 1.4.1991
Drehbuch: Joe Menosky
Regie: Robert Legato

Gaststars:

Dwight Schultz (Barclay)
Saxon Trainor (Larson)
Jim Norton (Einstein)

Barclay, der schon in »Hollow Pursuits« dabei war, taucht wieder auf und läßt mit Hilfe von Wesen, die versuchen, die Enterprise zum Mittelpunkt des Universums zu bringen, um »Hallo« zu sagen, seinen Geist erweitern.

22. KAPITEL

Barclay befördert das Schiff ins Zentrum des Universums, während er sich an den Bordcomputer anschließt und mit Albert Einstein auf dem Holodeck diskutiert.

»Wir hatten uns eine Art Spickzettel von all dem gemacht, das wir in der vierten Staffel wieder bringen wollten«, erzählt Michael Piller. »›Hollow Pursuits‹ war großartig, und Barclay ist eine sehr interessante Figur mit einem großen Schauspieler dabei. Wir hatten einige Probleme, einen passenden Platz zu finden, wo es sich lohnen würde, ihn zurückzuholen. Aber als Joe mit dieser Idee von jemandem ankam, der überintelligent werden sollte, da dachten wir, das könnte vielleicht unsere Barclay-Folge werden. Wir wußten zunächst nicht, wie wir das gestalten sollten, aber nach einer Weile hat es funktioniert, und Joe Menosky meinte, er sei stolz, seinen Namen unter dieses Skript zu setzen.«

Brannon Braga meint: »Wir haben uns über ein Jahr damit herumgeschlagen, wie wir Barclay erneut bringen könnten. Wir wollten ihn nicht dasselbe nochmal machen lassen.«

Rob Legato nutzt bei diesem Set Laser-Effekte live auf der Bühne.

»Wir haben vorher Laser in der Nachbearbeitung für Schießereien und Leuchteffekte verwendet«, berrichtet David Livingston. »Wir haben verschiedentlich besprochen, sie auch während der Dreharbeiten zu benutzen, aber es ist nie verwirklicht worden. Rob schlug es für diese Folge vor, und es war eine wunderbare Idee. Es war ein gewaltiger Schritt vorwärts für uns, hinsichtlich unserer Technik.«

EPISODE 94

Q-Pid

»Gefangen in der Vergangenheit«

Erstausstrahlung: 22.4.1991
Drehbuch: Ira Steven Behr
Story: Randee Russell, Ira Steven Behr
Regie: Cliff Bole

Gaststars:

John de Lancie als »Q«
Jennifer Hetrick (Vash)
Clive Revill (Sir Guy)

Vash nimmt an einer Archäologenkonferenz an Bord der Enterprise teil und kommt wieder mit Picard zusammen. Währenddessen kehrt auch Q als Heiratsvermittler zurück und versetzt die beiden Turteltauben und die gesamte Crew der Enterprise in ein Robin-Hood-Szenario. So will er Picard eine Lehrstunde in Sachen Liebe erteilen. Picard erobert Sir Guys Burg, wo er und der Landetrupp schließlich Lady Marian Vash aus den Klauen von Guy befreien können. Q übernimmt dabei die Rolle des Sheriffs von Nottingham.

»Ich hatte in dieser Folge alles, was sich ein Regisseur wünschen kann«, sagt Cliff Bole. »Ich hatte Q, der ein sehr unterhaltsamer Bursche und guter Charakter war. Hier hatte ich die Möglichkeit, einmal Robin Hood zu machen. Ich machte einen Zeitsprung ins Mittelalter, mit Schwertkämpfen und wilden Kriegern aus dem 12. Jahrhundert, und ein Raumschiff. Was kann man sich mehr wünschen? Das ist das Höchste für einen Regisseur. Das war die Folge, wo Picard ein wenig aus seinem Charakter herausfällt. Er ist nicht so stoisch wie sonst und verfällt einer schönen Frau, die dazu erzogen worden war. Ich bekam einige Briefe von Frauen, die mich fragten, warum die Ladies in der Folge nicht moderner in die Kämpfe eingegriffen hätten? Ich dachte mir bei der ganzen Sache, daß wir, wenn wir schon ins Mittelalter zurückgehen, auch alles zeitgetreu machen. Ich kann doch nicht einfach die Geschichte ändern.«

»Marina und ich haben immer darüber gelacht. Wir können beide fechten, aber wir waren diejenigen, die den Männern mit den Töpfen eins überzogen«, meint Gates McFadden.

»Jedes Mal, wenn die Folge kommt, bringt der ›TV Guide‹ ein Titelblatt damit«, lacht Michael Piller. »Ich weiß nicht, warum. Ich glaube einfach, wir hatten diese Idee einer Dreiecksbeziehung – Picard, Vash und Q. Das entwickelte sich während eines Gespräches mit Ira Behr, der auch Vashs geistiger Vater war, und wir meinten, daß er die Story machen solle. Jemand meinte dann, daß, wenn wir schon eine Dreiecksbeziehung machen, wir sie wenigstens als eine der großen klassischen Liebesgeschichten machen sollten. König Artus war im Gespräch, aber wir einigten uns schließlich auf Robin Hood, zumal ja auch der Film noch erscheinen sollte. Warum sollten wir den Filmfirmen nicht ein wenig Wind aus den Segeln nehmen?«

EPISODE 95

The Drumhead

»Das Standgericht«

Erstausstrahlung: 29.4.1991
Drehbuch: Jeri Taylor
Regie: Jonathan Frakes

Gaststars:

Jean Simmons als Admiral Satie
Bruce Flash (Sabin)
Spencer Garret (Simon Tarses)
Earl Billings (Admiral Henry)
Henry Woronicz (J'Ddan)
Ann Shea (Nellen)

Ein Klingone wird an Bord der Enterprise als Spion der Romulaner enttarnt und festgenommen. Das hat zur Folge, daß Admiral Satie an Bord kommt, um das Herzstück des Spionagerings zu fassen. Daraus entwickelt sich eine wahre Hexenjagd; eine Jagd, die möglicherweise sogar bis zu Picard führt.

»The Drumhead« ist eine der provokativsten Folgen von The Next Generation. Eigentlich ist sie eine Sparfolge, und es gab Überlegungen, die in die Richtung von »Shades of Grey« gingen. Schließlich entstand aber diese genau richtige, leidenschaftliche (und billige) Folge.

»Wir sparten 250.000 Dollar bei dieser Folge«, lächelt Jonathan Frakes. »Das war das niedrigste Budget der gesamten Staffel. Das Risiko bei solchen Shows ist oft, daß sie zu viele Dialoge haben. Die Zuschauer mögen Action. Aber wenn man Dialoge und

22. Kapitel

Jean Simmons – hier als Elisabeth Collins-Stoddard in einer Neufassung von »Dark Shadows« zu sehen – spielte einen zukünftigen Joe McCarthy in »The Drumhead«.

Episode 96

Half a Life

»Die Auflösung«

Erstausstrahlung: 6.5.1991
Drehbuch: Peter Allen Fields
Regie: Les Landau

Gaststars:

Majel Barrett als Lwxana Troi
David Ogden Stiers (Dr. Timicin)
Michelle Forbes (Dara)
Terence McNally (B'Tardat)
Carel Struycken (Mr. Homn)

Troi verliebt sich in einen außerirdischen Wissenschaftler, Timicin.

Die kulturellen Regeln und Rituale verlangen von ihm, daß er an seinem 60. Geburtstag Selbstmord begeht.

David Ogden Stiers, mit MASH-Stars Alan Alda und Mike Farrell, spielte Dr. Timicin in »Half A Life«.

Schauspielerei mag, ist das sicher die richtige Folge. Es war wie bei den McCarthy-Anhörungen, man war solange schuldig, bis daß man seine Unschuld bewiesen hatte, und Satie (Jean Simmons) war brillant darin. Sie ist ein großer Trekkie und sieht sich die Show jede Woche an. Ich wundere mich immer noch, welche Fans die Serie hat.«

Autor Jeri Taylor meint dazu, daß die Folge eigentlich zeigen sollte, daß so etwas wie die Anhörungen von McCarthy oder die Hexenjagden von Salem auch noch im 24. Jahrhundert stattfinden können, und wie die persönlichen Freiheiten herumgestoßen werden können. Michael Piller bestätigt auch noch einmal, daß die Folge eigentlich wie »Shades of Grey« viele Rückblenden haben sollte, um Geld zu sparen und das Budget wieder auszugleichen.

Piller und Berman diskutierten das und kamen zu dem Schluß, dies nach Möglichkeit zu vermeiden, da Shows mit Rückblenden keine Geschlossenheit haben.

Das Studio stimmte ihnen schließlich zu, und sie entwickelten »Drumhead«, eine billige Folge ohne Spezialeffekte. Gleichzeitig bot sie aber auch die Möglichkeit, eine sehr wichtige Geschichte zu erzählen.

»Es ist eine andere Sorte von Troi-Folge«, sagt Marina Sirtis. »Sie ist nicht so flippig und schrill wie sonst. Aber sie hatte eine richtige Handlung mit ein bißchen Moral. Das mache ich eigentlich ganz gerne. Ich hatte nicht viele Szenen, und war eigentlich auch ganz froh darum. Ich möchte nicht, daß es eine Selbstverständlichkeit wird, daß ich mich, jedesmal wenn sie an Bord kommt, um sie kümmern muß. Ich denke, es ist interessanter, wenn sie zurückkommt und andere Charaktere mit ihr zu tun haben.«

Regisseur Les Landau fügt hinzu: »Die Folge zeigt eine ganz neue Seite von Majel Barrett, sowohl als Schauspielerin, wie auch in der Rolle der Troi. Normalerweise ist sie diese flippige, wunderliche, lästige Dame des Universums, aber in dieser Folge ist sie sehr feinfühlig, warmherzig und rührend. In der Folge geht es um ältere Menschen, und, meiner Meinung nach, war es eine der sachdienlichsten Folgen, die ich gemacht habe. Die Möglichkeit, mit Majel Barrett und David Ogden Stiers zusammenzuarbeiten, war großartig. Diese Folge hat möglicherweise weniger mit den regelmäßigen Charakteren zu tun als jede andere Folge in der langen Geschichte der Serie. Sie greift wieder die Situation aus »Family« auf, in der sie nicht nur das Universum erforscht, sondern auch neue Ideen innerhalb der Grenzen dieses Universums.

Das ist das Schöne an Star Trek – und an dem, was Gene Roddenberry erschaffen hat. Ich glaube, es ist Rick Bermans Aufgabe geworden, diese Theorie fortzusetzen, und weiterhin so gute Unterhaltung zu machen, die ein Thema behandelt, das für unsere heutige Gesellschaft relevant ist. In dieser Folge verliebt sich Troi in jemanden von einem anderen Planeten, der mit 60 Jahren von seiner Gesellschaft ausgelöscht wird, weil man mit 60 angeblich zum alten Eisen gehört. Das ist ein sehr aktuelles Thema. Es macht uns deutlich, daß wir unser eigenes Verhalten gegenüber unserer älteren Generation hinterfragen müssen. Das war eine sehr ergreifende Folge.«

Autor Peter Allan Fields machte einen Schnellkursus in Lwxana-Troi-Sagen, um sich selbst für »Half a Line« vorzubereiten. Fields stieg später zum Co-Produzenten von Deep Space 9 auf.

»Bevor ich mit dem Schreiben anfing, sah ich mir ›Haven‹ und ›Menage a Troi‹ an, aber ich griff nicht auf sie zurück, als ich meine erste Lwxana-Troi-Story schrieb. Ich ging das Skript zu ›Haven‹ durch, um herauszufinden, über wen zum Teufel ich denn schreibe, und das war nicht schwer

22. KAPITEL

herauszufinden. Ich konnte zuerst nicht ausmachen, wieviel Macht und Privilegien sie hat, und dann erkannte ich, daß man ihr so viel davon geben konnte, wie sie wollten. Sie nimmt sie gerne.«

EPISODE 97

The Host

»Odan, der Sonderbotschafter«

Erstausstrahlung: ______ **13. 5. 1991**
Drehbuch: ______ **Michael Horvath**
Regie: ______ **Marvin V. Rush**

Gaststars:

Franc Luz (Odan)
Barbara Tarbuck (Leka)
William Newman (Kalin Trose)
Nicole Orth-Pallavicini (Kareel)

Dr. Crusher verliebt sich in einen Botschafter der Föderation, Odan, der an Bord der Enterprise ist, um über einen interplanetaren Disput zu verhandeln. Als Odan verletzt wird, entdeckt die Crew ein parasitäres Wesen in seinem Körper, das der wahre Botschafter ist.

Bei »The Host« führte Kameramann Marvin Rush Regie, der seine Kamera um den immer dicker werdenden Bauch der schwangeren Gates McFadden herumtänzeln ließ.

»Die Folge mußte so gedreht werde, daß man nicht sehen konnte, daß Gates schwanger war«, sagte Jonathan Frakes. »Sie hätten nie eine schwangere Schauspielerin akzeptiert. Das war ein interessantes Problem. Man war immer bemüht, das zu vertuschen. Es war sehr restriktiv.«

»Es ist eine der besten Folgen, die wir je gemacht haben«, meint Story-Redakteur Brennon Braga. »In jemanden verliebt sein, der nicht mehr ganz so frisch ist. Wir hatten den Parasiten als die wahre Intelligenz und den Gastkörper als Körper. Es war ursprünglich nicht als eine Liebesgeschichte geplant, aber sie wurde eine rührende Liebesgeschichte, und das machte die Show so einzigartig.«

Ron Moore führt an: »Die zusätzliche Story mit Beverly ist eine unerläßliche Komponente. Eine Menge freischaffender Autoren würde sagen, daß dies eine Show über einen Botschafter ist, und über den Überlebenskampf eines parasitären Wesens, und über die Friedensverhandlungen. Niemand stört sich daran. Aber – wenn es Beverlys Problem wird, wird es zu einem gewissen Grade auch Rikers. Und so wird daraus eine Star-Trek-Story.«

Am Ende wurde »The Host« eine der populärsten Star-Trek-Folgen aufgrund seiner nicht polemischen, aber effektiven Befürwortung von Toleranz und Aufnahmefähigkeit.

»Ich kannte die Folge, bei der ich Regie führen sollte, vorher nicht, und ich glaube, das ist so Usus«, sagt Marvin Rush. »Ich glaube, sie haben schon eine gewisse Vorstellung, wer für eine bestimmte Folge besonders geeignet ist. Aber manchmal bekommt ein Regisseur nicht die Folge, für die er eingeplant war, weil sie noch nicht fertig ist, und es noch Bearbeitungen und Überarbeitungen gibt. Es gibt Dinge, die diese Wahl beeinflußen. Ich glaube, in meinem Fall bekam ich eine Folge, die auf dem Schiff spielt, die eine bestimmte Sache beinhaltet, die eine Herausforderung bedeutete, und für die ein Kameramann gut war. Diese bestimmte Sache war Gates, die im siebten Monat schwanger war. Da brauchten sie jemanden, der es verstand, sie zu filmen, so daß man nicht sehen konnte, daß die Hauptdarstellerin schwanger war. Das war möglicherweise der Grund für meine Wahl. Ich vermute, daß es zumindest eine Überlegung war.«

Obwohl viele Odans Zurückweisung von Dr. Crushers Gefühlen damit in Verbindung bringen, daß er einmal in einem weiblichen Gastkörper weilte, stimmt Rush damit nicht überein.

»Da hätte ein homosexueller Aspekt sein können, aber wir entschlossen uns, nicht diesen Weg zu gehen.«

EPISODE 98

The Mind's Eye

»Verräterische Signale«

Erstausstrahlung: ______ **20. 5. 1991**
Drehbuch: ______ **René Echevarria**
Story: __ **Ken Schafer und René Echevarria**
Regie: ______ **David Livingston**

Gaststars:

Larry Dobkin (Botschafter Kell)
Edward Wiley (Gouverneur Vagh)
John Fleck (Commander Taibak)

In dieser Version des 24. Jahrhunderts von »The Manchurian Candidate« ist Geordi in der Rolle des Laurence Harvey, und – wer hätte es gedacht – Data als Frank Sinatra. LaForge erhält von den Romulanern eine Gehirnwäsche, um den klingonischen Gouverneur zu ermorden, und so die Allianz zwischen dem klingonischen Imperium und der Föderation zu schwächen.

In »The Mind's Eye« sieht man Tasha Yars Tochter als Silhouette eines Sub-Commanders, der schweigend Geordis Folter zusieht. Diese wurde von einer im Vorspann nicht erwähnten Denise Crosby gespielt. David Livingston schwärmt: »Für mein erstes Engagement als Regisseur hätte ich mir keine bessere Folge vorstellen können. Sie hat keine Szenen, wo 11 Leute an einem Tisch sitzen und 10 Seiten Text zu sprechen haben. Jede Szene hatte Action. Wir hatten alle möglichen Szenen, und wir konnten eine Menge ausgefallene Dinge tun. Ich hatte immer Angst davor, einmal Regie zu führen, aber als sich die Gelegenheit ergab, sagte ich mir, ›David, ergreif‹ die Gelegenheit beim Schopf, und mach's.‹

Beruflich gesehen war das die beste Zeit meines Lebens. Ich mußte all diese Entscheidungen fällen und mit meinen Ideen auch noch innerhalb des Budget bleiben.«

Während Livingston mit seinem neuen Spielzeug spielte, achtete Merri Howard darauf, daß man auf dem Boden der Realität blieb. Sie sprang für diese Folge als Produzentin ein. »Sie arbeitete als Line Producer, und

22. KAPITEL

führte ein strenges Kommado«, sagte Livingston. »Sie forderte mich an allen wichtigen Punkten heraus, und wir hatten unsere Meinungsverschiedenheiten, genauso wie ich sie immer mit den Regisseuren habe. Man bekommt eine andere Sicht von den Produktionsleuten. Gewöhnlich habe ich immer gesagt, daß ein Regisseur das Gewissen einer Klapperschlange hat, aber nun habe ich hinzugefügt, daß sie zumindest ein Gewissen haben – im Unterschied zu den Produzenten... und ich bin einer von ihnen.«

Wenn Livingston auf seine Regiearbeit zurücksieht, betont er, daß es in »The Mind's Eye« im Gegensatz zu »Yesterday's Enterprise« oder »Conspiracy« kaum körperliche Gewalt gibt, sondern nur psychologische. »In ›Manchurian Candidate‹ ist das ganz ähnlich. Ich lieh mir den Film aus, bevor ich die Folge drehte. Ich schaute mir den Film an zwei aufeinanderfolgenden Wochenenden an, machte mir meine Notizen und studierte sie. Ich mag den Film, und ich denke, es ist der beste Film von Regisseur John Frankenheimer, ganz zu schweigen von Frank Sinatra, Laurence Harvey und Angela Lansbury. Janet Leigh jedoch hatte schon bessere Rollen gespielt.«

EPISODE 99

In Theory

»Datas erste Liebe«

Erstausstrahlung: ____________ **27.5.1991**
Drehbuch: ____________ **Joe Menosky und**
____________ **Ronald D. Moore**
Regie: ____________ **Patrick Stewart**

Gaststars:

Michelle Scarabelli (Jenna)
Rosalind Chao (Keiko)
Whoopi Goldberg (Guinan)

Die lang erwartete Data-Lovestory wird endlich von den beiden Executive Story Editors Joe Menosky und Ron Moore zu Papier gebracht. Darin verliebt sich die Enterprise-Kadettin Jenna (Michelle Scarabelli, bekannt aus »Alien Nation«) in Data, den stoischen Androiden ohne Emotionen, um sich über eine gescheiterte Beziehung hinwegzutrösten.

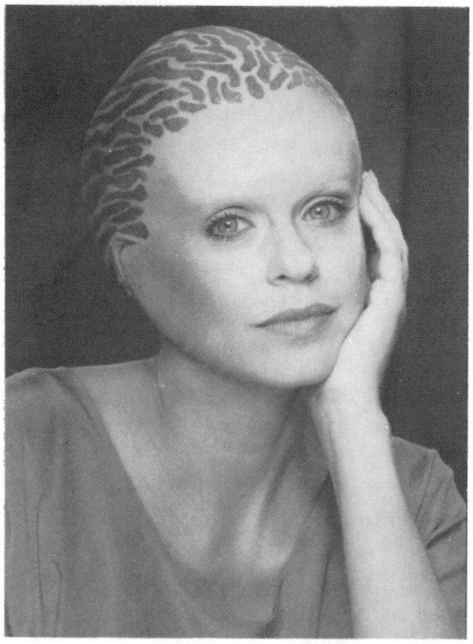

In der Folge »In Theory« verliebte sich D'Sora (Michelle Scarabelli, hier in »Alien Nation« als Susan Francisco) in Data.

Ironischer Weise fragte bei dieser Folge der Captain seinen Ersten Offizier um Rat, als er bei dieser Folge erstmals die Regie übernahm.

»Wir haben uns ein paar Mal unterhalten«, sagt der dreimalige Regisseur Jonathan Frakes über Stewarts Debüt in dieser Sparte. »Er war fabelhaft und machte das großartig. Er ist ein sehr feinfühliger Mensch und hat hervorragende Arbeit geleistet. Er war auch froh darüber, eine Data-Folge als seine erste Regiearbeit zu haben. Brent ist ein unglaublicher Schauspieler mit unglaublichen Fähigkeiten. Er ist sicherlich der beliebteste Charakter, daher ist es ein großes Plus, beides in dieser Kombination zu haben.«

EPISODE 100

Redemption, Part I

»Kampf um das klingonische Reich, Teil I«

Erstausstrahlung: ____________ **17.6.1991**
Drehbuch: ____________ **Ron Moore**
Regie: ____________ **Cliff Bole**

Gaststars:

Robert O'Reilly (Gowron), **Tony Todd** (Kurn), **Whoopi Goldberg** (Guinan), **Barbara March** (Lursa), **Gwyneth Walsh** (B'Etor), **Ben Slack** (K'Tal), **Nicholas Kepros** (Movar), **J.D. Cullum** (Toral), **Denise Crosby** (Romulan Commander)

Die Folge bringt die Entscheidung des Triumvirats über Worfs klingonische Unehre, die bereits in »Sins of the Father« und »Reunion« angesprochen wurde. Die Enterprise kehrt zur Heimatwelt der Klingonen zurück, so daß Picard seine Rolle als Schlichter über die Nachfolge der Herrschaft ausüben kann. Er ernennt Gowron zum Vorsitzenden des klingonischen Hohen Rates.

Währenddessen versucht Worf, den Namen seiner Familie wieder reinzuwaschen.

Als Leckerbissen wird das neue Super-Raumschiff der Klingonen vorgestellt, das eigentlich schon für »Reunion« entworfen wurde. Seit 1979 griff Star Trek immer wieder auf Archiv-Material zurück, wenn es um Kriegsschiffe ging, ausgenommen der V'ger aus »Star Trek: Der Film« und der »Bird of Prey« aus Star Trek III. In der vierten Staffel war endlich genügend Geld für ein neues klingonisches Schiff da.

»Es ist ein großartiges Modell«, sagt David Livingston. »Wir benutzten eine Menge Bildmaterial aus den Kinofilmen, aber irgendwann ist auch das mal veraltert. Peter kam und meinte, man müsse da was unternehmen, und das taten wir auch. Die Diskussionen darüber waren schon eine ganze Weile im Gange, und wir einigten uns, daß wir etwas Größeres und Bedrohlicheres brauchten. In ›Redemption‹ brodelt es in der Legende. Das Problem liegt nicht darin, das Modell zu bauen, sondern es in allen Bewegungsphasen zu filmen. Das ist ziemliche Arbeit. Aber wir investieren in jeder Staffel Geld in die Verschönerung und Neuaufnahmen der Schiffe. Peter benutzte dieses Geld, um all das zu entwickeln, und in der vierten Staffel bekamen wir unseren neuen klingonischen Schlachtkreuzer.«

23. KAPITEL

Die fünfte Staffel

Ironischerweise war diese Staffel, die viele Leuten für eine der besten von The Next Generation halten, eine ziemlich schwere Geburt. Bereits 1991, als »Redemption«, der erste Teil des Cliffhangers der vorhergehenden Staffel, über die Bildschirme gegangen war, stocherten die Autoren von Star Trek verzweifelt nach neuen Ideen, denn ihr Vorrat war mit der vierten Staffel zu Ende.

»Wir starrten alle etwas ratlos auf die leeren Drehbuchlisten, und fragten uns, wo zum Teufel wir 26 neue Geschichten herkriegen sollten«, erzählt Brannon Braga, der für die sechste Staffel zum Drehbuchredakteur ernannt wurde.

»Wir bekamen dann ein paar echte Juwelen von den freien Autoren und eine ganze Anzahl von den festangestellten. Sie kamen langsam, aber sie kamen.«

»Bei anderen Serien ist es einfacher, neue Ideen zu entwickeln«, meint Produzentin Jeri Taylor. »›Simon & Simon‹, oder ›Murder She Wrote‹, zum Beispiel, da kann man sich einen neuen Ort einfallen lassen, sagen, ›Ich glaube, wir lassen das mal in einem Ballett spielen‹, und dann baut man den Mord ein. Diese Möglichkeit haben wir nicht, wir haben kein Ballett. Jede Story muß eigenständig sein, mit einem SF-Phänomen, einem emotionalen Gerüst, mit all diesen Dingen. Wenn man soviele davon gemacht hat wie wir, wird es schwerer und schwerer, etwas Neues zu finden. Das ist natürlich bei anderen Serien ähnlich: Man kann sich niemals ausruhen, denn die Produktion hat ein riesiges Maul, und das frißt Drehbücher. Wir stellen uns immer vor, daß wir während der Sommerpause zehn Drehbücher fertig schreiben, aber man kann so etwas nicht am laufenden Band. Wir gehen mit liebevoller Vorsicht daran, jedes wird gründlich entworfen, Zeile für Zeile. Das dauert seine Zeit, und so kann man einfach keinen Stapel fertiger Skripts in der Schublade haben.«

Die Aufgabe, trotz Mangel an gutem Material eine ganze Staffel Trek liefern zu müssen, erzeugte bei Taylor Mutlosigkeit. »Es ist die allerhärteste Herausforderung«, meint sie. »Selbst heute wache ich noch nachts um drei auf, und sage, ›Sechsundzwanzig Stories! Sechsundzwanzig Stories? Wo sollen die herkommen?‹ Wir tun, was wir können. Wir haben eine völlig offene Politik beim Einreichen von Drehbüchern. Wir grübeln selber, wir machen Brainstorming, wir fragen Leute von draußen. Wir reißen uns die Beine aus. Und irgendwie sind am Ende immer sechsundzwanzig Stories da, die meisten davon ziemlich gut, einige einfach genial, und manche vielleicht nicht ganz so perfekt, wie sie sein könnten. Wenn ich mir die Zusammenstellung der fünften Staffel betrachte, dann halte ich sie für eine solide, respektable Leistung, aber es war verdammt hart.«

Eine ganze Anzahl von Drehbüchern wurde im Rahmen der offenen Skriptpolitik eingekauft. Eine Folge dieser Politik ist, daß Drehbuchkoordinator Eric Stillwell jedes Jahr mit mehr als 3000 Entwürfen zugeschüttet wird, die meisten von begeisterten Trekkies, die aber wenig Vorstellungen darüber haben, wie man ein vernünftiges Fernsehspiel aufbaut.

Jeri Taylor gesteht, daß sie auf die Qualität der fünften Staffel stolz ist. »Ich bin sehr zufrieden«, sagt sie. »Keine dieser Geschichten schreibt sich leicht, und es gibt immer wieder Punkte, an denen wir sagen, ›Schluck! Wird uns dazu was einfallen?‹ Die Ideen sind das Schwierigste bei dieser Serie. Wenn ich jetzt zurückblicke, finde ich, daß wir einige sehr gute Sachen gemacht haben, die den Vergleich mit den anderen Staffeln nicht zu scheuen brauchen.

Ich denke, die letzten vier, fünf Folgen gehören sogar zu den besten überhaupt, und sie könnten sogar Klassiker werden – aber darüber entscheiden natürlich die Fans.«

Im Laufe der Jahre hat die schwere Aufgabe, beim Schreiben der Star-Trek-Formel treu bleiben zu müssen, viele Autoren nur ein kurzes Gastspiel geben lassen. Wenige konnten oder wollten die strikten Vorgaben einhalten, die die Produzenten Rick Berman und Michael Piller aus den alten ›Guidelines‹ von Gene Roddenberry entwikkelt haben.

»Es ist so einfach, ein Drehbuch zu schreiben, das unglaubwürdig, gekünstelt, aufgeblasen, unlogisch oder durcheinander ist«, meint Berman, der schon seit der zweiten Staffel dabei ist. »Schreiben für diese Serie ist auf allen Ebenen kompliziert: Geschichte, Aufbau, Dialoge, die Feinarbeit. Es ist schwer für Autoren, Dialoge zu schreiben, die weder im heutigen Sprachstil sind, noch eigentlich in irgendwelche Mantel-und-Degen Zeiten gehören. Gene war im ersten Jahr da sehr eigen, so sehr, daß die Autoren es haßten.

Heute sind Michael und ich genauso eigen. Wir müssen einfach – die Erfahrung hat das gezeigt.

»Es gab im ersten Jahr viel Aufruhr und Durcheinander, wie bei allen neuen Serien, und eine Menge Aufruhr und Durcheinander kam von Seiten der Autoren«, erinnert sich Berman. »Genes perfektionistische Haltung bezüglich der Skripts für die erste Staffel war für viele Autoren zu viel, und sie gingen entweder freiwillig, oder sie wurden gegangen. Heute, Jahre später, verstehen Mike und ich völlig, worauf Gene damals aus war. Es ist eben sehr schwer, für diese Serie zu schreiben, und wir müssen mit den neuen Autoren sehr vorsichtig arbeiten.«

Ironischerweise war es ein Autor aus der ersten Staffel, Herb Wright, den Berman für die fünfte zurückholte, um das SF-Element in der Serie wieder aufzupeppen. Wright war damals von Star Trek zu Paramounts ›War of the Worlds‹ gewechselt, und auch jetzt blieb er nicht lange – nach wenigen Monaten verließ er wegen künstlerischer Differenzen mit Michael Piller The Next Generation erneut.

Als Wright 1991 zur fünften Staffel stieß, fand er sowohl vor, als auch hinter den Kulissen eine völlig veränderte Situation vor. »Es war überhaupt kein Vergleich«. sagt er. »Die Leute waren viel freundlicher, viel glücklicher. Sie waren ruhiger und entspannt, und sie haben sich wirklich gegenseitig unterstützt. Es war ein freundlicher, netter Ort. Im ersten Jahr war ich der Freundliche und Nette, und als ich dann im fünften Jahr wieder zurückkam, war ich plötzlich der Teufel. Bei der Besprechung der Story sagten die Leute, ›Laßt uns in dieser Szene das Baby tätscheln‹, und ich sagte, ›Quatsch, laßt uns in dieser Szene das Baby töten‹, und dann starrten mich alle an, nach dem Motto, ›Was ist denn mit dem los?‹.«

Wright erinnert sich an Besprechungen während des ersten Jahres, bei denen Roddenberry seinen Anwalt dabei hatte. »Es war so bizarr«, meint er . »Gene brachte seinen Anwalt mit, und dann gab er uns Kommentare zu den Entwürfen, die er heimlich nachts überarbeitete, wobei er die Namen von manchen Leuten durch andere ersetzte. Er rief freie Autoren zu Hause an, fragte sie, was los sei, wie es ihnen ging. Es war fürchterlich, einer der Hauptgründe, warum ich gegangen bin. Und Maurice Hurley brachte das Faß zum Überlaufen. Er war hauptsächlich Saufkumpan von Roddenberry. Währenddessen war Robert Lewin die Leiter hochgefallen, und saß in dem kleinen Büro, in dem Brannon jetzt hockt.«

»Damals war ich der jüngste im Team«, fügt er hinzu. »Als ich zurückkam, war ich auf einmal der Alte Mann. Es ist alles vollkommen anders, nicht nur, was den Inhalt angeht, sondern die Zusammensetzung des Teams. Sie sind absolute Profis. Ich kann ihnen gar nicht sagen, wie schwer es ist, jede Woche eine Folge Star Trek zu machen, und diese Qualität zu bringen.«

»Das erste Jahr war extrem chaotisch«, stimmt Berman zu. »Aber im zweiten Jahr war Gene fort, und Hurley und ich nahmen die Zügel in die Hand. Es gab ein wenig zusätzlichen Krach, dann beruhigte sich alles so langsam. Im dritten Jahr kam Piller, und es wakkelte wieder etwas, aber dann stabilisierte es sich und ist seitdem auch stabil geblieben, und zwar in allen Bereichen. Wir sind eine gut geölte

So wurde die fünfte Staffel im Magazin »Cinefantastique« angekündigt.

Maschine, die immer besser läuft. Der Schlüssel liegt darin, daß alle weiterhin die gleichen hohen Anforderungen an sich selber stellen und The Next Generation so ernst nehmen, wie sie es am Anfang gemacht haben.

Um eine Serie auf die Beine zu stellen, die so komplex wie diese ist, muß man schon beinah ein Korinthenkacker sein, was die Details angeht. Man muß hart gegen sich selbst sein und die Sache fürchterlich ernst nehmen. Und das machen auch jetzt noch alle, das gesamte Team, von den Bossen bis zu den Assistenten«, erläutert Berman. »Wir haben in Leuten wie Jeri Taylor, Ron Moore, Joe Menosky oder Brannon Braga, und jetzt in Peter Fields, Autoren, die wirklich ein Feeling für die Serie bekommen haben. Sie haben einen langen Lernprozeß hinter sich, aber sie lernen es, und wir stimmen mittlerweile alle überein, was die Serie sein soll, und wie wir das erreichen wollen. Es ist wirklich nicht die Frage, ob die Serie ›besser‹ geworden ist, oder ›anders‹, sie ist vielleicht ein wenig ›reifer‹ geworden. Die Leute sind ein bißchen besser geworden, aber die Serie hat schon immer gute Folgen produziert. Wir sind kontinuierlicher geworden, und das ist, glaube ich, das, worauf ich am meisten stolz bin. Wir haben hier die geringste Fluktuation, was unsere Stammbesetzung angeht, die Leute sind drei, vier, manche fünf Jahre dabei.«

»Es ist anders, als am Anfang«, erzählt Brent Spiner, der seit der ersten Staffel den emotionslosen Androiden Data verkörpert. »Heute gibt es weniger Experimente, weniger Testen der Grenzen und des Rahmens, in dem wir uns bewegen. In den ersten beiden Jahren haben wir versucht, herauszubekommen, was funktioniert, und was nicht, wir haben versucht, die Serie ›zu finden‹. Die da oben haben dann irgendwann über die Form der Serie entschieden, und was funktioniert, und was nicht, das hat sich die letzten Jahre danach gerichtet. Ich finde das nicht mehr so interessant. Es ist jetzt weniger ein kreativer Prozeß, als ein re-kreativer. Das soll die heutige Leistung keineswegs schmälern. Ich finde, die Leute machen hervorragende Arbeit. Es ist wirklich extrem schwer, jedes Jahr 26 hochwertige Folgen zu produzieren, und es waren eine Menge hochwertige Folgen in sehr kurzer Zeit. Aber für einen Schauspieler liegt die Faszination im Ausprobieren, besonders für mich. Mir haben die Proben zu einem Stück immer viel mehr Spaß gemacht als die Aufführung. Die Aufführung ist die Arbeit. Als ich auf dem Broadway gespielt habe, hatte ich nur Dreimonats-Verträge, weil mir sonst langweilig wurde. Hier ist es anders, ich habe noch nie einen Job so lange behalten. Wenn man mir früher gesagt hätte, ich würde mal sechs Jahre lang ein und dieselbe Rolle spielen... Ich denke, es liegt auch daran, daß jede Folge eine neue Herausforderung ist – wir hoffen alle, daß die nächste Folge vielleicht der ganz große Treffer wird, und das hält uns bei der Stange.«

Trotzdem, auch beim Team gibt es keine einhellige Meinung, was die fünfte Staffel angeht. Michael Piller hat gemischte Gefühle, was die Bewertung des Erfolges der Staffel betrifft, führt die Probleme aber hauptsächlich auf die Reihenfolge bei der Ausstrahlung zurück, nicht auf die Qualität der einzelnen Episoden. Folgen mit anspruchsvollem Konzept, wie »The Game«, oder »Disaster«, wurden hintereinander gesendet, genauso wie die

»privaten« Folgen »New Ground« und »Hero Worship«. Auch zwischen den politisch brisanten Geschichten von »Redemption« und »Unification« gab es nur wenig Luft.

Piller ist selber der erste, der zugibt, daß er an Star Trek ausgesprochen hohe Maßstäbe anlegt, und seine Zweifel sollten den Gesamteindruck einer der besten Fernsehserien nicht trüben. »Ich glaube, ich bin uns allen gegenüber sehr hart«, meint er. »Ich denke, es ist besser, hart gegen sich selbst zu sein, als selbstzufrieden, solange die Härte die Leute motiviert und nicht frustriert. Ich hoffe, das ist bei uns der Fall. Das Team war gegen Ende der Staffel einfach phantastisch. Sie sind ausgesprochen selbständig geworden, so daß es Zeiten gab, zu denen ich mich beinah überflüssig fühlte. Ich denke, die Dinge, die ich bezüglich der Konzeption, der allgemeinen Richtung, eingebracht habe, sind genauso präsent, wie zu der Zeit, als ich ständig gesteuert habe. Ich bin da, wenn Not am Mann ist, aber ansonsten habe ich bei dieser Staffel das Team weitgehend selbständig arbeiten lassen. Sie haben ihre Probleme selber gelöst, und ich habe nur ein paar Mal eingegriffen, wenn ich eine bstimmte Idee zu einem Skript hatte, die niemand sonst zu haben schien. Ich habe vollstes Vertrauen zu den Leuten, und was ich jetzt an Hilfestellung noch geben muß, ist nicht annähernd, was ich hätte während der ersten Jahre geben müssen. Es läuft alles wunderbar.«

Episodenführer zur fünften Staffel

»Redemption II«

»Darmok«

»Ensign Ro«

»Silicon Avatar«

»Disaster«

»The Game«

»Unification, Part I«

»Univication, Part II«

»A Matter of Time«

»New Ground«

»Hero Worship«

»Violations«

»The Masterpiece Society«

»Conundrum«

»Power Play«

»Ethics«

»The Outcast«

»Cause and Effect«

»The First Duty«

»Cost of Living«

»The Perfect Mate«

»Imaginary Friend«

»I, Borg«

»The Next Phase«

»The Inner Light«

»Time's Arrow«

24. KAPITEL

EPISODE 101

Redemption II

»Kampf um das klingonische Reich, Teil 2«

Erstausstrahlung: ______ **23.9.1991**
Drehbuch: ______ **Ronald D.Moore**
Regie: ______ **David Carson**

Gaststars:

Denise Crosby (Sela)
Tony Todd (Kurn)
Barbara March (Lursa)
Gwynyth Walsh (B'Etor)
J.D. Cullum (Toral)
Robert O'Reilly (Gowron)
Michael G. Hagerty (Larg)
Fran Bennett (Admiral)
Nicolas Kepros (Movar)
Timothy Carhart (Hobson)
Jordan Lund (Kulge)
Stephen James Carver (Helmsman)
Clifton Jones (Fähnrich Craig) und
Colm Meaney als Chief O'Brien

Picard findet heraus, daß die Romulaner heimlich die Familie der Duras unterstützen. Diese plant die Macht im klingonischen Imperium an sich zu reißen. Währenddessen trifft Worf seinen Bruder Kurn (Tony Todd). Beide versuchen zu erreichen, daß das Imperium weiterhin unter der Herrschaft von Gowron bleibt.

Für Regisseur David Carson war es nicht schwer, dem ersten Teil der Story, bei der jemand anderes Regie geführt hatte, zu folgen.

»Ich glaube, ich drehte meine Folge stilistisch ein klein wenig anders als Cliff Bole«, erklärt Carson. »Ich bevorzuge große Kameraobjektive, und ich tendiere dazu, die Bilder sehr körnig, aufregend, interessant zu machen und den Hintergrund ein wenig verschwommen zu filmen. Das hat etwas Mysteriöses an sich. Ich liebe es, Rauch, Dunkelheit und Licht- und Schattenspiele zu verwenden. Ich finde das sehr dramatisch, und ich benutzte davon so viel wie möglich in ›Redemption‹. Vielleicht sogar mehr als im ersten Teil. Aber wenn man eine Fortsetzung macht, muß man immer den ersten Teil im Auge behalten. Man kann den ersten Teil nicht einfach links liegen lassen, denn beide Teile zusammen bilden eine Einheit.«

»Ich glaube, das war eine einmalige Gelegenheit für mich«, meint Schauspieler Michael Dorn. »Aber sie haben auch eine ganze Menge Handlung in eine Folge hineingesteckt ... eine ganze Menge. Ich denke, aus der Data-Story hätte man eine eigene Folge machen können; es war eine interessante Folge, in der er Bekanntschaft mit Vorurteilen macht. Das hätte eigentlich mehr Zeit erfordert, aber man entschloß sich nicht dazu. Außerdem war da noch die Story, wie ich auf die Enterprise zurückkomme, und natürlich die ganze Sache mit Denise Crosby. Das sind drei dicke Brocken in einer Folge, aber sie sind die Leute, die das schreiben und dafür verantwortlich sind.«

Autor Ron Moore erinnert sich: »Ich hatte eigentlich mehr Spaß daran, den zweiten Teil zu schreiben, als den ersten. Wir wußten, daß das eine ganze Menge an Stoff war, aber wir wollten nicht darauf verzichten. Die Data Episode machte am meisten Spaß. Ich wünschte nur, wir hätten etwas mehr Zeit dafür gehabt. Die Parallelen zum Staatsstreich in der Sowjetunion waren sehr witzig. Das schwirrte mir die ganze Zeit im Kopf herum. Teil II war ein bißchen lebhafter als Teil I.«

Co-Executive Producer Michael Piller sagt über Denise Crosbys Auftritt, »Sela wurde nicht als regelmäßig erscheinende Figur konzipiert. Ich würde nicht damit übereinstimmen, daß ihre Rückkehr verpfuscht wäre. Ich fand sie ziemlich effektiv.«

EPISODE 102

Darmok

»Darmok«

Erstausstrahlung: ______ **20.9.1991**
Drehbuch: ______ **Joe Menosky**
Regie: ______ **Winrich Kolbe**

Paul Winfield, bekannt aus »Damnation Alley«, war Captain Dathon in »Darmok«, einem der Höhepunkte der fünften Staffel.

Gaststars:

Paul Winfield (Tamarianischer Captain)

Picard kommt auf einen unbekannten Planeten, wo er die Bekanntschaft mit einem Captain einer fremden Lebensform macht. Dieser wird von Paul Winfield gespielt, bekannt aus Star Trek II. Der Captain spricht nur in Metaphern. Da Picard ihn nicht versteht, weiß er nicht, ob dieser gute oder böse Absichten hat.

»Ich glaube, ›Darmok‹ ist einfach der Prototyp von dem, was Star Trek sein sollte«, sagt Michael Piller. Die Folge basierte auf einem sehr vielversprechenden Entwurf, und wie viele unserer besten Skripts, lag es schon lange in der Schublade, ungefähr zwei Jahre. Es war ein sehr kurioses und interessantes Skript, und eins, daß Rick haßte und über Bord werfen wollte. Ich sagte, ›Nein, ich möchte, daß wir das machen.‹ Und schließlich gab ich den Entwurf Joe Menosky, und fragte ihn, ob er eine Idee hätte, da er ein schlauer Junge ist. Er kam zurück mit einem Entwurf, einem phantastischen Stück über Sprache und Verständigung. Er entwarf eine eigene Sprache für diese Folge. Die Folge funktionierte auf

24. KAPITEL

allen Ebenen: Sie beinhaltete diese Philosophie über Sprache, und was das für uns bedeutet.

Zweitens spielten zwei hervorragende Schauspieler, es gab ein Monster und ein Gefecht im Weltraum – die Folge hatte einfach alles.«

Regisseur Winrich Kolbe meint zu dieser Folge: »Es war eine verdammt gute Folge... Können Sie sich vorstellen, Sie müssen einen Artikel in Russisch schreiben, und Sie können kein Wort Russisch? So ähnlich ging es mir. Ich hatte zwar eine Übersetzung des Dialogs, aber trotzdem kam ich mir vor, als ob ich bei einem russischen Film Regie führen würde, ohne auch nur ein Wort von dem, was geredet wird, zu verstehen. Aber ich habe mich da durchgeboxt. Daher war es eine doppelte Herausforderung für mich.«

EPISODE 103

Ensign Ro

»Fähnrich Ro«

Erstausstrahlung: 7.10.1991
Drehbuch: Rick Berman und Michael Piller
Regie: Les Landau

Gaststars:

Michelle Forbes (Fähnrich Ro)
Ken Thorley (Barber Mot)
Cliff Potts (Admiral Kennelly)

Die Enterprise wird ausgesandt, einen Friedensvertrag zwischen den Cardassianern und dem militanten Rebellenführer der Bajoraner, Orta, auszuhandeln. Die Rebellen werden verdächtigt, eine Föderationskolonie angegriffen zu haben. Währenddessen verschwört sich Admiral Kennelly mit den Cardassianern, um die bajoranischen Führer zu zerschlagen.

»Was wir in unseren Hinterköpfen hatten, war das Bedürfnis nach einem neuen Charakter, und wir dachten, wir bräuchten noch eine andere Frau in der Show«, sagt Michael Piller über die Entstehung des rätselhaften Fähnrich Ro. »Als wir darüber redeten, welche Art von Frau wir wollten, dachten wir, es wäre gut, jemanden mit geringem Hintergrund zu nehmen, jemanden, den wir dazu benutzen konnten, Konflikte heraufzubeschwören. So arbeiteten Rick und ich am Konzept der Ro, und es war eine Folge, mit der ich sehr zufrieden war.«

Einen neuen Charakter in das Star-Trek-Ensemble einzuführen, war nicht die einfachste Aufgabe, besonders, nachdem die Einführung von Sela bei den Fans auf großen Protest gestoßen war.

»Das ist eine verdammt schwierige Sache«, erklärt Michael Piller. »Das ist eine der größten Leistungen der Staffel. Nicht nur von Rick und mir, sondern auch von Michelle, die eine wunderbare Schauspielerin ist. Man setzt diesem Publikum nicht einfach neue Leute vor die Nase, denn es ist wirklich sehr wählerisch, wen es in die Familie aufnimmt. Aber ich hörte fast keinen Widerstand gegen Ro von ihnen.«

Piller glaubt, daß dadurch, daß Ro bei ihrem ersten Auftritt von Guinan umarmt wurde, die Zuschauer sofort bereit waren, den neuen Charakter anzunehmen, unabhängig davon, was die Crew der Enterprise von ihren zahlreichen Fehlern erkennt. »Ich denke, Guinan umarmt Ro in sehr persönlicher Art und Weise. Im Grunde nimmt sie Ro bei der Hand und sagt, sie verdient Deine Aufmerksamkeit, und sie verdient es von Dir umarmt zu werden. Wenn sie Ro aus einem ganz bestimmten Grund zu Picard bringt, dann im wesentlichen für unser Publikum. Es war nicht einfach, diese Folge zu schreiben; erst als wir diese Beziehung zwischen Guinan und Ro gefunden hatten, war ich persönlich zufrieden, und der Meinung, daß wir etwas Großartiges gemacht hatten.«

Supervising Producer Jeri Taylor meint dazu, daß es richtig nett sei, jemanden dabei zu haben, der einige Ecken und Kanten, eine dunkle Vergangenheit und einiges Konfliktpotential zu bieten hat.

EPISODE 104

Silicon Avar

»Das Recht auf Leben«

Erstausstrahlung: 14.10.1991
Drehbuch: Jeri Taylor
Story: Lawrence V. Conley
Regie: Cliff Bole

Gaststars:

Ellen Geer (Dr. Marr)
Susan Diol (Carmen)

Das Kristall-Wesen aus »Datalore« kehrt zurück und zerstört eine junge, unerfahrene Föderationskolonie. Die Enterprise verfolgt dieses Wesen, und versucht, mit ihm Kontakt aufzunehmen, während die Wissenschaftlerin Dr. Marr, eine Expertin bezüglich dieses Wesens, versucht, es zu zerstören. Ihr Sohn wurde damals auf Omicron Theta, dem Planeten, von dem Data stammt, getötet.

Nach dem, was das Kristall-Wesen angerichtet hat, stimmt Regisseur Cliff Bole dem Versuch einer Konaktaufnahme nicht unbedingt zu. Wie er meint, würde das ein eher groteskes Bild einer ansonsten optimistischen Zukunft zeigen. »Ich bin ziemlich zufrieden mit der Folge«, fügt er hinzu. »Wenn ich sie noch einmal machen könnte, würde ich allerdings einige Änderungen vornehmen, die Charaktere etwas ändern. Ich glaube, ich hätte Dr. Marr an einigen Stellen stärker machen müssen, und am Ende, glaube ich, waren wir zu schwach.

Wissen Sie, es ist sehr schwer, in 40 Minuten ein Bild von einem Charakter zu zeichnen, und die Veränderungen zu zeigen, die er durchläuft. Warum macht sie dies und jenes? Manchmal kann man das alles einfach nicht unterbringen. Wir haben neun Minuten weniger zur Verfügung als die alte Show, und in diesen neun Minuten könnte man eine Menge machen.«

Michael Piller meint zu dieser Folge, daß sie ein großartiger Entwurf war. Ihn begeisterte die Idee, das Kristall-Wesen als eine Art Moby Dick darzustellen. Allerdings glaubt auch er, daß die Folge effektiver hätte sein können.

24. KAPITEL

EPISODE 105

Disaster

»Katastrophe auf der Enterpise«

Erstausstrahlung: 21.10.1991
Drehbuch: Ronald D. Moore
Story: Ron Jarvis und Philipp A. Scorza
Regie: Gabrielle Beaumont

Gaststars:

Erika Flores (Marissa)
John Christian Graas (Jay Gordon)
Max Supera (Patterson)
Michelle Forbes (Fähnrich Ro)
Cameron Arnett (Fähnrich Mandel)
Jana Marie Hupp (Fähnrich Monroe)
Rosalind Chao (Keiko) und
Colm Meaney als Chief O'Brien

Die Enterprise wird von einem todbringenden natürlichen Phänomen getroffen, das das Schiff lahm legt. Besatzungsmitglieder sitzen über das ganze Schiff verteilt fest, während das Magnetfeld, das die Antimaterie im Maschinenraum zusammenhält, zusammenzubrechen droht.

»›Disaster‹ wurde von Autoren verfaßt, die nicht zu unserem eigentlichen Autorenteam gehören. Das war etwas, was wir noch nie zuvor gemacht hatten«, sagt Jeri Taylor.

»Ich dachte, laß' uns einfach Spaß dabei haben. Wir stecken unsere Leute in lustige und interessante Situationen«, erzählt Autor Ron Moore. »Es war schon spaßig, Troi auf den Stuhl des Captains zu setzen, und Picard in den Aufzugschacht. Das Beste war, als wir über die Story geredet haben. Michael verließ den Raum, und wir suchten nach einer anderen Sequenz, als einer sagte, ›Was wäre, wenn Riker Datas Kopf abmontiert?‹ Als Michael wieder zurückkam, sagten wir ihm, ›Dir wird das bestimmt nicht gefallen, aber was wäre, wenn wir Datas Kopf abmontiern?‹, und er lachte, verdrehte seine Augen und sagte, ›Macht's. Niemand wird uns das machen lassen, aber macht ruhig, es wir bestimmt lustig werden‹. Ich schrieb es, und Rick (Berman) sagte niemals einen Ton darüber. Es ist erstaunlich, daß wir damit durchkamen.«

EPISODE 106

The Game«

»Gefährliche Spielsucht«

Erstausstrahlung: 28.10.1991
Drehbuch: Brannon Braga
Story: Susan Sackett, Fred Bronson und Brannon Braga
Regie: Corey Allen

Gaststars:

Wil Wheaton (Wesley Crusher)
Ashley Judd (Robin Lefler)
Katherine Moffat (Etana)
Diane M. Hurley (eine Frau) und
Colm Meaney als Chief O'Brien.

Während eines Landurlaubs erhält Riker ein süchtigmachendes elektronisches Gedankenspiel, das den Spieler mit einem orgasmusähnlichen körperlichen Glücksgefühl belohnt. Er beginnt, das Spiel auf der Enterprise zu verbreiten und bringt so die Besatzung in die Klauen einer fremden Lebensform, die das »Spiel« erfunden hat.

Ron Moore erinnert sich, daß »The Game« eine Zeitlang von einer Ecke in die andere geschoben wurde und viele Änderungen hinter sich hatte. Es wurde vollkommen umgemodelt, und Brannon Braga hatte seine liebe Mühe damit, bis es schließlich seine jetzige Form hatte.

»Die Charaktere werden nur süchtig nach diesem Spiel, weil sie es von Leuten bekommen haben, denen sie vertrauten. Das wird deutlich in der berüchtigten Schokoladenszene, auf die wir verschiedene Reaktionen hatten, aber mir hat es sehr großen Spaß gemacht, sie zu schreiben. Wir wollten eine lustige Folge machen, und ich dachte mir, das sei die perfekte Gelegenheit, Wesley wieder einzubauen. Es ist schon lustig, wenn der Jugendliche zurückkommt, und alle anderen sind süchtig nach einem Spiel. Eigentlich hätte man das andersherum erwartet. Und es war die Gelegenheit, Wesley eine Freundin zu verpassen«, sagt Autor Brannon Braga.

»Das ist eine lustige Episode«, fügt Jonathan Frakes hinzu. »Ein Freund von mir fragte mich, ob ich noch immer dieses Spiel hätte. Er wollte es als Geschenk haben. Es war wie eine Überdosis Nintendo. Sie sagten mir, daß es eine unglaubliche Grafik hätte, und dabei war es nur eine Tuba auf einem Schachbrett.«

EPISODE 107

Unification, Part I

»Wiedervereinigung ?, Teil 1«

Erstausstrahlung: 4.11.1991
Drehbuch: Jeri Taylor
Story: Rick Berman und Michael Piller
Regie: Les Landau

Gaststars:

Graham Jarvis (Dokachin)
Erick Avari (B'Ijik)
Joanna Miles (Perrin)
Mark Lenard (Sarek)
Stephen D. Root (K'Vada)
Malachi Throne (Pardek)
Daniel Roebuk (Romulan 1)
Norman Large (Neral)
Mimi Cozzens (Soup Woman)
Karen Hensel (Admiral)
Majel Barrett (Computerstimme) und
Leonard Nimoy als Spock

Als die Föderation den legendären Admiral Spock (Leonard Nimoy) verdächtigt, zu den Romulanern übergelaufen zu sein, werden Picard und Data nach Romulus geschickt, um die wahren Beweggründe Spocks herauszufinden.

»Eigentlich stammt die Idee von Frank Mancuso, dem damaligen Vorsitzenden von Paramount. Als sie Star Trek VI planten, sagte er zu Leonard, ob man keinen Weg finden könnte, den ›Staffelstab‹ weiterzugeben«, erinnert

24. KAPITEL

Das Titelbild des Romans zu »Unification«, der zweiteiligen TNG-Episode, die Mr. Spock erlaubte, Captain Picard zu treffen.

24. KAPITEL

sich Rick Berman an Spocks Besuch bei The Next Generation. »Vielleicht könnten Sie einige Elemente aus Star Trek VI machen, die sich in The Next Generation widerspiegeln, und mit Berman zusammenarbeiten, damit The Next Generation ein gutes Licht auf Star Trek VI wirft und den Film unterstützt. Ich setzte mich zusammen mit Leonard und Nick Meyer hin, und wir diskutierten Elemente unserer Show. Nick schaute sich mindestens zwei Dutzend Folgen an, und wir versuchten einen Weg zu finden, die beiden Sachen in gewisser Hinsicht zu vereinigen. Das wurde ganz subtil in Star Trek VI gemacht. Und dann haben wir uns mit Leonard hingesetzt, und wir sagten ihm, daß wir ihn gerne für ein oder zwei Folgen haben würden. Wir mußten irgend etwas im 24. Jahrhundert machen, daß etwas widerspiegelt, das im 23. Jahrhundert passiert ist, ohne dabei zuviel vom Film zu verraten, weil unsere Folge im Fernsehen vor Anlauf des Film ausgestrahlt werden sollte. Wir redeten darüber und gingen auseinander. Mike und ich verbrachten dann eine ganze Zeit damit, Dinge immer wieder hin und her zu schieben, und schließlich trafen wir uns wieder mit Leonard, mit einer Idee, die er nicht besonders mochte. Wir machten eine große Änderung, während wir mit ihm sprachen, und er mochte es. Er war so freundlich und hat unserem Projekt zugestimmt, und er tat das mit einer annehmbaren Gagenforderung, wenn man bedenkt, wie hoch sonst seine Forderungen sind.« »Wir nahmen den Stift in die Hand und schrieben die beiden Folgen. Seit dem Pilotfilm waren das die beiden Folgen mit den höchsten Einschaltquoten, und ich denke, wir waren sehr gut,« fügt Berman hinzu. »Ich war mit beiden Folgen zufrieden. Überraschenderweise glaube ich, daß Teil I ein bißchen besser ankam als Teil II. Verständlich, Teil II ist ziemlich redselig, aber Leonard machte seinen Job hervorragend. Es war eine Schande, daß wir Leonards Szenen in fünf Tagen drehen mußten, alle Szenen für zwei Folgen. Wir hatten ihm garantiert, daß er im ersten Teil nur eine Szene haben würde. Das war schwierig. Wir haben zwar lange daran gearbeitet, aber es funktionierte.«

Ron Moore meint: »Ich denke, die Sarek-Szene in Teil I ist sehr gut, und ich war sehr glücklich, daß sie sie gemacht haben, und auch den Mut dazu hatten, den Charakter sterben zu lassen.«

Jonathan Frakes ist da anderer Meinung: »Ich denke, es war Beschiß. Man erwartete, daß Spock im ersten Teil mitspielt, und er taucht erst in der letzten Szene auf. Das war irreführend, aber es war nett, eine gewisse Kontinuität zwischen beiden Universen zu sehen. Für mich war der Höhepunkt der beiden Folgen die Szene, in der Picard versucht zu schlafen, und Data steht daneben und beobachtet ihn. Das war lustig. Leonard ist ein nobler Junge. Ich denke, es war sehr nett von ihm, bei unserer Show mitzumachen.

Er hätte es nicht gebraucht, und er legte große Klasse an den Tag, als er da war.«

EPISODE 108

Unification, Part II

»Wiedervereinigung ?, Teil 2«

Erstausstrahlung: 11.11.1991
Drehbuch: Michael Piller
Story: Rick Berman und Michael Piller
Regie: Cliff Bole

Gaststars:

Leonard Nimoy als Spock
Denise Crosby (Sela)
Stephen D. Root (K'Vada)
Malachi Throne (Pardek)
William Bastiani (Omag)
Daniel Roebuck (Romulan 1)
Susan Falldender (Romulan 2)
Vidal Peterson (D'Tan)
Norman Large (Neral)
Harriet Leider (Amarie)

Picard, der Spock auf Romulus findet, lernt, daß der Vulkanier in geheimer Mission auf den romulanischen Heimatplaneten gekommen ist. Er will die Romulaner mit ihren Vorfahren auf Vulkan wiedervereinigen. Aber ihm wird schnell klar, daß er nur eine Schachfigur in Selas Plan ist, Vulkan zu überfallen.

Regisseur Cliff Bole erklärt, daß Les Landau bei Teil I zwar Regie geführt hat, sie aber Teil II zuerst gedreht haben. Das lag an der begrenzten Zeit, die Leonard Nimoy für die Dreharbeiten zur Verfügung stand. »Die Stärke der Folge liegt möglicherweise in Dingen, die man auf dem Bildschirm nicht sehen kann«, fährt Bole fort. »Leonard Nimoy war nur begrenzte Zeit verfügbar, und wir wußten verdammt gut, daß die Zuschauer genau diese Folge sehen wollten. Es hat mir großen Spaß gemacht, mit Leonard zu arbeiten. Eine Menge Leute glauben, daß die Folge an einigen Stellen zu lasch sei, aber das glaube ich nicht.

Leonard spielt diese Rolle seit 30 Jahren, und er hat eine bestimmte Vortragsweise. Das ist eben Spock. Abgesehen davon, war er in dieser Folge 100 Jahre älter als bei irgend einer anderen Folge oder Film. Negativ gesagt, hätten wir in dieser Folge etwas frische Luft gebraucht.

Wir hätten nicht so lange in einer Höhle bleiben, sondern lieber hinausgehen sollen, mit ein wenig mehr Action.«

»Es ist kein Geheimnis, daß ich von meiner eigenen Arbeit enttäuscht bin«, sagt »Unification II"-Autor Michael Piller. »Als ich erstmals die fertig geschnittene Version sah, sagte ich, ›Sie ist düster, flach, wen kümmert das – sie ist zu geschwätzig.‹«

»Es war ein großartiger Stoff, und auf dem Papier hörte sich alles wunderbar an. Aber unter dem Strich muß ich sagen, daß die Chemie zwischen Picard und Spock nicht gestimmt hat. Ich glaube nicht, daß das im Skript stand, und ich glaube auch nicht, daß das auf dem Bildschirm zu sehen war. Es gab nicht genug Handlungsabläufe, um das auszugleichen.«

»Da nützte es auch nichts, Sela ins Spiel zu bringen«, fährt er fort.

24. KAPITEL

EPISODE 109

A Matter of Time

»Der zeitreisende Historiker«

Erstausstrahlung: 18.11.1991
Drehbuch: Rick Berman
Regie: Paul Lynch

Gaststars:

Matt Frewer (Berlingoff Rasmussen)
Stefan Gierasch (Hail Moseley)
Sheila Franklin (Fähnrich)
Shay Gardner (Wissenschaftlerin)

Ein mysteriöser Besucher, der Historiker Berlingoff Rasmussen, der als Materie aus der Zukunft in einer Zeitkapsel kam, gibt an, die Besatzung der Enterprise bei einer kritischen Mission zu beobachten. Sie soll einen von Asteroiden verwüsteten Planeten vor einer Umweltkatastrophe retten.

»Ich bin fasziniert von all den Folgen, die von einer unerklärlichen Zeitreise handeln«, gesteht Rick Berman. »In meinem Kopf hatte ich immer die Idee zu einer Folge, in der jemand durch die Zeit reisen konnte und behauptete aus der Zukunft zu kommen, und in Wirklichkeit stammt er aus der Vergangenheit. Man könnte das in etwa mit Leonardo da Vinci vergleichen, dem man auf einmal einen Taschenrechner in die Hand drückt. Was hätte er damit alles machen können. Ich entwickelte die Folge mit Robin Williams in der Gastrolle. Er sagte, er wollte die Folge machen, aber als das Drehbuch fertig war, war seine Frau im 8½. Monat schwanger, und er mußte noch ›Hook‹ zu Ende drehen, und hatte auch schon wieder etwas Neues geplant. Er konnte einfach nicht. Eigentlich war ich sehr glücklich über die Regiearbeit von Paul Lynch, der die letzte Folge für uns in der zweiten Staffel gemacht hatte.«

Michael Piller kommt zu dem Schluß, daß nach der düsteren, geschwätzigen Atmosphäre von »Unification« »A Matter of Time« eine gelungene Abwechselung war.

»Es war mehr Komödie als Drama«, sagt Regisseur David Lynch. »Matt

Matt Frewer, bestens bekannt als Max Headroom, spielt in der Folge »A Matter of Time« Berlingoff Rasmussen.

Frewer war einfach wunderbar. Er ist ein Schauspieler, der von Kanada nach Großbritannien ging, dort Unterricht nahm, und dort auch zur Theaterszene gehörte. Er hat den Ruf, in seinen Komödien großartig zu sein. Er findet genau den richtigen Mittelweg zwischen Komödie und Realität, und das ist es, was ihn auszeichnet.«

EPISODE 110

New Ground

»Die Soliton-Welle«

Erstausstrahlung: 6.1.1992
Drehbuch: Grant Rosenberg
Story: Sarah Charno und Stuart Charno
Regie: Robert Scheerer

Gaststars:

Brian Bonsall (Alexander)
Georgia Brown (Helena)
Sheila Franklin (Fähnrich)
Richard McGonagle (Dr. Ja'Dar)
Jennifer Edwards (Lowry)

Worfs Mutter bringt dessen Sohn Alexander zurück auf die Enterprise. Sie und ihr Mann haben festgestellt, daß sie dem Jungen nicht die Aufmerksamkeit schenken können, die er benötigt. Währenddessen mißlingt ein Warp-Experiment, und bedroht das Schiff.

Der Regisseur Robert Scheerer schwärmt: »Ich mag die Folge, und ich liebe es, mit Michael zusammenzuarbeiten. Michael und ich haben eine lustige Beziehung. Ich war sehr stolz auf ihn in dieser Folge, und auch Brian Bonsall beeindruckte mich sehr. Am ersten Tag war Brian sehr nervös, aber er liebte das Make-up, und er ist ein cleverer Junge. Am ersten Tag steckten wir beide sozusagen unsere Grenzen ab, und vom zweiten Tag machte es einfach nur Spaß. Michaels Rolle erweitert sich sprunghaft von Jahr zu Jahr. Es macht einfach Freude zuzusehen, wie ein Schauspieler sich immer weiterentwickelt.«

Über die Einführung von Alexander, Worfs Sohn, ins Ensemble, sagt Michael Piller: »Ich glaube, daß war etwas, worüber wir seit letztem Jahr nachgedacht haben, als wir ihn das erste Mal sahen. Wir dachten, es wäre sehr gut, einen jungen Klingonen zu haben, und zu beobachten, wie Worf sich als Vater verhalten würde. Und mit Alexander können wir auch andere Teile des Schiffes zeigen. Ich denke, Brian Bonsall spielte seine Rolle ganz toll. Er ist eine interessante Bereicherung.« »Ich hatte ein wenig mit dem Drehbuch zu tun«, sagt Ron Moore. »Wir hatten bereits darüber geredet, Alexander in ›Reunion‹ an Bord der Enterprise zu bringen, aber das wäre noch ein zusätzliches Handlungselement geworden. Die Idee behielten wir jedoch im Hinterkopf, und entschieden uns, es jetzt zu machen. Ich glaube, es war eine gute Entscheidung für Worfs Charakter. Die Idee, die dahinter steckt, ist, den Leuten in Erinnerung zu bringen, was für Leute die Klingonen sind. Worf ist klingonischer als jeder Klingone. Er scheint keinen guten Sinn für Humor zu haben, er lacht nicht oft. Die Klingonen sind die wilden Wikinger des Weltraums, und sein Verhältnis zu seinem Sohn zielt darauf ab, aus ihm den perfekten kleinen Krieger zu machen. Die

Tatsache, daß Alexanders Mutter von der Idee nicht begeistert ist, bringt die zwei erstmal in Streit.«

Michael Dorn schwärmt: »Ich hatte Glück. Worf war sehr beschäftigt. Er hatte eine Partnerin, verlor sie, hat einen Sohn, Adoptiveltern und richtige Eltern, die jedoch umgebracht werden, und er war für eine Weile gelähmt. Ich habe Glück gehabt. Sie haben eine Menge von Worfs Charakter angesprochen.«

Die Folge hatte neben der Vater-Sohn Beziehung noch eine Nebenhandlung, die Soliton-Welle. Autor Grant Rosenberg, ein Freund Bermans und Bekannter von Piller, der als Autor und Produzent für Paramount arbeitete, schrieb das Drehbuch zur Folge nach einer bereits existierenden Story. Man wollte nicht, daß er neue Ideen einbrachte, die womöglich nicht in Genes ›Sandkasten‹ paßten.

EPISODE 111

Hero Worship

»Der einzig Überlebende«

Erstausstrahlung: 27.1.1992
Drehbuch: Joe Menosky
Story: Hilary J. Bader
Regie: Patrick Stewart

Gaststars:

Joshua Harris (Timothy)
Steven Einspahr (Lehrer)
Sheila Franklin (Fähnrich)
Harley Venton (Transporter Chief)

Die Enterprise endeckt den einzigen Überlebenden des zerstörten Forschungsschiffs, der Vico: einen Jungen, dessen Eltern ums Leben kamen, als das Schiff einen schwarzen Sternenhaufen untersuchte. Der Junge versucht mit seinem Schmerz fertig zu werden, indem er beginnt Data nachzueifern.

»›Hero Worship‹ ist für mich die beste Folge, in der Kinder mitspielen«, sagt Brannon Braga. »Es ist immer interessant, wenn man eine neue Entwicklung hat. Diesmal wird Data damit konfrontiert, daß ein Mensch ein Androide werden will, wo er sich selber doch wünscht menschlicher zu sein. Die Szene, in der Picard zu Data sagt, ›Machen Sie aus ihm den besten Androiden‹, und die, wo Data, gesteht, daß er gerne wissen möchte, wie Whiskey schmeckt, sind die rührendsten Szenen in der Folge.«

»Ich denke, es war ein großartiger Entwurf«, schwärmt Michael Piller. Es war keine Show, an die man sich sofort erinnert, aber ich glaube, sie war sehr unterhaltsam. Was sie so interessant machte, war, daß Data bisher immer versucht hatte, Menschen zu imitieren, und hier versucht ein Mensch das Verhalten eines Androiden nachzumachen. Eines der Ziele des Drehbuchs war, daß Data auf diese Weise mehr über sich selbst erfährt, und wer er ist, und daß er davon etwas lernen kann. ›Hero Worship‹, und überhaupt die ganze Staffel, war eine gute für Deanna Troi. Sie hatte mit Sicherheit mehr Zeit auf dem Bildschirm, und ich glaubte, das zeigte auch, daß sie eine wunderbare Schauspielerin ist. Ich bin ein großer Fan von ihr, und sie hat sich wirklich zu ihrem Vorteil entwickelt.«

»Bei ›New Ground‹ hatten wir ein Feuer in Studio 16, und bei Patricks Folge gingen wir auf das andere Schiff, von dem wir das Kind retteten«, erzählt David Livingston. Obwohl der Rest der Show an Bord spielt, nahmen die Aufnahmen in Studio 16 sehr viel Zeit in Anspruch, und trieben die Produktionskosten in die Höhe. Wir machen nur äußerst selten eine Folge aus der Konserve. Es gibt immer ein Element, das visuell interessant ist.«

EPISODE 112

Violations

»Geistige Gewalt«

Erstausstrahlung: 3.2.1992
Story: Shari Goodharz & T. Michael und Pamela Gray
Fernsehbearbeitung: Pamela Gray und Jeri Taylor
Regie: Robert Weimer

Gaststars:

David Sage (Tarmin)
Ben Lemon (Jev)
Rosalind Chao (Keiko)
Eve Brenner (Inad)
Craig Benton (Crewman Davis)
Rick Fitts (Dr. Martin)
Doug Wert (Jack Crusher)
Majel Barrett (Stimme des Computers)

Eine fremde Population, die über telepathische Fähigkeiten verfügt, die Ullianer, kommen an Bord der Enterprise. Sie haben die Angewohnheit, in lang vergessenen Erinnerungen der Menschen herumzuschnüffeln. Einige Besatzungsmitglieder fallen in ein unerklärliches Koma.

»Es stimmt, daß jedes Skript einen langen und verwinkelten Entwicklungsprozeß durchmacht«, erzählt Jeri Taylor. »Nichts von dem, was man hinterher auf dem Bildschirm sieht, ist so, wie es einmal angefangen hat. Es gibt einen regen Ideenaustausch. Wir streiten, wir diskutieren, wir raufen uns die Haare. Es wird manchmal sehr emotionsgeladen. ›Violations‹ lag mir sehr am Herzen, denn es ist eine Vergewaltigungsgeschichte. Wir wollten die klassischen Vergewaltigungsgeschichten vermeiden, wo jemand vergewaltigt wird, und wir kümmern uns dann um die psychischen Folgen. Das ist schon tausendmal erzählt worden, da fiel uns nichts Neues zu ein. Diese Folge war die erste, die unseren Kurs für die nächste Staffel aufzeigte, was Stil und Storymaterial angeht. Sie war seltsam, fremd, ungewöhnlich. Wir meinten, daß der SF-Aspekt in Star Trek vielleicht nicht den Platz erhält, der ihm zusteht. Wir sind mal politisch, mal emotional, aber wie gehen wir mit der Seltsamkeit von Roddenberrys Universum um? Sind die fremden Wesen, die wir sehen, wirklich fremd? Jedenfalls waren wir am Ende der Arbeit an dieser Folge meilenweit von Ausgangspunkt entfernt.«

»›Violations‹ hatte ein sehr interessantes Konzept«, sagt Rick Berman. »Ich war zu Anfang etwas mißtrauisch, aber als das Skript vorlag, fand ich es gut. Außerdem hat Bob Weimer gute Arbeit geleistet. Seine technischen Fähigkeiten machten einige Sequenzen überhaupt erst möglich. Ich bin ein

24. KAPITEL

überzeugter Verfechter davon, daß Star Trek solche Techniken nicht zum Selbstzweck verwenden soll, die Story und die optischen Effekte reichen völlig aus.

Andererseits, in einer Folge wie dieser, wo es um die Darstellung abstrakter Erinnerungssequenzen geht, ließen wir Bob freie Hand. Daraus resultierte eine wunderbare Folge mit guten schauspielerischen Leistungen. Sehr mysthisch und sehr interessant.«

Brannon Braga fügt hinzu: »Ich hätte lieber Geordi in der Szene mit dem brennenden Haus gesehen. Seine Erinnerungen waren nicht so eindringlich.

Aber es war eine großartige SF-Show, und ich bin ein Fan von surrealen Bildern. Die Folge läutete in dieser Staffel Star Trek in Hochform ein: Wir hatten alles was wir brauchten, eine gute Story – geistige Vergewaltigung, Eindringen in die Erinnerungen –, und es wurde eine indirekte SF-Metapher für ein brennend wichtiges Thema von heute. Gute Regie – eine der gewagtesten Folgen, die wir gemacht haben.«

EPISODE 113

The Masterpiece Society

»Das künstliche Paradies«

Erstausstrahlung: 10.2.1992
Story: James Kahn & Adam Belanoff
Fernsehbearbeitung: Adam Belanoff und Michael Piller
Regie: Winrich Kolbe

Gaststars:

John Snyder (Aaron Conor)
Dey Young (Hannah Bates)
Ron Canada (Marcus Benbeck)
Sheila Franklin (Fähnrich)

Eine genetisch veränderte Gesellschaft, die in einer Biosphäre lebt, wird von einem herannahenden Teil eines Sonnenkerns bedroht. Troi verliebt sich in dieser Folge in den Führer des Planeten Aaron Connor.

»Das war diejenige Folge, ab der ich mich bei der Staffel wieder begann, besser zu fühlen«, gesteht Michael Piller. »Auch das war eine von denen, die schon eine Weile in der Planung waren, und eine Menge Autoren haben sich daran versucht. Es ging um Gentechnik und Abtreibung, und es gab einige interessante Sachen für Geordi. Für mich ist es eine klassische Tragödie, denn alle versuchen die ganze Zeit, das Richtige zu tun, und trotzdem endet alles in Zerstörung. Bis auf einige Pleiten bei der Besetzung, war ich mit der Folge ziemlich zufrieden.«

»Die Folge hatte ein philosophisches Thema, das wir sehr ernst genommen haben, aber sie wurde längst nicht so gut, wie ich gehofft hatte«, gesteht Rick Berman. Sie war lahm und geschwätzig, und wir hatten Probleme mit der Besetzung. Was diese angebliche Abtreibungsthematik anging, das war Quatsch, das war völlig unbeabsichtigt.«

Auch Jeri Taylor schlägt in dieselbe Kerbe. »Michael und ich waren uns da nicht einig. Ich mochte schon die Idee nicht. Ich fand das Drehbuch schlecht. Für mich war es eine der schwächsten Folgen dieser Staffel.«

Und Ron Moore meint: »Das ist ein weiteres Beispiel für eine Folge, die nicht funktioniert. Wir tauchen alle plötzlich auf dieser genetisch perfekten Kolonie auf – die mich sowieso schon langweilt –, und wenn wir da sind, hoppla, verliebt sich Troi in einen der Bewohner. Man kann es gar nicht erwarten, sich ein Bier zu holen.«

»Diese Leute waren einfach zu perfekt – und ich denke nicht, daß Perfektion gutes Schauspiel macht«, findet Regisseur Winrich Kolbe. »Auch der Schauspieler dazu war nicht mein Fall, die Folge wurde einfach platt.«

EPISODE 114

Conundrum

»Mission ohne Gedächtnis«

Erstausstrahlung: 17.2.1992
Story: Paul Schiffer
Fernsehbearbeitung: Barry M. Schkolnick und Joe Menosky
Regie: Les Landau

Gaststars:

Michelle Forbes (Fähnrich Ro)
Liz Vassey (Kristin)
Erich Anderson (MacDuff)
Erick Weiss (Crewman)
Majel Barrett (Comupterstimme)

Die Crew leidet an einer kollektiven Amnäsie, nachdem sie von einem fremden Schiff gescannt wurden. Das führt dazu, daß sie glauben, sich mit den Lysianern im Krieg zu befinden. Die Lysianer sind eine technisch unterlegene Rasse, die sie, nach den Worten des Executive Officer Keiran MacDuff, zerstören sollen.

»Ich glaube, das Faszinierende an dieser Folge war die Frage, was passiert, wenn man den Leuten ihr Gedächtnis wegnimmt«, überlegt Michael Piller.

»Unser Gedächtnis enthält unsere Hemmungen, und vieles, was wir zur Selbstdefinition und für das Verhalten in zwischenmenschlichen Beziehungen brauchen. Wenn das alles fehlt, wie sehen wir uns dann? Es gibt eine Richtung in der Psychologie, die sagt, es gibt ein äußeres und ein inneres Selbst. Wenn man das äußere Selbst wegnimmt, bleibt ein nacktes, rohes inneres Selbst, und das ist es auch, was wir zum Beispiel bei Riker und Ro sehen, als sie sich ineinander verlieben.«

»Es hat Spaß gemacht, mit Frakes zu arbeiten«, erzählt Michelle Forbes. Es ist ein interessantes Problem für die eine Figur, wenn sie eigentlich in einer bestimmten Richtung festgelegt ist. Man fragt sich, was kommt nach einem Gedächtnisverlust zum Vorschein. Ist es eine Seite von mir, die immer schon heraus wollte? Fühle ich mich dann auch damit wohl?«

Brannon Braga meint: »Das war ein Überbleibsel aus der letzten Staffel, denn da hatten wir bereits zwei Folgen über Gedächtnisverlust gedreht. Es war schwer, diese Folge zu schreiben, aber Joe Menosky hat es schließlich geschafft. Die Dreiecksbeziehung zwischen Riker, Troi und Ro war sehr gut, auch gut von der Regie geführt, aber die Figur von Nummer Eins war zu schwach. Wäre sie besser gewesen,

24. KAPITEL

hätte die Folge ein Klassiker werden können.«

»Ein anspruchsvolles Konzept, diese Idee, wo alle wach werden«, findet Rick Berman. »Ich fand, es war eine Folge, die das Denken anregte, wenn auch keine großartige. Das ganze Konzept basierte auf der Frage, ›Was wäre, wenn...‹ Wenn man neun Leute hat, die nicht mehr wissen, wer oder was sie sind, werden sie sich wiederfinden? Wird der Captain der Captain werden?«

EPISODE 115

Power Play

»Ungebetene Gäste«

Erstausstrahlung: 24.1.1992
Story: Paul Ruben und Maurice Hurley
Fernsehbearbeitung: René Balcer, Herbert J. Wright, Brannon Braga
Regie: David Livingston

Gaststars:

Rosalind Chao (Keiko)
Michelle Forbes (Fähnrich Ro)
Ryan Reid (Transporter-Techniker)
Majel Barrett (Computerstimme) und
Colm Meaney als Chief O'Brien

Troi, Riker und Data untersuchen via Raumshuttle das Verschwinden des Raumschiffs Essex, das zwei Jahrhunderte zurückliegt. Aber ein heftiger Sturm zwingt das Shuttle zur Notlandung. O'Brien versucht, die Gestrandeten an Bord der Enterprise zu holen, aber die Seelen der auf den Planeten verbannten Gefangenen, die in der Ionosphäre leben, ergreifen Besitz von den dreien.

Auch bei dieser Folge war der Weg zum fertigen Drehbuch ein dornenreicher. Es wanderte von Hand zu Hand, von Stift zu Stift, und es änderte dabei seinen Charakter enorm.

»Es gab zwei Herausforderungen beim Drehen dieser Folge«, erläutert Produzent und Regisseur der Folge David Livingston. »Zum einen war es eine Action-Folge, und eine solche haben wir selten. Das liegt unter anderem daran, daß sie einfach sehr teuer sind, diese Folgen. Das andere war die großartige Möglichkeit, drei unserer Hauptfiguren in andere Rollen zu stekken, und sie mal etwas völlig anderes machen zu lassen. Das brachte viel Spaß. Auf dem Set hatten wir sogar andere Namen für sie: Marina war ›Slash‹, Data hieß ›Buzz‹ und Colm ›Slugger‹.«

»›Power Play‹ hat den Ruf, eine der am besten gedrehten Folgen der Staffel zu sein, aber das macht mich höchstens wütend, denn sie war leer«, knurrt Michael Piller. »Wir brauchten preiswerte Folgen, um teure auszugleichen. Wir brauchten eng umrissene Geschichten ohne große optische Effekte. Die Atmosphäre sollte düster und grüblerisch sein, und als Vorbild hatte ich immer ›Key Largo‹ und ›The Petrified Forest‹ angeführt. Wir hatten eine Menge Arbeit, die Stories so hinzukriegen. Dann kamen Brannon und Herb mit dieser Idee von den Geistern, die mir sehr gut gefiel, aber nach und nach wurde eine gewaltige Action-Folge daraus, und anstatt, daß sie uns half, das Budget auszugleichen, ließ sie das Defizit bis in die Stratosphäre schnellen.

Ich war von der Folge nicht begeistert. Wovon ich allerdings begeistert war, was Davids Regie. Wenn diese Folge einen Wert hat, dann deswegen. Auch die drei Schauspieler, die fremde Wesen sein sollte, waren sehr gut. Das Drehbuch kam erst am Tag vor Drehbeginn, und sie waren entsprechend sauer – verständlicherweise. Wie gesagt, alles war eigentlich gut, bis auf das Drehbuch.«

EPISODE 116

Ethics

»Die Operation«

Erstausstrahlung: 2.3.1992
Story: Sara und Stuart Charno
Drehbuch: Ronald D. Moore
Regie: Chip Chalmers

Gaststars:

Caroline Kava (Dr. Russell)
Patti Yasutake (Krankenschwester Ogawa)
Brian Bonsall (Alexander)

Worf wird duch einen Unfall, bei dem er auf dem Ladedeck von einem herabstürzenden Container getroffen wird, gelähmt. Trotz der Hilfe der berühmten Neuro-Genetikerin Dr. Russell besteht er darauf, rituellen Selbstmord zu begehen, anstatt als Krüppel weiter zu leben.

»Ich wollte zwei Seiten einer komplizierten Debatte zeigen«, beschreibt Ron Moore. »Es hat eine Menge Kritik an dieser Serie gegeben, und wir bekamen Feedback von Leuten, die dachten, daß wir für Euthanasie eintreten, während andere meinten, wir würden schlecht über Behinderte reden, und den Wert von Menschen mit einer Behinderung nicht ernst nehmen. Einige sagten, Dr. Russell lag ganz falsch, sie sei so schlimm, wie Mengele, andere sagten wiederum, wie konnte Beverly das Recht von Worf zur freien Entscheidung für seinen Tod beschränken. Der Balanceakt war, zu zeigen, daß beide Positionen ihre Berechtigung haben, und daß sie ernst genommen werden müssen. Es war nicht gerade meine Lieblingsfolge, und ich fand sie schwierig. Dieser medizinische Kram ist nicht das, was mich besonders anzieht.

»Ich mag Grautöne«, überlegt Michael Piller. »Ich bin nicht so für schwarz-weiß. Ich möchte dem Publikum Fragen nicht auf die simple Art beantworten. Das gefiel mir an ›Masterpiece Society‹ so gut, die Antworten waren nicht einfach. Und auch bei ›Ethics‹ bemühten wir uns darum, es den Zuschauern nicht einfach zu machen, was richtig und falsch angeht. Ich glaube, uns ist das ganz gut gelungen. Wenn man ein solches Problem untersucht, sollte man beiden Seiten die Möglichkeit zur Darlegung ihrer Argumente geben. Wenn jetzt Leute aufspringen und schreien, ›Ja, aber wie war das denn bezüglich der sexuellen Orientierung in ›The Outcast‹?, dann kann ich nur sagen, daß ich da keine andere Seite sehe, die vernünftige Argumente hat. Bigotterie ist Bigotterie,

24. KAPITEL

und Vorurteil ist Vorurteil – es kann mit Energie und Überzeugung vorgetragen werden, aber es bleibt doch ein Vorurteil. Ich weiß nicht, wie ich eine intolerante Person interessant darstellen soll.«

EPISODE 117

The Outcast

»Verbotene Liebe«

Erstausstrahlung: 16. 3. 1992
Drehbuch: Jeri Taylor
Regie: Robert Scheerer

Gaststars:

Melinda Cuela (Soren)
Callan White (Krite)
Megan Cole (Noor)

Während gemeinsamer Arbeiten verlieben sich Riker und Soren, ein androgynes Wesen einer Population, die als die J'naii bekannt ist, ineinander. Es ist jedoch bei den J'naii verboten, eine Beziehung zu einem Mitglied irgendeiner anderen Rasse einzugehen, die aus unterschiedlichen Geschlechtern besteht. Eine Übertretung dieses Gesetzes hat für den Betroffenen schwerste Konsquenzen.

»Eine faszinierende Folge«, kommentiert Regisseur Robert Scheerer. »Sie brach mit den Gesetzen, insofern sie sich mit zwei Figuren beschäftigte – nur mit zwei Figuren. Es gab zwar andere Figuren, aber ich habe noch nie eine Folge gemacht, an der zwei Leute so großen Anteil hatten, sie waren in praktisch jeder Szene.«

»Ich wollte diese Folge unbedingt schreiben«, erzählt Jeri Taylor. »Die Idee entstand auf einer Besprechung mit dem Team. Wir wollten schon langen eine Story machen, in der wir für die Rechte der Homosexuellen eintreten, aber uns war kein guter SF-Plot eingefallen. Dann kam der Vorschlag, es leicht zu ändern. Ich begrüßte das, denn so kam die Geschichte in Gang. Theater ist, die Gefühle der Menschen anzusprechen. Ob sie nun lachen, weinen, oder fluchen – solange man nur irgend etwas in ihnen aufscheucht, ist das richtig; und bei dieser Folge war ich mir sicher, daß wir die Leute aufscheuchen würden. Als Frau sehe ich mich auch in gewisser Weise einer Minderheit zugehörig, ich kenne das Gefühl, diskriminiert zu werden, wenn auch anders, als es Homosexuelle erleben – diese Folge ist diejenige, auf die ich in meiner gesamten Arbeit für Star Trek am meisten stolz bin. Wir haben die ganze Bandbreite an möglicher Publikumsraktion abgekriegt, aber die Mehrheit war positiv.«

»Ich glaube, ihnen hat der Mut gefehlt, das zu machen, was sie hätten machen können«, meint Jonathan Frakes. »Soren hätte deutlichere männliche Züge haben sollen. Wenn sie wirklich eine homosexuelle Folge machen wollten, hätten wir weiter gehen müssen.«

»Einige Sachen waren schwer zu entscheiden«, sagt Berman. »Sollte man die Rolle von Soren mit einem Mann oder mit einer Frau besetzen. Wir haben beide Möglichkeiten versucht, und sind dann bei der Frau geblieben. Es wäre vielleicht mit einem Mann interessanter gewesen.«

»Ich bin entzückt von dem, was Jonathan da gesagt hat«, bemerkt Brannon Braga. »Wenn wir weiter gegangen wären, und einen Mann genommen hätten, hätte er ihn dann geküßt? Ich glaube schon, denn er hat Mut. Wir hätten besser androgynere Schauspieler gehabt – sie sahen alle sehr nach Frau aus –, und diejenige, die Soren spielte, tat es so emotionslos. Jeris Skript gab da vielmehr her. Die Schauspielerin war gut, aber sie spielte es so, als hieße androgyn sein, keine Emotionen haben. Warum?«

»Ich war sehr glücklich über ›The Outcast‹«, meint Michael Piller. »Das Drehbuch war ausgezeichnet, und für mich stellte diese Folge den Wendepunkt in der Staffel dar. Ab da haben wir wieder hervoragendes Fernsehen gemacht. Wir waren schon seit einer Weile Ziel eine konzertierten Aktion seitens der Homosexuellen, die uns dazu bringen wollten, eine homosexuelle Figur in die Serie zu bringen. Gene Roddenberry war mit Briefen bombardiert worden, und er hat kurz vor seinem Tod noch mit uns die Möglichkeit diskutiert, in einer Szene zwei Männer Händchen halten zu lassen. Das wäre aber für das Anliegen der Homosexuellen überflüssig gewesen. Weder Rick noch ich dachten, daß dies ein Weg sei, sich mit sexueller Intoleranz auseinanderzusetzen.

»Die Reaktionen auf diese Folge waren gespalten«, berichtet Ron Moore. »Wir hatten so ziemlich alles: Leute, die uns gratuliert haben, Leute, denen wir nicht weit genug gegangen sind – sie meinten, es wäre zu subtil gewesen, es hätte offensichtlicher sein sollen. Andere sind völlig ausgeflippt von wegen Untergrabung der Moral und der Werte, und sie würden nie mehr Star Trek sehen.

So wollen wir die Serie haben – ein interessantes Thema, ein guter SF-Rahmen, Konflikte, und die Möglichkeit, unsere Figuren in alle möglichen Richtungen auszuleuchten.«

EPISODE 118

Cause and Effect

»Déjà vu«

Erstausstrahlung: 23. 3. 1992
Drehbuch: Brannon Braga
Regie: Jonathan Frakes

Gaststars:

Michelle Forbes (Fähnrich Ro)
Patti Yautake (Krankenschwester Ogawa)
Kelsey Grammer (Captain Bateman)

Die Enterprise wird in einer Zeitschleife gefangen, in der die Crew dazu verdammt ist, ständig dasselbe Ereignis durchzuleben, nämlich die drohende Zerstörung durch eine Kollision mit einem anderen Schiff aus der Vergangenheit.

»Ich liebe Zeitreisen«, meint Brannon Braga, »Ich kenne niemanden, der das nicht tut. Wir wollten eine Zeitreisegeschichte machen, wie es noch nie eine gegeben hatte. Ich habe noch keine mit einer Zeitschleife gesehen. Es war eine anspruchsvolle Konzeption, und ich muß zugeben, ich hatte noch nicht alles sortiert, als ich die Folge

24. KAPITEL

geschrieben habe. Ich wußte nicht, wie da hinauskommen – es gab noch keine Poker-Szene. Joe Menosky kam an, und meinte, »Da kriegst Du Probleme‹, und ich fragte, ›Meinst Du wirklich?‹, und er sagte, ›Da kriegst Du gewaltige Probleme‹.«

Es war tatsächlich das größte Problem, die Enterprise aus dieser Schleife wieder herauszubekommen, und es wurden viele Möglichkeiten angedacht und wieder verworfen.

»Dieser Vorspann ist unschlagbar«, begeistert sich Ron Moore über den Anfang der Folge, in dem die Zuschauer die Zerstörung der Enterprise sehen. »Das Schiff explodieren zu sehen, und dann das Captain's Log zu hören – einfach genial.«

Auch Herb Wright war angetan: »Wir hatten viel Spaß, durch diesen Raum zu rennen. Es ist eine ganz schöne Herausforderung, denn wenn die Zuschauer das einmal gesehen haben, wird es sehr schnell langweilig, und sie schalten um. Wir fragten uns also, was wir machen könnten, um sie bei uns zu behalten, sie sich fragen zu lassen, ›Was geht, verdammt noch mal, da vor?!‹ Und wenn man im Vorspann die Enterprise zerstört, dann weiß ich nicht, was die Leute sonst noch bei der Stange hält.«

»Diese Folge war mit ihren ganzen Wiederholungen per Definition sehr gefährlich, sie könnte als Clip-Show mißverstanden werden«, meint Rick Berman. Deswegen machte ich Jonathan sehr deutlich, daß er dasselbe Material keinesfalls mehrfach verwenden kann – alles mußte auch mehrfach gefilmt werden, jedesmal mit kleinen Variationen. Es war eine beliebte Folge, und das nicht zu unrecht.«

EPISODE 119

The First Duty

»Ein mißglücktes Manöver«

Erstausstrahlung: ____________ **30.3.1992**
Drehbuch: ____________ **Ronald D. Moore**
____________ **und Naren Shankar**
Regie: ____________ **Paul Lynch**

Gaststars:

Wil Wheaton (Wesley Crusher)
Ray Walston (Boothby)
Robert Duncan McNeill (Nicholas Locarno)
Ed Lauter (Lt. Commander Albert)
Jaqueline Brookes (Admiral Brand)
Richard Fancy (Captain Satelk)
Walker Brandt (Hajar)
Shannon Fill (Sito)
Richard Rothenberg (Fähnrich)

Auf Anordnung seines Schwadronführer bei der Starfleet-Akademie erklärt sich Wesley bereit, die wahren Ursachen des Unfalls eines Teamkollegen zu vertuschen. Der Unfall geschah, als dessen Shuttle bei Übungen zu den Eröffnungsfeierlichkeiten der Akademie während eines verbotenen Manövers zerstört wurde.

»Das war sehr problematisch, und wir wußten letztlich, daß wir ein großes Risiko eingingen«, meint Jeri Taylor über den moralischen Schlamassel, in dem sich Wesley befindet. »Es gab ein reges Für und Wider, die Story war ursprünglich gar nicht so geplant. Wir entwickelten eine Menge mögliche Versionen mit unterschiedlichen Auflösungen. Ich weiß, daß es ein Glücksspiel war, aber wir müssen ausprobieren und unsere Grenzen testen. Wesley ist auf diese Weise viel menschlicher geworden, als er es je zuvor war, und vielleicht mögen ihn die Fans doch irgendwann. Er hatte die ganze Zeit diese Aura eines Wunderknaben, der immer das Schiff rettet und sehr wenig wie ein echter Mensch wirkt. Jetzt hat er einen Fehler gemacht, und er ist von seinem Sockel geholt. Menschen machen nun mal Fehler, und so ist er reifer geworden. Er hat jetzt etwas, mit dem er sich herumschlagen muß, das er verarbeiten muß. Es macht ihn zu einem besseren Menschen, anstelle eines perfekten Plastikteenagers.«

»Es ist interessant, welche Wege die Idee zu einer Folge nehmen kann«, fügt Michael Piller hinzu. »Diese Folge hätten wir beinah überhaupt nicht gemacht. Als wir sie Rick vorsetzten, meinte der, ›Das ist keine Star-Trek-Folge! Bei Star Trek geht es darum, ins All zu fliegen und neue Welten zu erforschen. Es geht nicht darum, auf die Erde zurückzugehen‹. Er hat natürlich recht. Aber ich meinte, ›Rick, wir haben hier die Chance, ein Thema anzusprechen, das für sehr viele junge Leute extrem wichtig ist. Wenn jemand mit Gewalt und Kriminalität zu tun hat, und weiß, das ist eigentlich falsch, hat er die Wahl, ehrlich zu sein, oder loyal zu seinen Freunden zu sein – und das kann ein echtes Problem sein.‹ Außerdem sagte ich ihm, daß es die erste Möglichkeit ist, Starfleet-Akademie zu besuchen. ›Diese Serie braucht verzweifelt neue Ideen, ich glaube nicht, daß wir diese hier auslassen können‹, und er meinte, ›Gekauft, wenn Du nicht mehr als drei Sets brauchst‹.

Ich erinnere mich, daß der interessanteste Teil des Skript war, wo Ron meinte, daß Wesley seine Freunde nicht verraten könne. Ich sagte, ›Ron, hier geht es um Wahrheit, und darum, das Richtige zu tun.‹ Wir hatten eine lange Diskussion, in der Ron erklärte, es würde die Figur Wesley ruinieren, wenn man ihn seine Kamaraden verraten lassen würde, niemand könnte ihm das je verzeihen. Danach unterhielten wir uns genauso lange darüber, was wir mit dieser Folge erreichen wollten. Es ging darum, daß die Wahrheit das Allerwichtigste ist.«

»Ich habe mich wirklich unbeliebt gemacht bei den Autoren«, gesteht Rick Berman. »In den früheren Entwürfen zu dieser Folge sollte, wenn ich mich recht erinnere, Wesleys Vergehen schlimmer, die Vertuschung offensichtlicher und seine Bestrafung wesentlich härter sein. Das war für mich unakzeptabel. Er ist eine unserer Hauptfiguren, und er kann falsche Entscheidungen treffen, er kann unbedacht handeln, aber er ist unfähig, Sachen zu tun, wie sie ursprünglich geplant waren, er belügt keine Starfleet-Akademie-Offiziere.«

Regisseur Paul Lynch: »Wil Wheaton hat sich wirklich zu großartiger Leistung aufgeschwungen. Er und McNeill haben wunderbar zusammengepaßt. Es war eine gute, spannende Story, ein richtiger Krimi mit SF. Ich mochte die Arbeit an der Folge, auch wenn ich sonst nicht gerne Gerichtsfilme drehe. Man muß sehr viel Zeit darauf verwenden, damit sie funktionieren, man muß das gesamte Publikum zeigen, während

24. KAPITEL

alles andere geschieht. Ich glaube, obwohl ich nicht weiß, ob das noch so stimmt, daß damals das meiste Filmmaterial aller Star-Trek-Folgen verbraucht worden ist. Normalerweise braucht eine Folge knapp über 1000 Meter, und hier habe ich bald das Doppelte benötigt. Das lag daran, daß ich die Zuschauer während der Gerichtsverhandlung filmte, während der ganzen. Aber das Ergebnis hat es gerechtfertigt, auch wenn man damals etwas sauer war, weil ich soviel Film verbraucht habe.

Diese Folge funktionierte hauptsächlich, weil Wil Wheaton zeigte, was er konnte. Das war sehr erfreulich, denn als er zu uns kam, war er ein Kinderstar, jetzt ist er zu einem erstklassigen Schauspieler gereift. Es ist schön, diese Entwicklung zu beobachten.«

EPISODE 120

Cost of Living

»Hochzeit mit Hindernissen«

Erstausstrahlung: 20.4.1992
Drehbuch: Peter Allan Fields
Regie: Winrich Kolbe

Gaststars:

Majel Barrett (Lwaxana Troi)
Brian Bonsall (Alexander)
Tony Jay (Campio)
Carel Struycken (Mr. Homn)
David Oliver (junger Mann)
Albie Selznick (Jongleur)
Patrick Cornin (Erko)
Tracey D'Arcy (junge Frau)
George Edie (Dichter)
Christopher Halste (Anfänger[?])

Lwaxana Troi kehrt auf die Enterprise zurück, um Campio zu heiraten, einen Würdenträger, der ihr nie zuvor begegnet ist. Währenddessen löst eine Wolke Plastikpartikel von einem zerstörten Asteroiden Chaos an Bord des Raumschiffes aus.

Winrich Kolbe meint: »Das war leichte Kost, aber nette leichte Kost. Es war eine Komödie, die für Majel

Tony Jay, hier mit Ron Perlman in »Die Schöne und das Biest«, war Campio in »Cost of Living«.

geschrieben wurde, und sie hat ihre Rolle großartig gespielt. Für mich war es keine ganz echte Star-Trek-Folge. Sie erfüllte eine bestimmte Funktion, aber es war nicht Star Trek in Bestform.«

»Michael Dorn hat eine hervorragende komödiantische Leistung gebracht«, meint Rick Berman. »Es hat früher Probleme mit der Figur Worfs gegeben.

Wir machten ihn zum Vater, der sich mit dem Ärger über seinen teilweise schwierigen Nachwuchs herumschlagen muß. Das ist nicht typisch Star Trek. Es hat Vor- und Nachteile, aber in dieser Folge haben die zwischenmenschlichen Beziehungen gut funktioniert. Am Anfang der Serie hatte Michael noch nicht mal die Garantie, bei allen Folgen dabei zu sein, aber ich denke, daß er und Worf diejenigen sind, die sich von allen am meisten im Verlauf der Serie entwickelt haben – Worf als Figur, und Michael als Schauspieler. Was ist besser, als einen Klingonen an Bord der Enterprise zu haben? Die Autoren haben das genutzt, und Michael hat mitgezogen.«

Über die SF-Parallelhandlung meint Autor Peter Allan Fields: »Es war eher etwas, das gefordert wurde, als etwas was aus der Story selber kam. Ich müßte lügen, wenn ich sage, mich hat das nicht gestört. Michael und Rick hat es bestimmt auch zunächst gestört, aber als wir einmal dran waren, schien die Story gut zu laufen. Es stimmt aber, daß diese sogenannte B-Story in diesem Fall eigentlich fast nicht dazugehörte. Wir wollten die Personen so weit wie möglich ausbauen, anstatt irgendeine, zugegebenermaßen gut recherchierte und schlüssige Bedrohung aufzupfropfen. Wir wollen nicht alle Folgen so drehen, wir sind schließlich eine SF-Serie, aber in diesem Fall hätten die persönlichen Geschichten Vorrang gehabt.«

EPISODE 121

The Perfect Mate

»Die hoffnungsvolle Romanze«

Erstausstrahlung: 27.4.1992
Drehbuch: Reuben Leder und Michael Piller
Story: René Echevarria und Reuben Leder
Regie: Cliff Bole

Gaststars:

Famke Janssen (Kamala)
Tim O'Connor (Briam)
Max Grodenchik (Par Lenor)
Mickey Cottrell (Alrik)
Michael Snyder (QOL)
David Paul Needles (1. Mienenarbeiter)
Roger Rignack (2. Minenarbeiter)
Charles Gunning (3. Minenarbeiter)
April Grace (Transporterraum-Offizier)

Eine wunderschöne Metamorphin, Kamala, die eigentlich das Friedensgeschenk ist, um einen seit Jahrhunderten andauernden Krieg zu beenden, wird von einem Ferengi aus der Erstarrung geweckt und verführt Captain Picard.

»Diese Folge, wie auch die Borg-Folgen, zeigt, daß Picard nicht unfehlbar ist«, meint Cliff Bole. »Picard wird auf

24. KAPITEL

Tim O'Connor, Briam in »The Perfect Mate«, in einer Fernsehfassung von »Buck Rogers«.

diese Weise sehr lebendig, denn normalerweise würde er sich nicht so verletzbar zeigen.«

»Kamala mußte so sein, daß sich zumindest die Männer unter den Zuschauern in sie verlieben. Wenn das nicht passiert, können sie auch den Konflikt, in dem sich Picard befindet, nicht verstehen. Picard ist mit der perfekten Frau konfrontiert, aber er weiß, daß sie eine Metamorphin ist, und daß alles zum Teil sein eigenes Ideal ist. Die Frage ist, wird er widerstehen können. Es ist interessant zu sehen, wie er sich windet und sträubt.«

»Ich bin mit der Folge sehr zufrieden«, sagt Rick Berman. »Diese Frau ist so schön wie kaum eine andere, die wir je gesehen haben, und sie hat ihre Rolle gut gespielt. Im Verlaufe der Drehbuchentwicklung gab es, besonders gegen Ende, eine Menge hitzige Diskussionen – wir haben zwei verschiedene Versionen des Schlußes gedreht und zwei weitere angedacht. Keiner von uns weiß, welche letztlich die beste gewesen wäre.«

Michael Piller ist entäuscht. »Meine Idee für den Schluß konnte ich nicht durchsetzen, ich wurde überstimmt. Ich meinte, Picard müsse sie am Ende ihrem vorbestimmten Liebhaber ausliefern. Zu dem Zeitpunkt hat er sich ihr schon sehr nahe gefühlt, und ich wollte einen Schluß, der praktisch auf drei Ebenen läuft: Ich wollte, daß er im Verlaufe der Zeremonie sagt, ›Stop, sie gehört zu mir‹. Par Lenor übergab sie, und Picard krümmt sich, als sie diesen anderen Mann küßt, den sie nicht liebt. In einer zweiten Szene greift er ein, und sagt ›Ich kann nicht erlauben, daß das so weitergeht‹. Und jedesmal, wenn die Zuschauer denken, die Folge ist zu Ende, schneiden wir zurück und sehen die Leute weitergehen, so daß man merkt, es geschieht alles nur in Picards Kopf. Schließlich bleiben sie am Ende des Ganges stehen, und diesmal unterbricht sie und sagt, sie bleibt bei keinem von beiden, durch Picards Einfluß sind ihr die Augen geöffnet worden, sie will leben, geht, und läßt die beiden Männer stehen. Aber das wollten sie nicht, ich wurde überstimmt. Diejenigen, die dagegen waren, meinten wohl, daß nichts in der Geschichte bis dahin diesen Abgang vorbereitet hat, aber darüber wäre ich bereit, mich zu streiten.«

EPISODE 122

Imaginary Friend

»Imaginäre Freundin«

Erstausstrahlung: 4.5.1992
Drehbuch: Edithe Swensen und Brannon Braga
Story: Ronald Wilderson, Jean Matthias, Richard Fliegel
Regie: Gabrielle Beaumont

Gaststars:

Brian Bonsall (Alexander)
Noley Thronton (Clara)
Shay Astar (Isabella)
Jeff Allin (Daniel Sutter)
Patti Yasutake (Schwester Ogawa)
Sheila Franklin (Fähnrich)

Die imaginäre Freundin von Clara Sutter, der Tochter eines Crewmitglieds, wird zur beängstigenden Realität, als sie droht, das Schiff zu zerstören.

»Die Idee hat mir schon immer gefallen«, meint Rick Berman. »Wo, wenn nicht in SF kann man eine Geschichte über eine imaginäre Freundin erzählen, die sich als überhaupt nicht imaginär herausstellt. In unserem Fall schlüpft ein fremdes Wesen in die Rolle der Freundin und beginnt die Welt mit den Augen eines Kindes zu sehen. Es ist problematisch, mit Kindern zu arbeiten, denn sie sind unerfahren, und man kann nur ein paar Stunden mit ihnen drehen. Aber, obwohl ich diese Folge nicht zu meinen absoluten Favoriten zählen würde, sie hat großen Spaß gemacht.«

Herb Wright ist da wesentlich weniger freundlich gestimmt. »Das war eine Folge, die bei Star Trek eigentlich nichts zu suchen hat. Ich glaube, Michael wollte E.T. nachmachen, aber was diesen Film so besonders machte, war bei Star Trek nur sehr schwer unterzubringen. Wenn man die generelle Richtung der Serie dahin lenkt, daß man hauptsächlich Geschichten über einzelne Personen macht, und das im 24. Jahrhundert versucht, dann rennt man irgendwann gegen eine Wand.«

»Ich habe die endgültige Bearbeitung gemacht, und es war für mich eine der befriedigendsten Folgen in dieser Staffel«, erinnert sich Brannon Braga. »In ihren früheren Fassungen hat die Geschichte nicht richtig funktioniert, denn das fremde Wesen war einfach zu freundlich, es war nur neugierig. Wir haben uns dann entschlossen, es bösartiger zu gestalten, es tut dem Kind weh. Das seltsame an Star-Trek-Folgen mit Kindern ist, daß wir bei den Kindern eher mit Konflikten arbeiten können, denn sie sind keine fertig entwickelten Figuren. Sie können mehr Probleme und Konflikte haben, als unsere Stammbesatzung.

Sie dürfen noch Fehler machen. Ich hoffe, die Leute sehen sich an den Kindern in Star Trek nicht leid.«

24. Kapitel

Episode 123

I, Borg

»Ich bin Hugh«

Erstausstrahlung: 18.5.1992
Drehbuch: René Echevarria
Regie: Robert Lederman

Gaststars:

Jonathan Del Arco (Borg)

Ein junger, verletzter Borg wird von der Enterprise an Bord genommen und von der Besatzung in Sachen Menschlichkeit unterrichtet.

Währenddessen werden Picard und Guinan von ihren eigenen Dämonen im Zusammenhang mit dieser kybernetischen Superrasse eingeholt.

»Seit dem ersten Moment liebte ich diese Folge«, erzählt Rick Berman. »Die Beziehungen sind so lebendig. Guinan und Picard, die eine aus einem Volk, das die Borg auslöschten, der andere mit seinen Erfahrungen aus ›Best of Both Worlds‹, beide sind in einer Position, wo sie Vorurteile haben. Wie verhalten sie sich, wenn sie auf einen einzelnen Borg treffen? Es gibt einige wundervolle Szenen zwischen Guinan und dem Borg. Auch eine Reihe starker Zwei-Personen-Szenen mit Picard und dem Borg, Geordi und dem Borg, mit Geordi und Picard.«

Co-Autorin Jeri Taylor meint: »Ich glaube, das wird ein Klassiker. Ein großartiges Konzept. Es ist ein wenig wie ›Edward Scissorhands‹ (deutsch: Edward mit den Scherenhänden) – die Borg werden nie mehr so sein wie vorher.

Michael Piller fand die Fortsetzung seines ›Best of Both Worlds‹ gelungen. »Es ist sehr eindrucksvoll, wie Picard und Guinan ihre Vorurteile erkennen müssen. Man meint, gerade diese Figuren hätten keine, aber was die Borg angeht, so hieß es, ›Kenne deinen Feind‹. Es ist viel schwerer, jemanden zu hassen, den man kennt. Wir kannten die Borg nur als Kollektivwesen – wie verhält man sich einem einzelnen gegenüber? Man erlaubt den Zuschauern nicht, es sich was ihre Einschätzung der Borg angeht, bequem zu machen: ›Ihr denkt, Ihr wißt, was die Borg sind? Sieh‹ mal an, Ihr habt auch Vorurteile. Alle Borg sind unaufhaltsame, grausame Wesen, – na gut, hier ist einer, sieh‹ ihm in die Augen und entscheide Dich, ob Du ihn töten willst.‹

Episode 124

The Next Phase

»So nah, und doch so fern«

Erstausstrahlung: 11.5.1992
Drehbuch: Ronald D. Moore
Regie: David Carson

Gaststars:

Thomas Kopache (Mirok)
Susanna Thompson (Varel)
Kenneth Meseroll (Kadet McDowell)
Michelle Forbes (Fähnrich Ro)
Shelby Leverington (Brossmer)
Brian Cousins (Parem)

Ro und Geordi sind augenscheinlich bei einer Explosion auf einem beschädigten romulanischen Kriegsschiff ums Leben gekommen, aber in Wirklichkeit in einer Paralleldimension gelandet. Dort treffen sie einen bösartigen romulanischen Zenturio. Ro und Geordi müssen versuchen, der Enterprise-Crew klar zu machen, daß sie noch leben, bevor das Schiff in einer Falle der Romulaner zerstört wird.

»Diese Folge war eine der technisch schwierigsten«, gesteht Regisseur David Carson. »Besonders die Szenen, in denen die Menschen durch einander durchgehen, und dieses Szenario, in dem die Leute in verschiedenen Phasen existieren. Ich glaube aber, die Geschichte war gut aufgebaut, und wurde auch gut umgesetzt.«

»Den Titel habe ich gehaßt, aber die Folge war gut«, meint Rick Berman. »Wunderbare romulanische Mystik und großartige Szenen, in denen Leute durch Wände gehen – die Zuschauer bekamen zwei verschiedene Realitäten zu sehen. Es sah alles auf dem Papier so einfach aus, aber die technische Umsetztung mit blauen Wänden und ähnlichem war sehr aufwendig. Ein tolles Stück SF.«

Nach anfänglichen unguten Gefühlen war auch Michael Piller mit dieser Folge zufrieden. »Mir werden die Romulaner etwas langweilig, deswegen zögerte ich, eine Romulaner-Folge daraus zu machen. Die Story stammt von Ron Moore, und sie sollte eigentlich billig sein, aber was sie wurde, sehen Sie ja. Letztes Jahr meinte ich noch, Ron ist ein guter Klingonen-Autor, doch wehe, wenn er über Menschen schreibt. Aber dieses Jahr hat er wirklich alles sehr gut hinbekommen. Er ist jetzt ein fertiger Autor, und es war wunderbar, ihn reifen zu sehen.«

Episode 125

The Inner Light

»Das zweite Leben«

Erstausstrahlung: 1.6.1992
Drehbuch: Morgan Gendel und Peter Fields
Story: Morgan Gendel
Regie: Peter Lauritson

Gaststars:

Margot Rose (Eline)
Richard Riehle (Batal)
Scott Jaeck (Verwalter)
Jennifer Nash (Meribor)
Patti Yasutake (Schwester Ogawa)
Daniel Stewart (der junge Batal)

Eine mysteriöse Sonde setzt Picard außer Gefecht und schickt seinen ohnmächtigen Körper zurück auf die Brücke. Als er wieder zu sich kommt, scheint er jemand völlig anderes zu sein, und er durchlebt die Erinnerungen eines ganzen Lebens in einer knappen halben Stunde.

»Diese Folge erlaubt uns, Picard mit wundervollen Gaststars zusammenzubringen, und eine ganze Welt entstehen zu lassen«, schwärmt Rick Berman. »Wir erleben Picard in einem Dutzend unterschiedlicher Altersstufen, und

24. KAPITEL

sehen das ganze Leben eines Menschen in einer Stunde. Die Folge ist gut geschrieben, und Peter Lauritson hat wunderbar Regie geführt.«

»Patrick Stewart in all diesen verschiedenen Altersstufen, das war hervorragend, er hat gut gespielt. Wie wir die Story entwarfen, mit all diesen Verbindungen und Zusammenhängen in seinen verschiedenen Leben, und als sie dann am Ende starben, das sollte einen emotionalen Eindruck beim Publikum hinterlassen, es sollte ihnen das Herz brechen. Ich hatte selber Tränen in den Augen.«

Für Produzent David Livingston war »Light« mit seinem dicken Budget eine Überraschung. Er hatte gegen Ende der Staffel auf einige Sparfolgen gehofft. »Es gab mir einen kräftigen Schock, all diese teuren Folgen am Ende, aber wir hatten keine anderen Drehbücher in diesem Stadium.

Glücklicherweise war genug Geld da. Wir mußten allerdings, besonders bei der allerletzten Folge, einige Änderungen machen, um das mit unseren zeitlichen und finanziellen Möglichkeiten unter einen Hut zu bringen.«

»›Inner Light‹ zeigte, daß Patrick Stewart mittlerweile eine wesentlich aktivere Figur geworden war, als er es noch in den ersten drei Staffeln war.

»Ich habe in den letzten zwei Jahren eine Menge Leute ernsthaft verletzt«, meint Stewart. »Außerdem wurde die romantische, die wirklich romantische Seite der Figur mehr dargestellt. Wenn es noch einen Bereich gibt, der für mich persönlich vielleicht mehr ausgeleuchtet werden könnte, dann ist es der Humor, die lustige, ironische, clevere Seite von unserem guten Captain. Vor zwei oder drei Jahren hätte ich mich beschweren können, daß ich zu sehr ein Schreibstubenhengst war. Das hat sich geändert, meine Abschußerfolge sind während der letzten Folgen dramatisch angewachsen.«

Skript-Berater Peter Allan Fields erklärt: »Jemand namens Morgan Kandell hat die Story und den ersten Entwurf geschrieben. Es war eine Gelegenheit, Picard mit einem vollständigen Leben zu versorgen, ganz im Gegensatz zu dem, was er bisher war: ewig an Bord der Enterprise. Soweit ich weiß, hat Patrick das sehr gut gefallen. Picard verändert sich nicht – obwohl er nicht Captain ist, bleibt seine Persönlichkeit dieselbe. Aber hier hat er Dinge, die er vorher nicht hatte, Liebe, Heimat, Familie, und Dinge, die keine Belastung darstellen, Dinge, von denen er gemeint hat, er würde sie nie brauchen. Er hat sie nicht nur, diese Dinge, er lebt sie auch, er liebt sie, und er verliert sie wieder. Ich denke, die Folge ist verdammt gut geworden.«

EPISODE 126

Time's Arrow

»Gefahr aus dem 19. Jahrhundert, Teil 1«

Erstausstrahlung: 15.6.1992
Drehbuch: Joe Menosky und Michael Piller
Story: Joe Menosky
Regie: Les Landau

Gaststars:

Jerry Hardin (Samuel Langhorn Clemens [=Mark Twain])
Michael Aron (Page)
Barry Kivel (Türsteher)
Ken Thorley (Seemann)
Sheldon Peters Wolfchild (Indianer)
John M. Murdock (Bettler)
Marc Alaimo (Spieler)
Milt Traver (Wissenschaftler)
Michael Hungerford (Schläger)

Datas Kopf wird in einer Höhle auf der Erde gefunden, was die Enterprise zu einer Untersuchung in die Vergangeheit führt. Dabei entdeckt die Besatzung, daß fremde Wesen Menschen aus dem 19. Jahrhundert in die Zukunft entführen. Außerdem entdecken sie Guinan!

»Wir hatten eigentlich nicht beabsichtigt, dieses Jahr einen Cliffhanger zu produzieren«, erklärt Michael Piller. »Aber seit der Ankündigung von Deep Space 9 gab es Gerüchte, daß The Next Generation abgesetzt wird, daß es zumindest an Bedeutung verlieren würde. Wir bekamen eine Menge Protestbriefe, die meinten, ›Paßt auf die Serie auf, die wirklich wichtig ist‹.

Rick und ich waren uns darüber einig, daß ein Cliffhanger in dieser Situation genau das Richtige war. Die nächste Staffel wird die beste, die wir je hatten, und ich wollte dieses Spannungsmoment bei den Zuschauern, ich wollte, daß die Leute darüber redeten.

Wir entschieden uns, daß es eine Zeitreisegeschichte werden sollte«, fährt er fort, »und während der ganzen Staffel haben wir versucht, eine Folge zu drehen, in der Data sich als Mensch ausgibt. Wir haben verschiedene Szenarien durchgedacht, aber keines hat richtig funktioniert. Dann meinte jemand, wir sollten Data zurück nach Hollywood holen, und ihn die Melrose Avenue hinunterspazieren lassen. Das klang gut, und wir begannen, nach einer Zeitepoche zu suchen. Wollen wir die 50er nehmen? Nun ja, ›Back to the Future‹ (deutsch: Zurück in die Zukunft) war gerade in den 50ern. Die 60er? Nun ja, jeder machte damals die 60er. Die 70er? Nun ja, was gibt es da zu sehen, und so weiter. Wir probierten alle Jahrzehnte durch, sogar die 90er, aber das war auch nichts. Dann wollten wir in die nahe Zukunft, und plötzlich kam Rick Berman die Idee – Wieso nicht ins 19. Jahrhundert? Warum machen wir nicht Mark Twain?

Wir entwickelten die Story, und sie funktionierte. Ich trommelte alle zusammen, und dann sagte Joe etwas über Guinan. Wir stellten uns vor, daß sie damals den ersten Kontakt mit der Enterprise-Crew hat, Picard hilft ihr aus irgendwelchen Schwierigkeiten. Es gab zunächst einige Fragezeichen, ob Whoopi Zeit hätte, aber als sie die Story las, war sie sofort Feuer und Flamme.«

»›Time's Arrow‹ ist eine besonders lustige Folge«, meint Brent Spiner. »Ich habe während der Pause noch keine Pläne, und ich werde darauf warten, was mit Data am Ende des Cliffhangers so passiert.«

Die Probleme beim Wiederentstehenlassen des Amerika der Jahrhundertwende wurden ein Alptraum für David Livingston und Production Designer Richard James.

»Die letzte Folge ist die schwierigste und eine sehr teure, und zwar, weil sie

24. KAPITEL

so viele verschiedene Elemente enthält«, meint Livingston. »Wir mußten an zwei Tagen an zwei verschiedenen Orten drehen. Beide Tage erforderten großen Aufwand an Kostümen und Statisten. Wenn man in L.A. dreht, ist das immer aufwendig, aber wir konnten nicht einfach hingehen, und das drehen, was da war, wie in einer Polizei-Serie, wir mußten die Sache auch noch richtig aussehen lassen.«

»Rick und Mike lieben beide Zeitreisegeschichten, aber die meisten Zeitreisegeschichten funktionieren nicht«, sagt Brannon Braga. »Sie sind unglaubwürdig. Wir haben in dieser Staffel drei davon gemacht. ›A Matter of Time‹ war spaßig. Diese Geschichte war irgendwie anders, denn sie handelte von einem Mann, der zum Abendessen kam.«

Berman beschreibt: »Die Geschichte spielt auf der Erde, und dadurch, daß wir Mark Twain und andere historische Figuren hinzufügten, die bis zur Fortsetzung nicht klar sind, wurde sie ziemlich nett. Aber alle unsere Versuche, die Produktionskosten niedrig zu halten – und das war ziemlich wichtig –, schlugen mehr oder weniger fehl. Alles dauerte etwas länger, als wir es geplant hatten, unsere Augen waren größer als der Bauch, und wir brauchten ein paar zusätzliche Drehtage. Es war allerdings sehr spannend, und wenn uns etwas einfällt, wie wir die Geschichte auflösen können, werden wir es in der nächsten Staffel zeigen.«

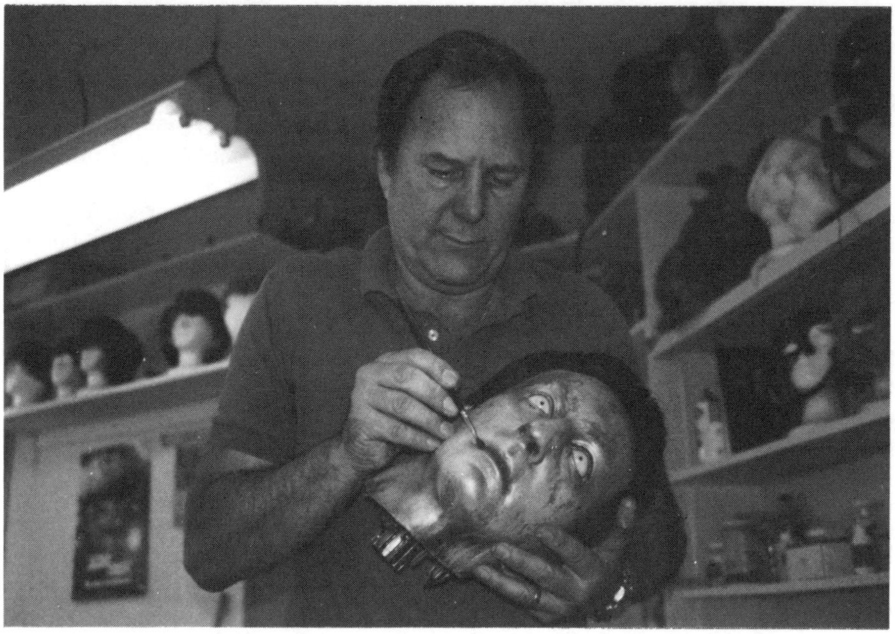

Michael Westmore hält Datas Kopf in den Händen und präpariert ihn für »Time's Arrow«.
(Photo © David Ian Salter)

Nana Visitor, Avery Brooks und Armin Shimerman –die Stars der neuen Deep-Space-Nine-Serie auf dem Titel von »Cinefantastique«.

25. KAPITEL

Schlußfolgerung

Man kann kaum glauben, daß Star Trek uns bereits seit einem Vierteljahrhundert begleitet hat und noch immer erfolgreich ist.

Das sechste Jahr von TNG könnte man als das bis jetzt beste bezeichnen. Sie fing mit einigen schwachen Folgen an – unter anderem »Realm of Fear«, in der Barclay mit Monstern eingesperrt ist, »Rascals«, in der Picard, Guinan, Keiko und Fähnrich Ro in Kinder verwandelt werden, und »Schisms«, in der Invasoren aus dem Subraum Besatzungsmitglieder entführen – und verbesserte sich von da an enorm. Die Produzenten halten sich wieder stärker an SF-orientierte Handlungsstränge, nachdem die Fans ihnen vorgeworfen hatten, zu sehr in Richtung Seifenoper zu tendieren. Leider funktionierte die Science-fiction im sechsten Jahr nicht mehr so gut wie noch im fünften Jahr, in dem man Folgen wie »Violations« sah.

In der Mitte des Jahres hatte Star Trek jedoch seinen Rhythmus gefunden und produzierte einige der besten TNG-Folgen aller Zeiten. Ron Moore brachte Scotty mit viel Stil zurück auf die Enterprise in der Folge »Relics«, in der unter anderem auch eine Holodecksimulation der Original Enterprise-Brücke auftauchte. Der wirkliche Wendepunkt der Staffel war der Zweiteiler »Chain of Command«, in der uns Ronny Cox als wenig umgänglicher Starfleet Captain vorgestellt wurde. Für all die, die mehr Konflikte sehen wollten, war dieser aktionsgeladene Zweiteiler genau richtig, in dem Picard auf qualvolle Weise von einem bösartigen Cardassianer (David Warner) verhört wurde. Die Folterszenen der Folge wirkten auf schreckliche Weise realistisch, da man sich vorher mit Amnesty International unterhalten hatte.

Andere herausragende Reisen waren unter anderem »Face of the Enemy«, in der Troi bei einer Spionagemission als Romulaner getarnt wird; und »Tapestry«, in der Picard stirbt und Q dem stoischen Captain beweisen kann, daß er ein wirklich »wunderbares Leben« gehabt hat. Als erneuter Traditionsbruch machte sich die Enterprise in der Mitte der Staffel in der zweiteiligen Folge »Birthright« zu einer Reise zu Deep Space Nine auf.

In der Zwischenzeit ging es dieser Serie, in der es um eine Raumstation am Rande des bekannten Alls geht, weniger gut. Trotz anfänglich herausragender Einschaltquoten und einigen großartigen Folgen wie »Captive Pursuit« und »Q-Less«, beschwerten sich die Fans schon bald über sekundäre Handlungsstränge und ein Übermaß an Technikgelaber. In der Mitte der Staffel fand sich TNG wieder auf ihrem gewohnten ersten Platz der Einschaltquoten, während DS9 langsam abstieg. Man sollte allerdings nicht vergessen, daß TNGs erste Staffel auch nur knapp mittelmäßig war. Die aufregenden Charaktere und das enorm kreative Team hinter der Kamera werden auch die Zukunft von DS9 glücklicher gestalten.

Die Originalbesetzung wird jetzt wohl endgültig in Rente gehen. Ende 1994 wird Rick Berman einen TNG-Film präsentieren, in dem die alte Besatzung nur einige Szenen hat, und DS9 wird allein im Fernsehen die Stellung halten. Die Star-Trek-Hauptdarsteller gehen allerdings noch nicht in Rente. William Shatner arbeitet für Universal an einer neuen Science-fiction-Serie namens »Tek-War«, die auf seinen Büchern basiert. Walter Koenig entwikkelt einige Comics und literarische Projekte, und George Takei wird in einem neuen Billigkampffilm auftreten. Vielleicht wird Leonard Nimoy doch noch eine Rolle bei der Entwicklung der TNG-Filme spielen, ob vor der Kamera oder dahinter.

Eine Sache ist klar. Die Enterprise dringt weiter in Gebiete vor, in denen sie noch nie gewesen ist. Star Trek lebt heute mehr als jemals zuvor. Irgendwo im 24. Jahrhundert schreiben Captain Jean-Luc Picard und Commander Benjamin Sisko Logbücher für die Reisen, die noch vor uns liegen.

Um mit den unsterblichen Worten von Captain Jean-Luc Picard (oder wie Q sagen würde: John Luck Pickard) zu sprechen: »Machen Sie es so!«

ANHANG

Verlorene Episoden von The Next Generation

»Ferengi Gold«

Geschrieben von Gene Roddenberry

Gene Roddenberry begann seine letzte Arbeit für Star Trek mit der Erklärung, daß »Ferengi Gold« klarstellen sollte, daß die Leute der Enterprise die Gier des 20. Jahrhunderts überwunden hätten. »Die Menschen in Star Trek schätzen persönliche Herausforderung und Befriedigung mehr als Materialismus«, sagte er. »Unsere Geschichte zeigt die Unterschiede zwischen ihnen und den superkapitalistischen kleinen Ferengi auf.

Außerdem möchten wir anspielen auf die ›Glücksrad‹ - Faszination der Zuschauer, bzw. ihre Vorliebe für Preise und die Darstellung von Wertgegenständen... Außerdem geht es auch um Sex. Unsere Geschichte handelt von Sex und Gold.«

Auf der Enterprise kommt das Gerücht auf, ein Planet in dem Sternhaufen, den sie gerade erforschen, hätte sich auf gleiche Weise wie die Erde entwickelt. Das Schiff nähert sich Lerta-117. Dr. Pulaski (diese Geschichte wurde offensichtlich für die zweite Staffel geschrieben) kommt auf die Brücke und sagt, daß sie Interesse an Geschichte habe und noch nie eine Parallelwelt gesehen habe. Data stellt fest, daß ein bewohntes Gebiet auf Lerta starke Ähnlichkeiten zum Boston des Jahres 1770 aufweist. Picard wünscht sich, es wäre Frankreich, weil auf der Erde zu diesem Zeitpunkt die Menschen ihre ersten Erfahrungen mit politischer Freiheit sammelten. Pulaski entgegnet, die Amerikaner seien die ersten gewesen und seien außerdem interessanter.

Data beendet die Debatte, in dem er daruf hinweist, daß sich Parallelwelten nur ähneln, aber nicht gleich sind.

Als die Enterprise näherkommt, stellen sie durch die Sensoren fest, daß die Kultur ähnlich aufgebaut ist wie die Nordamerikas im 18. Jahrhundert. Riker möchte ein Außenteam leiten, Picard ist allerdings dagegen, da er eine Einmischung fürchtet. Worf verkündet plötzlich, daß sich ein Ferengi-Schiff in einer niedrigen Umlaufbahn um den Planeten befindet und die Enterprise noch nicht entdeckt hat. Picard bringt die Enterprise in einen stehenden Orbit auf der anderen Seite, so daß sich die Schiffe nicht begegnen können.

Da auch die Ferengi präsent sind, genehmigt Picard ein Außenteam.

Riker, Troi und Geordi (würde sein Visor nicht auffallen?) beamen sich in der passenden Kleidung auf den Planeten. Zwei Dimge fallen ihnen direkt auf. Die Frauen auf diesem Planeten sind ungewöhnlich schön, und alle Leute tragen sehr viel Goldschmuck. Jetzt wissen sie, warum die Ferengi so an dieser Welt interessiert sind.

Riker läßt einen Tricorder zu sich beamen, um die Bewohner zu befragen. Er gibt vor, ein Schauspieler und Magier zu sein und versucht sie mit Reden über Licht und Schatten und Gestalten auszufragen, aber es stellt sich heraus, daß niemand die Ferengi oder ihr Frachtschiff erkennt. Jemand schlägt Riker vor, seine Magie ihrem spirituellen Führer, Reverend Mathis Fergreson vorzuführen. Mit einem Motorbus (einer der Unterschiede in dieser Welt) werden sie zu ihm gebracht.

Sie treffen in der Kirche ein und begegnen Reverend Fergreson. Roddenberry bemerkte: »Die Religion ist dem Christentum sehr ähnlich... Was Fergerson angeht, denkt einfach an einen viel mächtigeren, wesentlich respektierteren Jerry Falwell.« Riker zeigt ihm die Tricorder-Bilder und Fergreson antwortet, das seien die Engel des Beotane (Gott). Riker und seine Leute müssen deshalb heilig sein, weil sie heilige Bilder besitzen. Dem Reverend wurde von den »Engeln« gesagt, daß er sie nur den vertrauenswürdigsten Anführern gegenüber erwähnen dürfe. Er fügt hinzu, daß die Engel weit im Westen leben.

Als Riker den goldenen Armreif des Reverend bemerkt, fragt er, ob die Engel sich für dieses Material interessieren. Der Reverend antwortet, das täten sie natürlich, schließlich sei es ein heiliges Metall, das Beotane und seine Engel lieben. Daher erhielten sie ihre Stärke und ihre Reinheit.

Picard läßt das Außenteam zurück an Bord beamen. Im Transporterraum erklärt er, daß Gold hier in etwa so häufig wie auf der Erde ist, aber weitaus einfacher abzubauen. Der Captain will dafür sorgen, daß die Gier der Ferengi nicht für eine Einmischung in diese Welt sorgt. Diese parallele Gesellschaft könnte wichtig für Föderationswissenschaftler sein, aber der Einfluß ist so klein wie möglich zu halten. Die beste Möglichkeit wäre, ein Außenteam zur Transporteraktivität der Ferengi zu beamen. Riker sucht sich seine Leute zusammen, als Picard (in einem kindischen Moment, der nicht seinem Charakter entspricht) Pulaski »besticht«, so daß sie behauptet, Riker sei übermüdet und könne das Außenteam nicht leiten. Riker protestiert, kann sich aber nicht wehren. Schließlich beamen Picard, Pulaski, Troi und Data auf den Planeten.

Sie erscheinen in der Nähe eines Bergwerks und bemerken sofort ausgehungerte Bewohner, die erschöpft arbeiten. Einer der Bewohner trägt einen merkwürdig geformten Armreif. Ein Ferengi mit einer elektrischen Peitsche (aus »The Last Outpost«) bewacht sie. Überall kann man Gold sehen. In diesem Moment wird das Außenteam angegriffen und betäubt.

Im Bergwerk kann man sehen, daß nur Frauen hereingebracht werden. Die Ferengi sind begeistert, daß sie zwei mehr gefangen haben (Troi und

ANHANG

Pulaski). In dem Entwurf steht dann folgendes: »Die Ferengi wecken Troi und Pulaski auf, wobei sie sie recht lüstern anfassen und ihre festen Körper bewundern. Wir sehen hier eine Seite der Ferengi, die vorher nur angedeutet wurde... Wie die Räuberbarone der Erde behandeln auch die Ferengi Frauen nur als Objekte, geistlose Besitztümer, und behandeln sie auch so... Das Gold ist nur ein Teil ihrer Interessen. Die Ferengi kontrollieren ihre Frauen, indem sie sie mit Glasperlen locken und ihnen leere Versprechungen machen, Gleichberechtigung hält man für lächerlich.«

Als sie aufwachen, tragen Picard und Data ebenfalls die Armreifen, die sie schon vorher bemerkt hatten. Tatsächlich handelt es sich dabei um Geräte, die Schmerz auslösen (eine Erinnerung an »Gamesters of Triskelion«) und von den Ferengi aktiviert werden, wenn sie unzufrieden sind. Wir wechseln zwischen dem bedrohten Außenteam und den Diskussionen, wie lüstern die Ferengi sind, hin und her.

Am Anfang zeigen sich Troi und Pulaski völlig unkooperativ gegenüber den Ferengi, ändern ihre Meinung jedoch, als es heißt, man würde sie auf das Frachtschiff bringen, damit sie beim nächsten Halt weiterverkauft werden könnten. In der Zwischenzeit müssen Picard und Data bei der Goldgewinnung helfen, aber ihre wahre Identität fliegt auf, als Picards versteckter Communicator zu Boden fällt. Troi und Pulaski wissen, daß jetzt alles von ihnen abhängt und beginnen mit der Täuschung der Ferengi, indem sie mehr als verführerisch wirken. Sie wollen verhindern, daß die Ferengi Picard und Data töten. Gleichzeitig hoffen sie, daß die Ferengi unvorsichtig werden, was schließlich auch passiert. Troi und Pulaski können Picard und Data befreien und zur Enterprise zurückkehren.

Picard ist wütend, weil die Ferengi diese Welt als Arbeitslager ansehen und die Frauen dort mißbrauchen. Für Picard ist das Vergewaltigung. Er entwickelt einen Plan, der die Ferengi daran hindern wird, weitere Frauen zu entführen, weil sie dafür einfach »keinen Platz mehr haben« werden. Er läßt die Enterprise durch das Ferengi-Schiff entdecken. Phaser und Photonentorpedos sind geladen. »Die unerwartete Ankunft eines Föderationsschiffes, das auch noch bis an die Zähne bewaffnet ist, schockiert den Ferengi-Captain so, daß er sich nur zu bereitwillig auf ein Treffen mit Picard an Bord der Enterprise einläßt«.

Während dieses Treffens bemerkt Picard, daß die Ferengi ebenso das Recht haben hier zu sein wie die Föderation, aber da die Föderation ein historisches Interesse an dieser Welt hat, würde er auf so wenig Einmischung wie möglich hoffen. Er behauptet, die Föderation würde alle Rechte, die die Ferengi an dieser Welt haben könnten, kaufen. Daraus resultierend beamt Picard etliche Tonnen Gold, die er aus der Energie seines Schiffes gewonnen hat, auf das Ferengi-Frachtschiff. Das Schiff entfernt sich randvoll mit Gold. Auf dem Planeten können sie sich davon überzeugen, daß alle Gefangenen wieder frei sind.

»Für die, denen die Funktionsweise der Räuberbaron-Gesellschaft nicht ganz klar ist«, erläuterte Roddenberry, »weißt Picard darauf hin, daß sie damit das Wirtschaftssystem der Ferengi in große Schwierigkeiten gebracht haben. Der Wert des Goldes basierte auf seiner Seltenheit.« Selbst wenn diese Ladung den Markt nicht überfluten sollte, so wird die Regierung doch vermutlich Besuche auf Planeten, auf denen Gold so häufig ist, untersagen. Data weist auf die positiveren Eigenschaften des Goldes hin, worauf Picard antwortet: »Wenn die Ferengi aus diesem Schatz den künstlerischen Wert des Goldes schätzen lernen, dann haben wir mehr erreicht, als deren Wirtschaft zu ruinieren.«

DANK

Wir bedanken uns bei den folgenden Personen, die sich über die letzten Jahre die Zeit genommen haben, sich von uns für dieses Buch interviewen zu lassen: Robert Justman, Joseph Stefano, Jerry Sohl, James Burns, Dorothy Fontana, Oscar Katz, Leonard Nimoy, Robert Butler, Stephen Kandel, William Shatner, James Goldstone, Samuel Peeples, James Doohan, George Takei, DeForest Kelley, Nichelle Nichols, John D.F. Black, Joseph Pevney, Marc Daniels, Harve Bennet, Glen Larson, David Gerrold, Steven Carabatsos, George Clayton Johnson, Gary Lockwood, Adrian Spies, Vincent McEveety, Joseph Sargent, Paul Schneider, Oliver Crawford, Michael O'Herlihy, Carey Wilbur, Ricardo Montalban, Ralph Senensky, Lester Colodny, Walter Koenig, Norman Spinrad, William Campbell, John Meredyth Lucas, Jackie Fernandez, Gilbert Ralston, Jerome Bixby, David P. Harmon, Art Wallace, Margaret Armen, James Komack, Fred Freiberger, Judy Burns, Arthur Heinemann, Richard Colla, Jon Povill, Allan Scott, Robert Goodwin, Harold Livingston, Joseph Jennings, Bob Collins, David Gautreaux, Larry Alexander, Worley Thorne, Robert Wise, Alan Dean Foster, Dennis Clark, Robert Sallin, Mike Minor, Jack Sowards, Nicholas Meyer, Robin Curtis, Steve Meerson, Peter Krikes, David Loughery, Ralph Winter, Mark Rosenthal, Dennis Martin Flinn, Cliff Eidelman, Steven Charles Jaffe, Kim Cattrall, Rick Berman, Michael Dorn, Bob Lewin, Herman Zimmerman, Jonathan Frakes, Herb Wright, Corey Allen, Paul Lynch, Maurice Hurley, Katharyn Powers, Michael Baron, Richard Krzemien, Michael Reaves, Rob Bowman, Cliff Bole, Patrick Stewart, Tracy Torme, Joseph Scanlan, Hannah Louise Shearer, Gates McFadden, Marina Sirtis, Melinda Snodgrass, Dennis Russel Bailey, Winrich Kolbe, Robert Scheerer, Robert Iscove, David Livingston, Les Landau, Michael Piller, Ira Steven Behr, Ron Moore, Peter Alan Fields, David Carson, Timothy Bond, Chip Chalmers, Jennifer Hetrick, Lisa Wilke, David Bischoff, Susan Sackett, Elizabeth Dennehy, Jeri Taylor, Larry Carrol, David Carren, Marc Scott Zicree, Rob Legato, Andreas Katsulas, Colm Meaney, Brannon Braga, Marvin Rush, Brent Spiner, Michelle Forbes, Grant Rosenberg, Patti Yatskue, Avery Brooks, Rene Auberjonois, Siddig El Fadil, Terry Farrell, Armin Shimerman, Nana Visitor und Bob Blackman.